四川大学公共管理专业硕士（MPA）系列

公共管理学

GONGGONG
GUANLIXUE
XINBIAN 新编

史云贵／主　编
刘　锐／副主编

四川大学出版社

项目策划：段悟吾　唐　飞
责任编辑：段悟吾
责任校对：谢　鋆
封面设计：墨创文化
责任印制：王　炜

图书在版编目（CIP）数据

公共管理学新编 / 史云贵主编．— 成都：四川大学出版社，2019.7
ISBN 978-7-5690-2940-6

Ⅰ．①公… Ⅱ．①史… Ⅲ．①公共管理—教材 Ⅳ．① D035-0

中国版本图书馆CIP数据核字（2019）第149968号

书　名	公共管理学新编
主　编	史云贵
出　版	四川大学出版社
地　址	成都市一环路南一段24号（610065）
发　行	四川大学出版社
书　号	ISBN 978-7-5690-2940-6
印前制作	四川胜翔数码印务设计有限公司
印　刷	郫县犀浦印刷厂
成品尺寸	185mm×260mm
印　张	28
字　数	681千字
版　次	2020年4月第1版
印　次	2020年4月第1次印刷
定　价	68.00元

版权所有　◆　侵权必究

◆ 读者邮购本书，请与本社发行科联系。
电话：(028)85408408/(028)85401670/(028)86408023　邮政编码：610065
◆ 本社图书如有印装质量问题，请寄回出版社调换。
◆ 网址：http://press.scu.edu.cn

扫码加入读者圈

四川大学出版社
微信公众号

前　言

本书编者长期从事"公共管理学"这门课的教学工作。教学中，我们深感一本能够教学相长的教材对教师和同学都是非常重要的，同时也深感编撰一本让学习者满意的教材真的很不容易。四川大学研究生院领导高度重视研究生教材建设工作。本教材就是四川大学研究生院2016年立项建设的研究生教材。近年来，由于教学科研压力较大，烦琐的事情太多，本教材历经两年多时间才得以交付出版社。

本教材按照新的编排体例，分为5篇17章。其中，四川大学史云贵教授编写了第1章、第13章、第15章、第16章；四川大学刘锐副教授编写了第2章、第5章、第11章；四川大学刘晓燕老师编写了第4章、第14章、第17章；中国民航飞行学院冉连老师编写了第3章、第6章、第7章、第8章；四川大学谭小华博士编写了第9章；四川大学唐迩丹博士编写了第10章、第12章。本教材由史云贵教授整体策划和布局谋篇并统稿。

本教材有如下几个特点。

一是突出中国特色公共管理知识体系构建。长期以来，我国公共管理教材虽然强调坚持中国特色社会主义理论指导，但在实际内容中并没有很好地突出党的领导作用。本教材坚持习近平新时代中国特色社会主义思想，着力讲好具有中国特色的公共管理"故事"，努力推进中国特色学科话语体系构建。

二是体例新。在体例上，本教材采取了篇、章、节的形式。每章正文前面有"学习目标"，以利于学习者有的放矢；正文结束后，有"本章小结"，帮助学习者对本章内容进行总结提炼；部分章节还有"复习题"和"扩展阅读"。这样的体例编排有助于帮助学习者形成一个完整的学习链条和知识链条。

三是内容新。一方面，本教材密切关注公共管理学科的最新理论进展，把公共管理核心理论和最新理论进行概括总结，为学习者奠定良好的公共管理理论基础；另一方面，本教材密切追踪公共管理实践的最新进展，从各国的公共管理实践，尤其是从中国特色公共管理实践中进行案例分析和经验总结。

四是学术性与知识性有机融合。因本教材定位为公共管理学术型硕士研究生和MPA（公共管理专业硕士）教材，故在建构完备的公共管理知识体系的同时，尤其强调教材的学术性，以引导学习者进行学术问题的思考、学术思维的训练和学术能力的提升。

除用作公共管理学术型硕士研究生和 MPA 学习教材外，本教材也可供学有余力的公共管理类本科生学习使用，亦可供公共管理研究的考研同学和其他公共管理爱好者学习与参考。

由于时间仓促以及知识水平有限，本教材还存在着一些不足。恳请各位专家学者和读者批评指正，以利于今后我们进一步修改完善。

编　者
2019 年 7 月 26 日

目 录

第1篇 绪 论

第1章 公共管理学的概念、内容与发展趋势 (003)
第2章 公共管理学的理论基础 (012)
第3章 公共管理学的研究方法 (047)

第2篇 公共管理主体

第4章 政府 (085)
第5章 非政府组织 (119)
第6章 公共管理中的领导者与管理者 (145)
第7章 公共管理主体间的关系 (175)

第3篇 公共管理行为

第8章 公共管理的职能与工具 (207)
第9章 公共政策 (231)
第10章 公共服务 (260)
第11章 社会治理 (278)

第4篇 公共部门资源管理

第12章 公共部门人力资源管理 (309)
第13章 公共部门财政资源管理 (339)
第14章 公共部门信息资源管理 (361)

第5篇 公共管理伦理

第15章 公共部门管理伦理 (387)
第16章 公共管理职业伦理 (403)
第17章 公共管理的伦理冲突 (416)
参考书目 (440)

第 **1** 篇

第1章　公共管理学的概念、内容与发展趋势

名人名言

> 管理不仅是一门学科，而且是一种文化，一门艺术。
> ——彼得·德鲁克

学习目标

1. 正确认识公共管理学的基本概念与主要特征。
2. 了解公共管理学研究的基本内容。
3. 了解公共管理学的产生与发展。
4. 思考怎样构建中国特色的公共管理学体系。

1.1 公共管理学的概念、内容与发展趋势

本节主要探讨了公共管理学的基本概念与主要特征、公共管理学与其他学科的关系以及公共管理学研究的对象与内容。

1.1.1 公共管理学的基本概念与主要特征

在现代社会，以政府为基础的公共管理体系与市场体系已成为社会治理的两股最大的力量。尽管政府形象、角色、功能一直备受质疑，但毋庸赘言，以政府为中心的公共管理体系在制度供给，提供公共产品、公共服务，促进社会公平、进步与和谐等方面仍然起着无可取代的决定性作用。公共管理学是一门研究公共管理，特别是政府管理现象、过程及规律的综合性学科。现代社会是一个治理的社会，公共管理学是研究公共部门如何在有效提供公共产品、公共服务的过程中实现公共治理的一门学科。

公共管理学具有综合性、实践性、系统性、技术性等特征。因而，它与各学科都有着千丝万缕的联系，特别是与经济学、政治学、历史学、法学、社会学的联系更为密

切。广义上公共管理学有规范研究方法、实证研究方法；从学科视角来看，公共管理学有经济学研究方法、政治学研究方法、历史学研究方法、法学研究方法、社会学研究方法等。

1.1.2 公共管理学与其他学科的关系

公共管理学是一门跨学科的综合性学科，今天的公共管理学是建立在经济学、政治学、历史学、法学、社会学乃至人文科学的基础上的。没有这些学科理论与方法的支撑，就没有今天的公共管理学，"纯粹"的公共管理学是不存在的。

1.1.2.1 政治学

公共管理学的前身是公共行政学，而公共行政学是从政治学派生出来的。公共管理学的核心是政府管理，即行政管理，而行政学广义上也是政治学的重要内容。即使按照"政治与行政二分"的观点，一个国家的行政最终也是由一个国家的政治来决定的。古德诺提出"政治与行政二分"的本质不是为了"分"，更多的还是强调政治与行政在分工的基础上如何"合作"的问题。这恰恰也说明了政治与行政无法真正分开。由于历史和现实的原因，今天的公共管理学有政治主义的公共管理学和管理主义的公共管理学，即使是管理主义支配的公共管理学也无法离开政治学而独立存在。

1.1.2.2 经济学

经济学是研究人类经济活动的规律，即经济价值的创造、转化、实现规律的学科。经济学与公共管理学有着密切的联系。首先，公共管理学与经济学一样，都是从利益出发开展研究的。其次，从经济学开山鼻祖亚当·斯密创作的《国富论》开始，经济学就与公共管理学有着密切的联系，这是因为《国富论》也是一部研究如何通过国民财富的科学分配来实现社会公平正义的论著。再次，经济学的经济人假设理论、产权理论、交易费用理论、公共选择理论等一系列理论，也是公共管理学重要的基础性理论，经济学的一些研究方法和分析模型也开辟了公共管理学研究的新视野与新路径。最后，一些买卖流通等基本的经济问题一旦引起公共性危机，就会成为公共管理问题，尤其是政府管理密切关注的话题，当前的"高房价""米袋子""菜篮子"等问题就是其中的典型。

1.1.2.3 历史学

历史学是历史研究主体运用一定的思维认识方式与手段，在与历史客体发生互动作用的过程中，通过对历史客体的分析研究以认识历史现象、总结历史规律的一门学科。历史学与公共管理学有着密切的联系，一方面，"一切历史都是当代史"，以往的历史有很多都是执政集团治国理政的经验总结，能为今天的公共管理提供借鉴；另一方面，行政管理思想史、行政管理制度史本身也是公共管理学的研究内容。此外，历史学的相关理论与历史学的研究方法对于公共管理研究也有着重要的借鉴作用。只有熟悉一个国家的行政管理史，才能更加了解这个国家当下的公共管理现状，并有助于预见一个国家公共管理的未来。

1.1.2.4 法学

法学是以法律、法律现象及其规律为研究内容的一门学科。法学与公共管理学有着密切的联系，一方面，公共管理首先要解决的是依法行政、依法管理的问题，卢梭曾说过："政府就是在臣民与主权者之间所建立的一个中间体，以便二者得以相互适合，它负责执行法律并维护社会以及政治的自由。"[①] 这句话充分说明了公共管理与法律的关系；另一方面，公共管理学也必须研究法律科学方面的问题，尤其是一个国家的宪法与行政法，这是公共管理研究无法绕开的基本问题，一些公共管理学的深层次问题同时也是法学研究的问题。

1.1.2.5 社会学

社会学是从社会整体概念出发，通过社会关系和社会行为来研究社会的结构与功能以及社会变迁规律的综合性学科，公共管理与社会管理密不可分，一方面，很多社会现象、社会问题一旦成为普遍的公共性问题，也就自然成为公共管理学研究的核心问题，如人口问题、婚姻问题、留守妇女儿童问题，一旦成为社会公共性问题，也必然是政府管理的重要问题；另一方面，社会学的一些理论和方法也是公共管理学研究的重要理论和方法，如社会变迁、社会控制、社会分层、社会流动、社会资本、社会质量等理论，为公共管理研究提供了坚实的理论基础，社会统计与社会分析模型也为公共管理的定量研究提供了新的研究路径。

1.1.3 公共管理学研究的对象与内容

作为一门综合性的社会应用学科，公共管理学研究的对象与内容是非常广泛的。一般认为，公共管理学的主要研究对象包括公共管理的基础理论与方法、公共管理主体与客体、公共管理行为、公共管理资源、公共管理伦理五大方面。而最为复杂的公共管理行为又包括公共管理职能、公共政策、公共服务、社会治理、绩效管理等。这些内容将在本书各章节进行专述，这里仅简明扼要地介绍几个最为重要的研究对象。

1.1.3.1 公共管理学基础理论

作为一个跨学科的综合性学科，从广义上讲，社会科学的各相关学科理论都是公共管理学的理论基础。从现代初步形成的公共管理学科话语体系来看，人民主权理论、组织理论、新公共管理理论、新公共服务理论、治理理论等对现代公共管理理论体系的形成与公共管理实践的发展有着更为重要的推动作用。人民主权理论是公共管理学最重要的理论基础，它从根本上解决了公共权力合法性来源的问题。公共管理是一种高度组织化的管理，以政府为基础的公共管理是建立在科层制等组织理论基础上的。现代社会是一个治理的社会，治理理论尤其是合作治理、整体性治理等具体的治理理论是公共管理学重要的理论基础。以企业家政府为核心的新公共管理理论在公共管理理论与实践发展的过程中有着里程碑式的作用，它指出政府的主要任务是"掌舵"而不是"划桨"。为此，要打造一个效能政府，必须采用企业家管理企业的技术和流程对传统政府流程进行

---

① [法]卢梭:《社会契约论》，北京：商务印书馆，2003年，第72页。

再造。新公共服务理论是对新公共管理理论的反思与批判，它提出政府的主要职能是"服务"而不是"掌舵"，政府的所有工作必须以公民为中心。

1.1.3.2 公共管理主体与客体

公共管理主体一般是指从事公共管理活动的社会主体。在传统社会，从事政府管理活动从来都是执政集团的事情。现代社会是由自由人和负责人构成的社会，是一个以公正求统一的社会，就本质而言，也是一个共治的社会。所以，执政党、政府、企事业组织、利益集团、社会组织，以及领导干部、一般公共管理者乃至普通公民大众，都应是公共管理主体。公共管理客体是指受公共管理活动影响的社会主体。公共管理客体不仅包括普通公民大众，也包括执政集团、利益集团等一些强势社会主体，因为他们也要受公共管理活动的影响，故同样也是公共管理客体。在共建共治共享的民主社会中，公共管理主体与公共管理客体不仅具有广泛性，还具有相对性。在某种情况下，公共管理主体与客体还可以相互转换。在一个共建共治共享的社会中，迫切需要构建公共管理共同体，以共建共享推进合作共治。

1.1.3.3 公共管理行为

公共管理行为比较广泛，主要包括公共管理职能、公共政策、公共服务和社会治理四个方面的内容。以政府管理为基础的公共管理职能在不同的时期有着不同的含义与内容。我们认为，当前以政府为基础的中国特色公共管理一般包括"履行法律、经济调节、市场监督、社会治理、公共服务、生态维护"六个方面的职能。[1] 公共政策是公共管理最基本的工具，也是社会治理的工具，公共政策是政策主体借助公共权力对利益和价值进行权威性分配的工具或手段。现代社会是一个治理的社会，"治理是由共同的目标所支持的，这个目标未必出自合法的以及正式规定的职责，而且它也不一定需要依靠强制力量克服挑战而使别人服从"；"与统治相比，治理是一种内涵更为丰富的现象。它既包括政府机制，同时也包含非正式、非政府的机制，随着治理范围的扩大，各色人等和各类组织得以借助这些机制满足各自的需要，并实现各自的愿望。"[2] 党的十八届三中全会提出要构建"党的领导、政府负责、社会协同、公众参与、法治保障"五位一体的社会治理体系。"治理"首次以官方语言全面取代了传统的"管理"。此后，党的十八届五中全会把"五位一体"社会治理体制中的"政府负责"改为"政府主导"，进一步完善了中国特色社会主义治理体制。党的十九大在进一步完善"五位一体"社会治理体制的基础上，提出了"打造共建共治共享的社会治理格局"。按照服务型政府的基本要求，不管是公共管理、公共政策还是社会治理，本质上都是公共服务。在现代社会，公共管理的本质就是公共服务，社会治理的本质也是服务，面向社会和公众需求的公共政策是最重要的公共服务。

---

[1] 史云贵：《当前我国政府职能转变中的主要问题与路径创新》，《理论与改革》2016年第3期。
[2] ［美］詹姆斯·N.罗西瑙著，张胜军、刘小林等译：《没有政府的治理》，南昌：江西人民出版社，2001年，第4—5页。

1.1.3.4 公共管理伦理

公共管理伦理是公共管理的价值基础。管理伦理是一个历史的、动态的概念，在不同的历史时期乃至同一历史时期不同的国家，管理伦理的价值不尽相同。但是自由、平等、公平、正义等基本的价值应是人类社会共同追求的目标，因而也必然是所有现代国家公共管理所追求的基本价值。作为思想、观念和价值的公共管理伦理，它的形成与演变背后是基于利益的驱动和利益的冲突，而以利益为载体的制度在对行政伦理的凝结与升华的过程中固化为协调和整合利益冲突的杠杆与机制。作为超越个体理性的公共理性，应成为引领公共管理伦理建设的基本理念和推进共建共享共治的逻辑。

1.2 公共管理学的发展与构建中国特色的公共管理学

1.2.1 公共管理学的产生与发展

公共管理学是公共行政学与管理科学的复合体。公共管理学是在公共行政学基础上形成的，而公共行政学又脱胎于政治学。早期的行政学主要涉及行政理论和行政逻辑等方面的基础性研究，而不是对行政管理的过程与行政管理技术等方面的研究。所以，长期以来，公共行政学与政治学并没有清晰的界限。虽然，基于"政治与行政二分"的观点，一般认为政治是国家意志的表达，行政是国家意志的执行；行政是政府行政部门所管辖的事务或是政府官吏推行政府功能时的活动。[1] 但实际上，政治与行政无论在理论上还是在实践中都有着很强的内在联系与功能交叉，不可能截然分开。一般说来，政治学侧重于对国家、阶级、政党、政治制度与政治理论的研究与探讨；而行政学侧重于对政府决策、管理、执行等管理过程、程序、技术及绩效的研究与探讨。

随着科学管理运动的兴起，持"管理"行政观的学者认为：行政是使人民对政府的期望取得成功的各种方法，是完成或实现一个权力机关所宣布的政策而采取的一切运作，是一种活动或程序，是通力完成目标的团体活动；行政特别注重管理方法、程序与具体操作，是研究政府做些什么和如何做的理论，是经由集体合作实现共同目标的艺术。[2] "行政管理"通常指政府运用依法获授的国家公共行政权力，在法律原则规定的范围内运用行政裁量权，以行政效率和社会效益为基本考量标准处理公共事务的活动或活动过程。从管理的角度来看，现代公共行政通常是基于"人民主权"理论的政府以为全体国民服务等宪法原则和宪法精神为依据、以实现社会的公平正义等行政理念为指导、以运用公共权力为基础、以承担行政责任为前提、以合法的行政管理方式为手段、以追求卓越为目标来履行行政职能、制定公共政策、执行公共事务以及解决公共问题。通过合法、规范、民主、有效、务实、灵活的公共管理方式方法的选择、执行或实施公共政策是政府公共行政的主要问题。为基于人民主权的民主国家提供广泛、高效、公正的公共服务是现代政府基本的公共行政职能之一。

---

[1] 张润书：《行政学》，台北：三民书局股份有限公司，1980年，第2—3页。
[2] 张国庆：《行政管理学概论》，北京：北京大学出版社，2000年，第6页。

现代法治政府在强化公共服务职能的同时越来越重视适应市场经济的需求，按照市场机制，走"小政府，大社会"的权力运作模式，以充分发挥社会非政府组织在提供公共物品、公共服务方面的职能。在现代市场经济背景下，现代公共管理学已不再是仅限于研究政府公共行政管理的学问，而是研究以政府主导的为国家和社会提供公共物品与公共服务的公共权力机关及非政府组织的决策、管理、控制、整合等公共行政过程、管理技术或艺术的一门新兴综合学科。

"早期公共管理"以马克斯·韦伯的科层体制与泰勒的科学管理为核心构建了一种高效运转的"小政府，大社会"模式。这适应了自由资本主义发展的需要，突出强调了市场这只"看不见的手"在资源配置中的主导性地位与作用，把政府的角色定位为一个"守夜人"，即保留一个最弱意义上的政府。1929—1933年从美国开始并席卷了整个资本主义世界的经济大危机（经济大萧条）充分暴露了市场这只"看不见的手"没有也不可能解决国家与社会的所有问题。市场不能解决的问题，必须借助政府这只"看得见的手"进行解决。为解决资本主义危机，整个资本主义世界先后都走上了强化政府干预经济与社会的道路，如美国实行了"罗斯福新政"，而德意日则走上了法西斯专制独裁的道路。这样，以政府为核心的国家公共权力逐步覆盖了社会各个领域，政府承担了很多本来属于社会的职能。

第二次世界大战后，随着冷战的开始与东西方两大阵营的对峙，无论东方还是西方都走向了"大政府"的道路。首先，以苏联为代表的社会主义国家以执政的共产党为核心建立了国家对社会绝对控制的治理模式，在经济领域、社会领域、文化教育领域等完全由执政党及其领导下的政府支配，甚至一度出现了"党天下"的局面。为与东方社会主义相对抗，西方资本主义世界则进行了所谓的"福利国家"建设。以英、美、瑞典、丹麦等国家为代表，实行了"从摇篮到坟墓"的一揽子工程，即公民从出生到教育培养和死亡善后的开销几乎全部由政府买单。这种高福利的治理模式满足和保障了人们需求，一度获得了社会普遍的认同与服从，人们宁愿把本来属于自己的权利让渡出来交于政府。为此，政府机构日益膨胀，财政开支巨大，甚至出现了长期的财政赤字，导致了政府功能严重失灵的情况。

为了解决西方政府的管理危机，从20世纪六七十年代开始，在西方世界掀起了一场声势浩大的"新公共管理"运动。新公共管理运动的核心，就是运用企业运转的模式来改造日益膨胀的"大政府"。这种现代企业家政府以效率为核心，以市场与顾客为导向，把市场导向、服务意识与经济高效作为政府改造的基本目标。20世纪最后30年是"新公共管理"大行其道、登峰造极的时代，我国始于20世纪70年代后期的改革开放与社会主义现代化建设无疑也深受其影响。我们一度把"效率优先，兼顾公平"作为执政党与政府的基本战略思想，也是西方新公共管理主义在中国经济、政治实践中的变种。

虽然新公共管理主义的"顾客"理念有助于提高政府的服务水平，市场理念与市场机制的引入有助于提高政府运作的效率与经济绩效，但作为一个很大程度上受"经济人"理性支配的政府，偏离了作为一个"政治人"所应扮演的角色与承担的功能。在对西方现代政府公共行政改革得失进行反思、批判的基础上，美国学者彼得斯概括出了未来政府的治理模式主要包括市场式政府、参与式政府、弹性化政府和解制型政府四种。[①] 政府作为一个"政治人",应当把社会的公平正义等基本理念作为执政的第一价值。进入21世纪后,以"公共性""服务性"为核心内容与基本特征的"新公共服务理论"开始兴盛,并大有取代"新公共管理主义"的趋势。作为解决新公共管理主义支配下现代政府的"合法性危机"与现实困境,新公共服务理论以公共利益、公民权利、民主参与、公共精神、公平正义等为基本治理理念,以公共性与服务性为核心价值,推动现代政府由管理型政府向现代法治服务型政府转型。美国学者博克斯在缜密的理论分析和科学的实践调查基础上提出了21世纪的美国地方治理是一种"公民治理"的模式。在"公民治理"模式下,公民对社区的管理和决策起着决定性的作用,官员只不过是促进公民更好参与治理的促进者和政策顾问。[②] 但是,一个国家行政管理体制改革的目标,最终必须扎根于本国的历史文化传统和现实国情基础上的行政生态环境。在改革开放和社会主义现代化建设的攻坚阶段,以全心全意为人民服务为宗旨的中国共产党,以"立党为公,执政为民"为执政理念,站在时代的高度,与时俱进地提出了"建设服务型政府",以服务型政府的构建来推动社会主义现代国家建设与和谐社会建设。

1.2.2 当前公共管理学的发展趋势

历史表明,社会大变革的时代一定是哲学社会科学大发展的时代。当代中国正经历着我国历史上最为广泛而深刻的社会变革,也正在进行着人类历史上最为宏大而独特的实践创新。这种前无古人的伟大实践,必将为理论创造、学术繁荣提供强大动力和广阔空间。习近平总书记指出,"要按照立足中国、借鉴国外,挖掘历史、把握当代,关怀人类、面向未来的思路,着力构建中国特色哲学社会科学,在指导思想、学科体系、学术体系、话语体系等方面充分体现中国特色、中国风格、中国气派。"为此,"要抓好教材体系建设,形成适应中国特色社会主义发展要求、立足国际学术前沿、门类齐全的哲学社会科学教材体系。"[③] 作为哲学社会科学的重要支撑,公共管理学科应为哲学社会科学的大繁荣以及构建中国特色、中国风格、中国气派的社会科学指导思想、学科体系、学术体系和话语体系做出应有的贡献。当前在世界范围内,公共管理已成为一门"显学",以美国为代表的西方国家引领着世界公共管理的潮流。改革开放以来,在广大公共管理学界同仁的不懈努力下,中国特色公共管理走过了一条不平凡的道路,取得了很好的成绩。当前,我国公共管理学与西方还有较大的差距。按照国家治理体系和治理能力现代化的要求,中国特色公共管理指导思想、学科体系、学术体系和话语体系的建构还有很长的道路要走。

---

① [美]B·盖伊·彼得斯著,吴爱明等译:《政府未来的治理模式》,北京:中国人民大学出版社,2001年,第2页。
② [美]理查德·C·博克斯著,孙柏瑛等译:《公民治理:引领二十一世纪的美国社区》,北京:中国人民大学出版社,2005年。
③ 习近平:《在哲学社会科学工作座谈会上的讲话》,《人民日报》2016年5月19日,第2版。

1.2.2.1 跨学科的研究路径

从世界公共管理学科的发展趋势来看，当前以经济学、政治学、历史学、法学、社会学等为学科底蕴的现代公共管理学逐步形成了跨学科的研究路径。

1.2.2.2 发展经历与变化趋势

近十年来，我国公共管理学科的发展经历与变化趋势主要表现在五个互相承续的方面：一是新公共管理在理论上和政府流程再造实践上的并行所形成的强烈的管理主义取向；二是公共组织理论与公共治理理论共同凸显为公共管理两大支柱理论；三是政府治理模式与政府角色定位这两个层次问题的契合；四是管理学范式与政治学范式在分野基础之上的整合；五是紧贴政府问题的事实关注与价值判断的结合。这些方面的变化，使得与之相关的理论与实践问题被推到了公共管理学科发展的前沿。

1.2.2.3 基本取向

公共管理学科发展的五个基本取向包括：公共价值判断下的管理科学取向；公共治理框架内的组织理论创新；依法治国、依法行政前提下公共管理者的角色定位；作为政治科学的公共行政与作为管理科学的公共行政双重身份的整合；公共行政研究者强烈的使命感与社会责任感驱动下的公共管理学学术发展。

1.2.3 构建中国特色公共管理学

我国公共管理学是由行政学演变而来，目前正受到新公共管理、新公共服务、公共治理、公民治理等西方公共行政理论和我国政府公共行政实践的诸多挑战。以美国为代表的西方学者提出的新公共管理、新公共服务、整体性政府、公民治理等理论一直引领着世界公共管理思潮，并构建了现代西方公共管理学的理论体系，基本掌握了全球公共管理学的话语权。西方国家借助数学、经济学、统计学、计量学等相关学科构建了一系列的分析模型和治理模型，在公共管理学研究方面形成了比较成熟的研究路径。

我国公共管理学研究起步较晚，不同学者从自己的学科和知识背景出发，在形成各自研究特色的同时，也进一步加大了公共管理学科整合的难度。到目前为止，我们仍缺乏具有中国特色公共管理学基础理论和学科体系，还远没有形成自己的话语体系和研究范式。因此，我们在构建有中国特色的公共管理学科体系、对公共管理学进行理论创新和进一步探讨成熟的公共管理学研究范式等方面还有很长的道路要走。

本章小结

公共管理学是研究公共部门如何在有效提供公共产品、公共服务的过程中实现公共治理的一门学科。公共管理学具有综合性、实践性、系统性、技术性等特征。公共管理学与各种学科都有着千丝万缕的联系，特别是与经济学、政治学、历史学、法学、社会学的联系更为密切。学习公共管理，必须高度重视对公共管理理论、公共管理主客体、公共管理行为、公共管理资源、公共管理伦理等方面的学习与研究。公共管理学是从公共行政学发展起来的。公共管理学在人类由统治型社会经管理型社会向服务型社会的转变过程中不断发展完善。今天要在构建服务型政府与打造共建共治共享的社会治理共同体中进一步完善公共管理体制与运行机制。在学习和借鉴西方公共管理理论与实践经验的基础上，着力打造中国特色、中国风格、中国气派的公共管理学科体系、学术体系与话语体系。

复习题

1. 简述公共管理学的基本概念与主要特征。
2. 简述公共管理学的研究对象。
3. 简述公共管理学的产生与发展。
4. 谈谈如何构建中国特色公共管理学。

扩展阅读

面对新形势、新要求，我国哲学社会科学领域还存在一些亟待解决的问题。例如，哲学社会科学发展战略还不明确，学科体系、学术体系、话语体系建设总体水平不高，学术原创能力不强；哲学社会科学训练培养教育体系不健全，学术评价体系不科学，管理体制和运行机制不完善；人才队伍总体素质亟待提高，学风问题比较突出等。总的来看，我国哲学社会科学还处于有数量缺质量、有专家缺大师的状况，其作用还没有充分发挥出来。为了改变这个状况，需要广大哲学社会科学工作者加倍努力，不断在解决影响我国哲学社会科学发展的突出问题上取得明显进展。哲学社会科学的特色、风格是发展到一定阶段的产物，是成熟的标志，是实力的象征，也是自信的体现。我国是哲学社会科学大国，研究队伍、论文数量、政府投入等在世界上都是名列前茅的，但目前在学术命题、学术思想、学术观点、学术标准、学术话语上的能力和水平同我国的综合国力和国际地位还不太相称。要按照立足中国、借鉴国外、挖掘历史、把握当代，关怀人类、面向未来的思路，着力构建中国特色哲学社会科学体系，在指导思想、学科体系、学术体系、话语体系等方面充分体现中国特色、中国风格、中国气派。

第 2 章 公共管理学的理论基础

> **名人名言**
>
> 人是生而自由的,但却无往不在枷锁之中。
> ——让·雅克·卢梭

> **学习目标**
>
> 1. 了解人民主权理论的内容。
> 2. 了解组织理论的发展脉络。
> 3. 理解新公共管理理论的主要内容。
> 4. 理解新公共服务理论的主要内容。
> 5. 能够比较新公共管理理论与新公共服务理论的异同。
> 6. 了解治理理论的主要内容。

任何一门学科都有其理论基础,公共管理学当然也不例外。公共管理理论是对公共管理实践及规律的反映。公共管理学作为一门跨学科的综合性学科,它所涉及的基本理论是以政治学理论为理论基础,涉及经济学、政治学、历史学、法学、社会学等相关学科的理论学说。公共管理学自独立以来,先是在政治学与管理学之间游移,其后在理论路径的曲折转向中完成了定位。本章重点介绍与公共管理学最为密切的五个理论,分别是人民主权理论、组织理论、新公共管理理论、新公共服务理论、治理理论。

2.1 人民主权理论

16世纪下半叶，布丹提出了主权概念，即主权是"不受法律限制的、对公民和臣民进行统治的最高权力"[1]。此后格劳秀斯、霍布斯等对其理论进行了进一步论证、丰富与发展。18世纪以后，君主专制统治受到质疑和批判，洛克等提出了"主权在民"思想。卢梭在"主权在民"思想的基础上提出了人民主权理论。人民主权理论问题是政治学与行政学领域的一个基本问题，它界定了政府与人民之间的正确关系，即人民主权是国家的最高权力，政府治权则处于从属地位。

2.1.1 人民主权理论的理论基础

人民主权作为一种政治理念萌芽于古希腊时期。古希腊学者亚里士多德认为，城邦的权力应归于作为多数的人民；把公民大会、议事会和法庭所组成的平民群众的权利置于那些贤良所任的职司之上是适当的，也是合乎正义的。[2] 古希腊民主制度指称的"人民"仅指奴隶主，不包括广大奴隶，有别于现代意义上的"人民"，民主的本质是奴隶主的民主。现代人民主权理论是民族国家形成以后的产物，它以国家主权理论、自然法和康德哲学作为理论基础。[3]

首先，主权国家的话语是通过文艺复兴以来国家对治理的强调逐步完成的。早在15世纪末16世纪初，马基雅维利就主张国家的统一，甚至主张以武力建立一个中央集权国家。该主张产生的背景是中世纪社会的经济和政治组织的有效性几乎完全局限于本乡本土，这种地方性的经济和政治组织显然不利于资本主义的发展。布丹（1530—1596）全面阐述了国家主权的重要性，他认为主权是在一个国家内进行绝对指挥的、永久的权力，是国家最明显的标志，国家主权具有永恒性，它本质上属于国家而不属于政府。政府是可以变化、更替的，但国家是不变的。国家主权具有无限性和至上性，主权不受法律约束，而是法律的渊源。格劳秀斯认为，主权不受其他权力的限制，不会被任何其他人类的意志随意认定为无效。其后，霍布斯等也都认为国家主权是至高无上和不可转让的。

正是在国家主权的基础上，人民主权才成为可能。人民主权是国家主权的一种合法性话语和现代国家的权力建构话语。人民主权之所以会出现在法国大革命时期，其原因就在于资产阶级必须转换国家政权合法性的论语方式。哈贝马斯认为，政治秩序的合法性必须依赖于理论的证明。近代国家秩序的合法性证明是用一种科学自律的论语手段代替了传统的神学论证和本位论语的策略。[4] 诉诸"国家"之外的另一个抽象话语是一种非常有力的方式，正如法国大革命期间各种法律是以"人民"的名义颁布。另外，人民主权取代了罗马帝国以来国家的神圣传统，国家的合法性不再是神在人间的模本，神的

---

[1] 肖君拥：《人民主权论》，济南：山东人民出版社，2005年，第46页。
[2] ［古希腊］亚里士多德著，吴寿彭译：《政治学》，北京：商务印书馆，1965年，第147页。
[3] 聂露：《人民主权理论述评》，《开放时代》2002年第6期。
[4] ［德］哈贝马斯著，张博树译：《交往与社会进化》，重庆：重庆出版社，1990年，第189–190页。

恩宠或者惩罚不再是国家合法化的基础。可以说，人民主权在某种意义上真正实现了奥古斯丁以及阿奎那所谓的"上帝之城"与"地上之城"最彻底的分离，国家的世俗化得以最终完成。

其次，自然法与康德哲学为人在政治中的角色定位提供了法学和哲学根基。众所周知，自然法理论源于斯多葛学派。在斯多葛学说中，"世界理性"被提升到神的地位，同时它又服从于上帝和宇宙目的。① 斯多葛学派理解的自然不仅仅是实体的自然，而是加入了道德现象在内的自然②；不仅仅是人类社会的道德现象，还包括那些被认为可以分解为某种一般和简单的规律的现象。在斯多葛学派的观念中，人之所以是平等的，其原因在于自然赋予了他们理法，理性是平等的。正是这一观念产生了斯多葛学派的世界公民概念。这些观念导致了罗马法的产生，并由此构造了万民法，引发了对奴隶存废问题的探讨，这是古代法律界的一次革命。

真正改造斯多葛学派这一观念的，除了中世纪神学就是康德的政治哲学。康德从理性出发解释自由与人的主体性：人是双重存在物。一方面作为感性存在物生活于感性世界，服从自然因果律；另一方面作为理性存在物生活于精神世界，遵循自由道德律。因此，目的性和自由就成为人的本质特征。基于此，他论述了人拥有源自理性和人性的天赋人权，认为每个人都是拥有权利的主体。在1795年《论永久和平》中，康德用"共和/专制"两种非此即彼的体制取代了传统君主制、贵族制、民主制。康德乐观地认为，人类社会必然会向着共和的天下大同与永久和平进行。

斯多葛学派和康德的贡献在于为人的平等性提供了社会生物学和伦理学支撑，这就为人民主权奠定了人人平等的基础。只有在人人平等的基础上，近代国家才可能从具体的人中抽象出一个"人格"——"人民"。更重要的是，康德揭示世界历史之所以可能，就在于共和制度统一天下，而共和的基本前提就是主权在民。另外，这种人人平等的观念以及人在道德中的地位形成了自由主义的基本假设，人类社会组织的基本单位是个人而不是国家。

人民主权理论直接来源于社会契约论。所有社会契约论者都借用了源自法律的契约理论，虽然各契约论者的论证方式各有不同。

从契约关系来看，霍布斯为论证国家主义的合理性提出契约的订立者是全体公民，国家不是契约的一方当事人而是证约人和监督者，国家的角色超越于订约者（公民）。在强调自由主义理念的洛克看来，全体公民订立契约后，又与国家签订契约，国家成为契约的一方当事人，受到契约的约束。卢梭则认为所有的公民共同订立了契约，也就是公民同自己订立了契约，根据契约产生了政府，政府是公民彼此订立契约的产物。在卢梭看来，公民服从的只是自己，所以公意是永存的，公民反抗违反公意的政府是正当的。

从权力交付的方式来看，霍布斯强调"让渡"，即权力不再属于人民，国家掌握全部权力；洛克强调"委托"，即权力有条件地属于人民；卢梭强调"公民权利让渡给自

---

① [德]文德尔班著，罗达仁译：《哲学史教程（上）》，北京：商务印书馆，1987年，第231、238页。
② [英]梅因著，沈景一译：《古代法》，北京：商务印书馆，1995年，第31页。

己，事实上无所谓让渡和不让渡"。从让渡的权力来看，霍布斯认为个人是为了维持安全的状态；洛克称为了公民的财产权，公民交付了立法和执行惩罚的权力，其他的权力仍然保留；卢梭认为公民彻底地交付了全部的权力包括公民自己，但由于公民自身就是公意即主权者的有效构成，所以，当公民权利全部交付之际，也是公民获得道德和自由之时。① 尽管霍布斯、洛克、卢梭对违反契约的程度理解不同，但所有契约论者的出发点都是人民拥有最终推翻政府的权力。

2.1.2 人民主权理论的内涵

人民主权思想的诞生标志着政治文明向高级阶段发展，经过不同时代政治法律思想家的锤炼，业已形成一套完整的理论体系。但是，不同时代的思想家对人民主权的诠释各有旨趣差异，这里以卢梭为例来阐述人民主权的内涵。作为西方近代人民主权理论的集大成者，卢梭在批判前人的基础上，首次系统性地提出了人民主权理论。卢梭认为，人民订立契约、建立国家，人民是国家权力的主人。卢梭的人民主权理论主要包括以下几点内涵。②

2.1.2.1 主权和立法权属于人民

首先，主权属于人民。在卢梭看来，人们本着同一个意愿，放弃了自己的自由结合为一个集体，主权便来自这个集体中。要实现主权需要在这个集体中形成共同意志——公意，所以，主权者不是政府、不是议会，更不能是君主个人。主权来自社会成员之间的约定，每个人都有服从社会公约的义务，主权对每个人提出的义务约束都是平等与公平的。意志不可转让，主权的基础是公意，主权作为全体公民共同意志的体现也就不能被转让；同样，意志不可分割，主权也就不可分割，所以，主权只能由全体人民享有。

其次，立法权属于人民。"主权在民"思想的实质是国家最高权力属于人民，并且也只能属于人民。卢梭认为，国家权力可以分为立法权和执行权，更能体现其主权权威的是立法权，执行权只是由立法权派生出来的权力，执行权从属于立法权，人民可以不行使执行权，但必须享有立法权。人民作为立法者必须始终持有立法权，这是人民享有国家主权的唯一标志。只有人民直接参与并全部赞同形成的条款才是法律，否则便不具有法律效力。政府由人民任命产生，作为人民的委托者，政府仅具有执行法律的权力。

2.1.2.2 主权不可分割、不可转让、不可代表

卢梭认为，主权是人民公共意志的体现，只有公意才能指导国家，实现人民的共同利益。主权既然是人的一般意志，意志不能转让，主权就不能转让。作为主权的拥有者，人民只能代表自己行使权力，人民一旦把权力转让给他人，就意味着人民将主权转让给他人。转让意味着消失，意味着失去了生命意义。人民能转让的只能是主权的附属

---

① [法]卢梭著，何兆武译：《社会契约论》，北京：商务印书馆，1997年；[美]洛克著，瞿菊农、叶启芳译：《政府论》，北京：商务印书馆，1997年；[英]霍布斯著，黎思复、黎廷弼译：《利维坦》，北京：商务印书馆，1996年；[美]列奥·施特劳斯、约瑟夫·克罗波西著，李天然译：《政治哲学史》，石家庄：河北人民出版社，1993年。

② 李婷：《论人民主权思想的发展脉络》，南京：南京师范大学博士学位论文，2014年，第54—59页。

权——行政权。

"由于主权是不可转让的",根据意志不可分割的缘由,"主权也是不可分割的"[①]。必须要区分开主权及主权所派生出来的权力。主权属于人民,且只属于人民,人民是个整体,人民只有直接掌握立法权才能真正成为国家的主人。主权作为所有社会成员的共同意志体现,必须实现于整体、服务于整体。未形成公意的意志只能是个人意志或大众意志,它不能形成法律,不具有法律效力,不能对他人形成制约。卢梭认为,权力在具体的运用过程中也不能分开,一旦分开会导致走向权力的另一个极端——极权,不利于国家权力的有效实施和社会民主的进步。因此,人民在行使权力时相互监督、相互制约,才能保证正确的使用权力,保障全体人民的利益。

卢梭认为,"代表"这一观念是封建制度的产物。代表们在选举时利用人民的同情心,在执行国家权力时却要征服人民,征服人民之后便会滥用权力,他们没有集体观念和服务他人的意识,关注的只是私人利益。只要一个国家或民族选定了他们的代表,人民就将在政治和人身上不再自由了。我们可以明确感受到,在卢梭的字典里,"代表"是个恶劣的词汇,作为国家主权的所有者,人民要亲自参与法律的制定过程,法律才会有效;同样,主权只能由人民自己掌控,对人民才有利。为体现人民的主权者地位,政府官员只能是受人民委托的办事员。

2.1.2.3 人民主权实现的条件——建立社会契约

卢梭认为,人类应把自然之自由转化为契约之自由。那么怎样才能保证自由转化之后,人类还和自然社会一样享有同样的自由呢?为保障人民主权地位和享有自然所赋予的自由,卢梭探寻另一条路径来解决可能出现的理论难题——"这个社会公约一旦遭到破坏,每个人就立刻恢复了他原来的权利"[②]。在卢梭看来,无论这个契约存在与否,每个人都拥有他自出生以来就具备的天然的自由权利。卢梭的权力逻辑是每个人自然、平等地把自己的所有奉献给其他人,同时他也得到了其他社会成员的奉献。这就等于没有奉献出自己,因为付出后获得了同样的回报甚至更多。但是,把无数个独立个体整合成一个共同体后重新分配的新个体和从前的个体并非完全一样,这个逻辑是有一定缺陷的。

卢梭认为,社会契约是国家建立的基础。国家共同体仅包括参加订约的人,参加订约的人组成国家后,这时的人类便进入社会状态,脱离了自然状态。人们在商讨国家事务时,通过集会进行投票表决,如果部分公民在投票过程中投反对票,那么反对者就被排除在此契约之外,不再是这个国家和政府统治下的臣民。反对者可以通过再次投票订立契约,另外组成国家。在此情况下,每次集会都可能改变原有的国家结构,新的国家就此诞生。

[①] [法]卢梭著,何兆武译:《社会契约论》,北京:商务印书馆,1965年,第33页。
[②] [法]卢梭著,何兆武译:《社会契约论》,北京:商务印书馆,1965年,第19页。

2.1.2.4 主权实现的基础——公意

通过订立社会契约，建立有共同意志的共同体，每个结合者把自身的所有权力奉献给这个共同体，这个共同体便具有所有结合者的权力，并因此产生无穷大的能量，公意便是这无穷大的能量。公意是国家的最高主宰，公意主导下的国家，其人民必须无条件听从公意。因为公意是所有社会成员认同的一般意志，听从公意实际就是听从自己的意志，公意之规定其实就是自己之所想。

卢梭认为，公意是民众的共同意愿，凝聚了所有社会成员的能量，它是坚不可摧的。受公意主导和支配的主权神圣不可侵犯，任何组织或个人都不能侵犯或动摇它的绝对权威性，否则将受到民众的反对或被其他社会成员处以极刑。即使政府受到民众的委托成为公意的具体执行者，但若其在权限外行使职权，或者直接篡夺人民的主权，人民就有权推翻它。在国家中，公意代表的是主权者的共同意志，具有共同意志的人才能构成公意。公民的意见必须由个人直接表述，任何人都不能代表他人表达意见，否则，产生的公意便不受法律保护。为了实现公意，公民要有一定的公共美德，即公民的个别意志要服从社会的公共意志，并以公共意志为准则克服个别意志中存有的自私性。否则，个人意志会被国家权力排除，此人也将被驱除于国家之外。

2.1.3 人民主权实现的制度形式

主权归属问题解决之后，随之而来的另一个问题是人民如何行使主权。对这个问题做出说明并加以妥善解决关系到人民主权的事实确认。在人民行使其主权的制度形式上有两种截然不同的主张，即直接民主和代议制民主。①

2.1.3.1 从直接民主到代议制民主

直接民主的概念是西方文明的产物，是人民直接统一行使其主权权力的政治生活方式。直接民主的原生态形式是古希腊的城邦民主。在规模有限的城邦政治中，公民们直接参与城邦的治理，而不是通过选举代表、组织议会来治理国家。古罗马共和国虽然疆域辽阔，但由于共和国的政治主张在罗马进行，所以规模问题没有构成政治的有效因素。直接民主不仅需要面积小、人口少、公民时间充足等条件，而且易导致制度丧失对危机的防范力。

如果上述条件无法有效满足，代议制就是构建人民主权的有益选择。所谓代议制，就形式而论，是一种间接民主，它不是由公民直接行使其主权权力，而是以选举代表的方式将其权力委托给一定的代议机构，代替权力的终极所有者——公民来实现共同体的政治治理。在这里，公民的主权权力主要表现在对代议员的选择与监督上，表现在代议员对作为选民的公民的负责上。代议制的出现进一步表明国家是一种从社会中产生又居于社会之上的共同体力量，同时代议制也是社会力求控制国家这种特殊公共权力的制度形式。

代议制表征了这个社会一定性质或一定范围的民主，但我们也不能因此就认为有代

---

① 徐邦友：《政府的逻辑》，上海：上海人民出版社，2011年，第98—118页。

议制就一定有民主。代议制要想成为民主的代议制，必须具备的条件之一是公民必须有选择代表的自由。选举对于实现人民主权的意义可以概括如下：首先，选举成为政府权力产生、移交的唯一合法手段。选举产生的代表如果忠于选民，那么政治体制就具有深刻的民主性，就是人民主权的真正实现。其次，人民通过预期的解除权，激励政府担起责任。政府面临被解散的压力，会对人民尽职尽责。最后，选举通过促进公民权利的全面实现，提高了人民的政治素养和技能，有利于人民实现更好的治理。总之，代议制民主通过让人民以民主选举的形式更换执政者，在一定程度上实现了人民主权。

2.1.3.2 代议制的行动原则

即便按照现代选举的平等、秘密、普选等原则进行选举，也还有一个重要的问题：如何计算选举结果，或者说，如何根据选票决定当选者。

卢梭认为最理想的选举原则是全体一致原则。他主张在选举中人民应积极参与表达公意，体现出主权者的角色。卢梭理论的悖论之处在于公意是在程序中产生的，而根据什么判断所谓的公意将是个悬而未决的问题。如果由"人民"化身来确定何为公意，那么公意就成为一种预先设定的东西，这实际上抽空了人民选举的实质意义。卢梭的愿望是通过"教育"达到公意，但问题是如果没有达到或者说强制达到公意，又该怎么办呢？

相较于全体一致原则的选举悖论，"少数服从多数"是经验的理性原则。首先，选择少数服从多数的原则行动是基于一种信念，即多数人的意志较之于少数人的意志更接近于公共意志。这种信念的产生又是基于多数人与所有人在数量上的约近关系，尤其是当"多"达到"绝对"的程度时更是如此。其次，按照大多数人的意志行动才可以使政治共同体成为行动一致的整体。"如果不是这样，它就不可能作为一个整体、一个共同体而有所行动或继续存在，而根据组织它的各个个人的同意，它正是应该成为这样的整体；所以人人都应该根据这一同意而受大多数人的约束"。再次，按照少数服从多数的原则行动也有助于我们选择正确的行动原则。

少数服从多数原则对于实现人民主权的作用也是有限的。首先，在选举中，选民在法律上享有至尊地位，因为他们在选举时促成了政党的起落，随之而来的是政府的新陈代谢。但是，除了选择政党或内阁总理，选民不能做别的事情。随着合法性统治向合理性统治的转变，选举的多数原理似乎不是为了实现人民主权，而是判定被统治者响应统治者号召的自由程度如何。[①] 其次，坚持少数服从多数、多数拥有立法的宪法权力是理所当然的，但并不意味着这样制定的法律是正义的。正义的法律应当是公平的法律，而当多数滥用其地位和宪法规定的立法原则，恣意侵犯少数人的利益时，法律就不再是公平正义的。因此，我们在坚持少数服从多数原则时，还应该注意保护少数群体的利益。

2.2 组织理论

实际上，人类社会都是基于一定的组织。人类社会的发展与人类组织的发展大致是

---

① ［英］洛克著，叶启芳等译：《政府论（下篇）》，北京：商务印书馆，1964年，第60页。

同步的。无论在东方国家还是西方世界，都有关于组织的论述和著作。现代意义上的组织建立在"公域"与"私域"划分的基础上。学界普遍认为现代组织研究起源于 20 世纪初。随着生产力发展和社会进步，对组织的研究越发深入和细致。一般认为，组织理论的发展可分为古典组织理论阶段、行为科学组织理论阶段、系统科学组织理论阶段、公共组织理论阶段等。

2.2.1　古典组织理论阶段

20 世纪初，随着西方国家工业化进程的加快，原有的小工厂逐渐变成规模化企业，复杂的生产活动代替了简单的手工劳动。由此带来的结果是在大型企业组织中劳资冲突加剧、管理无序混乱、生产效率低下。这些问题引起了管理专家、决策人员的注意，他们从自身所处的环境出发选取不同的角度，研究与大规模生产相契合的管理制度和方法，由此形成不同的组织理论和学派。按照通常的分类方法，相关研究有三大学派，分别是科学管理学派、科层体制学派、行政管理学派。

2.2.1.1　科学管理学派

科学管理学派的代表人物是弗雷德里克·温斯洛·泰勒。泰勒被誉为"科学管理之父"，最能代表他管理思想的是其于 1911 年发表的《科学管理原理》。泰勒围绕"提高劳动生产率"的问题提出了关于管理和组织的基本理论，主要包括以下四个观点[①]：一是标准化原理。要用对工人操作的科学研究来取代旧的单凭经验管理工人的方式，形成科学的劳动过程。二是选拔员工并定期培训。管理者的重要责任在于认真研究每一个工人的品质、性格和工作成绩，然后再认真、系统地训练、帮助和培训他们。三是对工人进行科学管理。泰勒认为，工人为了获得较高的报酬是乐意与管理人员合作的，管理人员需要来一场"精神革命"，从旧管理体制转向科学管理制度。四是正确划分工人与管理者的工作，以实现管理者与工人的有效合作。

泰勒将科学引进管理领域，对于转变"经验型""放任型"管理方法、开创管理实践的新局面做出了贡献。但是，泰勒把人看作纯粹的"经济人"，忽视了感情、态度、集体等社会因素对工人行为及生产效率的影响；泰勒关注的重点是生产现场的监督和控制问题，对企业的供应、销售、人事等方面的活动涉及较少。

2.2.1.2　科层制学派

科层制学派的代表人物是马克斯·韦伯。1921 年，韦伯出版了体现其科层制思想的《社会与经济组织理论》。该理论被后人视为组织理论发展历史上最重要的理论之一，韦伯因此被称为"组织理论之父"。韦伯的科层制组织理论主要包括以下两点：

一是对权威进行分类。韦伯指出，任何一种组织都以某种形式的权威（权力）为基础。权力可以强迫别人服从，权威意味着人们自觉自愿服从。权威来源于三种类型，分别是卡里斯玛型权威，即权威来源于领袖超凡的个人魅力，以对领袖的崇拜和迷信为基础；传统型权威，即权威来源于神圣的先例和惯例，成员对领袖继承的地位不能有任何

[①] 朱国云：《组织理论：历史与流派（第二版）》，南京：南京大学出版社，2014 年，第 23—24 页。

怀疑；法理型权威，即权威来源于法律和签署的契约，人们服从组织是依据非人格化的制度。

二是科层制组织的特征。科层制组织建立在理性－法律的权威基础上。理想的科层制组织的基本特征表现为：①职责明确、分工合理。无论管理层还是执行层都有合理的分工，明确每个成员的职责权限并用规章保证稳定性。②职务等级序列分明。按权力高低组织各种职务，形成统一指挥的线性链条，由最高层指挥下一层直到最基层。③一整套严谨的规章制度。组织需要规则和程序来规范成员行为，正式制度可保证权力行使和责任承担相对应。④正规的文书制度和档案。一切决定和命令都应以书面的正式文书下达，避免领导和成员变动带来的管理混乱。⑤非人格化的组织管理。在正式公务活动中，一切以法律、法规为准则，不能掺杂个人情感和偏好。⑥特定的专业培训机构。组织需随时给成员提供必备的专业培训，增强成员认识和解决问题的能力。

韦伯认为行政管理就是要追求效率，这也是其重要的理论贡献之一，但同时也存在很多问题：由于过分强调层级节制体制，忽视了组织成员的积极性、主动性；偏重对组织内部形态及管理的分析，缺乏对组织和环境相互关系的探讨；强调专业分工和权限划分的意义，忽视了宏观协调及本位主义问题；易引发论资排辈的不良观念，忽视了组织成员的心理需求等。由科层制组织构成的世界必然是一个极端冷漠的世界[①]。

2.2.1.3　行政管理学派

行政管理学派的代表人物是亨利·法约尔。1916年，法约尔出版了《工业管理和一般管理》一书。法约尔以企业整体作为研究对象，认为管理理论是指"有关管理的、得到普遍承认的理论，是经过普遍经验检验并得到论证的一套有关原则、标准、方法、程序等内容的完整体系"。

作为古典组织理论的开创者，法约尔讨论了组织的构成要素：一是组织的外部形态要素。组织的一般形态是由组织人员的数目决定的，随着组织成员的增多，组织会变成金字塔结构。二是组织的内在要素。法约尔认为，"为了建立有效的组织，光聚集人和分配职务是不够的，必须具备如何使有机的整体适应各种要求、如何发现所需要的人才和如何因地制宜安排每个人等方面的知识。总之，必须有多种重要的因素。"[②]

法约尔认为，一个组织大体上可分为物质组织和社会组织两部分。只有配备了必要的物质资源，社会组织才能完成一些主要任务。法约尔将组织的基本职能分为六组：①技术职能；②商业职能；③财务职能；④安全职能；⑤会计职能；⑥管理职能。其中，组织的管理职能包括计划（最高管理层的主要责任）、组织（集合各种资源进行生产活动）、指挥（建立在职位和权威基础上工作）、协调（调和所有的活动及力量）、控制（使所有活动都按下达的命令进行）等因素。

法约尔认为，管理原则应当是灵活的，关键是人们必须懂得怎么运用那些原则，这里起作用的是领导者经验和机智，他列举了常用的14条管理原则，又被称为"法约尔

---

① 丁煌：《西方行政学理论概要》，北京：中国人民大学出版社，2005年，第36页。
② 刘延平主编：《多维视角下的组织理论》，北京：清华大学出版社、北京交通大学出版社，2007年，第154页。

原则",分别是：①劳动分工；②权力与责任；③纪律；④统一指挥；⑤统一领导；⑥个人利益服从集体利益；⑦人员报酬；⑧集中；⑨等级序列；⑩秩序；⑪公平；⑫人员的稳定；⑬首创精神；⑭人员的团结。

法约尔的功绩在于拓宽了科学管理原理所涉及的领域，为现代组织理论准备了生长的土壤和补足的对象。从组织理论上看，法约尔赞成比较集权的职能化组织结构，在"管人"问题上主张以纪律（惩罚）进行监督。尽管他提出激发首创精神，将组织比作生物有机体，但是没有做出更深入的分析。总体上讲，他的组织理论没有摆脱"机械模式"。

2.2.2　行为科学组织理论阶段

古典组织理论强调管理的科学、纪律、制度和标准，虽然在一定程度上提高了组织效率，却把人当作追求私人利益最大化的"经济人"，忽视了人的主观能动性。20世纪20年代以后，劳资纠纷、工人罢工等问题层出不穷，一些专家和学者开始反思已有的理论并逐渐认识到，把组织看作人类活动的共同体，强调人与人、人与群体的关系而不是人与规则的关系，才能保证雇员有效参与组织活动。在这一背景下，行为科学组织理论应运而生，包括人际关系组织理论学派、系统与组织决策理论学派、需要－激励因素组织理论学派等。

2.2.2.1　人际关系组织理论学派

行为科学组织理论主要由来自心理学、社会心理学和社会学的研究者建立。福莱特最早完成管理研究和心理研究的结合，梅奥及霍桑实验使人际关系理论形成代表性理论。[①]

霍桑实验始于1924年在美国芝加哥附近的西方电气公司霍桑工厂进行的实验研究。霍桑实验的基本假设是作业条件的改善有利于作业效率的提高。实验主要考察作业条件、作业时间、工资形成、劳资对话和车间非正式组织行为与组织效率的关系。研究结果表明：改善作业条件有利于提高生产效率的假设不成立；照明条件、作息时间、工资形态不直接影响工人的生产效率；通过改变原来单纯的指挥与监督模式、鼓励职工参与监督与决策、解决职工的问题以提升其情绪可以提高工作效率。

1927年，哈佛大学教授乔治·埃尔顿·梅奥应邀参加实验，并在1933年出版的《工业文明中的人类问题》中对霍桑实验的成果进行了解释，阐明了有关组织理论的观点，标志着人际关系组织理论的形成。其主要内容是：①提出"社会人"的观点。认为人不仅追求金钱还有社会和心理方面的需求，采取民主的、情感的管理方式能提高生产率。②揭示非正式组织的存在。非正式组织与正式组织的平衡与协调能提高劳动生产率。③重视管理中的"士气"因素。增加成员的满意度能提高他们的"士气"，保证组织的生产效率。

2.2.2.2　系统与组织决策理论

巴纳德和西蒙较早从整体论视角研究人的问题。其中，巴纳德把组织问题变为管理

---

① 聂平平、尹利民主编：《公共组织理论》，武汉：武汉大学出版社，2009年，第48—58页。

的核心命题，建立了一套影响深远的组织理论体系。西蒙系统地批判了古典组织理论，提出了具有相对理性的决策组织思想。鉴于巴纳德和西蒙的思想有很多相似之处，人们一般把他们的组织理论合称为"巴纳德－西蒙理论"。

切斯特·欧文·巴纳德于1938年出版了《经理人员的职能》，其主要内容有：①组织的本质理论。组织的本质是个协作系统。②组织的三要素。组织是由协作意愿、共同目标、信息交流三要素构成。③非正式组织。非正式组织普遍存在，与正式组织互为条件。④组织的权威。管理者的权威是自下而上形成的。⑤组织平衡理论。组织平衡分为对内平衡和对外平衡两方面。⑥经理人员的职能。主要有提供信息交流系统、保证成员努力提供服务、确定组织目标三项职能。

赫伯特·A. 西蒙提出的"决策满意度原则"和"组织成员的有限理性"思想对管理组织理论的发展影响巨大，他也因此于1978年获得了诺贝尔经济学奖。西蒙有关决策的组织理论主要有以下四个方面：①组织决策理论。组织的基本功能是决策。在决策过程中，西蒙主张用"满意度"模式取代"经济人"假设，把决策看作是理性有限人做出的管理活动。②组织影响理论。个人作为组织中的成员，其做出的决定受组织影响，该影响体现为权威、组织认同、信息沟通、训练、效率。③组织设计理论。西蒙的组织设计关注的是有利于组织决策以及决策所需的信息传递和处理。④组织平衡理论。组织平衡是组织生存的必要条件，组织成员为组织做出贡献以换取组织提供给他们的诱因。

2.2.2.3 需要－激励因素组织理论

任何组织中人的行为都是在特定动机支配下产生的，动机需要通过对人各种需要的满足和激励来引导和强化。需要－激励理论研究的是人的需要、动机、期望、情感、激励和价值观，其代表性理论有麦格雷戈的X－Y理论以及赫茨伯格的双因素理论。

道格拉斯·麦格雷戈认为，不同的人性理论会导致不同的管理理论和管理方式。传统的管理理论建立在他称之为"X理论"的基础上。该理论认为，人天性是丑恶的，基本上都厌恶工作，凡事得过且过，尽量避免承担责任。基于该人性观的管理理论内容包括：采用"胡萝卜加大棒"的方法；将金钱作为最主要的激励手段；重视完成工作而非关心人；认为管理是少数人的事情。"Y理论"与"X理论"相对立，认为人性是积极的、正面的，人们不总是逃避工作。基于该人性观的管理要点包括：尽量创造适宜的工作环境和条件；管理人员要为成员发挥才智创造条件；满足成员的自尊和自我实现的需要；管理制度能保证成员充分发挥才能。

弗雷德里克·赫茨伯格通过对众多职业人员的调查发现，使被调查者感到满意的都属于工作本身或工作内容方面，感到不满的都属于工作环境或工作关系方面。他将前者称为激励因素，后者称为保健因素。激励因素又称满意因素，是能真正激励人工作积极性的和献身精神的因素。保健因素又称维持因素，是使人们保持工作基本满意所需的因素。提供充分的保健因素可以消除不满情绪，但不会使工作效率提高，提供充分的激励因素才能收到更好的效果。

2.2.3 系统科学组织理论阶段

20世纪60年代以来，世界进入快速发展的时期。围绕着经济发展与技术进步，各种组织理论和组织思想随之产生。特别是在20世纪60年代到20世纪80年代期间，自然科学的诸多研究成果，如信息论、系统论、控制论，对组织科学研究起到了推动作用。主流组织理论也从行为科学转向现代组织理论的丛林。

2.2.3.1 系统组织理论

系统组织理论认为，组织本身处于社会大系统的分系统中，置身于系统中的组织需具备四种特性，即适应环境、实现目标、统一协调、维持形态。四种特性主要体现为组织的三个层级，分别是决策层级、管理层级和技术层级。其中，决策层级负责做出决策，管理层级协调系统行为，技术层级负责具体执行。弗里蒙特·卡斯特和詹姆斯·罗森茨韦克认为，组织是一个完全开放的系统，是在与环境的不断作用中发展的，在开放的系统中组织内外变量相互配合、相互促进。组织系统包括组织内部结构分系统和环境分系统，组织内部结构分系统又由五个分系统组成，分别是组织目标与价值分系统、结构分系统、技术分系统、社会心理分系统、管理分系统。此外，卡斯特强调整体不仅仅是各部分的总和，系统本身只能作为一个整体加以解释。组织系统的开放性表现为各界限的可渗透性、人员的可筛选性、能量信息的可交换性。

2.2.3.2 权变组织理论

所谓权变就是随机应变、权宜变通。权变组织理论的核心认为不存在最佳的组织方式，任何组织方式间都不等效，最好的组织方式依赖于环境特质。一旦组织的内在特征与环境要求最佳匹配，组织就能很好地适应环境。权变组织理论最早由美国学者伍德夫提出。伍德夫通过研究发现，一个组织系统中有多个子系统，其中具有技术职能的子系统对组织结构影响较大，成功的组织具有与技术水平相适应的组织结构。后来，美国学者劳伦斯和洛尔斯合著了《组织与环境》一书，他们认为环境主要影响组织的具体形态和组织协调难易度。当组织处在稳定的环境中，组织可以采取传统的官僚制结构，组织的协调需求和难度下降，反之组织就要采取灵活机动的形式。吉柏森在劳伦斯和洛尔斯的基础上提出一个较大环境中有四个次级环境，分别是输入次级环境、输出次级环境、技术次级环境和知识次级环境，组织与四个次级环境相互影响、相互依赖。美国心理学和管理学家弗雷德·菲德勒提出领导权变理论，他指出"重任务的人和重关系的人都可以是有效的领导者，只要情境与个人相符。"

2.2.3.3 种群生态组织理论

种群生态组织理论致力于探讨组织种群的构造、成长及消亡的过程及其与环境的关系。该理论认为种群内一直有新的组织诞生。因此，组织种群在不断地发生变化。由于新组织的增多，组织的多样性不断增强，这些新组织填补了既有组织剩下的空间。迅速变化的环境决定了种群的生存或失败。由于单个组织结构有惰性，难以适应环境的变化，因此，当环境发生迅速变化时，老的组织容易衰败或失败，适应新环境的组织应运而生，每个组织都会找到适宜自己的空间。种群生态组织理论将组织种群划分为三个阶段：变异阶段，它是组织种群中不断出现新的组织形式的过程；选择阶段，有些组织比其他组织更能适应外部环境，它通过从环境中获得所需资源找到生存空间；保留阶段，它是对选中组织的保存、形式化或制度化。种群生态组织理论强调管理人员不能影响而是适应环境，组织本身的战略是有限的，其有效性取决于社会发展趋势。

2.2.4 公共组织理论阶段

20世纪80年代以来，以信息化和网络化为载体的信息革命在全球展开，给不同国家和经济体带来发展机遇的同时也带来了巨大的冲击。一些西方国家的政府组织转而借鉴企业的管理理念和方法，产生了诸如学习型组织理论、组织效能理论等研究成果，并使组织理论迈入了新领域。

2.2.4.1 学习型组织理论

"学习型组织"概念最早由哈佛大学教授Forrester提出。1990年，彼得·圣吉出版了《第五项修炼》一书，提出"应变的根本之道是学习，它是竞争求生存的基本法则"。在之后出版的《变革之舞》中，圣吉又强调"21世纪企业间的竞争实质是企业学习能力的竞争，竞争唯一优势来自比对手更快的学习能力"。多数研究者认为，在学习型组织中，个人、组织和组织者是学习的三个层次，他们在组织共同愿景统领下，在一系列不同层次的子愿景或亚愿景的引导和激励下，不断学习新知识、新技能，并在学习的基础上持续创新，以实现组织的可持续发展和个人的全面发展。圣吉认为，如果一个组织能进行自我修炼、改善心智模式、建立共同愿景、团体学习、系统思考这五项修炼，它就能引导人们在组织的各个层次致力于学习，从而使组织脱胎换骨成为学习型组织。学习型组织包含"六大文化"，分别是学习力文化、快乐文化、创新文化、反思文化、共享文化、速度文化。

2.2.4.2 组织效能理论

霍尔认为研究组织理论的目的是提高组织效能。一方面，组织效能本身，即如何通过结构设计、决策和领导过程及与环境的互动使组织有效是非常复杂的；另一方面，不同的人作为本组织的成员时，由于在组织中承担的职能不同，或者他作为其他组织成员时，对组织的看法不仅不同，有时甚至还会相互抵触。研究者为了研究组织效能，提出了不同的组织效能模型。第一种是系统资源模型。尤琴特曼和西肖尔指出，组织效能是"组织利用环境获取稀缺而有价值的资源以维持运转的能力"[1]。紧接着他们提出，组织资源的多少与组织获取环境资源的能力相关联。该定义强调了组织利用环境的能力而不是对环境的最大利用。第二种是目标模型。该模型认为组织的效能是"组织实现其目标的程度"[2]。汉南和弗里曼强调组织效能评价的复杂性，认为目标模型最大、最主要的困难是目标具有多重性、特殊性和临时性，要说明组织结果是组织行动还是外部力量的产物是极其困难的。第三种是参与-满意模型。卡明斯将组织定义为一种工具或一个竞技场。他认为这样可以有效地帮助理解组织及其运作过程，从而合理有效地评价和衡量组织效能。

---

[1] ［美］理查德·H. 霍尔著，张友星、刘五一、沈勇译：《组织：结构、过程及结果（第8版）》，上海：上海财经大学出版社，2003年，第268页。

[2] ［美］理查德·H. 霍尔著，张友星、刘五一、沈勇译：《组织：结构、过程及结果（第8版）》，上海：上海财经大学出版社，2003年，第269页。

2.3 新公共管理理论

西方国家自20世纪以来，在实践中经过凯恩斯福利主义国家的长期探索，在理论上经过古德诺、威尔逊、韦伯等的努力，逐渐形成了传统的公共管理模式。随着时代的发展，该公共管理模式及其指导理论不断受到来自实践和理论的双重挑战。传统模式过分强调等级原则、计划和直接控制，强调政府机构提供公共福利，强调高度集权与官僚制，最终把政府推向了财政危机和官僚主义，并由此引发了公众对政府的信任危机。20世纪70至80年代，西方掀起了声势浩大的政府再造运动，"新公共管理"实践模式及其理论由此兴起。

2.3.1 新公共管理的核心定义

作为一种正在成长的公共管理新模式，"新公共管理"有不同的名称，如"公共管理主义"（或"管理主义"）、"后官僚体制模式"和"以市场为导向的公共行政"等。新公共管理最早由胡德在1991年提出。胡德指出，在20世纪70年代中期以后，英国及其他经济合作与发展组织国家纷纷掀起了政府改革运动。胡德将这场运动称之为"新公共管理运动（New Public Management Movement）"，以区别于公共行政（Public Administration）。

胡德将新公共管理看作是一种以强制明确的责任制、产出导向的绩效评估，以准独立的行政单位为主的分权（分散化）结构，采用私人部门管理技术、工具，引入市场机制以改善竞争为特征的公共部门管理新途径。胡德归纳出七条新公共管理的特点：①在公共部门中放手给专业管理，这表示管理者自己管理；②目标必须明确，绩效必须能够加以测量；③特别强调产出控制，重视实际的成果甚于重视程序；④走向分解的转变，将大规模的部门分割开来；⑤转变为更大的竞争性；⑥重视私人部门形态的管理行为；⑦资源运用上的克制与节约。[1]

胡德的定义意味着新公共管理在很大程度上依赖私人部门和市场理论以实现公共组织的管理，20世纪90年代的许多学者都围绕这一定义来展开对新公共管理的讨论。如经济合作与发展组织（经合组织，OECD）的公共管理委员会在对经合组织国家的公共管理改革进行比较后，将新公共管理定义为"已经出现的公共管理新范式，它提倡在更少集权的公共部门配予绩效导向文化（performance-oriented culture）"[2]，它具有以下特点：①密切关注效率、效能和服务质量等结果；②以分权化的组织环境取代高度集权的层级结构，使资源配置和服务供给的决策权更加接近供给单位，为客户与其他利益集团的反馈提供机会；③灵活地探索指导公共产品供给和规则的方法，以得到更符合成本－收益的政策产品；④更加关注公共部门的服务效率；⑤加强中央指导国家发展的战略能力，以使其自动、灵活、廉价地对外部环境变化和不同利益集团做出回应。

---

[1] Christopher Hood. A Public Management for All Seasons. Public Adminstration，1991，69（1）.
[2] OECD. Goverance in Transition: Public Management Reforms in OECD Countries. Paris，1995：8.

海斯和卡尼在综合各种定义后发现，新公共管理具有五项核心原则：①规模缩减（downsizing），即精简政府的规模和管理范围；②管理主义（managerialism），即在政府中使用企业规则；③分权（decentralization），即将决策权转移到最接近服务接受者的部门；④去官僚化（debureaucratization），即重塑政府，关注结果而不是过程；⑤私有化（privatization），即将政府产品或服务的配置交给外部企业。①

《布莱克维尔政治学百科全书》则将新公共管理模式概括为如下倾向："宁要劳务承包，而不要通过没有终结的职业承包而直接劳动的倾向；宁要提供公共服务的多元结构，而不要单一的无所不包的供给方式结构的倾向；宁可向使用者收费（或至少是指定了用途的税收），而不是把普通税金作为资助不具有公共利益的公共事业基础的倾向。"②

尽管有关新公共管理的界定众多，但还是能发现不同定义中的共识。第一，与传统的公共管理不同，它更关注结果的实现和管理者的个人责任；第二，明确表示摆脱古典官僚制，从而使组织、人事、任期和条件更加灵活；第三，明确规定组织和人事目标，这样可以根据绩效指标测量工作任务的完成情况，也可以对计划方案进行更为系统的评估，还可以比以前更为严格地确定政府计划是否实现了预定目标；第四，高级行政管理人员更有可能带有政治色彩地致力于政府工作，而不是无党派或中立的；第五，政府更有可能受到市场的检验，将公共服务的购买者与提供者区分开，即将"掌舵者"与"划桨者"区分开，政府介入并不总是指政府通过官僚手段行事；第六，出现通过民营化和市场检验、签订合同等方式减少政府职能的趋势。③

2.3.2 新公共管理的理论基础

新公共管理的理论基础是"管理主义"。澳大利亚公共管理学专家欧文·E. 休斯认为，新公共管理的理论基础来源于经济学理论与管理学理论。经济学理论主要是新自由主义经济学，特别是其中的公共选择理论、委托－代理理论和交易费用理论。自20世纪80年代以来，管理学理论与公共选择理论（public choice theory）、委托－代理理论（principal/agent theory）、交易费用理论（transaction cost theory）相结合构成了管理主义，其标准范本是新公共管理理论。④

2.3.2.1 公共选择理论

公共选择理论在"经济人"的基本假定之下，运用现代经济学的逻辑和方法，分析非市场的集体决策过程。公共选择理论的主题与政治科学的主题相同，涉及选民理论、投票者行为、官僚机构、政党政治等领域。①理性选民理论。选民扮演着政治市场上的"经济人"角色，他行动时会进行成本－收益分析。当收益大于成本，就会选择投票，

---

① S. W. Hays, R. C. Kearney. Riding the Crest of a Wave: The National Performance Review and Public Management Reform. International Journal of Public Administration, 1997, 20 (1): 11–40.
② 《布莱克维尔政治学百科全书》，北京：中国政法大学出版社，1992年，第613页。
③ 李鹏：《新公共管理及应用》，北京：社会科学文献出版社，2004年，第157页。
④ 胡税根主编：《公共管理学》，北京：中国社会科学出版社，2014年，第44－48页。

否则就会弃权。由于信息的不完全性、个人选择的不确定性等，很多选民表现出"理性而无知"的政治冷漠心态。在现实中，选民投票率往往因在投票中获得伦理上的满足感、实现党派偏好的满足感、在政治制度中的能力和作用得到承认的满足感而提高。②官僚理论。官僚和普通人一样会追求个人利益的最大化。官僚的个人利益包括薪金、职务晋升、社会声望、控制权力、社会影响力、轻松的工作职责及美好的工作环境等。官僚目标的实现取决于预算规模，预算规模又取决于政府权力大小。出于对部门利益的追求，官僚必然千方百计地追求本部门预算最大化及对权力的控制。③政党政治理论。激烈的政治竞争促使政治家不断调整自己的行为以反映公众的利益诉求，然而竞争的不完全性使得政治家为了从少数强有力的集团手中获得选票而忽视了大多数一般选民的利益。在两党制下，当选民的偏好是单峰时，两党的政策很可能趋同，无论哪个政党执政，都不会引起较大的动荡；当选民的偏好是双峰时，为了争取选票，两党的政策立场必然存在分歧，党派的更迭会引起政策的不稳定。多党制下，党派利益的分歧会导致多党联合政府的不稳定。

2.3.2.2 委托－代理理论

詹森和麦克林曾给委托－代理理论下过如下定义：委托－代理关系是指这样一种显明和隐含的契约，根据该契约，一个或多个行为主体指定、雇用另一些行为主体为其服务，与此同时授予后者一定的决策权力，并根据其提供服务的数量和质量支付相应的报酬。被授权者就是代理人。由于所有者不是亲自管理，而是雇用代理人进行经营管理，必然会存在代理成本。[①] 具体而言，代理成本包括：①委托人发生的监督费用；②代理人发生的约束费用；③剩余损失。代理成本产生的主要原因包括：①代理人也是具有独立人格的"经济人"，他的目标是最大化满足自己的欲望，而不会是无条件地为他人服务；无论是公有企业还是私有企业，经理和所有者间的目标函数通常不完全相同，利益冲突天然产生了激励不相容问题。[②] ②委托人和代理人之间存在着严重的信息不对称性，它来源于委托人对代理人行为和条件禀赋的观察不可能性。在詹森和麦克林看来，组织在每个层次上都有代理成本。正是监督成本的存在，才导致公司管理者拥有对某些资源的控制权，在一定条件下，他可以配置这些资源来满足自己的偏好。然而，为了完成他的任务，他必须保持与别人的合作，而别人为了自己的目的也会占有一些这样的资源，由此产生监督成本。

2.3.2.3 交易费用理论

所谓交易费用，是指在一定的社会条件中，人们自愿交往、彼此合作、达成交易所支付的成本。威廉姆森将交易成本分为以下六种：①搜寻成本，即搜集商品信息与交易对象信息的成本；②信息成本，即取得交易对象信息与交易对象交换信息所需的成本；③议价成本，即针对契约、价格、品质讨价还价的成本；④决策成本，即进行相关决策与签订契约所需要的内部成本；⑤监督交易进行的成本，即监督交易对象是否依照契约

---

① Jensen M C, Meckling W H. Theory of the Film: Managerial Behavior, Agency Costs and Ownership Structure. Social Science Electronic Publishing, 1976, 3 (4): 305-360.

② 闫伟：《国有企业经理道德风险程度的决定因素》，《经济研究》1999年第2期。

内容进行交易的成本，例如追踪产品、监督、验货等；⑥违约成本，即违约时所需付出的事后成本等。威廉姆森进一步指出，交易费用来自人性因素与交易环境交互影响下所产生的市场失灵，具体包括有限理性（bounded rationality）、投机主义（opportunism）、不确定性与复杂性（uncertainty and complexity）、专用性投资（small numbers）、信息不对称（information asymmetric）等。交易本身的三项特征影响着交易费用的高低，分别是：①交易商品或资产的专属性（asset specificity）。交易资产本身不具有市场流通性，或者契约一旦终止，投资于资产上的成本难以回收或转换使用用途，称为资产的专属性。②交易的不确定性（uncertainty）。指交易过程中各种风险的发生概率。人类有限理性使得面对未来情况时无法完全预测，加之在交易过程中买卖双方常发生交易信息不对称的情形，因此交易双方通过契约保障自身利益。交易不确定性的升高会带来交易成本的增加。③交易频率（frequency of transaction）。交易频率越高，管理成本与议价成本相对越高，交易频率的升高使得企业将交易活动内部化以节省交易成本。

2.3.3 新公共管理理论的基本内容

不同学者在新公共管理的定义上有不同的看法，对新公共管理内容的概括也有差异。如美国学者戴维·奥斯本和特德·盖布勒在《改革政府》一书中，将新公共管理改革原则概括为十个方面：起催化作用的政府——"掌舵"而不是"划桨"；社区拥有的政府——授权而不是服务；竞争性政府——把竞争机制注入提供服务中去；有使命感的政府——改变照章办事的组织；讲究效果的政府——按效果而不是按投入拨款；受顾客驱使的政府——满足顾客而不是官僚政治的需要；有事业心的政府——有收益而不浪费；有预见的政府——预防而不是治疗；分权的政府——从等级制到参与和协作；以市场为导向的政府——通过市场力量进行改革。[①]

另一学者哈伯德将新公共管理内容归纳为：主管的战略角色和战略管理实践的强化；从行政到管理的重点转移，即从执行规则到实现既定目标的转移；人事权由中央人事部门向部门主管的转移，限制工会的权力，打破统一的工资结构；政策制定和执行的分离，即核心部门集中于战略管理和计划，设立独立执行机构来执行政策；绩效工资制；改善财务管理，强化财务控制；以组织规划和评估的形式，把执行机构的运作与其目标更密切地联系起来；加强对动作状况的评估；追求高质量和高标准的顾客服务；改变传统的组织文化，建立新的"心理契约"。[②]

虽然新公共管理学派内部的主张缺乏统一性，综合起来却不难发现它们之间存在共同特征。新公共管理理论的基本内容包括以下六个方面[③]。

---

① David Osborne, Ted Gaebler. Reinventing Government: How the Entrepreneurial Spirit is Transforming the Public Sector. Addison-Wesley Publishing Company, Inc. 1992.
② 周志忍主编：《当代国外行政改革比较研究》，北京：国家行政学院出版社，1999 年，第 28—29 页。
③ 王志荣：《税收管理公共化研究——基于新公共管理视角》，厦门：厦门大学博士学位论文，2007 年，第 25—26 页。

2.3.3.1 重新定位政府角色,"掌舵"而不是"划桨"

政府角色的定位问题是指政府行为的边界问题,即政府介入社会、市场的程度和范围。新公共管理学者主张重新定位政府角色,从包罗万象、无所不管的全能型政府转变为重点管理、择善而行的有限型政府。新公共管理提出政府的职责是"掌舵",而不是"划桨"。《改革政府》的作者戴维·奥斯本等认为,传统政府低效的一个重要原因就是忙于"划桨"而不是"掌舵",做了许多做不了、做不好、舍本逐末的事情。要想告别这种低效的政府管理模式,需要政府机构把政策的决策和具体的行政管理操作区分开来,集中精力做好决策工作,具体的服务性工作可以承包给私营企业和非营利性机构去做。只有如此,政府才能随时根据国内外不断变化的形势积极地应对各项问题。因此,有效的政府并不仅是一个能够执行的政府,而是一个善于治理的政府。

2.3.3.2 以顾客为导向,建立顾客驱动型政府

新公共管理改变了传统官僚制模式下政府与社会的关系,重新对政府职能及其与社会的关系进行定位。政府不再是凌驾于社会之上的、封闭的、自我服务的官僚机构,而是负有责任的"企业家",社会公众则是为政府提供税收的纳税人和享受政府服务的"顾客"或"客户"。以"顾客"为导向,根据顾客的需求提供服务,增强对社会公众的响应力。以顾客需要为中心的管理思想和管理模式具有诸多优点,它迫使提供服务的政府对被服务的对象负有强烈的责任心;刺激行政改革动机,使之在竞争中不断创新;保证人们在不同种类间做出选择等。

2.3.3.3 重塑政府管理方式

新公共管理主张政府应该采取授权或分权的管理方式,从等级制转变为参与和协作。在传统官僚制之下,权力集中、层级分明,部门官僚照章办事,严格遵守上级命令和规章制度的约束,服从组织权威,实现组织的既定目标。官僚制下的地方政府缺乏自主性,以至于在经济发展和应对社会变化中不可能有高效的主动性和灵活性,行政效率处于极端低下的状态,不能适应新时代发展的要求。新公共管理学者认为政府应该像企业管理者那样通过授权或分权的办法来对外界变化迅速做出反应。为此,首先应当强调中央政府与地方政府之间的分权,将财政权、人事管理权等行政权限下放给地方政府机构,使地方政府拥有更大的权力和自主性。其次,地方政府也要将社会服务与管理权下放给社会的基本单元——社区、家庭和志愿者组织等,让他们自我服务和自我管理。另外,在政府机构内部进行分权,减少行政管理的层级,使行政组织扁平化,推动决策和执行分离。

2.3.3.4 将竞争机制引入到公共管理领域

公共部门的重要特征之一是垄断性,其产出效率无法检验,公共部门的垄断产生了诸多弊端。新公共管理强调政府管理应广泛引入市场竞争机制,打破公共服务供给的垄断性,让公共部门与私营部门以及私营部门之间展开竞争,从而缩小政府规模,提高服务供给的质量和效率。迫使政府组织重新审视自身的位置和服务,关注"顾客"的需要并做出快速反应。

2.3.3.5 放松行政规制,实行绩效管理

虽然在传统行政模式中也追求效率,但这种零星的、片面的、微观的关注只注重投入等可见因素的测量,没有形成系统的理论,在应用中更是缺少精确有效的工具来真正衡量和改进效率。另外,由于公共目标的复杂性和公共权力的垄断性,使得很难真正深入政府行政管理活动的内部,对公共部门的绩效进行分析。这一切随着"新公共管理运动"的到来发生了改变。新公共管理更加关心产出或者结果,而不是投入或者过程。新公共管理强调组织和个人两个绩效层次,用绩效标准和绩效评估对完成情况进行监测。作为一种新工具,公共部门绩效管理已经成为新公共管理理论研究的重要组成部分,并且是政府机构提高部门管理效率、提升核心竞争力、完善行政目标、建设让人民满意的政府最有力的武器之一。

2.3.3.6 引入私营部门成功的管理模式和方法

新公共管理认为,相较于传统的公共部门管理,私营部门的管理在创新能力、经济、效率、质量和服务水平等方面都具有优越性。基于管理主义的管理"共通性"原理,适用于私营部门的一般管理方法在公共管理领域同样适用。充分吸收私营部门管理方法,不仅不会违背公共管理的一般原则,而且能够"以较少的施政成本缔造一个运作良好的政府"。因此,公共部门应广泛吸收私营部门成功的管理模式、理论、原则、方法和技巧,如重视人力资源管理、强调成本-效益分析、全面质量管理、项目预算和战略管理等。

2.3.4 新公共管理的评价

新公共管理作为一种公共管理新理论及实践模式是社会变革的产物,与人类社会由工业社会向后工业社会转变以及全球化、信息化和市场化时代的来临密切相关。新公共管理改变了传统公共行政学的研究范围、主题、方法、学科结构、理论基础和实践模式,是一种不同于传统公共行政范式的新范式。

2.3.4.1 新公共管理扩展了公共管理研究的理论基础

传统公共行政学的主要理论基础是政治学,特别是韦伯的官僚制理论和威尔逊、古德诺等的政治与行政二分法理论。新公共管理打破了传统的学科界限,把当代西方经济学、私营部门管理学、政策科学等学科的理论、原则、方法及技术融合进公共管理的研究之中,扩展了公共管理研究的理论基础。

2.3.4.2 新公共管理扩展了公共管理的主体

在传统公共行政学中,只有政府才是公共事务唯一的执政者和管理者,其他组织和个人都只能是单纯的被管理者和被统治者。新公共管理对整个公共事务管理主体进行了重新认识,认为政府是对公共事务进行管理最重要的主体,但主体不仅仅是政府,还包括各种非政府组织、社会团体甚至私营部门在内的多元主体。

2.3.4.3 新公共管理扩展了公共管理研究的客体

传统公共行政学主要关注政府内部事务,即注重研究政府组织体制、行政过程以及

行政法规，过于以"组织内部"为取向，在内容上多局限于政府行政管理，忽视了对其他公共组织（如非营利组织、中介组织、社会团体）的研究。新公共管理在保留传统行政学某些基本主题的基础上，在研究视野、主题领域及范围上有重大的突破、拓展与创新：一是将传统行政学的研究对象由政府行政部门扩展到立法、司法机关和非政府部门的公共组织上；二是研究焦点不仅以组织内部定向，而且注重公共组织与社会环境的相互作用，考虑公共组织如何适应环境以及它们在环境中的优势和劣势、机会和威胁，这使得战略计划和战略管理在新公共管理中占有突出的地位；三是涉及传统公共行政学中所没有出现的大量新主题，如公共选择、经济人、产权、交易成本、交换范式、政府失败、自治型公共组织、成本核算、顾客导向等。

2.3.4.4 新公共管理扩展了公共管理的手段

传统公共行政导致公众对政府的有效性产生怀疑。新公共管理不仅从组织规模、活动范围等方面进行改革，而且从管理机制和手段等方面也进行深层次的改革。新公共管理通过向私营部门学习，以改善管理机制、提高组织绩效。私营部门管理领域发展起来的许多理论、原则、方法、技术、管理经验和管理模式，如顾客至上、结果控制、成本核算、绩效工资制度等，都被直接运用于公共管理实践中。

新公共管理范式从诞生之日起就遭到来自各个方面的批评，这些批评涉及理论基础和具体的实践措施等。对新公共管理的批评主要表现在如下三个方面：

第一，批评新公共管理的经济学基础。对经济学基础的批评主要集中于两个方面：一是认为经济学本身是有缺陷的社会科学，将其运用到公共部门中同样会有缺陷；二是认为将经济学运用于公共部门是不完全合适的构想，公共服务的消费者不仅是"消费者"还是公民，公共服务的提供/消费交易模式比市场方式更复杂；三是新公共管理对人性的假设存在偏颇，许多理论说明人性是复杂的，人的需要也是多样化的，在人性自私的假定下，公务伦理便失去了价值和依据，但是事实上，良好的公务伦理十分重要。[①]

第二，批评新公共管理的管理学基础。在管理主义看来，政府施政的基本价值在于"三E"：经济（Economy）、效率（Efficacy）与效益（Effectiveness），也就是强调企业价值的优先性和工具理性。但是，公共管理不同于企业管理，公共管理的价值取向是多元的，它不仅追求经济价值，还强调追求人民主权、人性尊严、社会公正、公共利益和社会责任等。另外，政府和企业是有根本区别的。政府权力的最终来源、所有者和公共部门服务的享用者是也只能是全体公民。公民有权参与政府的行政管理活动，有权监督政府，还有义务纳税，这种角色是顾客所无法比拟的。将政府与公民的关系看作是基于市场交换主体的企业和顾客的关系，实际上是模糊甚至是降低了公民的宪政权利和政治、法律地位。[②]

第三，批评新公共管理的私营部门管理理念。新公共管理将私营企业的管理理念引

---

① 张成福：《公共行政的管理主义：反思与批判》，《中国人民大学学报》2001年第1期。
② 王光营：《论新公共管理理论及其对中国行政改革的影响》，济南：山东大学硕士学位论文，2009年，第31页。

入公共部门中。批评者认为,政府和企业的生态环境及价值追求有明显不同,政府的主要特征是垄断性、强制性、公共性、目标多元且模糊,企业则以竞争、自主自愿、私人性、目标集中明确为主要特征,把企业的理念和管理方法引入公共管理必然遇到各种限制。① 正因为如此,批评者指责新公共管理"混淆了公共部门与私人部门的本质区别,……根本错误在于忽视了公共行政源于民主政治理念的'公共'本质";"公共部门无法也不能追求工具理性";否则,就"在根本上背离了公共部门的社会价值"②。

2.4 新公共服务理论

20世纪80年代以来,西方发达国家开启了以市场化为取向,旨在推行绩效管理和"顾客导向"的新公共管理改革。在新公共管理取得骄人成绩的同时,对其进行批判和质疑的声音如影随形。在各种批判的理论浪潮中,以罗伯特·登哈特为代表的一批公共行政学者,建立了一种崭新的公共行政理论——新公共服务理论。从理论传承的视角来看,新公共服务理论试图在承认新公共管理理论对于改进当前公共管理实践所具有的重要价值、摒弃新公共管理理论特别是企业家政府理论固有缺陷的基础上,提出并建立一种更加关注民主价值和公共利益、更适合于现代公民社会发展和公共管理实践需要的理论选择。

2.4.1 新公共服务理论的基石

登哈特显然认同新公共管理有关官僚制弊端的判断,但他不同意将新公共管理作为官僚行政的替代方案。虽然有较为扎实的实用主义哲学、新自由主义的意识形态以及经济学理论作为基础,同时灵活创新的企业家精神比旧有的官僚体制更具有优势,但"过去的一百年来,公共行政领域并没有停留在进行行政改革的说辞上。相反,其思想和实践经历了一个丰富而曲折的理论演进和实践发展过程,其中的许多重要的实质性发展并不能归入'新公共管理'标题之下"③。鉴于此,登哈特提出了"作为比新公共管理更新的替代物的一套有组织的原则",即新公共服务理论。

新公共服务理论来源非常复杂,至今未形成一个统一的理论模式。新公共服务理论的来源包括"第三条道路"理论、政治自由主义理论、治理理论与善治理论(governance and good governance)、公民治理理论、参与式国家理论、批判主义理论(critical theory)、后现代理论与后现代公共行政学理论、组织人本主义理论(organizational humanism)、对话理论、公有社会主义理论、多元民主理论、基层行政组织理论等。登哈特所指的重要的实质性理论主要有四个,分别是民主的公民权理论、

---

① 鞠连和:《论新公共管理及其对中国的适用性》,长春:吉林大学博士学位论文,2008年,第63页。
② 张国庆主编:《公共行政学》,北京:北京大学出版社,2007年,第588—589页。
③ [美]珍妮特·登哈特、罗伯特·登哈特著,丁煌译:《新公共服务:服务,而不是掌舵》,北京:中国人民大学出版社,2004年,第22页。

社区与公民社会理论、组织人本主义思想以及后现代公共行政理论。①

2.4.1.1 民主的公民权理论

新公共服务理论对民主的公民权理论的重视,实际是对更为积极、更多参与的公民权的复兴。新公共服务主张国家与公民关系应建立在以下思想基础上:政府的存在就是确保一定的程序和公民权利,从而使公民能够根据自身利益做出选择。在这种模式下,个人会更积极地参与治理过程,公民会超越自身利益关注公共利益,并具备更广阔、更长期的视野。一方面,它要求行政官员把公民真正当作公民看待,而不是把公民当作投票人、委托人或顾客,分离权威并减少控制,相信合作的努力;另一方面公共管理者应当寻求更有效的回应,提高公民的信任度。这种关于公民权的观点提供了使政府和公民团结一致的"黏合剂"。公民越来越多地要求恢复基于公民利益而非自身利益的公民权,即公民会去做一个民主政体中公民应该做的事情——管理政府。当他们这样做的时候,他们不仅会促进社会的进步,而且会促使自己成长为积极负责的公民。

2.4.1.2 社区与公民社会理论

登哈特指出,近年来,美国人对社区和公民社会的话题非常感兴趣。究其原因,在于美国人对生活"失控"的恐惧以及对人性化社会、温和文雅的社会环境、良好的道德、稳定的经济、生态平衡和安全保障的渴望。社区的重要功能是在个人和社会利益间提供有益的中介机构,使个人和集体保持一致。近年来,由于对美国政治系统的失望和愤怒,许多美国人采取自我疏远和孤立的政治立场。而社区和公民社会正是公民权的试验场,越来越多的公民将精力投入到社区和公民社会,以此来建立彼此之间的新型政治关系和更大范围的政治秩序。对于行政官员而言,社区和公民社会的发展势必为其提供一个新的环境和作用场。借助社区和公民社会,政府可以建立更为强大的治理网络,开辟新的对话和讨论渠道,并进一步就民主治理问题进行公民教育。同时,行政官员也可对社区和公民社会的建设做出贡献。在社区构建的过程中,政府尤其是地方政府应责无旁贷地帮助创立和支持社区。②

2.4.1.3 组织人本主义思想

组织人本主义思想关注的是公共行政组织中人的主体性。它反对理性模式下把组织关注的焦点集中于人的一致性、可程序化、有组织的思维活动上,认为传统的官僚层级制限制了人类活动的视野,不利于充分发挥人的作用。人本主义试图把公共组织改变为更少受权威控制和支持以及更有利于个人积极性、主动性、创造性发挥和自我实现、自我满足的组织。新公共服务理论认为,公共管理者要通过组织创造一种解决问题的开放氛围,以便组织成员能够正视问题而不是逃避问题。组织成员要在整个组织中的个人和群体之间建立信任,用知识和能力的权威弥补甚至取代角色或地位的权威。新公共服务理论认为,组织人本主义"能够出现创造性和对话;感情的共鸣和尊重,不仅使团体和

---

① 曾保根:《价值取向、理论基础、制度安排与研究方法——新公共服务与新公共管理的四维辨析》,《上海行政学院学报》2010年第2期。

② 武玉英:《变革社会中的公共行政》,北京:北京大学出版社,2005年,第56—57页。

组织能够更加有效、负责地应对环境的复杂性，而且有助于个人的成长和发展。"登哈特认为，组织人本主义至少包括三个主题：①以人道方式对待组织成员将会带来更大的组织效率；②促进组织变更以人道方式善待员工；③以人道的方式对待组织中的个人是组织本身追求的一个目标。唯有如此，个人才会发挥更加积极、更具有创造力的作用。

2.4.1.4 后现代公共行政理论

新公共服务理论认为，在社会生活中，事实与价值难以分开。在许多情况下，对于人类行为，价值要比事实更重要。由于人的行为在不同时间和不同文化背景中有所不同，我们不可能用公式来表示人与自然科学所追求的相同的、持久的、定律式的陈述。根据"客观的观察"和"定律式的关系"来描述人的行为，识别不出人类行为的非理性成分——直觉、情感和情绪。为此，新公共服务主张运用后现代的话语语境来解读公共行政的种种努力，认为政府治理必定越来越以相关各方之间开诚布公的对话为基础。可靠对话的最终理想是把行政官员和公民视为彼此是充分参与的，他们不仅是被召集到一起谈话的自利的理性个体，更是在一种作为人而相互接洽的关系中的参与者。这种进行协商并达成共识的最终过程就是个体随着自己的参与而彼此相互接洽的过程，该过程充分包含了人类个性的所有方面，不仅有理性，还有经验与情感。

2.4.2 新公共服务的基本内容

从新公共管理理论产生开始，新公共服务理论就不断对其加以批评，用公共管理的公共取向、民主取向、社群取向批评新公共管理的"市场模式"。首次正式系统提出新公共服务理论的是美国行政学者登哈特夫妇。他们指出，新公共服务"对于公共行政而言，最重要和最有价值的就是为公民服务以增进公共利益"①。其核心观点体现在以下七个方面②。

2.4.2.1 服务，而非掌舵

新公共管理实现了政府职能由"划桨"向"掌舵"的转变。但这种转变的实质不过是由一个权力中心向另一个权力中心转换，政府仍然是社会治理的唯一决定者。新公共管理并没有关注到问题的关键：政府划桨或掌舵的船只，其真正的主人是谁？新公共服务理论坚持公民才是船只的真正主人。在此基础上，新公共服务理论认为政府的首要任务是利用公共权力帮助公民实现他们的利益，而非试图控制或驾驭公民。新公共服务理论强调政府的服务意识，注重优化政府的服务能力。这样，政府由高高在上的规制者、权威分配者变成了服务者。

2.4.2.2 寻求公共利益

新公共服务理论重新肯定了公共利益在政府服务中的中心地位。新公共服务追求的不是个人利益，也不是某个利益集团的利益，而是在共同利益基础上的公共利益。公共

---

① [美] 珍妮特·登哈特、罗伯特·登哈特著，丁煌译：《新公共服务：服务，而不是掌舵》，北京：中国人民大学出版社，2004年，第2页。

② 谭功荣：《西方公共行政学思想与流派》，北京：北京大学出版社，2008年，第265－268页。

行政者必须促成树立一个集体的、共享的公共利益观念。其目标不是被个人选择所驱使去寻找快速的解决之道，相反，它是共同利益和共同责任的创新。确立社会发展的长远目标与规划不能仅仅由政府官员来进行，还应开展广泛的公众对话和协商来共商社会发展的方向。政府应积极向公民通过对话清晰表达共同的价值观念并形成共同的公共利益观念。政府有责任确保经由程序产生的解决方案完全符合公平公正的规范，确保公共利益居于主导地位。

2.4.2.3 战略地思考，民主的行动

新公共服务理论认为，在公共政策的执行过程中，政府应当积极吸收公民参与，各方相互合作，以促进共同目标的实现。因此，政府在制定公共政策时应强化公民参与意识，吸收公民个人及群体参加公共政策制定过程，为公共政策的执行奠定民意基础。尤其在执行公共政策的过程中应当吸收公民参与，在民主程序的基础上形成统一意见并一致行动。总之，公共政策的执行过程应是共同努力的行为过程。政府在治理过程中应当保证公民的参与，保证开放性和回应性，以形成对社会、公民的需求持续回应的互动关系，使各方共同致力于公共利益的实现。

2.4.2.4 服务于公民而非顾客

新公共服务理论认为，"公共利益是就共同利益进行对话的结果，而不是个人自身利益的聚集。因此，公务员不是仅仅关注'顾客'的需求，而是着重关注于公民并且在公民之间建立信任和合作关系。"[①] 在新公共服务理论看来，政府与公民的关系不同于企业与顾客的关系。在公共部门，我们很难确定谁是顾客，因为政府服务的对象不是直接的当事人。而且，有些顾客凭借更多的资源和更高的技能，可以使自己的需求优先于别人的需求。公平公正是提供服务时必须考虑的一个重要因素，政府不应该只关注"顾客"自私的短期利益，而应实时关注公民的需要和利益，并鼓励人们履行自己的公民义务。

2.4.2.5 责任并不是简单的

"公务员所应该关注的不仅仅是市场，他们还应该关注法令和宪法、社区价值观、政治规范、职业标准以及公民利益。"[②] 传统公共行政学将行政人员视为简单地直接对上级政府官员负责，新公共管理则要求其像企业家那样对公共服务效率和成本－收益等价值负责。而新公共服务理论认为，行政人员要对治理结构中的主体、机构及其价值负责。作为公众授权的政府，除了要妥善使用公共资源、接受公民监督，还应当关注其他问题。行政者的责任不仅在于提高公共资源利用效率，还应该关注法律、社区价值观、政治规范、公民偏好、职业标准和公民利益。公共行政者责任的多元化是对公共利益的维护，也是政府工作实施的保证。

2.4.2.6 重视人的价值而非生产力的价值

"如果公共组织及其所参与其中的网络基于对所有人的尊重而通过合作和共同领导

---

① 谭功荣：《西方公共行政学思想与流派》，北京：北京大学出版社，2008年，第42页。
② 谭功荣：《西方公共行政学思想与流派》，北京：北京大学出版社，2008年，第114页。

来行动的话,那么,从长远来看,它们就更有可能取得成功。"[①] 新公共服务理论认为,传统公共行政学和新公共管理理论的视野过于褊狭。政府改革不仅要关注生产力的提高,更应重视人自身的价值。人是组织得以存在的前提,正是组织能满足其成员的公共利益,成员才会支持组织并接受组织的领导。公正、公平、尊重、授权、承诺等理念不应被否定,而应被置于效率价值之上。组织应在合作及尊重的过程中实现目标。政府应关注人的需要,不仅是为了保持公民的支持度,也是为了提高生产力。在此意义上,建立组织文化至关重要。

2.4.2.7 超越企业家身份,重视公民身份

新公共服务理论认为,"致力于为社会做出有益贡献的公务员和公民要比具有企业家精神的管理者更能够促进公共利益,因为后一种管理者的行为似乎表明公共资金就是他们自己的财产。"[②] 在新公共服务理论家们看来,公共资金的真正所有者是全体公民,公共行政者只是公共资源的"管家"而不是所有者。现代社会的复杂性对政府提出挑战,公共政策不再是政府单一决策的产品,而成为各种利益的混合物。政府不再依靠法令和规则来引导公众的生活,而是建立一套正确引导公众行为的激励机制。在这样的社会环境下,行政人员不只是服务者,还承担着调解人、裁判员、组织者等角色。因此,行政人员有责任保证公共资源的合理利用,而不能像企业家那样自由使用自有资源,必须向真正的所有者负责。公务员必须担负"职业公民(professional citizen)"的角色,与公民分享权力,通过公民参与解决公共问题,以确保公共行政的民主价值以及政府对社区的积极回应。

2.4.3 对新公共管理的反思与超越

登哈特夫妇提出,新公共服务框架可以替代传统的公共管理模式和目前占主导地位的管理主义的公共管理模式。新公共服务与传统公共行政、新公共管理的比较见表2-1。

表2-1 新公共服务与传统公共行政、新公共管理的比较[③]

比较标准	传统公共行政	新公共管理	新公共服务
主要理论基础和认识论基础	政治理论,早期社会学提出的社会和政治评论	经济理论,实现社会科学更完善的对话	民主理论和后现代理论等不同知识途径
主导理性和相关的人类行为模式	抽象理性,"行政人"	技术和经济理性,"经济人"或自利的决策人	战略理性,对理性的多种检验(政治的、经济的、组织的)
公共利益的概念	在政治上加以界定,由法律来表达	个人利益的集合	共同价值观的结果

---

① 谭功荣:《西方公共行政学思想与流派》,北京:北京大学出版社,2008年,第150页。
② 谭功荣:《西方公共行政学思想与流派》,北京:北京大学出版社,2008年,第80页。
③ Denhardt R B, Denhardt J V. The New Public Service: Serving Rather than Steering. Public Administration Review,2010,60(6):549-559.

续表2-1

比较标准	传统公共行政	新公共管理	新公共服务
公务员回应的对象	委托人和选民	顾客	公民
政府的作用	划桨（设计和执行政策，关注政治上界定的单一目标）	掌舵（充当催化剂，释放市场力量）	服务（协商和协调公民和社区团体的利益，构建共同的价值观）
实现政策目标的机制	通过政府来实施项目	创造机制和激励机制，通过私人和非营利机构实现政策目标	建设公共、私人和非营利的联盟，满足相互一致的需求
责任的途径	等级制：行政官员对民主程序产生的政治领袖负责	市场驱动：自我利益的汇集会产生令诸多公民（顾客团体）满意的结果	多样化：公务员必须关注法律、社区价值观、政治规范、公民偏好、职业标准和公民利益
行政自由裁量权	允许行政官员掌握有限的自由裁量权	有更大的余地去实现企业家式的目标	自由裁量权是必要的，但应是受限制和负责任的
假定的组织结构	官僚制组织：以机构内自上而下的权威和对委托人的控制和管制为特征	分权的公共组织：机构内仍保持基本控制	合作型结构：由内部和外部共同领导
假定的公务员和行政官员的激励基础	工资和收益，公职保障	企业家精神，理念上压缩政府规模的愿望	公共服务，期望对社会有所贡献

新公共服务与新公共管理同样建立在对传统公共行政批判的基础上。新公共管理用市场机制来掌舵，但却"忘记了谁拥有这条船"。新公共服务重归公平、正义、公正、民主治理和公民参与等价值追求，从理论高度对新公共管理进行了反思和超越。① 新公共服务理论是对新公共管理理论的扬弃。

2.4.3.1 主体构成的超越：从政府与市场结合到政府与社会结合

新公共管理理论认为，政府职能总是通过与市场关系体现，强调更大限度地发挥市场作用甚至用市场化原则重塑政府，政府要依靠市场的力量进行社会治理。而新公共服务理论以公民权为核心，认为公民有参与公共事务的愿望和权利，政府的治理离不开公民的参与。这种参与在社区和市民社会与政府的合作中得到体现。社区和市民社会是公民权的初步体现、公民共同利益的集合及社会力量的代表，政府的治理依靠的是这些社会性的团体。

2.4.3.2 政府职能的超越：从"掌舵而不是划桨"到"服务而不是掌舵"

新公共管理理论认为，要想政府做得好，必须把现有职能分属，政府集中"掌舵"职能，把"划桨"权力下放。这样政府可以有效地集中把握政策方向，用政策吸引竞争者，保持最大的灵活性来应付变化的环境。而新公共服务理论认为，政府的重要作用在

---
① 杨璐璐：《新公共服务：超越新公共管理的社会治理模式》，开封：河南大学硕士学位论文，2007年，第17—31页。

于帮助公民表达和实现他们的共同利益，而非试图在新的方向上控制或驾驭社会。公民是社会治理的主体，政府只是参与社会治理的成员，它和公民一起解决社会问题。公共行政官员在其管理公共组织和执行公共政策时应集中承担为公民服务和向公民放权的职责，他们的工作重点既不是为政府这艘船掌舵，也不是为其划桨，而是建立具有完善的整合力和回应力的公共机构。

2.4.3.3 治理理念的超越："顾客导向"到"公民导向"

新公共管理理论坚持"顾客导向"，以"顾客满意"为宗旨。"顾客"角色在赋予公民自主选择权的同时，也将他们排除在政策制定之外。顾客本身的性质决定了其无论在企业中还是政府中都是处于被服务的被动地位。而新公共服务理论认为，将公民隐喻为"顾客"，政府只是对自利的、短期的顾客利益做出反应，没有完全体现公民的本质需求和特点。公民在民主社会中的角色是非常复杂的，他们既是公共服务的接受者，又是政府的纳税人；既是公共服务的参与者，又是政府活动的监督者。以偏概全地把公民视为"顾客"，只看到了人的经济理性，忽视了公民参与政治的权利和愿望，忽视了公民作为"社会人"关注公共利益、为他人服务的美德。

2.4.3.4 治理本质的超越：企业家精神到公民精神

新公共管理视角对准的是市场，政府模仿企业，以企业家身份自居。企业家精神意味着政府代理人是以其自身利益或代理机构的利益为基础来行动。而新公共服务理论认为，公共资源的真正所有者是全体公民，行政者无权以所有者的身份擅自决定公共资源的使用方向。公共资源的用途只能放在公共需要的满足上，行政者不能为了提高资源利用效率而放弃本来的用途。同时，政府还应重视人的作用，人的创新精神才是效率持续提高的动力源。

2.5 治理理论

1989 年，世界银行在讨论非洲发展问题时首次提出"治理危机"概念，"治理"由此被广泛运用，例如公司治理、政府治理、全球治理等。一些国家甚至提出了"更少的统治，更多的治理"口号。本节涉及的治理理论为公共治理理论，它是伴随着西方福利国家出现的管理危机、市场与等级制调节机制发生危机、公民社会不断发育和众多社会组织迅速成长而产生的公共管理理论。[①]

2.5.1 "治理"的含义

20 世纪 70 年代末，一场质疑福利国家治理有效性的运动在西方各国蔓延开来。各国开始重新调整政府与市场、国家与社会的边界，关注政府的合法性以及公共部门对民众的回应能力。一开始，人们提倡民营化，主张将市场机制引入公共服务领域，以企业化治理的方式改革政府。20 世纪 90 年代以来，全球化和分权化极大地改变了公共管理

---

① 胡税根主编：《公共管理学》，北京：中国社会科学出版社，2014 年，第 53 页。

的生态环境，政府、市场、社会间的合作逐渐被各国认可和推广。

"治理（governance）"的概念源自古典拉丁语或古希腊语"引领导航（steering）"一词，原意是控制、引导和操纵，是指在特定范围内行使权威。它隐含着一个政治进程，即在众多不同利益共同发挥作用的领域达成一致或取得认同，以便实施某项计划。学术界对治理做出了许多界定和解释。治理理论的重要代表人物詹姆斯·N. 罗西瑙将治理定义为："一系列活动领域里的管理机制，他们虽未得到正式授权，却能有效发挥作用。与统治不同，治理指的是一种由共同的目标支持的活动，这些管理活动的主体也未必是政府，也无须依靠国家的强制力量来实现。"①

治理理论的代表人物罗茨认为，治理意味着"统治的含义有了变化，意味着一种新的统治过程，意味着有序统治的条件已经不同于以前，或是以新的方法来统治社会"。他详细列举了六种关于治理的不同含义，分别是：第一，作为最小国家管理活动的治理，它指的是国家削减公共开支，以最小成本取得最大的效益。第二，作为公司管理的治理，它指的是指导、控制和监督企业运行的组织体制。第三，作为新公共管理的治理，它指的是将高层的激励机制和私人部门的管理手段引入政府的公共服务。第四，作为善治的治理，它指的是强调效率、法治、责任的公共服务体系。第五，作为社会控制体系的治理，它指的是政府与民间、公共部门与私人部门间的合作与互动。第六，作为自组织网络的治理，它指的是建立在信任与互利基础上的社会协调网络。②

在各种关于"治理"的定义中，联合国全球治理委员会（Commission on Global Governance）的定义具有一定代表性和权威性。1995 年，该委员会出版了题为《我们的全球伙伴关系》（Our Global Neighborhood）的研究报告，在该报告中对"治理"进行了界定："治理"是指"各种公共的或私人的个人和机构管理其共同事务的诸多方法的总和，是使相互冲突或不同的利益得以调和，并采取联合行动的持续过程"。这既包括有权迫使人们服从的正式制度和规则，也包括各种人们同意或符合其利益的非正式制度安排。③ 该委员会指出治理的四个特征：①治理不是一整套规则，也不是一种活动，而是一个过程；②治理过程的基础不是控制，而是协调；③治理既涉及公共部门，也包括私人部门；④治理不是一种正式的制度，而是持续的互动。

此外，K. J. 霍尔斯蒂强调，治理在一定意义上就是秩序加上某种意向性，秩序意味着对行为的限制。星野昭吉将治理分为平行治理和垂直治理，认为治理的本质是一种非暴力、非统治的治理机制，而不是强迫和压制。库伊曼和范·弗利埃特认为，"治理所要创造的结构或秩序不能由外部强加，其发挥作用是要依靠多种进行统治的以及互相发生影响的行为者的互动。"我国学者俞可平认为，"治理一词的基本含义是指在一定既定的范围内运用权威维持秩序，满足公民的需要。治理的目的是在各种不同的制度关系中运用权力去引导、控制和规范公民的各种活动，以最大限度地增进公共利益。"④

---

① 俞可平主编：《治理与善治》，北京：社会科学文献出版社，2000 年，第 2 页。
② 王乐夫、蔡立辉主编：《公共管理学》，北京：中国人民大学出版社，2008 年，第 70 页。
③ The Commission on Global Governance. Our Global Neighborhood: The Report of the Commission on Global Governance. Oxford: Oxford University Press, 1995: 2.
④ 俞可平主编：《治理与善治》，北京：社会科学文献出版社，2000 年，第 5 页。

从上述各种关于治理的解释中我们可以分析，治理概念的基本含义是指官方或民间的公共管理组织在一个既定的范围内运用公共权威维持秩序和实现公共利益最大化以满足公众的需要，治理的目的是要在各种不同的制度关系中运用权力去引导、控制和规范公民的各种活动，以最大限度地增进公共利益。因此，治理是一种公共管理活动、过程和方式，它包括必需的公共权威、管理规则、运行机制和管理方式。

2.5.2 治理理论的研究路径

20世纪90年代早期治理理论的兴起与世界范围内的政府再造运动有关。由于分析视角和研究对象不同，学者们对治理理论有不同的理解，上述治理概念的多样性就是很好的说明。本小节将对已有的治理理论文献进行梳理，分析治理理论的不同研究路径[①]。

2.5.2.1 以市场为中心的治理学派

市场视角治理理论的主要思想来源是经济学理论。20世纪70年代以来，公共选择学派将微观经济学理论拓展到公共事务领域。该学派学者假定，在公共组织中工作的人会受到自利天性的制约，导致人们的行为类似于市场中交易的个体。通过研究发现，由于垄断了决策中的信息资源，又享受着相对稳定的职业保障，行政官僚往往比立法者具有更大的决策权力，自利天性会使他们利用权力满足部门利益。市场视角治理理论的另一个思想来源是对企业内部管理结构的研究。研究认为，企业治理中信息的不对称和管理目标的不一致是股东与代理人行为目标和责任混乱的原因。不同的制度结构（如科层制或市场）在各自治理环境下具有不同的比较优势。

市场观点最重要的应用领域在政府结构和人事管理上。他们认为政府最严重的治理问题源自其庞大的规模和复杂的结构，即传统上大型、垄断式的政府部门很难应对不断变化的环境因素，它们的焦点通常集中在内部的正规制度和科层权威方面，并以此为行动依据。改革者们建议，有效的方案是分散制定政策的权力，并创造出大量的竞争性的小型机构，使政府在结构上更加趋于扁平，横向间的协商更容易制定出适宜的政策。在人事管理方面，市场派学者对政府在工作人员录用、晋升和评估方面的僵化制度不满。他们认为，这些制度缺乏足够的激励使官僚服务于公民需要，无助于在公共服务中培育富有进取的企业家精神。因此，有必要在政府部门内部引进相应的私人管理系统，以鼓励那些在公共物品供给中表现优秀的工作人员。建立弹性的工资制度，使公务员的收入与其绩效联系更加紧密，这样便可以使其更加重视公共服务的质量并对其负责。简言之，新型政府的主要功能应是"掌舵"而非"划桨"[②]。公民社会的兴起使治理研究者们认为公民社会可以成为政府潜在的合作者，因为公民组织与政府共享着相似的目标。"掌舵"的意义不仅体现为追求更有效率的管理，其本身也代表着政府在迈向合作之路上的积极调整。

[①] 李泉：《治理理论的谱系与转型中国》，《复旦学报（社会科学版）》2012年第6期。
[②] [美]戴维·奥斯本、特德·盖布勒著，上海市政协编译组、东方编译所编译：《改革政府：企业精神如何改革着公营部门》，上海：上海译文出版社，1996年，第21页。

治理理论的市场视角将人性中的自利取向作为治理理论建构的起点,它为发展出在复杂条件下提高治理水平的技术工具做出了贡献。但是,市场视角的治理理论同样存在明显缺陷:由于将治理问题简单还原为公司治理和商业交易活动,它在很大程度上模糊了政治学与经济学的理论边界,也因此忽视了政治制度和机构的独特性。另外,它将权力结构简化为市场意义上的资源配置,也难以充分解释特定环境下权力运作的具体逻辑。

2.5.2.2 以网络为中心的治理学派

该视角深植于政治科学中的政策研究领域。在20世纪70年代英国的地方治理运动中,学者们提出应当重新评价地方政府在城市政治变革中的角色。他们发现地方政府在执行经济政策或社会政策时常常受制于各种类型组织的压力。同时,在政策议程设定中,一些具体的市民组织及网络也发挥着越来越重要的作用。因此,他们主张使用"治理"概念来描述该环境下提供公共服务的新形式。该思想基础来自多层治理框架,学者们发现,越来越多的证据表明政府在多层治理中的角色被日益边缘化。与此同时,诸如经济、社会和环境领域的政策越来越受到非政府参与者的影响。

以网络为中心的治理观认为,治理是一个典型的互动过程。无论是公共组织还是私人组织,任何一方都无法具备足够的资源和能力单方面地解决问题。如果这是对政府外部环境的真实描述,政府便需要新型的管理工具和技术来引导,而不是采取传统的直接命令或干预方法。在具体的治理实践中,政府可先利用诸如立法或财政等物质手段来构建网络参与者之间的互动结构及游戏规则。此外,政府还可以凭借劝说等手段来影响其他参与者的行为,以达到影响政策产出的目的。因此,掌握有效的叙事方法(storytelling method)成为游说活动的关键。[1] 网络治理批判单中心治理的局限性,提倡多元主体针对特定政策领域进行合作治理。多元主体的存在本身模糊了传统公共、私人和第三部门间的界限,从而建构出一个以多样化的服务中心和方式为特征的多中心格局。[2] 在网络治理框架中,政府的主要责任是通过与新兴私人和志愿部门分享共同的目标以及对这种公共服务供给结构进行有效的管理来促进政府与社会的互动。[3]

网络视角的治理理论使我们更加关注此前被政策研究忽视的多样性社会组织与团体在政策制定过程中的作用,提醒我们现代政府远不是一部结构严密的国家机器,它在处理公共事务时会受到诸多内部、外部环境压力。该学派的不足之处在于,第一,由于其规范性立场,它无法识别政府在公共服务萎缩背后深层的制度变迁;第二,它忽略了现行国家制度的支配性特征,而是以一套管理主义的话语系统将其合理化;第三,它对国家与社会合作的模糊界定无法避免多样化的解释。

2.5.2.3 以国家为中心的治理学派

该视角假定,现代民族国家及其机构在很大程度上仍是治理的主导力量,其在目标

---

[1] Eva Sorensen. Metagovernance: The Changing Role of Politicians in Processes of Democratic Governance. American Review of Public Administration, 2006, 36 (1): 98-114.

[2] David Marsh, Martin Smith. Understanding Policy Networks: Towards a Dialectical Approach. Political Studies, 2000, 48 (1): 4-21.

[3] 俞可平主编:《中国公民社会兴起与治理的变迁》,北京:社会科学文献出版社,2002年,第203-216页。

设定方面的重要作用仍是有效治理的关键因素。持该视角的学者认为，尽管市场或网络正在成为流行的治理结构，充分理解治理问题的关键仍将是政府组织及其结构和功能的变化。国家主义视角的一个重要特点是坚持以批判和整体性的方法考察政治理论和学说，在理论层面，它力图提供一个有效的工具来发掘治理理论潜在的政治含义。如弗里德里克森认为，网络治理的行政理论框架倾向于模糊国家与社会以及国家内部立法和行政部门的传统界限，它对作为宪政民主制度核心要素的政府组织的公共性以及传统的权力分立与制衡体系构成威胁。[1] 与此类似，马奇和奥尔森也对市场模型中的潜在交易观点提出严肃批评，认为该概念的处理方式有损于对民主治理制度结构及其规则的认识。[2]

此外，由于国家视角的治理理论将公共部门视为一种特定组织类型来研究，因此它能够帮助建立起一套可操作化的指标来分析不同治理模型的实践内容及形式，并在结构、管理、政策制定和公共利益方面对各个模型的特点加以勘定。[3] 如林恩、海因里希和希尔发展出一整套包含制度、管理和技术三个层次的治理分析框架，并对不同学科和领域中迥异的治理理论进行了归纳和总结。[4] 以国家为中心的治理理论对将国家作为治理理论的焦点给予了持续关注，它将国家看作变动环境中稳定的治理结构和有规则政策过程的主要维系者。

2.5.3 治理理论基础

目前，学界对治理理论基础的论述不多，远少于对治理理论本身的论述。格里斯托克将网络管理理论、授权理论、社会解释理论看作治理理论的三个主要理论支柱[5]。

2.5.3.1 网络管理理论

网络管理理论认为治理的关键任务是有效管理网络。"从治理视角提出的一个观点，治理就是由许多主体和组织混合而成的网络运作。"由于政府在治理体系中所处的位置，该网络不是完全自治、独立的，政府需要对网络进行指导和推动。威廉·科科特（William Kickert）领导的荷兰学者将政府对网络的战略管理分为经营管理和网络建构两个类型[6]。经营管理指对现存网络内的关系进行管理，网络建构指改变和参与网络结构的能力。第一种类型常常需要政府为妥协而创造出共同决策的环境，例如，政府机构可以为一项新政策的通过召集所有的利益相关方，由此产生一个被认为是对所有人都有

---

[1] H. George Frederickson. The Spirit of Public Administration. San-Francisco: Jossey-Bass Publishers, 1997.

[2] James March, Johan Olson. Democratic Governance. New York: Free Press, 1995.

[3] Guy Peters. The Future of Governing: Rour Emerging Models. Lawrence: University Press of Kansan, 1996.

[4] Laurence Lynn, Carolyn Heinrich, Carolyn Hill. Improving Governance: A new Logical for Empirical Research. Washington, D. C.: Georgetown University Press, 2001.

[5] ［英］杰瑞·斯托克著，楼苏萍译，郁建兴校：《地方治理研究：范式、理论与启示》，《浙江大学学报（人文社会科学版）》2007年第2期。

[6] W. Kickert, E-H. Klijn, J. Koppenjan. Managing Complex Networks: Srtategies for the Public Sector. London: sage, 1999.

益的结果。第二种类型则包含更多的介入式干预，它要求改变行为主体之间的关系，转变资源分配方式，寻求政治上的变动。此时新的成员被带入到网络中并被授予合法性和资源，政府为它们提供影响政策过程的机会并推动产生其他可能的结果。例如，政府机构可以在居民和开发商关于如何复兴城市公园的讨论中引入一个受过生物学训练的环境保护小组，以期通过更专业的信息输入得到更有利于保护野生动植物的结果。网络管理理论成功地开辟了一条管理公共行政的不同道路。作为一种新行为方式的描述以及管理者和政治家们的思想资源，网络管理理论有着相当大的力量。

2.5.3.2 授权理论

授权理论认为，有效治理的关键是恰当的授权机制。与网络管理理论不同，该理论更多地关注正式制度安排。授权理论的基本假设是领导（或委托人）和下属（或代理人）处于非合作的博弈中，领导既可以授权也可以不授权，代理人也可以选择推卸任务或努力工作。授权理论认为，一个显而易见的措施是由委托人制定制裁机制，一旦出现错误，代理人就会被踢出局，但采用这种方式的成本却是高昂的。除了严厉监督和过度看管之外，还存在其他可行的控制方式。例如授权理论中的"委托人盟友"方案，即选择与领导有着不同理念的下属。在这一选择无法做出的情况下，决策人可以制定行政准则规定代理人在何种情况下可以决策，决策需要哪些人以及决策允许的速度，委托人可以通过取消制度来加强控制。授权理论传递的关键信息是如果委托人缺乏必要的监督时间和资源，对代理人自由裁量权的恰当限制可以达到委托人想要的结果。但是，他们必须小心设计规则，以避免鼓励不服从的行为。许多有关授权理论的文献在为有效授权提供解决方案上都持乐观态度，他们认为可以制定出保证委托人指导地位和影响力的治理体系。尽管现代治理高度复杂，如果代理人在接受授权时是慎重而负责的，那么他们是可以领会"人民的意愿"并将其转化为实际行动的。

2.5.3.3 社会解释理论

社会解释理论用一个更复杂的视角审视个人及群体如何回应治理过程中的困境和挑战。授权理论假定人们会在给定的制度激励下做出理性回应。社会解释理论则认为人们解释世界的差异正是研究起点，政治沟通远不是那么简单的事情，这正是治理所面临的最大挑战。社会解释理论将治理看作是具有开放、发展、反思特征的"沟通关系"。[①]在社会解释理论看来，所有社会生活都是可以沟通的，如果想进行有效、合法的治理，也不得不采用这种方式。沟通的世界是有着各种不同声音并以一定程度的"空白噪音"为背景的世界。一项政策的启动，不管是否有意义，都与更大范围内的社会论争和社会效用相联系。如果触及蕴含在文化中的某些要素，该政策可能会激发或者复苏某些经过长时期发展的深层联系。在政策语言中可以找到各种复杂的含义，含义的差异性和复杂性也可以在政策争论及围绕政策执行的讨论中发现。针对某一政策的各种不同理解还体现在执行部门创建和实施的各种政策工作中。由于文本不可能充分地体现表达意图时的

[①] Bang, H. Governance as Social and Political Communication. Manchester: Manchester University Press, 2003.

背景和情境，执行者必须从自己和组织的角度理解政策的含义。理性的沟通因此显得尤为必要，但这一过程又充满了复杂性和不确定性。

2.5.4 治理理论内容

作为一种新型的公共管理理论，治理理论是对传统公共管理理论的反思与批判，并且是对新公共管理理论和新公共服务理论之合理内核进行整合的结果，其核心观点主张通过合作、协商、伙伴关系，确定共同的目标等途径，以实现对公共事务的管理，其主要内容包括以下五点[①]。

2.5.4.1 公共治理是由多元的公共管理主体组成的公共行动体系

公共治理理论认为，政府并非是公共管理的唯一主体，私营部门、第三部门等非政府组织在公共事务的管理中也扮演着重要角色，在介于市场经济与公共部门之间的"社会经济"领域内积极活动，并且依靠自身资源参与管理共同关切的社会事务，在某些领域内，非政府组织和个人甚至比政府拥有更大的优势。[②] 而政府则将大量任务和职权下放、转移给包括志愿团体、社区互助组织、非营利组织的公共行动者。公共治理理论还认为，现实中的政府具有复杂的结构，地方、中央和国际层面的政府及其不同部门构成了多层级、多中心的决策体制，众多权威交叠共存是这一体制的主要特征。所以，"利奇和史密斯认为，治理涉及中央政府、地方政府和其他公共权威，也涉及在公共领域内活动的准公共行动者、志愿部门、社区组织甚至是私营部门。"[③]

2.5.4.2 公共管理的责任边界具有相当的模糊性

公共治理理论认为，随着社会的进一步发展和人们认识水平的不断提高，尤其是公共选择理论等相关政府学说的出现，使人们对"政府失败之处"的认识更为清楚，对于政府全面改造社会责任的能力期望较低；与此同时，部分非政府组织和个人在公共管理领域的杰出表现和勇于承担公共义务的气魄为世人刮目相看，部分公共责任便被转移至非政府组织和个人身上。这种责任转移在体制方面的表现就是传统上公私界限的模糊和非政府组织的大量涌现。公私界限的模糊既表现为许多民营部门向传统公共领域的进军，也表现为政府对社会领域的干预，还表现为政府和市场领域的区分不像以前那样明显。在市场经济和公共部门之间被称为"社会经济"的领域中，涌现了大量的非营利组织、非政府机构、志愿团体、社区企业、合作社、社区互助组织等非政府组织，它们在社会中的作用和影响越来越大。

2.5.4.3 公共管理主体间存在着权力依赖和互动的伙伴关系

公共治理理论认为，多元化的公共管理主体间存在着权力依赖的关系。所谓公共管理主体间的权力依赖是指参与公共管理活动的各个组织，无论是公共组织还是私人组织，都没有独立解决一切问题所需的充足知识和资源。因此必须相互依赖、进行谈判和

---

① 丁煌：《西方行政学理论概要》，北京：中国人民大学出版社，2005年，第405—408页。
② 赵黎青：《非政府组织与可持续发展》，北京：经济科学出版社，1998年，第86—89页。
③ Robert Leach, Janie Percy-Smith. Local Governance In Britain. New York: Palgrave, 2001: 75.

交易，在实现共同目标的过程中实现各自目的。正是因为公共管理主体间存在着权力依赖关系，公共管理过程便成为一种互动的过程。在这种互动过程中，政府与其他社会公共机构建立起各种各样的伙伴关系，主要包括三种：一是主导者与职能单位之间的关系，即主导者雇用职能单位或以发包方式使之承担某一项目；二是组织之间的谈判协商关系，即多个平等的组织通过谈判对话，利用各自的资源在某一项目上进行合作，以达到各自目的；三是系统的伙伴关系，即各个组织间相互了解，为共同目标通力合作，从而建立一种自我管理网络。

2.5.4.4 基于伙伴关系进行合作形成的自主自治网络管理

与传统公共管理单一等级制下的协调方式和依靠"看不见的手"的市场机制不同，在公共治理理论视野下，多元化公共管理主体、相互的权力依赖和合作伙伴关系以及其中的协商、谈判和交易机制，最终必然会推动公共管理朝着一种自主自治的网络化方向发展。在这种网络化公共管理系统中，各方主体为了获得他人的支持和帮助而必须放弃自己的部分权利，对于社会组织和个人来说放弃的是部分经济自主权，对于政府而言放弃的是部分强制权。通常，这些公共管理主体依靠自己的优势和资源，通过对话以增进理解，树立共同目标并相互信任，建立短期、中期和长期合作以减少机会主义，相互鼓励并共同承担风险，最终建立一种公共事务治理联合体。这种网络化治理的特征不再是监督，而是自主合作；不再是集权，而是权力在纵向上的分散；不再是追求一致性和普遍性，而是追求多元化和多样性基础上的共同利益。

2.5.4.5 政府在社会公共网络管理中扮演着"元治理"角色

公共治理理论在关注公共管理主体多元化的同时，对政府的"元治理"角色进行了定位。"元治理"是西方学者寻求解决公共治理理论失灵所用的词汇。元治理的含义就是"治理的治理"，旨在对市场、国家、公民社会等治理形式、力量或机制进行一种宏观安排，重新组合治理机制，它其实是强调政府在社会公共管理中的重要功能。公共治理理论认为，在社会公共管理网络中，政府承担着指导社会组织行为主体的大方向和建立行为准则的责任，它被视为"同辈中的长者"。特别是在那些"基础性工作"中，政府仍然是公共管理领域最重要的行为主体。政府应发挥的制度作用主要包括：社会治理规则的主导者和制定者；与其他社会力量合作，通过对话、协作共同实现社会的良好治理；促进社会信息透明，使政府和其他社会力量在充分的信息交换中了解彼此的利益、立场，从而达成共同的治理目标；做社会利益博弈的"平衡器"，避免社会各阶层因利益冲突而损害公共利益。

综观治理理论的基本内容，不仅更新了公共管理的基本内涵，拓宽了公共管理的参与主体，而且也延展了公共管理的职能范围，充实了公共管理的方式手段。

本章小结

公共管理理论受科学管理运动的影响，使公共管理带有深刻的管理内涵。但泰勒和法约尔没有专门研究公共管理，甚至没有思考过公共问题。将公共管理等同于科学管理意义上的一般管理或者私人行政，最终会造成公共管理的公共性丧失。

人民主权理论的核心是国家或政府的最高权力来源于人民，人民主权是国家权力合法化的依据。人民主权的含义还包括政府必须在人民监督下工作，不得侵犯公民的合法权益。基于人民主权理论，政府的建立不可能是主权转让的结果，而只能是作为主权者的人民授权的结果。故人民应当成为国家和社会的主人，政府及工作人员就是为人民服务的。

传统公共管理理论以理性官僚制为核心，将科学管理理论、行为科学理论应用于其中。不过，对政府组织结构与组织效率的极致追求并不能避免"政府失灵"的命运，由此导致人们重新将目光投向市场，再次强调市场竞争对于改善公共福利的重要意义。主张"政府是掌舵而非划桨"的新公共管理理论并非是万能的灵丹妙药。面临市场与政府失灵的情况，新公共服务理论在批判新公共管理理论的基础上，试图重新界定政府与公民的关系，认为"政府是服务而非掌舵"。治理理论则强调政府、市场之外的社会、公民等多元主体力量以及正式与非正式规则的重要性。公共服务理论更多的是对新公共管理的一种补充，但在现实中还无法替代新公共管理理论。

复习题

1. 简述卢梭的人民主权思想并做出评价。
2. 组织理论的代表人物有哪些，其观点分别是什么？
3. 比较新公共管理理论与新公共服务理论的异同。
4. 如何理解治理理论的研究路径？

第3章 公共管理学的研究方法

名人名言

> 我们的任务是过河,但是没有桥或没有船就不能过。不解决桥和船的问题,过河就是一句空话。
>
> ——毛泽东

学习目标

掌握:
1. 公共管理学研究方法的基本体系。
2. 公共管理学研究选题的基本途径与基本步骤。
3. 公共管理学研究中常见的资料收集方法。
4. 公共管理学研究中常见的资料分析方法。

了解:
1. 公共管理学研究方法的内涵。
2. 公共管理学研究选题的意义与基本原则。

研究方法是公共管理学发展的前提条件,是连接公共管理学理论与实践的桥梁和中介。公共管理学是一门交叉的综合性学科,其研究方法的突出特点是充分借鉴相关学科的研究方法来探讨公共管理问题,它既保留了公共行政学一些行之有效的研究方法,又注意随时吸收当代科学发展的最新成果。因此,公共管理学的研究方法是多样的,至于具体使用什么样的方法应根据研究问题的性质而定。本章主要介绍了公共管理学研究方法总论、公共管理学研究选题方法、公共管理学研究资料收集方法、公共管理学研究资料分析方法。

3.1 公共管理学研究方法总论

3.1.1 社会科学研究方法与公共管理学研究方法

公共管理学是一门社会科学。因此,公共管理学研究应遵循社会科学的基本规范。探讨公共管理学研究方法首先要理解何为方法、何为科学研究方法、何为社会科学研究方法,在此基础上,我们才能真正理解和掌握公共管理学研究方法的内涵。

3.1.1.1 方法与研究方法

"方法"一词起源于希腊文"μεταοδοs",其中"μετα"是"沿着"或"顺着"的意思。从词源上讲,现代语言中"方法"的英文对应为"method",它的原意是"按照某种途径"。《现代汉语词典》对"方法"一词有一系列较为相似的解释。《方法大辞典》从"综合论"的角度阐释方法是人们认识世界和改造世界所应用的行为方式、程序及手段的总和;《马克思主义辞典》从"方式论"视角强调方法是理论与实践活动的方式;《逻辑学大辞典》从"工具论"的视角认为方法是解决理论与实践问题的一切手段和操作。因此,我们可以看出,方法主要是实现某一目标、解决某一问题的途径、手段和方式的总称。"方法"的本意在于详细说明某种步骤。为了达到一定的目的,这些步骤必须按相应的规定程序来进行。无论是步骤还是程序,最终都要实现某一目标。可以说,方法是实现目标的手段与途径。目标不同,使用的方法也会有所不同。

与"方法"相比,"研究方法"的研究对象与范围有着更为明确的界限。研究方法主要是指在科学研究活动中所使用的方法。《中华法学大辞典》从"综合论"的视角指出研究方法是取得研究结果与结论的重要手段和途径;《科技编辑大辞典》从"工具论"的视角强调研究方法是取得研究结果与结论的重要手段和途径;《软科学大辞典》从"过程论"的视角认为研究方法是运用科学的方法系统地搜集和分析有关资料以解决某一问题的过程。综合以上观点,我们认为研究方法是指相关研究主体为了解决某一学科领域的问题或实现某一研究目标所采用的相应途径与手段。

3.1.1.2 科学研究方法与社会科学研究方法

要理解科学研究方法的内涵首先要明白何为科学研究。科学研究一般是指利用科研手段与装备对客观自然现象的奥秘进行探索,以获得有关自然现象的科学知识,揭示它们之间的内在联系,为创造发明新技术提供理论依据。科学研究的基本特征是探索未知。根据科学研究工作的目的、任务和方法,一般把科学研究划分为基础研究、应用研究与发展研究三大类。[①] 既然科学研究是为了探索迄今为止人类各门学科尚未掌握的知识和规律,那么科学研究方法则是研究主体与客观对象发生关系并正确反映客观事物本质和规律的主观手段。科学研究就是通过各种研究方法对确凿的资料和客观存在的事实进行去粗取精、去伪存真、由此及彼、由表及里的理论加工整理,从感性认识上升到理

[①] 黄汉江主编:《投资大辞典》,上海:上海社会科学院出版社,1990年,第786页。

性认识，从中找出客观过程或事物发展变化规律的过程。没有科学的研究方法，科学研究将会陷入"无桨之船"的困境。一般来讲，科学研究方法大体分为三个层次：一是个别领域和学科中所采用的特殊研究方法，如物理学中的光谱分析方法、化学中的比色方法、生物学中的同位素示踪方法等；二是自然科学的一般研究方法，这种方法是许多学科都采用的研究方法，如观察法、实验法、假说法、归纳演绎法、分析综合法；三是适用于一切学科的哲学方法。哲学是世界观，又是方法论，它适用于自然界、社会和思维领域。[①]

自然科学是研究自然界的物质形态、结构、性质和运动规律的科学。而社会科学是考察各种社会现象、揭示社会领域的各种具体规律的科学，它包括政治学、经济学、军事学、法学、教育学等。社会科学研究方法是指对人类社会和人类行为加以解释和预测的科学方式和手段，具体分为方法论、基本方式、具体方法和技术三个层次。社会科学研究方法与自然科学研究方法既有区别也有联系。一方面，由于自然科学与社会科学研究对象的不同使得二者在研究方法上呈现出较大的差异。自然科学以实验方法（或试验方法）作为主要研究手段，发现物质运动规律，揭示事物本质，证伪某种假说，而社会科学则以考察（或调查研究）的方法作为主要研究途径，透视社会痕迹，发现社会运动发展规律。[②] 因此，我们可以发现社会科学与自然科学的研究方法在研究对象与内容的客观性以及重复性检验方面存在根本性区别；另一方面，自然科学与社会科学又存在较多的相同之处。20世纪以来，社会科学研究方法与自然科学研究方法相互渗透，并推动了二者的进步与发展，形成了诸如系统方法、信息方法、黑箱方法等在内的一系列适用于社会科学与自然科学的通用研究方法。将大量的自然科学研究方法引入到社会科学研究之中，有力地推动了社会科学的成熟与发展。

3.1.1.3 公共管理学研究方法

作为社会科学的一个分支，公共管理学受到个体思维方式、价值观念的影响，并不存在唯一的研究方法，而是广泛吸收社会科学的各类方法来研究和解决公共管理问题。公共管理学追求用公共政策和公共管理研究方法来解决人与人、人与社会、社会与社会，甚至社会与环境之间的问题，需要从所有社会科学的知识库中汲取养料。[③] 因此，根据前述对社会科学研究方法的界定，并结合公共管理学的研究对象，我们将公共管理学研究方法界定为在一定的理论指导下，研究与解决公共管理问题过程中所使用的角度、手段、方式、工具、措施、步骤的总和。公共管理学作为一门综合性学科，其研究方法非常丰富，但从总体上可以分为两个基本的层面，即基本研究方法与具体研究方法。基本研究方法主要是研究者对研究对象所持的总的哲学观点以及在哲学原理指导下观察、处理、分析问题的一般性方法，主要包括科学分析方法与调查研究方法。具体研究方法主要是适用于公共管理学某一研究对象的相关研究方法，主要包括实证分析与规范分析方法、系统分析方法、成本—收益分析方法等。此外，公共管理学研究方法还包

---

① 孙鼎国主编：《西方文化百科》，长春：吉林人民出版社，1991年，第564页。
② 刘国建：《自然科学与社会科学方法之异同》，《社会科学》1990年第11期。
③ 范柏乃、兰志勇：《公共管理研究与定量分析方法》，北京：科学出版社，2013年，第8页。

括演绎与归纳方法、博弈分析方法、制度分析方法、比较分析方法、心理分析方法等。

3.1.2 西方公共管理学研究方法的发展

公共管理学的产生是公共管理实践发展到一定阶段的产物。从公共行政到公共管理的变迁与发展反映了人类处理公共事务的巨大变迁。公共管理学是对公共管理实践的整合与超越。通过对西方公共管理学发展脉络的简要梳理，能够有效掌握公共管理学研究方法的发展与变迁。

3.1.2.1 古典时期公共行政（管理）学的研究方法

古典时期公共行政理论的发展为公共管理学奠定了坚实的基础。公共管理学研究方法也是在古典公共行政理论基础上发展起来的。古典公共行政理论是建立在威尔逊政治—行政二分法基础上的。威尔逊之后的韦伯、泰勒、法约尔等公共行政管理学家对政府科层制度进行了系统研究。这一时期所采用的研究方法较为单一，主要借鉴传统政治学的研究方法，多为规范性的研究成果。政治学为公共管理学的发展奠定了基础性支撑与指导，尤其是以政治学为基础的研究方法为公共管理学研究方法打下了坚实的基础。

3.1.2.2 批评与变革时期的公共管理学研究方法

批评与变革时期公共行政学的发展推动了公共管理学雏形的形成。许多学者在传统公共行政学的理论基础上，引入一些新的研究方法与要素，为公共管理学发展注入了新的活力。这一时期的主要代表学者有梅奥、巴纳德、西蒙、林德布罗姆等。梅奥打破了传统公共行政学囿于宏观政治制度研究的窠臼，转而研究微观的个体行为，并将组织行为学的相关研究方法引入到公共行政学中来。巴纳德将国家理论与组织理论结合，阐述了一种超越经济范围的人类行为理论。西蒙在反思传统行政学的基础上强调"管理就是决策"，试图以"精确可计算"的方式来构建公共行政学科。林德布罗姆提出了构建渐进公共决策理论，并创立了公共政策分析方法。总的来说，这一时期许多学者在继承与批判的基础上，通过引入计算机学、个体行为学、政策分析学以及相应的研究方法，推动了公共管理学研究方法从单一性、宏观性向着多元化、微观化的方向发展。

3.1.2.3 调整与整合时期的公共管理学研究方法

20世纪中后期，西方社会乃至整个世界发生了根本性的变化，并表现出如下特征：技术革新迅速，新技术和新发明层出不穷；技术对经济和社会的影响明显，特别是信息技术的发展和应用正在深刻地改变着人类社会；经济全球化趋势越来越强。在这样的背景下，传统科层制管理模式已不适应时代的发展，再加上许多西方政府面临开支过大、经济停滞、财政危机严重、福利制度步履维艰、政府部门工作效率低下等困境，公众对政府的不满越来越强烈。这就要求建立一种以有效解决政府和其他公共部门管理问题为核心、融合相关学科知识的新的公共管理知识框架，以适应公共管理实践发展的迫切需要。一方面，新公共管理理论广泛借鉴与汲取经济学研究方法，尤其是以公共选择理论为代表的社会科学方法，推动了公共管理学研究方法的多元性与跨学科性发展；另一方面，公共政策科学的发展在很大程度上推动了公共管理学研究方法的融合与创新。在拉斯韦尔实证主义理念的号召下，大量的经济学技术和定量方法得到广泛应用，成本效益分析、系统分析和定量分析模型推动了公共管理学研究方法的发展与成熟。

综上而言，西方公共管理学研究方法随着公共管理学研究的发展经历了前实证主义时期与实证主义时期。前实证主义时期是公共管理学研究方法的孕育时期，主要依托政治学、公共行政学的相关定性与规范研究方法；实证主义时期则借鉴了经济学、社会学等学科的理论与方法，从定量与实证调查的视角来推动公共管理学研究方法的多元性与融合性发展。当然，从20世纪后期到21世纪，公共管理学研究方法进入后实证主义时期，强调反思公共管理学研究方法的应用，理性审视公共管理学实证分析方法，强调公共管理学的定性或定量研究方法要根据具体的研究问题来做出相应的选择，不应该陷入非此即彼的绝对主义误区，避免出现一味强调定量或定性研究方法的现象。

3.1.3 公共管理学研究方法体系

公共管理学研究方法体系是对公共管理学研究中使用的各类别、各层次的方法以及它们之间关系的系统化梳理。一般来讲，根据研究方法的普遍程度与适用范围，按从高到低的水平，可以将公共管理研究方法体系分为彼此独立但又紧密联系的三个层次：哲学方法论、基本研究方法以及具体研究技术，如图3-1所示。

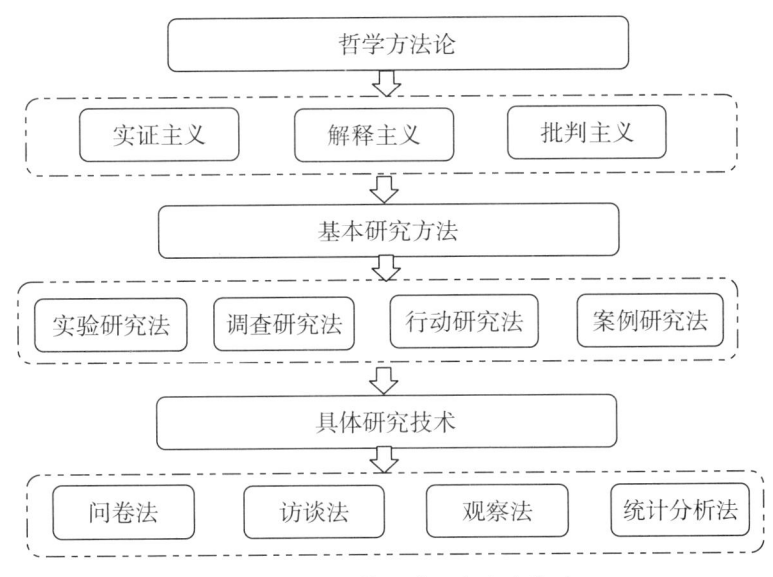

图3-1 公共管理学研究方法体系

第一层是哲学方法论，这是科学研究方法的最高层次，也是公共管理学研究方法的最高方法论指导。哲学方法论具有概括性与普适性，它对于自然科学、社会科学、思维科学等一切科学研究活动都具有最根本的指导意义。方法论是指导研究的思想体系，其中包括基本的理论假设、原则、研究逻辑与思路等[①]，是一种规范和厘清研究中探询程序的思维方式，是对从实践中得到的检验手段的反思。公共管理学研究一般存在三种研究取向，即实证主义、解释主义以及批判主义。实证主义（positivism）强调感觉经验，

---

① 陈向明：《质的研究方法与社会科学研究》，北京：教育科学出版社，2000年，第5页。

排斥传统的形而上学的西方哲学派别。实证主义将哲学的任务归结为现象研究，以现象论观点为出发点，拒绝通过理性把握感觉材料，认为通过现象归纳就可以得到科学定律，把处理哲学与科学的关系作为其理论的中心问题，并力图将哲学溶解于科学之中。[1] 解释主义主要是指通过对行为者或历史事件的主观理解来揭示事物表象之间的内在联系。[2] 批判主义主张"批判"或"清洗"掉经验中的客观内容，只有这样才能使经验"纯粹化"。一些批判主义者认为，"纯粹经验"构成世界的一切，它既不是心理的也不是物理的，而是"中立"的东西。[3]

第二层为基本研究方法，它位于公共管理学研究方法体系的中间层次，是哲学方法论走向具体研究技术的中间环节，是我们认识世界时经常使用的思维方法。这些基本方法通过人们长期的试验与摸索，形成了一个个独立的模块，如实验研究法、调查研究法、行动研究法、案例研究法等。实验研究法是指根据研究目的，利用仪器、设备人为地控制或干预研究对象，使某种事件或现象在有利于观察的条件下发生，从而获得科学事实，以探究自然或社会规律的研究方法。[4] 调查研究法是通过直接或间接接触，采用问卷或采访的方式来研究社会现象的方法。调查的目的是系统地收集资料，为所要探究的问题提供各种基本素材。借助这一手段，可以研究人们的态度、意见、行为和社会属性（如年龄、性别、政治归属和社会经济地位）以及这些属性之间的关系。[5] 行动研究法是指情境的参与者基于解决实际问题的需要，与专家学者或组织成员共同合作，将问题发展成研究主题进行系统研究，以求解决实际问题的一种研究方法。[6] 案例研究法是指以一个或多个个案为研究对象，通过具体分析解剖，促使人们进入特定的研究过程，以获得真正的研究信息并寻求解决问题答案的一种定性研究方法。[7]

第三层是具体研究技术，这是研究过程中所使用的具体研究方法，也是哲学方法论通过基本科学方法原则应用于研究实践的具体表现。具体研究技术对于研究者而言是十分有用的，但什么时候该运用什么样的研究技术则需要研究者有明晰的判断。在很多情况下，具体研究方法能够跨学科使用。公共管理学作为一门跨学科的社会科学，兼收并蓄了政治学、经济学、社会学、法学等学科的研究方法。公共管理学的具体研究方法是非常丰富的，主要分为两类：资料收集方法与资料分析方法。资料收集方法包括文献研究法、观察法、访谈法、实验法、问卷法等；资料分析方法包括定量研究分析方法与定性研究分析方法等。

3.2 公共管理学研究选题方法

任何学科的研究都是从科研选题开始的，公共管理学研究也不例外。研究选题是学

---

[1] 米俊绒、殷杰：《实证主义与社会科学》，《科学技术与辩证法》2008年第3期。
[2] 毛飞：《实证主义、解释主义到辩证主义：对发展中的行政哲学的新思考》，《理论与改革》2003年第3期。
[3] 刘炳瑛主编：《马克思主义原理辞典》，杭州：浙江人民出版社，1988年，第555页。
[4] 李庆臻主编：《科学技术方法大辞典》，北京：科学出版社，1999年，第278—279页。
[5] 彭克宏主编：《社会科学大词典》，北京：中国国际广播出版社，1989年，第431页。
[6] 高伟琳、沙景荣：《电教实验深入发展的行动研究法》，《电化教育研究》2001年第6期。
[7] 潘美姬：《社会学中的案例研究法》，《内江科技》2011年第5期。

科研究准备阶段最为重要的任务，每个从事公共管理研究的工作者都不能掉以轻心。由于选题研究是一项极复杂的研究工作，涉及方方面面的因素，这里仅从方法论的角度对公共管理研究选题的意义、基本原则、基本方法（基本来源）、基本步骤进行一般性的介绍。

3.2.1 公共管理学研究选题的意义

简单地说，公共管理学研究选题就是形成、选择和确定所要研究和解决的公共管理问题。公共管理学研究选题是公共管理学研究的重要组成部分，它关系到公共管理学研究的方向、目标和内容，影响着公共管理学研究的途径和方法，决定着科研成果的水平、价值和发展前途。具体来讲，遵循"问题意识"的公共管理学研究选题具有以下重要意义。

其一，公共管理学研究选题是学科研究工作的起点，是具有战略意义的工作。爱因斯坦曾强调："提出一个问题往往比解决一个问题更为重要。"因为解决问题也许只是一个数学上或实验上的技能而已，而提出新问题、新的可能性，从新的角度去看旧的问题却需要有创造性的想象力，标志着科学的真正进步。[1] 这表明了公共管理学研究选题是一个问题提出的过程，这一过程是整个研究具有战略意义的起点。公共管理学研究选题的战略意义在于它不仅决定了研究工作的主攻方向和目标，而且在一定程度上规定了公共管理研究应采取的方法和途径。这正如打仗一样，打哪一仗，不打哪一仗，只有确定了以后，才能根据具体情况拟定作战方案，采用适当的战术、技术和措施。正因为如此，一些富有创造性和远见的科学家们都十分重视科研课题的选择，甚至把它提高到战略起点的位置上来。J. D. 贝尔纳就曾经指出："课题的形成和选择，无论是作为外部的经济技术要求，还是作为科学本身的要求，都是科研工作中最复杂的一个阶段。一般来说，提出课题比解决课题更困难。如果再加上人力和设备都有一定的局限，则产生的课题之多，是无法一下子全部解决的。所以，评价和选择课题便成了研究战略的起点。"[2] 总之，我们要开展公共管理学的相关研究首先必须研究选题，它是科研工作中最复杂的一个阶段，也是科研活动中具有战略意义的第一步。

其二，公共管理学研究选题是公共管理研究成败和研究顺利进行的关键。纵观人类科学研究史，但凡课题选择恰当，科研工作就容易取得进展。在当今的社会科学研究领域中，因选题不当造成科研工作半途而废、不了了之，或只能拿出一些低水平重复性文章的事例并不少见。当然，这不是说科学研究成败的唯一原因就是科研选题，但课题选择是否恰当仍是具有决定意义的因素之一。科学工作者所追求的目标是通过自己选择有价值或有创建的科研选题并将其解决来实现的。研究者只有选择出有价值、有创建并有把握解决的科研选题，才有可能实现所追求的目标，才是真正有意义的科学研究。否则，尽管研究者可以随意提出很多科研选题，却不一定是真正意义上的科学问题。并且，这种科学问题的意义并不是相对于研究者个人来讲，而是相对于人类的认识来讲

---

[1] 林定夷：《科学哲学：以问题为导向的科学哲学方法论》，广州：中山大学出版社，2009年，第306页。
[2] 李顺达：《社会科学研究方法》，北京：中国国际广播出版社，1991年，第26页。

的。也就是说，一个有意义的科学问题，必然是人类科学史上尚未提出或尚未解决的问题。① 因此，选择一个恰当的研究课题是公共管理学研究成败的关键。首先，必须透彻地分析公共管理问题的各项事物和各种现象，做到能正确地揭示研究对象的矛盾及矛盾的各个方面；其次，必须对反映和表达公共管理问题或现象的科学概念及名词术语有明确的认识，也就是能用专业的、理论性的语言工具去正确表述待提出的公共管理问题；最后，必须对问题研究开展的步骤，即解决公共管理问题的途径、方法做一番预先构思和论证。只有对上述问题有了正确的认识，才能选择真正有研究价值的公共管理科研课题，才有成功解决公共管理问题的把握。

其三，公共管理学研究选题是提升公共管理研究者研究能力的重要因素。从事相应学科研究的科研工作者固然需要基本的知识体系与知识储备，但更需要具备科研选题的知识－智力结构。这种结构能够有效转化为科研能力，从而有效推动科学研究的顺利进行。可以说科研工作者选题的知识－智力结构是科研工作顺利进行的必要条件与重要基础。研究者只有具备了良好的问题意识与能力，才能选择更为恰当的科研课题，从而有效提升研究质量。同时，也只有确定科研选题后，研究者才能知道自己缺乏哪些知识和能力，才能有目标、有计划、有目的、有步骤地进行科研活动，才能根据科研选题重新学习（又称定向学习）和重新积累资料（又称定向积累）来调整和完善自己的知识－智力结构，从而实现成果创新与能力提升的双重目标。纵观科学史上的杰出科学家，他们的创造性或有划时代意义的科学研究成果都是从"问题"开始的。这表明科学研究不但始于研究者的研究问题，而且，正是研究者发现与提出研究问题的能力有效地推动和指导了科学研究。② 因此，在公共管理学研究过程中，公共管理研究选题要求研究者在理论与实践方面必须具有敏锐的问题意识，尤其是问题的发现与提出意识。一个有价值的公共管理问题的发现决定了该研究成果的质量与品质，而公共管理学研究的选题正是要求公共管理者在纷繁复杂的公共管理现象中寻找并提炼出能够反映社会本质的研究问题。只有这样的选题才能有效推动公共管理问题的解决，也只有解决高价值的公共管理问题，才能有力地提升公共管理者的研究能力。

3.2.2　公共管理学研究选题的基本原则

在公共管理学研究过程中，仅仅认识到研究选题在科研过程中的重要性并不等于就能选好课题。那么，怎样才能选好课题呢？一般来说，选题作为一种创造性的思维活动不存在一成不变的模式和统一的方法。但是，通过总结社会科学研究选题的一般原则，我们可以概括出公共管理学研究选题应遵循如下基本原则。

3.2.2.1　需求性原则

需求性原则是指在确定公共管理学的选题中，首先要以满足国家和社会发展过程中迫切需要解决的理论问题和现实问题的需求为原则。这一原则既体现了公共管理学研究

---

① 李顺达：《社会科学研究方法》，北京：中国国际广播出版社，1991年，第27页。
② 林定夷：《科学哲学：以问题为导向的科学哲学方法论》，广州：中山大学出版社，2009年，第312－316页。

的目的性，又体现了公共管理学课题的社会作用和实践价值。公共管理学是一门研究公共组织（主要是政府组织）利用公共权力有效地提供公共产品及公共服务的学问。[①]这表明公共管理学是一门实践性与应用性很强的学科，是一门着重解决社会问题的学科，社会问题与社会需要正是公共管理学科发展的持续动力。因此，从事公共管理学研究的学者在研究选题过程中首先要考虑社会发展与学科发展的需要。也只有这样，公共管理学研究的选题才具有生命力，才有利于取得创造性成果，才有利于推动公共管理学科持续不断发展，才有利于公共管理学研究者从中得到不断的锻炼与提高，从而使他们创新科研方法，提出新的观点，推动公共管理学不断成长与成熟。因此，需求性是公共管理学研究选题的一条基本原则。

3.2.2.2 创新性原则

所谓创新性原则，即要求公共管理学研究的选题本身要具有先进性、新颖性、独创性和突破性。这就是说，在选择课题时要选择别人没有提出来、没有解决或没有完全解决的问题，这样才能保证课题研究结果具有独创性和突破性，即通过对课题的研究能够发现别人没有发现的问题或者充实已经发现但尚不完善的研究课题。创新性原则体现了公共管理学研究的价值意义，能够使所选课题在学科理论上有新发展、新突破，从而保证预期的研究成果具有一定的学术意义或实用价值。从这个意义上说，公共管理学研究选题的创新性原则是由选题的需求性原则引申出来的一个重要原则，没有创新性就失去了需求性和价值性。对于公共管理学研究者来说，要使选题具有创新性就必须要有创新意识，要善于学习和进行比较，从国家与社会发展的需要中进行创新。因此，只有坚持创新性原则，才能坚持需求性原则。创新性是科学研究的灵魂，也是课题选择应当遵循的一条重要原则。

3.2.2.3 科学性原则

公共管理学作为社会科学范畴的一门学科，其研究过程必须要符合社会科学研究的基本规范，尤其是要注重研究的科学性。科学性原则主要是指公共管理学研究选题必须符合最基本的科学原理，遵循客观规律，具有科学性。要判断公共管理学研究选题是否具有科学性，需要从以下三个方面来思考：其一，选题必须有依据。这就要求公共管理学研究的选题必须要有理论与现实基础，不能以违背社会科学基本规律的理论为依据，更不能随意、盲目地选择研究课题；其二，公共管理学研究选题要符合客观规律，违背客观规律的课题就没有科学性可言；其三，公共管理学研究设计必须科学、符合逻辑性。一方面要求公共管理学研究选题要符合理论与实践的一致性，另一方面要求公共管理学研究选题要符合逻辑性与实用性的科学研究特征。

3.2.2.4 可行性原则

所谓选题的可行性原则是指在选择公共管理学研究课题时，要根据实际具备和经过努力可以具备的条件来选择课题。可行性原则体现了公共管理学研究选题的条件性限制因素，是公共管理学研究选题应遵循的又一条基本原则。具体来讲，研究选题的可行性

---

① 汪玉凯：《公共管理基础问题研究》，《中国行政管理》2001年第11期。

主要考虑研究的主观可行性与客观可行性两方面。在主观可行性方面，要根据研究者自身的知识-智力结构、心理素质、思维方法、研究能力等来考虑选题；要根据课题的难度来考虑研究的个体性与集体合作性的选择，不要好高骛远，更不能妄自菲薄，要根据自己具体的主观条件来选择相应的课题。在客观条件方面，要注意充分考虑完成课题的客观物质条件，如设备、仪器、工具、资料获取途径、经济能力、人力条件等。因此，公共管理学研究者在研究选题时，不仅要考虑选题的需求性、创造性和科学性要求，还要充分注意和考察是否已具备完成课题的主观和客观条件。否则，再好的研究课题也只能束之高阁。正因为如此，在选题时一定要选择主观和客观条件尽可能完备的选题。

3.2.3 公共管理学研究选题的基本来源

对公共管理学研究者来说，不仅要意识到研究选题的重要性以及遵循选择课题的基本原则，而且还应知道如何去发现有价值的研究课题。调查和查阅文献是发现研究课题的基础和前提。发现有价值的科研选题是一个创造性的思维过程，也是一种灵活的研究艺术，没有什么刻板的模式。但从方法论的角度来看，它要求科学工作者必须有广博的学识、敏锐的洞察力和较强的分析识别能力。以下一些方面和领域是值得注意的选题来源和线索。

3.2.3.1 从社会实践与现实生活中遇到的实际问题来选题

外部现象的差异往往是事物内部矛盾的表现。在日常实践与现实生活中需要注意观察、记录和积累社会现象与问题，捕捉一切有用的信息；注意观察以往没有观察到的现象，发现以往没有发现的问题。及时抓住这些偶然出现的现象和问题，经过不断细心分析比较，就可能产生重要的原始意念。有了原始意念，就有可能发展成为研究课题，甚至可能是另一种研究的效应结果。公共管理研究者从对现实问题的研究入手，以正确的理论回答现实中存在的种种问题，同时提出解决这些问题的方法，这既能突出科研选题的针对性，又能提高研究选题的生命力。

3.2.3.2 从国家、省（市）科研基金会发布的科研招标课题来选题

每年国家自然基金委、国家社科规划办公室与教育部社科司等都会面向全国公布相关学科领域的科研招标课题。这些课题都是近年来党和政府最为关心的热点、难点与重点问题，体现了国家经济、政治、社会等政策发展方向，对于公共管理研究者来说，这无疑是研究选题的重要参考渠道。同时，各省市社科联发布的招标课题也具有一定的参考价值。这些招标课题一般是各省市本年度备受关注的重点、难点问题。相比国家社科基金与教育部社科基金的课题来说，省市规划课题主体范围更小、研究指向更明确、操作更容易。另外，各种非政府组织基金会发布的课题指南也是公共管理研究者选题的重要来源。

3.2.3.3 从已有研究文献的空白点来选题

公共管理研究者可以根据自身的特长与已掌握的专业发展趋势，再通过进一步查阅近20~30年来本专业的国内外文献，从中汲取精华，获得启发，寻找空白点，把填补国内外专业领域的空白点作为公共管理研究选题。这类选题既具有先进性，又具有生命

力，并且有可能在前人或他人的研究基础上提出新观点与新方法。在掌握前人已有研究成果的基础之上，用探索和批判的眼光去看待已有的理论、观点和结论，常常有可能从中发现新问题、提出新观点，这也是公共管理研究选题的有效渠道之一。

3.2.3.4　从公共管理学科与其他学科相互交叉、相互渗透的"边缘处""结合部""交叉点"来选题

当前，诸多学科的发展趋势是各学科之间相互交叉渗透，公共管理学科的发展更是如此。公共管理学研究领域不仅是一个多分支、多层次的复杂领域，同时又是一个相互联系、相互依赖的整体。公共管理学研究者除了需要进行专门研究外，还需要进行新的综合研究，即将两门以上的学科研究对象结合在一起。这种综合研究将产生大批崭新的有生命力的综合性研究课题。现代社会科学发展的历史告诉我们，社会科学的重大突破往往集中在许多社会科学的"边缘处""交叉点"。我国社会科学"边缘处""交叉点"是空白的，公共管理学也有一些"边缘处""交叉点"迫切需要研究者去开垦与耕耘。近几年来，从公共管理学的"边缘处""交叉点"发展起来的学科越来越多，如政治心理学、管理心理学、政治社会学等，而且这些新学科展示出越发强大的生命力。这些新学科的产生不仅揭示了公共管理学与其他社会科学之间的内在联系，指出了公共管理学发展的方向，而且也繁荣了社会科学本身，为社会科学增添了新的营养和血液，同时也推动了我国教育、文化、科研事业的发展，为国家制定相关公共政策提供了新的依据。

3.2.3.5　从学术争论中的问题来选题

由于对同一公共管理理论、现象、对象、问题存在着不同的观点，不同学派之间的学术争论是公共管理研究过程中常有的事。在正常的学术争论中，争论双方都有一定的事实依据和理论根据，但有可能争论的双方都没有论述清楚，需要进一步深入探讨和研究。因此，在文献调查中，注意有争论的问题，了解这些争论的历史、现状及争论的焦点，是发现研究课题的一个重要途径和线索。许多科学工作者对一些问题的研究常常是从有争论的问题开始的。

3.2.3.6　从本学科学术领航人或导师的课题及其意见来选题

对于刚刚跨入公共管理学研究的青年研究者来说，学术领导人与导师的意见往往是其科研选题的捷径。一般来讲，本学科领域的学术大腕或学术领导者的意见或研究方向对于刚刚进入公共管理学研究领域的青年学者的选题具有较大的参考与启发。本领域的学术领导者对本学科的理论知识掌握十分扎实，对于研究选题有十分丰富的经验。通过向他们咨询研究选题能够有效指导青年研究者快速进入本学科的研究领域。另外，研究者导师的意见以及建议也是青年研究者研究公共管理学选题的重要来源。研究者导师在本领域往往有丰富的选题与论证经验，同时也对本领域研究热点较为熟悉，因此，导师的意见与建议也是青年研究者公共管理领域研究选题的重要来源之一。

总之，研究者在研究选题过程中可充分利用上述选题参考来源，当然这些线索与来源并不是研究选题参考的全部途径，研究还可以根据自身知识-智力结构来寻找其他有效的参考途径。但无论何种研究途径都要研究者在研究选题过程中开动脑筋、虚心好学，拿出勇气来施展自己的创造才能，从而找到适合自己的研究课题。

3.2.4 公共管理学研究选题的基本步骤

在认识到研究选题的重要性、基本原则与获取途径之后,如何去实施就显得尤为重要。要正确选择研究课题,提高科研成效,必须严格选题规范,重视选题的每一个环节和程序,使选题工作严谨、周密。公共管理学研究选题一般应经过以下六大步骤(见图3-2)。

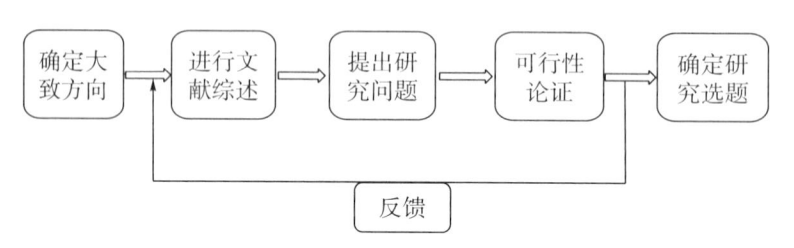

确定大致方向 → 进行文献综述 → 提出研究问题 → 可行性论证 → 确定研究选题

反馈

图3-2 公共管理学研究选题的基本步骤

3.2.4.1 确定研究选题的大致方向

确定研究选题的大致方向是公共管理学研究选题的起点,也是研究选题后续开展的前提与基础。没有确定方向的研究犹如"无头苍蝇",是找不到研究目标与对象的。因此,确定研究方向是选题的首要步骤。确定研究选题方向要遵循选题的基本原则,通过各种选题参考的来源、途径来获取研究选题方向。

3.2.4.2 根据研究分析进行相应的文献综述

研究者确定研究选题方向后,接下来的工作就是要针对选择的研究方向进行相应的文献综述。文献综述是具体化研究方向、提出明确的研究问题的关键一步。研究者通过阅读大量的国内外期刊与书籍等,不仅能大致了解本研究方向已有的研究成果,而且能在此基础上发现已有研究存在的不足与薄弱之处以及未涉及或还未完全解决的问题。这样,研究者就能通过系统的文献梳理发现研究方向的落脚点与支撑点,从而使研究方向具体化,提出明确的研究问题。

3.2.4.3 明确提出研究问题

在进行了大量系统的文献综述后,研究者应明确自己所要研究和解决的具体问题。当然,研究方向下具体问题的提出必须要在大量的文献阅读与梳理的基础之上。如有必要,还需要在研究阅读的基础上进行实地调查研究来提出研究的具体问题。具体研究问题的提出需注意以下四点:一是研究问题的可操作性,即研究的问题必须能够通过文献或实地调研的方式来具体实施,而不是空想性质的问题;二是研究问题必须要具体。研究问题不能过大或过空,过大或过空的研究题目只能让研究问题浮于表面,并不能有效解决相应的公共管理问题;三是研究问题需要结合实际。研究问题的提出必须与当前社会发展中所面临的实际问题相结合,这样才能彰显公共管理研究的应用性目的;四是研究问题要与研究理由区别开。许多研究者往往将研究问题与研究理由混为一谈,把研究理由当作研究问题来提出,这样的研究选题不仅会造成问题不明确,也会影响整个研究质量。

3.2.4.4 综合可行性论证

在提出具体研究问题后,就要对研究选题的可行性进行论证与评估,这决定了后续研究能否顺利进行。公共管理学研究选题的可行性论证包括系统论证与综合评估。系统论证一般要从所选课题的研究目的和意义、国内外有关研究概况和发展趋势、主要研究内容、研究难度及解决措施、研究成果形式及效益目标、资料情况、研究方法步骤、研究队伍水平、经费预算等方面着手,逐一剖析论证。如果前一项的系统论证未通过,该项选题方案即被淘汰,因而也就不再进行后续的系统论证了。如果所有项目的系统论证都基本通过,那么对一般性选题来说就可正式确定为研究选题了。但是,对于重大研究选题来说,还要进行综合评估。所谓综合评估就是在对几种不同的备选选题方案进行系统论证的基础上,综合各个项目的论证情况,判定各种选题方案的整体状况。然后通过对各种选题方案的整体状况进行比较分析,筛选出最佳选题方案,为选题的最后决策提供参考意见。

3.2.4.5 反馈

在综合可行性论证后可能会出现两种不同的情况:一种情况是通过系统论证与综合评估结果较为满意,那么该项目选题也就正式确定了;另一种情况是研究选题没有通过系统论证或者综合评估结果不满意,那么这种反馈信息就会使研究选题步骤重新回到第一步,这就意味着选题的可行性不强,很有可能要重新确定研究方向,然后再来通过文献综述、提出问题、可行性论证等步骤,直到得到满意的可行性论证与评估为止,才能正式确定研究选题。我们可以看出,反馈这一步骤对研究选题"把关"具有十分重要的作用。

3.2.4.6 正式确定研究选题

在经过方向确定、文献综述、问题提出以及可行性论证后就可以正式确定研究选题的项目或课题了。研究课题的正式确认,表明研究者已经做好了课题研究的前期准备与计划工作,也为后期一系列理论或实证研究奠定了坚实的基础。研究选题的正式确定表明研究者将要在这一研究选题上投入大量的时间、精力,这是研究者探索公共管理学奥秘的重要一步。

总之,公共管理学研究选题的步骤能够严格有效地保障选题的恰当性、规范性与可行性。优质高效的公共管理学研究选题应遵循公共管理学研究选题的六大步骤,这不仅决定了研究质量,更是决定研究成败的重要因素之一。

3.3 公共管理学研究资料收集方法

资料收集是开展公共管理学研究的基础性工作,是研究分析的重要支撑。如果说前述研究选题与研究设计是公共管理学研究的"骨架",那么使用资料收集方法就是充实这个骨架"血与肉"的过程。因此,公共管理学研究的资料收集方法对于实现研究目标、推动研究的持续开展具有重要的基础性作用。

3.3.1 资料的相关概述

公共管理学研究的资料收集方法有很多，对不同类型的资料所采取的收集方法有所不同。何为资料？资料有哪些类型？统计资料与资料有何区别与联系？这是探究公共管理研究资料收集方法首先要解决的问题，也是本节重点探讨的内容。

3.3.1.1 资料的概念

"资料"一词在《现代汉语词典》中被界定为"用来作为依据的材料"。广义的资料包括文字、数字、图表、符号、录音带、计算机存储数据，而狭义的资料则一般仅仅指文字、数字或印刷品内容。资料与数据往往是一对密切相关的概念。数据侧重于事物的信息，不仅包括符号、文字、数字（数字数据），还包括声音、图像、存储在电脑中的二进制代码（模拟数据）等，而资料则是用于代表人、事物等一切有关的信息及载体。在社会调查与社会统计调查领域，资料与数据常常可以相互替代。

3.3.1.2 资料的分类

一般来说资料有多种分类形式，主要的分类形式有以下四种：

一是按资料来源可以分为一手资料与二手资料。一手资料是指针对特定的研究目的，研究人员专门设计研究方法所收集的数据资料，包括通过访谈、观察和实验等具体研究方法获得的资料；二手资料是指不为目前正在研究的特定问题，而是为其他目的已收集的数据资料。二手资料有助于确认研究问题、界定范围，帮助拟定更好的研究方法，并可以进一步解释一手资料。二手资料的来源包括各类组织的统计资料、第三方研究机构提供的数据库和研究报告、各类媒体和出版物以及其他社会和商业机构提供的数据资料等。如今，互联网已经成为越来越重要的提供二手资料的整合性渠道。[1] 从信息学观点来看，一手资料转化为二手资料的过程中会发生信息过滤，因而存在失真的情况。因此，本节将主要内容集中在一手资料收集方面。

二是按资料载体可分为印刷资料和非印刷资料。印刷资料主要指以纸质材料为载体的资料，其中最常见的就是纸质书籍报刊资料。非印刷资料即非书籍报刊资料，是对传统印刷品范畴之外的常规出版物的统称，如电子书、光盘、网络数据、视频等视听资料，各种缩微复制品、计算机用软磁盘以及计算机用磁带、光盘、卫星照片等。电子计算机技术、通信技术、缩微技术、声像技术的发展，使非印刷资料的使用更加广泛、更加普及，而且非印刷资料快速、灵活、多样的特点也是传统印刷资料所不具备的。[2]

三是按资料传播范围可分为内部资料和公开出版资料。内部资料是指在特定范围内传播或发行的文献，包括内容不宜公开流传的书刊、文件和其他资料以及机关团体向特定对象发行的出版物等。公开出版资料（外部资料）则相反，是指向社会公开出版发行或分享的书刊、文件、电子数据等资料。

四是按资料文种可以分为中文资料和外文资料。中文资料主要是以中文形式出版的

---

[1] 陆雄文主编：《管理学大辞典》，上海：上海世纪出版股份有限公司、上海辞书出版社，2013年，第15页。
[2] 向洪、张文贤、李开兴主编：《人口科学大辞典》，成都：成都科技大学出版社，1994年，第237—238页。

主要在国内发行的书报、刊物以及其他资料等,外文资料则主要是中文资料以外的国外相应个人或机构出版发行的相应资料。

3.3.1.3 资料与统计资料

统计资料(statistical data)是统计活动所取得的反映各种客观现象及其成果的统计信息的总称。统计资料包括原始的调查资料以及经过整理和分析研究的系统的统计资料。[①] 统计资料是社会科学实证的重要分析材料,也是公共管理学研究中重要的客观资料来源,在公共管理学研究中常常需要对客观统计的资料进行收集与分析,探索数据中存在的客观规律,并运用概率与统计学知识,从中分析需要的研究结果。

资料与统计资料具有诸多不同之处,主要体现在以下三个方面[②]:一是二者的范围不同。资料的范围更广,调查者通过调查活动所获得的任何有关特定对象的信息都可以被纳入广义的资料范畴之内;而通过一定统计调查方法所获取的信息,只有符合反映客观现象的总体特征、数量特征以及信息特征这三个特征的资料才属于统计资料范畴。二是二者的性质不同。资料既可以反映有关特定对象某些方面的性质,也可以反映其数量方面的特征;而统计资料主要反映研究对象数量方面的特征。在社会科学研究中,有些定性资料可以通过一定的方法转换为数量特征资料,从而可以进行量化处理。三是二者的表现形式不同。统计资料的表现形式一般有统计数字、统计表、统计图等;而资料的表现形式还包括文字、声音、图像以及实物等。

3.3.2 文献法

3.3.2.1 文献与文献法

文献,"文,典籍也;献,贤也",在古代意指历代的一切图书及有重要贡献的作者。[③]《国际标准书目著录》中所用文献泛指图书、连续出版物、电影片、幻灯片、录音资料等一切知识载体。文献类型可谓多种多样,按照不同的标准可以划分为不同的类型。按照文献的载体可以将文献划分为印刷型、缩微型、机读型、视听型、实物型等;按照出版物的形式可以将文献划分为图书、期刊、专利、科技报告、会议文献、政府出版物、学位论文、标准文献、报刊等;按照文献的加工深度可以将文献划分为零次文献(未经发表的文献)、一次文献(发表的原始文献)、二次文献(对一次文献的加工)、三次文献(对二次文献的加工)等。[④]

文献法是指根据一定的研究目的或研究课题,通过查阅各类文献来获得资料,从而全面、正确地了解与掌握所要研究的问题的一种方法。文献法是收集、整理与研究问题相关的各类文献资料,并通过对文献的研究更好地了解和把握研究问题的过程。简而言之,文献分析法就是一个系统查阅和评价与本研究选题相关的文献资料的过程。[⑤] 文献

---

① 李伟民主编:《金融大辞典·三》,哈尔滨:黑龙江人民出版社,2002 年,第 1778 页。
② 吴建南:《公共管理研究方法导论》,北京:科学出版社,2006 年,第 238-239 页。
③ 彭克宏主编:《社会科学大词典》,北京:中国国际广播出版社,1989 年,第 719 页。
④ 范柏乃、兰志勇:《公共管理研究与定量分析方法》,北京:科学出版社,2013 年,第 41-43 页。
⑤ 李志、潘丽霞:《社会科学研究方法导论》,重庆:重庆大学出版社,2012 年,第 54 页。

分析法能够帮助研究者较快熟悉本领域中的研究成果,明确研究的突破口与创新点。

3.3.2.2 文献法的步骤

文献法一般可分为以下五个步骤:确定研究问题并制订研究计划、文献检索、文献收集与积累、文献鉴别、文献分析与形成结论。

一是确定研究问题并制订研究计划。确定研究问题与制定研究计划是任何研究的起点与基础。文献收集不是漫无目的"撒网",而是要在明确问题与基本方向的基础上进行有计划的积累。研究问题确定之后,需要制订相应的研究计划,研究计划是研究工作开展的蓝图,它指导着研究者按一定的步骤在各个层次上秩序井然地开展研究。文献研究工作计划主要包括研究的目的与意义、研究的大致内容与主要阶段、文献收集的途径与方法、研究工作的进一步安排与时间分配、研究经费的预算、研究成果的形式等。

二是文献检索。文献检索是指预先按一定方式把文献线索存储在检索工具中,再根据用户的需求把文献查找出来的过程。文献检索是科学研究中至关重要的一步,它能使研究者对课题的研究历史和研究现状有一个全面的了解,帮助他们站在一定的理论高度分析问题、思考问题、解决问题,同时也避免重复别人的劳动。选择最佳的检索途径,迅速、准确、全面地找到所需要的文献资料,这是每个科研工作者必须具备的一种基本能力。文献检索方法有时序法和追溯法等。时序法是指依照文献的时间顺序进行检索的方法,它又有顺时检索和逆时检索之分。前者指顺着研究的发展顺序,从古到今、从旧到新地查找文献资料;后者指按照先今后古、先新后旧的顺序逆向地检索文献资料的方法。科学研究具有继承性,新的研究都是在继承前人研究的基础上发展创新的。所以,逆时检索往往能更快地获得大量的信息资料。追溯法是指根据原始文献中的引文索引、参考文献书目以及专题综述后的文献目录等查找有关资料的方法。人们常轮流使用时序法和追溯法进行文献检索,这时的检索方法又称为循环法。[①]

三是文献收集与积累。文献收集与积累是文献法实施过程中最为艰苦的步骤。在收集过程中要将各种类型的文献查找、记录全面,同时要尽量收集与积累一手资料,这样才能保证资料的客观性。在文献收集与积累过程中要善于使用相应的工具,它可以有效减轻研究者的工作量。对中文文献的收集可以使用 NoteExpress、CNKI E-Study 等软件,对外文文献的收集与积累可以运用 EndNote 等软件。

四是文献鉴别。在收集与积累大量文献之后,如果不加以鉴别,再多的资料也不能帮助说明和考察所要研究的问题,相反,有时候还会使得研究者感到十分混乱。因此,文献鉴别这一环节显得尤为重要。文献鉴别主要分为外审与内审两类。外审主要强调对文献本身真伪的鉴别,包括对作者与文献版本的真伪鉴别;内审主要强调对文献内容真实性的鉴别,包括对文献的主要观点、基本内容、主要结论等的鉴别。外审与内审都是通过比较来进行鉴别,去伪存真,以提高收集文献的质量。

五是文献分析与形成结论。在完成对文献的鉴别之后就进入了文献分析过程,这个过程主要包括对已收集并鉴别的文献进行分析、描述与整理的过程。文献分析是对文献

---

① 卢乐山、林崇德、王德胜主编:《中国学前教育百科全书·教育理论卷》,沈阳:沈阳出版社,1995年,第255页。

中所包含的信息进行分类，并在定性或定量的基础上得出结论。定性分析是对文献中所包含的信息进行分类，选取典型的例证加以重新组织，并在定性的基础上得出结论；定量分析是对明显的文献内容做客观而系统化的量化并加以描述。文献整理是研究者在对自己掌握的文献进行创造性分析、综合、比较、概括等思维加工的过程。研究者通过对文献的分析与整合，从文献资料中得出事实判断或归纳概括出原则、原理，形成结论，从而撰写论文或研究报告。

3.3.2.3 文献检索方法

文献检索（document retrieval）是指以科学的方法利用专门的检索工具或数据库，从大量的文献资料中迅速、准确、完整地找到文献资料的过程。一般来说，按操作方式的不同，文献检索可以分为手工式文献检索（简称手检）和计算机化文献检索（简称机检）两种形式。手检是用传统的、手工的方法进行文献检索，它是机检的基础。而机检是使用计算机等现代化技术设备来进行文献检索，是文献检索的发展方向。具体来讲，文献检索一般分为图书馆文献检索、光盘数据库检索以及搜索引擎检索三大类。

一是图书馆文献检索。图书馆文献检索主要是利用目录、索引、文摘、参考工具书、国外杂志期刊等检索工具来进行。在确定检索工具之后，主要的检索途径有著者途径、书名或篇名途径、分类途径、主题途径等。图书馆文献检索方法主要有直接法、追溯法与综合法三类。直接法是指直接利用检索工具检索文献信息的方法；追溯法强调以某篇论文所附列的参考文献为线索追踪查寻，不断扩大线索，直接从有关出版物中获得相关文献的检索方法，引文索引也属于这种检索途径[1]；综合法又称循环法，是把上述两种方法加以综合运用的方法。图书馆文献检索的顺利进行除了要正确选择相关检索工具、途径、方法之外，还要遵循一定的检索步骤。主要检索步骤可以分为分析检索课题（包括分析检索课题的学科门类、确定检索课题的主题内容、分析检索课题的检索条件）、确定检索途径以及选用合适的检索工具。

二是光盘数据库检索。光盘数据库检索系统主要分为三种形式：其一是采用CD-ROM驱动器附在独立计算机上的单用户工作方式，每次只能装入一张光盘，仅供一人使用，一张检索完后再换另一张；其二是使用网络服务器将多个光盘驱动器或光盘库、光盘塔和计算机连接起来，构成一个光盘网络系统，多个用户可同时在终端机上检索任何一张光盘中的数据；其三是将网络系统接入学校或地区的局域网，用户可以通过联入网络的个人计算机随时访问光盘中的数据库。近年来，光盘数据库检索系统发展很快，国内外已经研制开发了大量的光盘数据库，为公共管理学研究提供了丰富的文献资料。当前国内外最常见的文献数据库有中国知识资源总库（CNKI）、中文社会科学引文索引（CSSCI）、万方数据库、维普数据库、超星数字图书馆、EBSCO、Web of Science、OECD、Science Direct、Springer Link、ProQuest等。

三是搜索引擎检索。搜索引擎（search engine）主要是指帮助用户检索网上信息的检索系统。用户向系统输入与所需信息有关的关键词或是由关键词构成的检索式，系统

---

[1] 刘蔚华、陈远主编：《方法大辞典》，济南：山东人民出版社，1991年，第640页。

输出会显示含有关键词的网页一览表。搜索引擎的主要优点是检索面广、信息量大，大多数搜索引擎进行的是全文检索，能深入到每个网址挖掘信息，从而有利于检索的全面性。国内主要搜索引擎有百度、雅虎中国、新浪、搜狗、360搜索等，国外主要有Google、Yahoo!、AItaVista、Excite等。

3.3.2.4 文献综述

文献综述是指在对某研究问题的文献进行广泛阅读的基础上，对该问题研究成果的综合与思考，是"高浓度"的文献产品。在这里，我们主要对文献综述的归类及框架进行概括与总结。

一般来说，文献综述是抽取某一个学科问题中的现有文献，总结这个问题的研究现状，从现有文献及过去的工作中发现需要进一步研究的问题和角度。文献综述的总体写作框架主要分为三大块：一是导论，主要介绍研究主题的背景、研究主题的重要性、要解决的问题等；二是主体分析综述部分，这一部分主要是从横向或纵向的角度对某一主题相关学者研究观点的分类描述与分析；三是结论，这一部分主要是对研究热点进行总结性评述，即对这些研究热点的特点、不足之处以及未来展望或发展趋势进行一个综合性的评述。

文献综述主题部分内容一般可以分为三大研究综述类型：纵向式研究综述，即对某一研究主题根据其时间先后、自身层次、涵盖内容来进行描述，从而从总体上了解该主题的研究状况，这一类研究是较为宏观的，涉及的范围为整个领域、专业或某一个研究方向；横向式研究综述，即针对某一问题从不同的视角、不同的领域（如国内外）、不同的方法加以描述与比较分析，从而深刻剖析某一具体问题的研究全貌，这一类研究是较为微观的，可涉及相当小的研究方向甚至某个细小的问题，分析问题更为具体与深入；纵横结合式研究综述，即采用纵向式与横向式相结合，全面展现某一主题的广度与深度。

文献综述主要由"综"和"述"构成，"综"的部分不算太难，根据所查阅的大量文献进行综合归类、提炼、概括；而"述"的部分则体现了一篇文献综述的质量高低，这需要考验作者自己的理论水平、专业基础以及分析问题、解决问题的能力。在对问题进行合理剖析的基础上，提出自己独特的见解。文献综述是站在前人的肩膀上去总结分析某一研究主题或某一研究问题的主要概况，即通过分析与梳理别人的研究成果，发现哪些问题是已有研究文献没有涉及或者还有很大提升空间的。

3.3.3 问卷法

问卷法是社会科学研究最常用的资料收集方法之一，也是公共管理学研究收集资料的重要方法之一。问卷法与抽样技术相结合，在公共管理学研究中得到了越来越广泛的应用。本节主要简要介绍问卷的概念、类型、优缺点、问卷结构、设计原则、步骤、问卷发放与回收。

3.3.3.1 问卷与问卷法概述

（1）问卷与问卷法概念

"问卷"一词源于法文"questionnaire"，其原意是"一种为了统计或调查用的问题表格"。问卷法是研究者用来收集资料的一种技术，也是研究者用统一设计的问卷对研究对象的行为、意见、态度和兴趣等进行调查与测量的一种研究方法。[①]

问卷法主要通过邮寄、个别分送或集体分发、访问等多种方式发放问卷，经被试（研究对象）填答，从而收集有关被试者对某项问题的态度、意见，比较、分析研究对象对该项问题的看法，以供研究者参考。[②] 科学的问卷法要求问卷的设计目的性强、内容完整、逻辑合理，以获得准确、科学、广泛的数据资料。而当它与访谈法等其他研究方法结合使用时，还可以发挥出更大的优势。

（2）问卷法的优缺点

问卷法相对于其他资料收集方法主要有以下优点：一是能在较短的时间内收集到大量的资料，效率较高。由于问卷法不受人数限制，所以能够在一定单位时间内收集大量的数据资料。二是问卷填写时间充分，可以自由表达意见。被调研者在填写问卷时相当自由，能自行选择合适的时间和空间进行，不受别人干扰，可以反映真实情况。三是问卷的标准化程度高且容易量化。问卷法要求问卷的设计与操作严格按照科学的原则与方法进行，从而保障了问卷信息的科学性、准确性与有效性。

当然，问卷法也有其不足之处。一是问卷设计有较高的要求。问卷设计需要大量的经验，不同的人针对同一问题，尤其是面向思维的问题，问卷设计差别可能会很大。问题设计不理想时，往往会显得散漫凌乱、不易整理，且难以应用统计方法对结果进行科学解释。二是灵活度不够，无法对复杂情况进行充分说明。由于问卷多是预先设计好的标准化问题及备选答案，有些情况非常复杂或被调查者选择某项的特殊理由等不能用问卷的简单问答来说明和反映。三是问卷结果广而不深。如果问卷的问题设置太多，可能使得回答者畏难生厌，导致所得的结果不是很可靠。四是问卷调查的实施难度大。许多问卷对调查对象的文化程度和合作性有一定的要求，若调查组文化程度不匹配或者不接受合作，就会大大影响研究结果的质量与可靠性。

（3）问卷的类型

一般来说，问卷类型有两种划分方式。一是根据问卷所提出问题的结构不同，可以将问卷分为结构式问卷、无结构式问卷、半结构式问卷。结构式问卷又称封闭式问卷，是对所有被试采用一致的题目，并且每一个问题都事先列举了几个可能的答案，被试必须按照研究者的设计，根据自己的情况在预先设置的答案中选择认为最恰当的一个。在实际中，通常是以若干封闭式问题组成结构式问卷。无结构式问卷实际是指问卷结构较松或较少，并非真的完全没有结构。一般来说，问卷中的问题是统一的，都是围绕研究目的展开，但未事先列出任何备选答案，被试可根据自己的情况自由回答。在实际中，通常是以若干开放式问题组成无结构式问卷。半结构式问卷是将结构式问卷与无结构式

[①] 李志、潘丽霞：《社会科学研究方法导论》，重庆：重庆大学出版社，2012年，第144页。
[②] 范柏乃、兰志勇：《公共管理研究与定量分析方法》，北京：科学出版社，2013年，第79页。

问卷相结合的问卷。二是根据使用方法不同可以将问卷分为自填式问卷与访问式问卷。自填式问卷是由研究者发给（或邮寄给）研究对象，由研究对象自己填写问卷。由于被试填写过程中研究者无法从旁指导或解释，因而要求问卷设计表述清晰、准确，不使用复杂句子，易于被试者理解。访问式问卷则是由研究者按照设计好的问卷向研究对象提问，然后根据被试的回答进行填写。访问式问卷主要用于当面访问、电话访问、小组访问等方式中。由于在问卷调查过程中有访问员进行解释、追问，且可以借助语音、语气、实物等辅助物，在问卷设计上可相对详尽、复杂。

3.3.3.2 问卷设计

科学地设计调查问卷是问卷调查的关键性环节，问卷设计的质量直接影响到问卷调查的回收率、有效率以及被试的回答质量。一份高质量的问卷并不是随心所欲设计的，而是需要考虑包括问卷结构、问卷设计原则、问卷设计程序在内的一系列问题。

（1）问卷结构

一般问卷结构包括封面信、指导语、问题及答案、编码、结束语五个部分。一是封面信。首先要说明调查者身份，且身份说明要具体、明确；其次要说明调查的大致内容，不能欺骗被调查者，既不要含含糊糊，也不要过于冗长；再次要说明调查的目的，不能太笼统；最后要说明调查对象的选取方法和对调查结果的保密措施。二是指导语。指导语是指导被调查者填答问题的**各种解释和说明**，一般放在前面，针对具体问题的则放在问题当中（如单选/多选、某些概念的含义等）。指导语的主要内容是一般性说明，例如：请在每一个问题后根据自己的情况在合适的答案号码上划"√"，或在_____处填上适当内容；问卷每页右边的数码及短横线是计算机处理用的，您不必填写；若无特殊说明，每个问题只能选一个答案；在选择性问题中，若您所希望的答案没有被包括在设计的选项中，请您选择"其他"，并根据要求在_____处填上简要说明；填写问卷时，请不要与他人商量；请您在填完后，再确认一下是否有错填或漏填的问题；为减少您的麻烦，我们为您准备了一个写好地址、贴好邮票的信封，请您一定在××××年×月×日前寄出。三是问题及答案。问题及答案是问卷的主体，一般包含两大部分：首先是被试者的基本情况，包括年龄、性别、学历等，其内容并不固定，而是根据研究所需的自变量来选择；其次是研究的主体内容，可以设计多种题型以及填答方式，但要注意问题与研究内容的对应性，不要出现与研究无关的问题。关于这一部分的内容和设计将在后面做详细的论述。四是编码。为方便问卷的统计及检查，每份问卷必须进行编号。编码一般位于问卷封面的左上方，以"编号_____"或"编号□□□□"等形式出现。五是结束语。结束语通常有两种方式：第一是设计几个开放性问题，让被试者补充说明对某些关键问题的深入看法，或谈谈对问卷或研究本身的建议；第二是以简短的话语对被试者的真诚合作表示感谢，例如，在问卷的末端写上"感谢您的真诚合作！"或"谢谢您的大力支持！"等。

（2）问卷设计原则

问卷设计的一般原则包括以下五点：一是问题总量一般应以被调查者能在 20 分钟内答完为宜，原则上不超过 30 分钟。否则，被调查者就可能会因厌倦而中断接受调查。二是应注意问题的顺序，其原则是一般性问题在前，特殊性问题在后；易答的问题在前,难答的问题在后;熟悉的问题在前,生疏的问题在后;封闭性问题在前,开放性问题在后;一般性问题在前,敏感性问题在后。三是问卷的内容安排一般按照个人基本情况、行为性资料、认知性资料、态度评测资料的顺序加以组织。四是问句的措辞应力求具体、简洁、准确、易懂,并在表述上中立、客观,避免产生诱导效应。五是对敏感性问题的发问方式应采用假定法、模糊法、转移法、释疑法等,以尽量降低问题的外在敏感度。

(3)问卷设计程序

问卷设计是一个严密的工作流程,主要包括明确问卷调查目的、确定调查主题和资料范围、构建问卷的框架体系、拟订并编排问题与答案、问卷的排版和布局、问卷的预调查、问卷的修订与定稿这七个步骤。

一是明确问卷调查目的。一项研究的灵魂就在于它的目的,它决定了研究的意义、价值、内容以及方式等。在问卷设计初始应该再次明确研究目的,深入理解其内涵。特别是多人合作的项目研究,要确保每个人都对研究目的有统一而明确的认识,保证研究思路和具体研究执行中的协调。

二是确定调查主题和资料范围。根据调查目的,确定调查内容、调查范围、所需收集的资料以及资料的来源等;酝酿问卷的整体思路,将所需资料一一列出,分析哪些是主要资料,哪些是次要资料,哪些资料可要可不要,淘汰那些不需要的资料,并确定调查的时间、地点及对象。

三是构建问卷的框架体系。将研究内容具体化为指标体系,并层层分解为一级指标、二级指标乃至三级指标,直到可以与每一个问题对接。这一体系也就成为问卷的内容架构,同时也明确了问题的逻辑层次与问题之间的关系。

四是拟订并编排问题与答案。问题和答案是问卷的主体部分,要求做到严谨、客观,因而是设计过程中的重点,耗时较长。其主要包括问题类型的选择、问题表述方式和排列方式的设计、题量控制以及回答方式的设计等内容。每个具体的研究指标都需要转化为一个或多个问题,因而一开始可以尽量详尽地列出问题,然后再进行检查、筛选和补缺。

五是问卷的排版与布局。在内容上相互联系的问题应放在一起;同一个框架里的问题一般也要按逻辑次序、时间次序、内容体系排列,以保持回答者的注意力和思维序列。回答问卷的时间一般控制在20分钟左右,问卷中不能浪费一个问句,也不能遗漏一个问句。问卷的排版布局要求整齐、美观,便于阅读、作答与统计。

六是问卷的预调查。问卷初步设计出来以后不宜直接用于正式调查,必须经过预调查以检验问卷的信度和效度,并进行必要修改。预调查一般是选取少量样本(样本应与研究的对象是同质的)对初步问卷进行填答,根据回收数据来检验问卷的质量。与此同时,也可以将初步问卷送给该领域的专家和研究人员,以征求他们的意见。

七是问卷的修订与定稿。根据预调查的结果对问卷进行修改与完善。问卷题目应该选择具有代表性的题目和内部一致性高的题目。通过题目分析,保留高相关题目,剔除低相关题目。当问卷修订工作完成并确定无须再进一步修改之后,可以考虑问卷定稿并正式投入使用。

3.3.4 访谈法

同问卷法一样,访谈法也是公共管理学研究者收集资料的一种重要方法。访谈的过程实际上是访谈者与访谈对象双方面对面的互动过程,所获得的访谈资料正是这种互动的产物。

3.3.4.1 访谈法的概述

(1) 访谈的概念与特点

访谈法是访谈者通过与访谈对象之间的口头交谈,了解访谈对象的动机、态度、个性和价值观念等,以收集研究所需一手资料的一种研究方法。[①] 访谈调查一般都是通过口头交流方式获取社会信息和市场情况,但是随着现代科技的发展,例如电话和计算机的普及,访谈调查的概念也随着一些新技术的介入有所扩大。

访谈法主要具有以下三个特点:第一,访谈法强调通过访谈者与访谈对象间的直接交流收集资料。通过面对面交流能够及时发现问题并获取更多的非语言信息,这些都将使所获取的资料更加真实、具体与生动。第二,访谈是访谈者与访谈对象之间的互动过程。一方面访谈者通过提问等方式作用于访谈对象,另一方面访谈对象也通过回答问题等方式反作用于访谈者。第三,访谈需要访谈者掌握一定的访谈技巧并积极地控制过程。在访谈过程中,访谈者只有掌握一定的访谈技巧,善于人际交流,并有效控制访谈过程,才能取得访谈的成功。

(2) 访谈的分类

根据研究目的、性质和对象的不同,访谈有各种不同的方式。按照对访谈过程的控制程度,访谈可以分为结构式访谈与非结构式访谈,这是目前社会研究中广泛采用的分类方式。结构式访谈是按照统一的设计,以一定结构的调查表或者问卷进行;非结构式访谈也叫非标准化访谈,即根据一个比较粗略的纲领或提纲进行访谈。按照访谈者与访谈对象的交流方式,访谈可以分为直接访谈和间接访谈,前者是访问双方面对面交谈,后者则是通过电话等进行交谈。直接访谈时,访谈者可以深入访谈对象中进行实地访谈,也可以让访谈对象去到事先安排的地方开展访谈;间接访谈主要指访谈者与访谈对象并非面对面交谈,而是借助某种工具进行访谈。按照一次被访问的人数,访谈还可以分为个别访谈和集体访谈。个别访谈主要是针对调查对象个体所做的访谈,双方不会受到第三方的影响,能够较好地打开访谈对象的思路,比较适合于非标准化访谈;集体访谈主要指访谈者同时与几名访谈对象进行交流,一般通过集体座谈的方式收集相关资料。

(3) 访谈法的优缺点

访谈法应用十分广泛,特别是当它与其他研究方法相结合时效果更佳。访谈法一般具有如下优点:一是能够广泛了解与获得社会信息。通过访问,研究者不仅可以了解正在发生的社会现象,还可以了解已经发生的社会现象,不仅可以获得外在的行为和事

---

① 吴建南:《公共管理研究方法导论》,北京:科学出版社,2006年,第245页。

实,还可以把握访谈对象潜在的想法、动机和情感。二是可以使研究的问题具有深入性。访谈中,不仅可以通过访谈对象的言谈、语气、表情、神态、动作等更加深入地了解被访者,还可以通过反复访谈与追踪访谈来获取更深层次的内容。三是收集的资料具有较强的可靠性。四是调查方式十分灵活。访谈法可以围绕研究主题为不同的访谈对象准备不同的问题,还可以根据不同的研究主题设计和安排不同的访问形式、访问时间和访问场所。

当然,访谈法也存在一定的不足。一方面,访谈是访谈者与访谈对象相互作用的过程,双方具有不同的价值观、社会经验、社会地位、思想方式和生活习惯,这些主观因素都会导致访问误差,因为双方都无法做到完全客观和互不影响。因此,访谈法的实施要求访谈者具有较高的素质和能力以保证访谈的质量。另一方面,对于敏感问题、尖锐问题和隐私问题,访谈对象往往不愿意回答或不做真实回答,这类问题都不宜采用访谈法。此外,与其他调查方法相比,访谈法的费用较高,耗时较长,需要投入的人力较多,这些都限制了访谈的规模。

3.3.4.2 访谈法的实施步骤与技巧

访谈本身不仅仅是一种调查方法,也是一门沟通艺术,必须善于运用各种沟通技巧才能成功实现访谈目的。一般来说,访谈法主要分为访前准备、进入访问、访问过程控制、访问结束四个阶段。

(1) 访前准备阶段

访前准备要求访谈者在进行访谈之前要做好访谈的基本工作。一般来说,主要包括:选择适当的访谈方法、确定访谈对象的范围、制订访谈问卷或提纲、选择访谈者并进行培训、了解并确定访谈对象、拟定访问程序与细则、准备访谈工具。

在访前准备过程中,访谈者需要注意访谈内容与技巧。一是要理解关于访谈的全部内容并了解相关知识。访谈对象有时会主动询问访谈者相关问题,如果访谈者没有相应的知识或应对技巧,访谈对象可能会轻视访谈者,失去回答问题的兴趣,甚至还会故意欺骗访谈者。二是访谈者应注意访谈态度,特别是在双方因地缘和身份造成差异的情况下。如城市访谈者访问乡村最容易犯的毛病是访谈者带有城市人的骄傲感,对乡下环境或某种习惯表现出不满或厌恶,这很容易引起访谈对象的反感。三是选择适当的时间、地点和场合进行访谈。例如,当在乡村开展访谈时,不宜在农忙时进行;在城市开展访谈时,不宜在清晨、中午、深夜或家务繁忙的时候进行,而应在傍晚、周日下午等时间进行,如果只选择周一到周五上班时间进行上门访问,可能只能访问到家里的老人或小孩。

(2) 进入访问阶段

进入访问是访谈的开始,它是由请求和第一批问题组成,目的是激发回答者产生回答问题的动机并做好回答问题的准备。访谈资料的可靠性在很大程度上取决于访谈者一开始的表现,在这一过程中要注意以下两点:一是要充分理解访谈对象的心理,有效接近访谈对象;二是要积极争取有关组织的配合。在进入访问阶段,访谈者还要着重介绍自己,并言简意赅地说明自己的访问计划与访问目的,最为关键的是访谈者要在进入访问过程中建立友好的气氛,详细说明调查内容,并提出第一批问题。

(3) 访问过程控制阶段

访问过程控制阶段主要包括提问控制、访问中非语言信息获取以及访问中未回答问题的处理三方面内容。一是提问控制。提问控制主要包括题目类型与提问技巧。题目类型主要根据访谈类型来确定，如果访谈属于结构式访谈，那么题目类型较为保守，如果是非结构式访谈，则题目类型较为开放。在提问技巧方面，一方面要注重提问的方式与语言，根据问题的特质与访谈对象的特点来选择，同时提问要尽量简洁，语言要地方化、口语化。另一方面要针对不满意的回答进行追问，在访谈过程中要善于追问不精确的回答、不知道的回答以及开放式问题的回答。另外，在提问过程中要注意有技巧地发问与插话。二是访问过程中的非语言信息获取。在访问过程中，访谈对象的体态、目光、表情、外部形象等非语言信息能够反映访谈对象的态度与情感，访谈者应在访问过程中加以关注，以调整与控制访谈过程。三是未回答问题的处理。在访问过程中容易出现访谈对象不在场或者访谈对象拒绝合作甚至中途离场的情况，访谈者一定不要轻易放弃，要针对不同的问题寻找原因并重新制订进行访谈的策略。

(4) 访问结束阶段

访谈者在结束访谈时也有一些注意事项，尤其是要注意掌握访谈时间的长短。时间过长会令访谈对象疲倦、反感、敷衍，过短则可能达不到访谈深度的要求。当访谈结束时，一定要对访谈对象的合作表示感谢，态度要诚恳。如需再次合作则要预约下一次访谈的时间与内容。

3.3.5 观察法

观察是取得社会信息的重要手段。从经验主义的角度来看，"知识"是可以直接感知和观察到的。研究者通过自己的感观或科学仪器可以直接观察到"客观""真实"的"事实"。因此，科学的观察方法是获得"事实"和各种直接性"知识"的基本方法。

3.3.5.1 观察法的概述

(1) 观察的概念与特征

对社会现象的研究同对自然现象的研究一样，都离不开对研究对象的观察。观察法可以说是一切社会科学研究的基本方法之一。这里所说的观察法（observation）是指调查者带有明确的研究目的，在自然条件下，凭借自己的感官或辅助工具观察选定调查对象的行为或活动，从而直接从社会生活中收集资料的方法。具体来说，观察法是调查人员对选定的人群或场所，运用耳听、眼看或者借助照相机、摄像机、录音笔等辅助工具把调查对象的行为、特点真实地记录下来，从而获得重要信息的方法。

总的来说，观察法具有以下特征：一是观察法主要在自然或人为环境下进行。自然环境下进行的观察很少受到人主观意志的影响，比较客观；人为环境下的观察则具有主观的对比性。二是观察法具有较强的目的性、系统性与计划性。观察的进行不是漫无目的，而是有计划、有目的的系统性观察，这是科学观察的重要准则。三是观察变量包括描述、推理与评价。四是观察容易受到人为因素的影响。被观察的事物往往纷繁复杂、瞬息万变，我们的感官难以同时接受众多信息，因此会出现遗漏。另外，观察过程也受到观察者经验、知识体系、情感、心理因素的影响。五是观察者一般无法控制环境，从而影响观察结果。六是观察法往往样本较少,难以进行量化研究。

(2) 观察法的分类

从不同的角度可以将观察法分为不同的类型。根据观察场所的不同,观察法可分为实验室观察和实地观察;根据观察程序的不同,观察法可分为结构式观察和非结构式观察;根据观察者的角色不同,观察法可分为参与观察和非参与观察;根据观察对象的不同,观察法可分为直接观察和间接观察。

实验室观察(laboratory observation)是指在特殊装备或精心布置的实验室里观察研究对象的反应,从而获得观察结果的研究方法。它与自然观察最大的不同就在于观察环境的人为性,它要求观察者控制观察环境的有关因素,然后观察研究对象的反应。实地观察(field observation)是指在现实生活场景中所进行的观察,是观察者有目的、有计划地运用自己的感觉器官或借助科学观察工具,能动地了解处于自然状态下的社会现象的方法。这种观察是在自然的环境中进行,不需要(实际上也不可能)对观察的场所和对象进行控制,而是深入到现实生活中对实际所发生的现象进行观察。

结构式观察(constructed observation)也称有结构观察、有控制观察或系统观察,是指事先制订好观察计划,按照一定的程序,采用明确的观察提纲或观察记录表格对现象进行的观察。非结构式观察(non-constructed observation)也称无结构观察、无控制观察或简单观察,是指没有任何统一的、固定不变的观察内容和观察表格,完全依据现象发生、发展和变化的过程所进行的简单观察。

参与观察(participant observation)也称局内观察,是观察者亲自投身到所观察的社会现象和社会生活中去,在自身成为社会生活中各种活动的一员的同时所进行的观察。非参与观察(non-participant observation)也称局外观察,是观察者置身于所观察的现象之外,以旁观者的身份观察特定的行为。

直接观察(direct observation)是对那些正在发生、发展和变化着的社会行为和社会现象所进行的观察。研究者亲眼看见人们的行为举止以及正在发生的各种事件和过程,从观察到的现实社会事物那里直接获得所需的信息资料。间接观察(indirect observation)是对人们行动以及某事件发生以后所遗留下的痕迹这一中介物所进行的观察。间接观察的对象通常不是正在活动的人们,不是人们当时的行为和表现,也不是正在发生的事件和活动,而主要是人们行动以及某事件发生以后所留下的各种痕迹。

(3) 观察法的优缺点

观察法具有一定的优点:一是调研者能够在保持正常活动的自然状态下进行调研;二是搜集的材料是原始而真实的,所得到的资料是一手资料,具有很高的价值,这对资料的掌握十分重要;三是在实地观察中,观察法可以在不妨碍观察对象工作与生活的前提下进行;四是在选择观察对象时具有一定的广泛性,观察范围可以根据调查内容的不同相应增减;五是观察到的实际情况可以适当补充文献资料的不足。

但是,观察法也有一定的局限性:一是观察法往往只浮于表面,不能深入到事物的本质中去,在观察中,许多事物的本质容易被表象所掩盖;二是在观察过程中,具体研究对象的个性心理有很大的不同,使得调查者很难辨别人们心理活动的真伪;三是由于观察时间较长,观察人员较多,工作量较大,很难组织范围很广的观察活动。

3.3.5.2 观察法的实施步骤

各种类型观察法的实施都包括三个阶段,即准备阶段、实施阶段和资料整理分析阶段。在实际操作中,各个阶段之间又有不同程度的交叉和融合,具体可分为以下六个步骤。

(1) 确定研究目的,制定研究观察计划

确定研究目的与制定研究观察计划是研究准备阶段,也是观察研究的起点。这一阶段具体内容主要包括:一是根据研究目的确定研究对象与大致范围,主要解决观察什么人、他们是什么样的群体、观察范围有多大等问题;二是选择适宜的观察方法,确定观察的时间地点,根据观察对象选择合适的观察方法,确定观察的具体时间与地点;三是确定观察的具体内容,主要包括现场的情境,即事件或活动的舞台与背景,观察对象的角色、地位、身份、数量以及相互间的关系,人们行动的目的、动机、态度,社会行动的类型、产生与发展过程,行为的性质、细节以及影响等[1];四是进行观察前的理论与物质准备;五是考虑观察过程中可能出现的问题以及所采取的相应对策。

(2) 观察训练

观察是一项技能要求较高的工作,因而在正式观察以前要进行观察训练,以便能以标准化的方式来观察所欲探究的焦点。一个合格的观察者不仅要具有良好的注意力、忍耐力、记录能力,而且要仔细、认真,要善于控制自己的行为,使自己对观察对象的影响以及由此引起的变化减少到最低程度。对于观察者的训练除了要注意培养观察者的观察能力、判断能力,还要注意培养他们的记忆力和记录能力。在训练过程中,要使观察者能够仔细区分观察的事实以及观察对象的反应,并在这些事实中分析出主要或重要因素。

(3) 进入观察环境

在正式实施观察前首先要保证能够顺利进入观察环境。研究者进入观察环境的难易程度主要取决于两个因素:一是环境的公开性,二是研究对象接受观察的意愿。一般而言,最易被接受的环境是公共场合,人们在这样的环境中对自己的行为没有保密的必要。

(4) 观察实施

观察实施主要分为以下三个阶段:一是描述性观察。描述性观察提供非特定的描述,通过描述性观察去理解观察环境中错综复杂的情况。二是焦点观察。在了解整体情况之后,主要将精力集中在与研究相关的事物与历程上。三是选择性观察。在资料收集的尾声,针对在第二阶段中获得的各种类型的事物与历程,寻找更进一步的证据与例子。

(5) 观察记录

观察记录是对所观察到的现象的文字描述。观察记录的过程是观察者对观察现象思考、分类和筛选的过程,也是一个澄清事实、提炼观点的过程。因此,观察记录可以使观察者对所观察现象的了解和认识更加明确和深入。观察记录的方式主要有当场记录与

---

[1] 李志、潘丽霞:《社会科学研究方法导论》,重庆:重庆大学出版社,2012年,第276页。

事后追记。在记录过程中需要注意以下三点：一是手工记录难以做到分毫不差，选择合适的现代化观察工具，如数码相机、数码录音机、摄像机等，可以弥补观察记录的不足，增强观察法的效度；二是记录的时机以当场记录最为理想，以避免事后追记的不完整；三是记录的原则是"能记尽记"，把所有知道的细节完完全全地记下来；四是严格区分对观察现象的客观描述（事实）与观察者个人的推断、思考。

(6) 观察记录整理

在长期连续的观察过程中会积累大量的观察记录，对于各种观察记录都应该进行再加工。通常的做法是采用分类或流程图的方法对观察记录做进一步的整理和分析。分类主要是以人物、事件或行为为指标，分别建立资料档案以便查阅和检索。流程图是从资料中归纳出事件发展的几个重要阶段，然后按时间顺序对各个阶段做详尽描述和深入分析。它们虽然不是资料整理、分析的最终结果，但能够为社会调查研究后期的资料整理和资料分析工作提供良好的基础。

3.3.6 实验法

实验法作为一种科学认识方法，最初被应用于自然科学领域，然后逐渐被社会科学研究领域所借鉴。在社会科学研究中，实验法作为一种实证研究方法具有特殊的意义和重要的作用。这里主要就实验法的概念、特征、类型、优缺点、基本原理与程序、设计方法等进行简要介绍。

3.3.6.1 实验法的基本概述

(1) 实验法的概念

实验法是指研究者按照研究目的精心设计实验，通过充分控制实验环境，创设一定的实验条件，以确立自变量与因变量之间的因果关系，来探索研究对象的本质与规律的一种研究方法。实验法的基本目标是判定两个变量之间是否存在因果关系。实验法强调研究人员通过控制某种条件，比较准确地了解有关现象的变化情况，深刻掌握事物发展的规律。

(2) 实验法的分类

实验研究根据标准不同分为不同的类型。根据实验设计的不同，可以分为标准实验和非标准实验；根据实验研究场所的不同，可以分为实验室实验和实地实验；根据实验控制的严密程度，可以分为前实验、真实验和准实验；根据实验在科学研究中的不同作用，可以分为对比实验、析因实验、探索性实验以及模拟实验；根据结果性质的不同，可以分为定性实验和定量实验。[1]

标准实验和非标准实验。标准实验和非标准实验是针对实验的规范程度以及对实验条件的控制能力而做区分的。一个完备的标准实验应当具备以下要素：两个或多个相同的组、前测和后测、封闭的实验环境、实验刺激的控制和操纵等，一般来说，具备这些因素的实验称作标准实验，反之则为非标准实验。

---

[1] 范柏乃、兰志勇：《公共管理研究与定量分析方法》，北京：科学出版社，2013年，第103—107页。

实验室实验和实地实验。实验室实验是指在配备专门设备的实验室进行的，并对实验条件、实验控制以及实验设计都加以严格规定的实验；实地实验，也称现场实验，主要指在实际情境中进行实验，在现实工作或生活中，主试者通过实验器材对一部分无关变量加以控制，通过操纵某一变量进行实验的方法。

前实验、真实验和准实验。前实验是一种不够规范的实验，其缺乏清晰明了的假设，且无关变量与干扰变量较多，实验结论一般具有或然性；真实验是指研究人员能够随机地将实验对象分派到实验组与控制组，也可以对实验误差加以控制，使得实验结果较为准确的实验；准实验是指研究人员无法随机分派实验对象到实验组或控制组，也不能完全控制实验误差的实验。

对比实验、析因实验、探索性实验以及模拟实验。对比试验是指将某个研究事物同一个已经确定知道其结果的事物做对比，以便确定某种影响因素；析因实验是指将一个或多个因素的各水平交叉分组进行实验，其不仅可以检验各因素内部不同水平间有无差异，还可以检验一个或多个因素之间是否存在交互作用；探索性实验是指以探索某种科学现象或科学规律为目的，通过探索研究对象的因果关系及问题的解决，尝试构建某种学科体系，具有较强的创新性；模拟实验又称模型实验、仿真实验，是指借助与原型相似的物质模型间接地研究客体原型。

定性实验和定量实验。定性试验是判定研究对象具有哪些性质的实验，包括某些因素是否存在、某些因素之间具有什么关系等；定量实验就是测定对象的某些数值，以确定某些因素之间数量关系的实验。

（3）实验法的优缺点

实验法主要具有以下优点：一是因果性。调查研究者引入被认为产生某种社会现象、社会问题等的原因作为变量，考察这一社会现象、社会问题导致的因变量的变化，并测出因变量的值，从而确定因果关系。二是可检验性。实验法可以通过建立某种假说，通过实验来检验假设是否成立。三是可控制性。与观察法不同，实验法可以对实验条件、环境进行有效的控制。四是可重复性。实验法可以帮助人们在任何时候任意次数地使某一现象重复出现，这是其他社会调查方法所不具备的。五是精确性。实验法通过对研究环境、条件、工具的运用与调整，能够有效提升研究结果的精确性。

从辩证的角度来看，实验法的缺点是内含在它本身的优点之中的，这些缺点主要包括：一是人为的操作性。人为地控制实验环境容易使其偏离真实的现实。二是样本存在缺陷。实验法所需要的样本数量比较少，虽然省事、省力、省钱，但是也造成了样本的代表性存在很大的不足。三是容易受主观因素的影响。在实验研究中，由于研究人员可能有意或无意地给受试者以某种暗示，某些受试者也可能有意迎合研究者的期望，因而出现实验对象的行为受到研究者影响的情况，造成一种虚假的因果关系。

3.3.6.2 实验法的基本操作程序

实验法的目的是为了发现社会现象之间的因果关系，并且对这种因果关系做出解释。实验不同于一般的观察，它是在特定的条件下按照严格的程序进行的，所以实验需要进行精心的准备，然后才能实施。实验法的基本操作程序可以分为准备、实施和整理汇报三个阶段，具体来说包括以下六个步骤。

（1）选择研究课题，提出研究假设

实验法要求研究者从理论与实际的需要及现实可行性出发选择公共管理研究课题。在研究课题确定之后要根据研究对象提出理论假设，任何实验都要有理论框架与研究假设，且整个实验都是围绕研究假设所展开的。假设是实验研究的核心，假设通常是陈述两个社会现象或事物之间的因果关系或相关关系。

（2）确定研究变量，给出操作定义

在科学研究中，概念或属性往往会有变动，即同一概念往往会以不同的状态或分量表现出来。研究者将这种具有变动特点并可以进行度量的概念称为变量。因此，在实验研究过程中要确定研究的自变量（能够引起另一个变量即因变量变化的变量）与因变量（因自变量的变化而产生的现象或结果），同时还要通过一些具体可测量的指标对概念、变量做出说明。

（3）选择实验对象，创设实验环境

实验对象要具有充分的代表性，需要典型环境中的典型对象，对于复杂的事物来说，还应该具有不同类型与不同层次的代表性。在创设实验环境过程中要特别注意实验对象与实验环境的匹配问题，所有实验对象和实验环境的各方面状况应尽可能相同或相似。

（4）操控自变量，控制无关变量

自变量是指变化的措施与条件，它是研究者创设和操纵的情景或刺激物，以促使被试对象产生反应与变化。实验目的主要是看自变量介入会引起因变量怎样的反应和变化。对于实验中的无关变量可以通过实验者、实验对象与实验环境三方面来控制其对实验过程的干扰。

（5）实施实验，进行前测与后测

前测是指实验前对被试进行的与实验相关的某些特质的测验，通过前测可以使实验者了解被试某些特质的现有水平，从而为判断实验效果建立一个基准，同时也可以利用前测进行取样与分组。后测与前测是相对而言的，在实验中后测也很重要，没有后测，实验的统计工作将无法进行，也无法得出相应的结论。

（6）整理分析资料，撰写实验报告

资料整理是对实验准备、实施的总结，也是对实验结果的陈述，同时也是实验目的的体现。它一般分为两个部分：一是整理汇总实验材料，对观测记录进行统计、分析，得出实验结果，以此检验假设，提出理论解释和推论；二是撰写研究报告，即根据实验的结果和前期的文献资料撰写研究报告，研究报告是实验的最终成果。

3.4 公共管理学研究资料分析方法

在运用相关资料收集方法完成资料收集之后，接下来的工作就是对所收集的资料进行分析，从而发现事物或现象之间的联系。资料分析是在汇总的基础上进行的，通过一定的计算、归纳找出调查对象的基本特征和规律，进一步研究现象产生、发展和变化的原因。资料分析过程是一个去粗取精、去伪存真、由此及彼、由表及里的过程，是公共管理研究的关键环节。公共管理资料的分析方法主要分为定性资料分析方法和定量资料分析方法两大类。

3.4.1 定性资料分析方法

对公共管理定性资料进行整理和分析，其实就是研究者根据研究目的对其所获得的原始资料进行系统化、条理化处理，然后用逐步集中和浓缩的方式将资料反映出来，以便建构某种"扎根理论"，从而对资料进行意义阐释。定性分析方法不同于定量分析方法，定性分析方法通常缺乏定量分析方法所具备的那种标准化的分析程序与技术，与各种不同范式、不同定性研究相伴随的是各种各样、风格迥异的资料分析技术与方法。虽然定性研究方法一直是社会科学研究领域中比较重要的方法，但它没有一个主流的范式，在社会科学发展的不同阶段，定性研究的意义完全不同。正是因为不同研究传统以及范式的并存与融合，定性资料分析的具体方法存在多样化特征。定性分析主要存在三种流派，其代表方法分别为分析归纳法、基于编码的方法以及基于言语的方法。定性资料分析的一个重要任务就是从零散的资料中找出研究的意义和模式。当前，国内有关定性资料分析方法较为权威的介绍来自北京大学的陈向明与南京大学的风笑天。

陈向明提出了两种定性资料分析方法，即类属分析和情境分析。在类属分析中，具有相同属性的资料被归入同一类别，并且以一定的概念命名。类属属性包括组成类属的要素、内部形成的结构、形成类属的原因、类属发挥的作用等。类属分析的基础是比较，通过同类比较、异类比较、横向比较、纵向比较、理论与证据比较等设定有关的类属以后，研究者需要对类属之间存在的关系进行识别，如因果关系、语义关系、逻辑关系、平行关系等，并且发展出一个或数个"核心类属"。在情境分析中，研究者将资料放置于研究现象所处的自然情景中，并按照故事发生的时序对有关事件和人物进行描述性的分析。情境分析强调对事物做整体和动态的呈现，注意寻找将资料连接成一个叙事结构的关键线索。情境分析的结构可以采用前因后果排列、时间流动序列、时空回溯、圆周反复等方式。情境分析的具体手段包括轮廓勾勒、片段呈现、个案、访谈片段、观察事件、故事等。在实际操作过程中，类属分析和情境分析是可以相互取长补短。情境分析可以为类属分析补充"血肉"，而类属分析可以帮助情境分析厘清意义层次和结构。而且两者结合起来使用还可以实现共时性与历时性的统一，即在叙述一个完整的历时性故事的同时进行共时性的概念类别分析，在共时性概念类别框架内叙述历时性的故事。[①]

风笑天在《社会学研究方法》中介绍了定性资料分析常用的四种方法，分别是连续接近法、举例说明法、比较分析法、流程图方法。[②]

3.4.1.1 连续接近法

连续接近法（successive approximation）是指通过不断反复和循环的步骤，使得研究者从一个比较含糊的观念以及杂乱、具体的资料细节，逐渐得到一个具有概括性的综合分析结果。在连续接近法中，研究者常常得以形成新的概念，创造新的理论。

---

① 陈向明：《质的研究与社会科学研究》，北京：教育科学出版社，2000年，第289—302页。
② 风笑天：《社会学研究方法》，北京：中国人民大学出版社，2001年，第311—315页。

3.4.1.2 举例说明法

举例说明法（illustrative method）就是一种用经验资料来说明某一理论的方法。这种方法是在定性资料分析中运用最为普遍的一种方法。举例说明法有两种方式：一种是通过举例来证明理论的来源与脉络，即通过个案来说明理论；另一种是采用平行说明的方法，即通过平行列举多个案例来说明这种理论模型可以应用于不同的案例。举例说明法的缺陷在于其论证模式说服力不强，因为一个反例就可以轻易攻破理论的堡垒。

3.4.1.3 比较分析法

比较分析法（analytic comparison）是在社会科学研究中应用较广的方法。在定性资料分析中，根据具体比较方式的不同，比较分析法可以分成两种类型：一是一致性比较法（method of agreement）。这种比较法是将注意力集中于不同个案中所具有的共同的特征上，并通过运用一种排除的过程来进行，其基本思想是研究者先找出不同个案所具有的某种共同的结果特征，然后再比较各种可能的原因特征，如果某种被看作原因的特征不为具有共同结果的个案所共有，那么研究者就将这种特征从原因中排除掉，最终剩下的那种所有个案共有的特征则为可能的原因。二是差异性比较法（method of difference）。差异性比较法的基本思路是研究者先找出一些在许多方面都十分相同，但是在少数方面不同的个案群，然后从中找出使得这些个案具有相同结果的原因特征组，同时找出一组在结果上与此不同的个案。接下来，研究者可以对比两组个案，查找那些在结果上不同的个案所没有出现的原因特征，这种没有出现的原因特征就是结果的原因。

3.4.1.4 流程图方法

流程图方法主要是指以历史和现实发展过程为标准对定性资料进行描述。这种方法最大的好处是能够很好地展示事物发展变化的过程，使得描述的内容清晰明了，读者可以一目了然。

综上而言，定性研究是一种理论建构型的研究方式，而对定性资料的分析过程则是一个开放式的结构。在分析的过程中，研究者可以根据研究目的对原始资料进行不同的取舍。但不管怎样，研究者在建构相关理论时都应该建立在原始资料上，而不是凭空杜撰。

3.4.2 定量资料分析方法

公共管理定量资料的分析方法是一种基于实证主义的研究方法，主张在观察的基础上收集大量的相关数据，从这些数据中概括各种社会现象，发现隐藏在各种现象、行为背后的共同规律、规则等，其核心是强调"对事物的数量特征、数量关系与数量变化的分析"。① 可以说，对资料进行定量分析是社会科学研究的基本环节，基本上各项研究的重大结论或发现都是在此环节中提炼出来的。

在对定量资料进行收集整理之后，就要开始对相关资料进行一系列的分析工作。定

---

① 陈永国：《公共管理定量分析方法》，上海：上海交通大学出版社，2006年，第1页。

量资料的分析通常可以分为三个步骤：第一步是进行数据整理，即按一定的标准对收集到的数据进行汇总、核实，剔除其中不真实的部分，再分组汇总或列表，用描述统计的方法使原始资料简单化、形象化、系统化，使其能初步反映数据的分布特征。第二步是描述统计，计算出反映数据集中趋势、离散程度和相关强度的指标，对数据加以整理、归类、简化。第三步是在描述统计的基础上，用推断统计的方法对数据进行处理，从样本情况推断总体情况并分析和推测总体的特征和规律。

一般来说，可以将定量资料分析方法细分为定量资料的特征性分析方法、定量资料的相关性分析方法、定量资料的解释性分析方法。[1]

3.4.2.1 定量资料的特征性分析方法

定量资料的特征性是指资料中所要研究的各变量在数量上的某些规律，主要包括集中趋势和离散趋势两类，即描述统计。定量资料作为从总体中抽取的样本，如何在其基础上推断总体的数量特征成为特征性分析的一个延伸内容，也即推断统计。

（1）描述统计

描述统计（descriptive statistics）是指测量分布（distribution），而不是试图推断总体（population）特征的统计。主要用统计表来表示，以显示它们的向中趋向（central tendency）、可变性和形状。

描述性统计主要包括集中趋势分析与离散趋势分析。集中趋势分析是指用一个具体的统计量反映一组数据向该统计量集中的趋势的统计分析方法，它所表示的是一组数据集中的程度或水平。在公共管理研究中，常用的集中趋势统计量有平均数、众数和中位数，它们适用于不同的数据类型和场合。离散趋势是指数据的分散程度，是数据分布的另一个重要特征，反映的是各变量值远离其中心值的程度。与集中趋势相比，离散趋势关注的是研究对象的差异性。研究对象之间总是具有共性和个性的，因此集中趋势和离散趋势对于研究来说是相互补充的。两者结合运用，可以更全面地认识统计数据的特征。描述数据离散趋势的离散统计量根据数据类型的不同，主要包括全距、方差、标准差、异众比率、四分位差等。

（2）推断统计

推断统计是研究如何根据样本数据推断总体数量特征的方法，它是在对样本数据进行描述的基础上，对统计总体的未知数量特征做出以概率形式表述的推断。因此，推断统计是在描述统计的基础上进行的。同时，研究者可以在推断统计中选定可以接受的偏差程度和风险大小。研究者选定的风险和能容许的偏差越小，便越难将样本的统计特性视作总体的特性。

推断统计有两种基本形式，即参数估计与假设检验。参数估计（estimation of parameters）是由样本观测值估计总体参数。就参数估计的内容而言，有点估计和区间估计之分；就参数估计的性质而言，主要包括一致估计、有效估计、无偏估计和有偏估计。假设检验是以样本统计量验证假设的总体参数是否成立的一种统计推断方法，是推

---

[1] 吴建南：《公共管理研究方法导论》，北京：科学出版社，2006年，第274—289页。

断统计的主要内容。假设检验时,通常要预先根据某些事实假设总体参数值,即提出原假设 $H_0: \theta = \theta_0$,然后从总体中抽取样本计算样本统计量,通过比较样本统计量和假设的总体参数值,确定样本统计量是否有充分的证据支持原假设。如果样本统计量与假设的总体参数之间没有什么显著差异,则说明原假设可以成立,反之则说明原假设不成立。

3.4.2.2 定量资料的相关性分析方法

定量资料的相关性分析是指通过特定的统计分析方法确定变量之间的相互影响关系,包括通过各类相关分析等确定同维度变量间的相互影响关系,也包括通过因子分析、主成分分析等确定不同维度变量间的相关性。本节主要针对皮尔逊相关分析和因子分析两种常用的方法,分别阐述变量之间同维度与降纬度的关系分析。

(1) 皮尔逊相关分析

衡量事物之间或变量之间线性关系程度的强弱并用适当的统计指标表示的过程即为相关分析法。相关分析中常用的一种方法是皮尔逊相关分析法,它是通过给出定距变量间两两相关的相关系数,对两个或两个以上定距变量之间的相关关系进行分析。

相关分析的目的在于测量变量之间的关系密切程度,其使用的测度工具就是相关系数。在皮尔逊相关分析中,皮尔逊相关系数 r 可简称为相关系数,它可以告诉我们两个变量联系的紧密程度。相关系数的取值在 -1 到 $+1$ 之间,即 $-1 \leqslant r \leqslant 1$。若 $0 < r \leqslant 1$,表明变量间存在正相关关系,即两个变量一起变动的方向相同;若 $-1 \leqslant r < 0$,则表明变量间存在负相关关系,即两个变量一起变动的方向相反;若 $|r| = 1$,则表明一个变量的取值完全取决于另外一个变量;若 $r = +1$,表明变量之间完全正相关;若 $r = -1$,表明变量之间完全负相关;若 $r = 0$,则表明变量间不存在线形关系,但不排除变量间存在其他非线性关系的可能。

(2) 因子分析

因子分析(factor analysis)是一种降维的相关性分析方法,通过考察一组变量之间的协方差或相关系数结构,将这些变量用少数的几个因子来描述。被描述的变量是可以观测的随机变量,即显变量,而因子是不可观测的潜变量。在管理科学、心理学、教育学等人文与社会科学领域,许多变量如人的"态度""能力""智力"等是不能被直接测量的,我们将其视为潜变量。而对于人的"偏好程度""教育水平""平均收入"等变量是可以被直接测量的,我们将其视为观测变量。因子分析就是用少数几个潜变量(因子)来解释多个观测变量的一种分析工具。

3.4.2.3 定量资料的解释性分析方法

定量资料的解释分析主要通过特定的统计分析方法对变量之间的因果关系进行解释,通常采用的方法是回归分析。

回归分析侧重于考察变量之间的数量伴随关系,并通过一定的数学表达来描述这种关系,进而确定一个或多个变量(自变量)的变化对另一个特定变量(因变量)的影响程度。在回归分析中,被预测或被解释的变量称为因变量(dependent variable),用 Y 表示,用来预测或解释因变量的一个或多个变量称为自变量(independent variable),

用 X 表示。回归方程可以给出自变量为任意数值时 Y 的预测值，对 X 与 Y 的因果关系做出定量的描述。

(1) 一元线性回归方程

一元线性回归方程通常表示为 $Y=\beta_0+\beta_1 X+e$，即 Y 等于一元线性函数（$\beta_0+\beta_1 X$）加上误差项 e。其中 β_0，β_1 是方程中的回归系数，$\beta_0+\beta_1 X$ 反映了由于 X 的变化而引起的 Y 的线性变化；e 是被称为误差项的随机变量，它反映了 X 和 Y 之间的线性关系之外的随机因素对 Y 的影响，是不能由 X 和 Y 之间的线性关系所解释的变异性。

(2) 多元线性回归方程

多元线性回归方程通常表示为 $Y=\beta_0+\beta_1 X_1+\beta_2 X_2+\cdots+\beta_P X_P+e$，其中 β_0，β_1，β_2，$\cdots$，β_P 为方程中的回归系数，e 为方程中的误差项。此方程式表明 Y 等于 X_1，X_2，$\cdots$，X_P 的线性函数（$\beta_0+\beta_1 X_1+\beta_2 X_2+\cdots+\beta_P X_P$）加上误差项 e。误差项 e 反映了 X_1，X_2，$\cdots$，X_P 与 Y 的线性关系之外的随机因素对 Y 的影响，是不能由 X_1，X_2，$\cdots$，X_P 与 Y 之间的线性关系所解释的变异性。

(3) 回归系数的标准化

回归系数并不能反映方程中各个自变量的相对重要性，因为回归系数值与自变量的测量尺度有关，β_1 比 β_2 大并不能说明 X_1 与 Y 的关联程度比 X_2 与 Y 的关联程度大，其原因也可能是 X_1 采用的尺度单位较小。为了说明各个自变量对于因变量的相对重要性，可以将回归方程系数 β 标准化，以反映出在解释因变量 Y 的变化中多个自变量的相对重要性，其取值在 -1 到 $+1$ 之间，它表示引起因变量 Y 变化的方向以及变化的程度。

(4) 回归方程的解释性

回归方程中各自变量对因变量的总体解释程度可以用复相关系数 R 和决定系数 R^2 来衡量。R^2 等于自变量中可以由各自变量共同变化解释的偏差平方和除以总偏差的平方和。$R^2=1$ 时，表示 Y 的全部偏差都可以由回归方程中各自变量来解释，R^2 越大，Y 与 X_1，X_2，$\cdots$，X_P 的线性关系越强，即误差消除的比例越大，如 $R^2=0.80$ 表示总偏差的 80% 可以由回归方程中各自变量的变异共同解释。

(5) 路径分析

路径分析是多元回归分析的延伸和发展，其分析的是一组回归方程，而不是一个回归方程。路径分析的目的在于检验假设的因果模型的精确性和代表性。一般路径分析由以下几个步骤组成：选择变量，设计因果的结构模型及内延与外延变量；为有关变量建立假设，并检查其可行性；描绘路径图；根据假设和路径图导出路径结构的方程式；检验路径方程式，根据检验结果修改方程式和模型；根据假设选择最适当的方法估计并矫正各种参数，包括路径回归系数、残值、决定系数；建立判定法则，判定参数估计值是否有意义。必要时修改模型，再重复上述步骤，直至因果模型具有相当的可靠程度。

本章小结

公共管理学研究方法一般是指在一定的理论基础指导下，研究与解决公共管理问题过程中所使用的角度、手段、方式、工具、措施、步骤的总和。公共管理学研究方法的发展经历了古典时期公共行政（管理）学的研究方法、批评与变革时期的公共管理学研究方法、调整与整合时期的公共管理学研究方法三个时期。按从高到低的水平，可以将公共管理学研究方法体系分为彼此独立但又紧密联系的三个层次：哲学方法论、基本研究方法以及具体研究技术。

公共管理学选题需要遵循需求性、创新性、科学性与可行性原则。公共管理学研究选题基本来源包括：从社会实践与现实生活中遇到的实际问题来选题，从国家、省（市）科研基金会发布的科研招标课题来选题，从已有研究文献的空白点来选题，从公共管理学科与其他学科相互交叉、相互渗透的"边缘处""结合部""交叉点"来选题，从学术争论中的问题来选题，从本学科学术领航人或导师的课题及其意见来选题。公共管理学研究选题主要分为确定大致方法、进行文献综述、提出研究问题、可行性论证、反馈、确定研究选题这六个步骤。

广义的资料主要包括文字、数字、图表、符号、录音带、计算机存储数据，而狭义的资料则一般仅指文字、数字或印刷品内容。资料按其来源可以分为一手资料与二手资料；按其载体可分为印刷资料和非印刷资料；按其传播范围可分为内部资料和公开出版资料；按其文种可分为中文资料和外文资料。资料与统计资料在范围、性质、表现形式上有很大的不同。

文献法是指根据一定的研究目的或研究课题，通过查阅各类文献来获得资料，从而全面、正确地了解掌握所要研究的问题的一种方法。文献法的步骤一般包括确定研究问题并制订研究计划、文献检索、文献收集与积累、文献鉴别、文献分析与形成结论五大步骤。文献检索一般分为图书馆文献检索、光盘数据库检索以及搜索引擎检索三大类。

问卷法主要通过邮寄、个别分送或集体分发、访问等多种方式发放问卷，经被试填答，从而收集有关被试对某项问题的态度、意见，比较、分析研究对象对该项问题的看法，以供研究者参考。一般来说，问卷类型有两种划分方式，一是根据问卷所提出问题的结构不同，可以将问卷分为结构式问卷、无结构式问卷、半结构式问卷。一份高质量的问卷并不是随心所欲设计的，而是需要考虑包括问卷结构、问卷设计原则、问卷设计程序在内的一系列问题。

访谈法是访谈者通过与访谈对象之间的口头交谈，了解访谈对象的动机、态度、个性和价值观念等，以收集研究所需一手资料的一种研究方法。一般来说，访谈主要分为访前准备、进入访问、访问过程控制、访问结束这四个阶段。

观察法是调查人员对选定的人群或场所，运用耳听、眼看或者借助照相机、摄像机、录音笔等辅助工具把调查对象的行为、特点真实地记录下来，从而获得重要信息的方法。观察法包括准备、实施和资料整理分析三个阶段。

实验法是指研究者按照研究目的精心设计实验，通过充分控制实验环境，创设一定的实验条件，以确立自变量与因变量之间的因果关系，来探索研究对象的本质与规律的一种研究方法。实验法的基本操作程序可以分为准备、实施和整理汇报三个阶段。

对公共管理定性资料进行整理和分析，其实就是研究者根据研究目的对其所获得的原始资料进行系统化、条理化处理，然后用逐步集中和浓缩的方式将资料反映出来，以便建构某种"扎根理论"，从而对资料进行意义阐释。常见的定性资料分析方法有连续接近法、举例说明法、比较分析法、流程图方法。公共管理定量资料的分析方法是一种基于实证主义的研究方法，主张在观察的基础上收集大量的相关数据，从这些数据中概括各种社会现象，发现隐藏在各种现象、行为背后的共同规律、规则等，其核心是强调"对事物的数量特征、数量关系与数量变化的分析"。一般来说，可以将定量资料分析方法分为定量资料的特征性分析方法、定量资料的相关性分析方法、定量资料的解释性分析方法。

复习题

1. 简述公共管理学研究方法的内涵以及西方公共管理学研究方法的发展阶段。
2. 简述公共管理学研究方法体系及其具体内容。
3. 简述公共管理学研究选题的基本途径、来源与步骤。
4. 简述文献综述常见的几种类型以及典型的分析框架。
5. 简述问卷设计的基本内容。
6. 简述实施访谈法的基本步骤与技巧。
7. 对比分析实验法与观察法的优缺点。
8. 简述常见的定性资料分析方法与定量资料分析方法以及两者的区别。

第2篇

公共管理主体是指从事公共管理活动的个人和由个人组成的各类群体或机构。长期以来，政府被认为是公共管理活动中的最重要甚至是唯一的公共管理主体。实际上在很多国家，除政府外，政党尤其是执政党在公共管理活动中起着极其重要甚至是决定性的作用。此外，非政府组织、公民大众也应是公共管理主体。党的十八大提出了构建"党委领导、政府负责、社会协同、公众参与、法治保障"的社会治理体制；党的十九大提出了"打造共建共治共享的社会治理格局"。由此可见，中国特色公共管理主体至少包括执政党、政府、非政府组织、公民大众等社会参与主体。

第 4 章 政府

> 名人名言
>
> 国以民为本，社稷亦为民而立。
>
> ——孟子

学习目标

1. 掌握政府的内涵与特征。
2. 掌握政府权力的内涵、来源、结构、运行机制。
3. 掌握政府角色与职能的相关理论。
4. 了解政府监督的内涵、思想脉络以及我国法治政府建设进程。
5. 掌握政府治理创新的相关理论以及政府治理创新的具体表现。

政府是公共管理中最重要的主体之一，也是公共管理学研究中必不可少的基本内容。政府的内涵与特征、政府权力、政府角色与职能、政府监督与法治、政府治理创新是政府研究的基础内容和学理基础，也是本章的基本学习任务。

4.1 政府的内涵与特征

政府与公民的日常生活息息相关，是国家和社会得以平稳发展、实现人民群众安居乐业的重要组织。古往今来，学者们孜孜不倦地对其进行研究和探讨。究竟什么是政府以及政府具有哪些特征是首先需要明确的问题。

4.1.1 政府的内涵

政府与人类社会的公共活动紧密相关，也是学者们关注的研究重点，但从古至今，关于"政府"的定义却没有统一的说法。部分辞典及百科全书[①]中对"政府"的主要定义见表4-1。

表4-1 部分辞典及百科全书中的"政府"定义

定义	出处
①泛指一切公共权力机关,包括中央和地方的立法机关、行政机关和司法机关在内的各种各类国家机构。②中央和地方行政机关的总称,指行使国家行政权力的一切机构。③所有中央国家机关的总称,包括最高代议机关或人民代表机关、最高行政机关和最高司法机关,行使国家的一切最高权力。④通常指行使国家最高行政权力的机关,即中央行政机关	《中华法学大辞典:宪法学卷》[②]
行使国家赋予的职权,执行国家意志,代表国家处理政务的机关。广义指某一特定政治体系内实施一切公共权力的组织与机构;狭义指某一特定政治体系内专门承担行政管理职能的机构,即行政机关	《管理学大辞典》[③]
国家权力的执行机关,国家机关的主要组成部分,阶级专政的重要工具之一。各国政府的组织形式和名称虽有所不同,但都与其政权性质相适应。按其管辖权力范围可分为中央政府和地方各级政府	《社会学简明辞典》[④]
国家行政机关,国家机构的重要组成部分,阶级专政的重要工具之一。各国政府的组织形式和名称虽有所不同,但都与其政权性质相适应。按照管辖范围不同,有中央政府和地方政府之分。中央政府为最高国家行政机关,统一领导地方各级政府的工作,地方政府在中央政府的统一领导下,管理所辖行政区域的行政工作	《人类学辞典》[⑤]
对于"统治(govern)"和"政府(government)"这两个词,辞典的解释多种多样。但是大多数人都首先认为govern是一种活动——制定规范、规则和提供服务的活动,以使人们能够安全地、便利地生活在一起这是最广的政府概念:凡是制定规则、提供服务的机构都是政府	美国《康普顿百科全书》
研究政府是政治科学的核心,但学科内部对应当如何研究政府或对于政府存在的类型或形态的问题几无一致可言。实际上,这个词本身就有多层互相关联但又有区别的内涵,按照芬纳(Finer,1974年出版《比较政府论》)的说法,政府这个词有四种词义:①指统治程序,即权威地行使权力。②指这个程序的存在,即指"有秩序的统治状态"。③指在一个社会或机关中占据有职权的岗位即政府职司的人。④指一个社会中的治理方式、方法或体制,即指政府职司的结构和设置以及政府和被统治者的关系。也就是说,政府有四个相互关联且层次递进的含义	英国《社会科学百科全书》
对政府的解释是:"一个民族,一个帝国,一个公国,一个国家,一个城市或其他政治单元中的主要官员组成的政治组织或团体的形式。在欧洲议会体制中,政府意味着内阁或者内阁的部,它有权力和权威。这一概念来源于拉丁语,其意思是驾驭"。这里说的政府是最狭义的政府:政府等于中央政府	美国《新标准百科全书》

[①] 除《加拿大百科全书》外,其余百科全书中关于"政府"的定义转引自辛向阳:《新政府论》,北京:中国工人出版社,1994年,第3—5页。

[②] 许崇德、胡锦光、王玉明主编:《中华法学大辞典:宪法学卷》,北京:中国检察出版社,1995年,第786—787页。

[③] 陆雄文主编:《管理学大辞典》,上海:上海世纪出版股份有限公司、上海辞书出版社,2013年,第393页。

[④] 李剑华、范定九主编:《社会学简明辞典》,兰州:甘肃人民出版社,1984年,第343页。

[⑤] 李鑫生、蒋宝德主编:《人类学辞典》,北京:北京华艺出版社,1990年,第404页。

续表4-1

定义	出处
政府是治理国家或社区的政治机构。常有人试图将政府区分为为公众利益而治理或为统治者自己利益而治理的政府。事实上，政府行使职权总是有赖于"同意"与"强制"的某种结合。甚至早期政府中，虽然宗教与政府的权力常集中于"祭司—国王"一身，但在决策时仍允许被统治者的意志有某种程度的表达，早期政府与后期政府的区别在于，早期政府通常缺乏文件、通货或自治管理等	英国《简明不列颠百科全书》
广义的政府指国家的所有职能部门，包括内阁、立法机构、司法机关、军队等。狭义的政府指内阁及所属各部门首脑在内的整体。政府有别于组织，有权立法和行使权力，同时能控制国家的军队和警察。在加拿大，政府的合法性源于宪法，其权力属于立法、行政和司法部门	《加拿大百科全书》[1]

从以上定义可以看出，政府的概念具有多重性。从广义到狭义，政府的定义包括：①指制定规则、为居民提供服务的机构，这是最广义的政府，也可以称为"超弱意义的政府"。②治理国家或社区的政治机构，这是仅次于①的广义的政府，也可以称为"次弱意义的政府"。③泛指一切国家政权机关。包括国家的立法机关、行政机关、司法机关和其他一切公共机关，这是广义的政府。④指一个国家的中央和地方行政机关。如我国宪法中的"人民政府"就是指各级行政机关，这是狭义的政府。⑤指中央行政机关的核心部分，即内阁及部委，这是最狭义的政府。[2] 据此可以把对政府的界定分为五类[3]。第一类政府：国家＋社团＋民间组织；第二类政府：国家＋社区政治机构；第三类政府：国家立法机关＋行政机关＋司法机关；第四类政府：国家行政机构（中央政府＋地方各级政府）；第五类政府：中央政府（国家最高行政机构或其核心部分）。

辞典和百科全书中对于"政府"的定义意在解释政府的表征，如政府是什么以及包含哪些组成部分等。而学者们对于"政府"的定义则多为探究其本源和本质，如政府从何而来、政府何以存在、什么才是好的政府等。在西方行政史中，柏拉图在其《理想国》中就使用了"统一的政府""政府是国家的统治机器""不同形式的政府""政府权力""政府利益"等概念。从此，"政府（government）"更多侧重于治理。[4] 最早定义现代政府概念的是美国的罗杰·威廉斯，他认为政府是表达社会意愿的具体机构，是为公众服务的联合体，目的在于增进人民的福利。[5] 但对于政府的探讨比其定义界定更源远流长，并形成了不同的政府哲学的价值取向[6]，主要价值取向及代表人物观点见表4-2。

---

[1] 蓝仁哲、廖七一、冯光荣、刘文哲主编：《加拿大百科全书》，成都：四川辞书出版社，1998年，第687页。
[2] 辛向阳：《新政府论》，北京：中国工人出版社，1994年，第6页。
[3] 乔耀章：《政府理论》，苏州：苏州大学出版社，2000年，第5页。
[4] 乔耀章：《政府理论》，苏州：苏州大学出版社，2000年，第3页。
[5] 辛向阳：《新政府论》，北京：中国工人出版社，1994年，第3-5页。
[6] 辛向阳：《新政府论》，北京：中国工人出版社，1994年，第11-32页。

表 4-2　不同政府哲学价值取向中的代表人物及代表观点

价值取向	代表人物	代表观点
政府是必要的邪恶	霍布斯	人类最初生活在自然状态下，但这种自然状态的情况是比较坏的，"人对人像狼一样"。为摆脱社会中人人自危的状态，就需要建立政府
	洛克	人类最初生活的自然状态是比较好的：每个人都享有完备无缺的自由，但是这种自然状态缺乏公共裁判者，致使权利不一定总能得到保障。为了克服这种不完善性就需要建立政府。政府的主要任务就是保护个人自由和财产
	大卫·休谟	政府是由自私、贪婪、嫉妒和喜好统治别人的人组成的，这种政府是危险的，它必须受到法律的限制
	亚当·斯密	最好的政府，就是最廉价的、最无为而治的政府
	边沁	反对政府干预经济，主张自由竞争，认为政府所应限制的邪恶必须大于政府本身因侵犯个人自由而带来的邪恶，否则就是不道德的
	密尔	好的政府就是促进人民本身的美德和智慧的政府，这种政府是不应过多干预经济的
	斯宾塞	反对夸大政府的作用，主张限制政府的权力，确定政府干预的范围
	普布利乌斯	政府是人性的枷锁
	弗里德曼	政府既是自由的保护者，又是自由的威胁者
政府是神圣的万能	费希特	国家作为一种超人格，公民个人必须完全向它归顺，公民在为国家服务时才会实现自我
	黑格尔	政府是高度集中的、具有神性与实力的政府，但同时也是承认和保护公民权利的政府以及支持社会自治的政府
政府是半神半兽	孟德斯鸠	没有分权的政府就是专制的、邪恶的政府，而建立了行政权、司法权、立法权三权分立的联邦共和国政府就是民主的、美好的，是最理想的政府
	卢梭	如果政府以国家名义行使权力，而同时又要求人民把自己的权利转让给它，那么这个政府就是专制、邪恶的政府；如果政府仅仅是合法地运用行政权力而不是主权权力，它就是好政府
	托克维尔	分权应该是双重的：一是联邦水平上的分权。在这一级上权力分为立法、司法、行政三权；二是联邦政府与地方政府的分权。双重分权的政府就是最好的政府，单一的中央政府的分权不一定能产生最好的政府
	孔德	为了达到和平与和谐，社会需要有一定的机构——国家和政府。政府是代表社会整体的，社会整体高于个人而存在，个人甚至连独立的社会细胞也不是
政府是无奈的"祸害"	马克思、恩格斯	所有的政府包括社会主义的政府都有自身的阶级性，但会随着国家的消亡而消亡。政府应当是"廉价政府"，只有在社会主义制度下，"廉价政府"才可能实现。政府是一种无法避免的、必要的祸害，人们所能做的就是尽量避免祸害的扩大

由此可见，学者们所持有的政府哲学的价值取向不同，其对政府的认知和探索也不

相同。在界定政府时，至少有两个问题值得注意。[①] 第一个问题是实体政府是否等同于概念政府？实际上，作为客观存在的实体政府与作为观念术语的概念政府或观念政府是不能等同和混淆的。实体政府是客观存在的，是人类社会发展到一定历史阶段的产物，而对实体政府进行抽象、理念化为概念政府比实体政府要晚得多，而且还有诸多相同或相近的反映实体政府的术语、概念，如朝廷、王朝、宫廷、内阁等。第二个问题是实体政府是否只是同国家相联系？长期以来，学术界在定义政府时都习惯于把政府与国家及国家机构相联系，无论是广义的政府还是狭义的政府，都没有摆脱"国家崇拜"的理念。因而，需要把观察和研究的视角跳出国家和国家机构的论域，研究"非国家机构的政府"或"非国家的社会公共机构和组织"及与作为国家机构的政府的相互关系。这里所强调的非国家机构的政府是相对于国家机构的政府而言，但其不与国家机构的政府"分庭抗礼"，只侧重于社会领域的问题。

4.1.2 政府的特征

关于"政府"的定义纷繁复杂，但在众多的界定中，必然存在着一些普遍特征使得政府区别于其他组织而存在。从整体来看，政府所具有的特征主要体现在以下五个方面[②]。

一是政治性。政府是执政集团治国理政的工具，因此政府活动就其本质而言是为了维护执政集团对整个社会的政治统治和社会管理。由于政府权力范围覆盖整个社会并依赖合法的强制力保证实施，它往往成为对立阶级阶层争夺领导权的关键。在社会经济上占统治地位的阶级会以各种途径影响和掌握政府权力，并借助政府权力推行有利于本阶级阶层的公共政策，谋求自身利益的最大化，从而实现在政治、经济、社会、文化上对其他阶级阶层的独占优势。

二是公共性。首先，政府作为国家的具体化身代表国家主权开展活动。因此，任何政府权力都必须通过一定的程序和途径上升为对普遍的公共利益的诉求，并以公共利益的名义来行使。其次，从政府权力的作用效果来看，政府权力对社会具有普遍的效力，政府的法律与政策对社会所有成员都形成普遍的约束力。政府权力的公共性与政府权力的阶级性并不矛盾。政府之所以成为执政集团的统治工具，是因为其权力所具有的普遍效力。而政府权力的这种普遍效力又是由政府权力本身的公共性来保证的，否则政府权力将丧失其合法性。所有政府权力都以公共性来界定自身，公共权力只能运用于与公共事务和公众福利有关的事情上。任何借助政府权力来谋求私人利益的行为都被视为是对公共权力内在要求的偏离，也就是一般意义上所指的腐败行为。

三是权威性。任何政府都以强制性权力作为其功能运作的基础。政府权力的产生以及政府执行和贯彻国家意志都以法律制度为依托，以暴力手段为后盾。这种强制性权力并不是政府天然就具备的，而是公民以各种方式同意或授予的，因此，任何政府权力都

---

① 乔耀章：《政府理论》，苏州：苏州大学出版社，2000 年，第 5—7 页。
② 孙关宏、胡雨春：《政治学》，上海：复旦大学出版社，2002 年，第 68—70 页；乔耀章：《政府理论》，苏州：苏州大学出版社，2000 年，第 19 页。

必须具有权威性。也就是说,政府之所以具有合法的强制力来推行公共政策,是因为这种权力本身是公民委托和广泛认同的。因此,政府对自身强制性权力的运用必须严格地规限在追求公共目的上。

四是整体性。尽管现代政府都有着严格的职能分工和权力划分,但是就政府机构各部分之间的关系而言,则是构成了一个组织严密的有机整体。各政府机构按照一定的原则和程序组成有机联系的组织系统,共同运作,共同发生作用,以保证管理社会公共事务的有效性。政府机构的整体性良好主要表现在政府机构设置合理、部门职能协调、人员精干、政策稳定、工作高效、组织成本低廉等各个方面。这是衡量一个国家政府体制是否成熟的重要标志,也是现代政府自我完善的基本方向。

五是社会性。按照马克思和恩格斯的观点,政府同国家一样具有双重属性,即阶级性和社会性。政府的社会性规定政府必须保证完成社会公共事务的管理。但是,只要社会存在,就需要对社会公共事务进行管理,管理社会公共事务的任务不会伴随着政府的消亡而消失。

4.2 政府权力

"政府"的概念有广义和狭义之分,广义的政府是指行使国家权力的所有机关,包括立法机关、行政机关和司法机关等,狭义的政府则是指国家行政机关。无论是广义的政府还是狭义的政府,作为公共权力的行使者,政府必须具备相应的权力才能确保其合法性并履行好职能。

4.2.1 政府权力内涵

"权力"一词的英文为"power",是由拉丁语的"potere"(能够)演变而来,其同义词有"capacity"(能力)、"skill"(技能)等。在此意义上,权力的词义是"能力"的引申。西方学者对于"权力"的定义多与"能力"有关。在我国,对"权力"的最早表述是"权","故贤人而诎于不肖者,则权轻位卑也;不肖而能服于贤者,则权重位尊也。"这里的"权"更多的具有政治性的含义,而与"能力"的关联不大。[①]

学者对"权力"一词的定义大致有三种观点(见表4-3),一种是"能力说",一种是"关系说",一种是"综合说"。能力说认为权力是一个行为者影响其他行为者的态度和行为的能力;关系说认为权力是一个人或许多人的行为使另一个人或其他许多人的行为发生改变的一种关系[②];综合说则认为能力说和关系说所揭示的权力的本质是一致的,是两者的综合。

[①] 彭和平:《公共行政管理(第三版)》,北京:中国人民大学出版社,2008年,第132页。
[②] 石永义等:《现代政治学原理》,北京:中国人民大学出版社,2000年,第98页。

表 4-3 "权力"界定的代表观点

类别	侧重点	典型定义
能力说（广义）	权力主体本身对权力客体的作用	"权力是担任某种职务的人在做决定时所具有的能力或潜能。"[1] "权力是影响处于依赖状态中的他人的能力。"[2] "权力是根据行使者的目的去影响他人行为的能力。"[3]
关系说（狭义）	权力主体和权力客体的关系	"权力是行动者之间的一种关系，通过这种关系，其中某人带动别人采取行动，没有这种关系，他们就不会这样做。"[4] "权力是一种社会现象，反映的是政治社会中人与人的社会关系，是权力主体作用于权力客体的具有强制性的关系。"[5]
综合说	权力主体和权力客体产生互动	"权力是一种社会关系，它存在于人与人的相互关系中。权力是具有一定资格的人为了自己的目的，通过一定的方式制约或者支配他人行为的能力。"[6] "权力是权力主体影响、控制、支配处于依赖关系中的权力客体的能力。"[7]

政府权力有广义和狭义之分。广义的政府权力等同于国家权力，是指由国家宪法和法律保障，以国家强制力为后盾，为实现国家职能而建立的一种起支配作用的力量，包括立法权、行政权、司法权等。[8] 狭义的政府权力等同于行政权，是指国家行政机关执行法律、管理国家行政事务的权力，主要包括行政事权、财权和组织人事权。[9]

政府与国家密切相关，政府权力与国家权力是既有联系又有区别的。[10] 从两者的联系来看，一方面，国家权力与政府权力涉及的核心问题都是公共权力，都有保障个体安全、自由以及为个体的全面发展创造条件和环境的任务。另一方面，政府权力是国家权力的一部分，国家权力是从政府权力的活动和结果中抽象出来的，即通过政府权力的运行及其产生的社会效果才能体现出国家权力的性质。国家权力要实现制约和控制的能力，需要借助政府权力的运行。同时，国家权力中各种权力作用的状况决定着政府权力的结构形式和运行状况。当然，二者也有着明显的区别。首先主体不同。政府权力主体只是行政机关，而国家权力主体不仅是行政机关，还是权力机关、审判机关、法律监督机关等。其次外延不同。政府权力仅是国家权力外延的一部分，而国家权力外延除了政府权力以外，通常还包括立法权力和司法权力等。再次侧重点不同。国家权力强调的是公共权力的性质，即阶级性和历史性，往往是抽象的，而政府权力强调的是公共权力的

---

[1] [美]托马斯·戴伊著，梅士、王殿宸译：《谁掌管美国——卡特年代（第二版）》，北京：世界知识出版社，1985年，第9页。
[2] [美]丹尼斯·朗著，陆震纶、郑明哲译：《权力论》，北京：中国社会科学出版社，2001年，第3页。
[3] 张国庆：《公共行政学（第三版）》，北京：北京大学出版社，2007年，第102页。
[4] [法]莫尼斯·迪韦尔热著，杨祖功、王大东译：《政治社会学》，北京：华夏出版社，1987年，第108页。
[5] 张康之等：《公共行政学》，北京：经济科学出版社，2002年，第147页。
[6] 石永义等：《现代政治学原理》，北京：中国人民大学出版社，2000年，第98页。
[7] 彭和平：《公共行政管理（第三版）》，北京：中国人民大学出版社，2008年，第133页。
[8] 王振亚、张志昌：《超越二元对立：公民权利与政府权力新型关系探析》，《陕西师范大学学报（哲学社会科学版）》2005年第6期。
[9] 郭济主编：《政府权力运筹学》，北京：人民出版社，2003年，第5页。
[10] 郭济主编：《政府权力运筹学》，北京：人民出版社，2003年，第6-7页。

具体结构及其运行状况，往往是具体的，并且比国家权力体现出更多的社会性。最后稳定性不同。在整个权力体系中，政府权力的层次要比国家权力低。伴随社会政治、经济、文化的发展，政府权力首当其冲，需要对这些变化与发展做出回应，需要与时俱进地不断革新其结构和运行方式，而层次较高的国家权力则具有相对的稳定性，只有在国家政治发生根本性或体制性的变化之后才会有所变化。

4.2.2 政府权力来源[①]

政府权力是如何产生的？对于这一问题，学者们主要形成了两种不同的观点，分别是分权说和职能分工说。

一是分权说。近代分权学说起源于古罗马、古希腊的制衡思想。古希腊的亚里士多德在《政治学》中就曾提出，任何一种政体都由议事机能、行政机能和审判机能组成。到了17世纪，英国的思想家洛克第一次明确地提出了分权学说，他认为国家权力应一分为二：一是立法权，应交由议会；一是行政权，应交由君主。18世纪，英国启蒙思想家孟德斯鸠集分权学说之大成，创立了完整的分权与制衡学说——即立法、行政、司法"三权分立"。美国联邦党人汉密尔顿和麦迪逊又进一步发展了分权理论。麦迪逊提出"以权力制约权力"的方式，在政府内部实行分权：首先实行中央和地方的分权，然后在政府内部进行分权，即立法、行政、司法三个部门之间的分权。分权理论的主要内涵包括分权与制衡两点：分权是一方面在中央和地方之间进行分权，另一方面将国家权力分为立法权、司法权和行政权三部分，分别交由不同的机构去执行；制衡是一方面中央政府和地方政府之间的互相制衡，另一方面在三个权力部门行使权力时设置一种监督和制约机制，以保持三个部门之间的平衡。

二是职能分工说。职能分工理论是社会主义国家政府权力运行的重要理论基础。它有一个重要的理论前提——议行合一原则。社会主义国家一般实行议行合一原则，这一原则最早由巴黎公社试行，由马克思在理论上加以肯定。1917年，俄国十月革命胜利后，苏维埃政权继承并发展了这一原则。1949年新中国成立后也将其作为国家机构的指导原则。议行合一原则的基本内容如下：国家权力属于人民，这个权力是统一的、至高无上的，它由人民选举产生的国家权力机关代表人民来行使，任何其他国家机关都不能分割这个权力。职能分工理论是建立在议行合一原则基础上的。也就是说，社会主义国家的国家权力分工而统一，是统一于人民的权力，是统一于国家权力机关的权力。在社会主义国家权力体系中，职能分工是将属于人民的、由国家权力机关代表人民来行使的国家权力在各个国家机关、政府部门和中央、地方各级国家机关之间进行分配，依法确定各个机关在职务范围内所具有的权利与义务，从而形成分工、协作的权力运行系统。

[①] 郭济主编：《政府权力运筹学》，北京：人民出版社，2003年，第8—11页。

4.2.3 政府权力结构

政府权力结构可以从纵向和横向两个层面进行划分：从纵向结构来看，政府权力结构可以分为中央集权结构、地方分权结构、均权结构和联邦结构四种类型；从横向结构来看，政府权力结构可以分为集权型结构、分权制衡型结构和议行合一型结构三种类型。①

4.2.3.1 政府权力的纵向结构

政府权力的纵向结构是指中央政府与地方政府的纵向权力划分。现代政府都必须对社会进行分级管理，从而形成中央政府与地方政府的权力划分。根据中央政府与地方政府的权力关系，可以把政府权力的纵向结构分为四种类型：①中央集权结构。这种权力结构的基本特征是国家的统治权集中于中央政府，强调中央政府的集权和权威，中央政府在整个社会调控中具有核心地位。地方政府权力由中央政府授予，两者之间是上下级关系，地方政府受中央政府领导和控制，必须严格服从中央政府的权威，故不存在严格意义上的权力划分，而只有对职能范围的界定。②地方分权结构。地方分权结构的核心是地方自治，中央政府权力是由地方政府让予的，由此而产生的中央政府职能也被视为一种对地方政府职能的辅助。中央政府与地方政府权限由宪法明确规定，军事、外交等事关全国大局的政务由中央政府统一执掌。地方政府拥有较大的自治权，中央政府一般不能直接干预地方政府权力，而是采取立法监督、行政监督、财政监督等方式进行间接的指导和调控。③均权结构。均权结构是在对中央集权和地方分权两种权力结构类型优势进行综合的基础上形成的，目的是在中央集权结构的条件下，通过分权实现地方政府的权力自主，从而实现中央与地方权力的平衡，寻求地方自治的合理性。在均权结构中，以坚持中央集权为前提，地方政府权力由中央政府授予，但是在中央政府与地方政府之间进行了明确的职能划分，并在法律上赋予相应的权力。授权的制度化和法律化是均权结构和中央集权结构最根本的差别所在。④联邦结构。在联邦结构中，中央政府与地方政府是相互独立的权力体系，两者互不构成权源关系，而是由宪法规定其权力。中央政府与地方政府之间形成协调和合作关系，而不是领导与被领导的关系，而且这种协调合作关系也是以承认各自在法律上的独立为前提的，中央政府无权干涉作为联邦成员的地方政府独立的权力范围。不干涉原则是联邦结构最为显著的特征。

政府纵向权力结构在实际运作中是十分错综复杂的，很可能出现集权结构下权威涣散或分权结构下中央政府干预过多的反常格局。因此，政府纵向权力结构对于中央政府与地方政府的权力关系而言并不是绝对的。从最大限度发挥政府权力效能的角度来看，必须贯彻权力动态平衡的基本原则，即中央政府与地方政府根据职能要求形成均衡的权力分布，并且在法律和制度上加以规范化，避免畸轻畸重的现象，从而使中央政府与地方政府都能在其权力范围内充分发挥积极性。

---

① 孙关宏、胡雨春：《政治学》，上海：复旦大学出版社，2002年，第78—82页。

4.2.3.2 政府权力的横向结构

政府权力的横向结构是指立法权、行政权与司法权之间的关系。立法、行政与司法三权的划分是现代政府的基本组织原则。对于不同国家的政府而言，三权划分的实质和目的是迥异的。职能分工是三权划分的客观需要，而分立制衡则是主观设计的结果。受制于具体的历史传统和社会背景，对于不同国家的政府而言未必全然适合。基于此，政府横向权力结构也呈现出不同的特征。从三权之间的权力关系来看，可以把现代政府权力的横向结构归结为三种不同类型：①集权型结构。集权型又称"家长式的三权分立制"，这一权力结构特征体现于半总统制国家中。在这种结构中，国家元首的权力凌驾于各政府机构之上，成为立法、行政与司法三权的"仲裁人"和"保证人"，三权分立制衡的功能主要取决于国家元首的权力。法国政府和俄罗斯政府是集权型横向权力结构的典型。②分权制衡型结构。这一权力结构特征主要体现于总统制国家中。在分权制衡型结构中，立法、行政和司法三权分别由议会、总统和法院承担，这些权力机构之间地位是平等的。在分权制衡型结构中，各权力机构之间的权力是交错设置的，即存在一部分共有权力，同时又具有相互监督和相互否决的权力，从而达到相互制约的目的。美国政府是分权制衡型权力结构的典型。③议行合一型结构。议行合一型权力结构主要体现在议会内阁制国家中。在这一权力结构中，三权之间的地位并不是平等的，也并非相互独立的，而是以议会为中心联系在一起。议会是最高权力机构，内阁与法院都由议会产生，并对议会负责。英国政府和德国政府是实行议行合一型权力结构的典型代表。

4.2.4 政府权力运作手段

政府权力运作需要借助一定的手段，其主要运作手段包括行政手段、经济手段、法律手段和信息手段。[①]

一是行政手段。它是指各级政府机关凭借上下级之间的指挥与服从关系，采取向上层汇报、请示、批准以及向下传达指令的方式以实现行政职能，其特点是带有强制性、垂直性、无偿性和稳定性。行政手段便于达到统一集中，具有较大的处理问题的灵活性，但也容易出现与"人治"相联系的弊病，还容易影响横向关系和下级的积极性、创造性。随着市场经济的发展、供求关系的变化、价值规律作用和竞争作用的增强，简单运用行政权力干预经济，效果只能适得其反，甚至会扼杀企业的活力，并有可能造成供需脱节、价格与价值脱节、资源浪费等后果。在市场经济体制下，经济活动日趋复杂化，更不宜过多地运用行政手段来履行政府管理经济的职能。

二是经济手段。经济手段是政府根据市场经济规律，综合运用计划、财政、金融等手段，发挥价格、税收、利率、汇率、信贷、投资等杠杆作用来调节不同经济主体之间的关系，以协调经济运行、优化资源配置、调节收入分配、影响行政对象、实现最大经济效益和社会效益的方式。发展社会主义市场经济主要依靠经济手段来进行宏观调控，履行政府管理经济的职能。在运用经济手段时，要充分认识这种手段具有间接性和关联

---

① 郭济主编：《政府权力运筹学》，北京：人民出版社，2003年，第128—132页。

性的特点。经济手段不是靠政府机关直接的强制力,而是通过对各方面物质利益的调控来间接控制,具有明显的间接性。各个经济杠杆之间具有相互联系的作用,当一种经济杠杆作用发生变化时会影响到社会各方面的经济关系,并产生连锁反应。同时还必须充分认识到经济手段的基础是价值规律。经济手段最适宜于经济管理活动,但也有缺点,不能靠它去解决一切问题,要注意经济手段与其他手段的结合。

三是法律手段。法律手段是政府根据国家权力机关制定的有关行政管理的法律、法规,用以调整社会各方面的关系,对社会经济文化等各方面事务进行管理、控制、指导、监督和服务的方式。法律手段具有严肃性、权威性、规范性等特点。法律手段的突出优点是能使管理者和被管理者有法可依、有章可循、行为规范,减少主观随意性,达到政府管理的统一和稳定,为社会政治、经济、文化等方面的发展提供可靠的环境和规范的秩序。各级政府必须依法行政,政府对社会、经济事务的管理都离不开法治管理。法治管理是行政、经济等管理方法的前提、保障和归宿。

四是信息手段。信息手段是政府通过运用计算机网络技术手段实施管理,以便推进政府在管理体制、管理观念、管理方式和管理手段等方面的转变,用信息手段处理各种行政事务,实现政务系统电子化和网络化。电子政务能加强政府监管,转变政府职能,用电子技术代替主观的人为管理可以减少人为管理造成的腐败和漏洞。电子政务能增强政令响应的时效性,提高政府工作的效率。政府通过信息化管理,更快捷、更经济地处理各种政务,从而支持政府进行正确的决策,实施管理服务。电子政务可以促进政务公开,增加了工作的透明度,直接促进政府机构的各项改革。由于信息化技术的采用,行政程序将大大简化,政府体系更为精干、运作更加有效。

4.2.5 政府权力运行机制

政府权力运行机制直接影响和制约着政府权力功能的发挥,直接关系着政府权力运行的性质与方向,直接影响着政府行政民主性与公正性的实现以及行政效率的高低,因而需要对政府权力运行机制加以重视。所谓政府权力运行机制,是指在合理划分与配置政府权力的基础上,为保证政府权力公正、高效、廉洁、有序运转,而在政府权力运作方面提出的各种相互联系与制约的关系及实际运作状态的总和。依据政府权力运作相互联系与制约的关系,政府权力运行机制主要包括政府权力运行的价值导向机制、信息传送与反馈机制、协调机制、激励机制、控制机制等。[①]

政府权力运行的价值导向机制主要涉及规范政府权力的根本性质、宗旨及其运行过程中的价值导向。政府权力本质上是一种公共权力,其使命是为社会提供公共管理和公共服务,其宗旨是实现人民当家做主。政府权力的运行应体现民主、法治、参与等基本宪政价值与公共精神。

政府权力运行的信息传送与反馈机制主要涉及政府权力运行起点、过程和结果的信息传递。现代政府以民意为依托,政府权力运行应以关注社会问题、社会需求、民意诉求为起点,对社会和公众需求具有敏感性和适应性,并能够快速做出相应的行为回应。

---

① 郭济主编:《政府权力运筹学》,北京:人民出版社,2003年,第178—181页。

政府权力运行的过程应满足社会公众的知情、参与要求，并能够满足各层级、各部门的行政人员对信息的共享与便利使用，政府权力的运行过程应公开与透明，并能畅通无阻。政府公共管理和公共服务的最终效果应以社会公众的满意度为评判依据，社会对行政行为的评价应能有效地反馈给政府，并带来政府权力行为的适应性调整。

政府权力运行的协调机制主要涉及政府权力的合理配置、运行程序的合理设计、从决策到执行各个环节的相互支持、行政系统与外界环境的适应性以及行政系统中人、财、物的合理分配等，以保证政府权力和谐、高效率、低成本运转，实现政府权力的宗旨和行政系统所追求的目标。

政府权力运行的激励机制主要涉及对执掌和行使政府权力的行政人员和政府部门合理利益需求的满足，以调动他们的工作积极性、主动性与创造性，使其更好地完成行政任务、更好地为社会公众服务。

政府权力运行的控制机制主要涉及来自政府内外的各种硬性和软性的监督、制约与控制，以保证政府权力不被滥用，并对已经出现的权力滥用等违法违纪行为进行追责与惩罚。

由于我国正处于体制转轨和政府职能转变时期，目前政府权力运行机制还存在很多问题，突出表现为：政府权力与责任安排不合理，政府权力运行中的公共参与不足，政府权力运行中的人格化和随意性问题严重，政府权力运行公开透明不够，政府权力运行的法治化程度不高，政府权力运行缺乏有效的激励与制约。

未来完善政府权力运行机制可以从以下四个方面着手：一是进一步转变政府职能，理顺政府内外的各种权责关系。首先，要理顺政府与市场、社会的外部关系；其次，形成政府内部的合理职权分工，理顺政府的内部关系。二是推进政务公开，提高政府权力运行过程中公共参与的程度。三是强化法律和制度建设，规范政府权力运行。四是建立有效的激励与约束机制。

4.2.6 政府权力制约

英国阿克顿曾提出"权力导致腐败，绝对权力导致绝对腐败"的著名论断，意指一旦权力得不到有效的制约，就易造成政府治理绩效的降低、政府信任的下降，损害社会公平和正义，危害社会稳定。一般而言，制约政府权力主要从以下四种途径进行[①]。

一是以权力制约权力。以权力制约权力的核心是通过分权使不同权力机构之间形成一种监督与被监督或相互监督的关系。这一制约机制是通过两种方式实现的：第一种是高级的权力监督低级的权力；第二种是平行权力层级之间的监督与制约。西方现代立宪政体实行的分权制衡原则就是将政府职能与权力分配给不同部门，并使各部门之间的权力相互平衡和制约。我国也建立了一套法定监督制约机制，包括全国人民代表大会及其常务委员会对行政机关、审判机关、检察机关的监督，审判机关和检察机关对行政机关及其工作人员的监督，行政机关内部也有一套监察系统对其行政部门及其工作人员活动

---

① 郭济主编：《政府权力运筹学》，北京：人民出版社，2003年，第319—325页；陈国权：《权力制约监督论》，杭州：浙江大学出版社，2013年，第11—12页。

进行监督。

我国以权力制约权力的制度与西方资本主义国家有关制度不同的是：第一，它是建立在社会主义民主基础之上的，它的目的是保证人民赋予的权力不被滥用，保护人民群众的利益不受侵害；第二，这一制度的原则是分工制约，而不是西方国家的分权制衡。我国的根本政治制度是人民代表大会制度，国家权力最终统一于人民代表大会。这一制度实行民主集中制、"议行合一"的组织活动原则，行政机关、审判机关和检察机关在职权上有所分工和制约，但都是由人民代表大会产生，受到人民代表大会监督并对其负责。

二是以道德制约权力。以道德制约权力的核心是通过学习和教育的方法使社会或统治阶级对政府官员的要求内化为他们的道德信念，帮助他们树立正确的权力观，培养他们勤政廉政、为统治利益或公共利益服务的意识和品质，使他们能够自觉地以内心的道德力量抵制外在的不良诱惑，自觉严格地要求自己，行使好手中的权力。与以权力制约权力的机制相比，以道德制约权力的机制侧重于事先的预防，期望将问题在可能出现之前解决，而前者侧重于事后的阻止或惩罚，以便解决已经出现的问题。

三是以权利制约权力。以权利制约权力是民主社会所独有的一项伟大的治国战略。它的核心是在正确理解权利与权力关系的基础上恰当地配置权利，以使其能够起到一种限制、阻遏权力之滥用的作用。这里的制约包含着两方面的内容：一方面，承认公民的权利如财产权、人身自由权和隐私权等，可以提醒政府不要逾越权力的法定界限，这样，公民的权利对于政府滥用权力起着一种阻碍与制约的作用，但是权利所起到的这种制约作用是一种消极的制约作用；另一方面，公民权利中还包括一些对政府权力能够起到积极制约作用的权利，如选举权、参与权、结社权、知情权，对政府机构或官员滥用权力等不当行为进行举报、检举和控告的权利，以及在遭受来自非法权力侵害时获得救济的权利（如申诉权）、申请行政复议和提起行政诉讼的权利等。这些公民权利能够帮助公民积极地捍卫自身的权益，并对政府权力进行及时和正当的制约。

四是以责任制约权力。权力关系本质上是一种责任关系，掌权者拥有什么权力，就意味着必须承担什么责任；拥有多大的权力，就意味着必须承担多大的责任。这就是权责一致原则。公共权力是为实现和维护公共利益而设定的，它的存在本身就意味着一种责任。这就是说，当一个人被授予了权力，同时也就被赋予了责任。由于权力与责任如影随形，因而无论何种权力主体，只要启动了权力，就应当承担相应的责任。

4.3 政府角色与职能

政府作为最具权威的公共机构，掌握着大量的公共资源，有权制定对公共治理产生重大影响的公共政策，在公共治理中扮演着关键的角色。政府职能与政府角色紧密相关，政府职能实施的效能直接决定着公共治理的成效。

4.3.1 政府角色界定与分类

"角色"一词常见于社会学研究中。在社会学中，角色是指处于一定社会环境中的个体根据社会的客观期望，借助自己的主观能力适应社会环境所表现出的行为模式。[1]最早运用"政府角色（government role）"一词的是经济学家斯蒂格利茨。他在《政府为什么干预经济》一书中提出"本书力图对政府的经济角色作一新的透视，对有关政府角色演化的描述问题和有关政府角色应当是什么的规范性问题提供一新的见解"。[2] 在其后的论述中，作者并没有对政府角色予以明确定义，而是将政府角色作为一个内涵广泛的词汇与政府作用、政府行为等交叉使用。[3] 欧文·E. 休斯认为，政府角色涉及公共领域、市场失灵、政府干预层次、政府基本功能、政府手段、政府规模等命题。[4] 政府角色与它们之间既存在交集，也存在一定的差异。但政府角色不是上述相关概念的简单加总和机械罗列，而是与它们存在一定重合但又具有独特含义的新概念。结合角色一词的基本内涵，"政府角色"可以定义为：特定环境中的政府在运用权力履行责任中所表现的行为及其结果的总和。政府角色的内涵应当包含三个方面：一是角色内容，即政府应当履行责任的原则性规定；二是角色关系，即政府在履行权责过程中与其他主体所形成的各种关系；三是角色影响，指政府行为所带来的社会影响。[5]

政府角色论主要探讨政府的性质、地位、职能、权力界限等公共行政管理的核心问题，对政府角色的不同理解直接影响并产生了公共行政管理的各种思潮。归结起来，政府角色论主要存在六个流派[6]。

一是自由主义政府论。自由主义政府论产生于18世纪后期，其代表人物是亚当·斯密。他呼吁减少政府的作用，让政府远离经济生活，充分发挥市场这只"看不见的手"的调节作用。他认为政府的主要职能可以界定为三个方面：①保护社会免遭外来侵略；②确立和维持公共事务和公共机构，即提供公共产品与公共服务；③政府的规模越小越好，政府干预越少越好，即政府应当扮演"守夜人"的角色。自由主义政府论提出按照"小政府、大社会"的模式来管理社会，强调"管得最少"的政府就是最好的政府。

二是民族主义政府论。民族主义政府论又称现实主义政府论，其主要代表人物有修昔底德、马基雅弗利和霍布斯。民族主义政府论与自由主义政府论形成了鲜明的对比，它强调国家作为一个整体，其共同利益远大于个人利益，因而政府必须着眼于国家的整体利益来管理和发展社会，即国家本身就是社会发展的目标，国家利益高于一切。统治者的权力是绝对的、不可转让和不可分割的。当代许多新兴的民族主义国家都不同程度地采用了民族主义政府论的思想，从而发展出了"全能政府"模式和"行政扩张"理论。

三是凯恩斯主义政府论。全球经济危机使人们逐渐意识到，在充分尊重市场规律并发挥其作用的同时，政府的有效干预是必不可少的保障环节，但政府"守夜人"的角色

---

[1] 周晓虹：《现代社会心理学》，上海：上海人民出版社，2002年，第361页。
[2] [美] 斯蒂格利茨等著，郑秉文译：《政府为什么干预经济》，北京：中国物资出版社，1998年，第32页。
[3] 鲁敏：《转型期地方政府的角色定位与行为调适研究》，天津：天津人民出版社，2013年，第33页。
[4] Owen E. Hughes. Public Management and Administration: An Introduction. New York: STMartin's Press, 1994: 88-119.
[5] 鲁敏：《转型期地方政府的角色定位与行为调适研究》，天津：天津人民出版社，2013年，第35页。
[6] 陶学荣：《公共行政管理学导论》，北京：清华大学出版社，2005年，第55—57页；彭澎：《政府角色论》，北京：中国社会科学出版社，2002年，第2—13页。

无法应对市场失灵的挑战。在这种大背景下，凯恩斯提出了著名的凯恩斯主义政府论。凯恩斯主义政府论鼓励并推崇政府运用财政和货币政策等手段对市场经济的运行进行干预和宏观调控，以刺激经济增长、维护社会公平。政府应当更积极主动地运用宏观调控的各种手段来管理社会，促进社会发展。

四是福利国家政府论。福利国家政府论将政府角色定位于承担并提供大量的社会福利并为公众提供更多、更好的公共服务与公共产品，使公众能够对社会福利产生远景期望，借以缓解和消除社会危机。虽然政府推行大量高福利政策以促进社会的稳定和发展，但由于在提供社会福利方面发挥着无可替代的重要作用，因而会导致政府的规模与权力不断扩张。

五是新自由主义政府论。20 世纪 70 年代以后，西方国家出现了以低经济增长、高通货膨胀、财政赤字高挂、失业率高等为特征的"滞胀"现象。这促使人们对凯恩斯主义进行批判，出现了新自由主义经济学流派，包括以米尔顿·弗里德曼为代表的现代货币主义学派、以罗伯特·蒙德尔为代表的供给学派、以布坎南为代表的公共选择学派、以罗纳德·科斯和道格拉斯·诺思为代表的新制度学派、以 R. 卢卡斯和 T. 萨金特为代表的合理预期学派等。他们通过分析政府干预行为的局限性和政府失效的原因，要求限制甚至取消政府干预，让市场机制充分发挥作用。新自由主义政府论强调减小政府规模和减少政府职能，对公共部门实行民营化战略，力求使公共部门的效率和资源达到最优化，既强调充分发挥市场机制的调节作用，又强调必要的干预和宏观管理。

六是马克思主义政府论。传统马克思主义是将社会主义国家当作一种过渡性的国家形态，国家终究是要消亡的，因此，社会主义国家是一种"半国家"的性质。后来，由于社会主义国家处于资本主义的包围之中，加强无产阶级专政才又成为强化国家职能、形成"全能政府"的重要思路。

政府角色类型多样，从职责的大小和范围来说，有"全能型政府"和"守夜人政府"之分；从作用的性质来说，有"统治者"和"治理者"之分；从作用的方式来说，有"服务者""掌舵者""划桨者"之分，或者"裁判员"和"运动员"之分；从人格化角度来说，有"政治人""经济人""道德人"之分，这些都形象地描述了政府在社会公共事务治理中的角色。[①] 政府角色具有多样性，在处理复杂的社会公共事务时，政府需要同时承担多重角色。

4.3.2 政府职能界定与特点

关于政府职能界定的文献相当丰富，在权威的工具书中均有提及。《中国大百科全书》中对政府职能的定义侧重于政治的角度，主张政府职能是国家职能的具体化，政府职能是代表统治阶级实行政治统治和管理公共事务，并提出随着社会的发展，政府管理公共事务的职能不断扩大。[②]《行政管理学大辞典》将政府职能视为政府管理基本方向、根本任务和主要作用的体现，认为政府应当具有以下六项主要职能：①利用方针政策、

---

① 孟继民：《资源型政府——公共管理的新模式》，北京：中国人民大学出版社，2008 年，第 52 页。
② 中国大百科全书总编辑委员会编：《中国大百科全书》，北京：中国大百科全书出版社，1992 年，第 480 页。

发展规划、科学规律提供指导的职能；②通过经济杠杆、法律手段和必要的行政手段实施管理的职能；③为企业发展生产、为实现民富国强提供服务的职能；④在政府部门之间、政企之间、中央和地方之间、国民经济各部门之间进行协调的职能；⑤监督政府各部门执行国家法律和政策的职能；⑥维护公民的合法权利与安全，维护国家独立与主权，反对侵略战争，维护世界和平的职能。①

  在学者们对政府职能的界定中，亚当·斯密在《国富论》中对政府职能的论述最具有开创性和典型性，他认为政府职能应当包括三个方面：第一，保护社会不受其他独立力量的侵犯，只有依靠军队才能完成这一职责；第二，尽可能保护社会成员不受其他成员的欺辱，即设立严正的司法机构；第三，建立和维持对于一个社会有巨大利益的公共机构和公共工程。概括地说，亚当·斯密的政府职能主要体现在国防、维持社会秩序以及提供公共产品和公共服务三个方面。② 世界银行在《1997年世界发展报告：变革世界中的政府》中指出，现代政府的主要职能是解决市场失灵问题和促进社会公平。不同的国家具有不同的特点，处于不同发展时期的国家对政府职能的要求也有所不同，从而政府职能有"小职能"和"大职能"之分。③ 所谓"小职能"是指政府在解决市场失灵问题方面仅提供纯粹的公共物品，即国防、法律与秩序、财产所有权、宏观经济管理和公共医疗卫生；在促进社会公平方面主要是保护穷人，包括反贫穷计划和消除疾病等。所谓"大职能"，一是政府在解决市场失灵问题方面比"小职能"发挥更多的职能作用，包括解决外部效应，如提供基础教育和环境保护等；规范垄断企业，如制定公用事业法规和反垄断政策；克服信息不完全问题，如提供医疗卫生、养老保险及其他金融法规和消费者保护等；协调私人活动并促进市场发展等。二是政府在促进社会公平方面也比"小职能"发挥更多的职能作用，包括提供社会保险，如提供再分配性养老金、家庭津贴和失业保险等；实行资产再分配等。总体而言，政府职能就是国家行政机关为完成国家使命，根据经济建设和社会发展的要求，在依法行使行政权力和职权过程中所发挥的功能和作用。④

  从政府职能的界定来看，政府职能的特点主要表现为法定性、有限性、服务性、权威性以及有效性五个方面⑤：第一，政府职能的法定性。从行政与立法的关系来看，"政府职能实质上是宪法和法律对国家行政机关功能与任务的界定与赋予"。⑥ 由此可见，政府职能涉及的领域应遵循法律的规定。并且，政府政策的制定、政府职能行使的过程与结果都应受到法律与社会大众的约束与监督。第二，政府职能的有限性。国家立法机关通过宪政制度的形式界定了政府在国家政治、经济、社会、文化、教育等领域的职能范围与程度，政府只能在宪政制度的框架内行使自身的职能，否则政府行为必然会

---

① 贾湛、彭剑锋主编：《行政管理学大辞典》，北京：中国社会科学出版社，1989年，第543页。
② 刘华：《经济转型中的政府职能转变》，北京：社会科学文献出版社，2011年，第51页。
③ 郭连成、周轶赢：《经济全球化与转轨国家政府职能转换研究》，北京：商务印书馆，2011年，第123—124页。
④ 辛向阳：《新政府论》，北京：中国工人出版社，1994年，第33页。
⑤ 刘华：《经济转型中的政府职能转变》，北京：社会科学文献出版社，2011年，第53—55页。
⑥ 张国庆：《行政管理学概论》，北京：北京大学出版社，2000年，第85页。

与法律相冲突。第三，政府职能的服务性。政府的本质属性在于为社会大众服务，政府职能的行使应有利于实现社会大众的公共利益。实现社会公共利益是政府最本质的职能属性，政府只有承担起并致力于实现社会公共利益这一基本职责，才能有效地维持其统治的合法性。第四，政府职能的权威性。与政府职能的法定性相适应，政府职能的履行受法律保障并具有不可否认的权威性。政府职能的权威性体现在为了实现经济、政治与社会秩序的稳定以及社会大众的公共利益，政府政策措施的制定与执行应得到社会大众的切实遵从与支持。第五，政府职能的有效性。政府职能的有效性是指政府职能的履行能够有效地推动经济社会健康积极的发展和社会公共利益的增加。

4.3.3 政府职能主要理论

从历史发展的角度来看，关于政府职能的理论探讨从未停止。在亚当·斯密的经济自由主义理论影响下，西方国家政府充当了"守夜人"角色；在凯恩斯主义的影响下，西方政府角色实现了从"守夜人"到"道德人"的转化；在布坎南等创立的公共选择理论影响下，政府角色又由"道德人"转向了"经济人"[1]；随着公共服务理论的兴起，政府角色又由"经济人"转向了"服务者"。

4.3.3.1 "守夜人"角色的政府职能理论

所谓"守夜人"，是对政府不干预经济活动的一种形象比喻，包括以下三层含义：一是政府是履行国家社会事务管理职能的组织，国家除了赋税以维护国家机器正常运转的开支需要外不具有其他经济职能，因此，政府不具有经济调节功能，不需要介入经济活动。因为经济活动是一个自然的过程，它会自动形成"自然秩序"，政府只要像一个"看门人""守夜者"一样，盯住"外面"，不让"外人"进来破坏这种"自然秩序"就可以了。二是政府在经济活动中只能充当"监护人"或"裁判"，其目的在于保证它的监护对象（或调解对象）的权益不受侵犯，不被他人无偿（或暴力）剥夺。三是政府如果人为地干预或参与经济活动就会破坏"自然秩序"，剥夺人民的自由，导致经济的衰退。在经济学中，从亚当·斯密到新古典主义，从货币主义到理性预期学派都反映出上述观点和思想倾向。

4.3.3.2 "道德人"角色的政府职能理论

"道德人"是凯恩斯主义中蕴含的一个假定。按照这种市场经济理论，"国家是社会的合法代表，政府是民选的结果，因而能够体现人民的意志，代表全社会的利益；同时，个人效应函数的总和就是社会效应函数，政府的活动就是向社会提供公共物品、增进社会福利，因而政府官员都是公道正义的'道德人'，他们的动机和行为与社会公共利益必然是一致的，政府行为目标就是社会福利函数的最大化"[2]。

从"守夜人"到"道德人"，这是政府行为转化过程中的一次重大飞跃。"道德人"取代"守夜人"并不是对"守夜人"的全盘否定，因为"守夜人"曾经担负的政府职能

---

[1] 邹伟、陈华、张辉等：《政府职能演变与发展趋势研究》，南宁：广西民族出版社，2004年，第1、11—12、17页。

[2] 徐向艺等：《政府·企业·个人经济行为研究》，北京：中国经济出版社，1993年，第46—47页。

仍然被"道德人"继承下来了。这种角色取代确实是政府行为的重大进步。在某种意义上，是从"无为而治"的政府到"有为而治"的政府，再到"大有作为"的政府的进步。正是这种想要"大有作为"的劲头使新的历史条件下的政府角色能以"道德人"自居，尽管后来这种以"道德人"自居的行为被证明是不完全恰当的，但在特定的历史条件下，充分发挥政府干预经济的职能在社会发展中还是起到了重要的积极作用。

4.3.3.3 "经济人"角色的政府职能理论

在市场经济的发展过程中，相继出现"市场调节失灵"和"政府干预失灵"之后，政府行为面临着转化过程中的又一次重大转折。这个转折的标志和结果就是新自由主义思潮的兴起和政府"经济人"角色的产生。

新自由主义思潮是以自由市场经济为基础的，但它与亚当·斯密时代的"自由放任"不同，它是一种受到政府有力控制的市场经济。这种思潮认为，为了保证经济的协调运行，国家对经济的适当调节是必要的。如果没有政府的适当调节，自由市场经济无节制的发展会带来种种不好的现象，如贫富悬殊、通货膨胀、失业危机等。

新自由主义思潮是主张政府适当干预和调节经济的，但同时也认为政府对经济的干预和调节必须有限度。"政府的作用不是去干预私人企业家的经营，而是要为之提供一个稳定的经济环境，以保证自由竞争能正常进行。具体说来就是政府应制定强有力的经济政策和经济立法来保障私有财产制度，保持通货稳定，发展私人企业家不愿或不便经营的交通运输、人才培养和一些服务部门，调节收入分配以防贫富过于悬殊，举办福利事业，指导长期的经济活动等。"[①] 由此可见，新自由主义思潮既不同意单纯地靠"看不见的手"发展经济，也不同意单纯地靠"看得见的手"发展经济，而是主张同时要有"两只手"，要靠"两只手"去发展经济。

4.3.3.4 "服务者"角色的政府职能理论

随着公共服务理论的兴起，政府行为导向再次发生了重大转折。政府从管理的职能逐渐走向服务的职能。新公共服务理论是美国著名学者罗伯特·B.登哈特在对传统公共行政特别是新公共管理进行反思和批判的基础上，在《新公共服务：服务，而不是掌舵》一书中提出的一种全新的信息时代公共行政管理理论。它的产生是公共行政管理理论发展的必然要求。新公共服务理论是以民主社会公民权、社区和公民社会、组织人本主义和新公共行政管理等理论为基础，以公民为中心的公共管理理念。新公共服务理论认为：政府的职能是服务，而不是"掌舵"；公共利益是根本目标；为公民服务，以人为本；大力弘扬公民权和公共服务精神。"服务者"角色下的政府是服务型政府，是将服务作为其存在、运行和发展的根本宗旨的政府。

4.3.4 政府职能内容

政府角色本身具有多样性，并且在国家和社会治理过程中存在着诸多的问题和矛盾，因此仅靠单一的政府角色难以达到良好的治理成效，政府必然需要同时承担多种角

---

① 徐向艺等：《政府·企业·个人经济行为研究》，北京：中国经济出版社，1993年，第48页。

色，其职能也相应地具有多重复杂性。学者们对政府职能的探讨自古有之，主要形成了"两职能说""三职能说""四职能说"等不同的观点（见表 4—4）。①

表 4—4 "政府职能"的代表观点

类别	代表人物	代表观点
两职能说	密尔	政府既是对人类精神起作用的巨大力量，又是为了公共事务的一套有组织的安排
	阿奎那	世俗政府的职能主要有两项：一是维护社会秩序；二是推进社会公共福利
	古德诺	政府职能分为政治职能与行政职能
	马克思和恩格斯	政府具有政治统治和社会管理两大职能
	斯大林	政府职能可以分为对内职能和对外职能。内部的（主要的）职能是控制多数被压迫者；外部的（非主要的）职能是靠侵略别国领土来扩大本国统治阶级的领土，或者是保护本国的领土不受别国的侵犯
三职能说	亚里士多德	政府主要有三大职能：城邦的军事职能、主持公道的司法职能和具备政治理智的议事职能
	亚当·斯密	政府职能主要体现在国防、维持社会秩序、提供公共产品和公共服务三个方面
	孟德斯鸠	政府的三大职能是立法、行政和司法
	尼科斯·波朗查斯	政府职能具体为政治职能、技术经济职能和意识形态职能
	阿尔蒙德和小鲍尔	从政治体系角度看，政府有政治社会化、政治录用和政治交流三大职能；从政治过程角度看，政府有利益表达、利益综合和决策三大职能；从政策角度看，政府有提取、分配和管制三大职能
四职能说	约翰·里兰德·巴奇	政府有四项主要职能，一是担当为经济增长提供总需求的"稳定器"；二是作为制定经济游戏规则并付诸实施的"经济警察"；三是作为社会公共服务的提供者；四是通过转移支付对收入进行再分配
	施雪华	政治社会中的政府有四大职能：阶级统治职能、社会管理职能、社会服务职能和社会平衡职能
	谢庆奎	政府的四项职能可以概括为阶级统治、政治调控、权力执行和社会管理

有的学者将政府职能进一步细化，提出了政府职能的"五职能说""六职能说""七职能说""八职能说""九职能说"等。还有学者将政府职能分为基本职能、主要职能和专业职能三个层次，把政治统治职能和社会管理职能视为基本职能；把政府管辖方面的公共职能视为主要职能，包括指导职能、管理职能、协调职能、控制职能、监督职能、

---

① 乔耀章：《政府理论》，苏州：苏州大学出版社，2000 年，第 249—251 页；郭连成、周铁赢：《经济全球化与转轨国家政府职能转换研究》，北京：商务印书馆，2011 年，第 118—122 页；刘华：《经济转型中的政府职能转变》，北京：社会科学文献出版社，2011 年，第 51 页；孟继民：《资源型政府——公共管理的新模式》，北京：中国人民大学出版社，2008 年，第 24 页。

服务职能、保卫职能七项；把对内职能和对外职能视为专业职能。

总体而言，政府职能是由不同角度的职能组合构成的，而且各种职能之间相互渗透、相互交叉、相互作用，共同构成政府职能体系。[①] 具体为：第一，从体现国家职能来看，政府职能包括阶级统治职能和一般社会公共管理职能。第二，从政府管理作用的性质来看，政府职能包括统治性职能、保卫性职能、管理性职能、服务性职能和平衡性职能。第三，从政府管理的领域来看，政府职能包括政治职能、经济职能、文化职能和其他社会职能。第四，从政府职能作用的方式来看，政府有立法职能、行政职能、司法职能、监察职能。第五，从政府管理运行角度来看，政府有计划决策职能、组织指挥职能、沟通协调职能、监督控制职能。

4.4 政府监督与法治

"一切有权力的人都容易滥用权力，这是一条万古不易的经验，有权力的人们使用权力一直到遇有界限的地方才休止。"[②] 孟德斯鸠的这一论断表达了对政府权力滥用的担忧，也体现了对政府权力进行监督和制约的必要性。

4.4.1 政府监督界定

古今中外都有监督或负有监督职责的职官，这是国家制度的组成部分，是统治阶级巩固其政权、维护其利益、保证国家机器正常运转的有力工具。[③] 现代意义上的监督主要是指人们为了达到政治、经济、军事、司法方面的目的或目标，依靠一定的权力，通过对社会公共治理中若干事务的内部分工约束或外部民主性参与控制等途径，针对公共权力资源、主体权责、运作效能等相对独立开展的检查、审核、评议、督促活动。[④]

政府监督，即监督政府，是指具有监督权的主体依法对政府及其工作人员在国家和社会治理过程中的行政行为所实施的监察、督促和纠正行为。就政府监督的主体而言，不同的国家由于权力结构体系等具体国情不同，因而其行政监督的主体也有所差异。[⑤] 西方国家的政府监督主体主要包括议会、法院、行政机关内部的监督机构、议会监察专员、社会团体及舆论。我国的政府监督主体主要包括人民代表大会、中国共产党和各参政党、人民法院、人民检察院、行政复议机关、行政监察机关、审计机关、舆论机构、社会组织和人民群众。政府监督的客体是政府及其工作人员的行政行为，实质上就是监督政府权力。政府监督可以分为内部监督和外部监督，政府内部监督是指政府的自我监督，政府外部监督则是指除政府之外的享有监督权的主体对政府及其工作人员的行政行为进行的监督。

政府监督具有以下特点：①政府监督是依法监督。法律赋予监督主体以监督权力，

---

① 乔耀章：《政府理论》，苏州：苏州大学出版社，2000年，第253页。
② [法] 孟德斯鸠著，张雁深译：《论法的精神（上册）》，北京：商务印书馆，1982年，第154页。
③ 迟福林、张占斌：《邓小平著作学习大辞典》，太原：山西经济出版社，1992年，第1088页。
④ 尤光付：《中外监督制度比较》，北京：商务印书馆，2003年，第1页。
⑤ 章剑生：《行政监督研究》，北京：人民出版社，2001年，第13—16页。

并明确监督的对象和基本的监督手段；②监督者与被监督者处于平等地位，实行权力制衡；③监督活动具有强制性，即是不以监督主体或者政府的意愿为转移的；④监督活动具有独立性，不受其他机关、团体或个人的干预；⑤监督权具有限制性，不能无限扩大和任意使用。一方面，监督对象限定为政府及其工作人员在国家和社会治理过程中的行政行为，不能随意扩大监督对象；另一方面，监督主体的这一权力是双向的，其在监督政府的同时必须接受再监督。

4.4.2 政府监督思想

学者们对政府监督的探索由来已久，并形成了诸多的观点[①]，主要包括主权在民论、分权制衡论、法治论、有限政府论、密尔的政府监督思想、威尔逊的政府监督思想、韦伯的政府监督思想、怀特的政府监督思想、垄断者政府论、双边控制论、政治腐败论、政府寻租论、马克思和恩格斯的政府监督思想和列宁的政府监督思想等。

（1）主权在民论

主权在民论认为政府权力源自人民，因而人民有权对政府进行监督。法国思想家莫耐在《反暴君论》一书中提出，国王是人民的公仆，人民是国家的主人，是人民立君，而不是君立人民。洛克认为当政府与人民发生争端时，人民应该是裁判者；政府若一意孤行，违背主权者的意志，人民就可收回自己的权力，甚至以强力对付强力。卢梭认为要监督政府不至于篡夺人民的主权，避免"人民的统治"蜕变成为"对人民的统治"，他设想像古罗马人民大会那样，借助民众定期集会制定法律和决定政府及官吏的去留，甚至认为使用武装斗争的方式也是合理合法的。

（2）分权制衡论

分权制衡论主张通过权力的分化和制衡达到监督政府的目的。洛克从自然法理论出发削减王权，把国家权力分成立法权、执行权和对外权，并在此基础上要求必须由不同的机关来执掌。另外，他还提出立法权与行政权的相互制约和协调。孟德斯鸠主张以权力制约权力，实行职能性分权，并明确规定了立法、行政、司法三权的性质、范围、内容、归属和行使规则，试图让国家权力的运行在分解、制约的基础上求得协调和平衡。与洛克不同的是，孟德斯鸠重视行政权对立法权的制约，重视权力内部的分工与制约，而洛克则重视立法权和主权在民。汉密尔顿在美国的建制实践中对分权与制衡做了进一步的解释、发挥和补充。他提出，国家权力一分为三只是相对的分治，在某些场合和某些时候可以允许权力间必要的局部混合，并主张设计一种利益和动机的平衡，以保持三种权力不是绝对分立，而是彼此在权力对比上处于均势。托马斯·杰弗逊从防止专制和暴政考虑，认为代议民主制不仅要重点限制总统和司法机关的权力，议案也应由两院来审议，而且要用州的权力限制联邦政府的权力。

（3）法治论

法治论认为有关国家和社会的公共事务都须在法的支配下处理，任何个人或团体都

[①] 崔剑仑：《论当代中国行政监督》，长春：吉林大学博士学位论文，2004年；许耀桐：《当代西方政治学中的监督理论探要》，《求索》1994年第5期。

不得凌驾于法律之上，法律面前人人平等，各个权力主体都应严格依法办事，当权利或权力受到侵犯时可以得到救济。柏拉图、亚里士多德在探讨人治和法治时，认为法律有治国安邦的功能。西塞罗等自然法学派人士认为，法律要体现人类理智和神的智慧，保证人民的幸福，故政府权力必须依法行使，并受到自然法的审查和限制。孟德斯鸠把自由和法治相联结，认为以权力制约权力的制度形态必然是以法律制约权力。卢梭认为统治者若强制他人守法，其自身也得严格守法，对于行政官员要设置一些限制和约束，以便维护法律的神圣性。

（4）有限政府论

有限政府论认为政府是一个相对独立的实体，是与社会和个人利益相分离的一套机构和运行过程。因此政府的权力必须限定在某个界限内，不能损害个人与社会的权力和利益。从这种观念出发，有限政府论主张用个人权利、自由财产权和宪政自由来约束或抗衡政府权力：第一，要用天赋的、绝对优越的个人自由权利（包括生命、健康、自由和财产等权利）作为政府权力的道德约束；第二，从财产权保护的角度考虑，确定抗衡政府的经济基础，提出限制政府权能及其运作的宪政原则和法律制度，让财产权保护构成政府权力扩展的边界或底线；第三，设置政府运作的制度屏障，防止政府内部的集权、滥权与专断。

（5）密尔的政府监督思想

密尔在界定了政府、社会、个人三者间权力的边界之后，从功利原则出发讨论了代议制中的监督问题。他提出议会的适当职能不是管理，而应当是监督和控制政府；政府行为应当公开，迫使其对人们认为有问题的一切行为做出充分说明和辩解；通过批评，最终是通过不给予支持，对真正管理公共事务的高级官员或任命他们的高级官员进行制约。

（6）威尔逊的政府监督思想

威尔逊的政府监督思想主要是通过对公共舆论与行政管理之间关系所进行的分析而得到并阐述的。他认为公共舆论是监督政策实施的一种机制；政府应当为公共舆论发挥其对行政管理的监督控制作用提供最佳途径；为了能够更有效地履行其职能，政府必须在一切方面都对公众舆论有敏锐的反应。

（7）韦伯的政府监督思想

韦伯认为科层体制中存在着权力滥用的问题，会产生违纪违法、效率低下等官僚主义的通病，并提出了旨在消除"官僚病"的若干救治措施：其一，实行行政职能部门内部的合议制，扩大决策参与范围；其二，改变行政首长的非专业现象，因为只要非专业的官员依赖专业人员帮助，那么真正的决定总是由后者做出的；其三，实行直接民主制，保证政府官员直接受议会监督。

（8）怀特的政府监督思想

首先，怀特认为由于在政府运行中存在着滥用权力、违法乱纪、侵犯公民权利、管理无力、不负责任等不良情形，因而有必要建立完善的政府监督机制，以便对政府系统实施有效的监督，确保其高效运作。政府监督的目的在于使政府执法与法律保持协调一致，保护国家和公民的利益不受政府行为损害。在此基础上，怀特明确指出了立法监督的主要职责及有效方法,他认为立法监督的主要职责包括:确保立法与行政政策的协调;确保政府支出适当;确保政府监督的实施目的真正在于提高行政效率;使立法机关完全了解行政情形,以便制定补救的法规。有效的监督方法包括会计及支出监督、款额分配监督、行政政策监督、人员监督、调查监督和诘问监督等。最后,怀特就司法监督问题进行了系统阐述,他指出国家行政管理活动必须受到司法机关的监督,以保障公民或公务员的权利。

(9) 垄断者政府论

公共选择学派认为,一个国家的合法政府只能有一个,政府在提供公共物品时具有垄断性质。人们必须破除凡国家、政府都会尽心尽责为公众利益服务的观念,不应视政府为按公众要求提供公共物品的机器,而要看到政府既是由个体选出也是由个体组成的群体。因此,在任何不合理的选举规则下产生的政府以及政府官员为满足不合理的个人追求而采取的行动,都将把经济状况和社会福利引入恶化的境地。由此确立了应把政府置于有效监督之下的观点,并提出了监督"垄断者政府"的措施,包括国会指派某个上层机构的代表到下设委员会负责评定该机构的运行情况,通过这种外部监督过程,使该机构预算扩张的可能性受到削弱;把私人市场的办法运用于官方机构,许多公共服务由私人市场来提供;通过将生产中节省的一部分成本奖励给官员的办法来使官员具备最有效率地提供增量服务的动力。

(10) 双边控制论

罗伯特·达尔认为,国家的权力是多元的,民主的真实含义就是权力为众多的社会利益群体、政治组织和自治团体所分享的多头政制。根据政治多元主义的价值判断,国家政体可以分为允许大众广泛参政的多头政制、压制公共言论自由的镇压性霸权政制或寡头政制,以及给予反对政府者以不同程度自由的、较为宽容的混合政制。只有在多头政制下,民众有了有效的参与、充分的议政,可以最终控制议事日程,政府才能得到有效的约束和控制。

(11) 政治腐败论

塞缪尔·亨廷顿极其重视政治发展中的稳定和秩序,致力于探讨社会现代化过程中的政治腐败问题。现代化意味着政府权威的扩张和受政府管理活动的增多,即使国家制定了众多的法律,腐败的可能性也会增加。并且,现代化进程引起的腐败在中央集权的官僚制国家比在封建国家更为广泛。亨廷顿所论述的政治腐败论带有腐败具有必然趋势并对之无可奈何的偏向,引发世界各国加强对权力腐败的遏制和对行政行为的监督。

(12) 政府寻租论

寻租理论是在安妮·克鲁格于1974年写的《寻租社会的政治经济学》中被首先提出并阐述的。政府寻租即政府寻求租金,是由政府干预和行政管制的人为因素抑制市场竞争、扩大供求差额所形成的。政府寻租活动既是政府的"政治创租"过程,也是政府的"抽租"过程。在"政治创租"过程中,政府官员利用行政干预的办法来增加私人企业的利润,人为地创设出租金,诱使企业向他们交纳"贡款"作为得到租金的条件。在"抽租"过程中,政府官员故意提出某项会使企业利益受到损害的政策作为威胁,迫使私人企业割舍一部分利润与政府官员分享。寻租活动给政府和社会造成了极大的危害:

它毒害了政府的"空气",使政府滑向腐化堕落的深渊;增加了政府的工作负担和行政成本;导致了社会资源的巨大浪费,从而敲响了各国对政府官员实行监督的警钟。

(13) 马克思和恩格斯的政府监督思想

马克思和恩格斯认为公社政权建设中包含人民监督色彩的措施,例如议行合一、公开性和普选制、取消特权和实行低薪是可取的。此外,马克思和恩格斯在指导工人阶级运动和工人阶级政党建设中,还对党内民主监督、党派之间的合作与监督、新闻舆论监督的意义与做法等有一些富有指导价值的阐述。

(14) 列宁的政府监督思想

在苏维埃政权建设初期,列宁坚定不移地主张广大民众开展参与式管理监督。经他的倡议和指导,在原国家监察人民委员部基础上成立了"工农检察院",实行行政管理的若干公开措施,确立了信访制度和检举报告制度。在新经济政策的实施过程中,面对新的经济社会发展与变革,列宁所探索的社会主义民主监督已经趋于既有上下监督又有平行监督、既有群众监督又有专门机构监督、既有党内监督又有党外监督的全方位立体化监督。

4.4.3 法治政府

政府监督离不开法律,宪法和法律明确政府监督主体的监督权利,确定政府监督的客体及程序,同时规范政府及其工作人员的行为。法治政府的核心就是以法律制度规范政府公共权力的行使。[①]

古往今来,无论是东方还是西方,都有许多关于"法治"的论述。[②] 亚里士多德最早提出"法治优于一人之治"。在中国,"法治"一词自古有之,法治思想在春秋战国时期即被法家所推崇,但是当时的法治只是君主用来治理国家的一种手段,还没有上升为一种统治原则。秦以后各个时代的思想家对法治的论述也是异彩纷呈,反映了古代中国对法治的强烈追求,但其缺陷在于他们所维护的是封建君主专制统治下的"法治"。因此,这种法治的文化是人治精神的一贯到底,充其量只是人治下的法治而已,并不是真正意义上的法治。真正意义上的法治还是起源于西方。在西方,法治思想源远流长,系统的法治理论也有悠久的历史。它发端于古希腊城邦民主制,亚里士多德对其做了经典表述:"法治应包括两重意义:已成立的法律获得普遍服从,而大家所服从的法律又应该本身是制订得良好的法律。"[③] 古希腊的法治传统在古罗马得到了继承和发展。西塞罗深受斯多葛派自然法理论的影响,认为要真正使公民获得幸福,国家就应当实行法治,不应允许任何人享有法律以外的特权,包括执政官在内的全体公民在法律面前应当平等。到了中世纪,虽然法治遭到宗教势力的无情破坏,但法律的神圣性、权威性依然植根于人们心中,再加上杰出的思想家揭露教会黑暗、抨击教皇专制的斗争,使法治思想得以进一步弘扬。近代的法治思想是以启蒙运动的形式出现和发展起来的,一大批启

---

① 王敬波:《法治政府要论》,北京:中国政法大学出版社,2013年,第1页。
② 焦洪昌:《宪法制度与法治政府》,北京:北京大学出版社,2008年,第1—2页。
③ [古希腊]亚里士多德著,吴寿彭译:《政治学》,北京:商务印书馆,1981年,第199页。

蒙思想家在近代西方封建专制危机和资产阶级革命时期涌现出来，从格劳秀斯到卢梭再到康德系统形成的人权和人民主权思想，从洛克到孟德斯鸠再到杰斐逊逐步确立的三权分立学说，他们的法治理论虽然没有脱离古希腊、古罗马的法治脉络，但极大地推动了法治理论的发展，促进了西方传统法治思想体系的完整建立。当代西方四大法学流派（即新自然法学派、实证主义法学派、社会法学派和自由主义法学派）是在当代西方法学理论中占主导地位的学派，这四大流派都在不同程度上继承和发展了近代启蒙思想家们关于法治的理论，主张国家应保障个人的合法权利，同时在立法、司法和行政过程中要体现法治原则。

在我国，法治政府目标的提出是一个逐步发展演变的过程。从发展过程来看经历了四个阶段，即依法办事、行政管理法制化、依法行政以及法治政府阶段。[①]

第一阶段：依法办事。彭真同志在1984年首都新闻界人士座谈会上讲话，提出国家管理要从依政策办事逐步过渡到不仅依靠政策办事，还要依法办事。这时的"依法办事"既含有对行政活动的要求，也有对公民行为的要求。比起不依法办事或依政策办事来说有了很大进步，法的要求和法的规则开始受到重视。这一阶段属于"管理法"的时期。

第二阶段：行政管理法制化。1984年8月20日至26日，国务院办公厅、劳动人事部在吉林市召开行政管理学研讨会。会议形成的会议纪要中，提出要研究行政管理与行政立法的关系，健全法制、依法办事，认为研究行政管理的基本目的是"逐步实现行政管理的科学化、法制化和现代化，提高行政管理工作效率。"在此，首次提到了行政管理的"科学化、法制化和现代化"目标。这一阶段，人们提出的法制化目标和原则多与行政管理科学化、现代化这些行政管理目标相结合，是所谓现代行政管理"三化"中的一项基本要求，其"管理法"的意味仍然浓厚。

第三阶段：依法行政。1978年党的十一届三中全会明确指出，为了保障人民民主，必须加强社会主义法制，使民主制度化、法律化，使这种制度和法律具有稳定性、连续性和极大的权威，做到有法可依、有法必依、执法必严、违法必究。"依法行政"这个关键词开始进入人们的视野。1989年《中华人民共和国行政诉讼法》和1990年《中华人民共和国行政复议条例》的颁布，对保障公民权利、规范行政行为、监督行政机关依法行政起到了重要作用，奠定了行政法制的基石。1991年《最高人民法院工作报告》开始在官方文件中使用"依法行政"。此后，1993年3月国务院的《政府工作报告》、1993年11月中央的《关于建立社会主义市场经济若干问题的决定》、1997年党的十五大报告等都明确提出了依法行政的规则和基本要求。由此可见，依法行政的提法越来越普遍，依法行政的要求也越来越明确和细化，影响也越来越大。国务院在全国依法行政工作会议的基础上，于1999年11月制定颁布了《关于全面推进依法行政的决定》，从政府工作角度提出了全面推进依法行政的任务和要求。这一阶段提出的依法行政从一开始就不是兼顾"官"和"民"的，而是只针对"官"提出要求。这个特点被认为是行政

[①] 杨小军：《论法治政府新要求》，《行政法学研究》2012年第1期；王敬波：《法治政府要论》，北京：中国政法大学出版社，2013年，第2—10页。

法制从"治事"转向"治权"或"治官"的过程。

第四阶段：法治政府。1995年武步云教授在他的《政府法制论纲——行政法学原理研究》一书中首次提到了"法治政府"。他以公共权力论作为行政法的基础理论研究并得出结论，认为行政法制建设的目的就是要做到"以法行政"和"依法行政"，即所谓的"法治政府"。[①] 2004年3月，国务院制定并下发了《全面推进依法行政实施纲要》，这是行政法制建设过程中具有里程碑意义的重要文件，它从政府角度第一次提出要用十年左右的时间基本实现建设法治政府的目标。此后，政府系统开始了法治政府建设。2010年，国务院出台的《关于加强法治政府建设的意见》是进一步推进依法行政的具体意见和贯彻落实依法治国基本方略的又一重大举措，再次加快了法治政府建设的步伐。2012年，党的十八大报告又进一步提出，到2020年基本建成法治政府，这是执政党提出的法治政府建设要求，因此更具有权威性和号召力，是对法治政府建设的重大发展。2015年，为深入推进依法行政，加快建设法治政府，如期实现法治政府基本建成的奋斗目标，国务院出台了《法治政府建设实施纲要（2015—2020年）》，明确到2020年基本建成职能科学、权责法定、执法严明、公开公正、廉洁高效、守法诚信的法治政府的目标，并明确提出了具体举措。随着"互联网＋"概念的出现，特别是国务院《关于积极推进"互联网＋"行动的指导意见》的印发，也为我国法治政府建设开启了新的探索视角。[②]"互联网＋"时代法治政府建设在理念上将更加凸显诚信原则的基础地位，在行政法律关系上将转型为相对人类中心主义，在组织结构上将迎来扁平化与多元化的格局，在运行方式上则可能实现法治政府的开放、互动、一体化运转。

4.5 政府治理创新

随着政府治理理论的发展和政府治理实践的推进，政府治理在回应时代变化和治理需求的过程中不断进行着提升和改进。在新公共管理的神话走向终结之后，协作性公共管理、多中心治理、数字时代治理、网络化治理、整体治理等多种政府治理理论的发展，促使政府在治理过程中对其治理模式、治理工具、治理结构、治理机制、治理技术、治理评估等进行改进和创新。

4.5.1 政府治理界定

对于政府治理，国外学者仅使用"治理（governance）"一词，"政府治理（governmental governance）"的出现只是指很狭义的政府内部治理，可理解为治理政府内部的方式；而国内学者通常是在"政府治理"这一关键词下研究治理问题的。国内外的研究对应性是存在偏差的，即国外学者是将政府治理的概念放在治理语境下进行研究，政府成为与市场、社会并行的主体，所以"治理"本身的含义便诠释了这一转变过程；而国内学者提到的政府治理则是一个与我国国情相适应的概念，普遍认为治理者是

[①] 武步云：《政府法制论纲——行政法学原理研究》，西安：陕西人民出版社，1995年，第288页。
[②] 朱新力、吴欢：《"互联网＋"时代法治政府建设畅想》，《国家行政学院学报》2016年第2期。

政府，而对应政府治理这一主体便有了相应的客体，如社会公共事务。从这样一种关键词的差异就可以看出国外学者与国内学者在"政府治理"问题认识上存在的分歧。① 从一般意义上讲，政府治理是指政府行政系统作为治理主体对社会公共事务的治理。就其治理对象和基本内容而言，包含着政府对于自身、市场及社会实施的公共管理活动。② 也有学者将政府治理定义为政府联合多方力量对社会公共事务的合作管理以及社会对政府与公共权力进行约束的规则和行为的有机统一体，其目的是维护社会秩序，增进公共利益，保障公民的自由和权利。政府治理有两个面向：一方面是政府内部管理的效率和政府治理社会的有效性，它属于有效治理的范畴，以行政效率高、治理能力强的政府为基础；另一方面是政府治理行为的正当性，它属于民本治理（古代）或民主治理（现代）的范畴，以社会约束政府的有效性为基础。③

国家治理、政府治理、社会治理是我国全面深化改革总目标和总部署的重要改革内容，基于我国的国情、政情、社情，分辨和厘清三者间的联系与差异，对于推进国家治理体系和治理能力的现代化具有重要意义。④

就国家治理、政府治理、社会治理的共性来讲，第一，治理的领导力量是中国共产党。国家治理、政府治理和社会治理都是中国共产党在社会主义根本制度、基本制度确立和巩固的前提下领导人民进行的治理活动，都是中国共产党执政地位和执政行为的实际体现，都是在中国共产党总揽全局、协调各方的总体格局中运行治权的活动。第二，治理的根本出发点是人民的根本利益。基于中国共产党的阶级性与人民性的一致性，根据我国的国体规定，国家治理、政府治理和社会治理的根本出发点都是人民的根本利益要求，都是在运行和发展过程中实现人民主权和人民民主政治的政道本质，进而达成人民民主政治与国家有效治理的辩证统一。第三，治理共同遵循依法治国的基本方略。依法治国是中国共产党治理国家的基本方略，是实现党的领导、人民民主与依法治国战略的实际途径，因此也是国家治理、政府治理和社会治理的基本遵循。第四，治理具有共同的目标指向。在价值层面，国家治理、政府治理和社会治理的目标都在于巩固马克思主义在意识形态领域的指导地位；在制度层面，国家治理、政府治理和社会治理的目标都指向于在坚持中国特色社会主义根本制度和基本制度的前提下，排除一切不适应生产力发展要求的体制机制，创新释放生产力和社会活力的体制机制，以完善和发展中国特色社会主义制度；在国家发展层面，社会主义现代化是国家治理、政府治理和社会治理的共同发展目标。

就国家治理、政府治理、社会治理定义的外延来讲，一方面，国家治理与政府治理、社会治理之间具有包容和交集关系。国家治理是总体治理，政府治理、社会治理是国家治理的分支领域和子范畴。从国家治理与政府治理的交集联系来看，政府治理是国家治权的运行，是国家治理的具体实施和行政实现；从国家治理与社会治理的交集联系来看，广义的社会治理几乎等同于国家治理，但狭义的社会治理只是有关社会领域的治

---

① 包国宪、郎玫：《治理、政府治理概念的演变与发展》，《兰州大学学报（社会科学版）》2009年第2期。
② 王浦劬：《国家治理、政府治理和社会治理的含义及其相互关系》，《国家行政学院学报》2014年第3期。
③ 何增科、陈雪莲：《政府治理》，北京：中央编译出版社，2015年，第2—3页。
④ 王浦劬：《国家治理、政府治理和社会治理的含义及其相互关系》，《国家行政学院学报》2014年第3期。

理；从政府治理与社会治理的交集联系来看，社会治理是由执政党领导，政府主导负责，吸纳社会组织和公民等多方面治理主体有序参与社会公共事务的治理活动，其中，政府对于社会公共事务的管理是政府治理的重要内容。另一方面，国家治理、政府治理和社会治理在治理主体、治理活动涉及的社会关系、治理活动涉及的内容和治理活动采用的机制上具有区别，具体如表4—5所示。

表4—5 国家治理、政府治理和社会治理定义外延的区别

类别	国家治理	政府治理	社会治理
治理主体	国家治理的主体是人民，执政党代表全体人民实施治理国家的活动	政府治理的主体是指狭义的政府，即行政权力体系意义上的政府	除了党和政府作为治理主体之外，还包含社会组织和公民等多方面有序参与的治理主体
治理活动涉及的社会关系	国家治理涉及国家的各方面社会关系和社会联系，包括政治、经济、法律、社会、文化、军事、生态建设等。在特定范围和公共事务上，还涉及国际关系和全球关系，涉及人类的共同事务	政府治理活动涉及的社会关系和社会联系，在本质上主要是政府行政权力与公民权利之间的关系，在政府治理实践中，具体体现为政府行政机关与行政相对人之间的社会联系	社会治理涉及的社会关系相对复杂，作为国家治理的有机构成部分，社会治理主要涉及社会领域中的社会关系
治理活动涉及的内容	确定国家发展的方向和道路，制定国家发展和治理的战略方针，决定治理国家的政策和法律等	政府治理的内容相对具体，在日常的政府运行和治理活动中，多体现为社会公共事务和公共服务，还涉及政府自身结构性和体制性的科学化、民主化、合理化、高效化	社会治理涉及的基本是社会领域内的内容，主要是社会公共服务、社会安全和秩序、社会保障和福利、社会组织、社区管理等
治理活动采用机制	国家治理采用的是国家政治权力或者说公共权力机制	政府治理通常采用国家权力机制	社会治理的不同形式中包含着多种机制：国家政治权力和政府治理权力机制、政府行政权力机制和公民自我管理机制

4.5.2 政府治理特征

现代政府治理的特征主要体现在合法性、透明性、有效性、责任性和回应性、法治性、公正性和包容性六个方面[①]。

第一，合法性。合法性指的是社会秩序和权威被自觉认可和服从的性质和状态。现代政权的合法性建立在民主选举的基础上，依靠民众的同意和社会的共识来管理社会。现代政府治理要求有关的管理机构和管理者最大限度地协调公民之间以及公民与政府之间的利益矛盾，以便使公共管理活动取得公民最大限度的同意和认可。合法性与法律规范没有直接的关系，从法律的角度来看，是合法的东西并不必然具有合法性。只有那些

---

① 马运瑞：《中国政府治理模式研究》，郑州：郑州大学出版社，2007年，第15—17页。

被一定范围内的人们内心所公认的权威和秩序，才具有政治学中所说的合法性。合法性越高，治理的程度就越高，治理的效果也就越好。取得和增加合法性的主要途径是提高公民的共识和政治认同感。因此，现代政府治理要求政府要尽可能地使公民之间以及公民与政府之间和谐相处，协调各方利益，让社会各个阶层共享发展和改革的成果，以便使公共管理活动得到公民最大限度的支持和配合。

第二，透明性。透明性指的是政府有关治理信息的公开性。根据相关法律，现代公民都有权获得与自己利益相关的政府政策信息，包括立法活动、政策制定、法律条款、政策实施、行政预算、公共开支以及其他有关的政治信息。透明性要求上述这些治理信息能够及时通过各种中介（一般为现代传媒）为公民所知，以便公民能够根据一定程序有效地参与公共决策过程，并且对公共管理过程进行有效的监督。透明性与治理程度及效果呈正相关关系，透明程度越高，治理程度越高，治理效果也越好。

第三，有效性。有效性主要指政府治理实现预期目的的程度。它主要包括两方面的基本意义：一是管理机构设置要合理，管理程序要科学，管理活动要灵活；二是最大限度地降低管理成本与公民政治参与的成本。从经济学的角度来看，任何资源都是稀缺的、有限的，因此要尽可能地避免浪费、降低管理成本。现代政府治理如果没有公民的参与是不可能高效的，政府有必要想方设法降低公民的参政成本以提高治理的效率。此处应强调的是现代政府治理的有效性是建立在公平基础上的，它是公平与效率的统一，这是由政府所追求的价值取向所决定的。现代政府治理与无效或低效的管理活动格格不入。治理程度越高，管理的有效性也就越高。

第四，责任性和回应性。责任性指的是现代管理者应当对自己的行为高度负责。治理要求运用法律、道德等多种手段，增加个人及机构的责任性。回应性从某种角度上看是责任性的延伸，与责任性密切相关，其基本含义是公共管理机构和人员必须对公民以及其他社会组织的要求做出及时和负责的回应，包括定期、主动地向公民征询意见、解释政策和回答问题，不得无故拖延或没有回应。回应越灵敏及时，治理的程度也就越高。

第五，法治性。现代法治的精髓就在于法律不是用以限制人，恰恰相反，法律的出发点是保护人。公法设立之目的在于保障公民的权利，政治国家应服务于公民社会，政府权力不得任意侵犯公民权利，行使政府权力的目的是为了保护公民的权利。因而现代政府治理既要保持和接受国家的必要干预，又应限制政府权力的肆意滥用，以达到最终实现人类全面而自由发展的目的。在治理过程中，奉行法治是公共管理的最高准则。

第六，公正性和包容性。公正和包容就是对不同性别、阶层、种族、文化、宗教和政治信仰的公民在政治权利和经济权利上平等对待。经济和社会发展应当是以人为本、促进公平、可持续的人类发展。现代政府治理在对待社会问题上应当致力于缩小贫富悬殊，使基尼系数保持在合理的范围内，尽力维护社会弱势群体的利益，消除各种歧视性待遇，促进机会均等。对于在政府治理中能够发挥作用但现阶段仍比较弱小的一些治理主体，政府要采取一定的扶持和保护措施，包容其在发展过程中表现出的某些不足和缺陷，以有利于其健康顺利发展。政府治理的过程实际上是国家权力向社会回归的过程，也是一个"还政于民"的过程。现代政府治理彰显国家与社会，或者说政府与公民之间的良好合作。政府治理有赖于公民的自愿合作和对治理主体权威的自觉认同，没有公民的积极参与和合作就不可能实现真正意义上的治理。

4.5.3 政府治理创新的理论化谱系

随着新公共管理治理模式的终结与整体政府改革的兴起，当代西方政府治理在模式创新中涌现出协作性公共管理、多中心治理、数字时代治理、网络化治理、整体治理等多种政府治理理论。这些理论形成了一种以整体政府与跨部门协同为特征的理论化谱系，为政府治理创新提供了理论基础。[①]

一是从协作性公共管理到多中心治理。协作性公共管理（collaborative public management）是一种把协作作为核心要素的政府治理模式。该理论的代表人物是罗伯特·阿格拉诺夫和迈克尔·麦圭尔，他们认为协作是一种用来解决问题的有目的的关系，而协作性公共管理描述了在多组织安排中的促进和运行过程，以解决单个组织不能解决或者不易解决的问题。多中心治理（polycentric governance）理论对协作性公共管理的基本内涵进行了拓展，引入了制度安排与制度设计等内容。"多中心"是以奥斯特罗姆夫妇为代表的制度分析学派提出的一个核心概念，它表明了一种新的理念和制度安排，是一种与单中心权威秩序思维直接对立的理论。多中心治理意味着由社会中多元的行为主体（如政府组织、企业组织、公民组织、利益团体、政党组织、个人）基于一定的集体行动规则，通过相互博弈、相互调适、共同参与合作等互动关系，形成协作式的公共事务组织模式来有效地进行公共事务管理和提供优质公共服务，以实现持续发展的绩效目标。各种自组织协同起来的自主治理是多中心治理模式的核心特征。

二是从数字时代治理到网络化治理。数字时代治理（digital era governance）是围绕着信息技术变革和信息系统变化而提出的一种政府治理模式。数字时代治理主要包括三大理论主张：第一，重新整合。数字时代治理的关键特征就是把新公共管理改革分离出去的职能再整合，把公民和其他行动者的服务需求进行重新整合，将原来在新公共管理中被分割为单一功能的部门和专门化的技术重新整合起来，形成一种全新的形式。第二，以需要为基础的整体主义。整体化改革旨在简化和改变政府部门和公民之间的整体关系，创建一个更庞大、更具包容性的管理机构，并与端对端的组织再造过程结合在一起，简化不必要的流程，控制成本，加强监管并强化规则，从而构建一个更具便捷性的政府。第三，数字化变革过程。这一变革过程主要包含提供电子化服务和电子政务、以网络为基础的公用事业估算、国家指导的信息技术集中采购、自动化流程的新形式、减少中间层、渠道分流和细分客户、减少受控制的渠道、加速自我管理、走向透明式管理九个方面的要素，从而使数字时代治理成为一种不同于传统途径的真正变革和治理模式创新。网络化治理（governing by network）理论则是应对网络时代和信息技术革命而提出的，对数字时代治理理论进一步扩展并以跨界性合作服务为基本内容的一种政府治理模式。这种政府治理模式将第三方政府高水平的公私合作特征与协同政府充沛的网络

---

① 曾维和：《当代西方政府治理的理论化系谱——整体政府改革时代政府治理模式创新解析及启示》，《湖北经济学院学报》2010年第1期。

管理能力结合起来，利用技术将网络连接到一起，并在服务运行方案中给予公民更多的选择权，提供了一个使相互依赖的行动者互动合作及协调利益水平的框架，把数字时代治理提升到了一个新的层次。

三是迈向整体政府改革时代的整体治理。整体治理（holistic governance）既是对整体政府改革基本内容进行理论提升的结果，也是对各种治理理论进行内涵扩展与理论延伸的产物。希克斯等学者指出，从政府组织的架构与形态来观察，整体治理主要涉及三个面向的整合：一是治理层级的整合，如全球与国家层级的整合（如 WTO 规范的制定与执行）、中央与地方机关的整合、全球层级内环境保护和资讯保护组织的整合；二是治理功能的整合，主要表现在机关功能的整合，如行政各部门或功能性机关之间的整合；三是公私部门之间的整合，公共部门采取委托代理、民营化、行政法人等做法，运用非营利组织与私人公司接轨，形成良好的公私伙伴关系。这三个面向的整合构成了一个以合作为核心理念的整体治理模式。整体治理理论对新公共管理理论进行了修正，主要表现在：第一，改进了管理主义倾向的价值理念。以公众需要和公众服务为中心，强调政府的社会管理和公共服务职能，把民主价值和公共利益置于首要位置，通过协调、联合、整合等方法促使公共服务各主体紧密合作，为公众提供"无缝隙"的公共服务。第二，克服了碎片化治理的困境。借助信息技术的优势，通过建立一个将整个社会治理机构联合起来的跨组织的治理结构，既克服了政府组织内部的部门主义和视野狭隘、各自为政的弊病，又调整重塑了社会和市场的横向关系，以政府为纽带，发挥其战略协作与统筹服务的作用，构建一种政府与市场和社会通力合作、协调运转的治理网络，提高了应对复杂问题的综合治理能力。第三，修正了过度分权带来的弊端。通过提倡一种综合的组织结构，使传统的自上而下的纵向层级结构、横向功能结构以及横向功能结构之间协调发展，强化了中央控制能力，为跨部门联系与合作提供了便利。第四，提供了一套全新的治理方式与治理工具。以整体主义和信息技术论为理论基础，把信息技术作为基本治理手段，对不同的信息与网络技术进行整合，简化基础性网络程序，实行在线治理；推行政府行政业务与流程透明化、整合化的一站式即时服务，提高政府整体运作效能；倡导组织整合与重建，注重政府的整体性运行，重新整合功能相近或相同的机构、部门或组织，实行大部门式治理，构建整体性的治理模式，使政府扮演一种整体性服务供给者的角色。

4.5.4 政府治理创新的具体表现

伴随着政府治理理论的发展和创新，政府治理实践也呈现出相应的创新，具体表现在政府治理模式变革、政府治理工具创新、政府治理结构优化、政府治理机制完善、政府治理技术革新以及政府治理评估发展等。①

一是政府治理模式变革。西方政府治理模式经历了从科层式治理经竞争性治理和网络化治理走向整体性治理的变革取向。自 19 世纪末以来，西方国家建立起现代科层制政府，依靠科层化的政府组织对社会进行独自治理并独立承担福利服务的供给职责，命

---

① 何增科、陈雪莲：《政府治理》，北京：中央编译出版社，2015 年，第 10—17 页。

令—服从和命令—控制的规制关系在政府治理中占据主导地位。20世纪70年代末期，竞争性治理的新模式开始兴起，主张将市场竞争激励机制和企业管理手段引入公共部门，减少政府规制，激发市场活力，提高政府工作效率，建设"企业化政府"和"竞争型政府"。随着信息技术的发展和福利多元主义的兴起，在福利服务供给等方面，政府治理逐步变成一个由多元行动者组成的互动网络，网络中的多元行动者通过谈判与协商形成共识，采取集体行动。科层式治理整合不足，竞争性治理缺乏协调，网络化治理转嫁责任，针对上述弊端，整体性治理的新模式应运而生。整体性治理注重整体性和系统性，通过实行整体性的预算体系、大部门式治理、公私部门和不同层级的整合、建立单一的中央数据库、整合性的无缝隙服务等来解决之前的政府治理模式所存在的服务裂解和功能碎片化等问题。

二是政府治理工具更新。政府治理工具是指为达成政府治理目标所采用的行动策略和方式。面对信息化和全球化的挑战，各国政府治理工具的选择和创新出现了一些新的特点：公共服务的市场化机制得到重视和广泛应用；重视非营利组织的作用，强调自愿机制和自我服务机制；进行规制改革，放松规制，变命令—控制式的规制为以绩效为基础的规制；在社会事务的治理过程中，强化信息沟通机制和行政指导等。随着政府治理模式的变革，公共问题的解决需要依靠广泛的协作关系而非仅靠政府，政府治理代替政府管理成为新的理论范式意味着政府关注的重点应当从机构和项目转移到工具的选择、从管理科层机构转移到管理网络、从公私部门的对立转移到公私部门的跨界协作、从命令与控制转移到谈判与协商、从管理转移到赋能。

三是政府治理结构优化。政府治理结构是协调政治委托人与代理人之间的责、权、利关系的一系列制度安排。第二次世界大战后，西方发达国家在优化以政治委托—代理关系为核心的政府治理结构方面做出了不懈的努力：通过建立选区办公室、公开政务、定期与选民见面等制度安排加强了选民对民选政治家的激励和约束；通过设立各种专门委员会强化设计监督等加强了对政府的监督；通过开放高级公务员遴选渠道、任命外部专家等制度安排加强了对职业文官的政治控制；司法机关通过建立抽象行政行为的司法审查制度和违宪审查制度加强了对立法机关和行政机关的制约；通过实行地方分权和地方自治等强化了地方民众对地方政府的监督。

四是政府治理机制完善。政府治理机制伴随政府治理的全过程，政府治理机制是规范政府治理过程中公民参与行为和政府政策实施行为的规则与程序的总称。实行参与式治理和强化对公共权力运行过程规则、程序的约束是西方发达国家完善政府治理机制的基本方向。参与式治理倡导公民参与政府治理过程特别是决策过程，建立政府与公民及社会组织的合作、协商和伙伴关系，增加公民在决策过程中的发言权和问责度。为推动参与式治理和有效约束公共权力的运行过程，制定行政程序法以加强行政程序制度建设成为很多国家的普遍做法。

五是政府治理技术革新。第二次世界大战后，西方发达国家在政府改革过程中广泛采用了企业管理和信息通信技术等新技术对政府治理进行"流程再造"，提高了政府治理的绩效。在建立企业化政府过程中，企业的战略管理、目标管理、全面质量管理、绩效管理、人力资源管理、薪酬管理、财务管理等方面的技术被引入公共部门管理中，重构了政府工作流程，提高了政府工作效率。随着信息社会的悄然到来，政府治理过程开始引入信息技术，改造政府的组织结构、权力和责任配置结构以及工作流程，实行电子政务（E-Government）并最终走向电子化治理（E-Governance）。电子化治理已经成为一种重要的政府治理新形态。

六是政府治理评估发展。政府治理评估最早是由一些著名国际组织开展，评估指标体系多围绕民主治理、公共治理等较为宽泛的治理问题。从1996年起，世界银行开发应用以政府治理质量为评估对象的综合性世界治理指标体系并由此产生了广泛的影响。这套指标认为政府治理包含三个维度：政府的选举、监督和更替过程；政府有效制定和实施合理政策的能力；公民和政府对经济社会互动制度的遵守。除此之外，政府治理绩效评估、政府治理现代化评估和迈向善治的政府治理评估也日益受到关注。其中，政府治理绩效评估是对政府治理目标——可持续的发展、生活质量的普遍提升和可持续的稳定的实现程度进行评估；政府治理现代化的评估标准主要包括民主化、法治化、制度化和高效化四个方面；迈向善治的政府治理评估则针对执政党改革、人大政协制度改革、人权和公民权、公民和社会组织参与、信息公开与媒体监督、司法改革、分权化与地方治理、行政改革与反腐败等领域进行。

本章小结

政府权力有广义和狭义之分。广义的政府权力等同于国家权力，狭义的政府权力等同于行政权。政府权力的来源有分权说和职能分工说两种。政府权力结构可以从纵向和横向两个层面进行划分：从纵向结构来看，政府权力结构可以分为中央集权结构、地方分权结构、均权结构和联邦结构四种类型；从横向结构来看，政府权力结构可以分为集权型结构、分权制衡型结构和议行合一型结构三种类型。政府权力运作需要借助一定的手段，其主要运作手段包括行政手段、经济手段、法律手段和信息手段。依据政府权力运作相互联系与制约的关系，政府权力运行机制主要包括政府权力运行的价值导向机制、政府权力运行的信息传送与反馈机制、政府权力运行的协调机制、政府权力运行的激励机制、政府权力运行的控制机制等。政府权力的制约主要通过以权力制约权力、以道德制约权力、以权利制约权力和以责任制约权力四种途径。

政府角色论主要存在自由主义政府论、民族主义政府论、凯恩斯主义政府论、福利国家政府论、新自由主义政府论、马克思主义政府论等流派。政府职能理论可以概括为"守夜人"角色的政府职能理论、"道德人"角色的政府职能理论、"经济人"角色的政府职能理论和"服务者"角色的政府职能理论等。政府职能同样具有多样性，不同的学者有不同的见解，主要形成了"两职能说""三职能说""四职能说"等不同的观点。

政府监督是指具有监督权的主体依法对政府及其工作人员在国家和社会治理过程中的行政行为所实施的监察、督促和纠正行为。政府监督思想主要包括主权在民论、分权制衡论、法治论、有限政府论、密尔的政府监督思想、威尔逊的政府监督思想、韦伯的政府监督思想、怀特的政府监督思想、垄断者政府论、双边控制论、政治腐败论、政府寻租论、马克思和恩格斯的政府监督思想和列宁的政府监督思想等。法治政府的核心就是以法律制度规范政府公共权力的行使。在我国，法治政府目标的提出是一个逐步发展演变的过程。从发展过程来看经历了四个阶段，即依法办事、行政管理法制化、依法行政以及法治政府阶段。

现代政府治理的特征主要体现在合法性、透明性、有效性、责任性和回应性、法治性、公正性和包容性六个方面。当代西方政府治理在模式创新中涌现出协作性公共管理、多中心治理、数字时代治理、网络化治理、整体治理等多种政府治理理论。这些理论形成了一种以整体政府与跨部门协同为特征的理论化谱系，为政府治理创新提供了理论基础。政府治理创新具体表现在政府治理模式变革、政府治理工具创新、政府治理结构优化、政府治理机制完善、政府治理技术革新以及政府治理评估发展等。

复习题

1. 简述政府的内涵与特征。
2. 比较分析政府的角色与类型。
3. 比较分析政府职能理论的不同。
4. 思考构建法治政府的路径。
5. 简述政府治理创新的具体表现。

第5章 非政府组织

> 名人名言
>
> 船锚是不怕埋没自己的。当人们看不见它的时候,正是它在为人类服务的时候。
>
> ——普列汉诺夫

> 学习目标
>
> 1. 了解非政府组织的发展过程及特征。
> 2. 了解我国非政府组织的活动领域及作用。
> 3. 了解我国非政府组织的法律制度框架。
> 4. 理解我国非政府组织发展存在的问题。

自20世纪70年代以来,随着西方公共管理危机的出现,"社团革命"浪潮在全球风起云涌,非政府组织随之获得巨大发展。随着我国社会主义市场经济体制的完善,非政府组织纷纷创立并参与公共事务管理,非政府组织在公共生活中的角色发挥以及对公共管理体制改革的推动作用,要求我们重视非政府组织的内涵、功能、作用,探索非政府组织良性发展的有效路径。

5.1 非政府组织的内涵

非政府组织(NGO)是英文"Non-Government Organizations"的中文直译。一般认为,"非政府组织"一词最早出现于1945年通过的《联合国宪章》第71条里,该条授权联合国经济及社会理事会应与非政府组织就其职权范围内的事项进行咨商。1952年联合国经济及社会理事会决议,"凡是根据政府间协议建立的国际组织都可被看作是非政府组织",这里的非政府组织主要指国际性的民间组织。后来,该组织将发达国家成立的旨在促进第三世界发展的组织包括进来，非政府组织又逐渐成为以协调发展中国家经济社会发展为目的的组织。有学者认为非政府组织的提法易引起误解[1]，因为任何国家都包括政府和非政府组织，非政府组织又包括营利性和非营利性组织，营利性组织显然不在我们讨论的范围内。

非政府组织至今仍没有统一的概念，因此，非政府组织有不同的称谓指代，如"第三部门（The Third Sector）""非营利组织（Non-Profit Organization，NPO）""慈善组织（Philanthropy Organization）""志愿者组织（Voluntary Organization）""免税组织（Exemption Organization）""民间组织（Civil Group）""公民社会组织（Civil Society Organization）"等，这些概念在不同国家和地区使用的侧重点不同。"第三部门"最早由美国学者莱维特提出，强调其有别于政府部门和企业部门的属性；"非营利组织"强调组织存在的目的不是为了营利，以此与企业相区别；"慈善组织"强调组织的资金来源是慈善性质的捐款；"志愿者组织"强调组织运转和管理依靠志愿者的无偿投入；"免税组织"强调国家税法对组织的收入实施免税待遇；"民间组织"强调其是有别于党政机关、企事业单位的社会中介性组织；"公民社会组织"强调其是由不同阶层公民自发成立的公益性组织。相较而言，"非政府组织"多用于第三世界国家，以强调组织的非政府性、公益性、主动性特征。名称的选择一般遵循两个原则：一是根据国家和地区的使用习惯选择，如志愿者组织在北欧和英国比较流行；二是根据相对属性选择适当的名称，如强调组织具有主动性时用公民社会组织。[2]

由于非政府组织指涉的组织相当繁杂，要精确定义就显得非常困难。一般定义借鉴王绍光的看法，主要从以下四个方面来进行界定。[3]

一是从法律角度进行界定。如美国税法501（C）（3）规定，"非营利组织本质上是一种组织，限制其将净余额分配给任何监督与经营该组织的人，诸如组织的成员、董事与经理等"。非营利组织须满足三个条件：其一，组织动作的目标完全是为了慈善性、教育性和科学性事业，或者是为了达到税法明文规定的其他目的；其二，组织的净收入不能用于使私人受惠；其三，组织所从事的主要活动不是为了影响立法，也不干预公开选举。501（C）（3）覆盖的组织包括医疗保健组织、宗教组织、慈善机构、科研单位、教育机构、艺术团体、体育协会等。[4]

二是从资金来源进行界定。根据联合国国民经济核算体系的标准，如果一个组织的大部分收入不是来自其产品销售或服务，而是来自会员或社会支持者的捐赠，则该组织可称为非政府组织；如果一个组织的大部分收入主要依靠政府资助，则该组织是政府部门；如果一个组织的大部分收入依靠市场销售，则该组织是营利组织。

三是从"结构－运作"角度进行界定。该定义由美国约翰·霍普金斯大学的萨拉蒙提出，其定义着眼点是组织的基本结构和运作方式，凡是具有以下五个特征的组织均可称为非政府组织：①组织性，有规章制度，有负责人，经常活动；②民间性，组织可以

---

[1] 吴东民、董西明：《非营利组织管理》，北京：中国人民大学出版社，2003年，第2页。
[2] 陈振明：《公共管理学原理》，北京：中国人民大学出版社，2003年，第334页。
[3] 王绍光：《多元与统一：第三部门国际比较研究》，杭州：浙江人民出版社，1999年，第8—10页。
[4] 李晓明：《国内外非营利组织研究述评》，《西北大学学报》2007年第5期。

接受政府资助,可以有政府官员参加活动,但它在体制上独立于政府,董事会不由政府官员所主导;③非营利性,组织可以营利,但不是分给所有者和管理者,收入应该为了完成组织使命;④自治性,组织独立管理自己,既不受政府和企业控制,也不受其他第三部门控制;⑤志愿性,参与组织活动以自愿为基础,并不代表所有或大部分组织收入来自捐款,更不代表所有或大部分工作人员来自志愿者。①

四是从组织目的和功能角度进行界定。如果某私人组织的目的是促进公众利益或团体利益,是可以被纳入非政府组织范畴的,反之则不行。美国学者沃尔夫提出,非政府组织具有五个特征:第一是服务大众的宗旨,第二是不以营利为目的的组织机构,第三是有一个不致令任何个人营私利己的管理制度,第四是本身具有合法免税地位,第五是具有可提供捐赠人免税的合法地位。②与萨拉蒙相比,沃尔夫突出了非政府组织的免税地位。

上述定义方式各有偏重,如果依据不同的非政府组织定义进行相关统计则得出的结果会有较大差异,即使在同一个国家内部,统计结果也会很不相同,尤其是第一种和第二种定义。因为各国非政府组织的发展与各国国情和发展阶段密切关联,各国的法律制定又大相径庭,因此依据法律角度界定会存在困难。而从资金角度定义非政府组织,其缺陷是难以确定收入的具体比例,各国界定的这一比例差别较大。

对于我国来说,第三种定义同样不适合。如果严格按照第三种非政府组织定义,那么我国大多数的社会组织都将被排除在外,其原因是难以完全符合非政府组织的特征。事实上,"结构-运作"定义更多的适合于美国,对日本、欧美等国同样不尽符合。相较而言,沃尔夫的定义更具包容性和普遍性,刻画出了非政府组织的主要特征,我国大多数社会团体、非营利事业单位、民办非企业单位等都能被囊括进去。因此我们采用沃尔夫的非政府组织定义,即非政府组织是以服务公众为主要取向,不以营利为主要目标,独立于政府主体和私人主体,实行自愿和自治式运作,组织所得不为任何私人牟取私利,具有合法的免税资格和提供捐赠人免税的合法地位的组织。

5.2 非政府组织的特征

由于研究视角的差异,上述对于非政府组织的定义存在较大差异,研究者对非政府组织的特征认识因此会有所不同。如萨拉蒙认为非政府组织具有六个特征:正规性、私利性、非营利性、自治性、自愿性、公益性。③王绍光认为非政府组织有十个特征:非营利性、中立性、自主性、使命感、多样性、专业性、灵活性、开创性、参与性和低成本。④无论是"六特征"说还是"十特征"说,均说明非政府组织的组织特殊性。

我们借鉴二位学者的观点,同时结合我国的实际情况,进一步筛选非政府组织的特

---

① [美]莱特斯·M.萨拉蒙等著,陈一梅等译:《全球公民社会——非营利部门国际指数》,北京:北京大学出版社,2007年,第12—13页。
② Thomas Wolf. The Management of Nonprofit Organization. New York: Prentice Hell Press, 1990.
③ 李亚平、于编选:《第三域的兴起》,上海:复旦大学出版社,1998年,第33—35页。
④ 王绍光:《多元与统一:第三部门国际比较研究》,杭州:浙江人民出版社,1999年,第48—63页。

征。首先，考虑到宗教团体、政党组织、血缘组织等有一定的历史渊源和较大的政治倾向，其与非政府组织的内涵差异较大，故将非政治性、非宗教性列出。其次，非政府组织是以法人的形式出现，它与以个体户、合伙形式出现的组织有较大区别，故强调非政府组织的组织性。最后，鉴于非政府组织能迅速兴起和快速发展与成员有较强使命感、组织能适应社会环境且能灵活应变密切相关，因此，重点要凸出非政府组织相较于其他组织的特性，由此列举出如下特征。

5.2.1　组织性

非政府组织须是制度化的正规组织，有常规的组织机构和管理体制，且经常开展活动。这意味着那些临时聚在一起或经常开展活动的非正式团体应被排除在外，尽管其具有重要的社会功能，但非政府组织应有按国家法律规定注册的合法身份，对外以法人的身份签订合同，组织管理者能对组织承诺负责。

5.2.2　民间性

非政府组织须独立于政府体制，不承担政府职能，决策层不是由政府官员控制。但这不代表非政府组织不能接受政府资助，更不代表没有官员参加非政府组织的活动。民间性强调的是非政府组织具有独立决策权。

5.2.3　非营利性

非政府组织在从事公益事业时不能以营利为目的，但这并不表示非政府组织就不能赚取利润，区分的关键是看该组织如何分配营利所得。首先，非政府组织所得的利润须用于公益事业；其次，非政府组织注销后，其剩余财产应交给同类非政府组织，以继续用于公益事业。非政府组织的非营利性特征是其赢得信任并开展活动的基础。

5.2.4　自治性

非政府组织实行自我管理，自己监督自己的活动。组织内部有相应的治理程序，既不受制于政府，也不受制于企业，更不受制于其他非政府组织。

5.2.5　非政治性

非政府组织不是政党或国家政权组织，其开展的活动应集中于公益服务和互惠，而不是为了影响立法或参与竞选等政治活动。

5.2.6　非宗教性

非政府组织不是宗教组织，不开展传教等宗教活动。

5.2.7　志愿性

非政府组织之所以被称为志愿组织，主要是因为几乎所有的非政府组织都或多或少、或直接或间接地依赖于人们志愿参与活动。但这并不代表非政府组织的收入全部来自志愿捐款，也不代表工作人员的全部或大部分来自志愿者，只要参与者是自愿而非强制的即可。

综合起来，凡是具备组织性、民间性、非营利性、自治性、非政治性、非宗教性、志愿性这七大特征并从事公益活动的组织，我们可称之为非政府组织。

5.3 非政府组织的类型

20世纪的后几十年里，非政府组织发展迅速，在社会生活中发挥了巨大作用。但非政府组织本身是个繁杂的组织体系，要将形态各异的非政府组织进行分类并不是件易事。难以将非政府组织进行分类的主要原因有三个：一是各类社会组织开展的活动相似，要实现的组织目标却有较大差异，一般很难区分其营利或非营利的边界；二是各国的国情和非政府组织的法律界定不同，用统一的非政府组织划分方法去分类面临现实困难；三是不同类型的非政府组织差异较大，要找到造成差异的原因并拟定出合适的分类依据不是很容易。

康晓光依据分工和专业化视角，将当前的非政府组织分为三类，分别是行动类非政府组织、专业支持类非政府组织、资金支持类非政府组织。他认为，非政府组织的分类会经历一个由简单到复杂的过程，"市场细分"和公益"产业链"现象会在非政府组织内部形成。[1] 周恩毅认为，互益说、公益说、成员说是划分非政府组织的三类主要标准，它们有一定适用性但会遭遇若干困境。[2] 国外还有学者按照非政府组织的发展阶段及活动开展差异将非政府组织划分为第一代、第二代、第三代和第四代非政府组织，其中，第一代非政府组织主要提供救济和福利，第二代非政府组织以自力更生为基础，第三代非政府组织重视可持续发展，第四代非政府组织注重组织间的结合或联盟。我们在考察国内外学者已有的研究成果后，基于活动范围、法律地位及组织性质差异归纳非政府组织的分类标准及类型。

5.3.1 活动范围

联合国的国际标准产业分类体系（The International Standard Industrial Classification）依据经济活动内容的差异，将非政府组织划分为3大类15项，具体内容如下：①教育类，包括小学教育、中学教育、大学教育、成人教育及其他；②卫生与社会工作类，包括医疗保健、兽医、社会工作；③社会和私人的其他服务活动类，包括环境卫生、商会和专业组织、工会、其他会员组织、娱乐机构、新闻机构、图书馆、博物馆及文化机构、运动与休闲。要注意的是，该体系在分类时结合了收入标准，收入一半以下来自收费的组织被包括在内，收入一半以上来自收费或政府支持的被排除在外。[3]

---

[1] 康晓光：《非营利组织管理》，北京：中国人民大学出版社，2011年，第6—8页。
[2] 周恩毅：《非营利组织管理概论》，西安：西北工业大学出版社，2014年，第7—9页。
[3] 张成福、党秀云：《公共管理学》，北京：中国人民大学出版社，2001年，第302页。

欧洲共同体制定出经济活动产业分类体系（The European Communities General Industrial Classification of Economic Activities），具体内容如下：①教育，包括高等教育、中小学教育、职业教育和护理教育；②研究与开发；③医疗与卫生，包括医院、诊所、牙医和兽医、其他医疗机构；④娱乐文化，包括娱乐机构、图书馆、档案馆、博物馆、动物园、体育组织；⑤其他公共服务，包括社会工作、专业组织、慈善机构、宗教组织等。该分类体系是在联合国分类基础上的拓展，它弥补了国际分类体系若干类型的不足，却延续了国际分类体系的问题，即将大量非政府组织排除在外。

美国约翰·霍普金斯大学非营利组织比较研究中心（International Classification of Non-Profit Organization）将42个国家的非营利组织活动领域划分为12大类27小类，具体内容如下：①文化娱乐，包括文化与艺术、休闲娱乐、服务性俱乐部；②教育研究，包括中小学教育、高等教育、其他教育、研究；③卫生，包括医院与康复、护理、精神卫生与危病防范、其他健康服务；④社会服务，包括社会服务提供、紧急情况救援、社会贫困帮助；⑤环境，包括环境保护、动物保护；⑥发展与住房，包括经济、社会与社区发展、住房事务、就业培训；⑦法律与政治，包括民权促进组织、法律服务、政治组织；⑧慈善与志愿行为鼓动；⑨国际性活动；⑩宗教；⑪企业与专业协会、学会；⑫其他类型。该分类体系尽管不完善，但在国际上较为流行，是比较常用的分类方法。

5.3.2 法律地位

我国对非政府组织的分类基本是按照"登记管理"实施的。到目前为止，我国没有出台有关非政府组织的法律，但对于非政府组织管理和规范方面已形成的制度包括1998年国务院颁布的《社会团体登记管理条例》《事业单位登记管理暂行条例》《民办非企业单位登记管理暂行条例》、1999年实施的《中华人民共和国公益事业捐赠法》、2002年颁布的《中华人民共和国民办教育促进法》等。我国非政府组织可分为法定非政府组织、草根非政府组织和转型中非政府组织。[①]

5.3.2.1 法定非政府组织

法定非政府组织具有严格的组织性和明确的法律地位，需要业务主管单位和登记管理机关的双重审批，受双重管理体制限制。纯粹自发的组织很难进入法定范围，一般的法定非政府组织主要包括事业单位、社会团体、民办非企业单位。

一是事业单位。依据《事业单位登记管理条例》规定，事业单位是指国家为了社会公益目的，由国家机关或者其他组织利用国有资产举办的从事教育、科技、文化、卫生等活动的社会服务组织。事业单位在我国是十分重要的组织类型。传统的事业单位多由政府兴办，因此更接近西方的公共部门。随着市场经济的发展及事业单位体制的改革，当前事业单位发生了重大变化，其中不少已与政府财政脱钩。除少部分转变为追求收益最大化的企业，大部分事业单位仍属于非政府组织，如非营利学校、医院，它们提供的

[①] 程昔武：《非营利组织治理机制研究》，北京：中国人民大学出版社，2008年，第37页。

仍然是公共服务，在形态上与西方非政府组织类似。

二是社会团体。社会团体是指由中国公民自愿组织，为实现共同意愿，按照其章程开展活动的非营利性社会组织。社会团体包括各级工会、妇联、科协、工商联、基金会、学术团体、行业协会，还包括各种因共同志愿和兴趣依法成立的公益性社会组织，如野生动物保护协会、环境保护协会等。依据我国《社团登记管理条例》，成立社会团体必须提交业务主管部门的批准文件，业务主管部门是指县级以上各级人民政府有关部门及其授权的组织。社会团体作为正式组织，其组织程度总体较高，区别于一般的非正式民间团体。社会团体由民政部门统一归口管理，实际附属于业务主管部门。

三是民办非企业单位。民办非企业单位是指企业事业单位、社会团体和其他社会力量以及公民个人利用非国有资产举办的从事非营利性社会服务活动的社会组织。民办非企业单位是具有中国特色的社会组织，其核心是"民办"和"非企业"，类似于事业单位但不是由国家主办。民办非企业单位的法律特征包括：①不以营利为目的；②从事社会服务；③初始财产为非国有财产；④举办者是党政机关以外的企业事业单位、社会团体和其他社会力量以及公民个人；⑤民办非企业单位的民事主体形式包括个体、合伙和法人三种。由民办非企业单位的法律特征可看出其更接近西方的非政府组织。

5.3.2.2 草根非政府组织

草根非政府组织未在民政部门获得法人地位，但其组织性质具有非政府组织的关键性特征。草根非政府组织主要包括两种，一种是挂靠在某单位的二级分支机构，另一种是在工商部门登记获得法人资格，但开展的活动具有较强的公益性，在非制度条件下可获得免税优惠。一些未经登记的组织，如社区公益组织、农民合作经济组织，都属于草根非政府组织。目前缺乏对草根非政府组织的精确统计，但多方研究估计草根非政府组织数量在百万左右，远超过法定非政府组织。

5.3.2.3 转型中非政府组织

转型中非政府组织是具有非政府组织的若干特征并正在向非政府组织快速转型的一类组织，如依法成立的村委会、居委会等社区自治组织，网络技术发展催生的各类网上社团，尚未登记注册但在开展活动的文化组织等。转型中非政府组织类型多样、形态各异，多具备前述非政府组织的若干特点，是否能转型为非政府组织有待进一步观察和分析。

5.3.3 组织性质

我国民政部依据成员的组成形式将非营利组织分为实体性的民间非企业单位及会员性的社会团体两大类。[①] 民政部又根据社团性质和任务将社会团体划分为四大类，分别是学术性社团、行业性社团、专业性社团、联合性社团。民政部分类方式的优点是类别较少、简单易操作。

美国社会学家布劳认为，社会组织可分为四种基本类型：一是经营性组织，即以最

---

① 吴东民、董西明：《非营利组织管理》，北京：中国人民大学出版社，2003年，第80页。

大化利益为目标的企业组织；二是互益性组织，主要是指谋利于成员的组织，如职业组织、行业协会、工会、政党、文教组织等；三是社会服务组织，主要指致力于服务对象的利益组织，如学校、医院等；四是公共服务组织，主要指服务于社区公共利益的组织，包括政府、科学院、图书馆等。①

非政府组织主要从事非营利活动，活动的目标是实现多数人的利益或为社会弱势群体提供帮助。即使部分非政府组织从事营利性活动，其获得的利润也主要用于公益目的，而不是被理事会或组织成员所分配。我们可以依据组织的公益性程度，借鉴布劳的观点将非政府组织分为两类：公益性非政府组织和互益性非政府组织。其中，公益性非政府组织公益性程度较高，并面向社会多数人提供公共服务，也被叫作慈善组织，享有较高的税收优惠；互益性非政府组织公益性程度较低，主要是面向组织成员提供服务，可享受的税收优惠有限。

从广义的角度理解，非政府组织包括两大类，分别是会员制非政府组织及非会员制非政府组织，前者又分为经济性团体和社会性团体，后者又分为团体会员型组织和个人会员型组织。经济性团体包括行业协会、商会、职业团体、工会等；社会性团体包括同学会、联谊会、学会、兴趣团体等。②依据公益性程度，会员制非政府组织可分为公益性非政府组织和互益性非政府组织两类；非会员制非政府组织可分为运作型组织和实体型社会服务机构两类。

5.4 非政府组织的作用

王绍光认为，出现"全球性结社革命"的一般原因是经济发展提高了教育水平，扩大了中产阶层的规模，社会需要出现多元化趋势。但对于不同发展阶段的国家，非政府组织发展的原因不同：对于西方发达国家，主要是福利国家危机；对于转型国家，主要是资本主义模式危机；对于发展中国家，主要是发展模式的危机。③

将上述原因归结为一点，则是因为在市场失灵和政府失灵的背景下，非政府组织的价值便凸显出来。非政府组织主要从事公益性活动，组织体制具有非强制性、非等级性的特点，活动的有效开展得益于组织机制的创新。上述非政府组织的优势使其获得快速发展，在解决公共问题、供给公共服务上有所作为。依据非政府组织活动领域的不同，非政府组织的作用包括对社会和经济的作用、对政府治理的作用、对国际事务的作用三方面。

5.4.1 非政府组织对社会和经济的作用

非政府组织作为在政府、市场之外的第三种力量，其成长和壮大对于社会和经济发展意义重大。非政府组织与政府和市场是相互协调、密切合作的关系。萨拉蒙等认为，

---

① 王颖等：《社会中间层》，北京：中国发展出版社，1993年，第22页。
② 苗丽静：《非营利组织管理学（第二版）》，大连：东北财经大学出版社，2010年，第9页。
③ 王绍光：《多元与统一：第三部门国际比较研究》，杭州：浙江人民出版社，1999年，第416页。

只有当非政府组织与国家和商业领域建立支持和合作关系，世界范围内的民主和经济增长才会有实现的可能。①

5.4.1.1 推动经济发展

20世纪80年代，世界各国在发展中出现了不少问题。当利用原有体制机制无法克服危机时，人们便不自觉地将目光投向社会组织。人们发现，在政府和企业资源配置机制之外，还存在着非政府组织的资源配置机制，合理利用非政府组织的作用有利于提高本国的经济竞争力。

非政府组织推动经济发展的作用在于弥补政府不足，提供大量的就业机会。萨拉蒙通过对22个国家调查发现，几乎所有的国家都存在庞大的非政府组织，非政府组织平均支出达到国内生产总值的4.6%，非政府组织提供的就业岗位占所有非农业就业岗位的5%，占所有服务行业就业岗位的10%，相当于公共部门就业岗位的27%。而如果将上述非政府组织比作一个国家，那么它将成为世界第八大经济大国②。美国非政府组织发展迅速，美国学者彼得·德鲁克因此总结说："非营利组织已成为美国最大的雇主。"③

非政府组织不仅提供了众多就业机会，而且对促进经济可持续发展的作用巨大。营利组织的所有目标都是追求自身利益最大化，不太可能考虑企业的外部成本及发展所需的公共产品问题。如果不对发展中的问题予以重视，必然会影响经济的可持续发展。相较于政府体制的僵化、治理中的官僚主义问题，非政府组织可以利用自身的独特性及时化解经济发展中的问题，如现行的环保类非政府组织发挥着促进经济与环境协调发展的作用。

5.4.1.2 提高公共服务供给效率

一方面，随着经济的快速发展，公众需求越发多元化，对公共卫生、环境保护等要求逐渐提高；另一方面，由于有限的人力、财力、物力及官僚制本身的治理积弊，政府或对社会需求和发展机会反应迟钝，或缺乏提高工作效率的动力和手段。因此，自20世纪70年代以来，西方许多国家出现公共服务供给由政府向非政府组织转移的趋势，一些公共服务由政府资助非政府组织供给，具体的操作性工作由非政府组织完成。在联合国体系中，包括世界银行在内的各机构在实施对发展中国家的援助时，都将非政府组织作为项目实施和服务供给的主要力量。

非政府组织的高供给效率主要源于三方面：一是社会所需要的产品包括私人产品、公共产品和混合产品，如果没有非政府组织提供那些营利性不高却为社会所亟须的公共产品和混合产品，营利部门的发展将受到很大影响；二是非政府组织不是政治团体，不参与政治性权力分配，不是营利部门，不参与最大化利益的获取，倡导利他主义精神，

---

① [美]莱斯特·M.萨拉蒙、赫尔穆特·安海尔，《公民社会部门》，见何增科主编：《公民社会与第三部门》，北京：社会科学文献出版社，2000年，第269页。

② [美]莱斯特·M.萨拉蒙等著，贾西津等译：《全球公民社会——非营利部门视界》，北京：社会科学文献出版社，2002年，第9—14页。

③ [美]彼得·德鲁克：《后资本主义社会》，上海：上海译文出版社，1998年，第176页。

这使其获得了较高的声誉，赢得了社会的广泛信任，能够消除各方的矛盾，在政府与公民、政府与企业之间发挥桥梁作用；三是非政府组织强调参与性，运作更加灵活，由于需要在社会直接监督下进行，使其能较好地避免贪污和浪费，从而更合理地利用资源提供服务。因此，将非政府组织引入公共服务领域能够保证社会资源得到公平、合理、高效的配置。

5.4.1.3 维护良好的社会价值观

缩小贫富差距、保护弱势群体是国家的基本职能，但国家的力量毕竟有限，难以实现及时有效的回应。更重要的是，随着经济的发展，人们的需求越发多元化，原来的"整体性"公共需要逐渐让位于"局部性"公共需要，政府在满足多元需求上的缺陷恰好是非政府组织的优势。相较于政府以提供纯粹公共物品为主，非政府组织主要供给准公共物品。

现代社会的多元需求不仅表现为人们需求的增长，还表现为弱势人群的特殊需求，如老年人需要精神抚慰和生活关心、受灾人群需要精神慰藉和人道援助、艾滋病人需要公众的理解、贫困者需要物质救济和能力扶助等。弱势群体对公平公正的关注以及对社会福利和保障的需求要求政府在供给方面有所作为，但是，政府可提供的资源十分有限，部分社会资源的配置也不尽合理。

非政府组织能够较好地满足上述需求。首先，在很大程度上源于其能整合各方面的资源，非政府组织的收入来自三方面，即政府资助、民间捐赠、受益者付费，它填补了政府资金的不足，又以其对公益事业的投入保证了社会团结有序。其次，非政府组织不仅提供服务，还会在服务实践中以身作则，宣扬人道主义思想和团结协作精神，潜移默化地提高人们的思想觉悟。最后，非政府组织强调广泛参与和民主决策，为提高民主意识和协作能力提供了载体，公民素质和社会文明在公共参与中逐渐提高。

5.4.2 非政府组织对政府治理的作用

非政府组织不仅能在经济社会生活中发挥作用，而且能在保障公民权利、承接政府职能方面发挥积极作用。非政府组织的快速发展及自身力量的形成，正推动着"传统的单纯由政府-国家体制实行的治理向由政府-国家体制与非政府的社会体制相结合的治理体制转变，促使传统的自上而下的治理向自上而下与自下而上相结合的治理转变"[①]。

5.4.2.1 连接政府与民众的纽带

政府的合法性来自人民授权，一个不被人民认可的政府，其执政合法性必然受到挑战。政府权力制约有两类：一类是政府内部的分权制约，另一类是政府之外的权力制约。相比较而言，以权力制约权力面临着许多先天难题，而以社会制约权力可实现有效的制约。另外，政府相对个体是强者，当个体的权利遭受公权力侵害或者当治理无法满足公众需求时，单靠个体力量没有办法抗衡政府，更没有办法让政府回应诉求，政府合法性因此会不断下降。哈贝马斯认为，克服政府合法性危机的唯一办法是让自发的、非

---

① 赵黎青：《非政府组织与联合国体系》，《欧洲》1999年第5期。

政治化的社会有机体健康发展。

非政府组织的存在为人们的自由结社提供了空间，以非政府组织为载体监督政府有利于维护个体合法权益。非政府组织的良好社会声誉为其全面参与、监督公共事务以及保证政府廉洁高效、决策的科学化和民主化、政府责任感和透明度提供了条件。非政府组织既可以搜集民众诉求转达给政府，反映企业的意见和建议以供政策制定参考，又可以将政府的意图传达给成员及公众，协助做好相关政策的宣传、指导、监督工作，在"上传下达，下情上达"的过程中，非政府组织推动了政府与民众的沟通和信任。

在现代社会，人们参与意识的建立并非主要依靠政府和市场，而是有赖于非政府组织的培育引导，自由结社、自我管理、自我监督意识也伴随着非政府组织的发展逐步形成。非政府组织可以将类似理念传播融入社会生活中，它既能将公众广泛动员起来，培养人们对公共事务的关注，又能提高公民的参政议政能力，引导人们理性地参与公共事务。以非政府组织为纽带连接政府，可以使极端参政、权力滥用行为大大降低。俞可平所说的"善治有赖于公民自愿的合作和对权威的自觉认同"① 就有可能实现。

5.4.2.2 培育和提升社会资本

帕特南认为，"社会资本指的是组织的特征，例如信任、规范和网络，它们能够通过推动协调和行动来提高社会效率。"② 肯尼斯·纽顿将社会资本定义为"主要是由公民的与信任、互惠和合作有关的一系列态度和价值观构成的，……使人们倾向于相互合作，去信任、去理解、去同情的主观的世界观所具有的特征"③。一般认为，社会资本与物质资本、人力资本具有相似性，主要体现在与个人或组织有关的社会关系中，能够促使人们相互合作、信任，从而创造共享价值。

帕特南认为，"对于民主制度的绩效来说，至关重要的要素是普通公民在公民社会中充满活力的群众性基层活动……在那些制度绩效高的地区，存在着许多社团组织。"④ 非政府组织要提高公共利益，需要通过志愿组织实践来完成，通过有效的组织使参与者积极投身于公益事业；通过组织成员社会化使参与者相互合作和信任，推动自律社会秩序的形成；通过有序的资金分配、服务传递、公民教育等方式，非政府组织能够促进公共参与，加速社会资本的形成和转化，有效承接从政府转移出的职能。

帕特南认为，社会资本的作用是将缺乏良心和社会责任感的算计者转变为具有共同利益感的共同体中的一员，充当着将社会捆绑在一起的黏合剂。⑤ 非政府组织的上述作用，不仅推动了国家和政府的权力转让，成为承接公共服务的重要载体，还因此成为政府治理的有效补充。

---

① 俞可平：《治理与善治》，北京：社会科学文献出版社，2000年，第326页。
② 李惠斌、杨雪冬：《社会资本与社会发展》，北京：社会科学文献出版社，2000年，第155—156页。
③ 李惠斌、杨雪冬：《社会资本与社会发展》，北京：社会科学文献出版社，2000年，第380—381页。
④ [美] 罗伯特·D. 帕特南著，王列、赖海榕译：《使民主运转起来：现代意大利的公民传统》，南昌：江西人民出版社，2001年，第3页。
⑤ 李惠斌、杨雪冬：《社会资本与社会发展》，北京：社会科学文献出版社，2000年，第380—381页。

5.4.3 非政府组织对国际事务的作用

20世纪70年代以来,非政府组织广泛参与到国际事务中,在联合国内外的作用不断增强。非政府组织的活动跨越了国界,涉及的领域包括人权问题、世界自然资源问题、和平问题、自然灾难问题等。非政府组织致力于维护世界和平稳定发展,如国际自然保护联盟、地球之友、世界自然保护基金会、绿色和平组织等环保机构以及一些反战组织、关爱艾滋病人组织、禁毒组织等。非政府组织在人权、环境、和平等关系人类发展的诸多关键领域都十分活跃。具体来看,非政府组织可以影响国家的外交政策、监督世界各国在维和事务中的力量发挥、考察联合国的效率并督促其保持信誉、监督私营部门以防止其从战争经济中获利以及帮助处理突发性的政治事件等。①

非政府组织在国际事务中发挥的作用具体包括:从事咨询和信息活动,提供和宣传非政府组织的观点和思想;对政府和政府间国际组织的行为进行监督;参与执行国际组织的项目,协助政府间国际组织提供特定的服务;影响政府间国际组织的决策过程;在不同的利益冲突角色之间促成协调和妥协。② 总之,在非政府组织的介入和斡旋之下,国家之间有了进一步的沟通渠道,许多问题也有了解决办法或更多可供选择的解决机制。由于非政府组织的国际监督作用,政府部门的权力滥用现象减少,国际事务协调和管理更有效率。据联合国开发计划署1993年出版的《人文发展报告》估计,在20世纪90年代初的发展中国家中,非政府组织机构的服务对象达到2.5亿人。

5.5 非政府组织管理的内容与特征

非政府组织管理包括外部管理和内部管理,外部管理即政府管理,内部管理即组织管理。政府管理是指利用强制力规范非政府组织运作,主要管理手段有立法管理、财政管理、行政管理。组织管理主要是指依据组织运转特征实施全流程管理,常见的管理手段有战略管理、财务管理、绩效管理、营销管理、人力资源管理等。

5.5.1 非政府组织的外部管理

曼瑟尔·奥尔森指出,"从理性的和寻求自我利益的行为这一前提可以逻辑地推出集团会从自身利益出发采取行动,这种观念事实上是不正确的。如果一个集团中的所有个人在实现了集团目标后都能获利,由此也不能推出他们会采取行动以实现那一目标,即使他们都是有理性的和寻求自我利益的。实际上,除非一个集团中人数很少,或者除非存在强制或其他某些特殊手段以使个人按照他们的共同利益行事,有理性的、寻求自我利益的个人不会采取行动以实现他们共同的或集团的利益。"结合非政府组织的运行现实来看,即使参与者愿意从事公益活动,非政府组织也不以营利为目的,并不能保证

---

① [英]万克尔·爱德华兹、戴维·休姆、蒂纳·莱士,《面向全球未来的非政府组织:提供地方服务与发挥世界影响相结合》,见何增科主编:《公民社会与第三部门》,北京:社会科学文献出版社,2000年,第305页。

② 顾建光:《现代公共管理学》,上海:上海人民出版社,2007年,第162—163页。

非政府组织成员以公众利益为目标而无任何舞弊行为。要解决非政府组织的"奥尔森困境",办法之一是借助政府进行监管。

5.5.1.1 立法管理

不少国家的政府制定了非政府组织的注册登记和审批管理程序,在接受非政府组织时会对非政府组织活动进行限制,如只能从事发展活动、不能参与政府性活动等。在有些国家,政府对非政府组织的管理相对简单,非政府组织只需在政府部门登记即可。例如在美国,非政府组织只需要向州内政司提交一份两页纸的机构章程,并注明机构的名称和目标,表明其不为任何人谋私利。但是,对不同类型非政府组织的登记,美国法律做出了不同的规定,如公益型非政府组织必须在州检察官登记处进行登记注册;一些为了自己成员的利益而建立的互助性机构,包括私人俱乐部、贸易和专业协会、家庭雇主协会等,通常不需要注册,但当其因慈善目的获得或处置一笔财产时必须向州检察官登记注册,否则得不到税收上的优惠;一些信托形式的非政府组织为了慈善目的想要获得税收优惠时必须向州检察官登记注册,并接受检察长的强制性管理;还有一类非公司形式的协会,如学术团体、专业团体、俱乐部等,它们可以接受捐赠、提供服务,但不得分配营利。

5.5.1.2 财政管理

政府通过税收优惠和减免鼓励非政府组织活动在世界各国都得到认同,其原因是非政府组织从事的公益活动切实减轻了政府治理负担,理应享受国家的税收优惠。各国对非政府组织的优惠体现在两个方面:一是对非政府组织的运转给予税收优惠,如非政府组织收入无须缴纳所得税;二是对向非政府组织捐赠的个人、企事业单位实施税收抵免。当然,各国的法律制度不同,非政府组织享受优惠的范围、享受优惠的程度会有较大差异。在一些国家,当政府认定非政府组织的活动有益于自身目标时,会通过大幅度减免税费或提供活动经费支持非政府组织。

如美国税法规定,非政府组织享有税收优惠的有所得税、财产税、失业税等税种,经过美国国内税务局资格认定的非政府组织可以全额免除上述三种税。美国联邦法律规定,接受捐赠的非政府组织要开具收据,提供给捐赠者作为凭证,并且要扣除受赠机构的回赠礼品。美国税法501(C)(3)条款还详细列出了获得免税资格的慈善机构,只有捐赠给这些免税机构才能获得税收优惠。美国联邦税法501条款还区分了25种可以享受豁免联邦所得税的非政府组织。

5.5.1.3 行政管理

在很多国家特别是发达国家,政府在省(州)一级设有专门的非政府组织管理机构,主要针对非政府组织的活动开展进行常态监督,要求非政府组织定期出具活动报告,对非政府组织的财务和审计实行监督,要求非政府组织建立规范的财务制度,派出专员实地考察非政府组织活动等。若非政府组织负责人有贪污、欺诈、浪费等行为,一经发现,轻则罚款,重则进行控告。如美国加利福尼亚州成立了慈善信托登记处和慈善信托法律和审计部,专门负责收取和审核非政府组织的财务报告,接受公众的质询及投诉。除此之外,这些机构还会指导和协调非政府组织活动,与非政府组织经常开展对话，就共同关心的问题相互交换意见。若政府有意限制非政府组织活动，既可以依据法律不予注册登记，又可以采取行政手段推迟项目实施。当然，政府也可以通过给予非政府组织资助，使其建立与政府组织的"合作伙伴关系"，并对非政府组织的运作进行规划、引导和协调。

以美国为例，自19世纪80年代以来，美国对非政府组织的直接资助占到总收入的30%左右，还有联邦税收的豁免，对私人公司和个人慈善捐款的免税，州政府对非政府组织所得税、财产税、失业税的减免等，由此形成了数目庞大的补贴。"据美国国税局统计，现在光联邦政府每年因此而造成的税收损失便高达445亿美元（其中220亿美元是对慈善性捐款的减税）。"[1]

随着技术的进步及公民意识的提高，媒体和公众对政府部门的监督逐渐加强，但对非政府组织的监督却面临疲软现象，其原因主要包括：非政府组织的公益性为其罩上了一层无私奉献的光环；非政府组织的资金提供者与服务者发生分离；非政府组织的服务对象不少是弱势群体，他们在感情上认为自己是被救济者，无权对服务质量的好坏进行监督；对于发展较好的非政府组织，政府倾向于借助其提供服务，政府的侧重宣传会影响媒体态度；非政府组织提供的公共利益很抽象，群体利益的不一致、公共责任的模糊等使得公众和媒体监督很难实施。

非政府组织作为以自主治理为主的组织，组织的有效运转在很大程度上取决于自律。为了督促组织的自律性，提高公众的依赖度，一些国家的非政府组织联合成立了行业管理部门，通过相互交流提高非政府组织的公开性和透明度。但是，大部分国家并没有建立行业管理机制，即使建立起来其行业管理力度也很弱。有学者认为，不同国家的非政府组织发展阶段不同，是否建立行业管理部门应视情况而定。就我国目前的非政府组织与国家关系，建立民间权威机构来确保非政府组织自律的条件还不成熟，主要原因是民间权威机构的权威性有赖于自己形象和信用的长期积累而非政府职能转移，否则可能引发混乱。[2]

5.5.2 非政府组织的内部管理

针对奥尔森提出的以强力干预来促进公共利益实现的方案，美国学者埃莉诺·奥斯特罗姆提出相对的观点。她认为，奥尔森的方案适用于规模较大的组织，人们无法进行面对面的沟通，无力实施有效参与和监督，更无力改变组织的公共规则，在规模较小的组织里可以采取自主治理方案。奥斯特罗姆通过大量实验指出，人们在小规模组织里可以无障碍交流，通过不断沟通建立彼此的信任和友谊，从而就共同利益的达成建立一致规则。奥斯特罗姆建立起自主治理制度的八大原则，分别是清晰界定边界、使占用和供应规则与当地条件保持一致、集体选择的安排、监督、分级制裁、冲突解决机制、对组织权的最低限度的认识、嵌套式企业。[3] 非政府组织是自律性较强的组织，组织成员大

---

[1] 吴东民、董西明主编：《非营利组织管理》，北京：中国人民大学出版社，2003年，第24页。
[2] 邓国胜：《非营利组织评估的理论框架》，北京：社会科学文献出版社，2001年，第113页。
[3] [美]埃莉诺·奥斯特罗姆著，余逊达、陈旭东译：《公共事务的治理之道——集体行动制度的演进》，上海：上海译文出版社，2012年，第108—122页。

多有较高的道德水准，只要制定适宜的治理机制，非政府组织就可以有效运转。

5.5.2.1 战略管理

格里·约翰逊和凯万·斯科尔斯指出，"战略主要涉及组织的远期发展方向和范围，在理想情况下，它应使资源与变化的环境，尤其是它的市场、消费者或客户相匹配，以便达到所有者的预期希望"[①]。一个非政府组织从初创时就应将战略制定放在优先位置。非政府组织尽管种类繁多、形态多样，它们在公益性和利他性方面却十分相似。非政府组织要想获得发展、拥抱美好未来，应思考组织的目标及实践目标的路径，这就要求非政府组织确立正确的战略规划。

非政府组织战略管理借鉴了企业战略管理的方法，但又有不同之处，如非政府组织获得的资源与市场机制共享，效率或效益问题显得不那么重要；非政府组织受到法律制定的约束更多，相应的自主性和灵活性较企业更低；非政府组织的公共性特征使其影响范围更大；非政府组织的运作方式，包括目标实施、绩效期待、激励机制等，与营利组织有较大的差异。

非政府组织战略管理的作用包括：明确组织的宗旨，促成所有成员的理解，使之成为组织行动的纲领；界定组织的任务，使所有成员明确活动目标和开展活动的手段，保障组织宗旨的落实路径；树立组织的愿景，调动成员的积极性，激发成员的创造性，使组织充满活力和奉献精神；明确组织的优先目标，将组织任务进行分级，舍弃那些不太重要的任务，集中精力完成重要的任务；分析组织发展中的问题，有序地推动组织制度创新；密切把握外部环境的变化，找准机会推动组织的发展。

非政府组织战略管理的常用方法有两种：第一种是 PEST 分析法，P 指政治，要求对一个国家或地区的政治制度、法律法规等进行分析；E 指经济，要求对组织存在的社会经济状况及国家经济政策进行分析；S 指社会文化，要求对一个地区的人口结构、风俗习惯、宗教信仰、教育程度等进行分析；T 指技术，要求对所处环境的科技水平、科技体制、国家科技政策进行分析。第二种是 SWOT 分析法，SWOT 是优势（Strengths）、劣势（Weaknesses）、机会（Opportunities）和威胁（Threats）四个英语单词开头的字母组合，其基本宗旨是明确组织的内外环境，充分发挥自己的优势，最大限度从社会获利，尽可能使缺点最小化，从而避免威胁。

5.5.2.2 组织设计与分工

非政府组织要实现自己的战略规划，就要制定科学的决策机制，建立合理的组织结构。世界上多数的非政府组织主要通过理事会制度进行决策。理事会的角色包括理事长或主席、副理事长、秘书长或执行官、财务主管等。在我国的非政府组织理事会中，理事可分为常务和非常务两类。

理事会成员经由选举产生，一般包括政府部门人士、社会知名人士、企业家、资助者代表、受益者代表等。理事会负责制定组织章程、聘用或解聘负责人、批准计划和预

---

① ［英］格里·约翰逊、凯万·斯科尔斯著，金占明、贾秀梅译：《公司战略教程》，北京：华夏出版社，1998 年，第 5 页。

算、评审计划运行情况、对外联络和争取资源等。有的理事会下面还会设立各类委员会，如筹款委员会、投资委员会，其功能是为理事会服务。一般认为，非政府组织的理事会扮演了三重角色，即"政治倡议者"角色、"缓冲者"角色、"价值护卫者"角色。[①]

秘书长是理事会的执行机构，要处理员工与理事会的关系。秘书长的任命和职责由理事会规定，一般以签约形式设定秘书长的职责、薪资等。理事会定期对秘书长绩效进行评估，评估依据是与秘书长签订的合约。秘书长是非政府组织的核心，理事会的制度能否有效贯彻以及组织日常事务的管理状况与秘书长的作为有很大关系。秘书长的管理要兼顾效率与民主，以调动工作人员积极性并形成团结活泼的氛围。但要真正实现民主管理，对于非政府组织并非易事。多数的非政府组织管理既有民主成分，也有集中成分，既有规则的一面，又有随意的一面。

非政府组织的组织设计有两种模式：一种是根据组织分工来设置部门机构，如设置财务部、人事部、计划部、推广公关部、筹款部、业务执行部等；另一种是按照服务对象或服务内容来设置部门机构，如根据服务对象的不同，可将部门机构分为儿童福利部、青少年福利部、老年人福利部、残疾人福利部，根据工作内容的不同，可分为救贫服务部、急难服务部、医疗服务部、就业服务部等。

5.5.2.3 筹款管理机制

筹款是非政府组织非常重要的环节。非政府组织不像营利部门是以追求利润为唯一目标，它要借用志愿者来完成使命。一方面，非政府组织需要通过筹款活动将社会资源集中起来然后回馈社会；另一方面，当非政府组织规模扩大，志愿者发挥的作用又有限时，非政府组织就更需要资金。因此，国内外非政府组织都将筹款作为重要任务，且多数都会依据自身条件制定资金筹集战略。一般认为，筹款是依据国家捐赠或劝募的法规，向社会大众、企业、基金会、政府发动的募集资金、劳务或物资的过程。

个人是非政府组织筹款的主要对象。在美国，个人捐款占到所有慈善捐款的80%左右，但这并不意味着非政府组织的主要收入来自民间捐赠。有研究表明，在各国非政府组织的收入来源中，民间捐赠只占10%，其中大部分（约60%）来自个人，其余则来自法人和基金会。在民间捐赠的90%中，有47%来自私人付费和销售收入，有43%来自公共部门支付。[②] 由此可见，政府是非政府组织的重要资金来源，其原因主要是非政府组织提供的公共服务在一定程度上替代了政府的治理工作，因此要求政府给予非政府组织以资金支持。

企业捐款相较于个人捐款更重视回报。企业捐款目的一般包括减免税收、改善企业形象、彰显企业社会责任、促进企业文化建设、开拓企业产品市场。针对企业参与非营利活动的动机，非政府组织在选择目标企业时，应坚持以下标准：当地企业、有私人关系的企业、有明确支持该领域的企业、与本组织有类似活动的企业。

---

① 周恩毅：《非营利组织管理概论》，西安：西北工业大学出版社，2014年，第34页。
② 成思危主编：《中国事业单位改革——模式选择与分类引导》，北京：民主与建设出版社，2000年，第200页。

多数的基金会和国际资助组织都有捐款义务，尤其是国际资助机构，它的任务就是为值得的项目提供资金。基金会和国际资助组织考察的标准包括：项目的重要程度、非政府组织的资金需求程度、非政府组织的人员构成情况、非政府组织使用资金的效率和效果、基金会和国际资助组织资助项目可获得的收益。[①]

5.5.2.4 人力资源管理

非政府组织的人力资源一般由三类人员组成：负责决策的理事、执行计划的有酬员工、没有薪酬的志愿者。理事的构成如前文所述。有酬员工包括专职员工和兼职员工，专职员工一般分为秘书长（执行总裁）和一般员工。志愿者是基于自由意志而非个人义务或法律责任，秉承以知识、体能、劳力、经营、技术、时间等贡献的社会宗旨，不以获取报酬为目的，为社会提供各项辅助性服务的人员。

非政府组织目标的非营利性、成员来源的广泛性、成员间关系的平等性决定了非政府组织人力资源管理相较于一般组织人力资源管理的特殊性。在具体的人力资源管理中，非政府组织表现出如下特征：一是在人力资源管理上注重价值体系和使命感的作用。非政府组织所具有的独特价值体系赋予了非政府组织明确的使命，激励着每个成员兢兢业业地工作，分享参与公益活动的快乐，从事业的成功中获得满足。在人力资源管理中，应以价值体系和使命感来激励员工，提高凝聚力。二是人力资源管理与责信度管理相结合。责信度的伦理守则为无私的社会承诺、遵守法令规章、公益使命优先、尊重个人价值和尊严、包容社会的多元性并维护社会公平等。责信度对于非政府组织来说具有重要的意义，它不仅有助于员工将工作、使命与满足社会期待结合起来，提高员工的容忍力，而且有利于在组织内形成信任和负责任的文化。因此，人力资源管理活动要与责信度管理相结合。[②] 三是当前非政府组织管理表现出特殊性。相对于传统慈善组织的人力资源管理方式，现代非政府组织借鉴了其他组织的人力资源管理，形成了相对专业化和法治化的人力资源管理制度。

5.6 我国非政府组织的发展

我国非政府组织的起源可谓是历史久远，历史上出现过很多民间结社和民间公益活动，如先秦时代的"会党""社会"，后汉出现的政治结社——朋党。新中国成立后，我国依据社会主义原则对民间结社进行清理和整顿。大批的封建组织和反动会道门组织被取缔，包括一些封建色彩深厚的互助组织、慈善组织及宗教组织。从此，非政治性成为我国非政府组织的基本特征。[③]

1950 年通过的《社会团体登记暂行办法》规定了社团管理的基本原则和办法。经过清理整顿后，从 20 世纪 50 年代到 60 年代中期，社团进入迅速发展期。据统计，1965 年全国性社团由解放初期的 40 多个增加到近 100 个，地方性社团发展到 6000 多

---

① 竹立家、李军鹏编著：《公共管理学》，北京：经济科学出版社，2012 年，第 267 页。
② 吴东民、董西明主编：《非营利组织管理》，北京：中国人民大学出版社，2003 年，第 246 页。
③ 王名编著：《非营利组织管理概论（修订版）》，北京：中国人民大学出版社，2016 年，第 48 页。

个。1978年改革开放以后，社团发展迎来了春天。

5.6.1 改革开放以来我国非政府组织的发展状况

改革开放以来，我国非政府组织的发展得益于经济体制改革。一方面，经济体制从计划经济体制向市场经济体制转变，催生出了大量经济领域的非政府组织；另一方面，经济体制改革也推动了行政管理体制改革，非政府组织在其他各个领域快速发展。非政府组织的发展分为四个阶段。[①]

5.6.1.1 兴起与调整阶段（1978—1988年）

1978年以后，随着经济体制和政治体制的改革，我国的非政府组织得到快速发展。首先，自20世纪80年代以来，我国推行社会主义市场经济，原来单一的国家和集体所有制经济转变为国家、集体和个人的独资、合资和外资等多种所有制经济形式，极大地解放了社会生产力，人们的生活水平也随之迅速提高。其次，自20世纪80年代以来，我国政治体制发生了巨大变革，直接或间接地推动了非政府组织发展，如国家权力适度下移、政府职能开始转变、依法治国理念的提出等，在大部分生产、经营、文化艺术等领域，国家不再实行直接行政管理，而是将这些职能交给相关的非政府组织。最后，改革开放以来，人民公社、单位制、户籍体制相继变革，人们的自由活动空间快速扩大，不仅能以新的方式参与管理，而且能自由地结社成立各类组织。以上为民间组织发育提供了条件，非政府组织获得了井喷式增长。1979年成立的全国性社团有60家，1980年成立的全国性社团有50家，到了1989年，全国性社团增至1600个，地方性社团达到20多万个。其中，1986年成立的54家全国性社团中有33家协会，包括行业协会24家、体育类协会9家，协会的兴起成为亮点；1989年成立的62家全国性社团中，除了26家经济性社团、23家学术性社团，还出现了5家基金会，基金会的出现成为亮点。

5.6.1.2 整顿与关系理顺阶段（1988—1992年）

改革开放以来相关制度的变迁为非政府组织的发展腾出了空间，但也在一定程度上削弱了政府的权力。另外，1978—1988年非政府组织快速发展，在发挥作用的同时也存在不少不规范的地方。1988年以后，国家对非政府组织进行归口整顿，其中最主要的是出台有关非政府组织的法律法规，明确了非政府组织的法律地位与活动范围，依法对非政府组织开展清理和整顿。1988年国务院通过了《基金会管理办法》，结束了此前成立基金会无需统一登记的历史。1989年国务院颁布《社会团体登记管理条例》以取代1950年通过的《社会团体登记暂行办法》，明确了我国非政府组织依法管理的基本框架，即实施登记管理和业务管理的"双重管理体制"，以放任发展和分散管理为特征的管理体制由此终结。同年，国务院发布《外国商会管理暂行规定》，规定在华商业机构及人员成立的非营利团体，在报送对外经济贸易部审查同意后，也要向民政部办理统一登记注册手续。与制度建设相对应，1988年民政部成立了社团管理司，社会组织从此有了专门的登记机关，民政部也从1988年开始发布有关社会组织的信息。1990年，民

[①] 张冉：《非营利组织管理》，北京：北京大学出版社，2014年，第119—123页。

政部对社会团体进行清理整顿，主要是解决社会组织登记注册问题。通过此次整顿，政府加强了对非政府组织的管理，这对于健全非政府组织的规章制度、推动公益活动符合民主程序和走上法治轨道、促进非政府组织健康发展起到了积极作用。据统计，整顿后统一登记注册的社会组织数量从1990年的10885家增加到1991年的82814家和1992年的154502家，分别增长了6.6倍和13.2倍。

5.6.1.3　曲折发展阶段（1992—2002年）

20世纪90年代以来，我国快速建立市场经济体制，促进了非政府组织的发展。1993年党的十四届三中全会通过了《关于建立社会主义市场经济体制若干问题的决策》，提出要"发展市场中介组织，……发挥行业协会、商会等组织的作用"。1995年党的十四届五中全会提出，要"把不应由政府行使的职能转交给企业、市场和中介组织"。另外，我国在经济领域划分出"公域"和"私域"的界限，扩大了经济自由的范围，进一步推动了所有制改革，以公有制为主体、多种经济成分共同发展的格局形成。以上推动了经济领域扩张，非政府组织的发展空间进一步扩大。据统计，到1998年底，全国性社团达1800多个，地方性社团达16.56万个。

非政府组织的发展并非一帆风顺。经过了几年的统一登记管理，到1997年登记注册的社会团体和基金会达18万家，但大量的"民办事业单位"却未被纳入统一管理体系。为了加强对社会团体和基金会的监督管理，构建能将各类民间组织纳入统一管理的体制，民政部于1997年开展第二次整顿，并于1998年颁布了《社会团体登记管理条例》（以下简称《条例》），成立了民政部民间组织管理局，分级登记、双重管理的管理体制初步形成。此次整顿实现了预期目标，对社团的管理从此更加严格，例如《条例》规定"未经批准，擅自开展社会团体筹备活动，或者未经登记，擅自以社会团体名义进行活动，以及被撤销登记的社会团体继续以社会团体名义进行活动的，由登记管理机关予以取缔，没收非法财产；构成犯罪的，依法追究刑事责任"，该规定将大量活跃于社会中的组织置于"非法地位"。据民政部门统计，1999年登记在册的社团达14.27万家，比1995年减少了4.2万家。

5.6.1.4　深化阶段（2002年至今）

自21世纪以来，非政府组织全面发展，主要表现在组织数量及类型的增长上，这与政府下发的文件和通知分不开。以经济社团为例，2002年，国家经贸委印发《关于加强行业协会规范管理和培育发展工作的通知》，明确要求加强行业协会的规范管理和培育发展。2003年，党的十六届三中全会通过《关于完善社会主义市场经济体制若干问题的决定》，提出了要"按市场化原则规范和发展各类行业协会、商会等自律性组织"的新要求。2007年，国务院办公厅下发《关于加快推进行业协会商会改革和发展的若干意见》，对行业协会治理运行机制、角色和功能、政会关系、管理体制等做出明确阐述，提出要积极拓展行业协会的职能。据统计，从2002年到2006年，行业性社团总数从3.91万家增加到5.97万家，净增2.06万家，在社团总量中所占比重从29%提高到31%。

除了直接发文推动非政府组织发展，政府还将非政府组织管理体制的改革作为促进非政府组织发展的核心路径。2008 年，党的十七届二中全会通过了《关于深化行政管理体制改革的意见》，进一步明确提出了行政管理体制改革与行业管理体制改革的基本原则和要求。2012 年，党的十八大报告提出，"加快形成政社分开、权责明确、依法自治的现代社会组织体制"，这是我国首次明确提出"建立社会组织体制"。建设现代非政府组织制度之于社会建设的重要意义，不亚于 1994 年提出的建设现代企业制度之于市场经济的意义。2013 年出台的《国务院机构改革和职能转变方案》提出，"行业协会商会类、科技类、公益慈善类、城乡社区服务类社会组织直接向民政部门依法申请登记，不再需要业务主管单位审查同意。政治法律类、宗教类等社会组织和境外非政府组织在华代表机构仍需要经业务主管单位审查同意"，表明改革双重管理的呼声有了政策依据。2014 年修订的《环境保护法》赋予了公益性环保组织诉讼主体资格。与此同时，各级政府尝试向非政府组织购买服务，2013 年，国务院办公厅《关于政府向社会力量购买服务的指导意见》将非政府组织纳入政府购买服务的承接主体。2015 年公布实施的《政府采购法实施条例》扩大了政府采购范围，正式将公共服务纳入政府采购制度。

5.6.2　我国非政府组织的法治框架

我国非政府组织法律规范体系建设基本上是从 20 世纪 80 年代后期开始的。这一时期的立法包括 1988 年的《基金会管理办法》、1989 年的《社会团体登记管理条例》、1989 年的《外国商会管理暂行规定》。自 20 世纪 90 年代以来，非政府组织的发展出现了新变化，我国的非政府组织立法因此产生变革，如 1998 年颁布修订的《社会团体登记管理条例》以及同一时期颁布的《民办非企业单位登记管理暂行条例》《事业单位登记管理暂行条例》《公益事业捐赠法》等法律法规。2004 年颁布《基金会管理条例》，废止 1988 年出台的《基金会管理办法》。相关部门先后制定配套的规章或制度，如民政部出台《社会团体设立专项基金管理机构暂行规定》《取缔非法民间组织暂行办法》《社会团体分支机构、代表机构登记办法》，国家税务局出台《事业单位、社会团体、民办非企业单位所得税征收管理办法》等。上述法律法规构成了非政府组织的制度环境，塑造出非政府组织的法治框架特征。

5.6.2.1　双重管理

双重管理是指非政府组织同时接受业务主管单位和登记管理部门的管理或指导，是非政府组织登记管理的重要原则。双重管理体制在 1989 年的旧条例中确认，在 1998 年的新条例中进一步制度化。双重管理体制先后在社团、民办非企业单位中落实，2004 年颁布的《基金会管理条例》延续了这一基本制度。

双重管理有两大特点：一是归口登记。除参加全国政协的人民团体和经国务院批准免予登记的团体外，所有社会团体的登记注册由县以上各级民政部门负责，其他任何部门无权开展并颁发《社会团体法人登记证书》。二是双重负责。非政府组织要同时接受业务主管单位和登记管理部门的管理。业务主管单位负责社团成立、变更、注销登记前的审查；监督、指导非政府组织遵守宪法、法律、法规和国家政策，依据其章程开展活动；负责社会团体年度检查初审，协助登记管理部门和其他有关部门查处非政府组织的违法行为，会同有关机关指导社会团体的清算事宜。登记管理部门负责社团的成立、变更、注销登记或者备案;对社团实施年度检查;对社团违反条例的问题进行监督检查,对社团违反条例的行为给予处罚。

双重管理体制加强了政府在登记管理方面对非政府组织的监督、管理和限制,通过分散责任回避了登记管理部门与非政府组织间的直接冲突,使得非政府组织在通过登记注册成为合法组织前必须先成为政府所属职能机构监管的对象。但把所有的社团都置于政府直接监管下,也损害了社团的自主性,提高了社团的进入门槛。

5.6.2.2 分级管理和限制竞争

分级管理是指按照非政府组织开展活动的范围和级别实行分级登记、分级管理。具体来说就是"全国性的社会团体,由国家民政部门负责登记管理;地方性的社会团体,由所在地人民政府的登记管理机关负责登记管理;跨行政区域的社会团体,由所跨行政区域的共同上一级人民政府的登记管理机关负责登记管理"。新条例规定,非政府组织的活动范围不得超过登记机关的管理范围。因此,政府通过业务主管单位实现了对非政府组织的"条条化"管理,通过属地登记实现了对非政府组织的"块块化"管理。相关法规还限制非政府组织设立分支机构,即使是全国性的非政府组织,在未得到政府部门批准的情况下也不得在注册地之外成立分支机构。

限制竞争是指在同一行政区域内不允许成立相同或相似的非政府组织,也不得设立地域性分支机构,以避免非政府组织之间的竞争。各级登记管理机关对于"在同一行政区域内已有业务范围相同或者相似"的社会团体和民办非企业单位,可以进行撤销或者合并。

从表面上看,上述规定避免了非政府组织的无序竞争,有利于非政府组织的健康发展。但实际上非政府组织的规模受到限制,非政府组织的运行成本被抬高。并且,政府在重要领域设立的官方非政府组织会挤压民间非政府组织的生存空间。

5.6.2.3 政策优惠

我国尚没有出台专门针对非政府组织税收的法规,相关的税收优惠分散在各个法律规章当中。1999年颁布的《公益事业捐赠法》是我国第一部直接规范捐赠行为、涉及有关政策优惠的法规。该法规定,自然人、法人或者其他组织自愿无偿向依法成立的公益性社会团体和公益性非营利事业单位捐赠财产用于公益事业的,依照法律、行政法规享受企业所得税和个人所得税方面的优惠;境外向公益性社会团体和公益性非营利事业单位捐赠物资的,依照法律法规享受进口关税和进口环节增值税的减免。

2007年颁布的《企业所得税法》在制度上进一步明确了非政府组织享有的税收优惠。该法规于2008年开始实施,针对企业开展公益捐赠和非政府组织收入方面做出了两个重要的制度安排:一是关于捐赠减免税的规定,企业发生的公益性捐赠支出,在年度利润总额12%以内的部分,准予在计算应纳税所得额时扣除;二是关于非政府组织收入免税的规定,符合条件的非政府组织收入属于免税收入。[1] 2016年全国人大通过的《境外非政府组织境内活动管理法》规定,国家应保障和支持境外非政府组织在中国境

---

[1] 王名编著:《非营利组织管理概论(修订版)》,北京:中国人民大学出版社,2016年,第61页。

内依法开展活动,有关部门应向境外非政府组织提供政策咨询和法律指导,年检不得收取任何费用,境外非政府组织代表机构依法享受税收优惠等政策。但总体说来,我国非政府组织的税收优惠政策还有待于进一步完善。

5.6.3 我国非政府组织的发展问题

改革开放以来,我国非政府组织迅速发展,在弥补市场失灵和政府失灵、促进社会经济健康发展方面具备一定能力。但是,我国非政府组织的发展总体仍低于国际水平,在发展过程中出现了一些亟待解决的问题。我们对此应有足够的认识,以便以客观的标准评价非政府组织,并采取有效措施促进非政府组织发展。概括来说,我国非政府组织发展面临外部制度环境及自身因素制约两大问题。

5.6.3.1 非政府组织发展面临的外部制度环境

尽管我国非政府组织快速发展,但仍面临着诸多制度环境的阻碍。宪法、法律、行政法规、党的政策和非正式制度构成了我国的制度环境。[①] 非政府组织发展面临的有利制度环境包括《宪法》对自由结社权的肯定以及党和国家政策的倡导和鼓励;非政府组织发展面临的不利制度环境包括非政府组织的法律法规尚不健全、非政府组织的管理体制不太顺畅、非政府组织对政府的紧密依附关系。

其一,非政府组织的法律法规尚不健全。尽管政府致力于建设完善的非政府组织法律框架,但国家立法工作总体落后于非政府组织的发展。首先,我国至今没有一部有关非政府组织的完整法律。现行主要法规均是行政法规,非政府组织在人事管理、财政资助、税收优惠等方面缺乏健全的配套政策;行业协会、商会、境外非政府组织及社会保障、志愿服务的立法也不够完善。其次,我国非政府组织的立法存在倒置问题。先有非政府组织的权利、义务实体性规范,然后才有实现权利、义务的相关程序性规范,我国将登记成立的立法放在了母法的前面,非政府组织运行领域的法律法规却处于真空状态。由此造成的问题是非政府组织的立法层次低、法治化程度不同,非政府组织的性质、地位、结构、权益等难以清晰定位。最后,从相关法律法规的执行效果来看,由于现行法律法规的原则性强、操作性差,缺乏相应的司法解释和实施细则,一些重要的非政府组织法律地位不明、管理体制不顺,政府部门的"无法可依"使得对非政府组织的管理既缺乏有效的培育手段又缺乏有效的监管机制,对非政府组织管理的缺位和越位问题屡见不鲜。

其二,非政府组织的管理体制不太顺畅。我国对非政府组织实行"双重管理体制",即通过业务主管单位和登记管理部门行使监管职能,严格要求非政府组织通过登记注册合法化。在这种体制下,在同一行政层级上存在两个对非政府组织进行监管的部门,其中一个是登记管理的民政部门,另一个是业务主管部门。尽管两个部门在法律和实践中经常沟通协调,但它们各自归属于不同的政府职能部门,执行的职能和代表的利益难以完全一致。加上不同的业务主管部门在机构设置、人员配置、监管能力等方面存在较大

[①] 俞可平等:《中国公民社会的制度环境》,北京:北京大学出版社,2006年,第6页。

差异，使得非政府组织既要面对双重监管的协调问题，又要因业务主管部门的差异而受到不同的待遇。在实践中，对非政府组织的管理被简化为政治把关和共担责任机制，它将非政府组织置于与政府监管部门相对立的关系，政府管理部门的首要任务就是限制发展、规避风险，即通过双重审批体制的漏洞限制非政府组织发展。当越来越多的非政府组织找不到业务主管单位并因此无法到民政部门登记注册获得合法性身份时，它们就会以企业的名义到工商部门注册，或者在党政部门支持下取得变相的合法形式，还有些非政府组织则直接在"法外"生存和活动。随着非政府组织数量逐渐增大、成分越发复杂、形式愈加多样，非政府组织的监管问题及引发的风险也将越来越严重。

其三，非政府组织对政府的紧密依附关系。依据形成路径的差异，我国非政府组织可分为两类：一类是自下而上的非政府组织，它们大多由群众出于兴趣和要求自发组建，包括民间社会团体、非营利性民办非企业单位、未经登记的非政府组织等。这类非政府组织的主要领导由自己遴选，大多数没有行政级别，不享受相应的行政待遇，经费来自政府拨款或完全自筹。政府拨款方式包括实施奖励、购买服务。另一类是自上而下的非政府组织，它们大多由政府推动成立，或者由政府机构转变而来。不少非政府组织，如工会、妇联等具有较强的行政色彩，工商联、消费者协会等实为半行政化的非政府组织，是没有行政管理职能但依然执行政府命令的民办非企业单位。这些非政府组织的主要领导大多由退下来或者政府分流的干部担任，部分直接受党政机关领导的享有一定的行政级别，经费大多由政府财政负担或者大部分来自政府财政支持。自上而下的非政府组织与政府有着天然的依附关系。自下而上的非政府组织尽管有较强的非政府色彩，但不少非政府组织的合法性得不到保障，一些非政府组织选择以社会合法性方式生存，如请领导出席、找名人挂帅来获得合法性和资金支持。据统计，有近2/3的非政府组织干部或者直接来源于业务主管部门的任命，或者由组织负责人提名并得到业务主管部门的批准。一些非政府组织为了维持生存和发展，不得不通过各种渠道来开展经营性活动，最后走上了追求营利的市场发展道路，其结果是非政府组织丧失了基本的人事任免权，公益产权的性质和承担的公共责任被扭曲，非政府组织的公信力降低，影响其后续的资源获取渠道。

5.6.3.2 非政府组织发展面临的自身因素制约

我国非政府组织的发展还受到自身因素制约。上海非政府组织在回答面临的挑战时，认为是"资金"的占总数的37.8%，认为是"人才"的占总数的26.7%，认为是"开发项目"的占13.4%，由此说明资金和人才应是多数非政府组织面临的主要挑战。[①] 接下来本书从三个方面来说明非政府组织的自身因素制约问题。

资金不足。非政府组织的收入来源主要包括两个方面：一是政府拨款，二是慈善捐款。首先是政府拨款，尽管我国于2005年就提出建设服务型政府，鼓励政府与非政府组织合作供给服务。但是，不少地方政府的财政能力很有限，它们想尽办法压缩预算，降低经费负担，很难给予非政府组织相应的经费支持。有些地方政府尽管致力于向非政

---

① 邓国胜：《中国NGO问卷调查的初步分析》，见王名主编：《中国NGO研究2001——以个案为中心》，北京：联合国区域发展研究中心、清华大学NGO研究所，2001年。

府组织购买服务，但地方政府可供给的财政拨款数目相当有限，又没有建立向非政府组织购买服务的社会化机制，多数非政府组织只能自己寻找资金。其次是私人捐款，私人捐款作为非政府组织资金的重要来源之一，在相当程度上决定着非政府组织活动的正常开展。在我国，资金不足是非政府组织面临的突出问题之一。根据民政部门发布的数据，除2008年，其他年份全国以各种形式获得的捐款，包括境外非政府组织的间接资助款，年度总额在200亿～300亿元之间。平摊到40多万家登记注册的非政府组织，平均每个非政府组织仅能获得几万元的捐赠，这与发达国家非政府组织的资金相比微不足道。[1]

成员水平偏低。非政府组织的有效运作依赖于一支专业化的队伍。我国大部分非政府组织的工作人员多是非专职人员和中等文化的职员，高素质、有能力的人才较为缺乏。调查发现，参与非政府组织工作的多是离退休和临时聘用的人员，非政府组织既留不住也难以吸引高素质人才。究其原因，乃是非政府组织从业人员的工资水平普遍较低，非政府组织也没有类似于事业单位的福利政策。[2] 人力资源水平不高导致非政府组织自身能力弱，不能提供高质量的服务以及充分发挥社会功能。据调查，在我国的社团和基金会中，有90%以上的成员没受过专业训练，缺乏开展慈善活动的专业能力。2008年大批志愿者参与北京奥运会，主要是依靠自上而下的体制发动和管理的，非政府组织自身动员、吸纳、管理志愿者的能力有限。另外，一些非政府组织为了维持生存，通过各种渠道开展服务活动以获得经费，包括开展与自己业务范围不符的活动。但是大多数非政府组织缺乏专门技术人才，通过供给公共服务以获得收益的能力不足，无法在激烈的市场竞争中占据有利地位，非政府组织的后续发展堪忧。

内部治理不足。内部治理不足表现为治理机制不健全及自身能力不足。有数据表明，虽不乏非政府组织通过全体成员协商来决策，全国仍有近一半的非政府组织缺乏正式的决策机构。大量决策机构的缺乏意味着民主决策机制的匮乏，在非政府组织运作过程中易出现"志愿失灵"的问题，由此引发作为生命线的非政府组织公信力的下滑。非政府组织应首先增强能力、完善自身的治理机制，然后才是与政府合作或独立承接项目。但我国非政府组织发展时间短、供给服务经验不足，在独立意识和治理能力上与西方相比有着较大的差距，对政府有着较强的依赖性，对项目有着较多的投机性，缺乏应有的组织活力。突出表现为一些非政府组织只注重投资于项目，不重视投资于组织能力；只注重项目的绩效，忽略组织能力的提高；只注重目标群众培训与赋权，忽视组织内部员工的培育与能力建设；只强调外部条件与环境，忽视内部管理与能力[3]，使得大部分非政府组织在短期内表现优异，却无力增强组织的可持续发展能力，在项目完成后组织便随之衰亡。

---

[1] 王名编著：《非营利组织管理概论（修订版）》，北京：中国人民大学出版社，2016年，第63页。
[2] 邓国胜：《中国NGO问卷调查的初步分析》，见王名主编：《中国NGO研究2001——以个案为中心》，北京：联合国区域发展研究中心、清华大学NGO研究所，2001年。
[3] 邓国胜：《非营利组织评估的理论框架》，北京：社会科学文献出版社，2001年，第189页。

5.6.4 我国非政府组织的发展方向

一方面，我国的非政府组织还处于发展的初级阶段，在发展过程中出现问题是很正常的；另一方面，我们应正视非政府组织越发多元的现实，采取有力措施引导和规范非政府组织发展。从政府治理角度来看，国家应提供良好的外部环境，建立健全相关的法律法规，加强非政府组织的自律能力建设。

第一，加强立法建设。目前，我国非政府组织只在审计、注册会计、仲裁等少数几个领域有立法，其余大部分领域还没有完整的立法，只有一些法规、条例、规定和管理办法。相关部门应尽快制定宪法框架下的根本法，然后在此母法下修订和完善非政府组织法规，进一步完善非政府组织法律体系。鉴于非政府组织是个很宽泛的概念，涵盖的类型较多且性质差异较大，政府应对非政府组织的性质、地位、职能、行为准则进行明确界定，将民办非企业单位、未登记或转登记的非政府组织统一纳入非政府组织范畴。明确界定哪些行为是禁止的，哪些行为是提倡的，哪些行为是受限制的，并针对不同的违法行为制定惩罚措施。

第二，完善登记管理政策。我国对非政府组织实行许可批准制，非政府组织成立手续烦琐且发展要受到一定限制。为促进非政府组织功能最大化的发挥，政府应改许可批准制为登记备案制，取消非政府组织在行政单位的规定，以降低非政府组织的准入门槛，保障非政府组织的人事、财务管理权。要注意的是，我国作为"后发现代化"国家需要发挥政府的主导作用，政府对社会的有效控制是国家与社会关系演变的基础。路径效应的存在决定了在短期内建立竞争性的国家与社会关系既没有可能也无必要，否则就可能带来社会分裂。[1] 我国的国情决定了我们不能采取美国、加拿大"不登记只追责"的办法。

第三，支持和培育非政府组织。就平均而言，政府对非政府组织的财政支持是其他私人捐助的四倍多，换言之，政府的支持是非政府组织发挥作用的基础。在现代社会，一方面应加快政府职能转变的步伐，以财政向非政府组织购买公共服务，避免自身陷入不必要的日常事务管理中；另一方面，政府对非政府组织既不能放任又不能干预，而应在依法治理中支持和促进非政府组织发展。对于非政府组织的非法运行，政府应加强监管、依法处理，以规范非政府组织的秩序。除此之外，政府应制定引导性政策培育社会需要的非政府组织，在资金筹措、税收减免、财务管理、员工保障等方面出台配套政策。通过政策倾斜吸引政治强、业务精、在行业中有威信的人到非政府组织工作，通过加强对协会负责人、秘书等进行上岗培训的制度建设，增强非政府组织的专业素质，提升非政府组织的筹资能力。

第四，建立健全监督管理体系。非政府组织的监督管理体系应由组织自律、社会监督和行政管理三个方面组成。要发挥社会监督的作用需要从两方面入手：一是允许和鼓励公众参与组织战略规划，在重大政策制定上要召开听证会，使公众变被动监督为主动监督；二是发挥新闻媒体的舆论监督作用，通过媒体监督规范非政府组织运行，对非政

---

[1] 康晓光：《权力的转移——转型时期中国权力格局的变迁》，杭州：浙江人民出版社，1999年，第195页。

府组织的管理者形成约束。要发挥行政管理的作用需要从两方面入手：一是加强对非政府组织章程实施、业绩公布的监督，鼓励和帮助社团建立自律性运营机制；二是借鉴外国经验，培育和发展相对独立、权威的第三方评估机构，要求非政府组织将运营状况及时上报公布，促进非政府组织财务、管理、活动等状况的公开透明。

本章小结

　　本章主要从非政府组织的内涵、特征、类型、作用、内容与特征以及我国非政府组织的发展历史、法治框架、发展问题、发展方向，对中国和西方的非政府组织发展情况和现状进行了详细介绍。

　　从非政府组织的发展历史来看，非政府组织至今没有统一的概念。结合我国国情，我们认为非政府组织是以服务公众为主要取向，不以营利为主要目标，独立于政府主体和私人主体，实行自愿和自治式运作，组织所得不为任何私人牟取私利，具有合法的免税资格和提供捐赠人免税的合法地位的组织。非政府组织的特征是组织性、民间性、非营利性、自治性、非政治性、非宗教性、志愿性。非政府组织不仅对经济发展、社会进步、政府治理有作用，在国际事务中同样能发挥重要作用。非政府组织管理包括外部管理和内部管理。外部管理的手段有立法管理、财政管理、行政管理；内部管理常见的手段有战略管理、财务管理、绩效管理、营销管理、人力资源管理等。

　　我国于1950年通过《社会团体登记暂行办法》，规定了社团管理的基本原则和办法。20世纪50年代到60年代中期社团迅速发展。改革开放以来，我国非政府组织发展经历了四个阶段，分别是兴起与调整阶段、整顿与关系理顺阶段、曲折发展阶段、深化阶段。非政府组织的法治框架是双重管理、分级管理和限制竞争、政策优惠。非政府组织发展面临的外部制度环境问题是非政府组织的法律法规尚不健全、非政府组织的管理体制不太顺畅、非政府组织对政府的紧密依附关系；非政府组织发展面临的自身制约因素是资金不足、成员水平偏低、内部治理不足。非政府组织发展的方向是加强立法建设、完善登记管理政策、支持和培育非政府组织、建立健全监督管理体系。

复习题

1. 简述非政府组织的内涵与特征。
2. 西方非政府组织是如何复兴与发展的？
3. 简述我国非政府组织管理体制的变迁。
4. 我国非政府组织双重管理体制的主要内容是什么？
5. 联系现实，论述我国非政府组织存在的问题及对策。

第 6 章　公共管理中的领导者与管理者

名人名言

> 管理是把事情做好，领导是做正确的事情。
>
> ——彼得·德鲁克

学习目标

掌握：
1. 公共管理领导者与管理者的内涵与联系。
2. 公共管理沟通的基本程序。
3. 公共管理沟通的基本策略。
4. 公共管理领导的权力来源。
5. 公共管理协调的基本方法与协调关系的处理。
6. 公共管理技术与领导艺术的关系与基本内容。

了解：
1. 公共管理沟通的内涵、特征与基本原则。
2. 公共管理沟通的基本类型。
3. 公共管理领导内涵与基本特征。
4. 公共管理领导者的类型与素质。
5. 公共管理协调的内涵、特征与类型。
6. 公共管理技术与领导艺术的内涵。

领导者与管理者是公共管理活动中重要的组成部分，也是推动活动正常运转的重要主体。本章将主要探讨以下内容：一是公共管理活动中领导者与管理者的异同；二是公共管理活动中的沟通、领导与协调活动；三是公共管理活动中的主要管理技术与领导艺术。

6.1 公共管理中领导者与管理者的异同

领导者与管理者是公共管理过程中两个十分重要的角色，一般人们将公共管理中的领导者与管理者当作同一个词语来使用，认为领导者就是管理者，领导过程就是管理过程。虽然领导与管理有千丝万缕的联系，但实际上领导与管理是有一定区别的。本节将主要在对领导与领导者、管理与管理者概念解析的基础上重点阐述领导者与管理者的异同。

6.1.1 领导者与管理者的内涵

领导者与管理者是公共管理活动中十分常见的管理主体，但究竟何为管理、管理者，何为领导、领导者，管理与管理者、领导与领导者有何关系，本小节将对这些内容进行简要介绍。

6.1.1.1 领导与领导者

（1）领导的概念

对于何为领导，目前国内外并没有统一的定义。不同学者从不同的学科研究视角对领导有不同的界定。综合国内外关于领导内涵的界定，主要存在以下几方面阐释[1]。

一是领导中心说。领导中心说认为领导就是领导者依靠由权力和人格所构成的影响力去指导下属实现符合领导者意图和追求的目标。这一视角关注的是领导者自身所具有的特质，它反映了早期领导学理论的主要特征。

二是互动说。互动说强调领导是领导者与被领导者互动共同实现政治目标的过程。这种观点突破了传统以领导为中心的解释，开始强调下属与环境在领导内涵中的重要作用。

三是结构说。结构说代表了领导学理论中的理性传统，强调领导是在一定组织结构中开展的一种特殊活动，领导者乃是这一结构中的特殊角色，领导者通过权力运作来实施对组织的控制。

四是目标说。目标说代表了领导学理论中的功利主义倾向，即领导活动的焦点在于实现符合组织需要的公共目标。在这种界定中，领导在道德上是中立的，领导者为了实现组织目标可以采用任何有效的手段。

综合以上关于领导概念的界定，本书认为领导就是在社会共同活动中具有影响力的个人或集体在特定的结构中通过有效的途径动员下属实现群体或组织目标的过程。这一定义有以下五个特点：一是领导活动存在于集体或群体之中，一个人不能形成领导行为；二是领导活动是由领导活动的发出者、组织者与执行者组成；三是领导活动需要在一定的组织结构中展开；四是调动和激励下属的方式是领导活动的手段，其中领导者非正式权力的影响力具有重要的作用；五是领导活动的最终归属是实现相应的组织目标。

---

[1] 刘建军：《领导学原理：科学与艺术（第4版）》，上海：复旦大学出版社，2013年，第12页。

(2) 领导者的内涵

"领导者（leader）"一词在英语中最早被使用是在14世纪，"领导（leadership）"一词最早开始使用是在19世纪之后。领导者是任何一个组织最基本而又最难得的资源，大多数组织都面临着不断寻求具有必要的能力来有效地进行领导的人才这样一个问题。领导者是能把别人吸引到自己周围的人，是别人想要跟随的人，是能够得到别人的信任和忠诚的人。[①] 那么究竟何为领导者？《国际通用社会学辞典》将"领导者"解释为"以声望、影响力或者地位启发社会行为、组织与控制社会行为的人，即对他人行为具有影响作用的人"，这是关于领导者最广泛与普遍的概念界定。本书根据上述关于领导者概念的界定，认为领导者是指在社会或组织共同活动背景下，在一定的组织结构中，运用声望、影响力或者职位权力带领组织或集体成员达成组织目标过程的个人或者集体。该定义具有以下特征：一是强调领导者存在于特定的社会共同活动与组织结构之中，这也是领导者存在的前提条件；二是强调领导者正式权力与非正式权力综合途径或手段的运用，正式权力主要是职位权力，而非正式权力则主要包括个人声望、个人魅力与影响力等；三是强调领导者是推动实现组织目标的关键因素；四是强调领导者的个体性与集体性。领导者既可以是个体，也可以是集体，集体领导者主要由领导班子、领导集体与领导集团组成。公共管理的领导者主要是指在公共管理活动中运用个人能力与职位权力推动实现公共组织目标的个人或集体。

6.1.1.2 管理与管理者

(1) 管理的概念

关于管理的概念，国内外学者也有诸多不同的见解，本书综合目前学界关于管理的概念并归纳为以下四个方面：一是"过程说"。过程说强调管理是高效完成既定目标的过程。在实现目标的过程中，管理者需要良好的制度环境设计，需要与他人合作，需要调动、协调各种资源。二是"决策说"。决策说强调管理就是决策。美国著名管理学家赫伯特·西蒙明确提出了"管理就是决策"的理论，认为管理的过程就是决策的过程，决策正确与否关系到组织发展的成败。三是"领导说"。领导说强调管理就是领导，领导者是组织的关键人物，领导者水平的高低决定了管理的有效性。四是"职能说"。职能说侧重于强调管理就是计划、组织、领导、控制、创新等职能的运用。

综上所述，本书将管理的定义概括为管理者为了实现组织特定的目标，对组织所拥有的资源进行计划、组织、领导、控制和创新的过程。该定义主要包含以下五层内涵：一是管理目标，管理目标是组织目标的体现，是管理的出发点和归宿；二是管理主体，即管理者，是指在组织中指挥和领导他人活动的人；三是管理客体，即管理对象，是管理主体施加影响的人和事；四是管理活动，包括管理职能和按管理职能要求所进行的实际活动；五是管理本质，管理形式表现为计划、组织、领导、控制、创新在内的一系列活动，但其实质是协调包括人力资源在内的一切相关资源的活动。[②]

---

① 俞文钊：《管理心理学》，大连：东北财经大学出版社，2008年，第196页。
② 雷金荣：《管理学原理》，北京：北京大学出版社，2012年，第8页。

(2) 管理者与公共管理者

关于管理者的概念，传统观点认为管理者是指在各类组织以及组织内各级部门中对别人的工作负有责任的人员，或者是指在一个组织中主要从事指挥别人工作的人员。与此相对应的，在一个管理者的指挥下从事具体工作的人员则称为非管理者。彼得·德鲁克在批判传统定义的基础上认为管理者是"泛指那些由于其职位和知识，必须在工作中做出影响组织整体工作成效的决策，对该组织负责并做出贡献的知识工作者、经理人员和专业人员"。[1] 综合以上观点，本书认为管理者是指既拥有正式的管理职位行使权力，也能通过决策等管理工作对组织承担责任、做出贡献的专业人员。

公共管理中的管理者与企业管理中的管理者不同，公共管理者是公共部门或组织中的管理者。由于公共部门与私人部门存在较大的区别，尤其是公共管理者所在的公共组织具有明显的公共性特征。[2] 因此，公共组织不仅要求管理者要具备一般组织的管理技能，如能力素质、知识素质，更为重要的是要具备政治素质，即要有坚定正确的政治方向、全心全意为人民服务的思想境界以及廉洁奉公的政治道德，这些是私人企业或组织一般管理者所没有要求的。同时，公共管理者与公共管理领导者也有所区别，一般公共管理者在政府机构里主要指公务员，他们主要是做具体的决策执行、落实工作，而公共管理领导者则更多是做战略层面的工作。一般在层级型公共组织中，公共管理领导者主要决定组织的战略与发展方向，影响着组织的绩效、形态、功能发挥与社会形象等。

6.1.2 领导者与管理者的区别

无论是在企业管理领域还是公共管理领域，人们似乎不能有效地区分领导者与管理者，甚至很多人认为管理者就是领导者。其实不然，虽然领导者与管理者有很多相似之处，但二者还是有明显区别的。

6.1.2.1 权威来源不同

在公共管理领域，领导者与管理者在权威来源以及运作方式方面存在较大的不同之处。一般领导者的权威来源包括正式权力（职位权力）与非正式权力（个人声望、个人魅力、影响力等），而管理者的权威来源则主要是其所在职位的职位权力。领导者拥有权力，但绝不仅仅依靠权力，他的影响力价值有时候远胜于他的权力。管理者失去了权力，也就失去了指挥他人的基础，管理者也就不称其为管理者了。但是，失去权力的领导者，依靠其深远而广泛的影响力，照样可以向其追随者发号施令，引导他们追求伟大的目标。从这一点来看，是否拥有重要的影响力、强烈的感染力和感召力，是领导者和管理者的一大分野。[3]

6.1.2.2 存在空间范围不同

一般领导者既可以存在于正式组织之中，也可以存在于非正式组织与场合之中，而管理者只能存在于正式组织之中。有的管理者可以运用职权迫使人们去从事某一件工

---

[1] 邵冲：《管理学概论》，广州：中山大学出版社，1996年，第28页。
[2] 孙多勇：《公共管理学》，长沙：湖南人民出版社，2005年，第4页。
[3] 杨隆根：《管理者与领导者的区别与联系》，《领导科学》2004年第6期。

作,但却不能强迫别人去追随他,这样的管理者并没有扮演领导者的角色;有的人没有正式职权,却能以个人影响力去影响其他人,那么他就是一位领导者,即非正式领导者,也称为非委任领袖。①

6.1.2.3 职能分工与思维方式不同

领导者与管理者在职能分工与思维方式上有很大的不同之处。管理者常常注重发号施令,有很强的执行能力,能够完成上司下达的任务;善于利用自己的管理技巧解决工作中的问题;能够控制员工的行为,注重组织和制度;能在实际工作中以现实为依据。领导者的特质是善于思考;有创新与决策的优势;重视并信任员工,会激发员工的潜能和思维;有长远眼光,不为现实所动,能够向现实挑战。② 由此可见,管理者的精力一般投向较为专门的业务和具体的程序,而领导者主要投向该组织的战略发展方向、不同部门的人际关系协调及其成员需要的满足程度,并能引发整个组织的变革,为整个组织和全体人员注入一种精神和希望。

6.1.2.4 态度不同

领导者与管理者在目标态度与对待下属的态度方面有明显的区别。在对待目标的态度方面,管理者往往倾向于以一种不带个人情感的态度对待目标,但领导者对待目标的态度是积极而非消极的,他们提出设想而非回应设想;在对待下属的态度方面,管理者通常运用奖励、惩罚以及其他强制性措施改变反对者的看法,限制下属的选择,力求把下属纳入一种程序化的工作轨道上去,而领导者则是力图拓展追随者的思路,并为他们的发展开启新的空间。为了更有成效,领导者必须使其计划更富想象力,从而激励人们去拓展新的选择空间并使其计划更为现实。

6.1.2.5 地位获得与才能不同

领导者与管理者在地位获得与才能方面有一定的区别。在地位获得方面,领导者的地位必须是自己赢得的,要想成为真正的领导者必须要有追随者,这种追随不是强迫人们跟着走,而是使他们主动跟着走。管理者的地位则主要来源于正式的组织结构所赋予的权力,即"权威"。在才能方面,领导者属于"帅才",管理者属于"将才",能将将者才是真正的领导者,其重要作用是寻找机会、把握方向和领将;而能领兵者则属于管理者,善于冲锋陷阵,但难以运筹帷幄。③

6.1.3 领导者与管理者的联系

虽然领导者与管理者之间存在着巨大的差异,但在实际工作中对领导者与管理者进行清晰的划分也是很困难的,因为二者还存在着一些共性。④

6.1.3.1 目标的一致性

虽然领导者与管理者在职能、思维方式、权威来源方面存在诸多差异,但是二者的

---

① 刘建军:《领导学原理:科学与艺术(第4版)》,上海:复旦大学出版社,2013年,第12页。
② 佚名:《领导者与管理者》,《中国邮政》2006年第5期。
③ 杨维臻:《高质量管理的前提——领导者与管理者的正确定位》,《理论探讨》2002年第5期。
④ 杨维臻:《高质量管理的前提——领导者与管理者的正确定位》,《理论探讨》2002年第5期。

目标却是一致的,都在为实现组织的共同目标而努力工作。为了确定和达成目标,领导者和管理者都需要计划和决策。领导者负责宏观决策,对组织进行长远规划,对管理者进行人员安排。而管理者负责微观决策,对组织进行具体的中短期计划,对下属的员工进行人员安排。但二者总的目的是实现组织长远的整体目标。

6.1.3.2 工作内容的交叉性与重叠性

领导者与管理者所从事的工作都是管理工作的一部分,他们都从事四类管理活动,即传统管理、沟通、人力资源管理、社会交往活动。相对而言,领导者处理组织中的大事,把握全局性的事情;而管理者处理日常琐碎的小事,需要掌握战术上的技巧。

6.1.3.3 角色与技能的相似性

领导者和管理者在组织中所扮演的角色也基本相同,二者都在扮演三个重要的角色,即人际关系角色、信息传递角色和决策制定角色,只是各有侧重。领导者更侧重于人际关系角色和决策制定角色,而管理者更侧重于信息传递角色。领导者和管理者应掌握的技能是基本相同的,即技术技能、人际技能、概念技能三种基本技能。

6.2 公共管理沟通

公共管理沟通是公共管理活动中不可缺少的一部分,也是公共管理者与领导者的重要职责之一。美国著名管理学大师彼得·德鲁克明确指出沟通是管理活动中的一项基本职能。在公共管理活动中,沟通也是公共管理者的必备技能与职能,无论是计划、组织协调还是外界与公众的交流都离不开沟通。可以说,良好的沟通是公共组织高效率与优质服务的重要保障。本节将对公共管理沟通的内涵、特征、原则、基本程序、基本类型以及基本策略进行介绍。

6.2.1 公共管理沟通的概述

本小节将对公共管理沟通的基本概念进行介绍,主要包括公共管理沟通的内涵、特征以及原则。

6.2.1.1 公共管理沟通的内涵

"沟通"一词源于拉丁语"communis",具有分享(to share)或建立共同看法(to make common)的含义。[①]《管理学辞典》对"沟通(communication)"的界定如下:"沟通是指信息交流,人与人的沟通主要靠语言进行的,这种沟通不仅是消息的交流,而且包括感情、思想、态度的交流。"[②] 沟通可以分为日常交流的沟通和工作过程中的沟通,在工作中的沟通主要是管理沟通,管理沟通在管理活动中具有十分重要的作用。管理沟通主要指在组织范围内,围绕组织的管理运行所进行的沟通行为,是为了提高组织运行绩效所进行的不同主体间的信息交流。

[①] 李元墩:《组织沟通之研究回顾与展望》,《中华管理评论》1999年第5期。
[②] 邓明、向洪、张来培主编:《管理学辞典》,成都:西南交通大学出版社,1992年,第187页。

公共管理沟通主要强调公共组织运转过程中公共管理主体与管理客体之间以及各公共管理主体之间为实现公共组织目标所进行的信息交流活动。本书采用朱立言、谢明关于公共管理沟通的界定，即认为公共管理沟通是指公共组织系统与外界环境之间，公共组织系统内部各部门之间、层次之间、人员之间，凭借一定的媒介与通道传递思想、观点、情感，交流信息，以期达到相互了解、支持与合作，谋取公共组织系统和谐有序运转的一种管理行为或过程。[1]

6.2.1.2 公共管理沟通的特征

既然公共管理沟通是一个过程，那么根据上述界定，这个过程应该具有以下特征：一是公共管理沟通实质是公共组织系统信息传递、接受与处理的过程。这表明公共管理沟通既包括一般管理沟通的程序，同时这里的信息不仅包括文字、数据等有形信息，还包括情感、思想等无形信息。二是公共管理沟通具有网络性与层次性。公共组织是一个庞大的网络系统，在这个网络系统中的沟通行为必然具有不同的分类与层次，这样才能保证沟通的有效进行。三是公共管理沟通具有统一思想的目的性。沟通的目的就是要统一思想，思想统一才会有一致的行动，从而增强工作人员的集体意识与大局意识，提高公共服务的效率与质量。四是沟通具有互动性。公共管理沟通是信息发送者与信息接收者、信息传递渠道、环境之间相互作用的过程。

6.2.1.3 公共管理沟通的原则

公共管理沟通主要有以下原则[2]：

第一，渠道畅通原则。公共管理渠道畅通主要包括两个方面：一是保障公共组织内部的传递机制健全通达，不能出现信息渠道的闭塞，尤其是不能人为地破坏信息与损害信息渠道，保证信息的真实性；二是在技术上构建可靠的传递信息的软硬件设备，确保操作严格规范，不能由于设备的陈旧和操作的失范导致信息通道不畅。

第二，信息载体合理原则。首先是语言必须准确、规范，要容易被人们所接受，避免沟通障碍；其次是载体的形式要简洁，内容要简练，防止接收者受到信息干扰。

第三，沟通方式选择规范原则。公共组织作为正式组织，其沟通一般以正式沟通为主，在必要时也可以采用除正式沟通以外的其他沟通手段。但无论是正式沟通还是非正式沟通，两者的目的是完全一致的，都是为了使组织内外关系融洽，便于组织目标的最终实现。

第四，信息沟通路径简捷原则。信息沟通路径是实现公共组织信息发送与接收过程迅速及时的重要保证，是保持信息真实有效的基本条件，也是公共组织信息传递与反馈准确高效的基础。

6.2.2 公共管理沟通的基本程序

公共管理沟通要遵循一定的程序。人际沟通对于促进整个公共组织的沟通极为重

---

[1] 朱立言、谢明：《公共管理概论》，北京：中国人民大学出版社，2007年，第114页。
[2] 张建东、陆江兵：《公共组织学》，北京：高等教育出版社，2003年，第260页。

要，公共管理沟通一般也是以人际沟通为基础的，组织沟通的成功依赖于人际沟通的效率。无论是人际沟通还是公共管理沟通，它们都有基本相同的过程（见图6-1）。

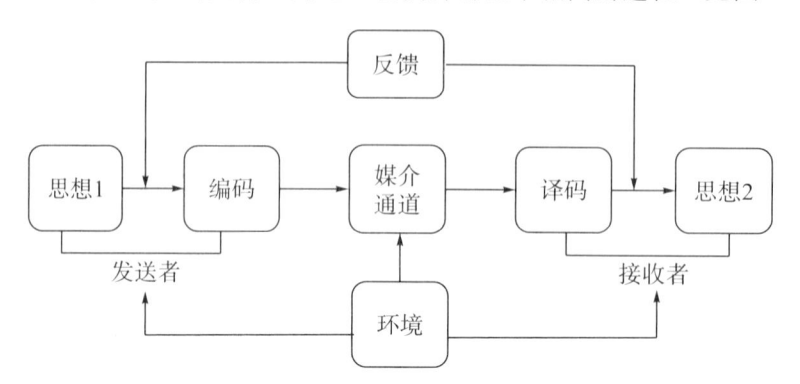

图6-1 公共管理沟通的基本程序

从沟通的基本程序，可以概括出公共管理沟通的几个要素。

（1）媒介通道

媒介通道是指思想、信息、情感从发送者（公共管理者）传递到接收者所借助的手段，如面谈、通电话、会议、计算机网络、新媒体、政策条例、计划、工作日程等。

（2）编码

编码是由发送者将信息译成可以传递的符号形式。发送者的词汇和知识在这里有着重要的作用。专业化的信息可以用专业术语传递，如公共管理组织内部信息沟通，也可以用任何人都能理解的形式传递，如公共组织外部管理信息沟通。

（3）译码

译码是指信息接收者的思维与理解过程，是接收者根据自己已有的经验和参考的框架对发送者发出的信息进行解释的过程。因此，接收者得到的信息与发送者的本意可能相似也可能不同。不管发送者的期望如何，在接收者头脑中所进行的解码只反映其自身现实。在公共管理中接收者的译码过程非常重要，接收者能否理解公共管理者的管理或者改革意图直接关系到公共管理活动的成功与否。

（4）接收者

接收者是指接收信息的人。在公共管理活动中，公共管理的接收者既可以是组织也可以是个人。政府等公共权力主体向社会组织、公众传递信息，那么社会组织、公众就成了政策信息的接收者；社会组织、公众向公共权力主体进行信息反馈，那么公共权力主体又成为信息接收者。

（5）反馈

反馈是发送者获得接收者对信息的反应的过程。反馈使信息交流成为一个往返的过程，使沟通成为一种动态的双向过程。在公共管理活动过程中政府与社会组织、公众通过反馈实现了政府治理与社会自治的有机衔接和良性互动。

（6）环境（情景）

环境（情景）是指在信息沟通交流过程中发生在任何一个环节上的对信息的干扰因素。[①] 在公共管理沟通过程中，信息发送者在向信息接收者传递信息的过程中会受到环境或情景因素的干扰。较好的沟通环境或情景会使沟通更加顺畅与成功，较差的沟通环境会对公共管理沟通造成阻碍，甚至破坏公共管理沟通的进程。

6.2.3 公共管理沟通的基本类型

一般而言，按照公共管理沟通的性质，可以将公共管理沟通分为正式沟通与非正式沟通两种基本类型。

6.2.3.1 正式沟通

正式沟通是通过组织明文规定的渠道所进行的信息传递与交流，这是组织设计的结果。[②] 正式沟通畅通无阻，公共组织的管理活动才会井然有序；反之，整个组织将会陷入无序的瘫痪状态。公共管理沟通主要是以正式沟通为主，正式沟通是推动公共管理活动开展的主要动力。在公共管理活动中，正式沟通包括下向沟通、上向沟通、横向（水平）沟通、斜向沟通和外向沟通。

（1）下向沟通

下向沟通是传统官僚制组织内最主要的沟通流向，一般是以等级命令方式传达上级组织所决定的政策、计划、方针、规定之类的信息，或者分发某些资料供下属使用等。如果公共组织的结构包括多个层次，则需要通过层层转达，其结果往往使信息发生歪曲甚至遗失，而且传递过程迟缓，这些都是在下向沟通中经常发生的问题。随着互联网的发展，趋于扁平化的沟通方式也越来越受到推崇。

（2）上向沟通

上向沟通主要是公共组织中下属依照规定向上级提出正式的书面报告或口头报告。除此以外，许多机构还采取某些措施以鼓励上向沟通，如意见箱、建议制度以及由组织举办征求意见座谈会或态度调查等。有的上层主管采取"门户开放"政策，下属人员可以不经组织层级向上报告。但据研究发现，这种沟通也不是很有效，而且由于当事人的利害关系，往往造成沟通信息与事实不符或被压缩的情况。

（3）横向（水平）沟通

横向沟通主要是指公共组织中不同层次、不同机构或部门之间的沟通，包括府际、部际、组际等方面的沟通。公共管理的横向沟通一般有三种形式：当面协商、文件交流与会议协调。如果一个组织在纵向关系上比较通畅，但在横向关系上却不是那么协调，组织的效率仍然会受到一定程度的影响。由此可见，横向沟通对于公共组织目标的实现同样具有不可忽视的重要意义。

（4）斜向沟通

斜向沟通是指在确定的科层制结构中不是同一隶属关系、不在同一部门的层次或人

[①] 赵慧军：《现代管理心理学》，北京：首都经济贸易大学出版社，2000年，第225页。
[②] 高爱霞、满广富：《管理学实用教程》，北京：北京大学出版社，2012年，第278页。

员之间的信息沟通。通常情况下，严密的科层制所规定的组织结构是垂直结构。因此，科层制中很少有斜向沟通情况的出现，但公共组织部门之间的斜向沟通又是十分重要的。对于复杂的公共组织事务而言，刻板的垂直沟通往往不能实现部门之间的融通，尤其是某些突发性公共事件的出现迫切需要部门之间的齐心协力与相互合作。因而公共组织又必须在部门之间进行沟通，以促使组织信息的传递方式具有多样性和动态性的特征。

（5）外向沟通

外向沟通是指组织的代表或经组织代表授权的组织成员与组织外部所进行的沟通。[1] 在现代社会，公共管理的外向沟通变得越来越重要，尤其是基层社会公众民主意识的觉醒，对公共事务参与热情的增加以及参与能力的提升，使得公共管理沟通不仅需要考虑体制内的沟通，还需要重视组织外的外向沟通，特别是与公众、社会组织等社会主体的沟通，这对于提升政府的合法性具有重要意义。

6.2.3.2 非正式沟通

非正式沟通是一类以社会关系为基础、与组织内部明确的规章制度无关的沟通方式。非正式沟通的沟通对象、时间及内容等方面都是未经计划的，因为非正式组织是由于组织成员的感情和动机上的需要而形成的。所以其沟通渠道是组织内的各种社会关系，这种社会关系超越了部门、单位及层次。非正式渠道不是由公共管理者建立的，所以管理者往往很难控制。非正式渠道没有好坏之分，主要在于管理者如何运用。在相当程度上，非正式沟通是形成良好组织氛围的必要条件。相比较而言，这种沟通有较大的弹性，可以是横向或斜向的，而且速度很快。[2]

现代公共管理越来越重视公共组织中非正式沟通的作用，其原因在于非正式沟通不受官方正式组织权力与规章制度的约束，能够在程序化的沟通之外传递正式沟通无法传递的信息，达到更深层次的沟通效应；非正式沟通不需要正式组织沟通的组织制度和惯例约束，沟通的速度更快、更直接；非正式沟通能够把上级的正式命令转换为下级更加容易理解的语言，从而减轻正式沟通渠道的信息荷载，提高信息沟通的效率。

6.2.4 公共管理沟通的基本策略

一般来讲，根据公共管理沟通的基本要素与程序，可以将公共管理沟通策略分为主体策略、客体策略、渠道策略与文化策略四大类。

6.2.4.1 公共管理沟通的主体策略

沟通主体又称为沟通者或发送者，是公共管理沟通最基本的要素之一。通过前面的分析，我们知道噪音是有效沟通的障碍，它存在于沟通过程的各个环节中，并有可能造成信息的失真。为此，公共管理沟通主体首先必须客观地认识自己，界定自身的沟通地位，依据沟通目标，选择有效的沟通渠道和策略。公共管理沟通的主体策略就是做好自

---

[1] 任桂芳：《管理学》，沈阳：辽宁大学出版社，2007年，第350页。
[2] 李锡元：《管理沟通》，武汉：武汉大学出版社，2006年，第116页。

我分析、自我定位、自我沟通,通过积极的倾听和自我控制取得有效的沟通结果。

6.2.4.2 公共管理沟通的客体策略

沟通客体又称为沟通对象或接受者。制定客体策略是公共管理沟通策略的第二个重要环节。沟通中的障碍一方面来自信息发送者,另一方面来自信息接收者。因此,在制定主体策略的同时,客体策略的制定也同样重要。

成功的公共管理沟通的本质是换位思考。如果说主体策略主要是解决"知己"与"自控"的问题,那么,客体策略要解决的是"知彼"与"激发"的问题。"知彼"就是要求沟通主体在每次沟通之前都必须做好客体分析,即我的客体是谁,他们已了解了什么,他们还需要了解什么,他们的感觉如何。"激发"是在对客体分析的基础上找到能打动客体的方案。无论是"知彼"还是"激发",都必须建立在换位思考的基础上。

6.2.4.3 公共管理沟通的渠道策略

渠道策略是指对沟通活动中信息传递媒介的选择,即通过自我沟通和换位思考,选择最有效的沟通渠道以实现沟通的目标。在公共管理沟通过程中,沟通的主体需要根据沟通的问题、对象、情景等决定选择何种沟通渠道。

6.2.4.4 公共管理沟通的文化策略

文化背景是影响公共管理沟通效果的一个不能忽略的重要因素。随着经济的全球化发展,公共管理的跨文化沟通也显得越来越重要。因此,在制定具体的沟通策略时必须考虑国家、地区、行业、组织、性别、民族、团队之间不同文化背景的影响。文化不仅影响着公共管理沟通目标的确定、渠道的选择以及沟通策略的制定,还影响着沟通风格、沟通语言和非语言的选择。

6.3 公共管理领导

领导是公共管理活动的重要职能之一,有效的领导是实现公共利益目标的根本保证和实施公共战略的有力支持。公共管理中的领导将科学性与艺术性有机地结合在一起,领导的过程也就是科学与艺术的统一过程。本节着重探讨关于公共管理领导的内涵与特征、权力来源、公共管理中的领导者等内容。

6.3.1 公共管理领导的概述

通过前文对领导概念的界定,本书认为领导就是在社会共同活动中具有影响力的个人或集体在特定的结构中通过有效的途径动员下属实现群体或组织目标的过程。而公共管理中的领导主要是指在公共管理活动中公共管理领导者依靠其影响力指挥、带领、激励、引导被领导者或者追随者实现公共组织的公共利益目标的活动与艺术。以上定义主要包含了"领导者""被领导者""影响力""过程""目标"等核心关键词,由此我们可以总结出公共管理领导的主要特征:

一是公共管理领导的本质是影响力。在公共管理活动中,公共管理领导本质上就是领导者发挥影响力的过程,因此,在这个过程中影响力就显得尤为重要。影响力主要是指公共管理领导者影响被领导者的能力或力量。这种能力或力量既可以是领导者所在的职位权力所赋予的，也可以是领导者个人所具有的影响力。一个公共管理领导者如果一味地行使职权而忽视社会和情绪因素的作用力，就会使被领导者产生逃避和反抗行为。当一个领导者的职位权威不足以说服下属从事适当的活动时，其领导是无效的。正是依靠影响力，领导者才能在组织或群体中实施领导行为，获取组织或群体成员的信任并把组织或群体中的人吸引到他的周围来。因此，拥有个人影响力的公共管理领导者才能称得上是一位真正的领导者。

二是公共管理领导是一个动态的过程。公共管理领导是引导公共组织成员行为的过程，是对公共组织成员施加影响的过程，是领导者带领、引导和鼓舞下属去完成工作、实现公共组织目标的过程。同时，领导还是一门艺术，在领导过程中所面临的组织或群体内部以及外部环境是不断变化的，被领导者的身份不同，教育、文化和经历背景不同，进入组织或群体的目的和需要也不同。因此，领导的过程是一种充满复杂因素和不确定因素的过程，越是高层次的领导行为，这种复杂性和不确定性越高，因此领导行为中艺术性的成分也就越多。[①]

三是公共管理领导包括领导者与被领导者两方面。公共管理领导者是指在公共组织中能够影响他人并拥有管理的职位权力、承担领导职责、实施领导过程的人。领导也指领导者与被领导者的一种关系，如果没有被领导者，领导者将变成"光杆司令"，其领导关系也就不复存在。在领导过程中，下属应自愿服从于领导者并接受领导者的指导。

四是领导的目的是为了实现组织的公共利益目标。公共管理领导是要让公共组织成员心甘情愿地、热心地而非无奈地、勉强地为实现公共组织的公共利益目标而努力，这体现了领导工作的水平，也是领导者追求的完美目标。领导的根本目的在于影响下属为实现组织公共利益目标而努力，不能为了领导而领导，也不能为了体现领导的权威而领导。

6.3.2 公共管理领导的权力来源

如前所述，公共管理领导的本质是一种影响力。所谓影响力是指一个人在与他人的交往中影响和改变他人心理和行为的能力。影响力来源于权力。一般来讲，领导者对个人和组织的影响力来自两方面：一是职位权力（又称为制度权力）影响力，二是非职位权力（又称为个人权力）影响力。

6.3.2.1 公共管理领导的职位权力

职位权力是领导者在公共组织中担任一定的工作职务而获得的权力，是由法律法规、上级或组织制度所赋予的权力，具有很强的职位特性。这种权力与领导者所在职位相对应，退位后相应的权力便会消失。一般来讲，影响公共管理领导职位权力的因素主要包括传统因素、职位因素与资历因素。职位权力是公共管理者实施领导行为的基本条件，没有这种权力，公共管理者就难以有效地影响下属，实施真正的领导。职位权力包

---

① 曾旗、胡延松、谢忠琴：《管理学原理（第2版）》，武汉：武汉理工大学出版社，2014年，第211页。

括法定权、强制权和奖赏权,它由组织正式授予,并受组织规章的保护。[1]

(1) 法定权

法定权是由公共组织中等级制度所规定的正式权力,被组织、法律、传统习惯甚至常识所认可,通常与合法的职位紧密联系在一起。组织正式授予领导者一定的职位,从而使领导者占据权势地位和支配地位。法定权是职权大小的标志,是领导者的地位或在权力阶层中的角色所赋予的,是其他各种权力运用的基础。

(2) 强制权

强制权又叫惩罚权,是指领导者通过精神或物质上的威胁强迫下属服从的一种权力。例如,公共组织领导者可以给予下属工资扣发、降职等惩罚。服从是强制权的前提,法律、(党)纪律、(党)规章是强制权的保障,处分、惩罚是强制权的手段。一般强制权是基于下属的惧怕而强迫下属服从,因此在公共管理领导中需要慎用。

(3) 奖赏权

奖赏权是一种建立在良好希冀心理之上的权力,在下属完成一定的任务时给予相应的奖励以鼓励下属的积极性。奖赏属于正刺激,源于被影响者期望得到奖励的心理。公共管理领导者为了肯定和鼓励下属的某一行为,往往借助物质或精神的方式以实现下属心理、精神以及物质等方面的满足,从而激发其前进的动力。被影响者是否期望得到这种奖赏是奖赏权的一个关键。这种权力是领导引导下属积极自愿地完成任务,因而能够有效地提升组织效率,完成预期任务。

6.3.2.2 公共管理领导的非职位权力

公共管理领导的非职位权力又称非正式权力或个人权力。非职位权力影响力是指由于公共领导者的个人经历、地位、人格、特殊品质和才能而产生的影响力,并使下属心甘情愿地、自觉地跟随领导者。非职位权力影响力不是外界附加的,它产生于自身的因素,与职位没有关系,这种权力对下属的影响比职位权力更具有持久性。[2] 非职位权力影响力包括专长权和感召权。

(1) 专长权

专长权是指领导者因具有某种专门的知识和特殊的技能或学识渊博获得同事及下属的尊重和佩服,从而在学术上或专长上显示出一言九鼎的影响力。领导者如果涉猎广泛,通今博古,学识渊博,特别是拥有组织活动所必备的专业技能,必然使被领导者对其产生一种信服力、信任力和钦佩力,从而构成领导者的专长权。这种影响力的影响基础通常是狭窄的,仅仅限定在领导者专长范围之内。

(2) 感召权

感召权主要是指领导者个人所散发出来的人格魅力,是由于公共管理领导者优良的领导作风、思想水平、品德修养而在组织成员中树立的德高望重的影响力。这种影响力建立在下属对领导者认可的基础之上,由领导者本身的素质如品格、知识、才能、毅力和气质所决定的,它通常与具有超凡魅力或名声卓著的领导者相联系。这种影响力对人

---

[1] 胡建宏、刘雪梅:《管理学原理与实务》,北京:清华大学出版社,2009年,第164页。
[2] 王慧娟、彭傲天:《管理学》,北京:北京大学出版社,2012年,第236页。

们的作用是通过潜移默化变成被领导者的内驱力来实现的。通过感召权，领导者赢得了被领导者发自内心的信任、支持和尊重。这种影响力对被领导者的影响和激励作用不仅很大，而且持续的时间也较长。

6.3.3 公共管理中的领导者

在公共管理活动中，领导者扮演着十分重要的角色。不同类型的领导者对公共组织的运转与发展会产生不同的影响，不同素质的领导者对公共管理活动也会产生重大的影响。本小节主要对公共管理领导者的类型与基本素质做简要的介绍。

6.3.3.1 公共管理领导者的类型

在公共管理领导活动中，领导者呈现出不同的风格和特性，由此也产生了不同的类型。领导者的类型主要有以下四类。[①]

（1）集权型领导者

所谓集权型领导者，就是把组织管理的制度权力进行相对牢固控制的领导者。由于管理的制度权力是由多种权力构成的，如奖励权、强制权和收益的再分配权等，这就意味着对被领导者或下属而言，其受控制的力度较大，自由发挥空间较小。在整个组织内部，资源的流动及其效率主要取决于集权型领导者对管理制度的理解和运用。同时，个人专长权和感召权是他行使上述制度权力成功与否的重要基础。这种领导者把权力的获取和利用看作自我的人生价值，其优势在于通过完全的行政命令，在其他条件不变的情况下，管理组织的成本要低于在组织边界以外的交易成本。这对于组织在发展初期和组织面临复杂多变的环境时是有益处的。但是，长期将下属视为某种可控制的工具不利于他们职业生涯的良性发展。

（2）民主型领导者

与集权型领导者形成鲜明对比的是民主型领导者。这种领导者的特征是向被领导者授权，鼓励下属参与，下属自由发挥的空间较大。从管理学角度来看，这样的领导者是通过对管理制度权力的分解并激励下属的需要去实现组织目标的。[②] 不过，这种权力的分散性会使得组织内部资源的流动速度减缓，这是因为权力的分散性一般会导致决策速度降低，进而增大组织内部的资源配置成本。但是，这种领导者给组织带来的好处也十分明显：通过激励下属的需要，组织发展所需的知识，尤其是意会性或隐性知识能够充分地积累和进化，员工的能力也会得到显著提高。

（3）维持型领导者

维持型领导者一般也称为事务型领导者，这种领导者致力于维持现状，其目的是维持秩序，使公共组织稳定运行下去。[③] 他们明确任务和组织目标，为了实现组织目标，他们会尽量考虑和满足下属的社会需要，通过协作活动提高下属的积极性。这种领导者重视循规蹈矩，以完成任务、绩效为荣，重视公共组织的管理制度，重视非人格的绩效

---

① 袁峰：《现代行政管理：领导与决策》，上海：上海社会科学院出版社，2005年，第69页。
② 雷金荣：《管理学原理》，北京：北京大学出版社，2012年，第250页。
③ 郑军：《管理学》，郑州：河南大学出版社，2013年，第191页。

内容，如计划、日程和预算，对组织有使命感，并且严格遵守组织的规范和价值观。在现实中，维持型领导者主要通过遵循和维持公共组织的现状来引导、带领下属前进，以实现公共组织的目标。

（4）创新型领导者

创新型领导者主要是指通过自我创新进而影响、带动并服务被领导者创新以实现领导目标的领导者。领导创新是建设创新型国家的题中应有之义，是国家创新体系的重要内容，具有全局性、战略性、导向性和服务性的特点。领导创新是一个过程，更是一个系统，包含着极其丰富的内容。在该系统中，领导者居于主导地位，要首先进行自主创新。领导者的自主创新表现在两个方面：一方面，从领导者自我调控角度而言，领导者要适应时代要求自主地创新领导思维、领导观念、领导方法，即通过自觉学习先进理论并接受特定的训练而改善和提高自身能力；另一方面，领导者要通过自主创新营造良好的创新环境和氛围，进而引领、激励、服务被领导者的创新。[①] 一般来讲，魅力型领导者、战略型领导者、变革型领导者都是在创新型领导者的范畴内。

6.3.3.2 公共管理领导者的基本素质

公共管理领导者的基本素质是指公共管理领导者从事公共管理领导工作必须具备的基本条件以及在公共管理领导工作中经常起作用的内在要素的总和。公共管理领导者的素质可以从个人和集体两个层面进行具体分析。[②]

（1）公共管理领导者的个人素质

一个出色的公共管理领导者必须具备以下五个方面的个人素质：一是政治素质。政治素质是公共管理领导者首先要具备的素质之一，这也是公共组织领导者与私人组织领导者的重要不同之处。政治素质要求公共管理领导者必须切实坚持正确的政治方向，切实贯彻执行党的方针和国家的各项政策，同时还必须具有强烈的事业心与开拓创新的进取心，要以身作则、遵纪守法，摒弃官本位思想，一心为群众办好事，平等待人，严于律己。二是道德素质。道德素质要求公共管理领导者具有高尚的道德品质。具体包括全心全意为人民服务的精神、廉洁奉公的高尚情操、实事求是的党性原则、秉公办事的处事态度、刚直不阿的性格气质、联系群众的民主作风、谦让容人的宽宏度量、艰苦奋斗的革命本色等。[③] 三是知识素质。知识素质要求公共管理领导者从事领导工作必须具备一定的知识储量，即领导者必须具备合理的知识结构。公共管理领导工作是一项统管全局、贯穿上下、协调各方的综合性劳动，也是一种融科学性与艺术性为一体的创造性劳动。一般来讲，公共管理领导者的知识素质包括一般文化知识、专门业务知识以及管理科学知识。四是能力素质。公共管理领导者的能力素质主要体现在基本创新能力与综合能力两个方面。基本创新能力主要体现在具有洞察力、预见力、决断力、推动力等方面，而综合能力则是指具备信息获取能力、组织协调能力、利益整合能力。五是身心素质。身心素质包括身体素质与心理素质两个方面，身体素质是指健康的体魄、充沛的精

---

① 沈亚平：《公共行政研究（第2版）》，天津：天津人民出版社，2013年，第125页。
② 孔凡河：《行政学基础》，上海：复旦大学出版社，2012年，第147页。
③ 梁仲明：《领导学通论：理论与实践（第2版）》，北京：北京大学出版社，2013年，第70页。

力、巨大的体能潜力、强大的生理适应性以及旺盛的生命力等；心理素质表现为性格、气质和个性等。心理素质影响到领导者思想的丰富性、情绪的稳定性、兴趣的多样性，影响到他们的需要、动机和行为方式，影响到他们的交往范围、同事关系、工作态度和精神状态。

综上所述，这五种素质构成了公共管理领导者的个人素质类型，它直接影响到每一位公共管理领导者的工作态度、工作行为和工作绩效，并对整个公共管理过程产生影响。

(2) 公共管理领导者的集体素质

公共管理领导者的集体素质结构包括年龄、知识、智力、气质等。一是年龄结构。年龄结构是指在领导集体中各成员年龄分布和组合的状况。处于不同年龄段的领导者在知识、经验、性格、作风、精力等方面都有各自的特点，且各有长短，将各个年龄段的领导者有机结合起来有利于发挥公共组织的整体功能。二是知识结构。一个合理的公共管理领导集体的知识结构应是多学科、多层次的，既要配备有领导科学和各种与职位相关学科知识的人才，又要有精通或熟悉业务管理的人才，从而组成一个专业齐全的领导集体并形成综合的知识结构。现代社会科技发展迅速，知识更新快，专业分工越来越细[1]，合理的知识结构可以使领导集体在决策、指挥时全面把握情况、全方位思考问题，从而进行有效管理。三是能力结构。不同领导能力的公共管理者具有不同的特点，一个理想的公共管理领导集体应该由包括帅才型、将才型与智囊型的人才所组成。四是气质结构。在公共管理领导集体中，有的领导者是内向型气质，有的领导者是外向型气质，一个理想的公共管理领导集体在性格气质上要能够相互补充、相互调和。

综上所述，一个合理的公共管理领导者集体的素质结构表现为梯形的年龄结构、合理的知识结构、互补的能力结构以及协调的气质结构。

6.4 公共管理协调

协调是公共管理活动的主要职能之一，在公共组织的日常公共管理活动中，需要经常将众多的部门、机构组织起来。公共管理协调旨在追求公共组织的整体和谐，以充分发挥管理职能、提升组织绩效。在我国公共组织作用日益显著的情况下，加强对公共管理协调的研究，对于提升公共组织治理体系与治理能力现代化具有重要的意义。

6.4.1 公共管理协调的概述

6.4.1.1 公共管理协调的内涵

协调是一个比较宽泛的概念，一般来讲，协调可以分为宏观的协调与微观的协调。从宏观角度来看，协调是指对各个部门、各项工作和各种业务在数量上或时间上进行合理、适当的配置和调整。从微观角度来看，协调是组织管理的重要职能之一，是指调整

---

[1] 孔凡河：《行政学基础》，上海：复旦大学出版社，2012年，第154页。

运行过程中各方面关系，解决它们之间的矛盾，以便消除组织中各要素、各环节比例失调现象。① 公共管理领域内的协调主要是指公共组织为了顺利实现组织目标而谋求自身的统一和谐以及自身各相关要素匹配调剂、协作分工的一种规范化的行为方式。②

由以上定义我们可以看出，公共管理活动中的协调具有如下特征③：

第一，公共管理协调是公共组织运行过程中的一种工作方式。从组织关系的角度来看，协调表现为一种工作方式，是在公共组织既定的目标之下将公共组织各个部分的行为平衡、统一于一个方向的一种工作方式，其目的是使公共组织的活动协同一致，从而实现公共组织目标，提升公共组织绩效。

第二，公共管理协调是一种公共组织的整体和谐状态。从协调结果的角度来看，协调表现为一种组织的整体和谐状态，在公共组织运行的平衡过程中使公共组织的各个部分在各自的位置上发挥应有的功能。从这个意义上说，协调直接体现了公共组织关系中的格局。

第三，公共管理协调是一种规范化的组织行为。从协调过程的角度来看，协调表现为一种规范化的组织行为。协调虽然是为了谋求行动上的协同一致，但这并不意味着使组织的各个单元绝对一致，而是要寻求各个单元在实现公共组织总目标过程中总体一致的、规范化的组织行为。

6.4.1.2 公共管理协调的类型

依据不同的标准，可以将公共管理协调划分为不同的类型。

一是按照协调的对象来划分，可以将公共管理协调分为对事的协调与对人的协调。在对事的协调方面，公共管理在总体性质上是属于实践性的，是谋求事与事之间合理适当的匹配。因此，必须明确各项事务在执行体系中的地位作用，明确各项事务的相互联系，必须对公共管理执行进行周密部署，区分事务的轻重缓急，正确协调好中心工作与非中心工作、规范性的工作与突击性的工作、上级布置的工作与本级计划的工作、相邻单位的工作与本单位的工作等的关系，保证公共事务有条不紊、和谐有序开展。在对人的协调方面，人是公共管理的主体，公共管理协调突出表现在对人的协调上。组织与组织、个人与组织之间的关系，在一定的场合中也需要通过人与人之间的沟通协调加以理顺。人际关系的协调必须以符合党和国家的根本利益为原则，同时，每个人不同的工作环境、心理个性也要求协调需要在求大同、存小异的基础上进行。

二是按照协调的范围来划分，可以将公共管理协调分为内部协调与外部协调。内部协调是指公共组织对内部各部门、机构的协调。公共组织是一个十分复杂的组织，尤其是具有官僚性质的公共行政组织，更需要进行有机协调与组织。在公共组织内部既要遵从上级的统一指挥，令行禁止，又要尽可能地发挥各部门的积极性，在内部寻找集权与分权的最佳平衡点来推动公共组织内部的有序运转。外部协调主要强调公共组织与社会发生的关系。当代公共组织与社会、个人的联系越来越紧密，许多公共组织直接参与或

---

① 刘福仁、蒋楠生、陆梦龙等：《现代农村经济辞典》，沈阳：辽宁人民出版社，1991年，第846页。
② 朱立言、谢明：《公共管理概论》，北京：中国人民大学出版社，2007年，第128页。
③ 魏娜、王学栋：《公共管理方法：原理与案例》，北京：对外经济贸易大学出版社，2008年，第81页。

介入各种社会关系,形成了公共组织与社会的一种互动关系,这种互动关系需要一种平衡,而这种平衡需要良好的协调来维持。因此,公共管理中对内、对外的协调都显得十分重要。

三是按照协调的内容来划分,可以将公共管理协调分为认识性协调与利益性协调。从认识性协调方面来说,在公共管理过程中,由于知识水平、能力结构、心理素质、主观观念等的不同,各个具体的执行主体对于同样一个管理目标可能产生不同角度、不同程度的理解,并通过一定的态度、情绪、作用反映出来。有时,这种不同的认识会直接影响到公共管理行为的和谐齐整,因此需要进行协调。认识性协调的成效主要取决于合情合理的讲解叙述、耐心细致的思想教育和循循善诱的工作方法。从利益性协调方面来说,公共管理能产生一定的行为后果,公共管理会以直接或间接的关系涉及执行主体的物质利益需求以调动工作积极性,提高工作效率。必须明确国家利益、集体利益和个人利益三者的关系,明确长远利益、全局利益与眼前利益、局部利益的关系。公共管理行为必须以实现国家利益为重,以服从长远利益、全局利益为重,同时又兼顾集体利益与个人利益。而在个人利益之间,应本着社会主义团结互助的精神,尽可能照顾到方方面面,提倡整体协作、谦让友爱、牺牲奉献的精神。[1]

四是按照协调的性质来划分,可以将公共管理协调分为促进式协调与纠偏式协调。在公共管理过程中,促进式协调主要是以激励为主,即公共管理领导者为了推动组织绩效得到更好的提升,对不同的组织机构与部门采取不同的支持政策。公共管理领导者往往采取支持、奖励等方式来激励先进、鞭策后进,推动组织发展。纠偏式协调主要是对公共组织中部门之间存在的摩擦与问题进行协调。如有些部门以自身利益为导向,不顾整体利益或者破坏组织整体利益,这时,公共管理领导者就要采取相关措施来消除破坏组织整体长远利益的行为,推动公共组织健康有序发展。

五是按照协调的方式来划分,可以将公共管理协调分为合作式协调与应变式协调。在公共管理活动中,不仅需要纵向的命令链与执行体系,还需要横向的合作体系。同级部门、组织机构之间为实现组织公共目标而进行的合作,甚至是不同级别组织机构间的合作,都需要公共管理合作式协调来发挥作用,通过不同部门间的沟通、协商、交流实现以合作推动组织目标的达成。应变式协调强调在公共组织面临环境发生重大变化或者不可预料的公共危机事件时,不同部门应在公共管理领导者或管理者的指导之下主动调整与协调环境变化或突发事件所带来的矛盾与问题,推动组织有序、平稳运行。

六是按照协调的途径来划分,可以将公共管理协调分为会议协调与非会议协调。会议协调是经常使用的一种协调方式,具体可以通过座谈会、讨论会、汇报会等形式进行。会议由与公共管理有关的组织人共同参加,顾及方方面面的权利利益,具有防止独断专行的功能。会议围绕特定的管理主题,面对面地反复进行沟通,开拓思维视野,促进思维震荡,具有集思广益的功能。要事先充分准备好有关的会议资料、讨论的计划要点、提出问题的内容方式、讨论的程序范围等,杜绝那种以会议本身为目的、不计成本、无端耗费的会议,防止责任不明、互相推诿的会议。会议协调都是正式的,而非会

---

[1] 吴爱明:《公共管理学》,武汉:武汉大学出版社,2012年,第247页。

议协调既可以是正式的，也可以是非正式的。非会议协调的方式有很多，可以因人、因事制宜，可以通过人员的个别交谈、广播电视等新闻媒介介入进行协调，也可以通过由有关人员在签呈文件上共同签字以表示了解的方式进行协调。

6.4.2 公共管理协调的基本方法

在公共管理活动中，公共管理协调的基本方法概括起来主要有以下五种。

6.4.2.1 平衡协调法

平衡协调法又叫"弹钢琴法"，是指在公共管理活动中，领导者处理事情要像弹钢琴一样"十个指头一起动作"，有先有后，有重有轻，有急有缓，相互配合、协调的一种工作方法。[1] 平衡协调法包含两层意思：一是协调好人与人之间的关系；二是协调好工作与工作之间的关系。在公共管理过程中，平衡协调就是通过对经济性、政治性、物质性和精神性利益的调整，改变绝对不平衡状态，使之保持相对平衡，缓解矛盾。

6.4.2.2 权威协调法

权威协调法是指当有些问题涉及部门和个人的根本利益，协调对象之间往往相持不下，而现实情况又十分急迫时，就必须采取非常手段，运用权力的威慑予以解决。[2] 在公共管理中运用权威协调法需要领导者从公心的角度来处理相关事务，既要不怕得罪人，也要顾全大局，做好组织的协调工作。

6.4.2.3 目标协调法

目标协调法主要是由目标与目标网组成。目标网由一级一级（包括个人）的目标组织而成，最后形成公共组织的目标网络。"网"是目标与目标之间的有机联系，目标网是公共组织的目标体系，分别由个体目标、部门目标、整体目标构成。目标网的级数并非固定不变，中级领导层一般分为三级目标网，高级层次可分为四级、五级目标网或者不包括个体目标。因此，公共组织在制定目标时要遵循下述原则：能体现组织的根本方向和长远利益，能体现各部门的基本愿望和要求，能体现每个成员的实际利益和需求。[3] 在社会主义国家里，国家、集体、个人三者之间的利益在总体上是一致的，但是在某些具体利益上也有不一致的方面，并往往被上级部门所忽视，这就需要目标协调法来予以纠偏。

6.4.2.4 组织协调法

组织协调法是指在公共组织系统内成立专门的协调机构以加强行政协调工作，这种方法多用于大规模的行政活动。一般情况下，各行政机关是由办公机构担负行政协调职能。[4] 在公共管理活动中，一些大型项目的建设和"老大难"问题的解决往往涉及比较多的公共部门，协调工作量和难度比较大，为了提高公共管理效率，可以从所涉及的部

---

[1] 王克玉、梁旭光：《女性领导论》，北京：中共中央党校出版社，1993年，第301页。
[2] 常桂祥：《论行政协调》，《理论学刊》1998年第3期。
[3] 柏盛湘、张汉林、吴正鸿：《领导技术学》，北京：中国地质大学出版社，1988年，第127页。
[4] 李景：《行政管理学》，兰州：兰州大学出版社，2006年，第224页。

门抽调人员组成临时组织,专门负责协调工作。临时组织的形式有三种:一是紧密型组织,二是松散组织,三是成立专门的常设机构,并授予其相应的权力。

6.4.2.5 人际关系协调法

人际关系协调法是指运用心理学和行为科学原理,通过建立和谐融洽的人际关系,减少公共组织系统内各要素、各分系统之间的矛盾和摩擦,以协调公共组织系统内部关系,达到公共组织系统整体优化。就公共组织而言,人际关系的好坏是事关公共组织成败的重要因素之一,协调人际关系是管理者的重要任务。人际关系的形式和内容有很多,包括亲缘关系、地缘关系、职业关系、文化关系、经济关系、政治关系和其他各种特殊关系。人际关系的实质是感情问题,所谓亲缘、地缘、职业、文化、经济、政治等各类关系因素只是联系感情的一种桥梁和纽带,而人际关系协调就是要利用这种桥梁和纽带作为沟通上下左右、四面八方的渠道和手段,起到穿针引线的作用。人际关系协调法并非是丧失原则地搞地方主义、宗派主义、裙带关系、请客送礼等庸俗的人际关系,而是在坚持原则、遵纪守法的前提下,注重沟通信息、融洽感情、建立正常的同志式的良好人际关系,达到相互理解、相互帮助、相互支持的目的。[①]

6.4.3 公共管理中协调关系的处理

在公共管理活动中,不同的活动要求使用不同的协调方法,不同的协调方法需要处理不同的组织与组织、组织与个人、个人与个人之间的关系。因此,在公共管理的协调活动中需要注意以下五个方面关系的处理。

6.4.3.1 一般与个别的关系

在公共管理协调过程中,公共管理领导者或管理者要处理好一般与个别的关系,一般主要是指公共组织要协调好具有指导性意义的组织发展大方向,同时,一般又必须要与公共组织中的个别相结合,将一般寓意于个别之中,并通过个别表现出来。因此,在公共管理协调过程中要与实际情况相结合,分析各个管理主体的具体问题,有区别地对待与解决各种矛盾,而不能简单地"一刀切"。公共管理领导者与管理者的协调工作既要吃透和执行上级方针、政策,又要了解基层具体情况,反对教条主义、本本主义,也要反对纯经验主义,从而将一般与个别有机结合起来。

6.4.3.2 事前与事后的关系

在公共管理过程中,管理者或领导者既要处理好可以预见的事前关系,又要处理好已经发生的事后关系。一方面,在公共管理活动中,处理公共事务往往要求管理者或领导者要具有战略性与预见性的眼光与判断力,即要求对公共事务的处理有一个事先的协调方案,而不是"走一步,看一步"。另一方面,针对一些不能及时预料的公共事件,公共管理领导者或管理者要积极采取事后处理与协调,分析问题的原因并找到解决问题的办法。因此,在公共管理活动中,领导者需要同时处理好事前关系与事后关系,并将二者有机结合起来,从而防止出现"火烧眉毛顾眼前"的弊端。

[①] 魏娜、王学栋:《公共管理方法:原理与案例》,北京:对外经济贸易大学出版社,2008年,第87页。

6.4.3.3 协商与命令的关系

在公共管理活动中,公共管理者要处理好协商与命令之间的关系。协商是协调的一种基本表现方式,但协商必须要有配套的引发综合效应的方式。需要果断拍板的时候,领导者或管理者要善于运用法定职权,及时运用命令的方法下达指令、统一布置,强制性地要求下属服从命令、听从指挥,保证迅速、有效、集中地进行公共管理。对公共管理者而言,何时需要充分协商、何时需要迅速下达命令是需要视情况而定的,不能"一刀切"。针对一些重大但不紧急的事项,必须要经过组织内外参与者的协商讨论通过;针对一些重大且紧急的事项则需要及时下达命令,以防错过问题解决的最佳时机。

6.4.3.4 妥协与原则的关系

在公共管理活动中,领导者或管理者需要处理好妥协与原则的关系。妥协的目的是为了解决组织所面临的问题,妥协是协调的灵活性所在,通过妥协的方式能够从不同的角度尽可能多地考虑对方的利益、观点与想法,使双方谦让互助、彼此退让,从而实现组织目标。而针对大是大非问题,公共管理领导者或管理者则要讲原则,在管理中不能丧失共产党员的底线,更不能不讲原则,为了组织或部门利益损害国家利益。因此,公共管理者需要在管理中处理好"大事讲原则"与"小事讲风格"的关系。

6.4.3.5 平衡与创新的关系

无论是促进式协调还是纠偏式协调,总是要消灭某种差距,达到某种平衡,使公共管理活动处于和谐的状态之中。但平衡所达到的稳定是一种动态的稳定,是前进中的稳定,平衡本身又会不断地被打破,走向不平衡。从事物的无限发展来说,平衡是暂时的,不平衡是经常性的,公共管理行为就是不断地从平衡走向不平衡再达到新的平衡的过程。这种客观发展趋势就要求领导者在观念上突破墨守成规、按部就班的模式,形成锐意求新、不断开拓的思维方式,学会在新的视野里从新角度去分析问题、发现问题和解决问题。[①]

6.5 公共管理技术与领导艺术

在公共管理活动中既有"硬"的管理技术又有"软"的领导艺术。管理技术是领导艺术的基础,领导艺术是管理技术的升华,二者有机结合共同推动了公共管理事业的发展。随着公共管理活动的重要性与公共管理环境的复杂性日益增加,公共管理技术与领导艺术将会对公共管理活动产生重要的影响。因此,在当今探讨公共管理活动中的管理技术与领导艺术具有十分重要的意义。本小节主要对公共管理技术、公共管理领导艺术的内涵及主要内容进行简要介绍。

6.5.1 公共管理技术

公共管理活动的开展需要一定的管理技术予以支撑,良好的公共管理技术是公共管

---

① 魏娜、王学栋:《公共管理方法:原理与案例》,北京:对外经济贸易大学出版社,2008年,第90页。

理活动进行的重要基础与前提。因此，有必要对现代公共管理中的管理技术进行探讨。

6.5.1.1 公共管理技术的内涵

"技术"一词源于古希腊，意指技能和技巧，后来也包含方法、工艺，同时又扩展为程序、思想和工具之意。公共管理作为实现和分配利益的权威性活动，也必然存在着方法、技巧、程序和规则等政治活动中的技术。[①]《软科学大辞典》对工商管理领域的管理技术进行了解释，指出管理技术主要是管理主体在一定条件下运用系统工程的方法，将生产要素中的人、财、物、信息等基本因素组成科学的生产系统，通过信息的反馈传输和经济效益的预测评价对企业进行管理的技术。[②] 而公共管理技术则与工商管理技术有较大的区别，尤其是在面对问题的复杂性、主体的多元性以及目标的公共性方面都与工商管理技术存在较大的不同之处。因此，根据公共管理活动所具有的特征，本书认为公共管理技术主要是指公共管理主体进行公共管理活动、解决公共管理问题时所运用的公共管理资源、方式、手段、程序、经验、技巧等的总称。

6.5.1.2 公共管理中的管理技术

20世纪中后期，西方开始了声势浩大的新公共管理改革运动。新公共管理运动是一种不同于传统行政模式的政府改革，其强调建立以市场为导向的顾客驱动型政府组织模式，强调运用企业化的管理主义模式改革政府运作方式，最终建成"企业化政府"。因此，在改革期间大量的工商管理技术被引用到公共管理中来，公共管理活动吸收并逐渐消化了这些技术，有效地促进了公共组织效率的提高。当前公共管理活动中常见的管理技术主要有决策技术、战略管理技术、全面质量管理技术、目标管理技术、标杆管理技术、流程再造技术等。

（1）决策技术

西蒙曾经强调"管理就是决策"，可见决策在公共管理活动中的重要性。在公共决策过程中，公共政策方案的制定、执行和评估是整个决策过程三个最重要的环节，公共管理技术的运用也主要体现在这三个环节中，具体而言，公共决策技术主要包括运用现代信息技术、建造思想库、运用决策模型、举行政策听证会等技术手段。[③] 一是运用现代信息技术，即以计算机、互联网为主要载体的现代信息技术的广泛、高效运用。在决策信息搜集过程中，决策主体借助网络技术可大大拓展信息输入的渠道，丰富公共决策所必需的信息量，特别是PFS（公共论坛系统）的设计应用，为决策者对信息进行正确分析与合理选择提供了必要的条件。二是建造思想库。思想库又称专家库或智囊团，是指由各种专家、学者和社会贤达所组成的跨学科、综合性的政策研究组织，其对政策的研究具有多科性、独立性、客观性和创造性特征，是联系政府与社会、决策者和其他利益集团的桥梁与中介，被认为是"现代决策链条中不可缺少的一环"。三是运用决策模型。在公共决策中使用最多的三种模型是理性模型、渐进模型和垃圾桶模型。其中理性模型在本质上是一种应用于公共部门的商业决策模型，该模型的构建方法为：首先搜集

---

① 蒋兰慧、史云贵：《论现代执政党执政的政治技术与政治艺术》，《天府新论》2009年第5期。
② 李忠尚：《软科学大辞典》，沈阳：辽宁人民出版社，1989年，第582页。
③ 史云贵、蒋兰慧：《现代公共决策中的技术论与艺术论》，《求索》2009年第1期。

所有与社会问题有关的信息以及可供选择的解决方法，然后选择一个最佳方法，从而科学、理性地解决问题。四是举行政策听证会。公共决策听证就是在公共政策出台之前或实施之后，就所要决策的对象、方案或公共政策效果等方面听取相关人员意见的一系列活动。

（2）战略管理技术

现代公共管理面临十分复杂的管理环境，为了更好地实现公共组织的目标，战略管理技术被应用到公共管理活动中来，这一管理技术在公共管理活动中具有重要的价值，同时也具有作为公共部门战略管理的特点。一般来讲，公共部门战略管理技术主要包括环境分析、战略规划、战略实施与战略评估四个方面。[①] 一是环境分析技术。环境分析的基本任务是运用系统思考和特定的分析模式或工具，分析影响组织的外部系统以及组织在这一特定外部系统背景下的优势与不足，了解外部的机会和威胁，从而奠定战略规划的基础，这一依靠特定工具所进行的环境分析通常被称为 SWOT 分析。二是战略规划技术。战略规划是在环境分析的基础上形成战略的过程，也是将战略意图转化为战略决策的过程。从战略管理的角度来看，公共部门的战略规划主要包括环境趋势预测、问题与目标提出、组织未来发展、管理客体分析、管理活动分析等几个方面。三是战略实施技术。所谓战略实施是通过建立机制和提高行动能力将战略规划转化为现实绩效的过程。战略实施是对战略规划的具体落实，战略实施技术主要包括确定目标的具体指标、进行功能战略选择、有效配置资源、匹配组织结构与战略、建立沟通协调机制等。四是战略评估技术。战略评估就是对战略实施进行监控并对战略实施的绩效进行系统评估的过程。战略评估技术是对战略规划与战略实施的反馈技术，主要包括战略基础检查、战略绩效评估、战略修正与调整等。

（3）全面质量管理技术

"全面质量管理"这一名称最早在 20 世纪 60 年代初由美国专家阿曼德·费根堡姆提出，它是在传统质量管理基础上，随着科学技术的进步和经营管理的需要发展起来的现代化质量管理。党的十五届四中全会提出要"搞好全员全过程的质量管理"，"全员全过程的质量管理"就是全面质量管理（Total Quality Management，TQM）。全面质量管理技术在公共部门的运用范围也越来越广泛，尤其是 20 世纪 90 年代以后，美国、英国、日本等国家将全面质量管理引入到了公共管理之中。全面质量管理是一种全员参与、以各种科学方法改进组织管理与服务、通过高素质和不断改进的产品和服务获得顾客（公众）满意的管理理念、制度和方法。[②] 全面质量管理技术主要包括组织成员广泛参与、满足顾客（公众）需要、不断改进公共组织管理和服务、提高高层公共管理领导者的认同和支持、团队精神、策略性规划等内容。全面质量管理最常见的工作程序叫作质量环，又称为 PDCA 循环，PDCA 循环主要分为四个步骤，分别是计划（plan）、实施（do）、检查（check）、处理（action），质量环整个过程体现为环环相承、逐步提高，形成大环套小环、环环相扣的完整周期。

---

① 林修果、曾盛聪：《公共管理学》，长春：吉林人民出版社，2006 年，第 137 页。
② 王新宏：《现代管理学》，天津：天津大学出版社，2008 年，第 338 页。

（4）目标管理技术

目标管理是指依据组织外部环境和内部条件的综合平衡，确定组织在一定时期内预期达到的目标，制定目标体系及政策措施，并为实现该目标而进行的组织、激励、控制和检查的一套管理程序或方法。[①] 目标管理作为一种管理技术与手段，其最终目的是提升公共组织或部门的效率。公共部门目标管理的基本内容是动员全体成员参与组织目标的制定、执行并保证其能够实现。目标管理技术主要包括目标制定、目标执行与目标考评。一是目标制定。目标制定主要是构建公共组织的目标体系、责任体系与考核体系，包括制定单位总目标、逐级分解落实、建立目标责任制和考评体系。二是目标执行。目标执行主要是对制定和分级的目标实施的过程，这一阶段的主要内容包括加强目标执行指导、加强目标执行检查与督促、做好各部门目标执行协调工作。三是目标考评。目标考评主要是对目标执行效果的评估，通过评估发现问题、总结经验教训，从而表彰先进、鞭策后进。目标考评的步骤一般是先由目标的执行者进行自我考评，并将考评结果送至上级主管部门，然后再由上级实事求是地给予评定，确认其完成目标的情况。考评的依据是年初确定的奋斗目标，成绩的评定主要依据目标的完成情况，同时也要考虑目标的复杂程度和完成目标的努力程度。考评的办法一般采用计分法，其计算公式是：综合评价＝目标的完成程度＋目标的复杂程度＋主观努力程度±修正部分。

（5）标杆管理技术

标杆管理是以最强的竞争组织或在行业中领先和最有名望的组织在产品、服务或流程方面的绩效及实践措施为基准，树立学习和追赶的目标，通过资料收集、比较分析、跟踪学习、重新设计并付诸实施等一系列规范化的程序，将本组织的实际状况与这些基准进行定量化评价和比较，分析这些基准组织达到优秀绩效水平的原因，并在此基础上制定改进本组织绩效的最佳策略，争取赶上和超过对手。标杆管理技术是提高公共组织绩效的重要方法之一，在公共部门中引进标杆管理技术，一方面能够在衡量公共组织绩效标准的基础上发现公共组织在公共服务方面存在的问题，另一方面能够通过引进最佳实践来改善公共服务的供给。一般来讲，公共部门标杆管理技术主要包括明确标杆管理目标、组建标杆管理小组、形成标杆管理计划、确定标杆管理范围、确定内外部标杆、确定标杆管理资源、收集信息与整理信息、确定标杆管理指标、确定绩效差距、分析绩效差距的成因、拟定未来的最佳实践、构建 KPI 体系、制定并实施改革计划、评估与重新校标。[②]

（6）流程再造技术

1993 年，迈克尔·哈默和詹姆斯·钱皮在《企业再造》一书中提出了流程再造的概念和基本理论。流程再造首先兴起于私人领域，是一种由信息化引发的新管理工具或管理技术。流程再造作为一种现代化管理技术被引入公共部门，成为当代公共部门管理尤其是政府改革与治理的一种重要工具。公共组织流程再造就是对公共组织流程进行根本性的再思考和彻底的再设计，以期绩效发生戏剧性的变化。21 世纪以来，我国政府

---

① 汪志友：《公共管理概论》，成都：四川大学出版社，2003 年，第 197 页。
② 胡宁生：《公共部门绩效评估》，上海：复旦大学出版社，2008 年，第 253 页。

组织流程再造取得了巨大的进展，公共部门在流程再造方面取得了较好的成绩。流程再造主要分为以下几个步骤[1]：一是战略决策勾勒，首先要勾勒公共部门发展愿景，其次高层领导要从战略层面认识到流程再造的重要性，再次要寻觅流程再造的最佳机遇，最后要评估公共部门的信息技术环境；二是启动再造，这一阶段主要包括沟通发动、再造团队组建、再造计划拟定以及组织绩效目标重构；三是审视现有流程，包括描述已有流程、诊断流程、寻找病源等步骤；四是重新设计，包括设计新流程、构建新的人力资源系统、搭建新的信息系统平台以及模拟新流程等内容；五是推广流程再造，这一过程主要是确保新旧流程的有效过渡；六是评估反馈并持续改善，包括对新流程、新信息系统表现的评估反馈以及对新流程的动态监控等内容。

6.5.2 公共管理领导艺术

领导既是一门科学，又是一种艺术，公共管理领导也不例外。公共管理领导是公共管理领导者在行使领导职能时，运用自己的智慧和经验，在领导活动中所表现出来的工作技能或技巧。在公共管理领导工作中，公共管理领导者除运用科学的领导方法以外，还需要运用领导艺术，以充分发挥领导的效能。

6.5.2.1 公共管理领导艺术的内涵

什么是艺术？本来意义上的艺术是指用形象来反映现实。而一般意义上的"艺术"是指那些富有创造的方式方法，这种含义显然是从它的本意引申转化而来的。

关于领导艺术的界定，学界主要存在两种观点：一是"才能、技巧论"。有学者认为领导艺术是指领导者为了达到某一领导目标，在一定的科学知识、实践经验的基础上，在领导过程中所表现出来的非模式化、富有创造性的才能或技巧，它是由领导者的阅历、学识、智能、意志、气质熔铸而成的一种出色的才能，是领导者领导科学素质和领导能力的高度体现。[2] 二是"综合要素论"。有学者认为领导艺术是指建立在一定知识、经验基础上的非规范化、有创造性的领导方法、方式、技能等具有操作性的综合体。[3] 如果我们说雕塑家是凭借着各种"硬件"材料，运用立体的形式来塑造形象，那么政治家、政治领导精英则是利用社会"软件"，即形形色色的机构设置、法律、制度、规则以及一系列的公共管理活动来实现公共组织的目标。由此，本书认为公共管理领导艺术是为达到某一公共组织目标，公共管理领导者在一定的知识和经验基础上，在领导过程中表现出的非模式化、富有创造性的一系列才能、技巧、方式、方法、技能，其实质是领导者的内在素质、技巧、品德与行为在领导工作中富有创造性的表现。领导艺术的内涵决定了领导艺术具有经验性、灵活性、多样性、创造性、技巧性与实践性的特征。

6.5.2.2 公共管理中的领导艺术

公共管理领导者要做好领导工作，不仅需要科学的领导方法，更需要有效的领导艺

---

[1] 陈振明：《政府工具导论》，北京：北京大学出版社，2009年，第229页。
[2] 张传烈：《领导艺术：特点及表现形式》，《政治学研究》2001年第1期。
[3] 胡婧：《从威廉·布拉顿的变革谈领导科学与艺术》，《理论导报》2011年第11期。

术。由于现实中的公共管理问题十分复杂，而客观事物又总是处于不断的变化之中，这就需要公共管理领导者学习、掌握与运用相应的领导艺术。一般来讲，公共管理过程中主要的领导艺术包括以下七个方面。

(1) 有效决策的艺术

在公共管理过程中，公共管理领导者需要具备和掌握有效决策与判断的艺术。有效的决策与判断是公共管理领导者的重要职责之一，直接关乎公共管理领导工作的效果，是实现领导现代化的关键。公共管理领导过程中要实现有效的决策需要从以下三方面来进行：一是获取、加工与利用信息。公共管理领导者在进行决策时首先要知己知彼，做到心中有"底"，这就必须要掌握决策所需的各种信息。决策的艺术性和各种决策方案的可行性在很大程度上取决于信息是否及时、准确和完整。因此，及时有效地获取、加工和利用信息需要高超的艺术。二是不同的问题需要有针对性地使用不同的决策方法。公共管理领导者在公共管理活动中需要决策的问题有很多，针对不同的问题采取不同的决策方法本身就需要良好的艺术和技巧。程序性、短期性的决策或者例行事项，由于经常出现，其决策条件一般较容易掌握，公共管理者凭借自身长期积累的知识、经验及相关能力，再参照已知情况和现有资料，通常可以提出比较正确的决策目标、方案，并做出最后的抉择。最后的抉择需要公共管理领导者运用经验判断与运用主观决策法来实现，这种方法的有效程度取决于决策者的智慧、能力和艺术。因此，公共管理领导者的观念、经验、知识、判断和分析能力对决策的正确性起着决定性的作用。三是逐步实现组织决策的程序化。任何决策活动都有一定的科学程序，公共管理活动也不例外。西蒙曾将决策活动程序分为以下四步[1]：首先是参谋活动，即确定决策目标；其次是设计活动，即寻找各种可能的方案；再次是选择活动，即从各种可能的决策方案中进行优选；最后是反馈活动，即执行方案、跟踪检查，以实现发现和补充新的方案修订目标或提出新的决策目标。在公共管理决策中，决策主体可以是个人也可以是集体，对于关乎公共组织未来发展的战略必须发挥集体的作用。

(2) 总揽全局的艺术

总揽全局是公共管理领导者必须具备的艺术之一。总揽全局并不是要求公共管理领导者包揽一切，而是要求领导者在公共组织的公共管理过程中站在全局的工作高度抓方向、抓重点、抓主要矛盾。事关政策性、全局性、倾向性的工作和问题，必须揽住抓好；对于一般事务性、个别性的工作和问题，则应放开。简言之，就是大事要揽住，小事要放手，该揽不揽是失职，会导致"中心"移位，工作失控；该放不放是包办，会极大地挫伤下级的积极性，从而导致工作效率低下。公共管理领导者在总揽全局过程中应注意以下几点：一是要正确分析公共组织面临的形势，抓住中心环节。公共管理领导者在面临错综复杂的局势时需要全面、冷静地分析形势，"找到并且紧紧掌握住最不容易从手中被打掉，目前最重要而且最能保障掌握住它的人去掌握整个链条的那个环节。"[2]在确定中心环节时，应注意不能搞多中心，不能机械地执行上级命令，不能随时变换工

---

[1] 李明芹：《管理学基础》，东营：中国石油大学出版社，2005年，第240页。
[2] 《列宁选集（第2卷）》，北京：人民出版社，1995年，第371—372页。

作中心。二是要正确处理局部与全局的关系。领导者在考虑全局时，一方面要尽量照顾局部、关心局部，将局部的具体情况作为战略思考的重要依据；另一方面要从全局的利益和需要出发，坚持局部服从全局，不可脱离全局另搞一套。"如果某项意见从局部的情况看来是可行的，而在全局的情形看来是不可行的，就应以局部服从全局。反之也是一样，在局部的情况看来是不可行的，而在全局的情形看来是可行的，也应以局部服从全局。"① 三是要抓紧中心工作，务必抓出成效。领导者要善于从大局出发，观察形势，辨别方向，判明是非，制定政策，抓好中心工作。

（3）推动工作的艺术

公共管理领导者在面对如此多的组织工作与公共事务的情况下，如何将复杂的工作与事务简单化而不至于陷入无穷无尽的琐碎事务之中是公共管理领导者需要掌握的艺术之一。推动工作的艺术有很多，一般来讲应注意以下几个方面：一是领导者要集中力量抓大事。领导工作千头万绪，面对的事情多种多样，但事情总有大小之分，而领导者的职责在于抓大事、统全局。二是领导者要突出中心抓重点。作为一个领导者，必须善于在纷繁复杂的事情中抓住重点工作不放，并全力以赴亲自抓，一抓到底，务求落实，使复杂的事务变得有脉络可寻，使问题得到顺利解决。三是领导者要讲究办事程序，学会"弹钢琴"。抓大事、抓重点不等于顾此失彼，也不等于"只及一点，不及其余"。为了既能专心于大事和重点，又能妥善处理好其他事务，领导者必须讲究办事程序，学会"弹钢琴"。② 在众多事务中，哪个先办，哪个后办，哪个急办，哪个缓办，都需要周密安排、统筹协调。要善于合并同类项，即将同类的事情合并在一起进行一次性处理，从而使整个工作呈现有板有眼、有条不紊、繁而不杂、忙而不乱的局面。

（4）善用智库的艺术

公共管理领导者也不是什么都懂的"全能王"，他们做出的每一个决策也不一定全都是正确的。因此，公共管理领导者需要善用"外脑"，即运用智库的参谋作用来推进领导工作的有效性与科学性。公共管理领导者借用智库的智慧来推动领导工作的有效性时需要注意以下几点：一是尊重人才。作为领导者要善于发现人才，以诚待士，引为知己，使他们在协助决策和管理活动中贡献才智，发挥作用。二是要使智囊团成员充分自由地发挥其智慧。这要求领导者不应把自己的主观意志以任何形式强加给研究人员，而应积极地为他们创造独立思考、独立研究的环境，使他们能够摆脱领导的影响与束缚，允许他们的思想驰骋于尚未开辟的领域，鼓励他们尽可能采取各种途径研究新情况、探讨新问题，并具有向传统习惯势力进行挑战的勇气。三是广交朋友，虚心学习。孔子说："三人行，必有我师焉。"领导者应处处留心，广交朋友，这样可以获得无数个"外脑"，吸取用之不竭的智慧。首先，领导者应向自己身边的工作人员学习，与身边的工作人员交心，请他们给自己的工作提意见、献计谋。一般来说，工作人员与领导者朝夕相处，过往甚密，比一般人更了解领导者，因此，他们往往能提出切中要害的意见。其次，利用各种机会广交各界朋友，在交往过程中听取他们的真知灼见。

---

① 梁仲明：《领导学通论：理论与实践（第2版）》，北京：北京大学出版社，2013年，第156页。
② 《毛泽东选集（第1卷）》，北京：人民出版社，1991年，第176页。

(5) 善于用人的艺术

公共管理领导者的一个重要职能就是用好组织中的每一个成员，尽可能地发挥他们的潜力，从而实现公共组织的目标。用人艺术主要表现在三个方面[1]：其一，知人的艺术，也就是领导者如何识别人才。德才兼备是最重要的标准，通过观其行、听其言、察其相，也就是通过在工作实践中综合观察、判断人的品德、才智、能力的方法以认识人的本质。其二，选人的艺术，也就是领导者如何选拔人才。领导者对人才的合理、有效使用，除了应确立选用人才的标准和原则外，还需要建立一套科学合理的用人制度，包括选拔、考核、奖惩、监督、流动、培训、退出等，从制度上予以保障。其三，用人的艺术，也就是领导者如何使用人才。领导者必须坚持以人为中心的用人思想和任人唯贤的根本原则，把人才用在各种重要和特殊的岗位上，使他们发挥作用。对人才的使用应着重于量才使用、扬长避短、用人不疑、人事相宜、合理搭配、引入竞争等，如此才能做到人尽其才、各尽所能。

(6) 正确授权的艺术

对于公共管理领导者来说，掌握正确授权的艺术显得尤为重要。授权并不是领导者将所有的权力都授予下属，授权不是分权，分权是领导体制问题，授权是一种领导艺术，它们最大的不同在于责任主体。随着分权的实施，责任也从一方转移到另一方，而授权则主要由领导者来承担最终责任。因此，公共管理领导者在授权过程中应注意以下事项：一是充分信任，公开授权。授权的前提是信任，领导者要充分信任下属，领导者的信任要让下属和其他成员都能感受到，并在授权之初公开表达对授权工作的支持，以扫清执行障碍。二是要因事择人，视能授权。领导者要根据任务的难易程度来选择执行人员，要将权力授予最适合的人。因此，授权之前，严格考核下属是不可或缺的一项工作，这包括评估下属的能力、知识、技能、经验、态度、兴趣、信心、个人发展目标、目前的工作量等是否适合这项工作。是否了解下属是授权成败的关键环节。[2] 三是要明确授权内容，提供支持性环境。领导者授权时要告诉下属其权限并清楚地描述工作内容，就下属提出的工作计划讨论制订行动计划，帮助下属预测可能出现的工作障碍及思考避免障碍的方法。同时，领导者授权过后，就不要轻易干涉下属工作，留给其一个宽松的工作环境。四是注重授权后的管理。授权后的管理可以分为两个方面：其一是领导者依然承担着授权后对于下属的指导、监督、检查、绩效考核的管理责任；其二是下属接受授权后，一方面要有严格的自我管理，另一方面要主动接受或者争取上级领导的监督管理。

(7) 处理人际关系的艺术

良好的人际交往关系是领导者成功的关键。公共管理领导工作中的人际交往主要来自三个方面，即上级、同级和下级。因此，公共管理领导人际交往艺术主要表现在争得上级的信任、取得同级的配合和赢得下级的支持，从而使领导系统中所有成员的主动性、积极性和创造性得到充分发挥。一是争得上级的信任，具体包括踏实工作，干出成

---

[1] 尚久悦：《辩证法视野中的领导用人艺术》，《理论探讨》2006年第3期。
[2] 周评：《领导力再造》，上海：华东理工大学出版社，2012年，第36页。

绩，实事求是，敢于谏言，正确维护上级的权威；二是取得同级的配合，一方面要与其真诚合作，互不拆台，另一方面要相互学习，取长补短；三是赢得下级的支持，一方面要处事公正，一视同仁，另一方面要关心下级，以诚相待。

本章小结

领导者是指在社会或组织共同活动背景下，在一定的组织结构中，运用声望、影响力或者职位权力带领组织或集体成员达成组织目标过程的个人或者集体。管理者是指既拥有正式的管理职位行使权力，也能通过决策等管理工作对组织承担责任、做出贡献的专业人员。领导者与管理者在权威来源、存在空间范围、职能分工与思维方式、态度、地位获得与才能等方面有较大区别，在目标、工作内容、角色与技能方面又存在诸多相似之处。

公共管理沟通主要强调公共组织运转过程中公共管理主体与管理客体之间以及各公共管理主体之间为实现公共组织目标所进行的信息交流活动。公共管理沟通要注重渠道畅通、信息载体合理、沟通方式规范、沟通路径简捷等原则。公共管理沟通的基本程序包括媒介通道、编码、译码、接收者、反馈、环境（情景）等要素。公共管理沟通主要分为正式沟通与非正式沟通。公共管理沟通的基本策略包括主体策略、客体策略、渠道策略与文化策略。

领导就是在社会共同活动中具有影响力的个人或集体在特定的结构中通过有效的途径动员下属实现群体或组织目标的过程。公共管理中的领导主要是指在公共管理活动中公共管理领导者依靠其影响力指挥、带领、激励、引导被领导者或者追随者实现公共组织公共利益目标的活动与艺术。公共管理领导的权力来源包括职位权力与非职位权力。公共管理领导者包括集权型领导者、民主型领导者、维持型领导者、创新型领导者。公共管理领导者基本素质包括个人素质与集体素质。

在公共管理领域内的协调主要是指公共组织为了顺利实现组织目标而谋求自身的统一和谐以及自身各相关要素匹配调剂、协作分工的一种规范化的行为方式。公共管理协调包括对事的协调与对人的协调、内部协调与外部协调、认识性协调与利益性协调、促进式协调与纠偏式协调、合作式协调与应变式协调、会议协调与非会议协调。公共管理协调方法包括平衡协调法、权威协调法、目标协调法、组织协调法、人际关系协调法。公共管理活动中要处理好一般与个别、事前与事后、协商与命令、妥协与原则、平衡与创新的关系。

在公共管理活动中既有"硬"的管理技术又有"软"的领导艺术，管理技术是领导艺术的基础，领导艺术是管理技术的升华，二者有机结合共同推动公共管理事业的发展。公共管理技术主要是指公共管理主体进行公共管理活动、解决公共管理问题时所运用的公共管理资源、方式、手段、程序、经验、技巧等的总称。公共管理技术包括决策技术、战略管理技术、全面质量管理技术、目标管理技术、标杆管理技术、流程再造技术等。公共管理领导艺术是为达到某一公共组织目标，公共管理领导者在一定的知识和经验基础上，在领导过程中表现出的非模式化、富有创造性的一系列才能、技巧、方式、方法、技能。领导艺术主要包括有效决策的艺术、总揽全局的艺术、推动工作的艺术、善用智库的艺术、善于用人的艺术、正确授权的艺术、处理人际关系的艺术等。

复习题

1. 简述公共管理领导者与管理者的异同。
2. 结合公共管理实际案例简述公共管理沟通的基本程序。
3. 简述公共管理沟通的基本策略。
4. 简述公共管理领导的权力来源。
5. 简述公共管理协调的基本方法。
6. 简述在公共管理活动中主要应注意协调哪些方面的关系。
7. 简述常见的公共管理技术与领导艺术有哪些以及两者的关系。

第7章 公共管理主体间的关系

名人名言

> 如果说在这个世界上存在着共同体的话,那它只可能是(而且必须是)一个用相互的、共同的关心编织起来的共同体。
>
> ——齐格蒙特·鲍曼

学习目标

掌握:

1. 我国政府与非政府组织在社会治理中的关系。
2. 政府与非政府组织关系发展的路径选择。
3. 现代社会治理中政府与公民关系的重构。
4. 推动构建公民与非政府组织良性互动关系的主要路径。
5. 共建共享社会合作治理共同体的构成要素。
6. 构建社会合作治理共同体五大要素互动模型。
7. 合作治理共同体五大要素互动机制。

了解:

1. 政府与非政府组织关系的一般类型划分。
2. 政府与公民关系的基本模式。
3. 政府与非政府组织关系的影响因素。
4. 政府与公民关系的影响因素。
5. 非政府组织与公民在社会治理中的相互作用与关系。
6. 公民与非政府组织互动关系的影响因素。
7. 共建共享与社会合作治理共同体的关系。

公共管理的主体是由多种类型的组织以及个人组成的一个庞大的系统。本章主要研究在这个系统中政府与非政府组织的关系、政府与公民的关系、非政府组织与公民的关系。通过研究公共管理不同主体间的关系有利于明确各个主体的角色定位，从而协调好各方关系并形成合力，促进共建、共享的社会合作治理共同体的形成，进而有力地推动国家治理现代化目标的实现。

7.1 政府与非政府组织的关系

在当今公共管理活动中，政府与非政府组织的关系越来越受到关注，并且变得越来越重要。随着我国改革开放的深入和社会主义市场经济的建立与发展，整个社会越发趋于多元化。特别是在一些社会问题比较突出、尖锐的领域里，非政府组织的活动尤为活跃和集中，它们往往发挥着政府和企业所没有或难以充分发挥的作用。因此，考察政府与非政府组织的关系就显得十分必要。

7.1.1 政府与非政府组织关系的一般类型划分

根据不同的标准，我们可以将政府与非政府组织的关系划分为不同的类型。在这里我们将会介绍两种重要的划分标准：行政标准和政治标准。[①]

7.1.1.1 行政标准类型划分

所谓依据行政标准进行划分，即是根据国家公共服务的资金筹集和授权与服务的实际提供两个维度对政府与非政府组织之间的一般关系进行划分。根据这一标准，我们可以将二者的关系概括为以下五种主要模式。

（1）政府支配模式

在这一模式当中，政府与非政府组织处于相互抑制的关系，这种关系代表政府对非政府组织采取打压政策，政府反对多元主义的制度化，政府与非政府组织之间的权力不对等而以政府占有绝对优势，二者之间的互动关系以非正式的互动为主，国家政策对于非政府组织不利，甚至认为非政府组织是非法的、危险的组织。因此，在这一模式中无论是公共服务资金的筹集还是公共服务的供给，都由政府部门占据着完全的垄断地位，非政府组织的活动空间十分狭小。

（2）非政府组织支配模式

这种模式与第一种模式相反。在这一模式中，非政府组织在公共服务的资金筹集以及实际提供方面都发挥着举足轻重的作用，政府的活动空间则相当有限。产生这种情况的原因相当复杂，但主要与意识形态以及宗教有关。这些意识形态以及宗教通常存在强烈反对政府提供社会服务的倾向。还有一种可能性就是这些地区还没有出现现代国家形态，没有形成对政府公共服务的强烈需求。

---

① 张劲松：《政府关系》，广州：广东人民出版社，2008年，第277页。

(3) 政府与非政府组织双重支配模式

在这种模式中，政府以及非政府组织都广泛参与到公共服务活动中，但都局限在各自界定的领域内，一般来说，二者都不会轻易进入对方的活动领域。在这一模式中，政府与非政府组织是一种互补关系，二者在各自不同的领域向公众提供相应的公共服务，这就使得政府与非政府组织在功能上呈互补状态；政府对多元主义十分包容，二者关系密切；非政府组织具有很强的自主性，二者的权力关系是对等的，实现了资讯共享，互利性较强。

(4) 竞争模式

在这种模式下，政府与非政府组织从事着类似的业务，存在着较强的业务竞争关系。不仅如此，竞争还在资金筹集、人力资源等领域展开，尽管这些方面的竞争经常为人们所忽视。以资金筹集为例，在很大程度上非政府组织得以存在的一个重要原因就是利用减免税等方面的优惠政策争取到那些本该属于政府税收的资金。因此，每一次围绕非政府组织税收问题的争论都可视为双方对公共资金（包括私人资金）竞争的具体体现。

(5) 合作共赢模式

与双重支配模式中的互不干涉相比，这一模式的重要特征在于政府与非政府组织之间能够形成良好的互动与合作。通常做法是由政府提供资金或授权，由非政府组织提供具体的公共服务。[①] 在这一模式关系中，政府与非政府组织以互惠互利的方式合作与共存。政府能够接受多元主义，并愿意与非政府组织分享有关资讯，但二者的联系程度有所降低，非政府组织的影响力较大，二者的互动以非正式的方式为主。在一些发达国家，财力雄厚的基金会不仅是地方政府资金的重要来源，而且有时还会向中央政府的活动提供资助。此外，二者之间的合作也并非局限于资金筹措和服务提供方面，而是涉及人力资源、技术、公共关系等更加广阔的领域。

7.1.1.2 政治标准类型划分

所谓依据政治标准进行划分，即根据政府与非政府组织间的亲密程度对二者的关系进行划分。根据这一标准，我们可以将二者的关系概括为以下四种模式。

(1) 一体化模式

在一体化模式下并不存在研究意义上的非政府组织。对于这些国家而言，非政府组织只是一种政府的装饰，其资金来源被纳入国家财政预算，其人事安排被纳入整个国家的公务员体系。非政府组织没有自身独立的意见表达机制和权利。我国改革开放之前的许多社团组织就类似这一模式，它们完全没有独立性，隶属于政府管理，代表政府或国家意志进行社会活动。

(2) 严密监控模式

在这种模式下，政府允许甚至鼓励部分非政府组织存在，但这是以政府掌有绝对的主导权为前提的。非政府组织的发展状态往往较为完整地反映了政府的意志。过高的成

---

① 田凯：《非协调约束与组织运作》，北京：商务印书馆，2004年，第21—23页。

立条件、复杂的登记程序、严格的审查制度、频繁的活动报告制度是这种模式的鲜明特征。这种模式的非政府组织往往只能开展一些政府所认可的公共事业活动。但相比较一体化模式而言，这种模式下的政府一般鼓励非政府组织在资金筹集方面集思广益。通常情况下，政府也不对非政府组织的人事安排进行过多干涉，其主要成员一般也未被纳入国家公务员体系。

（3）自由主义模式

这种模式通常存在于那些非政府组织具有较长历史的国家。在这些国家，公民社会的力量较为强大，政府有长期法治的传统。政府对非政府组织的控制往往是最低限度的，即政府部门不对非政府组织的活动进行干预，除非这些活动是有损于第三方合法权益的非法活动。这些非法活动多种多样，如非法集资、内部交易、高额的内部资金积累和利润分成、非法电话营销等。

（4）相互敌视模式

在这种模式下，非政府组织是作为潜在的颠覆者而存在的，他们的主要目的不是维持现有的秩序，而是试图打破这种秩序。从组织形态的角度来讲，他们大多是倡导型非政府组织而非运作型非政府组织。为维持现有的秩序，政府往往会以危害国家安全为由对这些非政府组织采取禁止和打压的态度。在高度的政治压力下，这些非政府组织的活动往往被迫转入地下。这种模式还有一个鲜明的特征是这些非政府组织往往得到境外机构大量的资金、人力和技术方面的支持，而这种状况又加剧了政府与非政府组织之间的矛盾。

7.1.2 政府与非政府组织关系的影响因素

影响政府与非政府组织关系的因素有很多，主要的影响因素包括市场经济发育程度、政治体制的基本性质、政治文化传统、法律环境以及政府与非政府组织双方各自所掌握的资源情况等。[①]

7.1.2.1 市场经济发育程度

市场经济的发育程度对非政府组织的成长、发育起着至关重要的作用，直接决定了政府与非政府组织的关系状态。一是市场经济的发展、财富的增加必然促进多元化社会力量的发育和成熟，从而导致非政府组织数量的增加；二是市场经济越成熟，社会问题就越复杂，对于多元化非政府组织所提供的多元化公共服务的需求就越多，非政府组织存在与发展的理由在于弥补政府与市场在经济社会发展过程中的缺陷与不足；三是市场经济的充分发展可以为非政府组织提供充分支持，这种支持既包括资金、人员方面的内容，更包括价值层面的支持，在市场经济充分发育的"富裕社会"中，人们已经摆脱了物质方面的困窘，对价值层面的追求——如公平、正义等占据了主要地位。因此，在市场经济充分发育的国家（地区），非政府组织发展所必需的资金、人员等都可以得到比较充分的保障。

---

① 叶常林、金太军：《公共管理学概论》，北京：北京大学出版社，2005年，第80页。

7.1.2.2 法律环境

为了规范非政府（非营利）组织的发展，世界上很多国家都在法律上对非营利组织进行了界定。但由于各国的法律大相径庭，各国官方在法律上对非营利组织的定义也不尽相同，对于非政府组织发展的影响也有所差异。发达国家有关法律所规定的减（免）税条款以及简单的登记程序非常有利于非政府组织获得比较充分的社会资源。如美国的非营利组织（免税组织）在得到税法中 501（C）（3）法条的认定后，可以得到税收上的优惠。日本法律规定非营利组织是指不以营利为目的，并且其收入不得用于分发给成员的社会组织。但非营利并不意味着不能参加营利性经营活动，而是必须把各种收入用于公益事业。相比之下，我国所实行的是比较严格的登记制度和管理制度，而且各种法规之间还存在着某种程度的不一致，这对于非政府组织的发展是不太有利的。

7.1.2.3 资源相互依赖

探讨政府与非政府组织之间关系的一个非常重要的维度是从中间层次即组织理论的层次进行讨论，这就是组织间资源相互依赖理论，简称资源相互依赖理论。该理论认为组织是受制于外在环境的，没有一个组织能够完全独立。因此，组织的结构及其活动方式与活动结果必须置于组织所处的环境因素中加以理解。组织为了维持生存，就必须引进、吸收、转换各种资源，而这些资源往往来自环境中的其他组织。[①] 因此，组织的结构与行为只有放在组织间资源相互依赖的关系网络中才能得到合理的解释。从资源相互依赖理论来看，政府与非政府组织都掌握着对方所需要的资源，从而形成了某种形式的相互依赖关系。政府所掌握的资源包括对非政府组织的经费投入（包括奖励、补助、合同委托等形式）、办公场所与办公设备等硬件设施、信息与技术的支持、核准设立非政府组织及其活动的许可权、政治上的支持、非政府组织存在正当性的认定以及进入非政治过程（指立法）的渠道等。非政府组织所掌握的资源包括公信力、公共服务的供应与输送、信息传递与沟通、专业知识、政治支持、正当性的维护等。政府与非政府组织各自所掌握的资源往往会影响二者的互动关系。例如：政府注入的经费多少直接影响非政府组织的活动能力及其功能的发挥；非政府组织过多地接受政府机构的委托业务往往会降低非政府组织的自主性并导致后者的行政化、官僚化；公信力越好的非政府组织越容易得到政府的大力支持等。

7.1.2.4 政治文化传统

阿尔蒙德和鲍威尔认为，"政治文化是一个民族在特定时期流行的一套政治态度、信仰和感情。这个政治文化是由本民族的历史和现在的社会、经济、政治活动进程所形成。"[②] 他们区分了三种类型的政治文化，即参与型（participant）、臣属型（subject）和地区型（parochial）。其中，参与型政治文化最有利于非政府组织的发展。在英美等发达国家的历史上，政府的权力一向都是有限的、弱小的，而地区与市民社会的自主性

---

① 费广胜：《经济区域化背景下地方政府横向关系研究：基于竞争与合作并存的角度》，北京：中国经济出版社，2013年，第179页。

② ［美］加布里埃尔·A. 阿尔蒙德、小 G. 宾厄姆·鲍威尔著，曹沛霖等译：《比较政治学：体系、过程和政策》，上海：上海译文出版社，1987年，第29页。

则较强,公民的政治与社会权利是政府权力的根据和来源,而社会结构的多元化则不仅被视为是合理的,更被视为是应当的。因此,在英美等发达国家的政治文化传统中存在着有利于非政府组织存在与发展的积极因素。相比之下,绝大多数第三世界国家的政治文化则是臣属型的,其社会结构是政府主导型的一元化单一结构,政府掌握着绝大多数关键的社会、经济、政治、组织与文化资源。因此,在臣属型政治文化下非政府组织的存在与发展不是被视为异己的危险力量予以排斥就是受到压制。这些国家(地区)的非政府组织要依靠在转型时期所形成的多元化力量为其提供生长的空间与资源。

7.1.3 我国政府与非政府组织在社会治理中的关系

在我国地方政府社会治理中,政府与非政府组织的关系变得越来越重要。党的十八届三中全会提出要激发社会组织活力,推进社会组织明确权责、依法自治、发挥作用。因此,探讨政府与非政府组织在社会治理中的关系显得十分重要。本小节主要探讨政府与非政府组织在社会治理中的合作与冲突关系。

7.1.3.1 政府与非政府组织在社会治理中的合作关系

随着市场经济体制的不断发展,政府职能的进一步厘定,各级地方政府的能力和行政绩效在行政生态变革的环境中逐步提升。在各级政府从"全能"政府转向"有限"政府的语境中,政府有所管、有所不管,部分社会公共事务的领域开始出现政府治理的"盲区",而非政府组织恰恰活跃在这些领域,这为地方政府与非政府组织在社会治理中的合作提供了机遇。对于自上而下的具有浓厚官方背景的非政府组织,由于这类组织或是由官方直接组建,或是由政府部门改制而成,或是出于资源获取的目的而挂靠在某一政府部门之下,无论是哪种情况均具有官方性质。这类非政府组织与官方关系密切,可以分享政府的权力资源和财政资源,自然也担负着一定的政府分出来的责任,从而逐渐演变为"准政府组织"。这类组织的运作方式就是"组织外形化",通俗地说就是"一个部门,两块牌子"。许多慈善组织都宣称自己是"民间非政府组织",但实质上它们都依托于政府的民政部门,负责人与工作人员也直接来自政府,其组织也以与政府极其相似的逻辑运作,从而出现了较为明显的组织形式与实际运作逻辑的背离。[1]

对于具有广泛民间基础的非政府组织,各级政府能够与其保持较为密切的合作伙伴关系,主要是因为它们与政府的互补性特征,即政府在行政实践中,有一种期待出现由自发力量形成的民间组织来处理好一些基层社会事务的心理,而草根民间组织恰恰迎合了这种心理需要。它们既不参与权力资源的分配或争夺,也不涉及财政资源的安排,而是通过提供新的社会资源、产生新的社会活力的方式与各级政府形成功能互补的社会结构。它们的进入可以促使社会公共服务水平的提高、社会公共服务领域的拓宽、政府公共服务能力的提高、公民参与公共服务的意识加强。基于此,各级政府都会给这类组织的发展让渡一定的社会空间。

---

[1] 田凯:《组织外形化:非协调约束下的组织运作——一个研究中国慈善组织与政府关系的理论框架》,《社会学研究》2004年第4期。

在我国的国际非政府组织具有三个特点[①]：一是专注于赈灾扶贫和教育卫生等公益事业；二是工作地点多为较贫困的边远山区；三是与政府多为合作伙伴关系。[②] 这一合作伙伴关系是中国政府与国际非政府组织双向意愿表达和妥协的结果。一方面，中国政府在社会底层让渡一定的社会空间，引入国际非政府组织的运作模式，既适应了世界"公民社会"的政治话语体系，又可以获取一定的社会公益事业发展基金，同时还引进了发达国家社会治理的一些新理念。另一方面，国际非政府组织要想进入中国社会领域，没有中国政府的支持是不可能的。所以，这类组织在中国的发展选择的是"以合作求公益"的运作模式，在充分考虑中国政治与文化习惯的基础上来表达自己的价值关切。[③]

7.1.3.2 政府与非政府组织在社会治理中的冲突关系

地方政府与非政府组织的冲突不仅表现在价值方面，还表现在资源方面。

（1）价值冲突

关于价值冲突，其实质是非政府组织的合法性问题。非政府组织合法性有四层内涵，即社会合法性、政治合法性、行政合法性、法律合法性。[④] 基于这四层内涵，只要有一层是不合法的，它与政府的关系就是"破坏性冲突"。政府对待这类组织的态度是很明确的，会把它看作是威胁政治和社会稳定的力量而予以打击和排斥。

（2）资源冲突

政府与非政府组织在资源方面的冲突主要表现在两个方面：权力资源的冲突和财政资源的冲突。权力资源的冲突发生在政府与具有浓厚官办性质的非政府组织之间。这类组织在担负一定的社会管理责任的同时也会参与政府权力的分享。这意味着一级政府的权力会被削弱或分散化，如果权力、权责的分配不科学、不合理，自然会在管理中出现冲突。财政资源的冲突包括两个方面：一方面是那些主要依靠政府财政支持的非政府组织，它们与某些政府机构或部门会形成直接的财政资源竞争；另一方面是那些财政资源不依靠政府的非政府组织，它们会与政府形成一种间接的资源竞争关系。这是因为双方的财政资源最终都来自社会公众，政府的财政资源来自公众的纳税，而非政府组织的财政资源则主要来自公众的捐献。因此，当政府提供的公共服务缺乏效率并引起公众的不满时，公众就会降低对该项服务纳税的意愿并向政府施加减税的压力，从而把资源转向更有效率的非政府组织。[⑤]

7.1.4 政府与非政府关系发展的路径选择

尽管当前我国非政府组织的"官民二重性"还很突出，但我国的非政府组织研究者和实际领导者对非政府组织由政府选择转向社会选择的前景充满信心。当前我国仍然是

[①] 张永祯、魏婧：《地方政府与非政府组织关系探讨》，《现代商贸工业》2011年第16期。
[②] 黎尔平：《多维视角下的国际非政府组织》，《公共管理学报》2006年第3期。
[③] 刘祖云：《政府与非政府组织关系：博弈、冲突及其治理》，《江海学刊》2008年第1期。
[④] 段华洽、王荣科：《中国非政府组织的合法性问题》，《安徽工业大学学报》2006年第3期。
[⑤] 刘祖云：《政府与非政府组织关系：博弈、冲突及其治理》，《江海学刊》2008年第1期。

"强政府，弱社会"的局面，政府依然是社会治理中的主导角色，但是这并不意味着非政府组织就没有发展空间。今后，我国政府与非政府组织将以"政府主导""职责明晰""循序渐进"的原则来指导和推动双方关系的发展，具体路径包括以下四点。

(1) 加强政府与非政府组织的项目合作力度

随着我国改革开放进程的加快，我国社会需要面对和解决的公共问题日益增加。传统的政府管理方式已经不再适应新的社会治理需要。政府与民间的合作已成为当前中国解决社会问题和提供公共物品的新方式。这些年来，我国已经在这方面取得了相当程度的进步。事实上，我国非政府组织的发展历程同时也是政府与非政府组织在合作方式、合作领域不断深入的过程。尽管如此，双方的合作无论是在合作方式还是在合作领域方面都有进一步增强的需要。例如，长期以来，双方在扶贫领域的合作可能更多局限于地方层面，而当前的发展则需要将这种合作扩展到国家层面。与此同时，双方合作的领域也需要不断拓展，不再仅仅局限于以往的扶贫帮困等传统慈善领域，而应扩展到环境保护、政策倡议、公共安全等各个领域。[①]

(2) 政府部门给予非政府组织平等的地位

不可否认，在处理当前我国政府与非政府组织关系的过程中，政府部门始终处于强势地位，非政府组织在社会生活中所能扮演的角色在相当程度上取决于政府的意愿。地位的不平等是当前中国非政府组织领域中常见的现象：一边是财力雄厚的半官方的非政府组织，一边是嗷嗷待哺的民间草根组织。这种现象的存在一方面将会促使真正的民间非政府组织对政府部门产生不信任，另一方面也会对社会本身造成某种程度的分裂。因此，对于进一步完善政府与非政府组织关系而言，赋予非政府组织平等的地位将具有积极意义。在具体措施方面，政府部门一方面可以通过竞标的方式对不同的非政府组织进行财政支持，另一方面则可以通过加强税收制度的改革赋予不同的非政府组织平等的税收减免优惠。而对于那些确实需要政府直接控制的半官方的非政府组织，政府则可以将其政府机构化。

(3) 加强政府与非政府组织间的互信建设

信任是建设和维持良好的政府与非政府组织关系的前提条件，也是减少合作过程中各种摩擦成本的重要调节剂。即使在存在竞争行为的领域，政府与非政府组织间信任关系的建设也是相当重要的。信任意味着双方的行为在对方看来都是建立在现行规则基础之上的，任何一方都不会为了防止对方的不规范行为采取额外的防范措施，因此也就不会付出额外的成本。加强在公共事业管理领域的合作以及赋予非政府组织平等的地位都是互信建设较好的手段。前者意味着合作中加深信任，后者则表示平等是建立信任关系的重要前提。此外，经常性地开展双方参与的座谈会以及在两种组织间实施人员流动等都是建立信任关系的重要途径。[②]

(4) 改变我国非政府组织领域中普遍存在的行政化倾向

在当前我国的非政府组织中行政化特征较为明显，这种情况得以形成的一个重要原

---

① 崔开云：《中国政府与非政府组织间关系——一个总体性研究》，《理论探讨》2009 年第 4 期。
② 刘美萍：《政府与非政府组织合作的困境及出路》，《学海》2014 年第 6 期。

因是非政府组织对政府部门资源的依赖。因此，我国非政府组织"去行政化"改革存在的主要问题包括：民间组织与政府机构人员分离不彻底；民间组织主动依附问题严重；政府职能转变滞后；"去行政化"改革缺乏法律保障。为了进一步推动"去行政化"改革，可以采取如下措施：统筹"去行政化"改革与政府职能转变；存量改革与增量改革相结合；支持和规范民间组织的商业活动；做好民间组织的人事管理工作。①

7.2 政府与公民的关系

在现代社会中，作为政府公共服务主要对象的公民，由于具备主体性、公民身份、公民精神等要素，也是公共事务的治理主体。政府承认公民的治理主体地位，培育合格公民，并制定相应的制度、政策等予以支持，公民则通过积极表达利益诉求参与公共事务，与政府进行良性互动，从而形成平等合作关系，促进政府公共服务的改善。本节主要对政府与公民关系的基本模式、政府与公民关系的主要影响因素与现代社会治理中政府与公民关系的重构进行简要介绍。

7.2.1 政府与公民关系的基本模式

从社会发展的历史来看，整个社会发展可分为三个阶段：农业社会、工业社会、后工业社会，政府治理社会的模式也就相应地分为统治型、管控型和服务型三种基本类型。政府与公民在不同时期有不同的关系模式，其主要转变是由统治型社会中的"主－奴"关系到管控型社会中的"支配－服从"关系再到服务型社会中的"服务－合作"关系，也就是由"政府中心"向"公民中心"转变，公民也由政府统治、管理的客体转变为治理公共事务的合作主体。②

7.2.1.1 统治型社会中"主－奴"关系模式

在统治型社会中，政府与民众的关系是一种"主－奴"关系。在人类社会早期以及整个农业社会时期，政府的主要职能是维护等级秩序。"秩序价值是它的核心价值，它以权力意志的形式表现出来，在身份关系的线性等级体系中以强制性的力量维持着统治，这是一个'权治'的社会"。③ 尤其是在实行君主专制统治的中国封建社会，由君主及其官僚机构组成的"政府"是统治主体，由平民百姓组成的"社会"是统治客体，这种主体与客体、"官"与"民"的关系是拥有绝对权力的君主及其官僚体系与基本无权利可言的百姓之间的命令与服从的关系，二者的法律地位是严重不对等的。"统治的等级秩序就是权力意志，它通过权威整合的方式获得，表现在行为模式中，在从下到上的关系中，是依次而有的忠心与顺从，是臣对君的忠诚与服从，是一切直接相关的'下'对'上'的顺服；在从上而下的关系中，则是不同统治层级表现出的主观性与随

---

① 孙发锋：《中国民间组织"去行政化"改革：反思与建议》，《郑州大学学报》2014年第1期。
② 袁建辉：《政府公共服务中的伦理关系研究》，长沙：湖南大学出版社，2011年，第129页。
③ 张康之、程倩：《作为一种新型社会治理模式的服务行政——现实诉求、理论定位及研究取向》，《学习论坛》2006年第5期。

意性。"① 在这种统治型社会中，行政机构是"管人"的"官衙门"，"民"从属于"官"，是其附属物。以皇权为尖顶的金字塔形官僚体系按权力大小和官位高低来分割社会资源，皇权处于政治权力的中心地位，百姓被安排在政治生活的边缘地带，政府与民众的"主－奴"关系由此形成。

7.2.1.2 管控型社会中"支配－服从"关系模式

所谓管控型社会管理模式是指"政府或其他公共机构凭借其法定的权力，制定一定的法律、法规和政策等权威性的原则，将其付诸实施，对社会主体的行为进行约束、限制和规范的一种管理行为模式"②。我国从新中国成立之后到改革开放初期都实行的是管控型社会管理模式。管控型社会主要具有以下特征③：一是实行政府全能的社会管理。政府不仅通过统一计划、统负盈亏、统购统销、统收统支，建立起高度集中的计划经济体制，也通过干部统一调配、职业身份统一确定、人员统一安置、社会事务统一部署、社会活动统一组织等，建立起社会依附于政府的全能型社会管理体制，社会本身基本上没有相对独立的发展空间。二是实行以"单位"为基础的从业人员管理。"单位"既是工作组织，也是解决各种社会事务和落实社会管控任务的基层组织，既是我国社会的基本组织单元，也是社会管理的基础。在这种体制下，国家机关、企事业单位、人民公社，都成为一个个"大而全""小而全"的单位组织，人们结婚、生子、疾病、丧葬、治安等都是由单位管理，各种社会福利也都由单位提供，即所谓的企业办社会、单位办社会。三是实行以"街居"为基础的城市社会人员管理。政府通过街道办－居委会体系管理社会无工作人员、闲散人员、民政救济和社会优抚对象等。相对单位体制而言，这种"街居体制"实际上在社会管理中起辅助作用。四是实行以单位制度、户籍制度、职业身份制度和档案制度为基础的社会流动管理。为了使社会高度组织化和有序化，在计划经济体制下社会管理的目标就是使一般社会成员的就业和居住尽量固定。以单位制度、户籍制度、职业身份制度和档案制度为基础，严格限制社会成员在城乡之间、单位之间和不同职业身份之间流动。一切国家所需要的人员流动和人口迁移，都是按照统一的计划有组织进行。最典型的就是出差办事、在外住店都需要带单位介绍信，没有介绍信则寸步难行。因此，在这样一个管控型社会管理体制下，形成了政府与公民的"支配－服从"关系模式。

7.2.1.3 服务型社会中"服务－合作"关系模式

随着我国改革开放的进一步深入，社会结构不断变迁，政府与公民的关系发生着巨大的变化，我国掀起了建设服务型政府的浪潮。新公共服务理论认为在政府与公民的关系中，公民必须首先是公民而不是顾客。政府是服务于公民，而不是服务于顾客。政府及其行政人员要把服务对象看作是具有公民权的公民，政府的公共管理应该在尊重公民的基础上通过合作和分享过程来运行。因此，新公共服务强调政府必须重视公民权利。

---

① 张康之：《作为一种新型社会治理模式的服务行政》，《学习论坛》2006年第5期。
② 郁建兴、关爽：《从社会管控到社会治理——当代中国国家与社会关系的新进展》，《探索与争鸣》2014年第12期。
③ 窦玉沛：《从社会管理到社会治理：理论和实践的重大创新》，《行政管理改革》2014年第4期。

而重视公民权利就体现在政府与公民之间建立的对话和合作关系：一方面，政府应该主动去理解公民正在关心什么，并对其需要和利益做出及时、有效的回应；另一方面，为了使公民权利能够更好实现，政府必须创造条件以保障公民参与有关公共利益的认定以及公共服务内容、方式的确定等，不能由政府单方面决定，而是必须以共同价值观为基础，由政府与公民以对话方式决定。党的十八大以来不断加强社会治理创新，尤其是党的十八届三中全会在此基础上明确提出了"创新社会治理体制、提高社会治理水平"的要求，体现了治国理政理念的与时俱进。我国提出建立"党委领导、政府负责、社会协同、公众参与、法治保障"的社会治理体制，其中"公众参与"强调尊重社会成员的社会政治权利，主张激发社会成员的权能，使社会成员在社会治理过程中拥有发言权、选择权和影响力，强调与公民等多种社会主体之间进行广泛沟通、交流、协商、合作，有效应对各种社会危机，调节各种利益冲突，提高社会公共服务和公共产品的质量。因此，在此背景下我国政府与公民的"服务－合作"关系基本形成。

7.2.2 政府与公民关系的主要影响因素

从整体上看，随着社会大环境的变化，政府与公民关系也随之发生了相应的变化，尤其是随着公民主体意识的增强以及服务型政府的构建使得政府与公民关系朝着平等、合作、互动的关系发展。但是当前影响政府与公民关系的制约因素仍然存在，这些因素掣肘了政府与公民关系朝着良性互动的方向发展。

7.2.2.1 政府服务意识淡薄，传统行政文化形成的"官本位"文化色彩浓郁

中国经历了两千多年的传统社会，臣民文化反映在中国社会的方方面面。在两千多年的传统社会里，皇帝具有至高无上的权力，不受包括法律在内的任何约束，整个官僚机构呈金字塔式结构。与这种政治结构相适应，中国传统社会建立和形成了一套独特的具有"家长本位"与"权力崇拜"特征的行政文化。这种行政文化使得政府官员"官本位"思想根深蒂固，在这种思想下政府与公民不是一种平等关系，而是一种人身依附关系，政府对民众不是服务而是统治。[①] 因此，在这种思想的影响下，掌握公共权力的人往往把自己当作权力的所有者和主人，以自身利益最大化为目标，把公共权力的真正主人——公民，当作公共权力指向的对象，强调公民对政府管理的服从义务。因此，在传统行政文化影响下的"官本位"思想使得政府服务意识淡薄，积重难返，阻碍了政府与公民合作、互动、平等关系的建立。

7.2.2.2 公民自身存在的缺陷使其公共事务参与动力不足，处于被动状态

公民自身存在的缺陷也是影响政府与公民关系最为关键的因素之一。这种缺陷主要表现在以下几个方面[②]：一是公民文化素质不高。阿尔蒙德和维伯在研究美英等国的公

[①] 周瑞麟：《论传统行政文化对政府与公民关系的影响》，《云南行政学院学报》2004年第6期。
[②] 孔祥利：《从治理角度看我国政府与公民关系的重塑》，《前沿》2004年第10期。

民文化时发现，一个国家的社会文化教育发展直接影响公民的公共事务参与程度。[①] 具体到我国，改革开放后教育科学文化事业虽有较大发展，但从整体来看我国教育仍较落后，部分国民文化素质也不是很高。政府提供了公民参与政治互动的机会和条件，但公众缺乏参与政治、管理国家生活所必需的知识和技能，更不用说相应的政治知识和政治技术。同时，公民较为薄弱的政治责任感、民主意识和法律意识等也在抑制着政府与公民关系的发展。二是公民主体意识不强。在传统儒家"顺民"文化的影响下，公民对政府保持着高度的依赖性，公民的个性一直没有得到很好的展现。在政府进行治理变革的今天，确立公民的主体意识，以独立人格取代权威人格依旧是政府与公民关系重塑的重点。三是公民政治参与积极性不足。随着市场经济的深入发展，广大公民在物欲横流的社会中追求"个人利益"，过度追求物质利益的"利己主义"现象比比皆是，这使得公民共同体意识薄弱，政治参与冷漠的现象较为普遍。

7.2.2.3　法律法规与制度的不完善

党的十八届四中全会提出"坚持依法治国、依法执政、依法行政共同推进，坚持法治国家、法治政府、法治社会一体建设"的目标要求，明确全面推进法治中国建设任务，表明了依法治国、依法行政已经成为当前我国政治经济发展的常态化指导方针。与此同时，我国初步形成了以宪法为核心的法律体系，国家的政治生活、经济生活和社会生活有法可依，但是我国离建成法治国家的目标还有很远的道路要走。现实中有法不依、执法扭曲、信访不信法的现象严重影响了政府与公民平等、良性、合作关系的建立，主要表现在以下几个方面：其一，国家公职人员有法不依，一些地方和部门的执掌权柄者，"上有政策，下有对策"，不顾大局和长远利益，有组织地用种种不正当手段非法保护地方和部门的私利；其二，执法和司法人员不按法律程序办案，甚至曲解法律依据，处理问题随意性很强。维护部门和个人利益的倾向非常明显；其三，老百姓存在"信法不如信访"的观念，法律意识不强，对法律认识不到位。法治被当作维护社会秩序的工具，法治在不对公民权进行任意干预的情况下，政府与公民合作、平等、互动关系的建立才能出现良好的转机。

7.2.2.4　第三部门发育不健全

公共管理中的主体格局应是一种多元的结构，市场是"看不见的手"，第三部门则是它们之外的"第三只手"。因此，公民以第三部门为依托，可以在公民参与的过度分散与参与不足之间求得适度平衡。与政府部门相比，第三部门的优势在于：第一，更容易接近服务对象；第二，更灵活地对服务对象的需求做出反应；第三，更适合处理高风险的社会问题。[②] 但是当前我国非政府组织发育不完善并存在诸多问题，这也使得公民与政府关系的构建失去了有力的组织依托，因而严重影响了公民与政府的关系。具体来讲，我国非政府组织发育主要存在以下问题：一是非政府组织的独立性不强。我国目前

---

① ［美］加布里埃尔·A. 阿尔蒙德、西德尼·维伯著，徐湘林等译：《公民文化——五个国家的政治态度和民主制》，北京：华夏出版社，1989 年，第 387 页。
② 周晓丽、马晓东：《政府与公民良好合作关系的重塑——新公共服务理论的视角》，《重庆社会科学》2005 年第 5 期。

大多数社会组织的发展都带有浓厚的行政色彩,社会组织对行政机关的依赖性很强。二是非政府组织自身内部治理结构还不完善。目前许多社会组织内部管理十分混乱,上下级关系不明确,职位设置错位,财务管理混乱,内部协调机制不健全。三是非政府组织社会认同度和公信力还不高。由于一些非政府组织行为不规范,自律以及活力不足,这使得其社会公信度不高,群众代表性不够。同时其组织机构不健全,内部治理与运作机制不科学,运作透明公开度较差。甚至一些非政府组织利用组织自身资源非法牟利,没有发挥其利益诉求代表与公共服务的功能。

7.2.3 现代社会治理中政府与公民关系的重构

现阶段要构建共建、共享的社会治理格局,必须推动政府职能转型,深入推动服务型政府建设。推动服务型政府建设本身就是推动构建政府与公民平等、良性、合作互动关系的体现,所以服务型政府的构建在实现社会良好治理、政府与公民良好合作方面具有举足轻重的作用。具体来说,要实现政府与公民良性互动的合作关系必须采取以下措施来重构政府与公民的关系。

7.2.3.1 以善治作为政府与公民关系创建的逻辑起点,积极倡导政府服务意识

善治就是公共利益最大化的治理过程,其本质特征就是国家与社会处于最佳状态,是政府与公民对社会政治事务的协同治理。[①] 从善治的内涵与主要特点可以看出,善治的理念更加强调的是公民直接参与政府治理中的主体地位和作用以及政府与公民对公共生活的合作管理。在建构良性的政府与公民的关系过程中,公民的主体性要得到不断强化,和谐的政府与公民的关系要得以确立,显然只有在善治理念的指导下以公民至上为逻辑起点才能构建。与此同时,随着治理理论的进一步深入,与之相关的自由、民主、公正、人权、契约等意识也将进一步深入人心,承认并尊重这些人类社会的基本价值已成为现代社会治理中重新建构政府与公民关系的现实选择。因此,作为政府必须坚持全心全意为人民服务的宗旨,在服务型政府建设中树立"以结果为导向"的服务意识,不仅注重政府履行职责的过程,而且更加注重政府提供公共服务的有效性,即政府提供的公共产品和公共服务的数量和质量能否满足公众的需求,从而构建政府与公民平等、和谐、合作的良性互动关系。

7.2.3.2 着力提升公众的公民意识与公民能力

在当前构建全民共建共享社会治理格局的过程中,需要具有公民意识与公民能力的公民来推动政府与公民关系的构建。公民意识是公民能力的前提,没有公民意识的公民不可能具有较强的公民能力;而公民能力则能够进一步加强公民意识,二者共同推动公民参与社会治理的能力。具体来讲:一是要有效地加强公民意识。公民意识淡薄并非仅仅涉及公民自身的原因,还包括政府等主体因素。提升公民意识一方面要求公民自身要加强权利主体意识,积极参与社会公共事务,从而在政治参与中形成权利意识、参与意

---

① 俞可平:《推进国家治理体系和治理能力现代化》,《前线》2014年第1期。

识、主体意识、责任意识、民主意识、平等意识、公共意识；另一方面政府要积极引导公众提高公民意识，在社会治理中改变传统的"官本位"思想与"走过场"的态度，能够真正放下身段，认真消化社会公众的意见与建议并做出积极反馈，真正做到尊重民意、顺应民意、与民意和谐共存，从而有效巩固和提升公众的公民意识。二是要着力提升公民能力。共建共享的社会治理格局目标需要具备一定公民能力的公众参与才能实现。这一方面要求政府要在社会治理中引导公众参与各种类型的基层协商民主，形成"协商对话提升公民能力，公民能力推动协商民主"的良性互动局面，同时也可以推动形成"民生项目带动民主讨论，以民主讨论提升公民能力"的良性互动局面。例如，成都市在村级公共服务与社会治理改革中实现了"民生带动民主，民主反促民生"的良性互动局面，在涉及公众切身利益的民生项目的民主讨论中提升了公民能力。另一方面政府要引导公众以合理、合法的正式制度渠道来参与表达自身利益诉求，积极引导公众正确利用互联网等现代媒体来参与公共事务，以"网络问政"为契机，推动公众合理、合法地表达自身利益诉求，从而提升公民参与能力。因此，以公民意识与公民能力提升为抓手来推动政府与公民和谐、平等、合作关系的构建显得尤为重要。

7.2.3.3 创建法理型的政府与公民关系基础，努力实现依法行政

从法律和制度上规范政府与公民关系，不仅为二者关系的稳定提供了法律上的支持，而且也有利于公众做出对政府的积极评价。这是因为上升为法的制度与规范是公民价值观念符号化的产物，它是在公民普遍同意的基础上设定的程序化的政治体制和政治行为准则。政府制定法律法规充分表明对民意的反映以及对政府与公民关系的重视和规范。显然，这不仅有助于政府合法性的提高，而且也有助于增强人民的信任感，可以在稳定的制度框架内实现政府与公民关系的和谐发展。与此同时，从法律和制度上规范政府与公民关系，也是规范政府行为、倡导依法行政使然。恩格斯曾指出，"政治权力能给经济发展造成巨大的损害，并能引起大量人力和物力的浪费。"[①] 依法行政，强调行政过程的程序和规则约束，以保障个人的实质权利。一方面规范行政主体的行为方式和行政主体与公民发生联系的方式，另一方面也要关注个人利益，防范行政侵权行为。显然，这就从制度上为降低行政成本、消除行政侵权和腐败现象提供了保障，有利于良好政府形象的树立，从而推动政府与公民和谐、平等、合作关系的构建。

7.2.3.4 培育高质量的社会组织，进一步激发社会组织活力

面对当前我国社会组织发育不成熟，推动政府与公民关系的"中介"作用发挥不足的困境，有必要通过规范和培育高质量的社会组织，以提升社会组织的"中介"能力。具体来讲：一是要确定组织培育重点与改革登记制度。政府要重点培育和优先发展行业协会商会类、科技类、公益慈善类、城乡社区服务类社会组织，实施相关社会组织直接依法申请登记制度。二是要完善激发社会组织的活力机制。政府在职能转变的基础上要加强对社会组织发展的扶持、引导与监管，要加强政策创新设计，为社会组织发展提供

---

① 中共中央马克思 恩格斯 列宁 斯大林著作编译局编：《马克思恩格斯选集（第四卷）》，北京：人民出版社，1995年，第483页。

一个宽松的发展环境和法律制度保障；同时要将社会组织人才建设纳入统一的规划培养，完善社会组织财务、人事、税收、评估等一系列制度。三是要重点构建现代社会组织培育与发展的制度支撑体系。要构建包括培育发展制度、扶持推动制度、优惠补助制度、公共服务购买制度、税收优惠制度、社会支持制度、法律保障制度等在内的一系列培育和推动社会组织发展的制度体系，从而形成社会治理体制创新的社会组织支撑系统。通过以上引导和扶持措施，可以有效地在政府与公民和谐、平等、合作关系构建的过程中形成一批有资质、高质量、有影响力的社会组织与社会团体，从而进一步推动政府与公民良性互动关系的构建。

7.3 非政府组织与公民的关系

20世纪90年代之后，随着我国非政府组织的发展，公民通过非政府组织途径参与公共事务变得越来越普遍，非政府组织成为公民表达利益诉求的组织代表，公民与非政府组织的关系变得越来越密切，非政府组织在环保、慈善、扶贫、社区建设、教育等方面对公民政治生活产生了重要影响。

7.3.1 非政府组织与公民在社会治理中的相互作用与关系

非政府组织与公民的关系十分密切，二者相互作用，共同推动了我国公民社会的形成。在非政府组织与公民的关系中，社会组织是公民的社会组织，公民是社会组织的成员，二者之间的关系决定了它们参与社会治理的角色不尽相同，只有协调二者之间的关系，才能实现社会参与的有序性，进而提升社会赋权的有效性。

7.3.1.1 非政府组织是公民政治参与的重要载体

党的十八届三中全会通过的《中共中央关于全面深化改革若干重大问题的决定》指出，要激发社会组织活力；重点培育和优先发展行业协会商会类、科技类、公益慈善类、城乡社区服务类社会组织，成立时直接依法申请登记；加强对社会组织和在华境外非政府组织的管理，引导它们依法开展活动。[①] 随着各种民间社团的成立、发展和壮大，社会组织逐渐成为推动社会转型的重要力量。发挥社会组织在社会治理体系中的功能和作用对我国社会的发展意义非常深远。各种社会组织在公民权利保障、对特殊群体的关注、缓和社会矛盾、构建公民间的沟通平台以及公民与政府间的对话机制等方面将发挥越来越重要的作用。非政府组织作为公民社会的代表，整合公民多元利益并代表公民向政府与市场提出不同的诉求，扩大公民合理的政治权利与社会权利，表明非政府组织已经成为公民表达利益诉求、参与公共事务的重要组织载体。

7.3.1.2 公民是非政府组织发展的重要动力

党的十八届三中全会明确指出要"更加注重健全民主制度、丰富民主形式，从各层

---

① 《中国共产党第十八届中央委员会第三次全体会议文件汇编》，北京：人民出版社，2013年，第70—71页。

次各领域扩大公民有序政治参与"①。公民参与在不同的层面发挥着不同的作用，公民政治参与是人民群众管理国家事务，实现政治权利和人民当家作主的必要途径和重要方式，并反映普通公民在社会政治生活中的地位和作用。我国公民与社会组织关系的发展经历了曲折的过程，在新中国成立以后相当长的一段时间里，宪法所赋予公民的权利并没有完全得到应有的保障，自然更谈不上倡导公民意识。这一时期我国几乎没有独立的社会组织，也没有独立的代表公民利益诉求的非政府组织。改革开放以来我国公民政治参与变化很大，公民的参与意识逐渐增强，公民政治参与向理性化、制度化稳步发展，这为非政府组织的发展提供了重要的动力。非政府组织是民间社会的组织，其主要成员为广大公民，并由公民实行民主管理与运作，该组织只具有代表其组织成员利益和愿望的授权，能够在一定程度上反映民意诉求，代表公众监督政府、影响决策过程、开展社会活动等。因此可以说在公民意识与公民责任日益强烈的背景下，公众公民能力的提升推动了非政府组织的发展，为非政府组织的合法性与可持续性提供了有力的动力保障。

7.3.1.3 公民与非政府组织共同推动公民社会的发展

托克维尔曾在《论美国的民主》一书中指出，由于美国的历史背景以及政治体制，美国联邦和州政府的力量相对弱小，民众为了实现共同的目的而自发成立了很多社团。民众通过社团的活动，不仅在相互合作中解决了共同面临的问题或满足了社区、各种共同体对公共产品、社会服务的需要，而且在这一过程中培养了独立于国家的自治精神。同时，社团作为中间团体，可以较好地防止政府滥用权力或多数人的暴政。② 由此可见，公民与非政府组织的相互作用在推动公民社会的形成与发展过程中具有十分重要的作用。一个强大的公民社会是建立强大民主政治的关键条件，而非政府组织与广大公民则是建立强大公民社会的关键条件。一方面，公民通过非政府组织可以把单个公民的诉求集合成一股强大的力量，以此来制约国家权力的运行，保障公民权利；另一方面，非政府组织通过公民参与来提升影响力与活力，从而增加自身的合法性与公信力。因此，公民与社会组织相互作用、相互推动，形成了一个充满活力的公民社会。公民社会的形成直接推动了政治民主改革，公民社会越成熟，其对政治民主的推动力就越大。

7.3.2 非政府组织与公民互动关系的影响因素

我国非政府组织与公民互动关系的发展已经取得了不小的进步，但由于受非政府组织以及公民政治参与所处的社会环境、政治环境、经济环境等各方面因素的影响，我国非政府组织与公民互动关系方面还存在着诸多的不利影响因素，主要有以下四个方面。

7.3.2.1 非政府组织自身建设不足

改革开放以来，经济体制改革和政府职能转变为非政府组织的发展提供了广阔的空间，我国非政府组织得到了迅猛发展，初步形成了覆盖城乡、领域广泛、门类齐全、层次合理的非政府组织体系。③ 但我国非政府组织自身建设依然存在诸多不足之处，这也

---

① 《中共中央关于全面深化改革若干重大问题的决定》，《人民日报》2013年11月16日。
② ［法］托克维尔著，董果良译：《论美国的民主》（上卷），北京：商务印书馆，1988年，第218-232页。
③ 唐铁汉：《中国公共管理的重大理论与实践创新》，北京：北京大学出版社，2007年，第472页。

直接影响了其引导公民参与的能力。具体来讲，我国非政府组织发展主要存在以下问题：一是非政府组织运作资金不足。我国非政府组织运作资金的来源主要有政府资助、企业捐赠、私人募捐以及营利性收入等。就目前来看，许多非政府组织在建设初期由于有部分资金的支持，开展了一些有效的公益活动，但随着资金链断裂，许多非政府组织进入"休眠"状态。二是非政府组织自身能力有限。非政府组织在发展的过程中面临着两个困境：一方面是知识培训的困境，非政府组织在专业知识获取方面较为滞后，信息不够畅通，而对于专业知识的获取没有既定的制度，政府组织相关培训的力度也不够，就算有一些培训也只是表面的培训，并未达到科学有效的效果；另一方面是信任的困境，非政府组织的组织透明度已经成为大众质疑的对象，由于近几年非政府组织中出现的一系列挪用募捐款、贪污活动资金等恶性事件，非政府组织的社会公信度有所下降。三是非政府组织内部管理能力较差。许多非政府组织缺乏优秀的领导者、缺乏科学的人力资源管理机制、缺乏系统的内部管理制度，出现组织行政化程度过于明显等管理问题。这些问题严重影响了非政府组织自身的发展与壮大，也掣肘了其引导公民参与的能力，弱化了与公民的关系。

7.3.2.2 政府与非政府组织分工界限不明晰

我国正处于社会转型期，政府的各项职能也正在发生变化，这一特定时期带来的问题就是在政府职能未完全转变之前，政府与非政府组织的职能分工不能完全确定，公共服务的哪些部分由政府管理，哪些部分由非政府组织管理，对此并没有明确的分工边界，于是在引导公民政治参与方面，政府与非政府组织出现了管理交叉的现象。由于受到传统的政府管理思想的影响，政府在职能转变方面还不彻底，一方面政府要将需要由非政府组织实施的公共服务部分转移出去，另一方面政府应该大力加强对非政府组织的支持，这样政府才能将有限的精力投入到更重要的属于政府的社会管理部分中去。但目前的状况是政府对于非政府组织的能力并没有建立足够的信心，还没有给非政府组织提供合适的发展空间，这种情形在很大程度上限制了非政府组织在引导公民政治参与中发挥作用。

7.3.2.3 公民精神缺位

公民精神是公民政治参与的基础。但就我国而言，公民精神的发展层次还比较低。由于受到传统思想的影响，大部分公民还不具备完整的公民精神。"中国传统的伦理权力结构中，政府和社会是'官'与'民'的关系，'官'通过与'天子'（皇帝）建立联系，获得权利，与'民'之间构成大与小，上位与下位，包纳与被包纳，统治与被统治，施令与服从等的关系。"[①] 我国历来对公民的结社活动进行严格控制，大部分的民间结社都是一些非权力性的组织，主要以文化性、娱乐性为主，不具备体现公民精神的性质，公民政治参与的意识不够强。虽然我国社会结构已经开始改变，政府和非政府组织都开始在培养公众的公民精神，但是非政府组织在引导公民政治参与的过程中还是会感受到公民的抵触心理，公众"事不关己，高高挂起"的思想没有得到有效转变。公共

---

① 贾西津：《中国公民参与的非政府组织途径分析》，《中国非营利组织评论》2007年第12期。

精神的缺位直接影响了公民与非政府组织之间的互动，如果公民没有任何公共责任与公共精神，那么非政府组织就很难和公众建立起良性互动的密切关系。

7.3.2.4 法律制度不健全

良好的法律制度环境是非政府组织与公民良性互动关系构建的重要保障。改革开放以来，我国一直在不断努力地建设社会主义法治国家，也取得了不小的成就。但是在我国的法律框架下，关于非政府组织管理方面的法律法规还不够健全，这在一定程度上限制了非政府组织的发展，也直接影响了非政府组织与公民关系的发展。我国关于非政府组织法律制度的不健全主要表现在以下两个方面：一是我国关于非政府组织的登记制度过于严格。现有社团登记条例中对于非政府组织成立的条件进行了严格的限定，包括必须具备的组织成员数量、工作人员数量、组织财产总额，同时还规定必须有组织法人才能进行登记；二是我国关于非政府组织民事关系的法律规定薄弱。目前关于非政府组织的法律有《宪法》第35条中规定我国公民具有自由结社的权利、《民法通则》第50条中明确了社会团体法人的民事法律地位、《社会团体登记管理条例》等其他行政法以及地方性法规。纵观这些法律，绝大多数对非政府组织的行政管理进行了限定，而关于非政府组织内部的组织结构、财产关系等民事方面的规定却十分薄弱。非政府组织发展法治保障体系的不健全非常不利于非政府组织与公民良性互动关系的构建，削弱了非政府组织引导公民参与公共事务的能力。

7.3.3 推动构建非政府组织与公民良性互动关系的理性路径

我国正大力发展具有中国特色的社会主义政治建设，政治建设的重要目标是协调各社会阶层的利益矛盾，这就要求扩大我国公民政治参与的有效路径，而非政府组织是公民政治参与的一个重要途径，公民可以通过非政府组织表达自身的利益诉求，参与到社会决策中以维护社会的稳定，从而构建非政府组织与公民良性互动的关系。因此，我们需要完善非政府组织与公民良性互动关系的组织基础、思想基础、制度基础。

7.3.3.1 完善非政府组织与公民良性互动关系的组织基础

虽然我国非政府组织自改革开放以来得到了蓬勃发展，但非政府组织在自身建设方面还存在着许多问题，如自我管理能力、组织协调能力等方面都存在不足，这在很大程度上影响了非政府组织与公民良性互动关系的构建。因此，必须加强非政府组织自身建设来实现对公民政治参与的有效引导。具体而言，可以从以下四个方面着手：一是优化非政府组织的决策机制。要优化非政府组织的决策机制，必须加快"建立由出资人、社区居民代表、政治家和社会工作者组成的理事会"[①]。理事会作为非政府组织权力机关有着最高的决策权，在保证非政府组织遵守法律法规的相关规定、督促非政府组织履行职责以及引导非政府组织正确发展方面具有重要意义。二是完善非政府组织人力资源管理。非政府组织一方面要做好领导者和工作人员的管理，积极吸收社会精英加入非政府

---

① 李亚雄：《第三部门的发展与我国的城市社区建设》，《华中师范大学学报（人文社会科学版）》2003年第3期。

组织中,以确保组织的创新力和发展能力;另一方面要树立良好的社会形象和社会公信力,通过新闻媒体以及网络大力开展志愿者招募工作,扩大招募志愿者的年龄层次,确保社会公众广泛参与。三是要健全非政府组织财务管理机制。一方面要招募专业的会计从业人员负责财务管理,提高资金使用效率,加强对非政府组织会计从业人员培训,提高其法律意识和职业道德素养;另一方面要规范非政府组织会计从业人员的财务管理,提高会计人员财务核算和财务监督能力,建立完善的非政府组织财务公开制度,鼓励公民对非政府组织募捐款项进行监督。四是要完善非政府组织的法律制度。我国需要尽快在遵循宪法和其他法律法规的前提下制定一部非政府组织法或民间组织法,从而使非政府组织在开展各项活动时有法可依,在一定程度上避免不必要的法律纠纷,为非政府组织引导公民政治参与提供一个合法的有效渠道。

7.3.3.2 完善非政府组织与公民良性互动关系的思想基础

完善非政府组织与公民良性互动关系的思想基础,关键在于推动具有公共精神的公共参与文化。具体来讲,应该从以下两个方面加以完善:一是要倡导公民参与型政治文化。我国强调社会主义政治文化建设,要通过对公民参与型政治文化的培养,增强公民政治参与意识,引导公民积极参与到社会政治文化建设中,发展参与型政治文化。一方面,参与型政治文化符合我国发展具有中国特色政治文化的策略,非政府组织引导公民政治参与是参与型政治文化发展的有效途径,可以拓宽公民参与政治文化的渠道;另一方面,公民对于政治文化的参与需求逐渐增强,并且参与范围也逐步扩大,非政府组织引导公民政治参与向规范化和制度化方向发展可以有效促进公民政治参与和社会政治稳定的统一。二是要有效推进公民意识教育。要推进公民意识教育首先要做好基础教育,公民受教育程度直接影响到公民素质的养成,受教育程度越高,公民对于社会、政治的认识也就越全面,发现问题和分析问题的能力也就更强,从而也更容易形成正确的公民意识,关心政治生活,参与非政府组织活动的意愿也越强。

7.3.3.3 完善非政府组织与公民良性互动关系的制度基础

制度是完善非政府组织与公民良性互动关系的根本保障,健全的制度能够使非政府组织与公民的关系更加稳固与持久。因此,完善非政府组织与公民良性互动关系的制度基础就显得十分重要。一是要完善非政府组织与公民良性互动关系的法律制度。完善我国非政府组织引导公民政治参与的法律制度需要从以下三个方面进行:其一,制定一部专门的法律明确非政府组织引导公民政治参与的合法形式,保障非政府组织引导公民政治参与社会决策和公共事务管理的权利,对于参与的范围、形式、流程、途径等进行法律规定。其二,对于非政府组织引导公民政治参与的过程制定详细的执行条例以及完整的监督机制,明确相关负责人所应承担的法律职责。其三,明确非政府组织在引导公民政治参与过程中的民事关系,为这一过程中所产生的民事纠纷提供法律基础。二是要完善非政府组织与公民良性互动关系的管理制度。我国目前还没有明确的关于非政府组织引导公民政治参与的管理制度,需要完善内部管理制度与外部管理制度来推动非政府组织与公民良性互动关系的构建。一方面要完善非政府组织引导公民政治参与的内部管理制度,引导公民参与监督非政府组织内部管理事务,推动非政府组织内部管理制度的公开化、民主化与常态化；另一方面要完善政府与非政府组织的外部管理制度，即非政府组织要做到正确的定位，其职能要与政府职能界限明晰，不带有任何个人色彩的政治目的，以有效帮助公民向政府传达利益诉求。

7.4 构建共建共享的社会合作治理共同体

党的十八届五中全会明确指出："加强和创新社会治理，推进社会治理精细化，构建全民共建共享的社会治理格局。"随着改革的不断深化，我国社会结构发生了深刻变动，社会事务日趋复杂，由单一管理主体垄断的社会治理体制已经难以适应社会治理的需求，构建多元主体共治的社会合作治理共同体成为创新社会治理体制的主要内容和现实路径。

7.4.1 共建共享与社会合作治理共同体的关系

"共同体"一词早在古希腊时期就已经出现，是指为完成某些善业而形成的社会团体。在亚里士多德看来，"所有城邦都是某种共同体，所有共同体都是为着某种共同的善而建立的……所有共同体中最崇高、最有权威，并且包含了一切其他共同体的共同体，所追求的一定是善。这种共同体就是所谓的城邦或政治共同体。"[1] 在现代治理的时代语境中，"社会合作治理共同体"实质上是一种社会公共事务的治理体制，是"多元治理主体之间依照民主治理与公共性规范而建立起来的一个具有共同价值、目标和利益的共同体"[2]。社会合作治理共同体的构建并非将多元治理主体机械组合或者强制整合，而是建立在相互认同、相互信任、相互合作的基础上，实现多元治理主体的功能互补、协调行动和资源整合。党的十八大报告做出"加快形成党委领导、政府负责、社会协同、公众参与、法治保障的社会管理体制"的重大战略决策和部署，为打造社会合作治理共同体提供了理论依据和实践路径。这一共同体以法治保障为平台，以党、政府、社会组织和公民为主体，极大地拓展了治理主体的范围，各参与主体通过平等协商、相互沟通来解决问题，最终实现共建共享、共生共荣。

7.4.1.1 构建社会合作治理共同体需要全民共建共享

在我国长期的社会治理实践中，形成了党政一体化的单一的权威治理体制，党和政府是政治生活的绝对治理主体。这种单一的权威治理体制忽视了社会组织和公众对社会公共事务治理的参与，已经难以满足公共事务治理和深化改革的需要。因此，拓展社会治理的参与主体、调动全体人民共建共享成为社会合作治理共同体构建的关键所在。首先，在社会合作治理共同体中，治理主体不再局限于与社会治理直接相关的特定群体，而是全体民众。"全民"是"现代国家治理体系中政府、市场和社会三大领域内所有机构、组织、群体、团队和个体的泛称"[3]。其次，参与社会治理的全体民众不仅仅承担

---

[1] 苗力田：《亚里士多德全集（第9卷）》，北京：中国人民大学出版社，2003年，第1页。
[2] 冯文静：《治理共同体视角下民主行政社会构建思考》，《人民论坛》2014年第35期。
[3] 宋学增、蓝志勇：《社会管制的全民共建共享机制：一个分析框架》，《经济社会体制比较》2016年第2期。

辅助性的治理工作，而是作为独立的社会治理主体履行一项基本的社会责任。这就要求改变原有的把党和政府作为权威治理主体的思维定式，积极培育多元化的社会治理主体，正确处理各治理主体之间的关系，增强各治理主体参与社会治理的能力。

7.4.1.2 共建共享是打造社会合作治理共同体的重要途径

党的十八届五中全会特别强调"坚持人民主体地位"与"人民是推动发展的根本动力"。这体现了人民群众是历史的创造者，是社会变革的决定性力量，共建共享应是"人人参与、人人尽力、人人享有"，是打造社会合作治理共同体的重要途径。就"全民共建"而言，首先，共建是共享的前提和基础，共同享有需要通过共同建设来实现。社会治理、社会建设要求多元参与主体凝聚共识、减少分歧、集中智慧、形成合力。社会合作治理共同体的构建是所有治理力量的共同责任，以"全民共享"为追求目标，多元治理主体不再只是"分蛋糕"的分利个体，也是"做蛋糕"的共享性治理主体。其次，共享是共建的目的，共享为共建的实现提供动力，"全民共享"体现了党的十八届五中全会"坚持共享发展"的理念。党的十八届五中全会指出，"到2020年全面建成小康社会，是我们党确定的'两个一百年'奋斗目标的第一个百年奋斗目标"。而"十三五"时期则是全面建成小康社会的决胜阶段，其中最关键的就是要解决发展中的不平衡问题。在城乡二元结构的影响下，我国城乡社会治理长期处于"城乡分治"的局面，客观上造成了城乡制度性分割的现实和差异性的公共服务体系。克服和解决城乡社会发展中的不平衡问题是全面建成小康社会的突破口，通过构建社会合作治理共同体，让治理主体共享发展成果，不仅能够实现我国社会合作治理的目标，也是全面建成小康社会的重要标志。

7.4.1.3 构建共建共享的社会合作治理共同体是社会主义本质的深刻反映

党的十八届五中全会明确提出，坚持共享发展，就是要坚持发展为了人民、发展依靠人民、发展成果由人民共享，做出更有效的制度安排，使全体人民在共建共享发展中有更多获得感，增强发展动力，增进人民团结，朝着共同富裕方向稳步前进。[1] 实现共同富裕是社会主义的本质要求，邓小平曾指出，"共同致富，我们从改革一开始就讲，将来总有一天要成为中心课题。"[2] 目前我国正处于全面深化改革的攻坚阶段，而改革本身就蕴含着社会主义本质的客观诉求，"共同工作的成果不应该归一小撮富人享受，应该归全体劳动者享受"[3]。改革成果共享是实现共同富裕、实现社会主义终极目标的必然逻辑。共建共享是实现共同富裕最基本的要求，打造共建共享的社会合作治理共同体是具有重要价值指向的实现路径。

7.4.1.4 构建共建共享的社会合作治理共同体是构建和谐社会的必经之路

党的十八大报告明确指出，"必须从维护最广大人民根本利益的高度，加快健全基

---

[1] 《中国共产党第十八届中央委员会第五次全体会议文件汇编》，北京：人民出版社，2015年，第13页。
[2] 《邓小平文选》（第3卷），北京：人民出版社，1993年，第364页。
[3] 《列宁选集（第1卷）》，北京：人民出版社，1960年，第391页。

本公共服务体系，加强和创新社会管理，推动社会主义和谐社会建设。"社会治理的重要目标是促进社会和谐，目前我国正经历着前所未有的大变革，社会事务日益复杂，新生的治理问题大量增加，因而社会主义和谐社会的构建是一个长期的过程，不可能一蹴而就，旧的矛盾解决了，新的矛盾还会产生，必须深入探讨化解和预防社会矛盾的新手段、新措施。而共建和谐民生体系、共享改革发展成果、打造共建共享的社会合作治理共同体是解决社会矛盾的根本途径。共建共享的主体是人民群众，共建共享的根本是造福人民群众，实现广大人民群众的根本利益。打造共建共享的社会合作治理共同体，以体制创新为切入点解决社会治理难题，提升社会治理的效能。

7.4.2 共建共享社会合作治理共同体的构成要素

打造社会合作治理共同体是对创新"五位一体"多元主体社会治理体制的深刻回应。党的十八大报告指出，"加快形成党委领导、政府负责、社会协同、公众参与、法治保障的社会管理体制"，实质上是多元主体参与全民共建共享在社会治理体制中的体现，为我国当前社会合作治理共同体的构建提供了现实路径。社会合作治理共同体是通过坚持基层党委的领导核心地位、发挥政府主导作用、鼓励社会组织协同参与，全体人民共同建设、共同享有的多元主体合作治理的共同体。因此，共建共享的社会合作治理共同体的构成要素主要包括党委、政府、社会、公众、法治等。

7.4.2.1 党委领导是核心

党的十八届三中全会指出，"要加强党委领导，发挥政府主导作用，坚持系统治理，支持社会各方面参与，实现政府治理和社会自我调节、居民自治良性互动。"党委领导是创新社会治理体制的重要前提。在全面深化改革阶段，创新社会治理体制也是摆在中国共产党面前的一项重要任务。在创新社会治理体制的新形势下，党组织的职能定位应该集中于四个方面：一是领导者，党组织是社会治理活动的领导核心，社会治理主体应在党组织的领导下成为一个有机整体；二是协调者，党组织要协调党与社会的关系，通过党委的领导工作和执政活动以及对社会的服务与关怀，采用教育、协调各方关系等方式，帮助群众解决问题、化解矛盾；三是保障者，党组织要发挥"查漏补缺"的政治弹性作用，建构"当政府与社会组织缺位时，党组织自动补位"的社会治理模式；四是激励者，执政党通过各级党组织的凝聚力和组织动员能力，激发社会活力，释放社会自身的发展潜力，推动社会治理创新。[①]

7.4.2.2 政府主导是关键

发挥政府在社会治理中的主导作用，既是对传统社会管理模式的扬弃，又是在新形势下结合我国国情对社会治理方式的积极创新。当前我国正处于社会转型关键期，一方面由于利益主体多元化，社会冲突与矛盾剧增，群体性事件多发，公共安全形势严峻，社会治理面临前所未有的复杂局面；另一方面我国社会组织发展十分不成熟，还不具备用纯社会的手段来解决社会问题的能力，这就必须发挥政府自身所具备的独有的社会控

---

① 孙涛：《论党委领导与社会治理体制创新》，《云南行政学院学报》2015 年第 1 期。

制、协调发展、危机处理、促进社会公正的能力来保障社会的公平、和谐与稳定，从而推动社会合作治理现代化。这些能力是其他社会主体所无法替代的，这也决定了我国当前社会合作治理共同体构建必须坚持走政府主导的发展道路。无论社会与时代如何变迁，政府对于社会领域的活动仍然发挥着调节与管理的作用，这是人类社会发展的普遍规律，一个社会治理得如何，在很大程度上取决于政府治理职能是否得到了有效的发挥。[①] 因此，我国社会合作治理共同体构建只有坚持发挥政府的主导作用，形成一种政府主导、多元主体共治的社会治理格局，才能提升社会治理的质量与效能，从而有效地推进社会治理体系和治理能力的现代化进程。

7.4.2.3 社会协同是重点

党的十八大报告在"五位一体"的社会治理体制中强调了社会协同的重要作用，党的十八届五中全会提出了"协调发展"的理念。构建社会合作治理共同体要求充分发挥各类基层社会组织协同党委、政府和公民共同进行社会治理的作用。社会组织作为社会合作治理的重要主体，是实现政府与社会沟通的桥梁与纽带，在社会治理中具有不可替代的积极作用。只有当社会组织得到充分发展，具备治理主体所应具备的实力和能力，社会治理多元主体共治的结构才有可能实现。

7.4.2.4 公众参与是基础

党的十八大报告明确指出，"要扩大公民有序政治参与，充分发挥群众参与社会管理的基础作用。"社会公众是构建共建共享的社会合作治理共同体的重要主体之一。在推动社会治理格局创新的过程中，党委领导是政治保障，政府负责是重要前提，社会协同是主要依托，而公众参与则是创新社会治理体制、构建共建共享的社会合作治理共同体的基础。全民共建共享的社会合作治理共同体能够真正有效实现多元主体合作共治的战略目标。社会治理离不开公众依法、有序的参与，公众的有序参与是我国社会治理体制向现代化转型的关键，是开展基层民主政治的必然要求。为了实现公民有序参与基层社会治理，一是要使公民具备公民意识，培养公民精神；二是要搭建公民参与的平台，推进公民的组织化参与；三是要创新公众参与基层社会治理的机制；四是要打造公民参与的虚拟公共领域。由此可见，通过构建全民共建共享的社会合作治理共同体，可以培养公民精神与责任意识，保障公众有序参与、平等协商，让公众更好地行使民主权利，自我消解社会矛盾，推动社会安定有序、和谐发展。

7.4.2.5 法治保障是根本

党的十八大报告对社会治理格局进行了新的阐释，即"加快形成党委领导、政府负责、社会协同、公众参与、法治保障的社会管理体制"。这一界定相较于党的十七大报告中"四位一体"的治理格局新增了"法治保障"这一重要内容，法治保障为共建共享的社会合作治理共同体的构建提供了基础性保障。加强和创新社会治理，必须以法治化治理为保障，遵循法治思维，将社会治理创新纳入法治化的轨道，在法治框架内大胆探索，力求创新，稳步推进我国社会治理体系和治理能力现代化。

---

① 张一：《创新社会治理体制要充分发挥政府主导作用》，《光明日报》2015年3月17日。

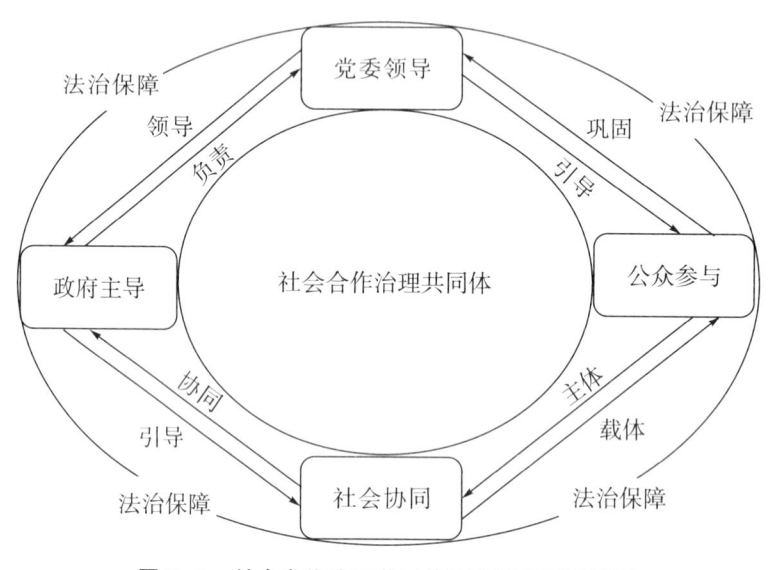

7.4.3 社会合作治理共同体五大要素互动模型

社会合作治理共同体的五大要素——党委领导、政府主导、社会协同、公众参与、法治保障——是构建社会合作治理共同体互动模型的五个维度,其中党委领导是核心,政府主导是关键,社会协同是重点,公众参与是基础,法治保障是根本。基层党委是社会合作治理的领导核心,指导政府全面开展治理工作;基层政府是社会合作治理的主导者,负责具体的社会事务治理;基层社会组织是社会合作治理的活力所在,也是基层政府和群众互动的重要纽带;基层群众是社会合作治理的重要主体,也是实现社会治理合法化的基础;法治保障是实现社会治理现代化的重要标志,也是党—政府—社会组织—公民良性互动的根本保障。因此,以社会合作治理共同体五大要素为主体框架,构建了社会合作治理共同体五大要素互动模型(见图7-1),以期更明晰地体现五大要素的互动关系。

图7-1 社会合作治理共同体五大要素互动模型

社会合作治理共同体五大要素的良性互动,其实质是在法治保障的框架内,围绕党—政府—社会组织—公民多元治理主体关系互构的过程,社会各参与主体的互动合作成为社会治理的常态。

7.4.3.1 法治是多元社会治理主体互动的保障

社会治理创新的重要目的就是要化解当前基层社会的矛盾与冲突,防范城乡基层社会风险,构建和谐、稳定的社会合作治理共同体。然而,当前社会还存在诸多亟待解决的显性和隐形的不和谐因素,尤其是经济社会的快速转型带来了一系列的经济社会问题,这使得基层社会成为诱发社会冲突和群体性事件的风险地带。实践证明,采用"花钱买平安"和强制性维稳不仅容易误导民众,产生不良的心理预期,而且易使民众利益分散的潜在矛盾越积越深。因此,必须运用法治化的手段解决矛盾纠纷,妥善处理群众的各种利益冲突,防止矛盾激化,最大限度地激发社会活力。要"提高领导干部运用法治思维和法治方式深化改革、推动发展、化解矛盾、维护稳定的能力"。基层党委要在法治的框架内依法执政,发挥"总揽全局、协调各方"的能力;政府在推动社会治理的过程中,要在法律授权的范围内依法行政,从政府大包大揽的单一主体治理向多元主体治理转变;各类基层社会组织要不断增强自律、自我管理的能力,依法参与社会公共事务,充分发挥社会"黏合剂"的作用,合理搭建起连接政府和公民的桥梁和纽带;社会公众要积极参与社会事务治理,并依法监督防止公权力的滥用,"让人民监督权力,让权力在阳光下运行",遏制权力寻租、权力逐利,确保权力在法治的轨道上运行。

7.4.3.2 基层党委是社会治理中总揽全局、协调各方的领导核心

基层党委在领导社会治理创新的过程中,要统筹党委与政府、社会组织、公众的关系,确保党的领导核心地位,发挥不同社会治理主体的比较优势,强化多元主体的合作互动。在具体的社会合作治理实践中,基层党委总揽全局、协调各方的领导作用主要表现在三个方面:第一,基层党委要把握好和基层政府的关系。基层党委是开展社会合作治理的政治保障,领导基层政府开展社会公共事务的治理,但基层党委要把握好其领导界限,理顺党政关系、形成党政合力是社会治理格局的关键。第二,基层党委要处理好和社会组织的关系。基层党委要充分发挥社会组织在密切联系群众、传达群众心声方面的作用,培育和支持社会组织的发展,将社会组织纳入公共事务的治理过程中来,充分发挥政府与公众间的桥梁作用。第三,基层党委要处理好和基层群众的关系。尤其是在城市建设的土地利益问题上,党群、干群矛盾愈演愈烈,极有可能成为引发群体性事件的导火索,基层党委要践行群众路线教育实践活动,与群众建立一种民主对话的互动模式,党员干部要与基层群众围绕事关群众切身利益的公共事务互动沟通,有效回应群众诉求,从而将广大人民群众凝聚在基层党组织周围。

7.4.3.3 社会组织是社会治理共同体中政府与公众互动的纽带

在社会治理创新中,要通过优化基层政府和社会组织的合作治理结构来规避可能出现的社会治理风险,就必须厘清政府和社会组织的权力边界。基层政府在社会事务的治理过程中,既要以其公共性的角色积极承担起社会治理的职责,充当元治理的角色,又要积极支持和培育社会组织,引导和规范社会组织的发展,并与基层社会组织构建起对等、契约式的合作伙伴关系,共同承担治理公共事务的责任。由此,在推动社会治理创新的过程中,首先,要确立政府在多元合作治理格局中的主导地位,"政府要保留自己对治理机制开启、关闭、调整和另行建制的权力"[①]。明确基层政府的权力边界,基层政府的权力应成为履行社会公共服务职能的手段,其根本目的在于满足广大群众的需求。其次,要创新社会合作治理格局,处理好基层政府和社会组织的关系。基层政府要鼓励社会力量参与到公共事务的治理中来,把一些不应该由政府承担或政府管不好的职能转移给社会组织,重构基层政府与社会力量的关系,以实现政府依法行政与社会组织依法自治的有机衔接和良性互动。

社会组织是政府与公众之间的桥梁和纽带。当前,在经济社会快速发展过程中出现

---

① 王诗宗:《治理理论的内在矛盾及其出路》,《哲学研究》2008年第2期。

了各参与主体社会利益的快速分化，这使得社会治理面临着极大的挑战。基层群众作为社会合作治理的主体之一，在个人问题无法得到解决、个体诉求无法进行表达的情况下，基层群众可以通过自愿合作来解决共同的问题。而社会组织既能自上而下地输送政府治理的要求，吸纳更多的社会群众参与到治理过程中来，又能自下而上地反映群众的各种利益诉求，有助于基层政府掌握和了解民意。因此，要充分发挥基层社会组织连接基层政府和基层群众的桥梁和纽带作用，更好地发挥社会组织反映群众利益诉求、释放社会压力、缓解社会矛盾的作用，实现社会多元治理主体的良性互动。

7.4.4 社会合作治理共同体五大要素互动机制

社会治理创新的成效与基层党委、政府、社会组织、公民等多元治理主体之间的互动与协作密不可分。合理的互动机制能够促进社会合作治理共同体五大要素的良性互动。"机制"一词最早源于希腊文，是指"机器的构造和工作原理"[①]。将"机制"一词引申到社会领域产生了各种各样的社会机制，"泛指一个工作系统的组织或部分之间相互作用的过程和方式"[②]。社会合作治理体制表现为五大要素之间的关系结构，五大要素之间的关系结构是创新互动机制的前提。互动机制表现为如何协调各个要素之间的关系问题，即把各个要素联系起来，使它们协调运行而发挥作用。

基层党委和政府作为机制建立的首要主体，承担着建立健全各种社会治理机制的功能。由基层党委和政府主导建立五大要素互动机制，并不是说党委和政府可以随意而为，而是对社会组织和公众参与社会治理需求的回应。因此，尽管基层党委和政府是互动机制建设的主导力量，但这绝不意味着社会组织和公民就是旁观者，他们无疑也是社会合作治理共同体的重要治理主体。此外，创新五大要素互动机制还要明确到底建立什么样的机制的问题。五大要素互动机制是在党委和政府主导下构建的多元治理主体制度化的沟通渠道和参与平台，从而使各个要素处于多元相互作用之中，让社会合作治理体制真正运转起来。社会合作治理共同体五大要素互动机制如图 7-2 所示。

---

① 孔伟艳：《制度、体制、机制辨析》，《重庆社会科学》2010 年第 2 期。
② 孔伟艳：《制度、体制、机制辨析》，《重庆社会科学》2010 年第 2 期。

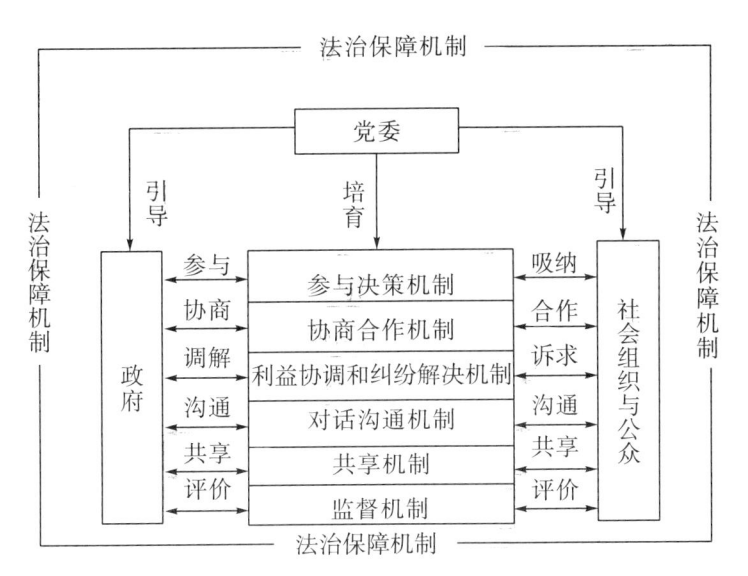

图 7-2 社会合作治理共同体五大要素互动机制

7.4.4.1 创新五大要素互动的法治保障机制

创新社会治理体制必须要有法治保障,实现社会合作治理共同体五大要素的良性互动首先要构建法治保障机制。目前,我国社会合作治理取得了许多创新成果,但是要使这些经过实践检验的成果得到长久的保存与延续,就需要通过构建法治保障机制来实现。法治保障机制强调经过实践检验的社会治理成果应该得到保障,这种保障是刚性的、长期的、规范的,不因基层党委和政府领导班子的改变而改变,不因领导干部的好恶而改变。目前大多数基层社会治理机制创新都缺乏法治地位,各个基层政府对于社会治理机制的构建不一而足,随意性比较强,多元治理主体的角色界定也模糊不清。因此,加快构建法治保障机制迫在眉睫,法治保障机制的构建是社会其他各互动机制构建的重要前提。

7.4.4.2 创新五大要素互动的决策参与机制

决策参与机制是实现多元主体共同治理公共事务的先决条件。"在这一个时代里,如果没有公众的积极参与,政府是很难使其行动合法化的。"[①] 决策参与机制尤其重视公众的参与,并将公众的广泛参与作为衡量决策合法性、治理主体多元性的重要标准。目前,我国社会公共事务的决策参与机制已经基本确立,这种决策参与机制是以基层党委为核心、基层政府为主导、社会组织为依托、基层群众广泛参与为特征的社会公共事务决策参与机制。然而,我国社会合作治理的决策参与机制还不健全,尤其是在决策过程中,一些公共事务的决策参与流于形式,各个治理主体之间沟通互动程度不高。只有进一步完善我国社会合作治理的决策参与机制,才能发挥各大要素在基层治理中的积极作用。

---

① [美] B. 盖伊·彼得斯著,吴爱明、夏宏图译:《政府未来的治理模式》,北京:中国人民大学出版社,2001年,第59页。

7.4.4.3　创新五大要素互动的协商合作机制

当前我国正处于社会转型期，多元化的利益主体必然引发各种利益冲突。因此，在社会合作治理共同体构建过程中建立协商合作机制就显得十分必要。通过多元主体的协商合作，能够很好地实现基层党委、政府与基层社会组织、群众的有效衔接与良性互动。然而，当前我国基层协商合作机制仍然存在一些问题：首先，社会组织发育不成熟，治理能力还未得到充分发挥；其次，基层群众的参与能力有待提高，基层党委、政府与广大人民群众以及社会组织之间还没有实现真正的协商合作与协商共治。尤其是在城镇化过程中出现的各种利益问题使得群众对基层政府的权威持怀疑态度，基层政府对群众的治理能力不信任，社会组织独立性不强、各大要素协商合作过程中缺乏有效监督等都影响到多元主体协商合作效能的提升。因此，要在公共事务治理中实现多元主体共同参与就需要进一步完善和创新协商合作机制。通过对话协商、交流合作，增进多元主体的互信互动，就共同关心的公共事务、公共问题采取集体行动，从而建立一种多元参与主体合作共赢的治理格局。

7.4.4.4　创新五大要素互动的利益协调和纠纷解决机制

在社会治理过程中，要协调各利益主体的关系、解决各利益主体的分歧，就要构建起相应的调节机制。然而，当今我国社会治理调节机制在多元利益协调上还存在诸多不完善之处，尤其是很多基层群众参与意识淡薄，对于不涉及自己切身利益的问题不愿意去调解；此外，基层群众和社会组织表达利益诉求的渠道不畅通，在许多情况下一些正当的利益诉求被视为影响社会和谐稳定的消极因素，不仅得不到重视还会受到打压。由于忽视了弱势群体与少数人的利益诉求，导致许多矛盾纠纷由小变大，由简单变复杂。因此，建立纠纷解决机制是非常必要的。与协商合作机制相比，纠纷解决机制主要指出现矛盾和纠纷的"事后调节"。通过纠纷解决机制及时化解社会各治理主体之间的纠纷，能够有效推进社会合作治理的顺利实施。

7.4.4.5　创新五大要素互动的对话沟通机制

"话语民主"是指人们围绕公共事务开展自由平等的辩论、对话、协商并最终形成政治共识的过程。[①] 多元参与主体的治理活动是基于一定话语权的，社会公共事务的治理离不开话语的支撑。由于受我国的历史文化背景和政治文化传统的影响，在各治理主体对话沟通的过程中仍然有许多亟待解决的障碍和困境。一方面，"大政府、小社会"的治理体制造成了对社会组织和公民的管控，广大社会力量的利益诉求得不到很好的表达；另一方面，公民社会贫弱、社会组织发育不足也制约着社会力量在治理过程中平等对话沟通的实现。因此，在社会合作治理过程中尤其要注重平等对话沟通机制的构建与完善，通过完善平等的对话沟通机制来建立多元治理主体应有的话语权，从而使广大人民群众有能力、有底气参与到基层社会公共事务的治理中来。

7.4.4.6　创新五大要素互动的共享机制

我国社会治理正处于转型衔接的关键时期，社会成员的异质性特点突出，各治理主

---

① 李文辉、史云贵：《当代中国地方治理中的话语民主论析》，《湖北社会科学》2010年第5期。

体利益分歧较大。而各种社会资源客观上具有稀缺性和排他性，不同的治理主体在追求自身利益的同时，不可避免地要同其他群体或个人的利益产生矛盾冲突，极易爆发群体性事件，使得社会风险处于高发状态，威胁社会和谐有序的发展。为克服构建共建共享社会合作治理共同体中的各种治理困境，引导多元治理主体参与到社会治理中并实现"共享发展"，有必要在社会合作治理过程中构建共享机制，发挥多元治理主体的合力。共享机制就是为实现多元治理主体重新分配资源以达到均衡状态的一种机制。

7.4.4.7 创新五大要素互动的监督机制

社会合作治理共同体的构建需要建立一套完善的监督机制来发现问题和及时纠偏。基层党委和政府在社会合作治理共同体中处于主导地位，对不同治理主体间的协商合作过程进行监督是党和政府的重要职责，不同治理主体之间的相互监督是确保合作行为顺利开展的关键。构建有效的监督机制是增强社会合作治理过程透明度、确保多元治理主体合作共治有效性、实现社会合作治理顺利开展的重要机制。首先，保障基层党委和政府各部门职能相对独立、权力相互制衡是构建监督机制的基础；其次，建立科学的监督体系、形成内部监督与外部监督相结合、建立完善的监督制度和监督体系、加强监督体系内的协商合作、保证各种监督形式的独立性与权威性是完善监督机制的关键；再次，对多元治理主体治理工作的各个阶段进行事前、事中、事后的全面监督是完善监督机制的重要内容；最后，各个治理主体在具体社会事务治理的过程中通过相互监督可以更好地达到社会合作治理的效果，减少或避免各方治理主体的合法权益受到侵害。

综上所述，在创新社会合作治理共同体五大要素互动机制的过程中，法治保障机制、决策参与机制、协商合作机制、利益协调和纠纷解决机制、对话沟通机制、共享机制和监督机制相互联系、缺一不可。只有上述一系列互动机制相互关联、相互补充，才能促进五大要素的良性互动，多元治理主体才能发挥共振效应。以法治保障为平台，以党委、政府、社会组织和公民为多元参与主体的社会合作治理共同体是创新社会治理体制的关键点。当前，在我国社会治理实践中仍然面临着一系列的问题和风险，在对问题与风险进行诊断识别的基础上构建社会合作治理共同体是实现社会治理体系和治理能力现代化的重要抓手，也是实现国家治理体系和治理能力现代化的关键突破口。

本章小结

公共管理主体间的关系主要包括政府与非政府关系、政府与公民关系以及非政府组织与公民关系三方面，这三方面共同推动了社会合作治理共同体的形成。其中政府与非政府关系按行政标准可以分为政府支配模式、非政府组织支配模式、政府与非政府组织双重支配模式、竞争模式、合作共赢模式五种；按政治标准类型可以分为一体化模式、严密监控模式、自由主义模式、相互敌视模式四种。政府与非政府组织关系的影响因素有市场经济发育程度、法律环境、资源相互依赖、政治文化传统。我国政府与非政府组织在社会治理中主要存在合作与冲突的双重关系。加强政府与非政府组织关系需要从项目合作、地位平等、互信建设、去行政化方面进行努力。

政府与公民关系的基本模式可以分为统治型社会中"主—奴"关系模式、管控型社会中"支配—服从"关系模式、服务型社会中"服务—合作"关系模式;政府与公民关系的主要影响因素包括政府服务意识淡薄、公民自身存在的缺陷、法律法规与制度的不完善、第三部门发育不健全等;现代社会治理需要从积极倡导政府服务意识、着力提升公众的公民意识与公民能力、依法行政、培育高质量的社会组织等方面来推动重构政府与公民的关系。

在非政府组织与公民在社会治理中的相互作用与关系中,非政府组织是公民政治参与的重要载体,公民是非政府组织发展的重要动力,公民与非政府组织共同推动公民社会的发展;非政府组织与公民互动关系的影响因素主要包括非政府组织自身建设不足、政府与非政府组织分工界限不明晰、公民精神缺位、法律制度不健全等;构建非政府组织与公民良性互动的关系需要完善非政府组织与公民关系的组织基础、思想基础、制度基础。

构建共建共享的社会合作治理共同体首先需要厘清共建共享与社会合作治理共同体的关系。构建社会合作治理共同体需要全民共建共享,共建共享是打造社会合作治理共同体的重要途径,构建共建共享的社会合作治理共同体是社会主义本质的深刻反映,也是构建和谐社会的必经之路;共建共享社会合作治理共同体的构成要素包括党委、政府、社会、公众、法治等;社会合作治理共同体的五大要素——党委领导、政府主导、社会协同、公众参与、法治保障——是构建社会合作治理共同体互动模型的五个维度,其中党委领导是核心,政府主导是关键,社会协同是重点,公众参与是基础,法治保障是根本;社会合作治理共同体五大要素互动机制主要包括法治保障机制、决策参与机制、协商合作机制、利益协调和纠纷解决机制、对话沟通机制、共享机制和监督机制。这几大机制相互关联、相互补充,共同促进五大要素的良性互动,从而有效推动社会合作治理共同体的构建、完善与成熟。

复习题

1. 简述政府与非政府组织关系的划分标准与基本模式,结合实际谈谈我国政府与非政府组织在社会治理中的主要关系。
2. 简述政府与非政府组织关系的影响因素。
3. 简述如何推动政府与非政府组织良性互动关系的构建。
4. 简述政府与公民关系的主要影响因素。
5. 简述在现代社会治理中如何重构政府与公民的关系。
6. 简述非政府组织与公民关系的主要影响因素。
7. 简述推动构建非政府组织与公民良性互动关系的理性路径。
8. 简述社会合作治理共同体的内涵与构成要素。
9. 简述社会合作治理共同体五大要素互动模型。
10. 简述社会合作治理共同体五大要素互动机制。

第**3**篇

第 8 章　公共管理的职能与工具

> **名人名言**
>
> 完善政府经济调节、市场监管、社会管理、公共服务、生态环境保护等职能
> ——《中共中央关于坚持和完善中国特色社会主义制度、推进国家治理体系和治理能力现代化若干重大问题的决定》
>
> 公共管理工具是指政府的行为方式，以及通过某种途径用以调节政府行为的机制。
> ——欧文·E. 休斯

学习目标

掌握：
1. 公共管理职能的构成要素。
2. 我国公共管理职能转变的主要内容。
3. 公共管理的主要工具。

了解：
1. 公共管理职能的概念、特征与意义。
2. 公共管理职能的历史演变。
3. 公共管理工具的内涵与特征。

公共管理学关注的一个重要核心问题是公共管理部门在开展公共管理活动中应该做什么、不应该做什么以及如何做好这些事情，这就首先需要对公共管理部门的职能以及公共管理的工具进行描述、分析与解释。在当今我国经济社会转型的大背景下，尤其是在实现国家治理体系与治理能力现代化的进程中，公共管理部门特别是政府机关如何扮演好自己的角色，如何通过公共管理工具实现自身职能转型以及建设服务型政府，对于推动国家治理现代化具有十分重要的意义。本章主要介绍公共管理职能的概念与构成要素、公共管理职能的历史演变以及公共管理的主要工具等基本内容。

8.1 公共管理职能的概念与构成要素

何为公共管理职能，公共管理职能有何特征，公共管理职能在公共管理活动中有什么重要作用，以及公共管理职能具体包括哪些内容，本节将对这一系列内容进行阐释。

8.1.1 公共管理职能的概念

职能也称为功能，生物学上将功能定义为有机体的某个组成部分为了竞相达到同一目标而对整体所做的贡献。从斯宾塞起，一部分社会学家就开始将生物学中有机体范畴里确定出来的这一概念运用到分析集体和集团方面，融合有机组织和社会组织的概念，认为任何体系都是功能的统一体，一种体系的各个组成部分都要对整个体系履行某种功能或职能。

何为公共管理职能，对此国内公共行政学界有各种各样的界定与阐释，并未形成统一的看法，甚至对公共管理职能的表述也不尽相同。有的学者将公共管理职能称之为行政职能，有的又将公共管理职能称为行政管理职能或行政管理功能等。但不同的学者关于公共管理职能基本内涵的阐释大致相同，可归纳为以下三种观点。

一是方向与任务论。公共管理职能指的是以政府为核心的各类公共管理组织在一定时期内根据社会和经济的发展需要而规定的行为方向和基本任务。[1]

二是功效与作用论。公共管理职能是指公共组织在履行公共责任、实现公共目标、向社会提供公共物品和服务的过程中所体现出来的功效与作用。[2]

三是职责与功能论。公共管理职能是指以政府为核心的各类公共管理组织在一定时期内根据经济、社会发展的需要而承担的职责与功能。[3]

从有关文献来看，采用后两种观点的较多。后两种观点的区别在于"功能"和"作用"的用词不同。实际上，"功能"和"作用"的含义基本相同，中文将"功能"解释为事物或方法所发挥的作用，而英文的"功能（function）"本身就有"作用"的含义。因此，综合以上观点，我们可以把公共管理职能界定为政府等公共部门或公共组织在国家和社会生活中所承担的职责和功能。具体来说，就是政府等公共管理主体依法在国家政治、经济以及其他社会事务的管理中所应履行的职责及其所应起的作用。因此，应从以下六个方面来准确理解公共管理职能的含义。

8.1.1.1 公共管理职能是执行国家意志的管理职能

公共管理职能与国家立法、司法等方面的职能相配合，主要表现为执行国家意志的

---

[1] 余敏江、刘丽华：《公共管理职能：涵义、边界及当代定位》，《现代管理科学》2005年第2期。
[2] 帅学明：《现代公共管理学》，广州：华南理工大学出版社，2005年，第25页。
[3] 周维强、王申成：《公共管理学概论》，长春：吉林大学出版社，2008年，第71页。

管理方面的职能。在传统社会中，公共管理职能与国家立法、司法方面的职能往往没有明确的边界，甚至是公共管理职能囊括和取代了国家立法与司法方面的职能，使得全能型公共管理职能盛极一时。在现代社会中，公共管理职能应该和国家其他方面的职能区别开来，公共组织只能在公共管理领域内履行其职责，而不是宽泛地、无边无际地履行职责。

8.1.1.2 公共管理职能与公共管理目标相联系

公共管理职能是在公共管理目标驱动下开展和实施的，因此，理解公共管理职能必须要考虑公共管理目标的重要性。公共管理目标体现了公共管理活动的基本价值标准，如"最大限度地实现公共利益""全心全意为人民服务""保障人民的生命、财产安全"等。在公共管理活动中，公共管理目标和公共管理职能是相统一的，公共管理目标驱动公共管理职能的开展，而公共管理职能又推动公共管理目标的实现，二者相辅相成，相互推动。

8.1.1.3 公共管理职能的实施者是整个公共组织系统

在公共管理活动中，履行公共管理职能的不仅包括政府这类主要的行政组织，还包括其他非政府组织等公共部门，它们和政府一起构成了公共管理的组织体系。公共管理职能的履行状况反映了公共组织体系效率的高低，因此，公共管理职能是公共组织体系的设置基础与考核依据。

8.1.1.4 公共管理职能是公共管理职责与功能作用的统一

公共管理职能首先表现为作为公共部门应该为社会提供哪些公共产品与公共服务，怎样去提供以及提供到什么程度；同时公共管理职能又表现为公共部门在社会生活中的功用、效能，即应发挥出怎样的作用。二者的关系应该是统一的，不能把二者孤立起来，只强调公共管理的法定职责而无视公共管理对社会应尽的义务或只强调公共管理的社会功能而随意超越公共管理职责的范围，这两种倾向都是对公共管理职能理解的偏差，是在把握公共管理职能时应注意克服的倾向。[①]

8.1.1.5 公共管理职能是一个完整的体系

由于公共管理职能的内容涉及公共部门对社会公共事务进行管理的全部活动，从而构成了公共管理的全部工作范围。同时，政府、非政府组织等又有各自的职能领域。这样，公共管理职能就是一个各构成要素纵横交错、相互支持而又相互制约的职能体系。所以，要从整体上理解公共管理职能，厘清各领域和各层级的相互关系以及整个职能系统和外部环境之间的关系，从而更好地满足社会需要。

8.1.1.6 公共管理职能行使依据为公共管理权力

在现代社会，公共管理职能行使的依据是国家通过宪法和法律赋予政府等公共管理主体的公共管理权力，它实际上是公共管理权力的具体化和"外化"，表现的是上升为国家意志的广大社会公众的意志。国家为实现其基本任务，必然要赋予政府等公共管理

---

① 叶常林、金太军：《公共管理学概论》，北京：北京大学出版社，2005年，第47页。

主体一定的权力。公共部门正是通过运用这些权力来有秩序地完成国家所赋予的职能。

8.1.2 公共管理职能的特征

公共管理从属于一般管理过程,但更多的是一个政治过程。公共管理职能的特征与公共管理的特殊性联系在一起,归结起来主要有以下六个方面。

8.1.2.1 公共性

公共管理职能是公共组织对社会公共事务实施管理时所表现出来的职能,因而公共管理职能具有公共性的特征。与公共管理相对应的非公共性机构内部管理也有一定的职责与功能,但是这种管理职能具有"私人性质",而公共组织在目的、性质、主体方面与非公共组织存在极大的差别。因此,与非公共组织的职能相比,公共管理职能明显具有公共性特征。

8.1.2.2 服务性

"服务"一词的普通含义是指为集体和他人的利益或为某种事业而工作。从利益关系来说,服务这个概念包含了两层意思:其一,将工作对象的利益放在首位,少考虑甚至不考虑自身的利益;其二,在从事某种事业时,既为自己营利,也为别人提供方便。公共组织存在的价值不是营利,而是最大限度地为公共利益提供服务;与此相对应的,私人组织所提供的服务通常是有偿服务。为了更好地组织社会生活和管理社会公共事务,政府和非政府组织从事着大量的服务性工作,如组织社会生产活动,协调社会中各种经济、社会关系,发展科学、文化、教育事业,治理环境污染和保持生态平衡,开展社会福利工作,组织安全保卫工作等。总之,公共管理的根本宗旨是为国民经济的发展和社会的进步服务,这就使其职能具有较强的服务性质。[①]

8.1.2.3 多样性

公共管理职能之所以具有多样性特征主要是由公共管理客体所决定的。在公共管理活动中,公共部门或组织所面临的对象复杂,这决定了公共管理职能具有多样性特征。在管理领域方面,公共管理职能涉及政治、经济、文化、社会、生态等方面;在公共管理运行过程中,公共管理职能又涉及计划、组织、领导、控制等一系列环节与步骤。此外,公共管理还有高、中、低层次之别等。这些都包含着与之相应的复杂内容,因而公共管理职能是多样的。

8.1.2.4 交叉性

从不同角度表现出来的各种公共管理职能并非彼此独立、互不相干,而是相互交叉、相互作用的。首先是总体上两大部分的职能体系之间存在着不可分割的关系。表现在公共管理内容方面的各种职能都必须通过管理主体行使决策、计划、组织、协调、控制等职能才能实现,而整个管理过程中任何一个环节或程序的职能又都是在公共管理的各项任务中发挥出来的。就公共管理的程序职能来说,其各项职能也是相互作用、相互

---

① 帅学明:《现代公共管理学》,广州:华南理工大学出版社,2005年,第26页。

制约的，决策职能贯穿管理过程始终；计划职能在组织、指挥、协调、控制中必不可少；反馈和控制职能在管理过程中的每一个阶段都需要有效发挥等。就公共管理职能的任务体系来说，无论在纵向层级方面还是在横向关系方面，各个层次、各种类型的管理职能之间都存在纵横交错、相互制约的密切关系。正是上述这些不同方面、不同形式的职能形成了一个多层次、多元化而又互相交错的公共管理职能体系。公共管理职能体系的完善以及这个体系内部各种形式职能的协调发挥是保证公共管理活动有效进行的重要条件。[①]

8.1.2.5 整体性

公共组织体系和公共组织行为并不是孤立或独立的。公共组织体系与行为的运作需要各内在、外在要素的密切配合、相互依存，从而构成一个向内的子系统和向外的高级系统。由于公共组织体系具有这一整体性与层次性特征，公共管理职能自然也具有整体性特征，尽管各次级系统有其个性和功能，但不能脱离整体的系统职能而存在，反之整体的系统职能也必须依靠各次级系统，高级系统的职能才能完整和存在。

8.1.2.6 动态性

公共管理职能主要是随时发现并解决社会发展过程中出现的新生社会性事务。因而公共管理职能在不同的历史阶段会随着任务和形式的变化而变化，随着历史和社会经济的发展而发展。就一个国家而言，公共管理职能并不是一成不变的，而是会随着管理环境、管理目标和管理方式的变化而做出相应的转变或调整。在不同的历史时期公共管理职能类别、强弱、地位会根据当时的政治、经济、社会发展水平而发生相应的变化。总之，在不同的国家甚至同一国家的不同时期，其公共管理任务系统中各项职能并不是平均发挥作用的，而是根据具体的社会环境加以调整和改变，只有这样才能更好地发挥其功效。

8.1.3 公共管理职能的价值

公共管理职能是公共管理活动的神经系统，正确定位公共管理的职能，对于正确发挥公共管理的作用、建立合理的公共管理组织系统、有效组织各种公共管理活动有着十分重要的价值。

8.1.3.1 公共管理职能是建立公共管理部门的根本依据

在公共管理活动中，公共管理职能的发挥需要公共管理部门或机构来实现，缺乏公共管理部门或机构，公共管理职能设置再科学、再合理都无济于事，职能处于"悬浮"状态，得不到有效的"落地"。公共管理部门或机构是公共管理职能的重要载体，离开这一载体，公共管理职能就无法实现。但是，公共管理部门或机构的设置并不是随心所欲的，而是必须要以公共管理职能为根本依据。公共管理职能决定了公共管理部门或机构设置的层次、规模、数量以及相应的运行方式。公共管理活动有什么样的职能就会有什么样的公共管理部门或机构。在实际的公共管理活动中，政府是主要的公共管理部

---

① 向涛、马金城：《公共管理学概论》，北京：中国商业出版社，2001年，第71页。

门,政府承担了大部分公共管理职能,而政府的机构设置主要是依据公共管理职能来确定的。因此,只有依据公共管理职能去分析公共管理组织结构问题,才能够真正了解哪些机构是必要的、哪些是不必要的,这样才能精简机构,切实转变政府职能。

8.1.3.2 公共管理职能是公共管理机构、人员编制改革的关键

公共管理职能的变化是公共管理机构与人员编制变化的重要风向标。公共管理职能是公共管理部门或机构设置的根本依据,因而公共管理组织的变革必须以公共管理职能为中心,离开公共管理职能而实施的公共组织变革仅仅是"治标不治本",即在公共管理职能没有发生改变的情况下实施精简人员、缩小规模、删减公共组织机构等措施,往往会出现"精简—膨胀—再精简—再膨胀"的改革怪圈。我国历史上数次政府机构改革也证明了这一点。当前我国正在推动政府部门大部制改革,大部制改革旨在围绕政府职能做出相应的组织结构调整,避免政府部门出现职能交叉、政出多门、多头管理的现象,这充分说明了公共管理部门或机构在进行改革的过程中必须首先明确公共管理职能的变化状态,确定哪些公共管理职能需要加强、哪些应该削减与取消,然后根据公共管理职能的变化来确定机构与人员编制的改革,这样才能够跳出"精简—膨胀—再精简—再膨胀"的改革怪圈。

8.1.3.3 公共管理职能是确定公共组织目标和任务的重要标准

公共管理职能反映了公共管理活动的主要内容与基本方向。任何公共管理活动的内容、目标、任务都要以公共管理职能为基本依据。如果公共管理部门承担了许多公共管理职能以外的公共事务,就会出现管了不该管的事情,结果是管不了、管不好。而如果公共管理部门没有完全履行其公共管理职能,就会出现该管的事情没有管,使得公共管理部门没有履行好自己的职责。在公共管理活动中,公共管理职能具有相对稳定性,而公共组织的目标与任务则具有一定的多变性,会随着时间、地点、条件的变化而发生变化,公共管理目标和任务就是公共管理职能在一定的历史条件下对公共管理活动的进一步展开与具体化。无论哪一种公共管理职能都可以分解成具体的公共管理目标与任务。因此,在确定公共组织目标和任务时必须要以公共管理职能作为重要依据与标准。

8.1.3.4 公共管理职能是公共管理活动科学化的重要基础

公共管理活动是一种职能活动,公共管理过程是行使公共管理职能的过程。因此,研究和确定公共管理的各项职能可以使我们更清楚、更科学地认识和把握公共管理过程,即不仅能够从宏观角度,而且能够从微观角度去观察管理过程的运转状况,了解各个环节内部的工作状况以及各个环节之间的衔接情况,从而把握管理各阶段产生的实际影响和效果。每项公共管理职能的行使都是公共管理不可缺少的重要环节,任何环节出问题都会影响整个管理过程。因此,注意发挥管理过程中各项职能应有的作用,认真检查各个环节之间的关系,就能够对薄弱环节及时予以加强和调整,采取正确有效的方法组织管理活动,实现公共管理的科学化和高效化。[1]

---

[1] 叶常林、金太军:《公共管理学概论》,北京:北京大学出版社,2005年,第49页。

8.1.3.5 公共管理职能是公共管理效能的表征与检验尺度

公共管理活动不仅需要有序的过程,也需要具有良好的公共管理效能,而良好的公共管理效能也是对公共管理过程的重要彰显。公共管理效能在很大程度上是对公共管理职能具体落实的重要检验,公共管理各项职能是否得到了很好的执行、执行效果怎么样,都需要公共管理效能数字化、显性化的表现。因此,公共管理职能的实施情况是公共管理的依据,也是公共管理结果的重要表现。

8.1.4 公共管理职能的构成要素体系

由于现代公共管理职能范围广泛、内容复杂,这决定了公共管理职能构成要素是一个相互交错的多层次、多元化的结构体系。总体而言,可以将公共管理职能分为以下三个方面的内容:一是以公共管理性质为特征的政治性职能;二是以公共管理内容为目标的任务性职能;三是以公共管理过程为对象的程序性职能。

8.1.4.1 公共管理的政治性职能

按照公共管理的性质,可以总结出公共管理的政治性职能。公共管理具有的"公共性"特征决定了公共管理与私人管理的根本性区别。在公共管理活动中政府是公共组织的主要代表。我国是中国共产党领导的社会主义国家,而政府则是中国特色社会主义国家建设的具体执行者,党领导政府全面推动中国特色社会主义国家建设。因此,政府主导的公共管理活动以及行使的公共管理职能必然具有政治性特征。这也是以政府为中心的公共管理部门与私人管理部门最根本的区别,也是公共管理区别于一般工商企业管理的重要特征。政治性职能是政府的一项基本职能,尽管当前多元社会组织、团体也参与公共事务管理,但是政府依然是公共管理职能履行的主要公共部门。[①] 政府的政治性职能是自国家产生以来至国家消亡之前任何国家及其政府都必须履行的一项职能。虽然随着国内外形势不断地发生变化,政府的政治性职能可能随之增强或减弱,但是在国家消亡之前,政府等公共组织的政治性职能是不会消失的。一般来讲,政治性职能主要是指政府推动国家治理的职能,政府的政治性职能主要体现为以下五点。

第一,构建和完善有利于国家治理现代化的制度和环境。国家治理现代化离不开稳定、宽松的政治、经济、文化、社会、法律环境,公共管理就是需要政府通过各项制度来完善这些环境,从而有效推动国家治理现代化的实现,并体现出政府的政治性职能。公共管理通过维护社会规范性约束,以制度、文化等形式来维护政府的权威性与相对稳定性。

第二,建立和维护公共管理机构开展公共管理活动的物质基础。公共管理组织和机构的建立和完善,实际上从中央到地方建立起了推动国家治理体系和治理能力现代化的基础,而通过税收、收费,不仅保障了公共管理活动公共开支的需要,同时也是推动国家和谐、健康、有序发展的物质需要。

---

① 朱光磊:《公共管理(MPA)知识精华读本》,天津:天津人民出版社,2006年,第83页。

第三，维持国家政治秩序与社会秩序，调节社会主要利益分配。政治秩序意味着政治共同体的成员与集团按照某种预定的政治规则行事，意味着社会运行过程中存在某一程度的一致性、连续性与确定性。现代社会中的政治秩序既不是专制政体状态也不是无政府状态，而是社会多元主体在政府的引导下共同推动实现国家治理现代化。在实现国家治理现代化目标的过程中，政府作为各利益主体与团体的主要利益调节者，需要通过各种手段来调节不同利益群体的冲突，从而平衡整体利益、个人利益、局部团体利益之间的关系，推动国家政治秩序与社会秩序的平稳有序运行。

第四，为社会治理现代化制定主要公共政策。社会发展固然是一个历史与自然过程，但是社会发展并非毫无目标，社会发展的方向、内容、方式均取决于社会的选择，特别是政府权威体系的决策与选择。在现代社会治理中，虽然多元主体广泛加入与参与，但是政府依然在社会治理中发挥了主导作用，政府作为公共政策制定者的角色也日益明显。政府通过供给公共政策，旨在建立和维护公共利益，为社会治理现代化选择目标，引导社会治理朝着健康、良性、和谐的方向发展，从而推动政治、经济、社会、文化、生态政策的有机衔接与良性互动。

第五，协调社会群体冲突。在社会发展过程中，尤其是在经济社会转型的关键时期，由于利益矛盾、文化差异、信仰偏好等影响因素，群体间的冲突变得较为频繁有时甚至冲突会加剧。群体冲突集中表现在利益集团之间，最突出的表现为农村群体与城市群体的冲突、个体劳动者群体与私人企业群体的冲突、社会弱势群体与其他群体的冲突。[①] 群体冲突不仅会破坏正常的经济社会秩序，也使得社会治理难以有效进行。当各利益群体发生冲突的时候，当事人自己是无法界定各自利益分界的，依靠私人或群体之间的协商往往无济于事，这就需要政府或者民间自治性团体来充当中间裁判人的角色，以超越各个利益主体的公共利益代表者身份进行协调。

8.1.4.2 公共管理的任务性职能

按照公共管理的具体内容来划分的公共管理职能可以归结为公共管理的任务性职能，公共管理的任务性职能主要指公共部门具体进行公共管理活动所履行的职能，这也是公共管理职能体系中最为核心的部分。由于政府是公共管理活动的主要主体，因此，本小节主要介绍以政府为主体的公共管理任务性职能。党的十八届三中全会将政府的公共管理职能归纳为"二十字"，即"经济调节、市场监管、社会治理、公共服务、环境保护"，本小节主要依据这五方面的职能来进行简要介绍。

（1）经济调节职能

经济是一个国家发展的重要基础支撑，更是我国国家治理现代化的重要保障，因此，履行经济调节职能是我国政府重要的任务性职能之一。改革开放以来，我国改变了传统的计划经济体制，实行了社会主义市场经济体制。在新的经济体制条件下，经济管理的内容、方式、体制、重点都发生了相应的调整与变化，以便政府、社会组织等公共管理主体更好地推动国民经济发展。党的十八届三中全会和十八届五中全会明确提出，

---

① 周维强、王申成：《公共管理学概论》，长春：吉林大学出版社，2008年，第73页。

在我国经济进入中高速发展的"新常态"情况下,要深化经济体制改革,加快转变经济发展方式,实现更高质量、更有效率、更加公平、更可持续的发展。因此,发挥政府的经济调节职能就显得十分必要。经济调节职能就是政府运用财政、税收等手段为经济发展提供良好的宏观经济环境,调控市场经济的运行(包括新兴产业的发展),调节资源配置,实现社会资源的有效利用,改善国民收入和财富的分配,增进社会福利,刺激投资和消费需求,促进充分就业,从而促进经济稳定和增长。①

(2)市场监管职能

政府的市场监管职能是一种普遍性的监督管理行为,它不仅包括传统意义上对具体的交易行为(即有形市场)的管理,也包括现代意义上对市场本身、电子商务、网上购物、邮购等(即无形市场)的管理。②党的十八届三中全会明确强调:"经济体制改革是全面深化改革的重点,核心问题是处理好政府和市场的关系,使市场在资源配置中起决定性作用和更好发挥政府作用。市场决定资源配置是市场经济的一般规律,健全社会主义市场经济体制必须遵循这条规律,着力解决市场体系不完善、政府干预过多和监管不到位问题。"政府的市场监管职能包括规范市场主体准入和市场行为两个方面:在规范市场主体准入方面,政府等公共部门要进一步放松对市场主体准入的管制,降低准入门槛,优化市场环境,促进市场主体加快发展;在市场行为方面,政府要着力厘清与市场的关系,切实解决政府干预过多、监管不到位的问题。政府的职责和作用主要是保持宏观经济稳定,加强和优化公共服务,保障公平竞争,加强市场监管,维护市场秩序,推动可持续发展,促进共同富裕,弥补市场失灵。③

(3)社会治理职能

党的十八届三中全会把"社会治理"作为国家治理的重要内容和关键环节,并在此基础上明确提出了"创新社会治理体系",打造"'五位一体'社会治理格局"的新要求。党的十八届五中全会进一步提出了要"完善党委领导、政府主导、社会协同、公众参与、法治保障的社会治理体制,推进社会治理精细化,构建全民共建共享的社会治理格局"。在此基础上,国家"十三五规划纲要"明确将"完善社会治理体系"作为"加强和创新社会治理"的重要内容之一。对于正在进行社会治理现代化转型的中国而言,国家治理的基础是社会治理,社会治理体系和治理能力的现代化是国家治理体系和治理能力现代化的基础性与攻坚性工程,没有社会治理体系和治理能力现代化,就没有整个国家治理体系和治理能力现代化,因此社会治理显得尤为重要。当前,在"社会管理"向"社会治理"转型的大背景下,以政府为主的公共部门的社会治理职能主要包括进一步改善社会治理方式、激发社会组织活力、创新有效预防和化解社会矛盾体制、健全社会公共安全体系等内容。

(4)公共服务职能

如前所述,公共管理职能具有"服务性"特征,这种服务与私人性质的服务有着本

---

① 林晓健:《健全我国政府经济职能体系的若干思考》,《集美大学学报(哲学社会科学版)》2010年第3期。
② 郭颖莹等:《市场经济条件下我国政府的经济职能研究》,《今日中国论坛》2013年第11期。
③ 《中共中央关于全面深化改革若干重大问题的决定》,《求是》2013年第22期。

质的区别，公共管理的公共服务职能是公共管理活动的根本。当前我国服务型政府建设深入推进，在全面建成小康社会的道路上，党的十八届五中全会提出构建"共建共治共享"的社会治理格局，推动实现基本公共服务均等化，力图打破城乡二元公共服务供给体制。这就要求：一是要增加公共服务供给，坚持普惠性、保基本、均等化、可持续方向，从解决人民最关心、最直接、最现实的利益问题入手，加强义务教育、就业服务、社会保障、基本医疗和公共卫生、公共文化、环境保护等基本公共服务，努力实现全覆盖；二是要创新公共服务提供方式，加快社会事业改革，能由政府购买服务提供的，政府不再直接承办，能由政府和社会资本合作提供的，广泛吸引社会资本参与；三是要实施脱贫攻坚工程，农村贫困人口脱贫是全面建成小康社会最艰巨的任务，要大力实施精准扶贫、精准脱贫，因人因地施策，提高扶贫实效，同时必须充分发挥政治优势和制度优势，坚决打赢脱贫攻坚战。① 因此，只有政府公共部门或组织充分履行其公共服务职能，才能以服务推动实现全面建成小康社会的目标。

（5）环境保护职能

在新时代，生态环境保护变得越来越重要，环境保护职能成为公共组织的重要公共管理职能之一。党的十八大首次把生态文明建设纳入中国特色社会主义"五位一体"总体布局之中，并强调要把生态文明建设融入经济建设、政治建设、文化建设、社会建设的各方面和全过程，努力建设美丽中国，实现中华民族永续发展。党的十八届三中全会将建立系统完整的生态文明制度体系作为推进国家治理现代化的重要内容。党的十八届五中全会进一步把"绿色发展"作为"十三五"规划建议的"五大发展理念"之一，这表明生态环境保护已经成为我国当前国家治理重要的议题之一。政府公共部门在生态环境保护方面的主要职责包括促进人与自然和谐共生、加快建设主体功能区、推动低碳循环发展、全面节约和高效利用资源、加大环境治理力度、筑牢生态安全屏障、培育环保非政府组织等内容。政府公共组织只有坚持绿色富国、绿色惠民，为人民提供更多优质的生态产品，才能推动形成绿色发展方式和绿色生活方式，协同推进实现人民富裕、国家富强。

8.1.4.3 公共管理的程序性职能

公共管理的程序性职能与一般管理的程序性职能具有诸多相同之处。从程序系统来看，公共管理职能就是公共管理的程序与步骤，具体包括决策、计划、组织、协调、控制五大职能，这也是传统管理的主要职能。公共管理的政治性职能与任务性职能表明公共管理具有特殊性，而公共管理的程序性职能则体现了公共管理职能的一般性特征。

（1）决策职能

决策是行动的先导，是最重要的管理职能。公共管理过程中的决策是管理者在发现和处理公共管理问题时，根据实际情况和条件对可供选择的方案做出最优选择，以有效地达到预定的目标。决策在公共管理过程中处于核心地位，决策行为贯穿于公共管理过程的始终，公共管理的其他各项职能都离不开决策活动，整个公共管理活动实际上是一

---

① 习近平：《关于〈中共中央关于制定国民经济和社会发展第十三个五年规划的建议〉的说明》，《人民日报》2015年11月4日。

系列决策活动的总汇，是决策的"流"。从这个意义上来说公共管理就是决策。①

（2）计划职能

公共管理的计划职能是指公共管理者对公共管理所要实现的目标通过具体的分解来实现。在目标分解与细化过程中，公共管理者需要针对目标进行人员、技术、资金的安排，同时还要对实施公共管理活动的步骤、方法以及政策进行相应的部署，计划工作实际上是决策活动的继续，对实现决策的目标和任务做出具体的规划和安排。为保证决策目标和任务的完成，计划必须讲究科学，实事求是，统筹兼顾。

（3）组织职能

在做出决策与制订计划之后，就需要组织相应的机构与人员对决策和计划进行具体落实，从而采取具体的执行活动，这一管理过程就是组织。在公共管理活动中，组织职能主要包括：对机构的设置、调整与运转；对人员、资金、设施做出合理有效的安排与分配；对工作人员进行筛选、培训与考核；对具体的执行活动进行定期检查和督导，从而推动计划和决策目标的实现。因此，有效的组织工作是实现决策与计划的关键环节。

（4）协调职能

公共管理的协调职能是指在公共管理活动中对横向与纵向的组织、机构、人员的关系进行调整与改善，使他们按照分工合作的原则相互支持、密切配合、步调一致，从而有效完成预定的目标。公共管理的协调职能贯穿于公共管理活动的全过程，公共管理的各个过程都需要通过协调工作来推动各自效用发挥到最大。公共管理协调职能的范围较广，主要包括公共组织内部的协调、与上级主管部门的协调、与下级执行部门的协调、与同级部门的协调、与相关管理人员的协调、与相关管理项目的协调等。现代公共管理活动越发复杂，公共管理的协调工作也变得越来越重要，这就要求公共组织在公共管理活动中加强协调职能的履行，以推动公共管理目标更好地实现。

（5）控制职能

公共管理中的控制职能起着监督、检查、修正、纠偏的作用，力求使实际工作的结果同预期的结果保持一致，按计划完成任务。控制职能主要体现在两个方面：一方面搜集、分析、研究计划执行和完成的有关情报资料，对活动中的数量、时间、质量等因素加以控制；另一方面是依据有关资料，具体掌握人、财、物和方法等情况，对活动中的各种行为进行控制。公共管理控制职能的主要任务就是通过监督、检查和反馈，掌握情况，发现问题，采取措施，纠正偏差，保证公共管理活动按科学轨道有效运行，最终达到预期管理目标。②

8.2 公共管理职能的历史演变

公共管理职能的历史发展与演变大致经历了传统（古代）时期、近现代时期、当代三个不同的发展阶段。在梳理公共管理职能历史发展与演变的同时，分析新中国成立以

---

① 刘丽霞：《公共管理学》，北京：中国财政经济出版社，2002年，第68页。
② 刘丽霞：《公共管理学》，北京：中国财政经济出版社，2002年，第70页。

来公共管理职能的变化，对于进一步深化当前政府职能改革、推动服务型政府建设、构建多元主体共建共治共享的社会治理格局，从而推动国家治理体系和治理能力现代化具有十分重要的意义。

8.2.1 公共管理职能历史演变的三个阶段

公共管理职能的历史演变归纳起来主要分为传统（古代）时期的公共管理职能、近现代时期的公共管理职能以及当代的公共管理职能。

8.2.1.1 传统（古代）时期的公共管理职能

传统时期的公共管理职能主要是指资本主义发展之前传统农业社会时期的公共管理职能。传统时期的公共管理职能完全由政府承担，政府在公共管理活动中占据绝对的主导地位，政府即是国家的代表，而社会则从属于次要地位。尤其是在奴隶制国家形式下的公共管理职能更加突出军事保卫与镇压被统治者的职能，以保证奴隶主能够最大限度地榨取奴隶的劳动力，从而维护奴隶主阶级的利益，进而维护奴隶制国家的存在与发展。这一时期政府公共管理职能中的社会职能极其微弱，其公共管理职能主要是维护奴隶主统治的政治性职能。与奴隶制国家相比，帝制时期国家的公共管理职能中关于经济的职能有所增加，这个时期的专制君主为了巩固地主阶级的统治、增加国家税收，往往由政府出面管理一些有利于经济社会发展的事务，如修筑道路、桥梁，实行专营专卖等。与此同时，政府也承担了一部分社会管理的职能，如在一定程度上进行了某些社会公共事业的建设。当然，帝制时期政府公共管理职能的社会职能还是十分微弱的，社会严重依赖和从属于国家，政府绝对主导的公共管理职能仍然是以政治性职能为主，即通过强化政治性职能以维护地主阶级的统治。综上所述，无论是传统时期的奴隶社会还是帝制统治社会，二者的公共管理职能体系相差不大：一方面公共管理职能表现为极端的政治性职能强化；另一方面则表现为社会职能极为微弱。政府的社会管理职能极为贫弱，即使有也主要是维护和服务于统治阶级的利益这一终极目标。这种状况无疑是自然经济的产物，有其特定的客观物质基础。

8.2.1.2 近现代时期的公共管理职能

近现代时期主要是指西方资本主义发展以后建立起的由资产阶级领导的资本主义国家发展时期。17 世纪至 18 世纪，西方资本主义迅速发展，资产阶级建立了大大小小的资本主义国家，从此自由市场经济取代了传统时期的自然经济，资本主义倡导的自由竞争使得资本主义国家的社会生产力得到了极大的提高，在很短的时间内积累了大量的财富。与此相适应，政府的公共管理职能奉行"守夜人"的角色，即强调"政府要好，管理要少"的信条，政府的公共管理职能除了必要的政治统治职能以外，在经济与社会管理方面实行"私人自治"的原则，主要依赖"看不见的手"来调节市场以及引导经济社会的发展。在这一时期，根据自由主义经济学家亚当·斯密的观点，公共管理所应承担的职能或者说"统治者的责任"只包括国家安全、法律秩序和少量的社会基础设施供应三个方面。但是，政府的"不干涉"、没有约束的自由竞争，其结果往往发展形成垄断的庞大公司和托拉斯。[①] 为此，19世纪末20世纪初，西方一些主要的资本主义国家通过了一系列反托拉斯的法律，开始了干预市场经济的历程。同时，1929—1933年的资本主义经济危机宣告了自由放任主义的彻底破产，这使得政府开始全面介入干预经济社会事务。第二次世界大战期间，西方几乎所有发达的资本主义国家都开始对经济、社会实行了不同程度的干预。尤其是20世纪50年代以后，许多国家开始推行国有化、经济计划化等措施，政府干预经济社会的发展浪潮此起彼伏。与此同时，西方各国的各种社会组织、团体如雨后春笋般地迅速发展起来。综上所述，这一时期的公共管理职能开始发生重大转变，政府绝对主导公共管理职能的局面开始发生变化，公共管理职能中的经济职能、社会职能等开始变得越来越重要。

8.2.1.3 当代的公共管理职能

自20世纪60年代以来，随着西方各国公共管理职能的不断扩张，政府财政赤字压力也越来越大。20世纪80年代起，西方主要资本主义国家政府普遍不堪重负，陷入财政危机泥潭，引起了社会公众的普遍不满，随着公民社会的发育与成熟，对政府改革提出了更高的要求。这一系列因素促使英美一些国家开始了对政府公共管理职能的改革，并且改革浪潮逐渐波及其他西方国家，从而形成了一场以新公共管理为旗号的公共管理改革运动。这一场改革运动对公共管理职能体系的内容、范围进行了较为全面的调整。具体来讲具有如下特征：①政府的政治性职能相对减弱，而民主建设职能得到了加强。新公共管理强调公共管理改革要透明，要确保公众参与，并使他们在公共管理改革中有明确的知情权，同时还强调政府要推动社会化改革，强调"更少的社会管制与更多的社会自治"，从而将尽可能多的政治统治权力转化为社会自治权利。②经济社会管理职能在各国公共管理职能体系中所占的比例越来越大，甚至成为政府公共管理的核心职能。新公共管理改革一方面强调要加强公共部门的经济管理职能，运用公共部门的宏观调控来促进国民经济健康有序发展，并直接或间接地促进各种公共产品或服务的产生；另一方面，随着全球一体化进程的加快以及各国经济社会的持续发展，就业、人口、交通、环境保护等社会问题日益突出。为了维护经济发展与政治稳定，西方各国政府与其他公共组织不得不承担起社会管理与服务的职能。③公共管理主体日益多元化。20世纪70年代以来，西方各国一直推行公共管理职能与权力的社会化改革运动，其目的是通过各种民营私人化的改革将政府的公共管理职能更多地推向社会，实现赋权社会的目的，从而缩减政府机构规模，减少财政赤字。这一改革的结果是许多公共管理与服务的职能由社会组织来承担，促成了公共管理主体多元化格局的形成。

8.2.2 我国公共管理职能的转变与发展

我国公共管理职能的转变与发展既根植于中国特色社会主义的国情与社情，又受到西方新公共管理改革运动的深刻影响。本小节对新中国成立以来公共管理职能转变的历史轨迹进行梳理，总结改革开放以来我国公共管理职能转变的主要内容，并分析今后我

---

① 肖文涛：《公共管理案例教程》，北京：中共中央党校出版社，2006年，第93页。

国公共管理职能改革的主要发展趋势。

8.2.2.1 我国公共管理职能转变的历史轨迹

我国公共管理职能从新中国成立到改革开放初期再到改革开放中后期发生了一系列重要的变化，其转变经历了"管控—党政主导—多元合作"的发展轨迹。1949年新中国成立，打破了我国传统的统治型公共管理职能，建立了管控型公共管理职能体系。在这一时期，由于国家处于恢复阶段，尚未开始大规模经济建设，加之国内及国际间的阶级矛盾和阶级斗争还比较尖锐，因此，我国在计划经济体制下建立了以单位制为基础的政府包揽一切的管理体制。这种管理体制主要表现为：实行政府全能的社会管理，实行以"单位"为基础的从业人员管理，实行以"街居"为基础的城市社会人员管理，实行以单位制度、户籍制度、职业身份制度和档案制度为基础的社会流动管理。[1] 也就是说，这一时期的公共管理职能完全由政府包揽，国家对社会具有强大的组织动员能力与控制能力，政府的公共管理职能依然以政治性职能为主，社会缺乏自我组织、自我管理、自我调节的机制。党的十一届三中全会提出把国家历史任务逐渐转移到经济建设这个重心上来，尤其是1992年党的十四大正式确立了建立社会主义市场经济体制的目标。经济的转型也带来了政府公共管理职能的转型。经过长期的改革与实践，我国在改革开放初期建立了党政主导型的公共管理体制，其特点主要表现为以促进社会和谐稳定为出发点、以建立现代社会管理体制为目标、以保障和改善民生为重点、以强化社会服务为依托。这一时期的政府公共管理职能进行了重大转变与改革，改变了新中国成立以来"以阶级斗争为纲"的公共管理职能，转而对经济和社会方面的公共管理职能进行加强。在经济方面，改变了传统的计划经济，推动经济的全面发展，鼓励和支持非公有制经济的发展，支持私人创业，鼓励市场自由竞争；在社会方面，构建了"党委领导、政府负责、社会协同、公众参与"的社会管理格局，为多元公共管理主体参与公共管理奠定了坚实的基础。党的十八大以来，我国在政治、经济、社会、文化、生态等方面发生了重要变化，公共管理职能改革进一步深入，政府主导多元主体参与的公共管理职能体系已经初步形成，并朝着良性互动的方向不断发展。在政治方面，政府简政放权的职能改革进一步深入推动；在经济方面，进一步推动新常态下的经济体制改革，转变经济发展方式，让市场在资源配置中起决定性作用；在社会方面，从"社会管理"到"社会治理"，创新了"党委领导、政府主导、社会协同、公众参与、法治保障"的社会治理体制，并提出了要推进社会治理精细化，构建全民共建、共治、共享的社会治理格局；在文化方面，构建了社会主义核心价值体系，深化文化体制改革，加快完善文化管理体制和文化生产经营机制，建立健全现代公共文化服务体系、现代文化市场体系；在生态方面，提出了要推动"绿色发展"，紧紧围绕建设美丽中国深化生态文明体制改革，加快建立生态文明制度，实现人与自然和谐相处。

8.2.2.2 我国公共管理职能转变的主要内容

改革开放以来，我国政府公共管理职能经历了一系列转变，其主要内容包括职能重

---

[1] 窦玉沛：《从社会管理到社会治理：理论和实践的重大创新》，《行政管理改革》2014年第4期。

心的转变、职能方式的转变以及职能关系的转变。

(1) 职能重心的转变

新中国成立以后，国家公共管理的主要重心在长达 30 年的时间里一直呈现出"重政治统治，轻社会管理""重阶级斗争，轻经济建设"的特征。党的十一届三中全会以后，党和国家的工作重心发生了重大改变，由过去的"以阶级斗争为纲"转变为"以经济建设为中心"，由过去的"注重政治统治职能"转变为"加强民主法治建设职能"，从而实现了公共管理职能重心的根本转移。

(2) 职能方式的转变

为适应改革开放以来我国公共管理职能重心的转变，我国政府在职能实现方式上也进行了转变。一是以行政手段为主转变为以经济手段为主。在改革开放之前，政府对社会公共事务主要采用行政命令与指令性计划的方式来进行管理；改革开放建立市场经济体制以后，政府则采用经济手段来进行管理，即按照市场经济的客观规律，运用价格、税收、财政、信贷、工资、利润等经济杠杆组织、调节和影响经济活动来实现公共管理目标，经济手段成为政府公共管理的主要职能。二是以微观、直接管理为主转变为以宏观、间接管理为主。在传统计划经济体制下，政府公共管理事无巨细，政府包揽一切公共事务，强化了政府微观与直接管理的职能。在市场经济条件下，宏观与间接管理成为政府公共管理的主要手段，即政府不应直接干预经济社会生活，而是通过国家对经济社会发展的统筹规划、政策制定、依法行政、组织协调、信息引导、环保与服务提供等方式来实现对社会的有效管理。三是由重计划、排斥市场转变为把市场和计划有机结合起来。传统的社会主义观念认为计划是社会主义的基本特征，在这种思想的支配与指导之下，我国在改革开放之前形成了高度集中的计划经济体制，市场经济被排斥在国家经济社会发展的大门之外，束缚了生产力的发展，也阻碍了政府职能的转变。改革开放之后，尤其是党的十四大明确提出了建立社会主义市场经济体制，从此我国进入了社会主义市场经济发展新的历史时期，政府的职能方式也转变为以市场为主导的管理模式。

(3) 职能关系的转变

职能关系问题涉及由谁来行使何种职能以及管理主体之间职责权限的划分问题。我国过去之所以长期存在机构臃肿、人浮于事、办事拖拉、不讲效率和不负责任等官僚主义现象，是与政府职能关系不清分不开的。因此，分清职能、理顺关系、划分不同管理主体之间的职责权限是实现政府公共管理职能转变的关键环节。其主要内容如下[①]：一是理顺中央与地方、上级与下级之间的职能关系。长期以来我国公共管理体制受到传统"大一统"思想的影响，注重中央和上级的作用而忽视地方与下级的作用，出现了中央与地方、上级与下级之间的职责错位，地方和下级责任大、任务重但是自主权力小，呈现"上面千层线，下面一根针"的困境。因此，理顺中央与地方、上级与下级之间职能关系的关键是"权力下放"，既要保证国家全局的政令统一，又要保证地方、基层能够因地制宜、实事求是地发挥其自主管理的积极性。二是理顺政府内部各职能部门之间的关系。政府作为公共管理主体需要有效厘清内部各职能部门之间的关系。一方面要根据

---

① 帅学明：《现代公共管理学》，广州：华南理工大学出版社，2005 年，第 34 页。

其公共管理职能进行职能分析与分解，明确内部各职能主体间的关系；另一方面要根据公共管理职能设立相应的组织机构，明确各机构的职责与分工，建立严格的岗位与工作责任制。三是理顺政企关系。当前我国转变政府职能的关键就是要理顺政企关系。按照政企分开的原则，充分发挥市场在资源配置中的决定性作用，建立起以市场为主导的企业发展制度。四是理顺政府与非政府组织的关系。随着公民社会的逐渐成熟与壮大，非政府组织的作用与角色变得越来越重要。作为介于政府与民众之间的"第三部门"，非政府组织在社会治理中发挥着不可或缺的重要作用，理顺政府与非政府组织的关系，推动非政府组织独立自主地发展与发挥作用，对于构建全民共建共治共享的社会治理共同体具有深远的意义。

8.3 公共管理工具

公共管理工具又称政府工具、治理工具或政策工具，对公共管理工具的研究在20世纪80年代至90年代就已成为公共管理学与政策科学的研究焦点，并迅速发展为一个新的主题研究领域，推动了公共管理与公共政策学科的发展。本小节将对公共管理工具的内涵、特征、性质以及主要的公共管理工具进行简要介绍。

8.3.1 公共管理工具的概述

何为公共管理工具，公共管理工具具有什么样的特征与性质，本小节将对公共管理工具的相关内容进行概述性阐释。

8.3.1.1 公共管理工具的内涵

关于公共管理工具的内涵，不同的学者从不同的视角做出了不同的解读，主要归纳如下：

一是资源论。资源论以政策工具研究作为基础，认为公共管理工具是指政府履行职能时可供利用的各种政府资源。[1]

二是机制论。机制论认为公共管理工具是一种调节机制。萨拉蒙认为公共管理工具既指政府用于改善内部流程和管理方式的机制，又包括政府提供公共管理和公共服务的机制。[2] 欧文·E.休斯认为公共管理工具是指政府的行为方式以及通过某种途径用以调节政府行为的机制。[3]

三是手段与方式论。手段与方式论主要强调政府为解决某一社会问题或达成一定的目标而采取的手段。姚东认为公共管理工具是指政府为达成一定的政策目标而采用的具体手段和方式，是政府实现其职能的手段。[4] 朱喜群认为公共管理工具是指政府为实现

---

[1] 孙志建：《政府治理的工具基础：西方政策工具理论的知识学诠释》，《公共行政评论》2011年第3期。
[2] 黄红华：《政策工具理论的兴起及其在中国的发展》，《社会科学》2010年第4期。
[3] 杜万松：《我国服务型政府是公共品的主要提供者》，《学术界》2009年第6期。
[4] 姚东：《政府治理能力现代化视阈中的政府制度创新》，《云南社会科学》2015年第2期。

其治理目标而采取的行动策略或方式。[1]

综上所述，国内外关于公共管理工具的定义有很多，本书采用朱立言与谢明对公共管理工具的定义：公共管理工具是指政府等公共管理组织为了解决公共问题而采用的可辨别的行动机制。[2]

公共管理工具的内涵可以从以下三个方面来理解。第一，公共管理的本质是政府等公共组织的一种行动机制。所谓政府等公共组织的行动机制是指政府等公共组织或部门之间相互作用的过程或方式。从行动机制上看，公共管理工具可以分为四个层次：一是公共产品或公共服务；二是提供公共产品或公共服务的媒介；三是公共产品或公共服务供给的组织体系；四是制度。按照这种方式来看，现代政府等公共组织实际上是一种服务系统，这种服务系统包括服务对象、媒介、主体以及制度等要素。这些要素组合起来就会形成一种行动机制，也就是公共管理工具。第二，公共管理工具是治理行动的一种结构化显现。公共管理工具蕴含于政府等公共组织的行动之中，但又并非是政府行动的本身。在公共管理活动中，政府等公共组织的行动往往以固定的方式相互作用并组合起来，而公共管理工具研究的内容就是政府等公共组织行动方式的问题。因而，公共管理工具其实是政府等公共组织治理行动的一种结构化显现。第三，公共管理工具有可识别的属性。既然公共管理工具是行动的结构化显现，那么公共管理工具就一定具有可识别的特性。这就意味着每一类公共管理工具都具有可以被辨别的特性，否则，也就不存在公共管理工具的多元化分类标准。当然并不是属于同一类的公共管理工具都具有一样的特性，除了一些共同特性之外，每一类工具均具有自身特殊的属性。

8.3.1.2 公共管理工具的特征

关于公共管理工具的特征，萨拉蒙认为有如下三方面：第一，公共管理工具有一些共同属性，这些共同属性使得这些工具得以被识别。此外，每一种具体工具自身有其区别于其他工具的特性。第二，每一种工具规定行动的结构，它不是随意的或者临时的，而是一种制度化的行动模式。它规定谁有权操作公共项目、其角色是什么、与他人关系如何，也就是说，它是一组公共行动的权利与义务。第三，这种结构化的行动是一种集体行动，其目的是解决公共问题，这表明这种结构化的行动不只是政府行动。[3]

国内外有些学者对公共管理工具的多样性与动态性特征进行了探究。在他们看来，公共管理工具及其分类标准并非是一成不变的，而是随着经济社会状况的变化而发生变化。在公共管理工具使用过程中，公共管理工具会随着时间的推移而产生变化，即使其自身并不发生改变，但是其适用的方式、策略也可能发生巨大的改变。另外，一种模式或标准并不适合于随时发生变化的现实状况。因此，需要对公共管理工具的多样性与动态性给予重视并开展相应的研究。

8.3.1.3 公共管理工具的性质

根据公共管理工具的内涵与特征，我们归纳出公共管理工具具有以下三个方面的

---

[1] 朱喜群：《论政府治理工具的选择》，《行政与法》2006年第3期。
[2] 朱立言、谢明：《公共管理概论》，北京：中国人民大学出版社，2007年，第36页。
[3] 吴爱明：《公共管理学》，武汉：武汉大学出版社，2012年，第259页。

性质。

（1）公共管理工具是政府等公共管理组织履行职能的重要手段

工具与目标息息相关，作为公共管理重要主体的政府的主要任务就是根据经济、社会的实际发展状况来制定公共管理的主要目标与政府的主要公共管理职能。在政府职能确定之后，政府还需要依据自身职能的具体内容与能力水平来选取有效实现公共管理目标的手段，这些具体职能的履行手段就是实现公共管理目标的公共管理工具。

（2）公共管理工具是公共产品与公共服务提供的方式、途径与手段

现代公共管理活动的过程就是政府等公共组织向社会提供公共产品或公共服务的过程。那么政府如何有效供给公共产品与公共服务呢？这就需要选择最佳的供给途径、方式与手段，也就是涉及公共管理工具的选择问题。长期以来，政府一直是公共产品与公共服务的主要供给者，但由于官僚主义的弊端，政府主导供给公共产品与公共服务的局限越来越明显。直到20世纪70年代至80年代新公共管理运动的兴起，才逐渐打破了政府主导公共产品与公共服务供给的格局，国家开始鼓励市场和社会自治组织参与公共产品与公共服务的供给，因此创造出了大量多元的新公共管理工具。

（3）公共管理工具是公共政策的重要实施工具

公共政策的经典理论认为，公共管理活动的全部内容与实质就是对公共政策的制定与执行。通常，政府在制定公共政策之后需要选择一定的手段或方式将其贯彻落实下去，这些政策的实施手段，也就是公共政策领域所称的"政策工具"，实际上就是公共管理工具。因此，公共管理工具是公共政策的重要实施工具。

8.3.2 公共管理的主要工具

在相当长的一段时间里，对公共管理工具的分类主要是依据其自身的特性来进行的。为了形成一种明确的公共管理工具分类，学者们进行了长期的探索，但是目前并没有形成一种科学的分类方法可以穷尽所有的公共管理工具。由于分类标准不同，研究者对公共管理工具的分类自然也就不同。胡德在《政府工具》一书中从功能角度提出了四种政府治理工具，分别是信息类工具、资财类工具、权威性符号、组织性工具。艾兹奥尼根据政府权力运用的方式，将公共管理工具分为强制性工具、利益性工具和规范性工具。瓦当认为公共管理工具一般由两部分组成：一是行动内容，按此标准可以将公共管理工具分为社会政策工具、研究政策工具、文化政策工具、土地政策工具等；二是权威力量，按此标准可以将公共管理工具分为管制性工具、经济性工具以及信息（劝诫）性工具。[1] 通过归纳当代西方公共管理工具的发展，本书认为公共管理工具主要有以下三个方面。

8.3.2.1 市场化工具

市场化工具是指政府等公共组织利用市场这一有效资源配置手段来达到提供公共产品和公共服务目的的具体方式。市场化工具主要包括以下七个方面。

---

[1] 吴爱明：《公共管理学》，武汉：武汉大学出版社，2012年，第263页。

(1) 民营化

民营化主要是指在公共产品与公共服务供给方面更多依赖民间机构，而更少依赖政府来满足公众的需求。民营化的主要途径包括职能的承包、出卖政府的资产与垄断权、政府与非政府组织的合作以及鼓励某些特定的私人部门行为。通过民营化的方式来提供公共产品和公共服务能够降低公共管理成本、提高公共产品与公共服务质量，但也使得政府丧失了对公共产品或公共服务过程的直接控制能力，且对私人部门的控制与监督也成为一个亟待解决的问题。

(2) 用者付费

用者付费是指政府对某种公共产品、公共服务或行为确定"价格"，由使用者或消费者支付这种服务费用的一种方式安排，其主要目的在于通过付费把价格机制引入到公共服务中来，以显示公众对公共服务的真实需求，为有效配置公共资源创造条件。[①] 用者付费的优点是可以防止公共资源的不合理配置与浪费，能够发挥市场机制在公共产品与公共服务供给中的重要作用，也能够在很大程度上缓解政府的财政危机。但是，用者付费也存在收费标准难以确定以及管理成本较高的缺点。

(3) 管制与放松管制

管制是指政府机关以治理市场失灵为目的、以法律为根据，以大量颁布法律、法规、规章、命令及裁决为手段，对微观经济主体（主要是企业）不完全、不公正的市场交易行为进行直接的控制或干预。[②] 管制是政府做出的，它的目标主要是针对目标团体或个人的遵守与服从，如果不遵守或不服从将会受到一定的行政惩罚。放松管制则是指在市场机制可以发挥作用的行业完全或者部分取消政府对价格或市场进入的限制，充分发挥市场主体的自主权。管制所需信息较少、容易实施、成本较低、效果更直接，但容易扭曲市场活动，过于刻板，缺乏灵活性。放松管制能够形成多元化服务从而扩大市场的需求与投资，但是不易操作，容易遭到利益集团反对。

(4) 合同外包

合同外包也称合同出租、竞争招标，主要是指政府确定某一公共产品或公共服务项目的数量与质量标准，将具体供给业务对外承包给非政府组织，中标的非政府组织按照合同要求提供公共产品或公共服务，政府则用财政拨款来购买非政府组织提供的公共产品或公共服务。在合同外包过程中由非政府组织"唱主角"，而政府的主要角色则是对需求状况评估与对公共产品或公共服务供给进行监督与检查。合同外包能够降低政府成本、缩减政府规模、提高社会活力，但是也存在寻租与腐败的风险。

(5) 分权与权力下放

分权与权力下放的主要目的是通过公共组织政治与执行权的分离来授予执行者更大的自主权，被授予的下级能够独立自主地从事相应的财政预算，与其他组织进行自由竞争，而政治家的任务主要是确定相应的目标以及对绩效进行控制。分权与权力下放既涉及中央与地方，也涉及公共组织内部上级与下级。分权与权力下放有利于发挥地方和下

---

① 陈奇星、胡德平：《政府公共服务方式的多元化选择：趋势与策略》，《上海行政学院学报》2011年第3期。
② 李剑：《反垄断私人诉讼困境与反垄断执法的管制化发展》，《法学研究》2011年第5期。

级部门的自主性与积极性，但是过分分权会导致权力腐败与权力分散，影响政令的统一。

（6）内部市场

内部市场作为一种新兴的公共管理工具，需要平等的环境条件、高素质的人员以及完备的信息系统。内部市场最明显的特点就是将提供公共产品与公共服务的公共组织人为地划分为生产者与购买者，这样在公共组织内部就产生了"生产者"与"消费者"两种角色。内部市场的实现除了需要明确划分生产者与消费者，还需要内部市场主体签订准合同与商业契约以及建立一定的付费制度与会计制度等。

（7）产权交易

产权交易是指财产所有权及相关财产权利通过市场进行有偿转让的行为。[①] 产权交易基于这样的假设：市场通常是最有效的资源配置工具，政府通过产权拍卖的方式，在没有市场的公共产品与公共服务领域建立起相应的市场。政府通过为消费者指定资源和可转移的产权建立市场，这样可以创造人为的稀缺，使得价格机制发挥作用。产权交易的优点是创造了市场，将竞争机制引入到了公共产品与公共服务之中，但其缺点是容易导致投机行为甚至有可能产生欺诈现象。

8.3.2.2 工商管理技术

工商管理技术是指将企业的管理理念和方式运用到公共部门中来，吸取有效经验达成政府的政策目标。[②] 作为公共管理工具的重要类别之一，工商管理技术主要包括以下七个方面。

（1）战略管理

公共部门战略管理是指公共部门为了实现公共管理目标而制定和实施关于其未来发展方向、目标与行动方案的规划过程。战略管理的最大价值在于将组织使命、目标以及方法连接起来，并利用能获取的相应资源来实现目标。作为公共政策的工具之一，战略管理提供了一种综合与全面的观念，能够促进组织从即时的任务目标转向长远、综合的整体目标，从而更好地实现组织资源的控制与目标的管理。

（2）绩效管理

绩效管理是指对组织成员和组织各单元进行管理，使其工作效率最大化，充分发挥员工效能、提高组织绩效的过程。[③] 政府绩效管理也叫作绩效考察、绩效评估，是上级领导部门对下级机关部门进行业绩考核，以确定该部门的工作优劣情况，从而作为组织人才选拔与晋升的主要标准。绩效管理一般包括绩效计划、绩效实施与管理、绩效评估与绩效反馈等。绩效管理并非只是针对个人或某一部门而设计的，而是为了引导组织全体人员与部门发挥各自最大的效用，进而推动组织战略目标的实现。绩效管理的优点是能够充分调动各方面的积极性，立竿见影地看到成效，但不足之处在于绩效评估指标量化较困难，其可行性与可靠性还有待进一步检验。

---

① 徐青：《西方企业价值评估方法研究综述》，《现代管理科学》2005年第7期。
② 曲昭仲：《基于政府公共管理的政策工具创新》，《经济问题》2007年第3期。
③ 徐元善、楚德江：《绩效问责：行政问责制的新发展》，《中国行政管理》2007年第11期。

(3) 顾客导向

公共管理中的顾客导向理念是从企业管理中借鉴而来的。伴随新公共管理改革浪潮的兴起，顾客导向理念在各国行政管理改革中得到了实践。顾客导向理念强调以顾客为中心，从顾客需求出发来提供公共产品或公共服务，以追求顾客满意为主要精神，以社会与顾客的期待为主要理想目标。顾客导向要求公共部门在提供公共产品与公共服务的过程中要与公众多接触、多沟通，了解顾客的真实需求，从而真正为公众创造价值与利益。

(4) 目标管理

公共组织目标管理是指公共组织预先设定组织的公共管理目标，通过激励来引导公共组织人员与各部门的行为，并对这种行为进行有效控制，从而最终实现公共组织的公共管理目标。公共组织通过目标管理能够将宏观的总体目标转化为具体可执行的目标，通过中短期目标的制定能够加强导向与协同作用，加强政府间各机关部门的横向联系，减少内耗，从而获得组织整体的发展与更高的管理绩效。目标管理的优点是能够调动内部各主体的积极性、提高工作效率、加强组织沟通、畅通政令，从而有利于整体目标的实现。但是，目标管理的缺点在于目标体系的构建以及目标的量化与评估方面存在一定的技术难题。

(5) 全面质量管理

20世纪50年代至60年代，美国通用电气公司的费根鲍姆与朱兰提出了全面质量管理的概念。全面质量管理是指一个组织以质量为中心，以全员参与为基础，通过对涉及产品质量的对象、过程、人员的全面管理，全面应用各种管理方法，达到让顾客满意和本组织所有成员及社会受益目的、长期有效并能保证成功的管理途径或管理活动。[①] 作为一种公共管理工具，全面质量管理是将企业产品生产与服务的全面质量管理理念、工作、原则、模式运用于公共组织之中，以使公共组织能够提供优质、高效的公共产品与公共服务。全面质量管理的优点是能够使公共部门通过现有的资源产生更多的成果，从而提升政府等公共组织提供公共产品与公共服务的质量，但是要将全面质量管理运用到政府等公共组织之中必须要克服"官僚制"作风，这需要公共组织极大的勇气与决心才能使全面质量管理得到有效的实施。

(6) 标杆管理

标杆管理是指将企业经营管理方式、产品或服务等与本行业或其他行业先进企业进行比较并做持续改进，以提高经营管理水平和产品质量、增强自身竞争力的管理方式。[②] 标杆管理是一种业绩标准管理，这种标准可以使组织达到期望的目标，然而，标杆管理并不是简单地照抄、照搬其他组织的做法，它是组织之间的合作过程，通过彼此合作、共享信息，相互了解各自的优点，吸收、消化、借鉴到自己的组织机构中来，从而提升组织绩效、实现组织目标。但是，实施标杆管理的组织与其他合作伙伴之间的相似度难以完全匹配，同时学习的组织有大量的准备工作要做，如文化准备、运作准备以

---

① 曹伟：《政府全面质量管理问题研究述评》，《上海行政学院学报》2006年第2期。
② 孔杰、程寨华：《标杆管理理论述评》，《东北财经大学学报》2004年第2期。

及技术准备等。

(7) 流程再造

流程再造的概念最早于20世纪80年代初在美国被提出。哈默和钱皮将企业流程再造定义为针对企业业务流程的基本问题进行反思,并对它进行彻底的重新设计,以便在成本、质量、服务和速度等衡量企业业绩的这些重要尺度上取得显著的进展。[①] 政府流程再造是一种用企业管理技术再造政府管理流程的手段,它站在政治的视角严肃地思考和重新设计公共组织的任务以及提供公共产品与公共服务的程序,并通过不断地自我调整与改变来获取最佳的行为方式。作为一种公共管理工具,流程再造可以提高公共产品与公共服务的供给质量与效率,帮助公共组织应对风险与变化,从而使组织在日新月异的变化中更好地生存与发展下去。但是,流程再造必须付出代价,公共部门的成本难以量化,难以评估流程再造与成本之间的比例关系。另外,在流程再造中如何打破利益固化的藩篱也是一个亟待解决的难题。

8.3.2.3 社会化手段

社会化手段是指政府更多地利用社会资源,在一种互动的基础上充分运用社会力量(如社区治理、家庭自治、志愿者组织等)以实现公共服务目标,进而提供优质、高效的公共产品与公共服务。[②] 具体来讲,社会化手段主要包括以下五个方面。

(1) 社区治理

社区治理包括开发和利用社区文化资源、人力资源,在社区内通过建立敬老院、福利院、康复中心、医疗站、托儿所、幼儿园等设施,对老年人、儿童和残疾人等实行社区照顾;调动社区居民参加保护社区环境的清洁卫生工作,美化居住环境;加强社区治安管理等。社区治理的优点在于:几乎不花或者很少花政府的钱;调动了公民的积极参与,受到公民的广泛支持和欢迎。但是,社区治理作为一种政策工具是虚弱无力的,往往只能作为一种辅助工具来使用。[③]

(2) 个人与家庭

任何一个社会都是由个人与家庭所组成,同时个人与家庭也为社会提供了无数的物品与服务。在公共管理活动中,政府也逐渐意识到个人和家庭在提供公共产品与公共服务中的重要作用。作为公共管理的工具,个人与家庭可以代替政府无法做或者做不好的事情,可以很好地减轻政府的负担。但是和社区治理一样,它只能作为一种辅助工具来使用。

(3) 志愿者组织

志愿者组织是指那些私人的(非政府的)、自治的、志愿的(无强制性收入和支出的)、不以营利为目的的正式组织或准正式组织。[④] 志愿者组织一般免受国家强制力和

---

① 惠智:《漫谈企业流程再造》,《商业研究》2004年第17期。
② 张菀洺:《政府公共服务供给的责任边界与制度安排》,《学术研究》2008年第5期。
③ 吴爱明:《公共管理学》,武汉:武汉大学出版社,2012年,第275页。
④ [阿根廷] 玛丽亚·克里斯蒂娜·莱伊加达斯、于琦:《阿根廷志愿者组织的模式转变》,《经济社会体制比较》2014年第5期。

经济利益分配的约束,且能够为社会提供一些政府不能提供或者不能很好提供的公共产品与公共服务。志愿者组织最大的优点是具有迅速确认并满足公众需求的能力,能够有效减轻政府负担,辅助政府提供更好的公共产品与公共服务,但是其服务范围有限,很容易丧失独立性而成为政府的准行政组织。

(4) 公私伙伴关系

公私伙伴关系主要是指政府在公用事业建设领域引入社会资本,公私双方共同设计开发、共担风险、共享收益的公共服务融资模式,主要包括 BOT (建设－经营－转让)、LBO/BBO (租赁/购买－建设－经营)、BTO (建设－转让－经营)、BOO (建设－拥有－经营) 等。[①] 随着经济社会的发展以及公众需求的日益增长,政府等公共部门正在寻求一种与社会资本的合作发展模式,尤其是在基础设施建设方面,为政府提供了一条新的发展之道。公私伙伴关系可以利用民间社会资本来弥补政府资源的匮乏问题,帮助政府开展公共基础设施建设,分担公共部门风险,分享资本与技术,为公共部门培训人才。但是,公私合作对环境以及相互之间人才素质的要求比较高,如何分配利润与防范风险也是需要谨慎考虑的问题。

(5) 公众参与听证会

政府决策的民主化需要公众的广泛参与,公众参与是衡量现代民主的重要标准,其形式有很多,如直接选举、全民公投、协商民主、公共决策听证会等。其中,公共决策中的听证制度是现代民主社会普遍推行的公共决策制度,主要用于保障利益主体各方平等参与公共决策过程,从而最终实现公共决策民主化、公开化与科学化的目标。作为一种政策工具,听证会制度提高了决策的民主化与参与化水平,增加了决策的公开性与透明性。但是,我国听证制度还不具备完善的程序与透明度,公众的法治与民主观念也有待进一步提高。

本章小结

公共管理职能是指政府等公共部门或公共组织在国家和社会生活中所承担的职责和功能。公共管理职能具有公共性、服务性、多样性、交叉性、整体性、动态性特征。公共管理职能是建立健全公共管理部门的根本依据,是公共管理机构、人员编制改革的关键,是确定公共组织目标和任务的重要标准,是公共管理活动科学化的重要基础,是公共管理效能的表征与检验尺度。从总体上看,可以将公共管理职能分为以下三个方面的内容:一是以公共管理性质为特征的政治性职能;二是以公共管理内容为目标的任务性职能;三是以公共管理过程为对象的程序性职能。

公共管理职能的历史演变归纳起来主要分为传统 (古代) 时期的公共管理职能、近现代时期的公共管理职能以及当代的公共管理职能。我国公共管理职能从新中国成立到改革开放初期再到改革开放中后期发生了一系列重要的变化。公共管理职能转变经历了"管控—党政主导—多元合作"的发展轨迹。改革开放以来,我国政府公共管

---

① 查勇、梁云凤:《在公用事业领域推行PPP模式研究》,《中央财经大学学报》2015年第5期。

理职能经历了职能重心的转变、职能方式的转变以及职能关系的转变。

　　公共管理工具是指政府等公共管理组织为了解决公共问题而采用的可辨别的行动机制。公共管理工具具有可识别性、结构性、多样性、动态性等特征。公共管理工具是政府等公共管理组织履行职能的重要手段，是公共产品与公共服务提供的方式、途径与手段，是公共政策的重要实施工具。公共管理工具主要有市场化工具、工商管理技术、社会化手段等。

复习题

1. 简述公共管理职能的构成要素。
2. 简述公共管理职能的历史演变以及我国公共管理职能转变的主要内容。
3. 简述主要的公共管理工具。

第 9 章 公共政策

名人名言

> 公共政策是政府对整个社会的价值做权威性的分配。
> ——戴维·伊斯顿

学习目标

掌握：
1. 公共政策的特征。
2. 政策问题的认定。
3. 政策议程的建立。
4. 政策方案的形成。
5. 政策执行的过程。
6. 政策评估的要素。

了解：
1. 公共政策的功能。
2. 公共政策的分类。
3. 公共政策的形成。
4. 政策问题的构建。
5. 政策议程的模型。
6. 政策执行的模型。
7. 政策评估的障碍。

9.1 公共政策概述

9.1.1 "公共"的内涵

在理解公共政策之前，有必要对"公共"一词的内涵先做探讨。公共性是一个宽泛而富有歧义和争议的概念。对于公共政策之"公共"而言，我们大致可以从以下几个方面去理解。

9.1.1.1 公共问题

公共问题是相较于私人问题而言的，某些问题只与个人领域有关，而有些问题可能涉及团体或者整个社会大众。比如养老问题，子女间协商如何分担赡养老人的义务是私人问题，而如何设计养老制度则是公共问题。显而易见，公共政策要处理的是公共问题而不是私人问题。一方面是因为公共问题的影响普遍而深远，涉及面广，将其纳入公共政策议程具有正当性和适切性；另一方面从政府职能来看，要达到善治的目标，首先应该建立一个有别于全能政府的有限政府，即收缩政府职能，政府只管应该管和能够管的问题，把私人问题留给私人解决。也就是说，有限职能是有效治理的前提，公共政策只涉及公共问题。

9.1.1.2 公共利益

公共利益是所有公共组织存在的正当性理由。公共政策活动的主要目标就是维护、分配和增进公共利益。公共利益的范畴宽泛而复杂，仁者见仁，智者见智，各研究者有不同理解。我们认为，公共利益首先应该具有公共性，这种利益的受益范围或利益的所有者应是带有公众性特征的，它的分配和调整有赖于公共机制。其次，公共利益的界定应具备正当性，应通过民主途径来认定其是否为公共利益或比较哪种公共利益更具有优先性。最后，公共利益的分配应该具备正义性，要实现某种公共利益，往往是以牺牲其他公共利益或某部分人的利益为代价的。因此，在分配环节不能以"弱肉强食"为原则，而应坚持正义原则，对政治参与的弱势群体或利益受损方做出公正的补偿。

9.1.1.3 公共权力

公共权力的所有者是全体社会成员，行使者是国家和社会的公共机构，它的形成逻辑是民众在自愿基础上的一种权力让渡。公共权力的正当行使是维持社会稳定、促进公共利益的前提和保障，公共政策的产出和执行也同样依赖于公共权力的强制力。界定公共权力的行使边界和防止公共权力的异化是当前公共管理领域亟须解决的问题。实质上公共权力是经由让渡或委托产生的。而现实中，公共权力的代理人往往会尽可能地扩张权力边界，在缺乏约束机制的情况下，可能会损害到个人权利和社会自由。因此，在公共政策各环节中必须确立公共权力的边界意识。

9.1.1.4 公共治理

现代意义上的公共治理提倡治理的多元化和多样化。政府不是治理的唯一主体，要实现善治，有赖于政府、市场、社会组织和个人的通力协作，在不同领域充分发挥各主体的治理潜力，各展其能，各尽其才。公共治理不追求自上而下、等级分明的社会秩序，而是一种在民主、平等、合作的基础上形成的网络式、整体性的治理方式。作为治理的主要工具，公共政策制定需要充分理解社会组织和社会成员的利益诉求，与其建立良性的合作关系，才能形成高效而有益的社会产出。

9.1.2 公共政策的概念

公共政策是一个复杂的概念，随着公共政策理论研究和社会实践走向深入，其含义也不断演变。在不同的历史阶段和不同的研究者眼中，公共政策都有其不同的概念内涵，了解中外学者对于公共政策的定义，有助于我们全面而深入地理解公共政策的概念。

美国学者伍德罗·威尔逊认为，公共政策是由政治家制定的并由行政人员执行的法律和法规。[1] 美国政治学家哈罗德·拉斯韦尔认为，公共政策实际是"一种含有目标、价值和策略的大型计划"[2]。美籍加拿大学者戴维·伊斯顿认为，"公共政策是政府对整个社会的价值做权威性的分配……'权威性分配'是指政治系统经由决策制定，将各种价值分配于体系内的成员。"[3] 美国学者叶海卡·德罗尔认为，"公共政策是政府为解决各种各样社会问题所做出的决定。政策研究是对公共政策的性质、原因及效果进行的研究。"[4] 美国学者托马斯·戴伊认为，公共政策就是政府选择要做的或者不要做的事情。[5]

台湾学者伍启元认为，"公共政策是一个政府对公私行动所采取的指引；公共政策是将来取向的；公共政策是目标取向的；公共政策是与价值有密切关联而受社会价值所影响的；公共政策是由政府或有决策权者所采取或选择的；公共政策是具有拘束性而受大多数人接受的行动指引。"[6] 台湾学者林水波、张世贤认为，公共政策是指"政府选择作为或不作为的行为"[7]。

国内学者林金德认为，"政策是管理部门为了使社会或社会中的一个区域向正确的方向发展而提出的法令、措施、条例、计划、方案、规划或项目。"[8] 张金马认为，"政策是党和政府用以规范、引导有关机关团体和个人行动的准则或指南。"[9] 陈庆云认为，"公共政策是政府依据特定时期的目标，在对社会公共利益进行选择、综合、分配和落实的过程中所制定的行为准则。"[10] 陈振明认为，"公共政策是国家（政府）、执政党及其他政治团体在特定时期为实现一定的社会政治、经济和文化目标所采取的政治行动和

---

[1] 张金马：《政策科学导论》，北京：中国人民大学出版社，1992年，第17页。
[2] H. D. Lasswell, A. Kaplan. Power and Society. McGraw-Hill Book Co., 1963: 70.
[3] Easton, David. The Political System. New York: Knopf, 1953: 125—141.
[4] Yehezkel Dror. Public Policymaking Reexamined. Chandler Publishing Company, 1968.
[5] Dye, Thomas R. Understanding Public Policy. Englewood Cliffs: Prentice-Hall, 1987: 2.
[6] 伍启元：《公共政策》（上册），台北：台湾商务印书馆，1985年，第4页。
[7] 林水波、张世贤：《公共政策》，台北：五南图书出版公司，1982年，第9页。
[8] 林金德等：《政策研究方法论》，延吉：延边大学出版社，1989年，第3页。
[9] 张金马：《政策科学导论》，北京：中国人民大学出版社，1992年，第19—20页。
[10] 陈庆云：《公共政策分析》，北京：中国经济出版社，1996年，第9页。

所规定的行为准则,它是一系列谋略、法令、措施、办法、方法、条例等的总称。"[①]

可以看出,以上定义大致是从三个角度理解公共政策:一是管理职能角度,强调公共政策的管理工具性;二是活动过程角度,强调公共政策是一个连续性的活动过程;三是行为准则角度,强调公共政策是行为规范的文本。三种理解各有侧重,但基本都认同公共政策是以解决公共问题为取向、以维护公共利益为目的、以运用公共权力为依托。公共政策定义的多样性并不意味着公共政策本身的含糊不清,反而恰恰表明了公共政策理论与实践处于动态的发展过程。

基于中外学者对公共政策的理解,我们认为公共政策是以政府为主的公共政策主体通过运用公共权力解决公共问题、协调价值分配等方式,最终维护和增进公共利益的公共管理活动,公共政策通常以法令、条例、规划、方案、措施等形式表现出来。

我们可以从以下几个方面来把握公共政策的内涵:

第一,公共政策有规范的主体,即是以政府为主的公共政策主体,公共政策体现主体的意志,有别于企业或个人做出的决定,具有法定的权威性。

第二,公共政策具有价值取向,公共政策是有明确目标的管理活动,在不同时期公共政策有不同的目标侧重,具有很强的实效性,但其最终的目的是实现公共利益。

第三,公共政策是一系列的行为过程,是解决公共问题、协调价值分配的行为过程,体现了政策主体的政治意志。公共政策是一种政治过程,按照政治的程序和原则运转。

第四,公共政策是一系列的行为准则,规定了政策对象应该做什么或不应该做什么,常常表现为法令、条例、规划、方案、措施等形式。

9.1.3 公共政策的特征

9.1.3.1 公共政策的政治性与公共性

公共政策是一种政治过程,是政治系统运行的重要环节。公共政策按照政治的程序和原则运转,体现公共权力机构的政治意志,并服务于公共权力机构的政治利益。因此公共政策具有政治性。公共政策是公共权力主体进行社会管理、维护社会公正、实现社会稳定的措施和手段,是立足于整个社会发展,为实现公共利益而制定和实施的各种行为准则,也是全体社会成员应当遵守的行为规范。因此公共政策具有公共性。只有当公共政策的政治性与公共性达到统一时,公共政策才具有实质意义上的合法性,才能获得政策对象的认可,并有益于公共利益的实现。

9.1.3.2 公共政策的合法性与强制性

公共政策的合法性,就广义而言,是指政策对象对公共政策的认可和接受程度,体现在公共政策的主体、内容、形式和程序上;就主体而言,是指制定和执行公共政策等环节的主体必须是合法的或经公共权力机构授权的组织或个人;就内容而言,是指公共政策的措施和手段必须能切实解决公共问题,合理地进行价值分配,获得政策对象的认

[①] 朱崇实、陈振明等:《公共政策》,北京:中国人民大学出版社,1999年,第2页。

可；就形式而言，一般指政策文本本身和政策的社会分布形式必须合乎规范；就程序而言，是指公共政策的制定、执行、评估、调整等环节必须合乎法定程序。

公共政策的强制性衍生于公共权力的权威性。公共政策是由公共权力主体制定，一经颁布就具有法定权威性派生的强制性，政策对象不管认可与否，在政策调整或撤销之前必须遵照执行。实际上，由于社会成员之间利益的多样性和差异性，公共政策不可能满足所有人的利益诉求，某种利益的实现总是以其他利益的损害为代价的，满足了大部分人的利益，可能会让小部分人的利益受损，满足了当前的利益需求，可能损害长远的潜在利益。因此公共政策的强制性是公共政策得以顺利实施的保障。

9.1.3.3 公共政策的公平性与效率性

公平正义是公共管理追求的应有价值。公共政策作为公共管理的重要工具，在规则制定和价值分配中公平与否是检验和评价公共政策是否公平的重要标准，因此，在解决公共问题和价值分配时应坚持公平合理原则，尽可能地统筹社会成员的利益诉求，兼顾结果公平、机会公平和规则公平。

公共政策在注重公平的同时也应注重效率。社会问题层出不穷，政府行政资源的有限性决定了政府必须追求效率，即"少花钱，多办事"，同时又要"办好事"，这就是通常所说的要建立一个效能政府。公共政策的公平性与效率性往往是相互矛盾的，需要追求在公平前提下的效率并以有效率的行动达成公平，这正是公共政策复杂性的表现，考验着公共政策主体的治理能力。

9.1.3.4 公共政策的稳定性与变动性

保持社会的稳定是社会治理的基本目标，公共政策作为社会治理的主要途径和手段，必须保持一定的连续性和稳定性。朝令夕改的公共政策将严重扰乱社会稳定，当然，公共政策的稳定性是建立在正确性上的，"政策不但要对头，而且要稳定，要有连续性。"[①]

公共政策既有稳定性的一面，也有变动性的一面。公共政策尤其是具体政策，并不是一劳永逸、僵化不变的，公共政策是为了解决公共问题、调节价值分配而制定的，当公共问题、利益冲突发生变化时，公共政策也必须相应地做出调整和变动。处理好稳定性与变动性的矛盾要求公共政策主体敏锐地把握政策变量，做到稳中有变、变中求稳。

9.1.4 公共政策的功能

公共政策的功能是指公共政策作为公共管理的途径和手段在管理社会公共事务、调控社会公共秩序、引导社会公共生活等方面所发挥的效用。公共政策的基本功能主要包括导向功能、规制功能、调控功能和分配功能等。

9.1.4.1 导向功能

公共政策是为处理公共问题、协调价值分配而制定出的一套行为准则。通过政策的实施引导社会成员行为方式和社会关系的发展方向，这就是公共政策的导向功能。这种

---

① 邓小平：《中国预定的目标可以完成》，《人民日报》1987年4月19日。

导向不仅针对社会成员的行为，也针对社会成员的观念，是一种积极意义上的主动引导，告诉人们正确的行为标准是什么，从而改变社会资源的分配和社会关系的发展，引导社会成员的社会行为和整体的社会公共秩序走向公共政策制定者的预设轨道。

从导向方式来看，公共政策导向功能可分为直接引导和间接引导。直接引导是指公共政策对政策对象的行为和观念产生直接作用，如关于地产行业的公共政策将对地产行业的从业者和购买者产生直接作用；间接引导是指公共政策对政策直接调控对象之外的社会组织和成员产生间接作用，如关于地产行业的公共政策还将间接作用于金融投资、建筑装修、城市交通、城市规划等不同行业和领域。

从导向结果来看，公共政策导向功能既有正向效用，也有负向效用。正向效用是指政策导向结果符合社会规律的运行方向；负向效用是指政策导向结果偏离社会规律的运行方向。需要强调的是，并不是正确的公共政策就只有正向效用，不正确的公共政策就只有负向效用。一般来说，任何公共政策都会带有两种效用，公共政策制定者要做的是如何最大化发挥政策的正向效用，同时将政策的负向效用降到最低。

9.1.4.2 规制功能

公共政策的规制功能又称管制功能或制约功能。规制，即以政策规定来制约某种行为，通过明确的政策条文限制和杜绝某一类公共权力机构不希望发生的行为。

规制一般有两种途径：一是积极性规制，即政策条文突出正向激励，如政府不希望企业出现偷税漏税的行为，则以税收优惠等形式奖励依法报税纳税的企业，激励其重复这一行为；二是消极性规制，即政策条文突出负向惩罚，如政府以罚金追责等形式惩罚偷税漏税的企业，以抑制这一行为的出现频率。

9.1.4.3 调控功能

公共政策的调控功能是指公共权力机构通过公共政策的实施协调和控制社会运行过程中的矛盾冲突。社会生活中的利益冲突和利益矛盾是不可避免的，某些矛盾冲突是不能由社会本身自行调节或自行消弭的，矛盾的长期积累可能会干扰到社会公共秩序的正常运行。为调控这些矛盾冲突，保持社会的稳定和谐，就需要公共政策发挥其调控功能。

调控的对象主要是社会利益关系。利益的多元化和多样性导致了利益矛盾的客观存在。公共政策的调控目标不是利益的绝对平衡，而是带有价值倾向的调控，也就是说公共政策主体要判断哪种利益更重要，哪种利益应该最先得到满足，哪种利益冲突最尖锐。简而言之，公共政策的调控即是在保持社会稳定基础上的利益协调。可以看出，公共政策的调控结果同样具有正向效用和负向效用。公共政策主体需要根据社会矛盾的变化情况进行适时而有效的调节与控制，以最小的利益损失获取最大的利益平衡。

9.1.4.4 分配功能

公共政策的分配功能来源于公共权力机构的社会再分配职能。公共政策的本质即利益和价值的权威性分配。每一项公共政策的核心都是一种利益的分配，都涉及利益分配给谁、以什么方式分配等问题。利益分配是最容易引发社会矛盾的。社会历史实践证明，严重的分配不公极容易激化社会矛盾，进而威胁到政权的合法性地位。从我国的现实情况来看，利益分配问题依旧是社会矛盾的突出方面。长期以来，从计划经济的平均主义到"效率优先，兼顾公平"、从"初次分配注重效率，再次分配注重公平"再到"初次分配和再次分配都要兼顾效率和公平，再分配更加注重公平"的演变，可以看出我国政府对社会利益分配的制度安排是根据我国实际国情和社会发展规律而进行有效调整的。要保持我国社会的良性运行和可持续发展，还需要更加注重公共政策的分配功能，消解因分配不公造成的社会矛盾，促进社会和谐。这既是重要的理论问题，也是紧迫的现实问题。

9.1.5 公共政策的分类

现实中的公共政策浩繁复杂，为了更好地理解公共政策，有必要对其进行分类。根据不同的分类标准，可以将公共政策划分为不同的类型，以下介绍几种常见分类。

9.1.5.1 元政策、基本政策、具体政策

元政策又称总政策，是政策体系的最高等级，是指导全局的总原则、总路线、总方针，其表现形式有宪法、执政党纲领、施政纲领等。

基本政策是元政策在社会某一领域的具体化，在社会某一领域起主导作用。"基本政策是总政策的具体化，是具体政策的原则化，是联结总政策和具体政策的中间环节。"[1]

具体政策是基本政策的具体规定，是实现基本政策目标的手段，处于政策体系的最低层级，是公共政策主体针对某一具体问题而制定的具体方案措施。

9.1.5.2 实质性和程序性政策

实质性政策是针对具体的公共问题，统筹相关政策资源，付诸具体的行为措施，会直接对社会成员的利益和行为造成影响，例如城市群发展规划、新农村建设等，这类政策需要资源投入，有明确的利益分配或行为引导等。

程序性政策涉及行动流程和行动主体等内容，是落实实质性政策的政策，包括政策制定的程序、执行的规章等，对公共权力机构和公共政策执行者具有约束效用，例如《中华人民共和国行政许可法》属于程序性政策，它明确规定了行政许可的实施机关、行政许可的实施程序、行政许可的费用、监督检查和法律责任等内容。[2]

9.1.5.3 分配性和再分配性政策

分配性政策是指向某一特定领域或群体进行利益分配和资源投入的政策，一般是公共权力机构动用公共资金对特定区域、产业或组织的扶持，例如高新产业的税收优惠政策等。一般而言，此类政策对象都是受益者，没有明确的利益受损者。

再分配性政策是指公共权力机构基于分配公平原则，将一部分人的利益合法转移给另外一部分人的政策，是一种依托于公共权力强制性的再分配手段，例如养老金、失业补助、农产品价格补贴等各类政府转移支付形式。

---

[1] 王福生：《政策学研究》，成都：四川人民出版社，1991年，第48页。
[2] 谢明：《公共政策导论》，北京：中国人民大学出版社，2009年，第39页。

9.1.5.4 管制性和自我调节性政策

管制性政策是对政策对象的行为进行合法约束的政策。公共权力机构为解决公共问题，保证社会的稳定运行，需要颁布大量的政策法规来约束和规范公共行为。例如环保问题，对于企业来讲，基于利润的考量会忽略对环保的投入，只有通过管制性政策才能使企业正视外部成本，采取合理的环保措施。

自我调节性政策也是对政策对象行为的一种约束政策。相较于管制性政策，这种约束是原则性的，行为限制并不具体，突出强调在不违反原则下进行自我行为调节和管理。例如一些意见性的政策文本，一般只限定大致的行为原则，在这些原则下，政策对象有较大的自由空间进行行为抉择。

9.1.5.5 物质性和象征性政策

物质性政策是指涉及有形资源和实质权益分配的政策。在现实中，绝大部分公共政策属于物质性政策，会牵涉到具体的物质利益。

象征性政策不涉及具体的物质资源，不分配实质的权益，只涉及价值理念，更多地表现为一种公共权力机构对社会成员做出的号召或倡议。例如社会主义核心价值观的表述并不涉及实质的物质利益，只是针对公民价值观的一种号召。当然，从政策效果来看，物质性政策可能由于各种原因演变为象征性政策。比如像禁烟令之类的政策，虽然涉及实质的权益，但在某些地方可能由于条件不成熟，政策执行有困难，最终使物质性政策变为象征性政策。

9.2 公共政策的形成

9.2.1 政策问题的认定

政策问题的认定是整个公共政策活动的逻辑起点，问题的认定过程直接影响到公共政策能否有效解决公共问题。并非所有问题都能成为政策问题，政策问题有一个形成过程，有其独特的内涵和问题构建方法。

9.2.1.1 政策问题的形成

（1）个人问题转化为社会问题

在个人或群体追求发展的道路上，发现现实与期望之间存在差距，由这种差距形成的紧张状态会导致问题的出现。当这种紧张状态只发生于个体身上时，我们称之为个人问题，比如个别人可能遇到居无定所、老无所依等生计问题；当个体变为一群人并形成一个弱势群体的时候，这就转化成了一个社会问题。

（2）社会问题转化为公共问题

当社会问题进一步加剧，问题的影响范围不再局限于部分人，而是影响到大范围民众利益的时候，便会引起社会公众的普遍关注。例如城市交通拥堵问题，一开始可能只是集中在某些路段，当拥堵情况存在于城市的大部分路段，影响了大部分居民出行的时候，民众基于自身利益开始向公共权力机构提出解决这一问题的诉求，这就形成了一个公共问题。

（3）公共问题转化为政策问题

随着现代社会的快速发展，公共问题频发且多样，但公共问题并不一定会转化为政策问题。公共政策主体在不同阶段有不同的政策目标，只有部分公共问题会进入其考量范围。同时，公共权力机构的人力、物力以及管理工具等相关资源是有限的，面对大量的公共问题，只能根据轻重缓急，有选择地将公共问题转化为政策问题并纳入政策议程。

9.2.1.2 政策问题的概念

德瑞认为，"政策问题是未实现的需要、价值或可以通过公共行动来追求的改善机会。"[①] 安德森认为，从政策意图的角度来看，政策问题可以被定义为某种条件或环境。这种条件或环境引起社会上某一部分人的需要或不满，并为此寻求援助或补偿。寻求援助或补偿的活动可以由那些受环境影响的人直接从事，也可以由别人以他们的名义进行。[②] 林永波、张世贤认为，所谓政策问题，乃是在一个社群中大多数人觉察到或者关心的一种情况与他们所持有的价值、规范或者利益相冲突时，便产生一种需要被剥夺或者不满足的感觉，于是通过团体的活动向权威当局提出，而权威当局认为所提出的问题属于其权限范围之内，且有采取行动加以解决的必要。[③] 陈振明认为，政策问题不仅是一种客观存在的真实或者状况，而且是一种主观感知及集体行动的产物。它是一种由相当数量的社会成员感觉到的，与人的利益、价值和要求相联系的，并由团体活动所界定的为政府所认可必须加以解决的社会问题。[④]

基于以上学者的研究，本书认为，所谓政策问题是指多数社会成员感知到现实中某种客观状态与期望严重不符，通过组织活动向公共权力机构提出解决问题的诉求，获得了公共权力机构的认可并考虑采取实际行动的这一类公共问题。

9.2.1.3 政策问题的构建

以下介绍两种政策问题构建模型。

（1）邓恩模式

邓恩模式将政策问题分为问题感知、问题搜索、问题界定、问题陈述四个过程。

①以问题感知体悟问题情境：通过内心的主观感受来体悟政策利益相关方真实感受到的问题情境，其目标不在于发现具体的政策问题。

②以问题搜索认定元问题：以公共政策的概念诠释政策问题，使之成为政策分析者能处理的元问题。

③以问题界定发现实质问题：以专业知识判断问题所处的专业领域，不同专业领域的问题需用不同领域的专业知识加以分析。

④以问题陈述建立正式问题：将实质问题转化为以数学语句或专业术语为表达方式

---

① David Dery. Problem definition in Policy Analysis. Lawrence: University Press of Kansas, 1984.
② [美] 詹姆斯·E. 安德森著，唐亮译：《公共决策》，北京：华夏出版社，1990年，第65－66页。
③ 林永波、张世贤：《公共政策》，台北：五南图书出版公司，1993年，第72页。
④ 陈振明：《公共政策学》，北京：中国人民大学出版社，2003年，第84页。

的正式问题,即以构建语言的方式反映政策问题本身的性质。

(2) 帕顿和沙维奇模式

帕顿和沙维奇模式认为政策问题的构建包括七个步骤。

①思考问题:在方法允许的范围内对观察到的情形做出准确而完整的描述,应从大的方面确定这是一个什么样的问题,是社会的、经济的还是政治的问题。

②描述问题边界:详细说明问题存在的地点、已经存在的时间以及对这一问题形成产生影响的历史性事件,查明问题的关键所在并挖掘与其他问题的联系。

③建立事实根据:通过简便的计算、多途径数据等方法获取问题构建所需的基本信息并核实数据,将之与已确定的事实进行比较。

④列出目的和目标:可能的解决办法是否可以被接受取决于行动者的目的和目标,因而必须列出一个一般性的目的陈述和目标列举,以便对它们加以测量,同时对目标的测量也必须详尽。

⑤查明政策范围:所谓政策范围,是指一个问题中所要考虑的变量的范围,它会对实际被检验的备选方案产生影响。

⑥展示潜在利益和成本:利用报告、图表等形式表示有关的活动者或利益集团的损益情况。

⑦重新审视问题陈述:对已有的假设提出挑战,分析问题陈述是否符合政策的需要,对问题的分析是否具有足够的洞察力且提出有关可能的解决办法。

9.2.2 政策议程的建立

9.2.2.1 政策议程的概念

关于政策议程有多种定义,安德森认为,在人们向政府提出的成千上万个要求中,只有其中的一小部分得到公共决策者的密切关注,那些被决策者选中或决策者感到必须对其采取行动的要求构成了政策议程。[①] 金登认为,政策议程就是政府官员以及与这些官员有密切联系的政府外部人员在特定时期所特别关注的问题清单。[②] 丘昌泰认为,政策议程是指政策制定者对于来自社会的强烈需求采取积极的行动,并将它列入政府处理公共问题的公共计划时程表,以解决公共问题,满足人类需要。[③]

综合以上观点,本书认为,政策议程就是将政策问题纳入决策环节、提上公共权力机构议事日程的过程。政策议程的形成是政策问题有望解决的关键一步。

9.2.2.2 政策议程的分类

(1) 公众议程和政府议程

科布和爱尔德区分了两种基本的政策议程,即公众议程(系统议程)和政府议程(正式议程),这也是政策议程的两个主要阶段。公众议程是指某些社会问题已引起社会

[①] [美]詹姆斯·E. 安德森著,唐亮译:《公共决策》,北京:华夏出版社,1990年,第69页。

[②] [美]约翰·W. 金登著,丁煌、方兴译,丁煌校:《议程、备选方案与公共政策(第二版)》,北京:中国人民大学出版社,2004年,第4页。

[③] 丘昌泰:《公共政策:当代政策科学理论之研究》,台北:巨流图书公司,1999年,第124页。

公众和社会团体的普遍关注，他们向政府部门提出政策诉求，要求采取措施加以解决的一种政策议程。从本质上讲，公众议程是社会公众就某一政策问题进行大范围讨论和争议的过程。政府议程是指某些社会问题已引起决策者的密切关注，使之感到有必要对其采取一定的行动，并将这些社会问题列入政策范围的一种政策议程。政府议程在程序上较为正式和固定，在论证上较为严谨和客观，从本质上讲，政府议程是政府部门按特定政策程序行动的过程。

公众议程和政府议程作为政策议程的两个阶段，既有区别又有联系，公众议程往往先于政府议程，对问题的认识还不够深入和全面，大多只是一些不成系统的讨论意见，其主要目标是使公众诉求进入决策环节，而后进入到政府议程，公共问题会得到系统的专业分析，并提上公共权力机构的议事日程。一般而言，政策问题先经过公众议程再转变为政府议程，但公共政策决策者有可能出于自身判断跳过公众议程，直接将某些问题纳入议事日程。

（2）实质性议程和象征性议程

实质性议程要解决的是实质性的政策问题，这些政策问题往往牵涉面广、影响深远，在进入议程之前，这些问题在社会公众间已经历了长时间的讨论和争议，而在议程过程中也会存在大量高强度的利益博弈，因为一旦政策出台，将牵涉到大范围相关人员和团体的实际利益。

象征性议程对应的问题是象征性问题，这类政策问题往往与实质利益无密切联系，一般牵涉到的是价值理念与意识形态，这类问题的处理虽然不直接涉及实质利益的分配，但仍然对社会稳定和社会运行起到不可估量的作用。

9.2.2.3 政策议程的模型

建立政策议程的模型多种多样，以下介绍三种经典模型。

（1）外在创始模型、内在创始模型和动员模型

科布以政策诉求的主体为标准，提出了建立政策议程的三种类型[①]。

①外在创始模型：政策诉求主要由非公共权力机构的个人或团体组织提出，经过公众讨论扩散后进入公众议程，再寻求进入政府议程，整个过程需要经历较长的时间。该模型在民主社会中较为常见。

②内在创始模型：政策诉求由公共权力机构内部团体或人员提出，并不希望问题讨论扩散到公众议程，内部运作是其主要特征。该模型多出现在集权型社会。

③动员模型：政策诉求由公共权力机构内部团体或人员提出，并主动将问题讨论扩散到公众议程。此模型建立的政策议程一般会进入政府议程，扩散到公众议程是为了寻求公众的理解和支持。该模型一般出现在民主程度较低的社会。

（2）尼尔森的四阶段模型

尼尔森将政策议程确立过程分为四个阶段。

①议题确认：某一问题受到公众广泛讨论，如问题足够重要，将会引起决策者的密

---

① ［美］罗杰·科布：《比较政治过程的议程制定》，《美国政治学评论》1976年第3期。

切关切。

②议题采纳：决策者决定是否对政策问题做出反应，如认为有必要且在职责范围内将会采纳议题。

③议题重要程度排序：政策问题被采纳后，决策者会对相关议题进行重要性排序。

④议题持续：此阶段为决定阶段，如议题持续得到考虑，将会进入政府议程。

（3）金登的信息流模型

约翰·金登提出的信息流模型是对议程建立过程描述较为全面的模型，该模型建立在问题流、政策流和政治流三种信息流的基础之上①，如图9-1所示。

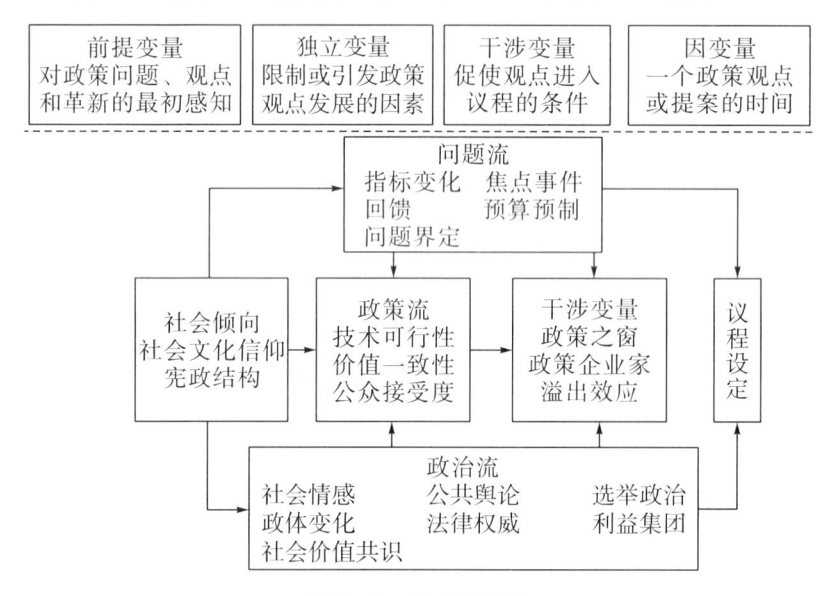

前提变量 对政策问题、观点和革新的最初感知	独立变量 限制或引发政策观点发展的因素	干涉变量 促使观点进入议程的条件	因变量 一个政策观点或提案的时间

问题流
指标变化　焦点事件
回馈　　　预算预制
问题界定

社会倾向
社会文化信仰
宪政结构

政策流
技术可行性
价值一致性
公众接受度

干涉变量
政策之窗
政策企业家
溢出效应

议程设定

政治流
社会情感　公共舆论　选举政治
政体变化　法律权威　利益集团
社会价值共识

图9-1　信息流模型

①问题流：指问题如何被确认、如何被定义，其核心为问题的识别。

②政策流：指知识与观点的积累和相关专家提出政策方案的过程，其核心为政策建议的阐明和精炼。

③政治流：指国民情绪、政治变化以及压力集团的游说行动等对政策议程产生影响的因素集合，其核心为政治博弈活动。

这三种信息流相互独立又相互作用，可以互为动力或阻力，当三种信息流汇合到一起时的时间节点称为"政策之窗"，它是提案进入议程的重要机会。这一模型具有很强的解释性和包容性。

9.2.3　政策方案的形成

9.2.3.1　政策目标的确定

政策目标的确定是政策制定的首要内容之一，公共政策目标是公共权力机构通过公

---

① [美]约翰·W.金登著，丁煌、方兴译，丁煌校：《议程、备选方案与公共政策（第二版）》，北京：中国人民大学出版社，2004年，第52页。

共政策的实施所要达到的目的、指标和效果。政策目标是政策方案设计与评估的主要标准，也是公共政策绩效评估的重要标准。

政策目标是一个目标体系，包括总目标和具体目标。总目标是对于公共政策解决政策问题的一般性要求，而具体目标是对总目标的分解，多为阶段性目标或量化目标。一般而言，公共政策都必然包含一些基本目标。国内学者宁骚认为，在现代市场经济社会中，基本公共政策目标包括公平、效率、自由和安全。公共政策特别是经济政策的基本目标包括增长、效率、稳定和公平。目标体系内各类目标是有机联系的，局部的、低层次的、近期的目标从属于全局的、高层次的、长远的目标，具体目标受制于总体目标并根据总体目标的要求进行调整。

政策目标的确立是复杂而又困难的过程，主要受价值因素、政治因素以及目标的多重性和冲突等因素的影响。[①]

事实上，政策目标的确定首先表现为价值的确认和排序。而价值本身是没有客观衡量标准的，每个群体或个人都会因为经济政治背景等不同拥有不同的价值观。政策目标的确定只能是一种利益平衡和价值折中，更多的还是反映了政策制定者的价值偏好。

公共政策是一个政治过程，政策目标的确定也是政治活动的产出。政策决策者和普通的社会成员一样也是自利的，确定政策目标的过程中不可避免地会掺入个人利益，而各类利益集团的政治影响也会使政策目标的确定愈加困难。

政策问题本身和利益相关者都具有复杂性和多元性，导致了政策目标本身的多重性，而不同目标之间又可能是相互冲突的，经常会呈现顾此失彼、利益冲突的局面，对如何衡量各目标的轻重缓急带来了诸多困难。

9.2.3.2 政策方案的设计

政策目标确定后，政策研究人员就开始着手政策方案的设计。政策方案是指实现既定政策目标的途径、措施和办法，它是政策评估的基础，对解决政策问题、实现政策目标具有重大意义。政策方案设计就是提出备选政策方案的过程，备选方案的科学性和有效性直接关系到公共政策的产出质量。

方案设计需要注意以下要点[②]：

成本——方案需要考虑成本及其效率。

稳定性——方案的抗干扰性及目标的可持续性。

可靠性——在既定时间段实施方案的可能性。

牢固性——如果在执行中方案部分失灵或受损，该方案能否持续。

灵活性——方案的伸缩余地有多大，目标和手段能不能改变。

风险性——方案失败的可能性。

传播性——如果方案容易被理解，那么贯彻执行就会减少障碍。

功效性——方案的价值表现及其伦理特征，解决问题的是非界限。

简单性——方案是否易于操作和执行。

---

① 陈振明：《政策科学》，北京：中国人民大学出版社，2003年，第442页。
② 谢明：《公共政策导论（第4版）》，北京：中国人民大学出版社，2015年，第169页。

相容性——方案是否与现行相关政策及其目标、手段衔接或相容。

可逆性——方案执行中阶段性目标和程序的相互替代性。

强韧性——方案是否适应不同环境和条件。

9.2.3.3 政策方案的评估和择优

在形成一定的可备选政策方案后，下一步工作就应对政策方案进行评估和择优。政策方案评估是指对各种备选方案的可行性和预测性效果进行分析论证，评判各个方案的优劣。方案择优则是在评估的基础上优选备选方案或方案的组合，提出政策建议。政策评估和择优是政策抉择前的必要步骤，在现实中，两者在时间上并不是前后相继的关系，而往往表现出交错往复、相互交融的关系。

（1）政策方案的评估内容

政策方案的评估主要包括可行性评估和预测性评估。

可行性评估包括：①政治可行性，政策方案获得政治团体接受和支持的程度。②经济可行性，政策方案成本和收益的比较分析。③行政可行性，政策方案在行政执行上的可操作性。④技术可行性，政策方案对政策问题的解决能力和现有的技术方法支持能力。⑤社会可行性，社会群体和成员对政策方案的认可和接受程度。⑥法律可行性，政策方案与现有法律体系是否相容。

预测性评估是指基于现实环境和既有条件，对政策方案在未来实施过程中需要的条件、可能遇到的障碍、环境变化的可能以及政策最终实施效果的推测和预判。预测性评估方法主要有：①专家会议法，利用专家的知识和经验优势，通过会议讨论的形式，对未来的发展趋势进行分析和判断。②德尔菲法，在专家会议法上进行改进，采用匿名发表意见和反复征求意见的形式，使专家在互相隔离的情况下交换意见，最后通过技术处理得出预测结果。③时间序列法，简化环境变量，仅依据时间对事物发展的影响进行未来的预测。④回归分析法，根据相关变量大量的实测数据，确立变量间的回归函数关系，进而从一个变量推测另一个变量的未来趋势。⑤马尔可夫模型，从统计学借鉴的定量预测方法，以随机状态事件各状态的转移概率矩阵为基础，对事物未来的发展走向进行推算。

（2）政策方案择优的基本步骤

①确定择优标准：选择是在一定标准上的比较，政策方案择优需建立择优的标准。这一标准往往和政策目标一样，是复杂多样且可能是互相冲突的。从决策者的角度而言，价值观、个人利益、舆论压力、制度惯性等都可能成为择优的优先标准；从政策方案的角度而言，公平、正义、效率、效益、风险、机会成本等都会成为择优的影响因素。因此，择优标准往往是多种标准的折中。事实上，择优标准不应追求最优标准，而应遵循满意原则。

②确定择优程序：方案择优需依照既定的程序和方法，也就是说需确立议事规则和投票机制。不同的择优程序会产生不同的择优效率，也可能会导致不同的择优结果，不同政策方案的选择和政策方案的实施时机都会对解决政策问题的最终效果产生重要影响。因此，必须确定科学合理的择优程序。

③比较政策方案：科学比较是建立在客观的政策方案评估基础上的。只有通过科学

评估才能详细了解各备选方案在各项择优标准上的优势和劣势，进而选择符合择优标准的最优方案。在所有备选方案均未达到择优标准的情况下，也可以通过综合比较将备选方案的优势项进行归并，组合出一个新的合格方案。

9.2.4 政策合法化

政策方案在正式抉择之后还需完成合法化程序才能获得合法性地位，成为正式的具有权威性的公共政策并进入政策实施环节，这就是政策合法化。政策合法化是公共政策形成的最后一个环节。

9.2.4.1 公共政策合法化的含义

（1）广义的公共政策合法化

合法化是一个政治概念。从广义上理解，公共政策合法化是指社会公众对公共政策正当性的认可。只有被社会公众认为是正当的并愿意去接受和遵守，才是具备合法地位的公共政策，而达成这一目的的过程就是公共政策合法化的过程。

美国公共政策学家琼斯从广义上去研究公共政策合法化，认为在任何政治系统中都存在着两种层次的政策合法化，第一层次为政治系统取得统治正当性的过程，第二层次为政策取得合法地位的过程。[①] 其中，政治系统合法化是公共政策合法化的前提，只有具备合法地位的政治系统才具备颁布合法性公共政策的资格。合法化的公共政策是政治系统合法化的产出和维护其政治统治的手段。

（2）狭义的公共政策合法化

从狭义上理解，政策合法化即政策合乎法律法规，这是从法律角度对这一概念的理解。张金马认为，政策合法化是指政策方案上升为法律或获得合法地位的过程。它由国家有关的政权机关依照法定程序所实施的一系列立法活动与审查活动所构成。[②] 陈振明认为，政策合法化是指法定主体为使政策方案获得合法地位而依照法定权限和程序所实施的一系列审查、通过、批准、签署和颁布政策的行为过程。[③] 张国庆认为，公共政策合法化泛指制定和执行公共政策全过程的每一种政策行为至少在形式上必须符合法律、法规或者传统规范。[④]

概括而言，狭义上的公共政策合法化是指公共政策实施前，公共政策主体为使公共政策具备法律意义上的合法地位所做的行为过程。这一过程主要包括三个内容：

第一，合法的决策主体。公共政策的决策组织是依法组建的，并经法律规定由国家权力机关或上级行政机构授予公共政策决策权，这是公共政策合法化的前提条件。一般而言，主要从管理职能、机构设置、人员组合、权责体系、组织经费以及运行规则六个方面考察公共政策主体的合法性。

第二，合法的决策程序。公共政策的决策程序是约束公共政策主体决策行为的有效

[①] C. O. Jones. Introduction to the Study of Public Policy. Duxbury Press, 1977：85.
[②] 张金马：《政策科学导论》，北京：中国人民大学出版社，1992年，第172页。
[③] 陈振明：《政策科学》，北京：中国人民大学出版社，1998年，第245页。
[④] 张国庆：《现代公共政策导论》，北京：北京大学出版社，1997年，第145页。

手段。决策程序合法化是公共政策合法化的必要保障，没有决策程序的约束和规范，公共政策的决策行为很容易偏离政策目标而演变为权力者的个人独断或小团体的利益分肥。因此，程序正当合法是现代国家在政策实践过程中取得的共识。

第三，合法的政策内容。政策内容的合法化是指公共政策必须相容于当前的法律体系，不得与国家宪法和现行法律相抵触。公共政策在内容上不仅要符合有关的法律原则，而且要符合法律的具体规定。基于此，公共政策组织内部必须将备选方案与法律法规相对照，而且有必要发挥法律机构的审查作用。例如，德国、法国和意大利等国家都建立了专门的机构——宪法法院或宪法委员会独立行使违宪审查权，他们在法律法规和公共政策生效之前做出最终裁决，以确保公共政策的合法性，这属于预防性的审查方式。[①]

9.2.4.2 政策法律化

顾名思义，政策法律化是指公共政策向法律的转化。具体来说，是指享有立法权的国家机关依照立法权限和程序将成熟、稳定而有立法必要的政策转化为法律。政策法律化实际上是一种立法活动，也称政策立法。

(1) 政策法律化的主体

政策法律化的主体就是有权依法把政策转化为法律的国家机关，即享有立法权的国家机关。政策法律化的主体一般有两类：一是享有立法权的立法机关；二是享有委托立法权的行政机关，这类主体的立法活动称为行政立法。为规范立法活动，提高立法质量，完善中国特色社会主义法律体系，全面推进依法治国，我国于2015年颁布了最新版《中华人民共和国立法法》。

(2) 政策法律化的条件

法律化是公共政策的一种特殊形态，并不是所有的政策都要转化为法律，只有在一定条件下才需要将公共政策法律化：一是有立法必要。政策相较于法律而言更加灵活具体，能及时有效地解决公共问题。当公共问题重要程度上升，涉及重要社会关系领域的时候，需要更刚性的制度约束，这时就有必要启动政策法律化程序；二是政策本身必须是成熟而稳定的。法律是全体公民契约性的文件，体现的是全民意志和公共意志。立法和修订都是极其严谨复杂的，能够转化为法律的政策必须是成熟、完善并经过长期实践检验的。

9.3 公共政策的执行

公共政策一经合法化便进入政策执行阶段，政策执行是政策目标转化为政策现实的唯一途径，所有政策问题的解决必须通过公共政策的实践，因此，政策执行是公共政策过程中极其重要的环节。

---

① 陈庆云：《公共政策分析》，北京：北京大学出版社，2011年，第147页。

9.3.1 政策执行的概述

9.3.1.1 政策执行的含义

在公共政策发展的初期，政策执行并未受到关注，人们认为制定出好的公共政策才是最重要的，而政策执行只是一种行政操作环节。然而实践证明，有时好的政策并不一定会出现好的政策效果，其原因就在于政策执行环节出现偏差，直到20世纪六七十年代，政策执行才逐渐引起人们的重视。

对于政策执行，主要有行动学派和组织学派两种不同学派的理解，两者分别从不同的角度对政策执行进行描述。

行动学派认为，公共政策执行实质是执行人员通过一系列行动实现政策目标的活动过程，行动是政策执行的关键，更关注政策作为行动指南的指导性作用。查尔斯·奥·琼斯认为，"政策执行是将一项政策付诸实施的各项活动，在诸多活动中，尤以解释、组织和实施三者最为重要。所谓解释是将政策的内容转化为民众所能接受和理解的指令；所谓组织是指建立政策执行机构，拟定执行的办法，从而实现政策目标；所谓实施是由政策执行机关提供例行的服务与设备，支付经费，从而完成议定的政策目标。"[1]

组织学派认为，公共政策都是通过一定的组织才得以执行的，任何政策目标要转变为政策现实都需要组织机构的依托和努力，组织才是公共政策执行的关键。艾尔莫认为，"任何一项观念转变为行动，都要涉及重要的具体工作，组织是从事具体工作的主体。其处理问题的方法，是将问题分成具体的管理项目，再将这些项目分配给专业化机构负责执行。因此，只有了解组织的运作，才能认清原初政策设计是否在执行中被修正或附加新意"[2]。

台湾学者林永波、张世贤认为，政策执行是一种动态的过程，在整个过程中，负责执行的机关与人员组合各种必要的要素、采取各项行动、扮演管理的角色、进行适当的裁量、建立合理可行的规则、培塑目标共识与激励士气、应用协商化解冲突，以期成就某个特殊的政策目标。[3]

国内学者陈振明认为，"我们可以把公共政策执行界定为一个动态的过程，它是公共政策执行者通过建立组织机构，运用各种政策资源，采取解释、宣传、实验、实施、协调与监控等各种行动，将公共政策观念形态的内容转化为实际效果，从而实现既定公共政策目标的活动过程"[4]。

综合上述观点，本书认为，公共政策执行是指执行主体为实现政策目标，组建执行机构，投入政策资源，采取解释、组织、实施等行动，将政策方案内容转变为现实的动态过程。

---

[1] C. O. Jones. Introduction to the Study of Public Policy. Duxbury Press, 1977: 139.

[2] R. F. Elmore. Organizational Models of Social Program Implementation. Public Policy, 1978, 26 (2): 185-228.

[3] 林永波，张世贤：《公共政策》，台北：五南图书出版公司，1995年，第264页。

[4] 陈振明：《政策科学》，北京：中国人民大学出版社，2003年，第260页。

9.3.1.2 政策执行的特征

(1) 适用性

每一项公共政策都有一定的适用对象,执行政策需明确其适用范围,做到有的放矢,否则会引起政策混乱,削弱政策权威和执行力度。

(2) 动态性

在很多情况下,政策方案的设计是基于预测所做出的,再精准的预测也会与现实情况存在差距,而政策环境、政策资源、政策问题又是随时变化的,所有的变量都处于动态的变化过程中。

(3) 协调性

协调性体现在对政策要素的分配和重组中,政策执行需要完成大量的协调工作,例如对执行机构管辖边界的协调、对执行人员分配的协调,这些活动都会影响到最后的政策执行效果。

(4) 有序性

政策执行活动要按照时间序列保持一定的连续性,这是保持执行工作稳定开展的基本要求。政策执行需立足于阶段性目标,合理安排政策落实的流程,循序渐进地实现政策最终目标。

(5) 时限性

时限性体现在整个政策执行过程和每个政策执行阶段中,缺乏时限的政策往往是缺乏效率的,会延误解决政策问题的时机。科学合理的时限要求既是政策执行连续性的内在要求,也是规范政策执行的参照标准。

(6) 灵活性

灵活性体现为政策执行人员的自由裁量权,政策执行不是机械的文本执行,政策环境也不是一成不变的,政策执行会存在一些灵活空间,由政策执行人员根据政策情境灵活应变。

9.3.1.3 政策执行的功能

(1) 实现政策目标的关键环节

政策的制定环节是对政策问题的研究和政策方案的设计,而政策目标的实现必须通过政策执行将政策意图转化为政策现实。需要强调的是,政策目标是对未来的一种预期,可能与现实存在偏差,这种偏差也只能通过政策执行才能发现和纠正。

(2) 检验政策质量的重要途径

在公共政策出台之前都会经过程序化的评估和择优,政策实施前的评估择优都是基于理性的评测和比较,而实践是检验真理的唯一标准,政策方案是否能发挥效用并真正有效地解决政策问题,只能依靠政策的实施来检验。

(3) 制定后续政策的可靠依据

政策执行环节反馈的各种信息可以为后续政策提供可靠的参考依据,增加后续政策的科学性和针对性。后续政策包括政策的调整和配套,公共政策都有一定的适用性,政策情境变化后就需要对政策进行调整,调整的依据就来自于政策执行的反馈信息。制定配套政策、形成政策群是解决复杂政策问题的常态，这些配套政策甚至新政策的制定也需要前期政策在执行环节的反馈信息作为依据。

9.3.1.4 政策执行的过程

政策执行是一个循序渐进的行动过程，包含了一些基本环节，具有一定的逻辑顺序。

(1) 政策宣传

政策宣传是政策执行过程的起始环节，具有重要的功能。宣传对象包括两个方面，一方面是指政策执行人员，执行人员只有在对政策意图和具体的政策措施有了明确认识和充分了解的情况下，才能更准确、更积极地执行政策；另一方面是指政策对象，政策对象只有知晓政策才能理解政策，进而接受和服从政策。宣传活动的内容主要包括政策公布，也包括各种渠道、方式的政策解释和说明。

(2) 政策分解

政策分解是指制定政策执行计划的环节。刚出台的政策方案往往具有抽象性和模糊性，在执行前必须结合政策情境和政策资源编制科学的行动路线图。制定执行计划需遵循几个原则，一是客观性，计划要切实可行，既不冒进，也不拖延；二是适应性，计划要有弹性，能适应政策环境的突发变化；三是阶段性，计划要阶段分明，前后衔接，并保持一定的容错性；四是统筹性，计划在目标分解上要保持方向一致，资源分配上要统筹兼顾。

(3) 资源投入

一项公共政策的执行往往要耗费大量的公共资源，主要包括人力、物力、预算安排、制度保障等。首先需要从公共资金中安排执行预算，准备充分的物质资源。其次，组建执行机构和配备执行人员，还要制定科学合理的规章制度，明确执行职责，维持政策执行的正常秩序。

(4) 政策实验

政策实验是指公共政策在全面实施前选择样本地区进行政策试点。重大政策和风险性政策一般都会采取政策实验的办法，通过政策实验可以发现政策漏洞，为政策的全面实施积累经验。政策实验大致可分为选择试点对象、设计试点方案和总结试点经验三个阶段。

(5) 政策推广

政策推广是指公共政策在政策范围内的全面实施过程，是涉及面最广、操作性最强、资源投入最多的环节。这一环节必须严格遵循政策执行的基本原则，充分发挥各项政策要素的功能，落实政策方案。

(6) 执行调控

执行调控是指对政策执行的协调和监控，贯穿于政策执行的整个过程，起到保障和纠偏的作用。执行过程中很容易出现资源不到位、执行不力、责任推诿、目标偏离等问题，需要及时进行协调、监督和控制，保证政策目标的圆满实现。

9.3.2 政策执行模型

政策执行自20世纪六七十年代开始受到关注以来,形成了大量的政策执行模型,本小节主要介绍以下五种政策执行模型。

9.3.2.1 过程模型

美国学者史密斯将政策执行过程的影响因素归结为四类:理想化的政策、执行机构、目标群体和环境因素,如图9-2所示。政策执行过程中的张力可能会带来冲突,为实现政策目标,需正确处理这种张力。处理后运行顺畅的政策可以实现某种制度化,并在必要的时候给予反馈。

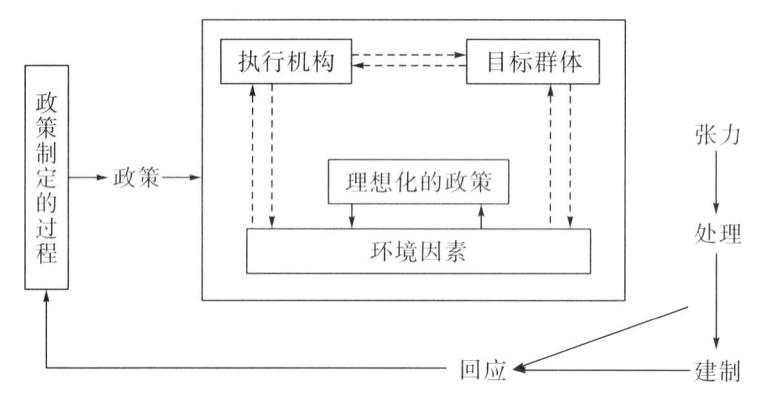

图9-2 政策执行过程模型

9.3.2.2 互适模型

互适模型由美国学者麦克拉夫林提出,也称互动理论模型,如图9-3所示。麦克拉夫林认为,成功的政策方案有赖于有效的政策执行,而有效的政策执行则有赖于政策方案相互调适的过程。①

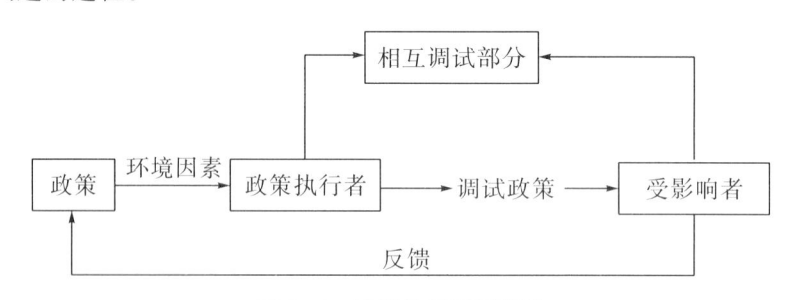

图9-3 政策执行互适模型

9.3.2.3 博弈模型

博弈模型是指运用博弈理论来分析政策执行过程中相关参与者的互动情况。该模型以完全理性人为前提假设,认为所有参与者在处理政策执行过程中的冲突时都遵循最大

---

① 金太军:《公共政策执行梗阻与消除》,广州:广东人民出版社,2005年,第63页。

收益-最小损失的原则。以此模型分析政策执行过程的代表人物为美国公共政策学家巴得克。

9.3.2.4 循环模型

美国公共政策学家雷恩和拉宾诺维茨提出了以循环为特色的政策执行循环模型，将政策执行分为拟订纲领、分配资源和监督执行三个阶段，三个阶段是相互作用的双向循环过程。每一阶段还须遵守三个原则，如图9-4所示。

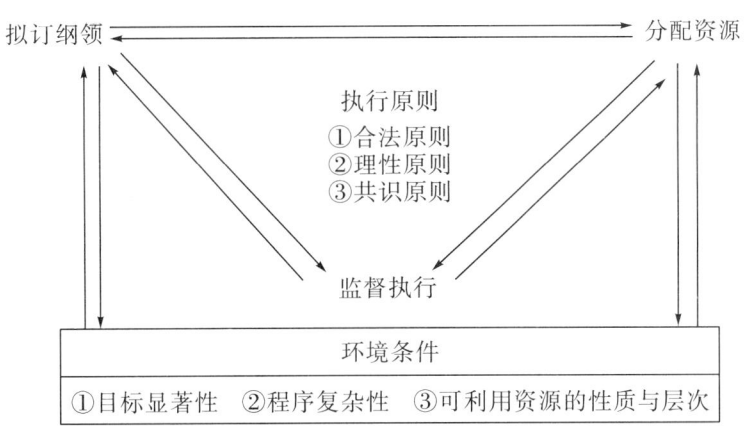

图9-4 政策执行循环模型

9.3.2.5 系统模型

系统模型由美国学者范米特与范霍恩提出，他们认为有六个因素共同影响政策执行效果，各因素间的相互联系及与政策内容、政策效果的影响关系如图9-5所示。

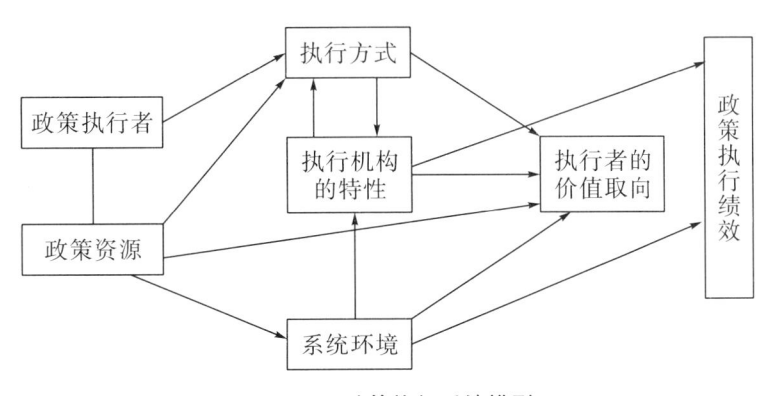

图9-5 政策执行系统模型

9.3.3 影响政策执行有效性的因素

政策执行的有效性具有两层含义：第一层是指政策执行是否贯彻了政策意图，将政策目标转化为现实；第二层是指政策执行效果是否有利于解决政策问题。影响政策执行有效性的因素主要有政策本身、执行主体、政策对象、政策环境等。

9.3.3.1 政策本身

（1）目标的合理性

政策目标是一项公共政策的灵魂，政策目标是否合理直接决定了政策执行是否有效。目标错误，政策执行会步入歧途；目标含糊，政策执行会杂乱无绪；目标太高，政策执行会徒劳无功；目标片面化，政策执行会顾此失彼。

（2）内容的具体性

模棱两可、含糊不清的政策内容容易引起政策边界模糊和政策执行的随意性。从操作和技术层面上讲，公共政策能被顺利执行和评估，它在内容上必须是明确而具体的，并要求尽可能提供可检测、可衡量的指标体系。

（3）政策的稳定性

公共政策具有动态性和灵活性，但在一定范围和时间内它必须是稳定的，频繁变动、朝令夕改的政策不仅会削弱其权威性和合法性，更会在政策执行过程中造成混乱。当然，稳定性的要求也是相对的，当政策环境发生大的改变时，必然要求政策做出适时的调整。

9.3.3.2 执行主体

执行主体一般包括执行机构和执行个人。执行机构对政策执行有效性的影响因素主要包括机构结构的合理性和职责的明确性，这是组织学派最关注的问题。执行个人对政策执行有效性的影响因素主要是个人的能力素质，包括思想政治素质、知识素质、能力素质、心理素质等，这是行动学派所强调的内容。

9.3.3.3 政策对象

政策对象是指公共政策的作用对象。政策执行是否有效在很大程度上受政策对象的影响，即取决于政策对象是否理解和接受公共政策。政策对象的影响因素主要包括政策对象的价值偏好、利益取向、文化心理因素和受教育程度等。

9.3.3.4 政策环境

政策环境是影响政策执行有效性的重要因素，任何政策都必须相容于政策环境，并受环境的影响和制约，南橘北枳说的就是环境的影响作用，尤其在政策迁移的过程中会得到明显的体现。政策环境的影响因素主要包括政治环境、经济环境、社会文化环境等。

9.3.4 政策执行偏差的表现及矫正

9.3.4.1 政策执行偏差的表现

政策执行偏差又称执行阻滞、执行梗阻、执行失灵等。所谓政策执行偏差是指政策实施过程中，由于受主客观因素的影响，政策执行结果偏离政策目标的现象。政策执行偏差的表现形式主要有以下几种。

（1）附加式执行

政策执行的扩大化，即在政策执行过程中附加了不恰当的政策内容，例如政策对象、作用范围、政策力度等超出了政策规定，导致政策变形。

（2）照搬式执行

政策的机械执行，政策执行者缺乏能动性，不做调查研究，无视实际情况地照搬、照抄上级政策，缺乏政策应变能力。

（3）象征式执行

政策的敷衍执行，政策执行者注重表面文章，只做政策宣传而不采取实质性的执行行动，使政策方案沦为一纸空文，无法落实到实际过程中。

（4）选择式执行

选择式执行又称政策截留，是指政策执行者只落实政策的部分内容，不完整地贯彻政策意图。其主要原因是产生利益冲突时，政策执行者从自身利益出发选择性地执行政策，截留对自身不利的政策内容不予落实。

（5）替代式执行

替代式执行分为完全替代和部分替代，是指政策执行者自行歪曲和篡改政策内容，政策执行表里不一，也就是俗称的"上有政策，下有对策""挂羊头，卖狗肉"。

（6）观望式执行

政策执行的拖延，政策执行者缺乏积极性，持观望态度，拖延执行进度，没有压力的情况下不主动执行政策。

（7）抵制式执行

政策执行者抗拒政策执行，由于对政策的不接受、不认同，拒不执行政策或恶意破坏政策的执行进度。

9.3.4.2 政策执行偏差的矫正

政策执行偏差的矫正是指采取纠偏措施，使政策执行重新回到正确的方向，消除或减少执行偏差带来的负面效应和不良后果的过程。政策执行偏差矫正主要包括以下四个方面。

（1）提高公共政策质量

公共政策是政策执行的蓝本，制定公共政策时要完善决策机制。高质量的公共政策应包含明确而具体的政策目标和政策内容，保持合理的稳定性和连续性。

（2）培训政策执行人员

人是最关键的因素，执行人员的态度和行为会直接影响政策执行的最终效果。要防止执行偏差，应对政策执行人员进行培训，以提高其政策执行能力，培训内容应包括思想认识层面、业务能力层面和职业道德层面。

（3）健全政策执行机制

重点是健全监督机制、协调机制、奖惩机制和追责机制。要有监督机制以对执行过程的行政行为进行监控，有效预防和矫正执行偏差；要有协调机制以处理执行过程的利益冲突和资源调配问题；要有奖惩机制以激励和惩罚相关的执行行为；要有追责机制以追究相关机构和人员造成政策执行偏差的责任。

（4）优化政策执行环境

关键是消除和减少执行环境给政策执行造成的阻力。主要措施包括加强政策宣传、加大政策执行资源投入、理顺行政关系、增强公共政策的知晓度和认可度，以及营造民主、平等、协商的公共政策环境。

9.4 公共政策的评估

公共政策评估是公共政策过程的重要环节。公共政策是否具有价值、是否应该继续执行还是需要调整或者废止，这些问题都需要通过科学合理的政策评估加以解决。

9.4.1 政策评估的含义

对于如何理解公共政策评估大致有四种观点：第一种观点认为，政策评估是针对政策方案进行的评估，评估的焦点集中在政策的预期结果，即人们通常所说的前评估；第二种观点认为，政策评估是针对政策环节的评估，主要侧重于政策内容的阶段性分析，即人们通常所说的阶段性评估；第三种观点认为，政策评估是对政策全过程的评估，是贯穿于整个政策过程的功能性活动，即人们通常所说的过程评估；第四种观点认为，政策评估是针对政策实际效果进行的评估，是发生在政策执行中的活动，即人们通常所说的后评估。[①]

本书认为，政策评估就是依据一定的标准和程序对政策的价值和效果进行评价，目的在于获取相关的政策信息，并作为旧政策调整、新政策制定的依据。

9.4.2 政策评估的类型

随着社会的快速发展和公共管理活动的复杂化，政策评估无论在内容上还是形式上都日趋复杂，呈现出多样化的特点。从评估组织的活动形式来看，政策评估可分为正式评估和非正式评估；从评估主体来看，政策评估可分为内部评估和外部评估；从评估活动所处的政策过程来看，政策评估可分为前评估、执行评估和后评估。

9.4.2.1 正式评估和非正式评估

正式评估是指根据正式而严格的程序制定完整的评估方案，由专门或权威的评估方进行的政策评估。此类评估一般有充足的人员、经费和设施保障，掌握充分的评估材料，评估结果具有一定的权威性，是政策评估的主要形式。非正式评估一般对评估主体、评估内容和评估程序没有严格的要求，评估方往往根据自身掌握的有关政策信息进行评估，具体表现形式有领导视察、民众议论和媒体评价等。

9.4.2.2 内部评估和外部评估

内部评估是指公共部门内部的评估，评估主体包括政策执行方和公共部门内专门的评估机构和评估人员。外部评估是指公共部门以外的主体对政策进行评估的方式，这种方式一般属于委托评估，委托对象包括研究机构、学术组织、咨询机构、高等院校、专家学者等。

---

① 谢明：《公共政策导论（第4版）》，北京：中国人民大学出版社，2015年，第226页。

9.4.2.3 前评估、执行评估和后评估

前评估是指在政策执行之前进行的预测性评估，评估内容包含对政策实施对象发展趋势的预测、政策可行性的评估以及对政策效果的预测。执行评估是指对执行过程中政策实施情况的评估，以确认政策是否得到严格贯彻执行。后评估是指政策执行完成后对政策效果的评估，旨在判断政策价值，辨别效果成因，这是最主要的一种评估方式。

9.4.3 政策评估的要素

9.4.3.1 评估主体

评估主体的构成包括政策决策者和执行者、公共部门内的评估机构和人员、学术团体、研究机构、政策对象等。根据不同的评估需要可以选择不同的评估主体。不同的评估主体都有自身的优势和局限性。一般而言，公共部门内部的评估主体相对具有权威性，第三方的评估主体相对具有客观性，而政策对象的评估相对更直观和具体。

9.4.3.2 评估对象

评估对象即是要评估的具体政策。不同的评估形式适合不同的评估对象，并不是所有的政策都有必要进行评估或适用于同样的评估形式。选择评估对象需要以评估的成本、有效性、必要性和可行性等因素为前提，不能一概而论。

9.4.3.3 评估标准

评估标准是政策评估的指标和准则。一般而言，评估标准包括三大类：事实标准、技术标准和价值标准。

(1) 事实标准

事实标准是指能够用统计手段进行量化的、能够反映事物客观状态的标准。主要包括：①政策效率，指政策的产出与投入之间的比例关系。评估重点是评估对象即政策是否以最少的投入获得最大的产出。②政策效益，指政策目标得以实现的程度。评估重点在于根据政策运行的实际效果判断是否达到了政策的预期目标。③政策影响，指政策实施后对社会公众态度和行为方面的实质影响。评估重点是公共政策是否有效作用于社会公众的态度和行为。④政策回应性，指政策对公众需求的满足程度。评估重点是公共政策是否发挥了解决政策问题的功效。

(2) 技术标准

技术标准是指采取技术手段、技术规范和技术工具来服务于政策评估活动。在现实中，同样的事实标准会在不同的技术标准下产生不同的评估结果。因此，需要比较技术标准的适用性，选择适当的技术标准评估公共政策，一般需要根据标准的多样化、系统化和数量化等因素来选择不同的技术标准，以便取得真实、客观的评估结果。

(3) 价值标准

价值标准是以价值理性来衡量公共政策在价值领域的影响。这种价值标准建立在一个国家特定的社会现实基础之上，表现出来的是一种多元集合。一般来说，公共政策的价值标准体现在三个方面：一是公共政策是否具有公正性，即公共政策是否坚持公正原则，公平地进行价值分配；二是公共政策是否促进了社会稳定，即公共政策的实施能否

有效缓解社会矛盾，促进社会和谐；三是公共政策是否有利于社会的可持续发展，即公共政策的实施是否正确处理环境、资源与发展的关系，是否符合社会可持续发展的基本价值准则。

事实上，在政策评估过程中，单一的标准是不能够真实反映政策效果的，需要综合运用事实标准、技术标准和价值标准，才能取得客观的评估结果。

9.4.3.4 评估方法

政策评估需要比较政策实施前与实施后的社会变化。难题在于要评估如果没有政策实施方案会发生什么情况，以及将其与实施后的情况进行比较，这两者之间的差别一定要归因于政策方案本身，而不是社会同期内发生的其他变化所导致的结果。[①]

（1）"前—后"对比分析

政策实施前后的比较，即比较两个时间点上同一情况的不同结果，一种结果是实施方案前的，一种是实施方案后的，以证明方案的影响和效果（见图9-6）。

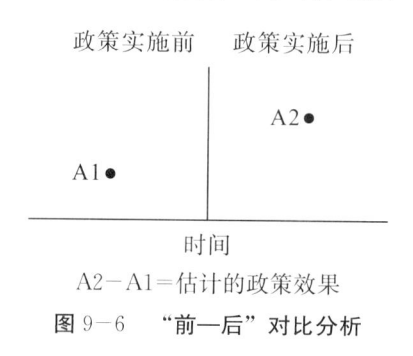

图 9-6　"前—后"对比分析

（2）"投射—实施"对比分析

将政策执行前的趋势线投射到政策执行后的某一时间点，代表若无该政策的实施此时间点会发生的情况，再与政策执行后的实际情况进行对比（见图9-7）。

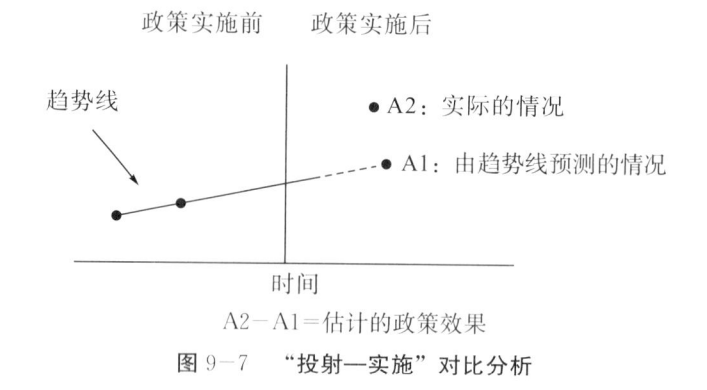

图 9-7　"投射—实施"对比分析

（3）"有—无"对比分析

对有参与方案的客体和没有参与方案的客体进行比较（见图9-8）。

---

① 谢明：《公共政策导论（第4版）》，北京：中国人民大学出版社，2015年，第243页。

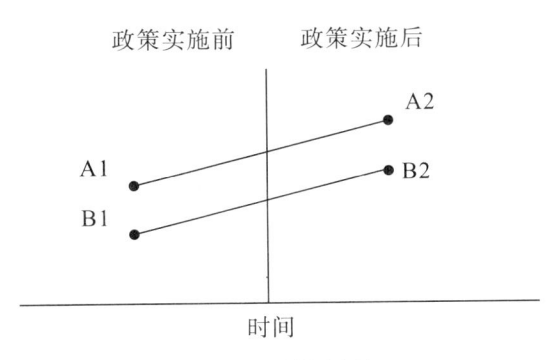

A：有计划实施；B：无计划实施
(A2－A1) － (B2－B1) ＝估计的计划效果
A 与 B 之间的差别与变化成正比

图 9-8　"有—无"对比分析

(4) 实验性对比分析

通过比较实验群体和控制群体来评估政策的有效性（见图 9-9）。

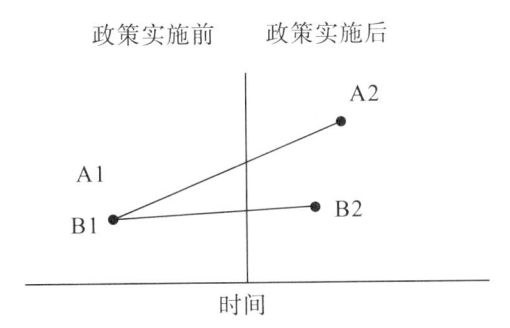

A：有计划实施，B：无计划实施
A 和 B 在计划实施前是相同的
A2－B2＝估计的计划效果

图 9-9　实验性对比分析

9.4.4　政策评估的步骤

9.4.4.1　计划与准备

计划与准备是政策评估的基础性工作，也是完成政策评估的前提条件。主要任务包括以下五项。

(1) 组建评估机构

评估机构是评估工作的组织保证，可以根据实际情况使用原有评估机构或重新组建专门的评估机构，并明确评估机构的工作职责。

(2) 配备评估人员

评估工作是专业性很强的工作，对评估人员的能力素质都有较高要求。此项工作主要包括评估人员的挑选和培训，为评估工作提供充分的人力资源保障。

(3) 确定评估对象

评估对象可以是一组政策或单个政策，也可以是政策的某个部分，精确地定位评估对象是政策评估工作有序开展的必要前提。

(4) 制订评估方案

评估方案是整个政策评估活动的行动蓝图，制订评估方案是政策评估工作前期准备的重要事项。评估方案内容应该包括明确评估主体、描述评估对象、阐述评估目标、设定评估程序、选择评估标准等。

(5) 投入评估资源

为政策评估工作提供物质和人力的保障，包括评估工作的人员、经费、场地、设施等。

9.4.4.2 组织与实施

(1) 收集政策信息

政策信息是政策评估的原始材料，直接影响政策评估结果的客观性。信息收集应尽可能做到全面、系统、准确、可靠。信息搜集的方法主要有现场观察、实地调查、台账查阅、实验研究等。

(2) 整理加工信息

原始的政策信息必须转化为可以利用的统计信息，这就需要对政策信息进行深入加工整理。整理过程需要注意保持信息的真实性、完整性、代表性和可计量性。

(3) 评估政策效果

在加工整理政策信息的基础上开始进入实质的政策评估环节，依照客观的评估标准，运用可统计的政策信息，判断政策的实际效果。

(4) 形成评估结论

政策评估的最后阶段必须提出最终的评估结论，这是整个政策评估工作的关键产出。

9.4.4.3 评估总结

一般来说，正式的政策评估在最后阶段都会要求提交完整的评估报告。评估报告内容包括对整个政策评估工作的说明和解释、对政策方案的分析和评价、最终的评估结果和相关的政策建议。评估报告是政策评估方的最终工作成果，会作为政策决策者或评估委托方的重要决策依据。

9.4.5 政策评估的障碍

9.4.5.1 政策目标的模糊性

政策目标是在政策形成过程中提出的，是对未来的一种期望，往往原则性比较强，但量化的指标不够细致和具体。而目标体系之间也是相互关联的，甚至存在相互冲突的现象。政策目标的这些特性会使政策评估在评估标准设定上产生困惑。

9.4.5.2 政策影响的广泛性

政策影响会涉及社会生活的多个层面，有些是直接的，有些是间接的，有短期现实的影响，也有潜在而长远的影响。这些政策影响往往不能够用精确的技术标准来统计，这给政策评估的测定工作带来了困难。

9.4.5.3 政策资源的混合性

公共政策之间有时存在连续或交错的关系，投入的政策资源对关联的公共政策都会产生影响。在进行公共政策成本分析时，很难厘清政策与政策资源间的一一对应关系，这就给核算公共政策的成本带来了许多困难。

9.4.5.4 政策问题的复杂性

公共政策是否有效解决政策问题是评估公共政策的一个事实标准。然而政策问题本身是复杂的，一个问题可能会包含其他问题，也可能是其他问题的一个部分，政策问题的复杂性会使政策评估人员很难确定政策的实际效果。

9.4.5.5 政策主体的不配合

政策评估也是对政策的价值判断，关系到政策主体的绩效表现。政策评估的结果运用也会牵涉到政策主体的实质利益。因此，政策主体对政策评估的不配合是比较常见的。尤其当评估结果可能对其带来不利影响时，政策主体可能会采取干扰、抵制政策评估的行为，从而影响评估方对政策信息的采集工作。

本章小结

公共政策是一个历史的概念。不同社会主体对公共政策有不同的体认，即使是同一个人在不同的时间对公共政策的认识也不尽相同。但大家对公共政策还是有一个基本的共识：公共政策是政策主体依托公共权力对利益和价值进行权威性分配的工具或手段。公共政策具有导向、规制、调控、分配等功能，也具有公共性、合法性、公平性、强制性、稳定性等特征。公共政策从某种程度来说是公共部门对社会公共需求的有效回应。形成政策问题、建构政策议程、执行政策、评估政策、反馈政策是政策流程中的基本环节。在公共政策中充分使用公共政策模型能起到事半功倍的效果。

复习题

1. 如何理解公共政策的"公共"一词？
2. 简述公共政策的特征。
3. 公共政策如何分类？
4. 政策方案设计有哪些要点？
5. 简述政策执行的功能。
6. 结合实际论述执行偏差如何矫正。
7. 结合实际论述政策评估的障碍。

第 10 章 公共服务

> 名人名言

谁为时代的伟大目标服务，并把自己的一生献给了为人类而进行的斗争，谁才是不朽的
———尼古拉·阿列克塞耶维奇·涅克拉索夫

我不需要发财，更多的财富只不过意味着用四匹马代替两匹马来拉我的马车。我唯一的目的，就是为人类服务。
———汉弗里·戴维

> 学习目标

1. 理解公共服务的概念。
2. 掌握公共服务的内容。
3. 理解公共服务的特征。
4. 理解公共服务提供的方式方法。

10.1 公共服务的概念、特征与分类

10.1.1 公共服务的概念

作为一个与私人服务（private service）相对应的概念，很多学者在研究公共服务时将公共服务与公共产品等同使用。最早提出"公共产品（public goods）"这一概念的是瑞典经济学家林达尔。1954 年，萨缪尔森首次明确界定了"公共产品"这一概念，将公共产品定义为：必须由集团中的所有成员均等消费的产品。如果集体中的任何一个成员可以得到一个单位，那么根据定义，该集团的每一个其他成员也必须可以得到一个

单位。① 同时他还总结了公共物品在消费中的两大特征：一是非排他性（nonexclusivity），二是非竞争性（nonrivalry）。"前者指的是公共产品一旦被提供，除非不计成本，则任何人都不会被排除在该公共产品的消费之外；后者是指一个人对公共产品的消费并不同时减少其他人可消费的数量。换句话说，每个人可得的消费量都等同于供给总量。"② 1965年，詹姆斯·布坎南在其撰写的《俱乐部经济理论》中对萨缪尔森的公共产品理论进行了补充，提出了准公共物品理论（又叫混合公共产品理论或非纯粹公共物品理论），准公共物品或者只有排他性，或者只有竞争性，总的特点就是其不能同时满足萨缪尔森所归纳的两大特征③。

20世纪中后期，随着新公共管理运动的兴起和发展以及对多元治理理论和新公共服务理论的发展和批判，公共服务的含义和方式发生了巨大变化，逐步由政府主导和在技术层面重视效率与质量走向服务主体多元协作和重新强调以公民为中心进行公共服务，突出了公共服务的核心价值——公共利益和公民权利。

我国学者对公共服务至今也未能有统一认识。根据研究领域和视角的差异，可从以下几个方面理解公共服务的内涵。

一是从公共物品的角度，即根据公共物品的特性来界定公共服务。如前文所言，西方经济学一直用公共物品特性解释公共服务，从"公共物品"到"准公共物品"，再到"有益物品""混合物品""中间物品"等概念，公共物品分类理论不断丰富，其目的是用公共物品的规定性解释公共服务。从认定"公共服务就是提供公共物品"到认定"公共服务不仅仅提供公共物品"，公共服务的定义不断变化，但始终没有摆脱用公共物品的规定性解释公共服务的逻辑。受上述思维逻辑的影响，我国官方和学界在讨论公共服务时也套用物品的规定性来解释公共服务。例如，"公共服务，就是提供公共产品和服务，包括加强城乡公共设施建设，发展社会就业、社会保障服务和教育、科技、文化、卫生、体育等公共事业，发布公共信息等，为社会公众生活和参与社会经济、政治、文化活动提供保障和创造条件。"④ "从范围看，公共服务不仅包含通常所说的公共产品（具有非竞争性和非排他性的物品），而且也包括那些市场供应不足的产品和服务。"⑤

二是从政府职能的角度，即根据政府的特性来界定公共服务。由于现实中政府提供的各种物品的规定性存在明显差异，用物品的规定性界定公共服务的解释力和概括力受到限制，人们转而寻找其他概括公共服务的捷径。虽然政府服务不是公共服务的全部，但政府是重要的公共部门之一，政府服务无疑是判定公共服务的重要标尺，于是，以政府服务为基准界定公共服务成为一种重要方式。例如，"所谓公共服务，广义上可以理解为不宜由市场提供的所有公共产品，如国防、教育、法律等，狭义上一般指由政府直

---

① ［美］保罗·萨缪尔森、威廉·诺德豪斯著，萧琛译：《经济学》，北京：人民邮电出版社，2010年，第26页。
② ［美］保罗·萨缪尔森、威廉·诺德豪斯著，萧琛译：《经济学》，北京：人民邮电出版社，2010年，第33页。
③ ［美］罗纳德·奥克森著，万鹏飞译：《治理地方公共经济》，北京：北京大学出版社，2010年，第125页。
④ 马庆钰：《关于"公共服务"的解读》，《中国行政管理》2005年第2期。
⑤ 马庆钰：《关于"公共服务"的解读》，《中国行政管理》2005第2期。

接出资兴建或直接提供的基础设施和公用事业,如城市公用基础设施、道路、电讯、邮政等。"① "公共产品是指政府向居民户提供的各种服务的总称。公共产品包括的范围很广泛,诸如国防、治安、司法、行政管理、经济调节等,都是政府向居民户提供的服务。此外,由政府提供经费而实现的教育服务、卫生保健服务、社会保障服务等,也是公共产品。"②

三是从服务的角度,即根据服务的特性来界定公共服务。有人认为,公共服务是一个有着特定含义的概念,它是指为社会公众提供的、基本的、非营利性的服务。第一,公共服务是大众化的服务,公共服务不是只为特定少数人提供的服务;第二,公共服务是基本服务,是满足人们日常生活基本需求的服务,如人们在日常生活中离不开水、电、气,以及安全、教育、文化等方面的服务,否则,人们就不能正常生活;第三,公共服务是内容广泛的服务,公共服务既要提供物质产品(水、电、气、路、通讯、交通工具等),又要提供非物质产品(安全、医疗、教育、娱乐等)。并且,公共服务是一种低价位的服务,以保证人们能够持续性消费。

据此,本章将公共服务(public service)界定为以政府为基础的公共部门提供的满足社会公共需求、供全体公民共同消费与平等享用的公共产品、公共物品或公共财物。

10.1.2 公共服务的特征

由前文可知,公共服务概念的外延比公共产品的外延要大,公共服务具有公共产品的特征,同时也具有消费上的非竞争性和非排他性,隐含着公平性、普遍性等价值判断,是政府基于公平正义、全社会福利最大化为社会所提供的服务。公共服务具有以下六个方面的特征。

10.1.2.1 供给上的公平性和普遍性

公共服务主要是指政府为回应社会公共需要,运用手中所掌握的公共资源为社会提供产品和服务的总称,目的是平等地解决整个社会成员的基本生存与基本生活问题,以提高全体公民(尤其是弱势群体)的生活质量。我国的公共服务以公平正义等公共价值观念为指导向全社会提供产品和服务。公共服务所涉及的"为谁服务""服务什么""如何服务"都隐含着我们国家的价值判断。中国共产党重视社会建设,以改善民生为重点,积极推进基本公共服务均等化,目的是让全体公民平等地享有公共服务,使社会发展成果为全体社会成员所共享,这体现了中国共产党对社会主义公平正义价值目标的追求。

10.1.2.2 消费上的非竞争性和非排他性

消费上的非竞争性是指一个消费者对公共产品的消费并不影响其他消费者能够得到的消费数量,即公共产品的个体消费量等于其消费总量,也即新增消费的边际成本为零,例如法律、国防等,每当增加一个人消费这类产品时,该产品的边际成本为零;而

---

① 黄恒学、张勇:《政府基本公共服务标准化研究》,大连:东北财经大学出版社,2011年,第78页。
② 钟君等:《公共服务蓝皮书:中国城市基本公共服务力评价 2012—2013》,北京:社会科学文献出版社,2014年,第212页。

服装、化妆品等产品则在消费上具有竞争性，每当增加一个人消费这类产品时，该产品的边际成本增大。公共产品和公共服务在市场上是少有人愿意提供的，因为其只对他人或社会有益，对提供者而言无利可图。公共产品具有非排他性，可供所有人使用，一些人的使用并不会排除另一些人的使用，增加一个使用者的边际成本为零。"凡是属于最多数人的公共事务常常是最少受人照顾的事务，人们关怀着自己的所有，而忽视公共的事务；对于公共的一切，他至多只留心到其中对他个人多少有些相关的事务。"[①] 因此，公共产品一般由政府提供，政府以税收方式迫使使用者付费，以达到提高资源配置效率和社会效益的目的。

10.1.2.3 公共服务具有社会财富再分配特性

公共服务主要属于社会财富再分配的范畴，社会财富可以进行再分配的前提是社会能够创造出财富，建立完善的公共服务的前提之一是社会财富的充分涌流。人类历史证明，在创造社会财富方面，市场机制是最基本、最有效的体系设计和制度安排。但是，市场机制的作用只限于实现机会平等和规则平等条件下的社会公平，对实现以结果平等为标志的社会公平则存在失灵现象。由政府安排的公共服务机制超越了共容利益（即组织或个人利益因社会总产出的增长而增加，因社会总产值的减少而受损）的逻辑，在政府有能力安排社会财富的条件下增进全社会福祉。

10.1.2.4 公共服务供给主体的多元性

公共服务是公共活动的一部分，公共活动范围大于政府活动的领域。政府是公共活动的主体之一，因而也是公共服务的主体之一。政府有多项职能，包括经济调节、市场监管、社会管理和公共服务，因此公共服务职能只是政府职能之一。提供公共服务的主体可以是政府，可以是政府之外的公共部门，也可以是企业。一般来说，公共服务包括基础教育、公共卫生、公用事业、社会保障等事项。政府是公共服务的安排者，公共服务范围和水平的确定主要取决于三个因素：见识——虽然政府、消费者、运营者的见识都会影响公共服务的范围，但最终的决断者是政府；财力——任何公共服务都是收费的，无论是政府提供还是社会提供，都存在财力能否支撑的问题。能不能收费、收费的数额、收费的成本、投入的回报等都会对确定公共服务的范围和水平起制约作用。各国公共服务的范围和水平不一，在一定程度上源于不同经济发展水平下的财力制约；利益——利益是服务的动机，政府和企业虽然对利益的判断不同，但总存在利益相关，或公共利益，或私人利益，或公共利益与私人利益的结合。政府强化或弱化公共服务总与公共利益相关，私人部门参与公共服务既体现了社会责任，也反映了实现利益的愿望。

10.1.2.5 公共服务对象的非特定性

为特定的人提供的服务属于私人服务，它根据特定需求个别安排服务；为非特定的人提供的服务为公共服务，它根据一般性需求安排一般性服务。例如，用私家车接送子女上下学是典型的私人服务，因为服务对象特定，并且会根据上课、放学的早晚或节假日随时调整接送时间；而承担公共交通任务的交通工具由于其服务对象的非特定性，即

---

① ［古希腊］亚里士多德著，吴寿彭等译：《政治学》，北京：中国商务出版社，1965年，第94页。

便假期客流稀少也必须按时准点运营。

10.1.2.6 公共服务内容的标准性

公共服务包括普适性事项和补救性事项。无论何种事项，政府公共服务应提供基础水平的、标准化的服务，如由政府付费的教育、医疗、保险等公共服务都是一般化的服务。补救性事项也是一般化的服务，特殊化的需求只能从非公共服务中寻求满足。

10.1.3 公共服务的分类

对事物按照不同的标准进行分类，能够更好地认识事物的本质。同样，对公共服务按照不同的标准进行分类，也能更好地认识公共服务的内容，以寻求有效的公共服务供给制度与政策选择。公共服务按照不同标准可以分为不同类型。

10.1.3.1 纯公共服务和准公共服务

依据公共服务特征，可以将公共服务分为纯公共服务和准公共服务（或混合公共服务）。纯公共服务是指具有完全的非竞争性与非排他性特征的公共服务，主要包括国防、外交、行政管理、社会治安与消防、宏观经济管理、危机和灾害管理等。这些领域的公共服务一般是由国家免费提供，政府是这类公共产品的承担主体，主要依赖于公共财政。准公共服务是指不同时具有或不完全具有非竞争性和非排他性的公共服务，具有非竞争性或非排他性之中任何一个特征的公共服务都是准公共服务，如城市公共交通、高等教育、公园、博物馆、公共图书馆等。为了避免拥挤和过度消费，政府一般会委托其公用事业组织依照非营利原则以对使用者收取成本费用的方式进行运营管理。

此外，政府在生产的弱竞争性和消费的弱选择性私人服务中还承担着一定的公共服务责任。生产的弱竞争性和消费的弱选择性私人服务主要包括民航、邮政、电信、广播电视系统等服务。由于这些服务具有垄断性，这就决定了这些垄断服务的提供者之间的弱竞争性与消费者的弱选择性。政府在这些领域也承担着一定的职责，必须规范和监管好这些垄断服务的提供者。

10.1.3.2 维护性公共服务、经济性公共服务和社会性公共服务

依据公共服务功能，可以将公共服务分为三类：一是维护性公共服务，主要是指政府为维护国家安全及正常运转而提供的公共服务，如国防外交、行政管理、社会治安等；二是经济性公共服务，主要是指政府为促进经济社会发展而提供的公共服务，如公共基础设施等；三是社会性公共服务，主要是指政府为社会公正而提供的公共服务，如教育、社会保障、公共医疗卫生、环境保护等。

10.1.3.3 全国性公共服务和地方性公共服务

依据公共服务受益范围，可以将公共服务分为两类：一是全国性公共服务，这类公共服务覆盖全社会，惠及全国公众或者事关国家整体利益，受益范围是全国性的，一般由中央政府供给，如国防安全等；二是地区性公共服务，这类公共服务既可以由地方政府单独供给，也可以由中央与地方联合供给（依据中央和地方受益程度的不同，可以进一步分为以中央供给为主、地方供给为辅和以地方供给为主、中央供给为辅两种情形），如优抚安置等。

10.1.3.4 基本公共服务和非基本公共服务

依据公共服务水平，可以将公共服务分为基本公共服务和非基本公共服务。基本公共服务是指政府为回应社会基本公共需求，运用手中所掌握的公共资源为社会提供的产品和服务的总称，包括义务教育、基本医疗卫生、基本社会保障等，是政府为了保障社会全体成员的基本权利（包括基本的生存权与基础性的发展权）、基础性的福利水平必须向全体居民均等提供的基础性公共服务；非基本公共服务是指政府为回应社会更高层次的公共需求，运用手中所掌握的公共资源为社会提供的产品和服务的总称，包括高等教育、高于社会保险水平的高福利等，是政府为了提高社会成员的生活质量和生活水平而提供的更高层次的公共服务，有利于促进社会成员的全面发展。

10.2 基本公共服务与公共服务体系

公共管理的一个重要职能就是以发展社会事业和解决民生问题为核心，逐步提升基本公共服务质量，并逐步形成惠及全民的基本公共服务体系，以破解"城乡之间、区域之间公共供给失衡"和"公共需求增长和公共供给不足"的双重困境。这是调控社会群体之间收入差距、促进社会公平正义、保障社会安定有序的有效手段和机制。

10.2.1 基本公共服务

大力发展基本公共服务、促进基本公共服务均等化是切实改善民生、化解社会矛盾、促进社会公平的现实着力点，也是近年来公共管理研究的热点。本小节将围绕基本公共服务均等化的概念、内涵来解读其本质属性。

10.2.1.1 基本公共服务的概念与内涵

关于基本公共服务的概念，国内外学者进行了不同阐释。基本公共服务概念最早于19世纪后半叶由德国社会政治政策学派代表瓦格纳提出，他认为基本公共服务是政府财政支出的重要部分[①]。20世纪初期，法国学者莱昂·狄骥从现代公法制度研究的角度认为公共权力行使者负有使用其手中的权力来组织基本公共服务、保障和支配基本公共服务进行的义务，"任何因其与社会团结的实现与促进不可分割而必须由政府来加以规范和控制的活动，就是一项基本公共服务"[②]。在基本公共服务概念的演变过程中，西方经济学的路径，如福利经济学、区域经济学和财政学等学科都对基本公共服务均等化的概念产生过深远影响，其中，福利经济学为基本公共服务均等化的概念形成提供了理论基础，包括庇古的社会福利思想、补偿原则的基本思想及社会福利函数理论的基本思想及阿玛蒂亚·森的福利思想等福利经济学思想与帕累托最优定理、次优理论及第三优理论等福利经济学基本命题。到了20世纪中期，随着新公共管理运动的兴起和发展，基本公共服务的含义与方式发生了重大变化，逐步由政府主导和技术层面的重视效率与

---

① [美]保罗·萨缪尔森、威廉·诺德豪斯著，萧琛译：《经济学》，北京：人民邮电出版社，2010年，第235页。
② [法]狄冀著，郑戈等译：《公法的变迁：法律与国家》，沈阳：辽海出版社，1999年，第248页。

质量走向服务主体多元协作与价值层面的公平正义。西方公共经济学者萨缪尔森、马斯格雷夫、布坎南等从公共物品角度解读基本公共服务的含义，认为基本公共服务就是"由人民建立起来的，为公民提供服务、维护集体利益，并承担相应义务的活动"[①]。此外，有学者从罗尔斯的正义理论中追溯了基本公共服务均等化的理论基础，并依据罗尔斯正义理论的第一正义原则（平等自由原则）和第二正义原则（机会均等原则和差别原则），提出了建立基本公共服务均等化原则，即受益均等原则、主体广泛原则和优惠合理原则。

我国学者对基本公共服务概念、内涵的理解由于研究视角的不同而各有侧重，主要从权利均等、机会均等、结果均等等方面进行了界定。一是从权利均等的角度来界定，认为基本公共服务均等化是指公民都有平等享受基本公共服务的权利。二是从机会均等的角度来界定，认为基本公共服务均等化的内涵应包括全体公民享有基本公共服务的机会均等，结果大体相当，其本质是通过某一个层面的结果平等来达到机会均等。三是从结果均等的角度来界定，认为基本公共服务均等化是指一国范围内全体居民应当享受水平大致相当的基本公共服务，包括义务教育、基础卫生医疗、就业和社会保障等。四是从基本公共服务的主要内容对基本公共服务概念进行界定，如强调农村基本公共服务的需求导向，认为基本公共服务可从两个角度来理解：从消费需求的层次来看，基本公共服务是与低层次消费需要有直接关联的公共服务；从消费需求的同质性来看，人们的差异消费需求属于基本公共服务。五是强调基本公共服务的范围，将基本公共服务界定为"居民在生产、生活中共同享用的具有消费上的非竞争性、效用上的不可分割性以及收益上的非排他性的公共设施和服务"[②]，并在此基础上强调政府职能的幅度，认为基本公共服务包括政府的四项职能，即经济调节、市场监管、社会管理和基本公共服务，或者主要指政府四项职能中的基本公共服务。六是从构成要素的角度来界定，从均等的主体、均等的客体、均等的标准三个方面来理解，认为社会公正的功能性结构由分配的结果公正、起点公正（机会均等）和过程公正（程序公正）三个要素构成[③]。

据此，本书借鉴上述观点，认为基本公共服务是以解决民生问题为导向，根据国家经济社会发展阶段和总体水平，为维护本国经济社会的稳定、基本的社会正义和凝聚力，以及满足公民的基本生存和发展需求所提供的覆盖全体公民的公共服务。

10.2.1.2 基本公共服务的主要特征

由上文可知，基本公共服务应把建设人民群众最为关切、最迫切需要得到解决的公共服务作为现阶段的主要任务。"基本"是对公共服务的要求，不仅包括基础教育、公共卫生和基本医疗、社会保障、基础设施和公共安全等内容，也涉及城乡差距、群体差异、区域差异、社会公平等问题。"基本"的内涵和特征应根据我国发展阶段和政府财政能力的变化而进行调整。目前我国基本公共服务主要呈现以下特点。

---

① [美]詹姆斯·布坎南著，穆怀鹏译：《民主财政论》，北京：中国社会科学出版社，1999年，第51页。
② 蔡放波：《略论加快建设我国基本公共服务体系》，《学习与实践》2007年第5期，第58页。
③ 唐钧：《"基本公共服务均等化"保障6种基本权利》，《时事报告》2006年第6期，第39页。

（1）多元化的供给主体

基本公共服务供给主体是指基本公共服务的生产与供给者。首先，政府应承担基本公共服务供给的主要责任，但对这种供给责任的理解应是保证会有服务，而不一定是直接生产服务，也就是说政府在基本公共服务供给中的主导地位可以是直接生产公共产品，也可以是由政府出资购买由非营利组织或私营部门生产的公共产品，同时加强对公共产品质量的监管，以满足社会成员基本生活的公共需求。其次，非营利组织也是基本公共服务供给的有生力量。政府在基本公共服务供给中的职能是弥补市场缺位与失灵，但政府并非是万能的，由于缺乏有效的管理和激励，很可能导致基本公共服务水平低下和数量短缺，形成"政府失灵"。这就迫切需要打破基本公共服务供给中的政府垄断，发挥非政府组织的作用，广泛调动社会力量参与基本公共服务的生产与供给，建立政府与社会合作的多中心治理结构。同时，适度引进基本公共服务中的市场竞争机制，通过"特许经营""合约外包"等形式将部分准公共产品和特殊私人产品委托给企业等多种市场主体，形成市场竞争机制，如交通、电信、邮政、基础设施等。这样既可以借助社会资源提高基本公共服务的生产能力，又可以通过价格机制反映公众对于基本公共服务的真实需求。

（2）普世性的服务对象

基本公共服务的对象是全体社会成员和组织。由于公共物品具有非竞争性和非排他性，因此享有基本公共服务是每一位公民的权利。建立人人共享的基本公共服务体系是各国基本公共服务的目标。

（3）多样化的服务内容

基本公共服务的内容根据公共产品的不同，分为纯粹公共物品、混合性公共物品以及带有生产的弱竞争性和消费的弱选择性私人物品的生产与供给；根据政府职能的不同，分为维护性基本公共服务、经济性基本公共服务、社会性基本公共服务。多样化的分类表明基本公共服务内容丰富、范围广阔，与民生相关的领域几乎都离不开基本公共服务。

（4）公平正义的价值追求

基本公共服务的目的是满足公共需求、维护公共利益，这就注定了基本公共服务的价值追求应是公平优先、兼顾效率。在社会发展进程中，市场机制是资源配置最基本、最有效的制度安排。然而市场机制的作用重在实现机会平等和规则平等，但在促进社会公平正义方面却存在失灵现象。基本公共服务通过社会财富再分配的手段保障民众的基本权利，满足民众的基本需求，有利于建立成果分享机制，缩短城乡之间、区域之间的差距，增进全社会福祉。

10.2.2 公共服务体系

国家基本公共服务体系"十三五"规划把基本公共服务体系的概念界定为"由基本公共服务的范围和标准、资源配置、管理运行、供给方式以及绩效评价等所构成的系统性、整体性的制度安排。"由此可知，公共服务体系一般是指政府根据经济社会发展情况与民生发展需求，在就业、教育、医疗、卫生、社保、安全等方面进行整体建设的有机系统，包括公共服务的供给者、结构载体、范围标准、运行机制、绩效评估等内容。公共服务体系主要包含以下三大特性。

10.2.2.1 公共服务内容的系统性

公共服务体系不仅仅是由各种公共服务项目组成的系统，而且是由在提供公共产品和服务过程中形成的主体与客体、范围标准、供给机制/资源配置、制度保障等子系统所构成的综合体。

10.2.2.2 公共服务过程的整体性

公共服务体系的构成贯穿了公共服务的整个过程，包括公共服务需求—供给—反馈的全过程，是一个有机衔接、互为支撑的关联整体，也是公共服务范围标准与公共服务资源配置的依据。公共服务客体的需求是确定公共服务资源供给范围的前提，同时公共服务的主体能力、标准范围、供给机制、资源配置等都是影响公共服务效率与质量的关键因素。

10.2.2.3 公共服务对象的公共性

公共服务体系构建是以改善民生、构筑维护民众基本生存与发展的社会福利基线为目的，这不仅是任何国家公共权力主体的基本责任，更是民众的基本社会福利权。因此，公共服务体系的构建不仅要强调成本效益的工具理性，更要重视公平正义的价值理性。如何通过公共服务体系的构建真正实现改革发展成果更多、更公平地惠及全体人民，这是当下我国公共服务体系构建的根本宗旨。《中共中央关于制定国民经济和社会发展第十二个五年规划的建议》提出，要"着力保障和改善民生，必须逐步完善符合国情、比较完整、覆盖城乡、可持续的基本公共服务体系，提高政府保障能力，推进基本公共服务均等化"，明确了我国基本公共服务体系建设的基本原则。

10.2.3 基本公共服务、公共服务体系与服务型政府

基本公共服务是指建立在一定社会共识基础上由政府主导提供的与经济社会发展水平和阶段相适应，旨在保障全体公民生存和发展基本需求的公共服务。基本公共服务与居民日常生产生活密切相关，是关乎广大城乡居民的民生工程。"享有基本公共服务属于公民的权利，提供基本公共服务是政府的职责"。因而，公共服务体系必然是服务型政府重点建设的基础性社会工程。基于不同的历史文化传统、经济发展模式、政治社会结构，不同国家公共服务体系的制度设计、政策取向、范围标准、实施路径等具体内容不尽一致。同一个国家不同发展阶段的公共服务体系建设内容也会因时代特点而呈现差异性。

按照服务型政府建设的要求，必须"着力转变政府职能，健全政府职责体系，完善公共服务体系，强化社会管理和公共服务"。健全公共服务体系是完善基本公共服务的重要内容和实现方向，是建设服务型政府的着力点。通过与时俱进地完善公共服务体系，一以贯之地改革公共服务体系，服务型政府才能"接地气"，才能保障服务型政府的公共性、人民性、服务性，才能在保障和改善民生的公共服务体系建设中与时俱进地巩固和提升党和政府的政治合法性，为中国共产党在领导人民实现中华民族伟大复兴中

国梦的长期执政过程中破解执政集团"其兴也勃焉，其亡也忽焉"的历史周期律，开创一条中国特色的理性路径。

10.3 政府购买服务

政府购买服务是政府为了履行服务社会公众的职责，通过政府财政向各类社会服务机构支付费用，用以购买由政府界定种类和品质、以契约方式提供的全部或部分公共服务，是一种"政府出资、定向购买、契约管理、评估兑现"的政府公共服务供给方式。政府购买服务重在解决谁来购买、向谁购买、怎样购买、购买什么以及为何购买的问题。

10.3.1 政府购买服务的形成背景

进入21世纪以来，中国经济与社会持续快速发展，社会组织形式、社会结构和分配方式也发生着深刻的变化，人民群众对享有公正的社会福利、完善的社会保障、较高水平的公共服务以及参与公共管理的愿望越来越强烈，而高效的公共管理体制和机制、优质的公共产品和公共服务又是一个国家核心竞争力中不可缺少的重要内容。因此，完善公共管理体制、创新公共管理方法，从而增强公共服务功能、提高公共管理水平就成为摆在中国政府面前的一个重要课题。

当今，地方政府作为中央政府在地方行政事务的管理机关，提供公共服务已成为地方政府职能的主要特征与重要内容。在面临满足公共服务需求更直接的压力的同时，更好地提供相应层次的公共服务成为地方政府提升综合竞争力的重要组成部分。作为政府提供公共服务的一种新理念、新机制和新方法，政府购买服务正被各级地方政府日益广泛地实践于社会公共服务的多个领域。特别是近年来，政府购买服务为政府不仅涉及养老服务、社区公共卫生服务、就业服务以及其他专业服务，并且呈现地域化、规模化、多样化的发展趋势，逐渐成为政府提高公共服务水平的重要途径。作为一种新理念，政府购买服务是以更好地满足公民日益增长的多元化社会公共服务需求、提供充足和优质的公共服务为目的，探索政府从公共资源的分配者、规划者和唯一提供者转变为利益的协调者、激励者与合作者的路径。通过公共服务的市场化与社会化，提升政府公共管理能力与公共服务水平。作为一种新机制，政府购买服务通过公共服务提供机制的创新，引入市场机制与合作机制，促进政府从传统型的无限政府向服务型的有限政府转变，不断提升公共服务的质量与效率。作为一种新方法，政府购买服务为政府提供了公共服务的新型行为模式。通过政府加大公共财政投入并向各类社会服务机构定向购买全部或部分公共服务，探索出一条公共财政效力最大化和公共服务优质化的途径。

10.3.2 政府购买服务的概念和特征

在国外，政府购买服务的实践从20世纪60年代开始，至今已有50多年历程。这项源于西方的社会福利制度改革在社会服务领域产生了深刻的影响。从基础理论研究角度来看，新公共管理理论于20世纪70年代在英美两国应运而生，成为公共服务改革的理论基础与价值导向。当前，国外在对新公共管理理论进行批判性研究的基础上已进入了新公共服务理论研究领域。从应用理论研究角度来看，国外开展了针对公共服务市场化与社会化机制与方法的研究，公共服务合同外包等方式被视为既提高服务水平又缩小政府规模的重要途径，是降低成本、节约开支的有效手段，也是政府、企业与社会合作开展公共服务的有效形式。西方国家以地方政府经济学为基础，围绕公共服务合同外包等方式的组织与实施，结合本国实际开展了比较深入的研究。

在国内，政府购买服务的系统研究起步较晚，在理论上主要吸收了国外新公共管理、治理理论和非营利组织理论等研究成果，认为公共服务供给应呈现市场化、多元化发展。围绕政府购买服务这一课题，目前国内从以下几个视角开展了研究：一是机制研究，即认为政府购买服务是通过引入市场机制、社会参与机制的机制创新，将政府公共服务职能转化为促进社会发展的动力；二是政策研究，即对政府购买服务进行政策实施和评估研究，通过实证分析提出改进政府购买服务的政策性建议；三是方式研究，即认为政府购买服务是一种政府提供公共服务的新模式，是公共服务领域改革的新途径[1]。对政府购买服务的定义主要存在以下几种说法：一是指"政府部门为履行服务社会公众的职能，通过政府财政向各类社会服务机构直接购买而实现政府财政效力最大化的行为。政府购买服务是政府遵循市场的基本原则最有效地满足社会公共需求的重要途径"[2]。二是指"政府向营利、非营利组织或其他政府部门签订契约，由政府界定服务的种类及品质，向受托者支付费用以购买全部或部分公共服务"[3]。三是指"政府将原来由政府直接举办的、为社会发展和人民日常生活提供服务的事项交给有资质的社会组织来完成，并根据社会组织提供服务的数量和质量，按照一定的标准进行评估后支付费用，是一种'政府承担、定项委托、合同管理、评估兑现'的新型政府提供公共服务方式"[4]。

通过综合比较上述观点，可发现学界对政府购买服务的定义中存在以下共性。首先，政府购买服务的委托主体是政府，受托者是营利、非营利组织或其他政府部门等各类社会服务机构，表现为一种通过政府财政支付全部或部分费用的契约化"购买"行为。其次，政府以履行服务社会公众的责任与职能为目的，其购买对象为公共服务，属于购买公共物品的范畴，具有消费的非竞争性和非排他性，即一个人对公共服务的消费不会妨碍其他人对同一服务的消费，并难以或不必要用市场价格系统把不付费的人排斥在享受公共服务带来的利益之外。最后，政府提供的公共服务具体可分为三大类：第一类是非竞争性和非排他性强的服务，如国防服务、公共安全服务等；第二类是非竞争性和非排他性较强的服务，包括公共环境服务（如垃圾处理、公园与道路管理）、公共科教文体事业（如基础教育、公共体育馆、图书馆、博物馆）、公共医疗、公共交通以及社会保障等；第三类是非竞争性和非排他性较弱的服务，包括邮政、电信、民航铁路服

---

[1] 许彩霞：《政府购买公共服务范围初探》，《中国机构改革与管理》2014年第8期，第30—31页。
[2] 魏娜、刘昌乾：《政府购买公共服务的边界及实现机制研究》，《中国行政管理》2015年第1期，第73—76页。
[3] 李军鹏：《政府购买公共服务的学理因由、典型模式与推进策略》，《改革》2013年第12期，第17—29页。
[4] 王春婷：《政府购买公共服务研究综述》，《社会主义研究》2012年第2期，第141—146页。

务、水电服务等。

综上所述，本书将政府购买服务定义为政府为了履行服务社会公众的职责，通过政府财政向各类社会服务机构支付费用，购买以契约方式提供的法定公共服务，是一种"政府出资、定向购买、契约管理、评估兑现"的政府公共服务供给方式。政府购买服务具备以下三大特点。

其一，购买服务的制度化。一方面，政府应制定向社会组织稳定、持续地购买公共服务的制度，以公共财政资金保证政府购买服务的顺利进行，购买服务的种类、数量、支付方式、预期服务效果是以法定形式确定的；另一方面，政府购买服务在操作上应该有正式、明确的规则和操作细则，确保政府购买服务的规范性、程序性。

其二，承包主体的竞争性。政府在购买时应充分发挥市场资源配置的作用，购买主体要通过市场竞争方式来确定，即通过竞争来选择服务提供者和承包方。

其三，购买主体的独立性。作为发包方的政府和作为承包方的社会组织间应具有独立性。强调引入体制外的主体参与，购买主体双方均处于平等的地位。如果购买主体之间不独立，其本质上仍然是在政府体制内运行，那势必会影响理想目标的实现。

以上三大特点构成了政府购买服务的主要特征。在此过程中，制度化影响着竞争性和独立性这两个条件。竞争性是针对政府购买服务的具体实施而言，而制度化和独立性是为了更好地实行政府购买服务。因此，将购买服务的制度化、承包主体的竞争性和购买主体的独立性有机结合，才能构成政府购买服务理想目标实现的生态环境，在这样的生态环境下，才能打破政府垄断公共事务的局面，改善和提高公共服务的质量和数量。

10.3.3 我国政府购买服务的运行机制

政府购买服务作为一种新型公共服务供给方式，其现实运行机制可以概括为政府出资—定向购买—契约管理—评估兑现。

10.3.3.1 政府出资

在政府购买服务中，政府作为公共服务的安排者，首要任务是根据公共服务的需求和目标安排用于购买服务的财政资金。政府购买的公共服务应是公共物品，在购买公共物品过程中具有引进竞争机制的可能性和现实性。同时，具有相对独立性、易于管理和易于列出质量和数量要求的公共服务项目往往成为政府购买服务的首选项目。从实践来看，对服务质量与数量的确定往往取决于政府的财力和管理水平。

10.3.3.2 定向购买

政府购买服务的第二个重要环节是选择购买服务方式及确认服务的受益对象。政府购买服务方式主要有合同承包、补助、凭单制等。在合同承包方式下，政府选择提供服务的私人部门或非营利组织，并与之签订合同；在补助方式下，政府选择特定的私人部门或非营利组织确定补助方式和标准；在凭单制方式下，政府向有资格的服务对象发放消费券。

10.3.3.3 契约管理

作为宽泛意义上的契约管理，无论是合同承包、补助还是凭单制，政府购买服务一方面为公共服务供给提供了多元化选择,另一方面也对政府的管理能力尤其是契约管理能力提出了新的要求和挑战。这是由于在政府购买服务的行为模式中,政府只是改变了生产者的角色,但作为安排者和提供者,政府的管理责任产生了新的变化而不是弱化,政府需要对政府购买服务的操作流程予以规范,如服务的申请(或招投标)、审批(或签约)、提供、评估、结算等程序都要做到规范化。

10.3.3.4 评估兑现

在政府购买服务中,政府兑现相关费用是通过需求评估、质量评估和效果评估,对私人部门和非营利组织提供的服务予以认定并支付资金。在合同承包和补助方式中,需求、质量和效果评估主要是由政府或政府委托的非营利组织完成的。在凭单制方式中,这方面的评估由政府和服务对象共同完成。

10.3.4 我国政府购买服务的主要问题

我国政府购买服务的历史脉络所展现的是从无到有、从零星的东部少数发达地区到中西部地区拓展的图景。从最初集中在居家养老服务、农民工培训、青少年事务等领域,逐渐向社区建设、社会福利与救助、社会矫正、禁毒、残障康复、人口计生、外来务工人员服务、婚姻家庭等领域扩展,但在发展的过程中也出现了一些问题。

首先,政府购买服务制度化程度整体较低且缺乏持续性。制度化对于政府购买服务这一运作方式的持久运行具有重要的作用,并且贯穿于政府购买的全过程。一方面,制度化体现在公共财政资金的保证和政府的明文规定中。从文献和调研中发现,国内除了少数经济发达地区,如上海、深圳、南京、苏州等,有雄厚的财政资金以提供公共服务,大部分地区由于经济发展水平因素的限制,均没有形成明文规定来保证政府购买行为的专项财政支出。政府购买什么类型的服务、购买多少等完全是临时性的,缺乏长远规划。另一方面,制度化体现为法律法规的建立与健全。只有法律法规才能保证购买程序的规范化,减少合作过程中的随意性。目前,除上海市人大常委会制定的《上海市政府购买服务管理办法》和深圳市人大常委会制定的《深圳经济特区政府采购条例》外,其他地区还没有制定相应的条例法规。即使个别地方有关于政府购买公共服务的指导性意见、实施和考核评估办法,但在具体实施过程中也缺乏可操作性。[①]

其次,对于承包主体的竞争性而言,政府购买呈现出"内部化"特征和形式性购买,社会组织成为政府部门的延伸。主要有两种情况导致了政府购买缺少充分的竞争性:一方面,部分社会组织实际上并非是独立的社会组织,而是由作为购买者的政府发起或倡导成立的,部分甚至是接到政府购买任务后才专门成立的,所以产生了大量的形式性购买,即接受采购的组织和采购者之间并非两个独立主体,购买目标比较模糊,不存在竞争市场和竞争程序。因此从表面上看,作为承接者的社会组织,很难说普遍都是独立于购买者之外的法人主体。这一情况造成了购买行为的"内部化",即社会组织变成了与政府行政性质相同的"次级政府",这就使得政府与社会组织在实际运作过程中

[①] 李一宁、金世斌、吴国玖:《推进政府购买公共服务的路径选择》,《中国行政管理》2015年第2期。

缺乏对双方都有约束力的契约关系。由此带来了服务质量、费用合理性以及资金透明度等一系列的问题。另一方面，在部分公共服务领域内，政府很难找到多家社会组织承接购买项目。这与政府管理民间社会组织的制度有关。1998年颁布的《社会团体登记管理条例》第十三条明文规定：在同一行政区域内已有业务范围相同或相似的社会团体，没有必要成立的，登记管理机关不予批准筹备。这条规定直接影响了政府购买的竞争性。由于社会组织发育不良，因而在政府购买服务中根本就没有多少有服务能力的社会组织可供挑选，在政府购买服务发展初期，这种情况与社会组织发展的滞后具有某种必然性。

再次，从购买主客体间的独立性来看，双方是一种"关联交易"，二者之间存在着非独立、不平等的关系。政府购买服务主客体双方独立是指作为发包方的政府不控制作为承包方的社会组织的重要决策。但在实践中，几乎没有购买主客体双方完全独立的情况，这与我国社会组织的现状有较强的相关性，即大部分政府购买项目的发包方是承包方的业务主管单位。[①] 政府购买服务最大的优点在于引入体制外的主体参与，但实践表明，这一条件在很多地方都难以实现，其原因有二：一是政府和社会组织之间的利益视角不同，政府采用购买方式提供公共服务，目的是借助民间组织的优势来提供更高效的服务，这是政府对社会组织采取的一种"为我所用"的方式；二是在资源控制与分配、制度供给与规则制定等方面，政府的权力及影响依然占据着绝对的优势和地位，社会组织普遍缺乏自主选择、开辟发展空间的能力，社会组织只有依托现有的行政管理体制和业务主管单位的资源网络优势才能获得一种嵌入性发展。在这种情境下，作为承包方的社会组织对政府有很强的依赖性，在具体服务的提供上仍然受到政府较强的干预。

最后，由于服务评价和监督体系的缺失，服务成本难以控制。政府购买服务的绩效评价体系包括两个方面：一是购买服务的效率评价体系，主要是评价政府购买服务的效率，即一定量的财政资金是否购买了尽可能多的服务，使得这些财政资金实现了最大边际效用；二是购买服务的效果评估体系，主要是评价服务的享用者是否满意，这种评价通过公众满意度来测量政府购买服务的效果。但在实际操作中，一方面，目前各地政府购买服务主要是针对老年人和青少年等弱势群体，他们自身缺乏对服务效果评估的能力。与此同时，有些政府购买的"软服务"，如教育、养老、个人服务等，由于服务本身的特性，导致服务质量难以量化，成本和价格难以计算。另一方面，政府购买服务后，普遍缺乏科学系统的评价体系和强有力的监督体系，尤其缺乏专门的人员对服务提供过程中技术问题的监管。同时，缺乏以绩效目标（产出）以及相关资源/成本（投入）阐述为基础的关键性指标，而这些恰恰是成本绩效核算体系的前提。大部分政府在评估承包方的服务时采用的还是传统的行政化方法，如不定期检查，监督评估体系缺乏系统性。

总的来说，我国一些地方政府对政府购买服务的意识与理念较弱，社会组织参与服务提供的外在生态环境与理想目标之间仍存在着较大差距，并且受到一些客观经济因素和地方政策的影响，政府购买服务的规范化、高效化任重道远。

---

① 邵鹏峰：《政府购买公共服务的评估困境破解》，《学习与实践》2013年第8期。

10.3.5 政府购买服务的主要路径

当今我国政府购买服务的诸多问题主要是由于制度层面的缺失,诸如政府购买公共服务动力不足、地方政府财政资金缺乏或经济发展水平较低、社会组织发展不能适应政府购买服务的需要、政府购买服务中存在"灰色地带"等。政府购买服务是放权的直接表现,但在放权方面仍然存在很多问题,"权大责小"的状况仍然普遍存在,权责对应问题没有得到根本解决,政府职能转换不到位。政治体制改革的目标是"小政府,大社会",可政府变"小"时,"责"变"小"而"权"未变"小",并且弃"责"远快于限"权"。权势者在运作变更中体现出一种"选择性适应"功能,即在"抓"的时候"集权不集责",而在"放"的时候又"放责不放权",其结果是权力部门的公共责任越来越弱,而垄断资源的部门权力却越来越大。作为"大社会"重要力量来源的社会组织,其权力并非主要来自自我发展,而是在很大程度上来自政府部分权力的让渡。从某种意义上讲,在充分履行自身基本职能外,政府参与服务购买是提升政府公共服务能力的一种重要途径,也可以看作是政府对社会的"还权赋能"以及促进市场经济发展的一种必然结果。

据此,解决政府购买服务中的问题、改善政府购买服务外部环境的对策自然也要从制度和技术两个层面努力:一是在不断推进政治体制改革的过程中,深化政府管理体制改革,继续进行政府职能与角色的转换,使政府改变观念,自觉自愿地让渡出部分权力,促进社会组织的培育和发展;二是在政府购买服务的实践过程中,不断解决技术层面上的具体问题,诸如建立健全购买招标制度和法规、完善评估和监督体系等。

10.3.5.1 打造共建共享、合作共治的服务型政府

服务型政府是和谐社会对政府转型的必然要求,并正在成为政府治理的新范式。在服务型政府建设中,政府从全能政府走向有限政府、有效政府,走向责任政府、回应政府,从单向管理政府走向合作治理政府。应当看到,建设服务型政府并非取决于政府提供了什么性质的服务,而取决于这些服务是否真正惠及服务对象。同样,服务型政府也并非取决于政府是否在公共服务的所有领域都是唯一和直接的供给人,而取决于政府如何规划、组织和引导公共服务供给。当前,我国地方政府公共服务呈现"总体水平偏低、发展不平衡、效率低且水平趋同"的基本特征。"总体水平偏低"主要表现为对公共服务投入的增长速度落后于总体财政支出的增长速度,公共服务发展速度落后于整体经济增长速度,公共服务供给数量和质量落后于公众现实需求;"发展不平衡"主要表现为地区间公共服务发展不平衡;"效率低且水平趋同"主要表现为各地基本公共服务投入产出相差不大,政府基本公共服务整体属于"投入型"而非"效率型",地区公共服务差距主要表现为投入差距。政府购买服务作为公共服务市场化和社会化的实践手段,必须建立在服务型政府理念的基础上,成为提高地区公共服务效率、增强综合竞争能力、优化地方政府治理的一种有效方法和手段,并由此获得新的发展。

10.3.5.2 建立政府购买的有效供给机制

要推动政府购买服务,首先要解决政府在提供公共服务、履行服务社会职责上的观

念转变和体制创新问题。在当今中国和谐社会建设和服务型政府建设的时代背景下，政府公共服务水平的提高必须建立在良好的制度设计基础上。团结与凝聚是公共服务的追求，国家能不能团结社会、凝聚人心，关键在于政府治理中以人为本和以民为本的理念，以及在这种理念下的公共服务制度和质量。国家必须以具体实在的行动，让在其中生活的公民获得基本的依靠感、可靠感和安全感。不管出于何种原因，在公民生活困难时能够从国家所建立的一套制度中获得肯定的、必要的帮助，这才是国家凝聚力的来源。与此同时，一个好的制度设计不仅要为社会带来社会福利供给总量的增长，更要注意避免由于崇尚"福利至上"使国家背上沉重的福利开支包袱。一方面人们的期望越来越高，另一方面政府日益感到力不从心，并且在福利最大化的思维定式下，人们的依赖性越来越强，创造财富的热情就会不断消减，社会就有可能丧失活力。因此，解决上述矛盾的办法就是走低成本的体制创新之路。随着我国综合国力的增强和公众对公共服务需求的日益增长，加大政府公共财政投入是必然趋势。但是体制具有长期性，高成本建立起来的体制势必要以高成本维持其运转。因此，推行政府购买服务必须走低成本的体制创新之路。

然而，体制创新的实现还必须依赖于有效的制度设计与供给机制的建立。从我国政府购买服务的理论与实践来看，重点要做好制度供给、财政供给和项目供给的机制建立与完善。在制度供给上，要营造一个良好的法律和政策环境，使政府购买服务的行为主体和相关活动在一定的规则下有序运作。在财政供给上，要以基本公共服务均等化为目标，为政府购买服务提供科学、稳定的财力保障。与此同时，还要加大对各项社会福利和各类公益性组织的投入及扶持力度，引导社会富余或慈善资金通过建立各种公益性的基金或基金会集聚起来，使之成为政府购买服务资金的另一个重要来源。在项目供给上，具有服务的相对独立性和地域的可分割性、与公众生活密切相关且易于开展竞争性招标的公共服务领域应当成为政府购买服务的项目来源。政府在初期培育和提供服务项目的基础上，可以制订政府购买服务的"产品科目表"，让非营利组织实行服务项目招投标制或提出项目设计方案，政府予以购买。与此同时，要扩大政府决策的公众参与，以社会评价为主，以服务对象评估为基础，建立科学化的项目管理体系。与社会不断增长的公共服务需求相比，在一定时期内政府的财力总是有限的。因此，一方面，政府应意识到增加公共服务财政投入的必要性；另一方面，提高公共财政的投入效率也成为当今我国地方政府面临的一个重要课题。

10.3.5.3 积极培育非营利组织

在公共服务供给的多中心体制和互补机制下，政府、企业、第三部门三者应当充分发挥各自的优势。政府在管理政策、制定规章制度、保障平等、防止歧视或剥削、保障服务的连续性和稳定性以提升全社会的凝聚力等方面更具优势；企业在创新、推广成功经验、适应外部的迅速变化、抛弃不成功和过时的活动、实践复杂和技术性较强的任务方面往往更胜一筹；而第三部门则更倾向于完成微利或无利可图的任务、需要同情心和对个人进行关心及尊重的任务、需要顾客或当事人方面具有广泛信任的任务、需要亲自动手和直接关心的任务以及牵涉到贯彻道德准则和个人行为职责的任务。因此，在当今我国提出了要"支持社会组织参与公共服务和社会管理，形成公共服务供给的社会和市场参与机制。"其中，积极培育作为政府购买服务生产主体之一的非营利组织成为推动政府购买服务合作主体培育的重要任务和现实需要。南京市鼓楼区人民政府在依托非营利组织开展政府购买服务过程中，通过创造良好的发展环境、提供有针对性的服务和帮助、加强管理以实现良性运转和可持续发展等做法，取得了较为显著的实践成效。在培育非政府组织，特别是各种非营利组织过程中，首先，要健全法律政策环境，明确其独立的法人地位、职责、权利和义务，使其活动与管理在明确的法律框架下进行。国际经验表明，建立健全非营利组织的法律、法规体系是促进非营利组织蓬勃发展的重要保障，也是有效管理非营利组织的有力措施。其次，要加快推进公益性、服务性非营利组织的规范化发展，引入职业管理方法，加强人才队伍建设，培育组织的活动能力、管理能力、创新能力、扩张能力和可持续发展能力，促进社会服务的专业化发展，提高服务的质量和水平。在理念上，非营利组织应当既保持自己与政府和企业的相对独立性，同时又能形成良好的合作关系。政府可以通过民间组织服务和管理机构加强对非营利组织的服务与管理，加强其内部的制度建设，促使其建立健全自律机制和自我评估机制，进一步探索第三方专业评估机制，不断完善社会监督机制。

10.3.5.4 提高公共服务质量

政府购买服务正日益成为我国各级政府提高公共服务供给水平、提高公共服务质量与效率的一个重要方式和途径。其贡献体现在两个方面：一是提高了政府自身购买服务的专业化水平，二是通过政府购买服务推动了公共服务专业化水平的提高。从政府购买服务的自身要求来看，"政府出资、定向购买"是对公共服务行为的一种供给要求，而"契约管理、评估兑现"则是对公共服务行为的一种管理要求。政府购买服务是公共服务提供的一种委托授权模式，合同承包、补助和凭单制是经常采用的三种形式。合同承包通常对某一服务提出非常具体的要求，如深圳市罗湖区人民政府签约外包道路清扫；补助通常涉及最一般化的要求，如重庆市人民政府对主城区常住城镇户口成人持优惠卡乘车按年度给予定额补贴；凭单制通过向合格的服务对象签发凭单实现政府提供服务的委托授权，如北京市东城区向四类老人群体发放"居家养老代金券"等。因此，契约管理可以从上述不同方式中选择一种或几种，也可设计一个多种方式的有机结合体，如江西省九江市人民政府购买城市社区公共卫生服务就采取了补助与凭单制相结合的政府购买服务方式。评估兑现则需要建立需求评估、质量评估和效果评估组成的评估体系，其中包括建立具有较强操作性的服务程序和评估指标体系，如质量指标体系中的服务质量标准、服务机构工作人员的专业素质和资格等，效果指标体系中的服务便利性、服务价格评价等。

政府参与服务购买是提升政府公共服务能力的一种重要途径，也可以看作是市场经济发展的一种必然结果。但必须注意的是，不是所有政府服务都可以通过市场"购买"，也不是一股脑儿把某服务项目推向市场就一定能搞好。此外，鼓励社会组织发展也要防止社会组织的"官僚化"倾向。因此，政府购买服务并不意味着政府开始承担较小的责任，相反，它要求政府承担起更大的责任。

本章小结

公共管理的一个重要职能就是以发展社会事业和解决民生问题为核心,逐步提升基本公共服务质量,并逐步形成惠及全民的基本公共服务体系,以破解"城乡之间、区域之间公共供给失衡"及"公共需求增长和公共供给不足"的双重困境,这是调控社会群体之间收入差距、促进社会公平正义、保障社会安定有序的有效制度性手段和机制。

推进公共服务均等化要求我们不断创新公共服务体制,改进公共服务方式,加强公共设施建设。让庞大的政府机构"瘦身",把"小政府,大社会"的模式作为政府流程再造的第一步;努力减少科层制的层级,逐步把金字塔型的官僚制政府优化为扁平化的服务型政府,努力探索适合中国公共治理特色的"大部门体制"。各级地方政府要在建设政务服务大厅和构建政务超市的基础上进一步提高公共服务的效率、质量和水平,并在此背景下积极探索新的政府服务模式。当前,针对现代信息社会的特征以及社会主义市场经济深入发展和构建社会主义和谐社会的迫切需要,最重要、最根本的工作就是要加快以电子政务和网络平台为核心的政务流程再造,加快现代服务型政府效能建设的步伐,为推行基本公共服务均等化提供载体。

复习题

在新型城镇化和农业现代化的背景下,大量流动人口却因为各种原因并没有实现实质上的"城镇化",导致城镇化的质量不高。居住证将成为城镇化的调节器,也是推动城镇化健康有序发展的必然需要。2014年7月,《国务院关于进一步推进户籍制度改革的意见》发布,提出"全面实施居住证制度"的目标。2014年12月,国务院法制办公室就《居住证管理办法(征求意见稿)》向社会公开征求意见。

1. "居住证"制度的出现是为了应对我国公共服务中的哪些问题?为我国实现基本公共服务均等化提供了哪些帮助?

2. 为什么说"居住证"制度是建设服务型政府体系的重要环节?结合本章知识,谈谈你对完善我国基本公共服务体系的认识。

第 11 章 社会治理

> **名人名言**
>
> 积力之所举，即无不胜也；众智之所为，即无不成也。
>
> ——《文子·下德》
>
> 乐民之乐者，民亦乐其乐；忧民之忧者，民亦忧其忧。乐以天下，忧以天下，然而不王者，未之有也。
>
> ——《孟子·梁惠王下》

> **学习目标**
>
> 1. 理解社会治理的内涵。
> 2. 了解我国社会治理体制变迁。
> 3. 了解我国社会治理机制问题。
> 4. 了解我国社会治理创新内容。

党的十八届三中全会提出了"创新社会治理"的要求，从"社会管理"到"社会治理"，一字之差却反映出了不同的理念。其实早在党的十六届四中全会的报告中，对社会管理格局就提出了"党委领导、政府负责、社会协同、公众参与"的要求。但当时我国社会管理创新尚处在摸索阶段，社会力量参与社会治理还不具有规模效应。经过数十年的发展，社会治理在理论和实践层面均已日趋成熟，党的十八大顺应这一趋势正式提出了"社会治理"，这是对已有社会管理创新经验的继承和发展；党的十九大又鲜明地提出了"打造共建共治共享的社会治理格局"。本章将对社会治理的内涵与内容以及社会治理的体制、机制与创新进行阐述。

11.1 社会治理的内涵与内容

准确把握社会治理的基本概念是理解我国公共部门社会管理职能转变及社会治理体制、机制的内容及创新的重要前提。社会治理由"社会"和"治理"两个词组成。长期以来，学界对"管理"和"治理"的含义没有进行明确区分，对社会治理的内涵也存在多种观点。在我国，"社会治理""社会管理""社会建设"概念经常被混用。本节旨在阐述社会治理的内涵，并梳理出社会治理的内容与特征。

11.1.1 治理、社会及社会治理的概念

11.1.1.1 治理的概念

"治理"一词源自拉丁文"gubenare"，原意是控制、引导和操纵。长期以来，"治理"与"统治"交叉并用，主要指与公共事务相关的管理和政治活动。"治理"一词的发展是同西方的"善治（good governance）"相联系的，平等自由的理念、多种方式的合作、民主协商的运行、国家权力的社会化等都被囊括进治理概念中。20世纪90年代以来，西方学者就治理的概念提出了不少新的界定。罗茨认为，作为新公共管理的治理，指的是将市场的激励机制和私人部门的管理手段引入政府的公共服务；作为善治的治理，强调的是效率、法治、责任的公共服务体系；作为社会控制体系的治理，指的是政府与民间、公共部门与私人部门之间在合作与互动基础上的社会协调网络。[①] 格里·斯托克梳理出各国学者有关治理的五种观点：①治理是指自政府但又不限于政府的一套社会公共机构和行为者；②治理指出了在为社会和经济问题寻求解答的过程中存在界限和责任方面的模糊性；③治理肯定了涉及集体行为的各个社会公共机构之间存在权力依赖；④治理是指行为者网络的自主自治；⑤治理认为办好事情的能力并不在于政府的权力，也不在于政府下命令或运用其权威，政府可以运用新的工具和技术来控制和指导，而政府的能力和责任均在于此。[②] 根据全球治理委员会发表的一份题为《我们的全球伙伴关系》报告，治理指的是各种公共或私人的个人和机构管理其共同事务的诸多方式的总和，是使相互冲突或不同的利益得以调和并且采取联合行动的持续的过程。这既包括所有迫使人们服从的正式制度安排和规则，也包括各种人们同意或以为符合其利益的非正式的制度安排。治理不是一整套规则，也不是一种活动，而是一个过程；治理过程的基础不是控制，而是协调；治理涉及公共部门，也包括私人部门；治理不是一种正式制度，而是持续的互动。[③] 由此可见，治理重视权力来源的多样性，除了国家权力外，社会组织的自治权、居民的自治权等都是合法性权力来源；治理强调权力行使不只是自上而下的命令和控制，上下平等的协商互动及合作治理应成为趋势。

---

① 俞可平：《治理与善治》，北京：社会科学文献出版社，2000年，第3页。
② ［英］格里·斯托克、华夏风：《作为理论的治理：五个论点》，《国际社会科学（中文版）》1999年第1期。
③ The Commission on Global Governance. Our Global Neighbourhood：The Report of the Commission on Global Governance. Oxford：Oxford University Press，1995：23-28.

11.1.1.2 社会的概念

在我国古代典籍中,"社"和"会"最初是分开使用的。"社"原指祭神的地方。汉代郑玄云:"大夫不得特立社,与民族居,百家以上,则共立一社。""社"后来被引申为志同道合者进行集体活动的共同场所,如"文社""诗社",有时还指中国古代的地区单位,如"二十五家为社"。"会"为聚集之意,如宋代程颐、程颢所著《二程全书》中有"乡民为社会",其中的"社会"是指一定数量的人群在一定空间范围内的集合。英语和法语中的"社会"一词源自拉丁语"socius",意为伙伴或友谊关系。"society"是自16世纪以来广为使用的市民社会概念的英语,主要指"相当数量的人生活于其中的制度和关系的体系,以及这种制度和关系在其中得以形成的条件"[①]。今天我们使用的"社会"一词最初由日本学者翻译"society"而来,我国近代学者在翻译日本的社会学著作时沿用了该词。相较而言,传统中国有社群,有基于血缘、地缘、业缘关系产生的共同体,但是少有以公共领域为基础、独立于国家、具有自主性的社会,即我们常说的现代社会或公民社会。社会的内涵有广义和狭义之分:广义的社会概念如马克思主义社会观,认为社会是以共同的物质生产活动为基础而形成相互联系的人们的有机总体,是一个包含政治子系统、经济子系统、文化子系统和社会生活子系统的社会大系统;狭义的社会是指与政治、经济和思想文化相并列的以人的生活为中心的活动领域,主要涉及劳动就业、社会保障、社会福利、社会治安、社会组织等活动,一般常以社会生活或社会生活子系统来表征狭义的社会;最狭义的社会仅指与国家相对应的领域,如政府之外的民间组织。

11.1.1.3 社会治理的概念

源于对"社会"的不同理解,"社会治理"也有广义和狭义之分。广义的社会治理是对整体社会的治理,是指政府、市场及非政府组织对包括有关政治、经济、文化、社会等的各类公共事务进行的治理;狭义的社会治理不仅强调政府对社会的管理和控制,而且强调政府对社会提供公共服务的责任,要求政府在管理中体现服务,在服务中做好管理,以实现社会管理和公共服务的统一;最狭义的社会治理主要是指社会的自我治理,即除政府和企业之外的主体,如非政府组织或公民在社会领域中实施的自我治理。

实际上,有关广义与狭义的社会治理界定既有区别又有联系,并非是截然对立的。广义的社会治理要靠各个子系统的治理来支撑,它包括狭义的社会治理、社会建设等方面的内容。如果没有其他子系统的有效配合,狭义的社会治理内容也很难开展。我们借鉴俞可平教授的理解,从广义角度来界定社会治理,即"社会治理是指政府、社会组织以及公民对公共事务的合作治理","善治就是社会治理中公共利益最大化,公民社会和政治国家关系的最佳状态"[②]。

11.1.2 社会治理概念辨析

社会管理、社会治理、社会建设在实际生活中经常被使用,但学术界、政策部门、

---

① 张敦福:《社会管理、社会建设的理论分析》,桂林:广西师范大学出版社,2013年,第14页。
② 俞可平:《全球化——全球治理》,北京:社会科学文献出版社,2003年,第9页。

新闻媒体在使用和理解这些概念时存在明显的差异。西方学者对治理、公共管理等概念多有论述，但从来没有明确提出过社会治理的概念。对社会治理概念的首次阐述来自党的十八届三中全会，会议通过的《中共中央关于全面深化改革若干重大问题的决定》中所提及的社会治理概念既不是照搬西方已有的治理理论，也不是简单地升级原有的社会管理内涵。为避免不当理解带来的交流误解，本书在此对相关概念进行辨析。

11.1.2.1 社会管理

《中国大百科全书·社会学》中对社会管理的定义，是指在市场经济条件下，政府和社会组织为促进社会系统协调运转，对社会系统的组成部分、社会生活的不同领域以及社会发展的各个环节进行组织、协调、服务监督和控制的过程。[①] 俞可平认为，社会管理是政府依法对社会事务、社会组织和社会生活的规范和管理。社会管理的主体是公共权力部门，它实际上是一种政府行为，是政府的重要职能。[②] 周红云认为，社会管理应包括两个基本面向，即社会的自我组织、自我管理及政府对社会的管理。社会管理应首先强调社会的自我组织和自我管理，因为从根本上说，作用最广泛的维持社会稳定和社会秩序的自动调节机制是公民和社会组织的自我管理。[③] 近年来，随着社会建设、社会治理等概念的提出，对社会管理的使用常取其狭义概念，指向政府行为，是政府的一种重要职能，接近于"社会政策"，即相对于经济、政治、文化管理之外的管理。丁元竹认为，从严格意义上讲，狭义的社会管理包括三个方面：一是对社会共同体，包括社区、社会组织的治理，发挥在社会生活中的整合作用；二是通过税收、财政支出、立法、司法、行政等方式，对社会生活中的不公平现象和不稳定现象进行干预；三是作为主权国家对全球化经济、政治、社会影响的协调。[④]

11.1.2.2 社会建设

陆学艺基于社会结构滞后于经济结构所引发的各类社会问题，做出必须抓紧进行社会建设的诊断。他指出，社会建设是为"适应国家由农业农村的传统社会向工业化城市化的现代社会的转变，适应人们的生产方式、生活方式和人际关系发生的深刻变化，积极面对由此产生的各种社会问题，有组织、有目的、有计划进行的各种有利于改善民生、建设新的社会秩序、促进社会进步的社会行动与过程。社会建设的主体是政府、社会组织和民众，社会建设的原则是以人为本、坚持公平和正义，社会建设的目标是实现社会和谐和社会进步"[⑤]。郑杭生认为，社会建设具有正向与逆向两个含义，"从正向说，社会建设就是要在社会领域或社会发展领域不断建立和完善各种能够合理配置社会资源和社会机会的社会结构和社会机制，相应地形成各种能够良性调节社会关系的社会

---

① 中国大百科全书总编辑委员会《社会学》编辑委员会：《中国大百科全书·社会学》，北京：中国大百科全书出版社，1991年，第301—302页。
② 俞可平：《更加重视社会自治》，《人民论坛》2011年第2期。
③ 周红云：《社会管理创新的实质与政府改革——社会管理创新的杭州经验与启示》，《中共杭州市委党校学报》2011年第5期。
④ 丁元竹：《中国社会管理的理论建构》，《学术月刊》2008年第3期。
⑤ 陆学艺主编：《中国社会建设与社会管理：探索·发现》，北京：社会科学文献出版社，2011年，第9—10页。

组织和社会力量；从逆向说，就是根据社会矛盾、社会问题和社会风险的新表现、新特点和新趋势，创造正确处理社会矛盾、社会问题和社会风险的新机制、新实体和新主体。"[1] 由此可见，社会建设是社会管理的前提条件，否则，社会管理就只是贯彻国家意志。党的十八大报告指出，社会建设的目标是"提高人民的物质文化生活水平"。

11.1.2.3 社会治理

国内使用的社会治理概念既强调过程又强调功能，社会治理是将公共权威、法律法规、治理方式等相结合，最终实现对社会公共服务和公共事务进行合理有效管理的过程。社会治理可以分为积极层面和消极层面。积极层面指的是政府及各种社会主体的合作共治，即公共、私人、志愿和社区部门的代表在一起参与决策的过程；消极层面指的是相对独立的市民社会领域的自我管理和自我服务过程。社会治理的消极或积极层面会导致对政府职能改革的认识差异。党的十八届三中全会不仅强调社会治理，而且强调政府的社会管理职能。二者的区别是，社会管理是从政府角度看管理，社会治理是从现代社会的角度看管理。在既定的时空范围内，一些领域政府管理会占据主导甚至是绝对地位，一些领域政府会与社会共同参与实施社会治理，而一些领域政府无须参与，可由社会实施完全的自治。从某个方面来讲，从社会管理到社会自治是个连续谱系，社会治理处于这个谱系的中间部分。[2] 广义上的社会治理与社会管理含义很接近，若从公共管理学的角度来比较，社会管理更加重视政府的权威和作用，社会治理偏重于国家与社会的合作关系。

11.1.3 社会治理的特征

依据联合国全球治理委员会对治理的界定，治理有"过程""调和""多元""互动"四个特征。社会治理是参照治理的概念来界定的，社会治理特征可由治理特征延伸过来。[3]

一是社会治理必须强调"过程"。"过程"强调动态性、延续性和复杂性。社会是以人与人之间的交往为纽带的，这种联系不仅表现在人类文明历史的发展进程中，而且表现在同一时空背景下人与人之间的交流中。随着社会分工的发展及科学技术的进步，人与人之间的交往形式越发多样，渠道越发丰富。要在复杂的环境中进行有效的社会治理，就要把握社会系统的变化规律和趋势，灵活、动态地调整社会治理目标和手段。

二是社会治理必须倡导"调和"。"调和"强调社会是一个有组织能力的有机体，社会治理的系统性和整体性是必要的。社会涵盖政治、经济、文化等多个子系统，各个子系统相互联系、相互作用，构成社会有机体。在现代社会，各个治理对象的界限越发模糊，任何一个社会子系统的功能缺失都将影响社会有机体的有效运行。因此，社会治理对象不是经济、政治、文化治理的剩余，而应该是系统性地涵盖政治、经济、文化、社

---

[1] 陆学艺主编：《中国社会建设与社会管理：探索·发现》，北京：社会科学文献出版社，2011年，第10—11页。
[2] 桂家友：《国家与社会变革中的城市社会治理研究》，上海：上海人民出版社，2015年，第51—52页。
[3] 唐钧：《社会治理的四个特征》，《北京日报》2015年3月3日。

会等多个子系统。另外，社会治理要全面而有效地协调好各社会子系统的关系，就要建立一个层次清晰、结构合理、功能明确的整体性治理体系。

三是社会治理必须兼顾"多元"。"多元"强调治理主体的多元化、治理过程的多样化。社会治理主体涵盖了党、政府、社会组织、公民等主体，它们通过平等协商和相互协作实现对公共事务的有效治理。社会治理既不是绝对的政府一元管理，也不是公民和社会组织的绝对自治，而是各治理主体不论数量多寡，不论力量强弱，不论公立民营，均以实现治理目标、提高治理绩效为宗旨，共同参与社会治理，共享发展成果。随着社会化大生产时代的到来，各治理对象间的边界越发难以区分，单一的治理主体已难以适应新的形势。关注社会组织的培育和规范，高度重视公众参与能力的提升，让多元主体共同分担治理责任，才能适应复杂社会的治理要求。

四是社会治理必须注重"互动"。"互动"强调在相互交流和妥协的基础上达成共识。社会治理的目标是推动社会和谐发展，但是，社会结构从来不是"铁板一块"，而是分化为不同群体、不同阶层，而各阶层的利益诉求和社会地位也不一致。要让多元主体提出自身的利益诉求，然后在相互协商的基础上达成利益共识，就要建立适合多元主体参与的治理框架和机制。另外，社会治理的领域应是整合的，"互动"既包括公民和社会组织的沟通交流和相互妥协，也包括政府依靠强制力实施的管理和控制，这是维护社会稳定、促进社会团结、保障公共安全的必然要求。现实中的"互动"应是上下配合、同心同德，将社会与国家对立起来的认识会割裂二者的共性和共同价值追求。

综上，社会治理的前提是"大主体、大社会"。"大主体"涵盖了党、政府、企事业单位、社会组织、公民个人等所有参与治理的主体；"大社会"是指社会治理客体为社会系统，它包括经济、政治、文化、社会子系统，社会治理的本质是多元主体对公共事务的协同治理。

11.1.4 社会治理的内容

相较而言，社会治理与社会管理之间的联系大于区别。尽管之前没有用社会治理这个概念，但其意思已逐步渗入社会管理的主张和政策中。党的十八届三中全会提出社会治理概念，其实是对这些年我国在社会管理理论实践中的总结。从某个方面来说，社会治理是社会管理的升级版，社会治理内容自然包括社会管理内容[①]。

11.1.4.1 社会政策

社会政策是公共权力机关在社会领域所颁布和施行的一系列法令、政策规章和规定，旨在保障社会成员的基本权利，协调社会群体之间的利益关系，解决社会问题，促进社会的安全和高效运行。社会政策主要包括两方面的内容：一是社会保障和社会福利，社会保障通过社会保险来解决人们面临的生存权问题，社会福利通过提供社会福利和社会救助来解决人们面临的生活权问题；二是社会关系管理，包括社会成员基本社会权利和社会地位方面的内容，如劳动权、医疗权、迁徙权、教育权等。政府应该建立完

---

① 姜晓萍：《国家治理现代化进程中的社会治理体制创新》，《中国行政管理》2013年第3期。

善的社会政策体系，完善基本的社会保障和福利制度，同时要通过社会政策调节税收结构，控制个人收入差距的拉大。

11.1.4.2 公民权利保障

公民权利保障是指实现公民权利的法定程序保障和权利受分割时的救济制度。公民的法定权利如果缺乏可供实现的正义程序和权利受损时的救济程序，就很难使应然权利变成实然权利。我国在保障公民权利上较典型的制度是信访制度和人民调解制度。信访制度成形于1957年。1995年国务院颁布《信访条例》，2005年进行了修订，它从三个方面保障了公民权利：一是建立全国性信访信息系统，使民众的信访渠道更加畅通；二是明确信访受理的范围，强化政府的服务性功能，提升信访事项化解功能，防止信访事项范围扩大；三是明确规定信访工作的方法，抑制信访处理中因作风粗暴导致矛盾激化的问题。人民调解制度是用以预防和调解民间纠纷。改革开放以来，人民调解制度从"小调解"向"大调解"转变，主要表现为调解对象范围由窄到宽，民间、行政、经济纠纷均在调解范围之内；主体由单一到多元，由党委牵头，政法、公安、民政、法庭等均参与调解；调解方法由简单到复合，综合运用说服疏导以及各种法律、经济、行政、政策手段。

11.1.4.3 基本公共服务

基本公共服务是指以满足社会成员基本生存与发展需求为目标，向社会成员提供就业、社会保障、基础教育、公共卫生、公共文化、环境安全等基本公共产品的一系列制度安排。基本公共服务均等化是保障人民群众根本利益、解决当前我国社会领域里主要矛盾的重要途径。但是，当前我国基本公共服务供给不均的现象仍比较严重。突出表现在三个方面：一是城乡之间不均衡。以基础教育为例，据调查全国普通小学的教育经费，城市是农村的1.7倍，科学仪器配置比例上，城市比农村高20.6%；初级中学的教育经费，城市是农村的1.5倍，计算机网络配置比例上，城市比农村高30%。[①] 二是区域之间不均衡。以社会保障为例，东部地区的社会保障面较宽、水平较高，城乡居民享受的社会保障待遇更好，而中部地区次之，西部地区最差。从参保情况来看，东部地区参加基本养老、医疗、失业保险的居民比例更高，北京、上海等地参加医疗保险的居民比例达到一半以上。三是不同群体之间不均衡。举例来说，农民工为城市发展贡献多年，却因非城市居民身份，不仅难以享受基本的教育资源，而且在养老、医疗、失业保险上也因户籍问题难以均等化地享受服务。

11.1.4.4 社会组织管理

社会组织在提供公共服务、反映利益诉求、扩大公共参与、增强社会活力、促进社会发展等方面发挥着积极作用，是构建社会治理新格局的重要力量。我国社会组织发展呈现出三大特点：一是社会成员参与不足。据调查，我国每万人拥有的社会组织数量不到2.5个，而美国为52个，法国为110个，阿根廷为25个，巴西为166个，印度为10.21个，埃及为44个，均高于我国水平。由此可见，我国社会组织仍处于相当不足

---

① 梅安华：《我国城乡义务教育资源均衡配置研究》，《新课程研究》2011年第7期。

的阶段。二是区域发展不平衡。据调查，当前我国全国性的社会组织只占全部组织的0.5%，绝大部分分布在区县以上的层级；在上海、江苏、浙江等发达地区和城市，社会团体也较发达，而海南、宁夏、青海等地的社团数量还不到全国社会团体总数的1%。三是活动范围有限，单体规模不大。据清华大学调查，在被调查的社会组织中，有68.7%活动在一个县、市、区的范围内，有8.6%活动在一个省的范围内，仅有1%的社团组织活动在两个或两个以上省的范围。而据北京大学对浙江、北京两地社团的调查，1000名会员以下的小型社团占社团总数的60%。[①]

11.1.4.5 流动人口管理

据统计，2012年全国流动人口达到2.3亿，其中近80%是农村户籍流动人口。在未来相当长的一段时期内，我国仍将处于快速发展阶段，农村地区和欠发达地区人口将继续向城市和发达地区迁移。当前，我国流动人口生存发展呈现以下基本特征：一是新生代流动人口成为主体，人口流动由生存型向发展型转变；二是流动人口举家迁移和长期居留趋势明显，流动人口的稳定性增强；三是流动人口主要就业于私营部门或从事个体经营，集中就业在制造业、批发零售、住宿餐饮、社会服务、建筑等行业；四是流动人口现居地享受社会保障和公共服务的整体水平较低，子女教育、住房主要影响流动人口在城镇的稳定生活；五是流动人口内部分化明显，加快了社会结构的变化；六是流动人口融入当地社会的愿望强烈，社会参与意识日益增强。[②] 流动人口在促进城镇发展的同时，也对社会治理带来了一系列消极影响。我国城乡分割的户籍管理制度尽管曾在很长一段时间内发挥积极作用，但它越来越无法适应人口流动加快的新形势。改革户籍管理制度、创新社会治理方式、促进人口社会整合对于统筹我国城乡经济社会发展、加快新农村建设和城市化进程具有重要的意义。

11.1.4.6 基层社会治理

我国基层社会治理在城市和农村呈现出不同的发展路径。新中国成立以来，我国农村社会治理经历了三个阶段：第一个阶段是"政社合一"的人民公社制度（1958—1982）；第二个阶段是"乡政村治"或"乡村分治"体制（1982—1998）；第三个阶段是村民自治组织（1998—）。我国城市社会治理也经历了三个阶段，分别是单位制、街居制和社区制管理体制。经过长期的改革与发展，我国城乡基层社会管理逐渐走向一致，城乡基层社会治理方式正在向服务、自治的方向转变。根据《居委会组织法》（1989）、《村委会组织法》（1998）及其他相关政策，我国城乡社区自治有如下特点：一是居民（村民）委员会是居民（村民）自我管理、自我教育、自我服务的基层群众性组织；二是基层人民政府对居民（村民）委员会的工作给予指导、支持和帮助，后者协助前者开展工作；三是在社区或行政村内部，居民（村民）会议或居民（村民）代表会议是权力机构，居民（村民）委员会是执行机构，后者对前者负责并向前者报告工作。[③] 虽然，

---

① 邵静野、王维翀等：《变革时代的社会管理创新》，北京：国家行政学院出版社，2011年，第271-272页。
② 贺丹：《中国流动人口管理》，见龚维斌主编：《中国社会体制改革报告（2013）》，北京：社会科学文献出版社，2013年，第136-138页。
③ 吴爱明主编：《公共管理学》，武汉：武汉大学出版社，2012年，第198-199页。

我国社区治理体制改革取得了一定的成绩，居家养老服务、医疗卫生服务得到快速发展，但在实际治理实践中仍出现了一些问题。以城市社区为例，包括：基层政府角色错位明显，社区工作职能难以有效发挥；居民参与社区治理的积极性不足；社区工作人员队伍专业素质不高，工作方法落后，单干色彩明显；社会治理活动缺乏充足的法律依据，居委会和物业公司的矛盾较多。

11.1.4.7 社会安全管理

社会安全管理的目标是实施社会管理、维护社会秩序。社会安全管理包括以下三个方面：一是生态环境管理，即保护自然资源环境，实现社会与自然环境的和谐。我国是世界上自然灾害最多的国家之一，据统计，我国大陆7级以上的地震占全球大陆7级以上地震的1/3，因地震死亡的人数占全球因地震死亡人数的1/2，全国有41%的国土、一半以上的城市位于地震基本烈度7度及7度以上地区，6度及6度以上地区占国土面积的79%。[①] 二是对涉及生产、消费和交易过程中的安全、健康、卫生、环保、信息等社会行为进行管理。据报道，近十几年来，我国各类事故死亡人数年均达10万人，其中一次性死亡10人以上的重特大事故年均近100起，环境污染和生态破坏事件不断，矿山安全生产事故尤为突出。另外，我国公共卫生安全也面临威胁，全球出现的30多种新传染病有半数在我国发现，尤其是在我国传播速度较快的艾滋病。三是对人口、劳资关系、公共安全等进行管理。在社会转型期，一方面，原有的社会控制机制快速解体，另一方面，新型的规范机制尚未建立起来。这使得政府在应发挥何种功能、人们的行为如何进行规范等问题上存在着认识不到位的情况，易出现道德失范、社会越轨等现象，维护社会稳定的任务非常艰巨。

11.1.4.8 社会风险预警

社会风险预警是指防范社会风险的一系列安排。有研究表明，在人均国民生产总值从3000美元向10000美元发展的进程中，社会各阶级、各阶层的利益将被重新分配，贫富差距将加剧；外资进入带来的产业结构变化、大量人口失业及民族文化冲突容易导致社会动荡。我国目前正处于社会矛盾多发期，如新旧体制并存带来的机制冲突、个别公务员的不良作风引发群众不满等。如果不能及时发现和处理矛盾，则极有可能引发社会不稳定事件。另外，我国目前正在进行社保制度改革、医疗制度改革、教育制度改革等，如果改革步子迈得过大，不考虑公众的可接受度，也将会带来新的不稳定情况。一般认为，社会预警系统建立应立足以下三个方面：一是构建多样化的社会矛盾化解机制，健全行政复议制度、人民调解制度、司法调解制度和行政调解制度，从源头上强化治理；二是建立社会风险预警评估机制，科学运用风险管理工具和方法，研究适应国情的风险评估指标体系，提升社会风险的识别能力和预警能力；三是建立网络舆情和社会心态监测系统，把握舆情和社会心态的演变机理，及时介入以化解民众焦虑，弘扬社会正能量。

[①] 《地震的空间分布》，广州日报，2006年5月29日。

11.2 社会治理体制、机制与创新

11.2.1 社会治理体制

党的十八届三中全会提出,要"紧紧围绕更好保障和改善民生、促进社会公平正义、深化社会体制改革,改革收入分配制度,促进共同富裕,推进社会领域制度创新,推进基本公共服务均等化,加快形成科学有效的社会治理体制,确保社会既充满活力又和谐有序"。党的十八大报告中指出的"社会"是与政治、经济、文化并列的一个系统,对社会这个分系统的治理就是社会治理,社会治理的制度安排构成了社会治理体制,即党的十八大报告中所说的社会体制。社会治理体制既包括社会治理过程中的治理主体、治理范围、治理方式、治理绩效,也包括社会治理体制的本质内涵、价值诉求和基本原则,是兼顾工具理性与价值理性的工具系统。[①] 要推动社会治理发展和实现国家治理现代化需要创新社会治理体制,而要创新社会治理体制需要对社会治理体制的变迁及问题有全面了解。

11.2.1.1 社会治理体制的变迁

自1949年以来,我国社会治理体制变迁大致可分为三个阶段,不同阶段的社会治理目标、主体、范围、方式、绩效等均有所差异,并呈现出不同的特征。

(1) 一元化社会管理阶段 (1949—1978)

新中国成立初期,我国经济落后,在国际上又面临重重包围。为打破现实困境、有效整合已有资源以投入社会主义建设事业中,我国建立起"国家-单位-个人"的一元主体社会管理格局。在这种格局下,政府包揽一切,政府对社会实行覆盖式管理,政府、企业、社会基本实现一体化。最为典型的是实行"指令性"计划经济体制;政府通过行政指令控制资源分配和社会建设,对个人来说,无论是生活必需品还是住房就业均按计划配置;政府实行二元分割的户籍制度,农村劳动力被牢牢限制在农村;在农村实行人民公社制度,将乡村社会整合为等级森严的"单位",对农民的生产生活进行强制性控制;在城市实行以"单位制"为主、"街居制"为辅的管理体制,以单位满足人们的各种需求,并代为维护人们的权益,职工完全依附于单位。为了巩固政权、保障人民利益,我国在社会管理方面进行了不少创新。以公共事业为例,新中国成立初期,人民群众饱受疾病困扰,党中央决定建立城市医院和乡村卫生院制度,低水平、广覆盖的卫生、防疫、保健三级医疗体系在很短的时间内迅速建立起来。1951年我国出台《劳动保险条例》,揭开了新中国社会保障制度体系建设的大幕。[②]

从整体来看,政府一元管理的社会管理体制有以下特征:一是社会管理主体单一,公共权力高度集中,政府行为缺乏必要限制;二是社会管理目的首先是保障社会秩序、维护社会稳定,而不是促进社会发展、改善人民福利,社会管理的规范和控制倾向较

[①] 姜晓萍:《国家治理现代化进程中的社会治理体制创新》,《中国行政管理》2013年第3期。
[②] 万军:《社会建设与社会管理创新》,北京:国家行政学院出版社,2001年,第7页。

重；三是社会资源使用是以计划为主、市场为辅，基本缺失各主体间的平等互动；四是社会事业主要由政府操办，个人的生老病死严重依赖国家，个人和社会力量的投资相对缺乏；五是城乡二元分割的户籍制度使得人们生活被纳入刚性秩序中，不同群体之间相互独立，交流渠道被阻隔；六是社会被纳入政府管理体系中，社会群体高度整齐划一，重视长远的公共利益，但私人的利益诉求遭到漠视。一元化社会管理建立起了国家对社会的有效管理，该模式对于维护国家统一、保障社会秩序稳定、集中资源开展建设等方面具有积极作用。但是，该种管理格局也存在着先天缺陷，如社会创造力受到压制、一元化权力缺少有效制约、管理制度极其脆弱。

（2）社会管理过渡阶段（1978—2002）

1978年召开党的十一届三中全会，提出将党的工作重心转移到社会主义现代化建设上来。此后七年的政府工作报告都将经济建设作为政府核心责任。在这一时期的政策指导下，我国加快了"放权让利"进程，但在提高地方政府和国有企业积极性、推动私人经济部门快速成长的同时，也带来了社会管理体制不适应的问题。以公共事业为例，改革开放初期，公共事业尚未复苏，公共服务供给严重短缺，因此，国家将教育和卫生体制改革作为重点，恢复全国统一录取考试，加强中小学教育管理建设，允许个体医生开业行医；地方政府也在中央的号召下积极发展教育、卫生等公益事业。总体来说，在改革开放后的十多年里，全社会的注意力集中于打破集权僵化的管理体制，多数社会管理体制改革以服务于经济建设为中心，对于社会管理和社会建设的研究和认识较为滞后。[1] 1992年，党的十四大明确提出建设社会主义市场经济体制。随着社会主义市场经济体制的不断完善，市场在资源配置中逐渐发挥基础性作用。政府在社会管理领域引进市场机制，在提高管理效率、改善服务质量的同时淡化了自身的公共责任，由此引发了一些社会矛盾：一方面是传统类型的风险，如传染病、自然灾害等对人民生活安全造成威胁；另一方面是市场经济体制推进过程中带来大量失业、贫富分化加剧的问题。另外，旧的社会控制机制解体，但新的管理机制尚未完善，由此带来的社会失范、信任缺失等问题降低了政府的公信力，增加了社会矛盾冲突。

随着私营经济快速发展并在社会经济领域发挥作用，城乡社区建设、民间组织发展规范等相继被提上党和政府的议程。以农村基层管理为例，农村家庭联产承包责任制的推行宣告"政社合一"的人民公社体制的解体。"八二宪法"明确规定"城市和农村按居民居住地区设立的居民委员会或者村民委员会是基层群众性自治组织"，标志着"乡政村治"模式的开启。1987年国家颁布《村民委员会组织法（试行）》，对村委会的性质、职能、工作原则等进行了具体规定，农村基层民主从此起步。再来看城市基层管理，改革开放后国家放松了对社会的管制，原有的以"单位制"为主、"街居制"为辅的管理体制逐渐让位于"单位制+街居制"的管理体制。1990年以后，随着国有企业的改革，单位制进一步松动、瓦解，"单位人"逐渐向"社会人"转变，社区建设的兜底功能开始显现。1999年民政部通过《全国社区建设试验区工作实施方案》，2000年中共中央办公厅、国务院办公厅转发《民政部关于在全国推进城市社区建设的意见》，对

---

[1] 万军：《社会建设与社会管理创新》，北京：国家行政学院出版社，2001年，第9页。

城市社区建设的内涵、主要内容、队伍建设等进行了全面、系统的阐述。城乡基层管理体制改革的方向是推动层级控制向民主自治转变,基层组织的服务功能越来越被重视。同样是在这一时期,我国社会组织迅速发展,政府对社会组织的态度也从开始的抑制、清理和禁止,转向监督、审查和指导,再到正视社会组织在社会管理中的重要作用,并采取积极措施推动民间组织的规范发展。不过,由于社会组织经济不足、能力有限、相关管理制度建设不完善等原因,社会组织对政府的依赖性较高,政府依然是社会管理的主体。[①]

总的来说,过渡阶段的社会管理体制具有如下特征:一是管理主体从一元到多元,除党和政府外,基层自治组织、社会组织、公民等开始参与社会管理;二是管理体制从集体走向分权,国家向市场放权、向社会放权,权力共享、协同治理生根成长;三是管理目标从保障社会稳定、维持社会秩序向促进经济发展、提高人民生活水平转变;四是管理方式从注重计划和命令转向与社会协商和协作,社会自治功能得以发挥。

(3) 社会治理快速形成阶段(2002—)

随着经济体制的改革,社会结构剧烈变动,利益关系、思想观念深刻变化,致使现行社会管理体制面临巨大挑战。主要表现为:一是社会矛盾高发易发,政府治理压力增大。据统计,1993—2003年间,我国群体性事件数量已由1万起增至6万起。[②] 二是政府社会管理责任不明,导致缺位和越位治理问题。如何处理政府与市场、社会的关系,各级政府的认识存在较大差异。有些地方政府及部门在社会管理中习惯"大包大揽",民众参与社会管理的积极性不高,对政府很依赖,一有事就找政府;有些政府部门履行的职能存在重复交叉甚至冲突的情况,对于那些不好管、管不好的事务,各部门易出现推诿或"打乱仗"情况。三是政府公共服务水平无法满足人们的诉求。有些地方政府把民众和社会当作管理对象,采用"强制型管理"以及"单一式供给",不仅效率低下、针对性差,而且容易引发民众不满,造成政府公信力降低;有些地方政府为了避免群体性事件发生,选择性地供给稳定性强的公共服务项目,致使政法、信访等领域供给出现过密化问题、"花钱买平安""花钱装太平"现象普遍。

各类利益冲突日益加剧,社会矛盾和社会风险不断增多,既暴露出既有社会管理体制问题,又为政府推动社会管理改革提供了条件。2002年党的十六大报告将"社会和谐"列为小康社会目标,"社会建设"被提上政府议事日程;报告提出要"完善政府的经济调节、市场监管、社会管理和公共服务的职能","社会管理"成为政府的职能之一。在这一时期,中央政府强化社会管理职能,各级地方政府响应中央号召,大力加强社会管理方式创新。其主要表现为:一是强化公共服务能力建设。例如,建立政务大厅或行政服务中心,通过推进电子政务建设提高行政效率;通过出台针对性就业政策、加大就业培训力度、建立人力资源市场等扩大就业规模,保证就业形势平稳。二是着力改善政府与市场、社会的关系,通过公共服务合约外包等方式让社会组织和私营部门参与进来,发挥它们的作用,以提高公众满意度。例如,2008年上海浦东新区委托社会组

[①] 唐钧主编:《社会管理概论》,北京:中国人民大学出版社,2013年,第45—47页。
[②] 卢汉龙等:《新中国社会管理体制研究》,上海:上海人民出版社,2015年,第145页。

织承接公共服务的项目资金达6000万元,服务范围涵盖慈善救助、农民工子女教育等多个领域,社会反响较好。三是逐步建立健全社会管理体制。例如,北京等地通过"楼宇党建"的管理方式,促进了党的建设扩面提效,拓展了社会管理的服务范围;深圳市政府提出创新社会组织管理体制、城市社区管理体制、科教文卫等公共事业管理体制,以建立新型的社会管理体制。①

从总体上看,这一时期是从社会管理走向社会治理、社会治理体制内容不断明晰的阶段,主要呈现出两大特征:一是社会治理水平逐渐提高,与社会变化态势基本适应。例如,2003年党的十六届三中全会强调完善社会管理和公共服务职能并规定具体内容;2004年党的十六届四中全会明确提出加强社会管理体制创新;2005年党的十六届五中全会进一步明确"十一五"时期社会管理的目标和任务。在实践中,无论是中央还是地方政府对公共服务供给投入的比例均迅速增大。二是管理主体从单中心到多中心转变,新型社会治理格局正逐步形成。例如,2006年党的十六届六中全会对完善社会管理提出总体要求;党的十七大报告强调要"更加重视社会建设",并对完善社会管理体制做出具体部署;党的十八大报告提出"创新社会治理体制,提高社会治理水平"的内容,社会协同治理越发受到重视,现实作用也越发明显。

11.2.1.2 社会治理体制问题

自2002年我国社会治理体制改革被提上日程,改革方向和总体思路不断明确,社会治理体制改革取得了一系列成绩,各地创新社会治理也积累了丰富的经验。但是,我国对社会治理的认识和研究还不充分,社会治理体制仍不健全、不科学,远不能适应社会发展需要,必然会引发各类问题。以下从社会治理体制的基本内容,即治理理念陈旧、治理主体混乱、治理制度不健全、治理方式落后四个方面进行说明。②

(1)治理理念陈旧

我国正处于全能主义政府的转型过程中,有限政府和服务政府的理念未完全确立,市场经济体制不健全,公民社会又刚刚起步,政府要处理好与市场、社会之间的关系,不受传统治理理念影响做好自身定位并不是件易事。

"官本位"思想在我国已有几千年历史,其核心是以政府官员为绝对权威,官员级别的高低决定成就和地位。"官本位"思想的现实表现为:管理者相对于被管理者和服务对象具有极强的道德优越感,管理者习惯居高临下、颐指气使、发号施令,而非了解民间疾苦,更有甚者在供给服务时习惯于"吃拿卡要"、没收财物、罚款了事;下级唯上级马首是瞻,长官意志具有无上的权威,官员为求得晋升不惜跑官买官,一旦获得点实在权力就什么都管,习惯从自身利益出发进行管理,难以形成服务民众需求的理念;政府将工作重心放在经济建设上,想方设法招商引资、上马大项目,对于民生建设和社会管理缺乏热情,社会矛盾爆发时,"临时抱佛脚"的心态严重,"盖得起大楼、发不出工资",花大笔公款出国考察,却办不好教育和医疗;为了仕途利益和维持稳定,不恰

---

① 姜晓萍、田昭:《地方社会管理创新》,北京:中国人民大学出版社,2014年,第222页。
② 周红云:《社会管理体制改革:现状、创新与展望》,周红云主编:《社会管理创新》,北京:中央编译出版社,2013年。

当地提出一些发展目标,如构建"无摊贩城市",热衷与由企业家组成的俱乐部来往,对于没有组织的弱势群体少有关怀。

(2) 治理主体混乱

社会事务纷繁复杂,民众需求千差万别,有限理性的政府不可能"包打天下",多元主体参与治理具有重大的现实意义。党的十六届四中全会提出,要构建"党委领导、政府负责、公众参与、社会协同"的多中心治理格局,但在现实中,各地普遍存在政府仍是唯一的社会治理主体或者多元主体参与治理但效果不佳的现象。

我国一直存在政府职能"越位"和"缺位"的问题。政府职能"越位"表现为从事社会治理的部门权力高度集中,不少本应由市场和社会承担的事务,却由政府部门依靠行政权力来管理。在现实管理中,政府部门既当"裁判员"又当"运动员","政社不分""政事不分"等问题广泛存在,造成政府任务重、行政效率低下。政府职能"缺位"表现为有些事务没有管理主体。不少地方政府对外来人口的权益缺乏重视,主观认为这是流出地政府的责任,在公共服务供给上存在不均等现象。对于基层政府的人员编制、经费保障等,包括中央政府在内的各级政府多是依据常住人口规模来设置,对外来人口的类型及现实需求缺乏调查,为黑恶势力乘虚而入从事犯罪活动提供了土壤。外来人口为维护正当权益不断上访也造成了基层政府巨大的治理压力和维稳困境。

除了政府职能转变问题外,政府部门权责划分不清、治理人才缺乏等问题也比较突出。随着政府职能划分越来越细、机构设置越来越多,造成治理过程中政府职能划分不清、政出多门的问题,从而引发混乱。以流动人口管理和服务为例,流动人口的信息散布于各个部门,在缺少信息整合和共享机制的条件下,各部门常以隐私、保密为由互设壁垒,造成"信息孤岛"现象大量出现,各部门重复工作成本高而效率低下,直接导致部门管理服务的自行其是。[①] 另外,即使政府部门有意协同治理,治理人才的缺乏也是个问题。社会治理是个很庞杂的概念,要想从事有效的社会治理,必然需要专业的治理人才。在治理过程中,限于治理人员文化素质、专业技能的缺乏,多元主体参与治理有时候带来的不是效率反而是混乱。当前,不少社会组织成员没有经过任何培训,缺乏供给服务的必要技能,实际服务效果不佳。

(3) 治理制度不健全

近年来,我国加快了社会领域的法治建设步伐,社会治理法律法规体系建设取得了一定成绩。但是,由于我国社会治理立法起步晚、社会治理所涉及的领域较多,目前制定的法律法规还比较分散,有些社会领域存在着法律空白,有些法律法规内容存在着重复甚至是矛盾之处。相较于社会对相关法律法规的需求,我国社会治理法律建设总体滞后。以社会组织为例,目前我国没有专门的社会组织管理法律,只有国务院颁布的《社会团体登记管理条例》《民办非企业单位登记管理暂行条例》,民政部出台的《取缔非法民间组织暂行办法》《民办非企业单位登记暂行办法》,以及民政部与其他部门联合下发的规范性文件。另外,由于这些法规或政府规章数量少、层次不高、操作性不强,没有明确社会组织的权利义务、治理结构、行为规范等,社会组织在税收待遇、财务管理、

---

① 丁茂战主编:《我国政府社会治理制度改革研究》,北京:中国经济出版社,2009年,第52页。

人力管理等方面缺乏配套制度，带来了许多不良后果：一方面，来自社会的捐赠或资助因管理不规范、自我约束弱，导致了腐败等违规违法行为的出现；另一方面，因缺乏第三方评估制度及信息披露机制，即使社会组织尽职尽责也很难取得公众信任。[①]

社会治理是一项系统工程，涉及方方面面的工作，政府治理制度建设也存在一些问题。首先是财政分配体制问题，中央和地方政府财权与事权不对等。由于强调属地管理和重心下移，地方政府承担了大量的公共服务，但在现行财政分配体制下，财权高度集中于中央政府，地方政府可支配的财力有限。如此，地方政府人财物缺乏保障，公共物品供给缺乏长效机制。其次是政府绩效考核制度问题。长期以来，各级政府将经济增长作为考核下级政府的核心指标。在这种导向下，各级地方政府都将GDP增长作为最大的行政动力，政府工作重心不是在社会发展而是在招商引资上。中央政府提出建设服务型政府、落实科学发展观后，绿色GDP成为地方政府发展的主要内容，各地政府在绩效考核方面做出一定调整，社会发展和民众满意度逐渐被纳入考核领域。例如，广东省很早就将社会安全指数、民主法制建设指数、食品和药品安全指数等纳入了党政领导的考核指标体系。由于长期以来形成的行政惯性及各地发展程度、政绩考核等因素影响，不少地方政府以经济建设为中心，教育、卫生、养老等方面的投入力度有限，公共服务型政府建设缓慢。

（4）治理方式落后

随着社会主义市场经济体制的确立，市场领域首先从原来的计划经济中脱离出来，再逐渐向以市场经济为特征的多元社会转变。在这种转变过程中，一个独立于国家和政府的社会领域形成，治理客体的对话向治理主体提出挑战，原有以单位制为载体的行政手段不再适用。但在采用何种手段回应社会诉求上，地方政府还在摸索中，其主要表现在两个方面：第一，政府对自身职责定位不清，对社会组织作用认识不足。社会组织的快速扩大在一定程度上削弱了政府权威，使得政府对社会组织怀有不信任和防范心理，因此对社会组织的发展采取防范和限制手段，造成了社会组织发展整体滞后，进而无法在社会治理领域发挥作用。例如，依据《基金会管理条例》的规定，市县不是基金会的登记管理机关，大大限制了基金会的发展；政府倾向于自己投资和兴办公共服务，不善于借用社会力量采取多种方式共同供给，对于民间资金进入公益事业设置重重限制。第二，政府对公民权利缺少尊重，没有调动公众参与积极性。一方面，一些地方政府不习惯于依法行政和民主对话；另一方面，在处理新情况、新矛盾时不少地方政府又不知所措，倾向于以简单方式应对新形势。例如，我国已建立起从调解、仲裁到诉求、复议的制度来化解信访矛盾，部分地方政府不是通过平等沟通找到上访问题症结，而是以强力打压或者"花钱买平安"来平息民怨，"信访不信法"的缠访闹访问题不断出现。另外，近年来，随着互联网技术的发展及相关制度建设步伐的加快，民众参与社会治理的热情有所提高。但是，地方政府对民众的参与意识不够重视，在公共信息披露上动作迟缓，不善于动员社会资源、借用民众参与从事相关公益事业建设，造成民众的参与效能发挥有限。

---

① 龚维斌主编：《社会管理改革创新》，北京：国家行政学院出版社，2013年，第27页。

11.2.2 社会治理机制

社会学中的机制可以表述为"在正视事物各个部分存在的前提下，协调各个部分之间关系以更好地发挥作用的具体运行方式"。党的十八届三中全会提出要改善社会治理方式，提高社会治理水平，增强社会发展活力，维护最广大人民的根本利益。社会治理强调多元主体共同参与，强调治理的系统性及手段的多样性，探讨社会治理机制创新的前提是要厘清各主体间的层次关系以及社会治理机制的现状、问题和原因。

11.2.2.1 社会治理机制的结构

2004 年，党的十六届四中全会首次提出建立"党委领导、政府负责、社会协同、公众参与"的社会管理新格局。2006 年，党的十六届六中全会对"十六字方针"进行了阐述，指出各主体在治理过程中担当的角色及建立的关系形式。党的十八大报告指出，"要围绕构建中国特色社会主义社会管理体系，加快形成党委领导、政府负责、社会协同、公众参与、法治保障的社会管理体制"。党的十八届三中全会又提出，要"坚持依法治理，加强法治保障，运用法治思维和法治方式化解社会矛盾"。从总体来看，从"十六字方针"到"二十字方针"，提出了社会治理的价值导向，构建出社会治理的实践结构，促进了党和政府、社会的良性互动。①

（1）党委领导

党的领导是社会治理的根本。党的领导是指在思想、政治和组织方面的领导。党具有强大的意识形态、组织力量和动员能力。党在社会治理中发挥着全面战略谋划、顶层制度设计、综合发展协调、重大利益调整等功能。从外部来看，在全球化、信息化、市场化的现代社会中探索和构建适应发展形态的新的领导方式能够实现对国家和社会的有效领导；从内部来看，随着市场经济体制的确立，社会结构发生剧烈转型，国家与社会的关系发生变化，它要求党调整领导国家的方式，以提高与人民群众相适应的执政能力。

在党和国家的关系上，党不断创新。党的十三大报告中提出党应当在宪法和法律范围内活动，理顺党组织与其他各种组织间的关系；党的十五大报告中提出把坚持党的领导、发扬人民民主和严格依法办事联系起来；党的十六大报告中提出通过制定大政方针、提出立法建议、推荐重要干部、进行思想宣传，以实施党对国家和社会的领导。党委在同级各种组织中发挥领导作用。党的十六届四中全会中提出坚持科学执政、民主执政、依法执政，在社会治理方面提出健全工作机制、维护社会稳定；党的十八大报告中提出党在社会治理方面的领导应坚持人民性与党性的统一。通过不断改进领导方式，加强党的领导，以保证国家公共治理的实现。

（2）政府负责

政府在社会治理中居于主导地位，其主要表现在四个方面：一是政府是公共资源的掌握者，通过制定公共政策及分配公共资源，利用自身权威地位占领话语主导权，政府

---

① 桂家友：《国家与社会变革中的城市社会治理研究》上海：上海人民出版社，2015 年，第 83—139 页。

能对社会发挥最重要的影响力;二是我国独立的社会领域正在逐渐形成,权力从政府向社会转移,政府与社会合作治理稳步进行,政府承担引领社会、管理组织等方面的责任;三是在涉及基本公共服务及有关收入分配、危机防范等领域,政府是最核心的治理主体,承担维护公平正义的职责,必须发挥优先作用;四是针对不同的公共事务,各主体的联动方式不同,在治理中发挥的作用也不同,但无论哪种合作方式,政府不在体制上进行变革,不在理念和行为上进行改变,社会治理的共治愿景就不可能实现。

改革开放以来,我国不断转变政府职能。自20世纪以来,在党的历次决议中曾屡次提出"转变政府职能"的命题,目标是将政府建设成为现代化政府,以推动国家转型为现代化国家。在党的十四大上,首次提出"政府对社会经济活动的管理职能";在党的十四届三中全会上,提出加强政府的社会管理职能;在党的十五届五中全会上,将政府职能概括为"宏观调控、社会管理、公共服务";在党的十六大上,将政府职能概括为"经济调节、市场监管、社会管理、公共服务"。进入21世纪,随着市场经济体制的逐步完善,政府职能调整逐渐变被动为主动。在党的十六届六中全会上,提出建设服务型政府,强化社会管理和公共服务职能;在党的十七大报告中,提出着力转变职能、理顺关系、优化结构、提高效能;在党的十七届二中全会上,强调建立健全公共服务体系,推进基本公共服务均等化,合理界定政府部门职能,确保权责一致;在党的十八大报告中,提出建立与市场经济体制、与现代社会体制相适应的政府职能。由此,我们总结出两大特点:一是政府职能改革不仅要与市场体制相适应,还要与社会体制相适应;二是政府职能改革不仅要与时代相适应,还要从理论上进行更新。

(3)社会协同

社会协同就是发挥人民团体、基层自治组织、各类社会组织和企事业单位的协同作用,推进社会治理的规范化、专业化、社会化和法治化。[①] 社会协同是构建新型社会治理格局的前提,这不仅是因为由政府主导的不少公共事务需要社会组织的配合和支持,更是因为只有社会组织支持,才能使大量的公共事务得以高效、稳妥完成。社会协同有两个层面的含义:一是从国家和政府的角度来看,社会协同是在政府的动员、引导和规范下,社会组织和成员有序进入公共领域参与治理,政府在社会整合和治理中发挥主导作用;二是从社会和公民角度来看,在社会治理中,社会协同需要社会组织作为积极力量支持政府,同时强调自主管理,即社会组织需具备理性及独立的自治能力。

要使各主体有效衔接和互动,关键在于搭建好社会协同平台。首先,从党与群众的关系来说,中国共产党是全心全意为人民服务的工人阶级政党,党的老一辈领导人很早就提出了要走群众路线,并总结出践行群众路线的有效工作方法。改革开放以来,党的几代中央领导集体适应新形势的要求,创新群众工作理念,探索群众工作方法,大力整顿工作作风、出台"八项规定"、开展先进性教育活动,极大地充实了群众路线,加强了党同群众的联系。其次,从政府与民众的关系来说,在多元化、信息化的时代,如何有效满足公众需求、实现民主和科学决策、保障行政的公开透明是各级政府都要面对的课题。在这些方面政府积累了不少有益经验,如建立依法听证制度、推动政府绩效评

[①] 唐钧主编:《社会管理概论》,北京:中国人民大学出版社,2013年,第67页。

估。但是，有些地方常态化联系群众的制度没有建立起来，群众找不到有效的表达渠道；有些地方不重视政务公开，影响了政府的权威和公信力；有些地方不重视制度程序和规范建设，缺乏问责机制，导致制度"空转"问题。最后，从企业与社会组织的关系来说，企业与社会组织合作，既可以发挥资本雄厚的优势，又可以弥补服务不足的缺陷，从而促进社会事业的发展。但是，受我国企业捐赠文化及激励制度不完善的影响，企业对社会组织的支持力度十分有限。社会组织间合作可以整合资源、发挥优势、增强效能。项目制是当前社会组织合作的纽带，主要通过举办经常性交流及培训活动、成立联合体促进合作等方式实现。

(4) 公众参与

无论何种形式的治理都需要公众参与，公众参与的实现需要制度保障和支持。首先，如果国家不在法律层面上确认公众参与，并赋予公众参与以基本的权利保障，公众参与就无从谈起。其次，如果政府没有建立参与平台，未从制度层面进行保障，不注重培养公民精神，公众参与就没有载体，利益表达就没有渠道。最后，没有政府的制度设计和政策引导，公众就有可能盲目参与，难以做到实质参与。公众参与有利于集中群众智慧，提高政府治理能力。

我国公众参与经历了两个发展阶段。第一个阶段是从新中国成立至1956年，工人参与企业管理、农民参与社队管理。随着计划经济体制的实施，城市单位制的建立一定程度上限制了工人参与管理，同时农村人民公社的成立也在一定范围内限制了农民参与管理。在社会生活政治化年代，一切参与都具有如下特点：以被动参与为主、政治参与居多，参与途径和方式单一，参与具有一致性。第二个阶段是改革开放以来，随着市场经济的发展、群众利益的分化，政府失灵和市场失灵时有发生，民众参与社会治理的机会和方式增多。随着国家建立相关法律保障公众参与权利，制定和规范公众参与机制，公众参与得到多方面发展：①参与领域扩大，公众可以参与政治、经济、社会等众多领域；②参与方式增多，公众不仅可以正式参与，也可以非正式参与，表达意见的渠道也相应增多；③参与途径扩展，公众不仅可以在制度内参与，还可以在制度外参与。总体而言，虽然与国际水平相比，我国公众参与还有较大提升空间，但是随着时代的发展和治理的进步，我国公众参与的自主性逐渐增强，参与的多元化趋势明显，参与内容越发多样化，参与制度逐步完善和规范。

(5) 法治保障

推进社会矛盾化解、社会治理创新的前提是严格公正执法，树立社会主义司法权威。在化解社会矛盾的路径上，我国还没有完全形成"法治轨道内解决矛盾"的共识，要做到让民众"信法不信权""信法不信访""信法不信闹"，还需要通过司法制度改革，以宪法为根本约束公权力。一方面，将所有政府权力行使都纳入宪法轨道，保障人民的基本权利，并由此赋予政治权力的正当性；另一方面，要尊重和维护司法权威，保障司法机关依法独立行使司法权。[1]

---

[1] 韩大元：《实现社会管理法治化的路径》，见陈里主编：《论社会管理创新》（下），北京：中国社会科学出版社，2012年，第648页。

改革开放以来，我国在法理认识上不断取得进步，并把这种认识运用于法律体系建设中。主要表现为：第一，"文化大革命"结束后不久，我国即提出加强社会主义法制建设。1999年在宪法修正案中确立了"建设社会主义法治国家"的目标，法制与法治一字之差，标志着我国治国理念的变化。一切社会主体都要以宪法和法律为行为准则，表明了依法治国理念和方略的确立。第二，在2004年宪法修正案中，在"公民基本权利和义务"部分增加了"国家尊重和保障人权"的条款，表明国家将保障人权作为治理的基本理念。第三，尽管资本主义国家标榜法律面前人人平等，但以私有制为基础建立起来的国家法制很难做到公平正义和基本人权保障。我国实行以公有制为基础的社会主义国家制度，公平正义是社会主义核心价值理念，不仅能够做到形式上的人人平等，而且能保证绝大多数人的公平正义。第四，我国宪法和法律对国家权力监督做出明确规定，国家机关只能在法律授权范围内行使权力，在每一个国家机关内部要将所掌握的权力适当分离，上级机关要按照职权对下级机关进行监督，国家权力监督的理论在我国牢牢确立。[①]

11.2.2.2 社会治理机制的问题

社会治理涉及两个基本维度：一是社会治理通过调整社会生活中的互动关系对个体行为及交往过程进行规范。从这个角度来看，社会治理指向社会的自我服务和自我管理。二是社会治理是政府为了促进社会良性发展，综合运用法律、行政、经济等手段，规范社会行为、维护社会秩序、防控社会风险的总和。换个角度来看，社会治理机制的问题源于国家与社会互动不佳，在实现绩效管理方面不如人意。我们依据社会治理的内涵，梳理出主要的治理机制问题。

（1）利益表达机制有局限

在我国，政府在利益表达中扮演着组织者和管理者角色。与西方国家以利益集团组织化为基础的表达机制不同，我国民间社会组织不成熟、不完善、不发达，因而政府成为唯一能表达群众诉求、解决群众诉求的组织，公民和各类社会组织都严重依赖于政府。改革开放前，我国实施的是单位体制，单位集政治领导、经济生产、社会生活于一体。单位不仅管理和控制社会成员，而且代表社会成员表达利益。改革开放以来，随着经济发展和社会变迁，单位制的动员和整合功能日趋松散，大量成员离开单位进入社区生活。由于社区利益表达机制没有得到有效建立，使得个体利益、群体利益表达呈现碎片化特征。

由于政府处于利益表达机制的核心，如果政府强化社会控制，民众就会表现出不满情绪。有时不满情绪并不直接源于政府，但民众会将政府作为发泄不满的目标。另外，现实中民众利益表达受多重因素影响。有的人可以利用所掌握的资源更充分地表达自身利益；相反，弱势群体的利益表达渠道窄，在表达过程中难以与强势群体竞争。再加上社会组织发展缓慢、弱势群体自身素质有限，易造成弱势群体利益表达不畅。

信访制度是为了回应社会诉求、反馈政策执行问题、保护弱势群体利益。信访制度

[①] 胡锦光：《社会管理创新不能游离于法律框架之外》，见陈里主编：《论社会管理创新》（上），北京：中国社会科学出版社，2012年，第323—324页。

由政府系统内部发起,通过官员走群众路线来转换和整合民意,是我国民众利益表达的特色。由于信访治理制度、工作方式等方面的问题,造成信访难以完全反映民意、缓解矛盾、解决问题,反而因越级上访、缠访闹访等行为扰乱了社会正常秩序。

(2) 矛盾化解机制待完善

随着我国经济快速发展,社会结构发生剧烈改变,群体间收入分配差距拉大,区域间发展不均衡,城乡二元体制问题凸显,由此引发了越来越多、愈加复杂的社会矛盾。据统计,2011年全国各级法院受理案件达1220.4万件次,同比上升4.4%,其中刑事案件84万件,同比上升7.7%,创历史新高。①

我们应看到,一方面,我国正处于从农业社会向工业社会、从均质社会向多元社会过渡的阶段,在转型期间易出现各类矛盾和问题;另一方面,现实中的矛盾总体属于人民内部矛盾的范畴。换言之,只要建立有效的矛盾化解机制,社会矛盾就不会转化为社会危机。

改革开放以来,我国逐渐由传统的纠纷调解机制转变为多元化矛盾调解机制。多元化矛盾调解机制一般被称为"大调解",它综合了人民、行政、司法调解机制。在现实生活中,各地面临的社会矛盾种类各异,构建的多元矛盾调解机制也有差异。在具体调解过程中,因地制宜地运用各种调解方式并兼顾调解的司法性、权威性和效率性,可以扩大调解范围、提高化解纠纷能力,不少地方涌现出较为成功的调解实践,如"枫桥经验"。

尽管多元化矛盾调解机制在解决转型期矛盾纠纷方面具有效率高、风险小等诸多优势,但我们也应该看到其不足之处。首先,调解制度与调解实践不匹配。尽管我国于2010年颁布的《人民调解法》进一步明确了人民调解的调解程序,但它相较于"大调解"在指导性、操作性和适应性方面仍显不足,各地的规章条例和调解活动缺乏明确依据。其次,调解员的工作方式有待改进。纠纷调解不同于法律诉讼,调解员的主观能动性较大,调查、劝解、说服等是主要方式。调解员的价值观念对调解结果影响较大,因此对调解员的经验、性格等要求较高。并且,非正式调解方式易对法治产生冲击。最后,"运动式"调解妨碍司法救济。为了调动下级政府开展调解工作的积极性,上级政府一般对调解数量、成功率进行考核,下级政府为完成任务采取"短平快"的办法,"调解年""调解月"等"运动式"调解方法随之产生。各级调解组织想尽一切办法调解纠纷,使得本应通过诉讼解决的矛盾一并被纳入调解工作范围,造成法律权威和作用进一步弱化。

首先,部门事务上的交叉错位,使得在纠纷调解中易出现错位问题。如民间调解行政化、行政调解民间化、信访影响司法等,三大机制的混淆和滥用不利于各机构功能的发挥。其次,当前的调解员多由退休的老干部担任,这对于发挥老干部的余热,利用其丰富的经验开展工作,促进调解的成功提供了条件。但是,以老干部为主的人员结构不利于调解队伍的持续发展,况且利用已有经验调解新型社会矛盾,其适用性和专业性值

---

① 《最高人民法院工作报告(2012年)》,中国政府网(http://www.gov.cn/test/2012-03/19/content_2094709.htm)。

得商榷。最后，各地的"大调解"机构中，正式编制人员较其他机构借调、招聘的人员工资待遇低，以精神奖励为主的激励抑制了调解人员的工作积极性；又由于调解本身经费不足，使得视频会议设备、电子化设备等难以运用于基层，降低了基层调解的效率，不利于对基层调解的指导。[①]

(3) 政社合作机制有问题

顾名思义，政社合作是指政府与市场、社会组织等主体在平等基础上相互合作、分享权力、共同治理，以解决共同问题、实现公共利益。社会治理视阈中的政社合作机制探讨主要涉及政府与社会组织的互动现状及问题。

随着市场经济的深入发展，公众的需求越发多样化。从总体来看，政府在公共领域投入量增多，却难以高效满足人们的需要，在供给中又出现不公平问题。与之相对的是，社会组织因其服务范围窄，对服务对象的情况更了解，在某些领域可以更好地发挥作用。在现阶段，政府越来越重视社会组织，根据社会组织的力量和作用，主要采取以下四种合作方式。

第一种是延续型。这类组织在新中国成立初期便成立并长期存在，在适应社会的过程中逐渐建立起了自己的业务。这类组织不仅业务能力娴熟，并且在自身领域具有垄断性地位。改革开放以来，这类组织在适应中不断发展，继续满足公众需求。因此政府延续与其以往的合作方式，中华全国总工会就是典型代表。以这种方式存在的社会组织，其很大一部分业务是承接政府职能，在开展过程中组织的自主性低、行政色彩浓。另外，这类组织大多会直接参与公益活动，与政府的密切关系使其管控色彩明显，在回应诉求、强化能力等方面不足，在实际运行中易出现定位偏差问题。

第二种是新建型。政府在从事社会治理过程中，出于提高效率、缓解矛盾的需要，有意识地推动这类社会组织的成立，如"红十字会"。由此也决定了这类组织的两大特点：一是具有一定的官方背景，二是由社会形势推动其发展。相较于延续型社会组织，新建型社会组织的社会性更强，无论是组织设计还是实际运作均表现出一定的专业性和自主性。但是，这类组织与政府间的关系难解难分。主要表现为：这类组织沿袭了政府管理的行政化色彩，管理效率有待提高；政府治理的惯性使其有时出现过度管理，因此这类组织往往是既当"裁判员"，又当"运动员"；治理能力有限及形式化管理造成这类组织的运作透明性和公共性受到质疑；这类社会组织具有较强的社会性，业务发展中的问题易引发公信力危机，对其后续的组织运转产生不利影响。

第三种是收编型。随着经济发展和诉求的多元化，民间会自发成立一些社会组织，政府出于各种考虑将其纳入管理框架，指定部门对这类组织的业务进行管理和指导。收编是政府为平衡社会力量实施的特殊合作模式，它对维护社会秩序稳定、提高政府治理效率具有积极的作用。这类模式的理想状态是建立二者间的共识，在政府的指导原则下组织能高效地完成业务。但在实际情况中，政府出于自身利益需要，极有可能出现权力越界，不利于社会组织发展。并且，政府职能长期入侵的后果是这类社会组织会变成政府的附庸，遭遇与新建型社会组织类似的问题。

---

① 孙柏瑛等：《社会管理新机制》，北京：国家行政学院出版社，2015年，第156—164页。

第四种是自发型。这类组织由社会力量主导成立，政府对这类组织干预较少，它在回应社会诉求、发挥组织功能方面表现出独特的优势。这类社会组织要想有效开展活动需要多方力量尤其是政府的帮助。但是，政府出于规避风险和不信任惯性的影响，对组织身份不予确认、组织发展不予支持、关系互动实施限制，给这类组织的发展带来不利影响。因为没有获得合法身份，这类组织在参与公益活动时会不同程度地受到民众质疑，不利于自身力量的发展壮大。而由于政府不支持，包括经费上不予支持、培训方面不予帮助，使得该类组织自身能力易出现问题。

（4）社区自治机制不完善

社会自治以服务为内容，治理主体与客体经常易位，是"人人为人人服务"的体系。[1] 社会自治有其自身的矛盾性。一方面，社会自治被视为民主政治的基础；另一方面，社会自治陷入危机时需要政府介入。社区自治是社会自治的基础，社区自治的载体是城市居委会和农村村委会，二者可以统称为社区居委会。20 世纪 80 年代以来，我国在完善社区治理体制、加强社区建设方面进行各种探索，取得了一定成绩。但是，当前社区自治机制仍不完善，与社会发展有不适应之处，主要表现为以下三点。

第一，社区居委会职能错位。依照相关法律，社区居委会是群众性自治组织，应当将精力放在社区自治上，组织群众开展社区公益事业。政府是社区管理的组织者、社区建设的掌舵者，以政策和制度支持社区工作，加强培育社区性社会组织。但实际情况是我国的社区治理体制是在政府职能没有转变到位的情况下形成的，该体制必然带来社区居委会的职能行政化、成员公职化、工作方式机关化等。[2] 从基层政府的角度来看，政府干部对社区自治性质认识不足，社区居委会长期作为政府的"一条腿"而存在，承担一些行政职能，直接对上级负责并接受上级领导，造成社区建设和管理的强行政色彩，社区服务和民意回应的动力不足。

第二，社区服务难以满足需要。社区居委会自身资源有限，难以满足社区公共服务需求。政府作为社区公共服务责任主体，理应向社区投入适当的财政资源。但是，与群众日益增长的多元需求相比，当前政府财政投入总量总体不足，社区公共服务供给能力仍有待提高。同时，政府财政支持社区并非均等化，有的地方仅投入了微薄的财政资源，大量的社区建设需要社区居委会自行筹资。另外，当前的社区服务主要由政府提供，单一的供给模式无法满足多样化的需求，严重影响了公共服务的供给质量和水平，如大量的社区图书无人借阅，不少社区体育设施无人使用，这反映了服务理念与需求者理念的矛盾以及服务机制与现实需求的矛盾。

第三，社区参与和专业人才缺乏。社区参与是社区自治的重要特征。相较于前些年我国社区居民参与情况，无论参与主体、参与内容，还是参与效应，均取得较大进步。但就总体情况而言，我国居民的参与水平较弱，参与力度、广度、深度均不足。主要表现为：居民文娱活动参与较多，社区政治事务参与较少，被动社区参与较多，主动社区参与较少。之所以如此，主要是社区与居民利益关联度弱，社区与居民之间共同利益相

---

[1] 张康之：《论新型深化治理模式中的社会治理》，《南京社会科学》2003 年第 9 期。
[2] 潘小娟：《社区行政化问题探究》，《国家行政学院学报》2007 年第 1 期。

对较少，参与社区活动得不到正向激励；社区社会资本总体缺乏，居民对社区的归属感较差，认为社区治理是居委会的事；居民参与机制和渠道不健全，不少社区参与流于形式，居民意愿和要求不受重视。与之相对应的是，当前社区工作者来源复杂，没有明确的职能分工，在工作中不易形成整合力；多数社区工作者文化素质偏低、责任心不强、工作方法落后，无法提供多样化的服务；没有建立有效的动员机制，影响了居民参与的积极性。

11.2.3 社会治理的创新

在经济体制改革不断深入的背景下，社会治理创新也需要适时跟进。推进社会治理创新对于化解经济发展中的问题、提升党和政府治理能力、改善民生、促进社会公平正义、激发社会活力、增进治理效率等具有重要意义。社会治理创新的目标是明确各治理主体的责任与职能，改进各治理主体的合作机制，提升各治理主体的能力，构建兼具和谐与活力的治理系统。

11.2.3.1 社会治理创新的原则

（1）党委领导原则

坚持党的领导是我国独特的政治优势。要更好发挥党总揽全局、协调各方的作用，就要使党的领导方式更加科学化，为此可从以下三个方面着手：一是党的领导制度化，即加强党内领导制度建设，加强国家制度体系建设，加强党领导执政的社会工作制度建设和管理制度建设。二是党的领导执政方法科学化，即在理念上坚持全心全意为人民服务，坚持民主集中制原则推动民主政治发展，严格按照民主程序推进民主决策、民主管理、民主监督。三是党的执政能力现代化，即提升思想引领能力，加强社会整合能力，提升推动经济发展能力，提升自我建设能力，为现代化建设提供保障。

（2）政府负责原则

政府是社会治理的重要主体。推进政府职能现代化可从以下三个方面着手：一是发挥政府的主导作用。之所以强调政府的主导作用，主要是社会治理体制还不健全，社会自治还不具备实施条件。要协调好政府与市场的关系，就要"使市场在资源配置中起决定性作用"，政府应发挥与市场经济相应的职能。要协调好政府与社会的关系，一方面需要充分发挥社会自治资源，另一方面应培育和管理好社会组织。二是构建与现代经济发展、社会治理相适应的治理方式。"扁平化结构"是管理学家德鲁克提出的概念，反映了企业管理结构与效率变化的关系。在信息化时代，扁平化是发展趋势，政府可以借鉴扁平化治理结构，及时回应公众需求，提升管理效率。三是加强公共服务领域的投入，建立公平公正的社会体制，通过加强综合管理职能，营造公平健康的环境。

（3）社会协同原则

社会协同的目标是构建多元主体协同共治的关系。增强社会协同可从以下三个方面着手：一是积累信任资本。当前我国信任资本被过度消耗，要促进党、政府同民众和社会组织协作，政府就应推进社会诚信体系建设，为社会协同创造良好的外部条件。具体来说，政府工作应该公开、透明、规范，积极发展与社会组织的良好关系，通过不断协作和互动积累信任资本。二是促进功能整合。政府要促进与社会合作，就应向社会和市场放权，建立权力的共享机制；政府要保障个体合法利益、增进社会共同利益，就应从整体角度建立利益整合机制；政府要提高资源合作效率，就应建立资源整合机制；政府要想有效化解矛盾，除了加强防范化解机制建设，还应重视价值整合机制建设。三是完善信息机制。加强信息整合机制建设，促进各主体间的信息沟通，实现信息的共享与协作；加强信息支撑机制建设，搜集数据建立信息系统，为社会协同提供支持。[1]

（4）公众参与原则

社会治理应该以公民为中心。推动公众广泛参与可从以下三个方面着手：一是规范公众参与。在法治国家中，公众行使参与权利要遵守法律规定，不能侵犯他人权利和公共利益。这既需要培养公民精神，提升公众的责任感和积极性，也需要健全参与制度，增强公众有序参与和理性参与的能力。二是创新参与方式。随着信息技术的广泛运用，公众可以利用网络参与治理；随着社会多元化及利益矛盾的增加，公众可以推进不同层次的协商民主。三是拓宽参与领域。要使公众参与成为切实的权利，就应拓宽公众的权利性参与空间。根据我国国情有序推进公众经济、政府、社会参与权利，在立法和决策中将公众参与确立下来。例如，在立法、司法、行政领域拓宽公众参与渠道和提升参与水平。

（5）法治保障原则

法治是治国理政的基石，是社会治理现代化的标志。提高依法治理能力可从以下五个方面着手：一是深化认识，自觉推进法治中国建设。全面推进科学立法、严格执法、公正司法、全面守法，坚持法治国家、法治政府、法治社会一体建设。二是确立法治思维，提高依法治理能力。各级干部要学会运用法治思维想问题、做决策、办事情，切实保护人民权利和保障人权，自觉接受法律监督并承担法律责任。三是健全法律体系。完善城市管理、风险评估、公共服务等领域的法律法规建设，形成较为完备的社会治理法律法规和规章制度体系。四是严格公正规范执法。要端正执法思想，规范执法行为，改进执法作风，强化执法监督，严防执法不文明现象。五是注重普法教育。增强全民信法、用法、守法意识，引导群众依法理性表达利益，依法维护自身合法权益。[2]

11.2.3.2 社会治理体制创新

社会治理创新的首要任务是推进社会治理体制创新。社会治理体制创新绝不是对现行基本制度的改弦易辙，而是在党的领导下完善和发展社会治理制度，充分发挥我国的基本制度优势。要想调动社会各主体积极性，最大限度发挥社会活力，提高社会治理科学化水平，维护最广大人民根本利益，推进国家治理体系和能力现代化，需要从以下四个方面着手[3]。

（1）创新社会治理理念

---

[1] 唐钧主编：《社会管理概论》，北京：中国人民大学出版社，2013年，第69—70页。

[2] 崔亚东：《创新社会治理体制，提高社会治理能力》，见魏礼群主编：《创新社会治理体制》，北京：北京师范大学出版社，2014年，第70—71页。

[3] 魏礼群：《积极推进社会治理体制创新》，见魏礼群主编：《创新社会治理体制》，北京：北京师范大学出版社，2014年，第6—10页。

理念是行动的先导，正确的治理理念是社会治理创新的基础。前面提到，传统社会治理理念的落后表现在政府习惯于对社会成员进行控制而非服务，"官本位"思想而非民生本位占主导地位。创新社会治理最重要的是坚持以人为本，树立"一切为了人民，为了人民的一切"理念。具体来说，创新社会治理理念应从以下三个方面着手：第一，实现政府本位向社会本位转变，以社会公众的需求作为治理目标，解决好群众反映的热点难点问题；第二，保障各阶层、各群体的社会权益，对下岗职工、进城务工农民等弱势群体应均等地保障其政治、经济、文化权益；第三，处理好维稳与维权的关系，将解决民生问题放在重要位置，把群众合理合法的利益诉求解决好，在协调社会矛盾时注重保障人民权益，抛弃"只重维稳，不重维权"的压制式行政方式。

（2）创新社会治理主体

治理主体是实施治理的能动力量。前面提到，政府一元化管理，既降低了治理效率、抑制了社会活力，又不符合社会治理规律，弱化了社会自我调节功能。要实现多元主体的协同共治，需要优化社会治理主体格局。在新的社会治理格局中，党委领导是根本，政府主导是关键，社会协同是依托，公众参与是基础。具体来说可从以下三个方面着手：第一，推进政府治理制度改革，清理和定位政府职能，解决好"管什么"和"如何管"问题，凡是社会能够自主解决的事务交由社会治理，发挥社会组织和公众处理公共事务的积极性；第二，培育和发展各类公民社会组织，促使其成为社会治理的合作力量，提高民众参与社会治理的意识和能力，保障民众参与国家事务的相应权利；第三，进一步优化社会治理主体格局，既发挥党委政府的领导作用，又鼓励和支持社会各方面参与，充分发挥各主体的应有功能，形成社会治理的整体合力。

（3）创新社会治理制度

社会治理制度的核心是法治。前面提到，我国社会治理的法治建设存在不少问题，有关社会治理的立法不完备，法治社会建设评估机制不健全，政府规范化、程序化治理能力不高。要破解这些问题，需要打破传统政府治理的封闭性，推进社会治理制度改革创新。具体来说可从以下三个方面着手：第一，加强社会建设和社会治理领域的基础制度设计和供给，加快完善与市场经济体制相适应的社会治理机制，稳步推进社会重点领域立法，着力建设法治社会指标体系；第二，实现从传统的命令式、运动式、动员式社会治理制度，向法治型、互动式、规范化社会治理制度转变，保证相关社会治理的决策和执行过程公开透明，保障相关政策的制定广泛集中民智、反映民意；第三，加强干部法治建设考核制度，提升领导干部执政为民意识，建设高素质法治专门队伍，创新法治人才培养机制，推进全民法治教育。

（4）创新社会治理方式

治理方式反映治理行为的特点和规律。前面提到，我国现行社会治理方式过于注重自上而下的单向管制和以行政命令为主的单一手段，导致社会机制运行不畅，时常引发社会矛盾和冲突。社会治理要讲辩证法，要做到刚柔相济、宽严适度，因此需要改进社会治理方式。具体来说可从以下五个方面着手：第一，坚持系统治理，实现政府治理、社会自我调节、居民自治的良性互动；第二，坚持依法治理，运用法治思维和方式化解社会矛盾，实现治理方式从行政管控向法治保障方向转变；第三，坚持综合治理，实现社会治理从单一的行政手段向综合法律、经济、教育等多种手段转变；第四，坚持民主治理，健全民主制度，丰富民主形式，拓展民主渠道，从各层次、各领域扩大公民的有序政治参与和社会参与；第五，坚持源头治理，预防为先，动态治理，实现治理环节前移，以网络化治理、社会化服务为导向，健全基层综合服务管理平台，及时反映和协调民众利益诉求。

11.2.3.3 社会治理机制创新

当前，我国虽处于战略机遇期，但也面临矛盾叠加、风险隐患增多等严峻挑战。我们既要适应新形势，深化对社会治理规律的认识，又要以理念思路、体制机制创新为动力，提高社会治理的现代化水平。在进行社会治理机制创新时，我们需要从以下四个方面着手。

（1）加强诉求表达机制建设

任何诉求表达都受既定的政治、经济、文化发展水平制约，诉求主体在特定时空条件下的利益表达并非全都合理。尤其是我国正处于社会主义初级阶段，各主体的利益表达诉求可能存在矛盾冲突。因此，政府应从思想、行为、能力等方面引导利益表达，以使政府的公共决策能公正地满足不同群体的利益。同时，政府既要充分利用原有利益表达渠道，又应紧跟时代开辟更多的诉求表达渠道，理顺利益表达不同渠道、不同环节的关系，以使不同的诉求主体能顺畅地表达利益诉求，尤其是要保障弱势群体的利益表达渠道。具体来说，既要充分发挥人民代表大会的利益表达功能和人民政治协商会议的诉求表达功能，又要充分发挥新闻媒体的作用，搭建和创新各类诉求表达平台。

（2）完善社会矛盾化解机制

当前，政府对社会矛盾认识不到位，多元化矛盾调解机制存在权力错位问题。完善社会矛盾化解机制应从以下两个方面着手：第一，更新对社会矛盾的认识。社会矛盾是社会结构的组成部分，我们应辩证地看待社会矛盾的正负面功能，在建立社会矛盾化解机制时体现包容心态，树立以人为本、互利共赢的理念，以善治思维积极回应社会矛盾，提高各种力量参与社会治理的主动性。第二，建立健全矛盾调处机制立法。为指导"大调解"建设及实践，我们应进一步完善相关法律法规。例如，确定各类矛盾的调解主体、调解资源保障和调解制度建设原则；协调好纠纷处理效率与当事人正当权益的关系，对"大调解"的受案范围做出更加明确的规定；解决"大调解"制度的经费问题，完善人员保障、执行、监督、衔接机制，制定相关人力、资金、放权政策以提升公民参与水平等。

（3）加强和改进政社合作机制

政社合作可以从宏观、中观、微观三个层面展开。其中，宏观层面的政社合作强调价值导向，主张国家权力回归社会，促进各类组织自由发展。中观层面的政社合作强调互动机制，具体包括：沟通协商机制，通过建立一个民主的协商平台使双方在相对平等的环境下协商合作；信息共享机制，通过完善信息披露机制，及时向各主体传递信息，增强合作治理的透明度；相互信任机制，通过完善个人信任和制度信任机制，促进政府与社会组织相互信任，从而吸引更多的社会组织参与合作；利益分配机制，通过建立相对公平、合理的收益分配机制，促进双方资源的有效转移和共享，增强合作的积极性与诚意。微观层面的政社合作强调行为选择。从政府的角度来看,首先,应为社会组织发展提供足够空间,增强相关法律的权威性和可操作性。其次,做好自身角色定位,使政府、私人企业、社会组织能在法律框架内互利合作。再次,建立协调统一的社会组织监督体制,通过引入第三方评估机制使政府从"管理者"转变为"裁判员"。最后,建立财政和政策体系保障社会组织发展,培养具有公民精神和公民能力的志愿性力量。从社会组织的角度来看,首先,应摆正自己的位置,既要反映民众的利益诉求,又要找到与政府利益的交叉点,主动处理好与政府的关系。其次,完善内部治理结构,强化自身能力建设,在社会生活中发挥积极作用,以获得政府、企业和公众的支持。再次,及时有效地表达民众利益诉求,成为公众和政府沟通的桥梁。最后,利用自身规模小、灵活性强的特点,在供给公共产品和公共服务方面发挥优势,降低公共治理成本。

(4) 创新社区参与机制

居民参与是社区建设的内在动力和实现社区和谐的有效途径。要提高居民参与的积极性和主动性,需要从以下两个方面着手:第一,培养社区居民的参与意识。加强社区公共产品和公共服务供给建设,通过有效供给增强居民的社区满意度;加快信息平台建设,增加居民对社区的了解;组织和动员社区居民开展公共活动,为其提供交流平台和参与社区治理的机会。第二,创新社区居民的参与渠道。经济发展带来居民诉求的多元化,原有参与渠道越发不适应居民需要。因此,应该在原有参与渠道的基础上因地制宜地创新参与渠道,并推动其实现制度化、规范化,如开展各种形式的论坛、建立公共事务协调会、建立全民公决制度、建立人大代表工作站等。

党的十八届三中全会指出要重点培育和优先发展城乡社区服务类社会组织。社会组织在社区治理方面具有巨大作用。例如,社会组织既可以筹集善款、吸纳各种社会捐赠,又可以发动志愿者参与到公益活动中,这些资源是政府难以有效组织的。发挥社会组织在扩大群众参与、反映群众需求方面的作用对于增强社区自治具有积极意义。但是,我国现行社会组织培育政策如财政支持、税收优惠等较为落后。在当前条件下,政府可以通过完善社会组织购买服务的方式推动社会组织参与到社区建设中。

本章小结

本章主要从社会治理的概念、内容及特征、我国社会治理体制的变迁及问题、社会治理机制的结构及问题现状、社会治理创新的目标与原则、体制机制创新的路径等方面,进行了详细梳理。

长期以来,西方国家学者对治理、公共治理等概念多有论述,但从来没有明确提出过社会治理的概念。对社会治理概念的首次阐叙来自党的十八届三中全会。在我国,学界对"管理"和"治理"的含义没有进行科学区分,对社会治理的内涵也存在多种观点。比较起来,社会管理更加重视政府的权威和作用,社会治理则偏重国家与社会的合作关系,社会建设的重点是民生建设,社会建设是社会管理的前提条件。社会治理具有"过程""调和""多元""互动"四个特征。社会治理是社会管理的升级版,基本内容包括:社会政策、公民权利保障、基本公共服务、社会组织管理、流动人口管理、基层社会治理、社会安全管理、社会风险预警。

自1949年以来,我国社会治理体制变迁大致可分为三个阶段:一元化社会管理阶段、社会管理过渡阶段、社会治理体制快速形成阶段。不同阶段社会治理目标、主体、范围、方式、绩效等均有所差异。自2002年我国社会治理体制改革被提上日程,社会治理体制改革取得了一系列成绩,各地创新社会治理积累了丰富的经验。但是,我国社会治理体制还存在不少问题,具体表现为治理理念陈旧、治理主体混乱、治理制度不健全、治理方式落后。社会治理机制问题表现为利益表达机制有局限、矛盾化解机制待完善、政社合作机制有问题、社区自治机制不完善。社会治理创新的目标是明确各治理主体的责任与职能,改进各治理主体的合作机制,提升各治理主体能力,构建兼具和谐与活力的治理系统。社会治理创新应坚持的原则是党委领导、政府负责、公众参与、社会协同、法治保障。社会治理体制创新应从创新社会治理理念、创新社会治理主体、创新社会治理制度、创新社会治理方式四个方面加强。社会治理机制创新应从加强诉求表达机制建设、完善社会矛盾化解机制、加强和改进政社合作机制、创新社区参与机制四个方面着手。

复习题

1. 什么是社会治理?
2. 社会治理有哪些特征?
3. 中国语境下的社会治理包括哪些内容?

第4篇

公共部门资源管理

第 12 章 公共部门人力资源管理

> **名人名言**
>
> 用人不在于如何减少人的短处，而在于如何发挥人的长处。
>
> ——彼得·德鲁克

> **学习目标**
>
> 1. 理解公共部门人力资源管理概念。
> 2. 了解公共部门人力资源管理的主要内容。
> 3. 比较中西方公务员制度的异同。
> 4. 理解中国特色人力资源的建设路径。

人力资源是指在一定范围内能够作为生产性要素投入社会经济活动的全部劳动人口总和。在所有的公共部门资源中，人力资源是一种极其特殊的资源，被称为"第一资源"，是公共部门发展的根本保障。公共部门人力资源是影响甚至决定整个公共管理高效运作的关键因素。

12.1 公共部门人力资源管理概念与特征

公共部门人力资源管理是从人力资源管理中延伸出来的概念。现代人力资源管理主要是指对人力这一特殊的资源进行有效开发、合理利用和科学管理。在管理理念上，它强调以"人"为中心，要求组织管理围绕"人"转。管理的根本目的在于通过与员工的沟通及对员工的引导和激励来提高员工对组织的满意度，激发员工动力和潜能，从而提高组织绩效，实现组织发展目标，维护并发展公共利益。在对待员工的态度上，现代人力资源管理强调人力资源使用与开发并重，重视激发员工潜能和促进员工发展，强调参与式管理，尊重人、爱惜人、发展人。在管理的基本职能和重点上，现代人力资源管理重点集中在员工潜能开发、人力资源有效配置和利用、员工成长和发展以及人际关系管理等方面。

12.1.1 公共部门人力资源管理概念

关于公共部门人力资源管理的概念，目前学术界仍然存在不同的观点。一些学者认为，公共部门人力资源管理就是将人力资源管理的理念与方法在公共部门的人事管理中加以运用。还有一些学者认为，公共部门人力资源管理是指对整个国家范围内的人力资源，包括企业组织人力资源、政府组织人力资源以及第三部门人力资源进行宏观调控。

本书认为，公共部门人力资源管理包括宏观和微观两部分。宏观概念下是指公共部门对社会人力资源供求状况进行统计、预测、规划，制定人力资源管理的基本制度、政策、管理权限和管理标准，维护公共部门人力资源管理的基本秩序。微观概念下是指以国家行政组织单位人力资源为主要分析对象，从公共部门自身目标和发展角度出发，依据法律规定，对其所属的人力资源进行规划、录用、培训、开发、保障等管理活动及其过程的总和。

12.1.2 公共部门人力资源管理特性

公共部门人力资源管理作为整个社会人力资源管理的一个子系统，与其他人力资源管理有着相同的地方，但作为一个区别于其他子系统的独立系统，也有其独特的个性。概括地讲，我们可以把公共部门人力资源管理的特性分为以下五个方面。

12.1.2.1 主体的权威性

依据主体的不同类别，公共部门人力资源管理系统可划分为组织人力资源管理、政府人力资源管理和第三部门人力资源管理。公共部门人力资源管理与一般组织人力资源管理的不同之处在于其管理主体的不同，即多为政府类的公共组织。与其他社会组织相比，公共部门是拥有一定公共权力的机构、组织，同时还具有较高的地位和权威，正是其主体的这种权威性，使得公共部门人力资源管理也具有权威性的特点。

12.1.2.2 目的的公益性

公共部门人力资源管理的最终目的是发挥人力资源的最大创造性价值，为社会带来最大的经济社会利益。但由于主体的不同，导致公共部门人力资源管理目的的不同。公共部门人力资源管理是通过提高公共部门人力资源质量、实现人力资源价值最大化来实现公共利益或社会福利的最大化。由于公共部门人力资源是一种公共资源，加之公共部门的权力是公民所赋予的，因此，公共部门人力资源管理行为必须奉行全体公民利益至上的原则，并以追求公共利益最大化为其基本价值取向和最终目标。

12.1.2.3 体系的复杂性

公共部门是一个横向部门分化、纵向层级节制的庞大的组织机构体系，它是按照完整统一的组织原则建立起来的，它意味着组织必须保持目标统一、领导指挥统一和机构设置统一。因此，合理划分中央和地方的人事管理权限、建立完整统一的人事管理制度构成了一项复杂的系统工程，而这必将带来公共部门人力资源管理的复杂性。

12.1.2.4 运行的法治性

依法治国的关键是依法行政，作为对依法行政的主体——公务员和其他行政工作人员进行管理的公共部门人力资源管理也是依照法律进行的。一方面，公共部门人力资源管理机构的设立是在法律规定的范围内开展的；另一方面，公共部门人力资源管理活动是依照法律规定进行的，如人力资源的规划、录用、开发等都是按照《国家公务员暂行条例》和其他相关法律法规进行的。由此可以看出，公共部门人力资源管理是在各种法律法规的规定之下所开展的。

12.1.2.5 测评的德才兼备性

公共部门的自身特征决定了其在选人、育人和用人方面均比较注重人员的政治觉悟、思想品德和才干，因为这些因素关系着公共部门能否切实代表全体公民的利益，代表公共部门的社会形象及其权威性。

12.2 公共部门人力资源管理主要内容

公共部门人力资源管理有着不同于其他组织人力资源管理的内容。美国学者罗纳德·克林格勒和约翰·纳尔班迪将公共部门人力资源管理的职能和内容概括为以下四个方面：一是人力资源规划，主要指人力资源管理的计划，包括工作分析、职位分类、工资薪酬准备等；二是人力资源获取，主要指招募、录用雇员等；三是人力资源开发，主要指为提高知识、技能与能力，对雇员进行培训、评估等；四是纪律与惩戒，主要指确立雇员与雇主之间的权利义务关系、各种惩罚规定以及雇员申诉的途径等。[①] 结合实际情况，我国公共部门人力资源管理的内容可以概括为：人力资源的规划，包括工作分析、职位分类等；人力资源的获取，主要指对公务员进行录用和配置；人力资源的维持与开发，人力资源维持包括对公务员工资、薪酬等各方面的保证，人力资源开发主要指通过绩效管理对公务员进行培训，提高公务员的素质，进一步发挥其自身潜能。

12.2.1 公共部门人力资源规划

公共部门人力资源规划是指公共部门根据一定时期内的战略目标，确定组织对人力资源的需求情况，并保证在恰当的时间内和岗位上拥有足够的合格人员。公共部门人力资源规划的实质是公共部门在既定发展方向和目标下进行的人力资源计划管理，解决做什么、如何做、人力配备状况、任务进行的时间地点、采取什么样的方法来满足人力资源需求等问题。公共部门人力资源规划的特点包括以下两点：

其一，公共部门人力资源规划是以一定时期内公共部门的战略目标为基础的。人力资源管理活动是服务于组织战略目标的，如果人力资源规划背离了公共部门的战略目

[①] [美]罗纳德·克林格勒、约翰·纳尔班迪著，孙柏瑛等译：《公共部门人力资源管理：系统与战略》，北京：中国人民大学出版社，2001年，第5页。

标,偏离了组织的发展方向,公共部门的人力资源管理活动不仅将失去其应有的价值,也会影响到组织战略目标的如期实现。

其二,公共部门人力资源规划是一个系统的综合平衡过程。一般来说,公共部门人力资源规划要解决好人力资源规划子系统本身的综合平衡、人力资源规划与公共部门组织内部其他规划系统的综合平衡、人力资源规划与组织外部环境的综合平衡三种平衡。

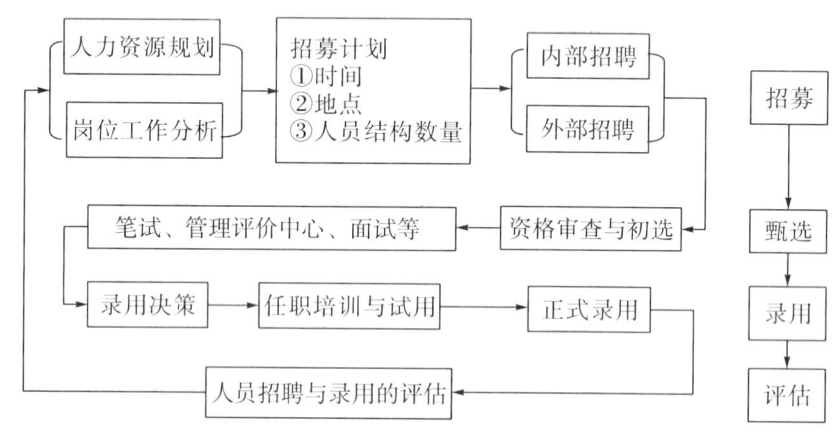

12.2.2 公共部门人力资源招聘

公共部门人力资源招聘是指公共部门在人力资源规划的基础上,依靠人力资源供需信息,通过一定渠道和手段吸引并获取求职者补充组织空缺职位的活动和过程。

12.2.2.1 公共部门人力资源招聘流程

公共部门人力资源招聘流程由招募、甄选、录用和评估四个步骤构成,它们紧密衔接、环环相扣,共同构成一个复杂、全面而连续的系统化人力资源获取流程(见图12—1)。[①]

图 12—1 公共部门人力资源招聘流程

12.2.2.2 公共部门人力资源招聘原则

为保证公共部门人力资源招聘工作的质量,在招聘过程中,必须遵循以下原则。

(1) 能岗匹配原则

能岗匹配原则是指人的能力与岗位所要求的能力完全匹配,二者的对应可以使人的能力发挥得最好,岗位的工作任务也能完成得最好。这是任何组织在人力资源招聘过程中都必须遵循的黄金原则。

(2) 因事择人原则

因事择人原则要求以公共部门的战略规划和人力资源规划为依据,根据职位的空缺状况和工作说明书开展招聘和录用工作,只有这样才能真正实现"人适其事,事得其人",使人与事科学地结合起来。

[①] 李和中:《公共部门人力资源学》,武汉:武汉大学出版社,2008年,第203页。

(3) 德才兼备原则

公共部门工作是以公共权力为基础提供公共产品和公共服务，并以公共利益的增长为其终极目标。因此，公共部门人才录用的素质要求更加全面，需要充分考查求职者的政治素质、个人品德、知识能力等各方面，以确保符合德才兼备的标准。

(4) 公平竞争原则

公平竞争原则要求公共部门人力资源招聘工作的程序、规则、测评手段和方法对所有的求职者一视同仁，运用统一的客观标准衡量所有的求职者。在实际工作中，公平竞争原则重在强调运用科学、客观的测评手段和方法通过竞争方式招聘人才。

(5) 信息公开原则

信息公开原则要求在招聘公职人员的过程中，所有与招募、甄选、录用活动相关的信息都应向全部求职者公布和公开，这是确保公职人员招聘程序公平和结果公平的前提和基础，有助于营造一个公平竞争的人才招聘环境。

(6) 合法原则

在人力资源获取活动中，一切与国家法律法规和政策相抵触的行为都是无效的，都必定要受到法律的制裁。合法原则要求公共部门人力资源招聘工作必须遵守国家的法律法规，如《公务员法》和《劳动法》等。

12.2.2.3　公共部门人力资源招聘渠道

公共部门可以从多种途径招聘符合要求的人力资源，其招聘渠道通常可分为内部招聘与外部招聘。

(1) 内部招聘

公开招聘，即在本组织范围内，面向组织内部的全体人员进行的招聘。公开招聘通过发布招聘广告，告知现有职位空缺的信息和要求，凡有意并符合条件的内部员工都可以参加甄选。

交流调配，即从内部的其他部门选择合适的人员安排到需要的岗位上，具体措施包括工作调任、转任、轮换和挂职锻炼等。交流调配既可以为员工积累多方面的经验，为晋升创造条件，也可以减少员工因长期从事某项工作而带来的枯燥感。

内部晋升，即将公共部门内符合条件的低级岗位人员提升到更高一级的岗位。一般来说，内部晋升最终是由上级主管部门决定，其遵循的原则是唯才是举，有利于调动组织成员的积极性。

(2) 外部招聘

广告招聘。通过广播、电视、互联网等媒体以广告形式向社会公开招聘人才是目前运用最为广泛的人员招聘方式。广告招聘的特点是信息传播范围广、速度快，吸引的求职者数量多、层次多，选择余地大。

校园招聘。校园招聘是公共部门为短期内招聘到一大批受过一定训练、素质较好的员工而普遍采用的一种方法。最常用的校园招聘方法是一年一度的人才交流会或一些组织专门针对毕业生举办的招聘会等。

职业中介机构。职业中介机构负责提供供求双方的信息，既为用人单位筛选候选人，也为求职者选择用人单位，同时面向供求双方收取一定的中介费用。通过这种方式，双方都能得到专业咨询和帮助，有利于提高招募甄选的成功率。

网络招聘。网络招聘具有成本低、不受时空限制、方便快捷、时效性强等优点。随着我国公共部门信息化程度的日益提高和互联网使用率的迅猛增长，网络招聘已成为我国公共部门人力资源招聘的一种重要方式。

熟人推荐，即通过组织内相关人员推荐人选。熟人推荐是公共部门人力资源招聘的重要形式，其优点在于相关人员对候选人情况比较了解，可节约招聘成本和时间。但容易造成任人唯亲、小团体主义等现象。

12.2.2.4 公共部门人力资源招聘方法

考试与测验是获取应聘者素质与行为能力信息的重要手段。公共部门人力资源招聘方法多种多样，比较有代表性的包括笔试、面试、心理测试、行为模拟测试、工作抽样等方法。

（1）笔试

笔试是通过应征者在试卷上笔答事先拟好的试题，然后依据解答的正确程度或成绩进行测评的方法。这种方法通常可以反映报考人的基本知识、专业知识、管理知识和其他相关知识水平，考查其综合分析能力、文字表达能力等素质能力，例如一年一度的国家公务员考试。

（2）面试

面试是通过主试与被试双方面对面的观察和交流，科学测评被试的基本素质、工作动机、发展潜力和实际技能以及与拟录用职位匹配性的一种测评方法。依据面试方式的不同，可分为结构型面试、非结构型面试、压力面试、集体面试、模式化行为描述面试。结构型面试是指在面试之前，主考官拟订好一系列的问题和各种可能的答案，在面试过程中，主考官严格按照框架对每个被试分别提出相同的问题，同时记录对方的回答。非结构型面试，即主考官事先无需做太多准备，没有固定格式，没有统一评分标准，主考官可以任意地与应试者讨论一些开放式的话题，由应试者控制和掌握方向，考官从应试者的言谈举止获得对应试者素质和与职位匹配性的评判。压力面试，即主考官提出一系列直率的甚至是不礼貌的问题，使应试者处于压力之下，通过观察应试者此时的行为反应，评判应试者的知识水平、压力承受力、应变能力和创造力。集体面试。在集体面试过程中，多个面试考官对若干应试者同时进行面试，每位考官从不同的角度提出一个或几个问题，引导应试者进行讨论或辩论，考官通过对应试者表现的观察，考查其表达能力、组织领导能力、解决问题能力等。模式化行为描述面试，即主试者给予应试者一个既定的情景，针对应试者过去工作中所发生的对应试者印象较为深刻的事件进行询问，考官依据其回答归纳出其行为模式，并与空缺职位所期望的模式进行比较，从而得出评价结果。

（3）心理测试

心理测试是管理者依据心理学和行为科学方法，通过观察应试者在测试中少数有代表性的关键行为，运用数量化的分析来推断应试者心理活动的过程。心理测试的方法有许多，最主要的是能力测试和人格测试。能力测试分为一般能力测试和特殊能力测试：一般能力测试即智力测试，主要测试应试者的观察能力、思维能力、想象能力、分析能力等多种能力；特殊能力测试是指采用一些专门技术对已具备工作经验或受过有关训练的人员在某些岗位上工作的熟练程度、成就水平或从事某项职业的特殊潜能进行测试。人格测试主要考查应试者的工作动机、兴趣、态度、价值观、心理稳定程度等，从而保证选拔出契合职位、具有较好能力素质和心理素质的优秀人才。目前，人格测试方法主要有投射法和自陈式问卷调查法。其中，投射法是让应试者在完全不受限制的情况下给予某些意义不明确的刺激物，如图片、笔迹等，让其在不知不觉中表露自己潜意识中的需求、动机和欲望等。

（4）行为模拟测试

行为模拟测试法又称情景模拟法，是指通过在某种情景下应试者所表现出的与职位要求相关的行为方式，判断其是否适合空缺职位的一种综合测试方法。行为模拟测试法通常包括公文处理、无领导小组讨论、角色扮演等。

12.2.3 公共部门人力资源培训

公共部门人力资源培训是在一定时期、一定生产力条件下，针对弥补地方公共部门工作人员专业知识、技能的不足以及传播政治文化理念、推广某项技术技能、传达某种信息等目的所开展的活动。

12.2.3.1 公共部门人力资源培训类型

根据受训者是否在职或在岗以及受训发生时间，可将公共部门人力资源培训划分为岗前培训、在职培训、离职培训。

岗前培训又称上岗引导，是指在员工就任某一岗位或职务前，结合其即将就任的岗位或职务要求所进行的有关文化、价值观以及岗位任务和规范要求等方面的教育和训练。岗前培训通常按照两个层次进行：第一阶段是组织层次的岗前培训或组织上岗引导，主要向员工介绍公共部门工作的一般特点和所在地的有关情况，例如政策制度和服务流程、办事程序、安全和事故预防、员工关系及纪律、奖惩制度、薪酬待遇等内容；第二个阶段是部门和岗位层次的上岗引导，主要向员工介绍拟任职部门和岗位情况，包括部门情况、工作职责、任务、规章制度，也可能涉及部门参观及员工相互介绍等内容。总之，岗前培训的任务主要在文化培训、业务培训两个方面，让新员工了解公共部门的传统、目标、宗旨、文化、工作作风、职业道德、所在岗位的工作流程以及与日常工作相关的知识技能要求。

在职培训主要针对在职人员，通常包括在岗培训、在职转岗培训、在职离岗培训、工作轮换等。在岗培训是指基于业务拓展和提高工作绩效的需要，针对正在任职某一岗位的人员所进行的培训活动。在职转岗培训是针对就任某一新岗位前的在职人员实施的培训活动。工作轮换是指公共部门人员在组织内部相同或相似的部门、职位、职务间转换任职的活动。

离职培训又称脱岗培训，是指公共部门人员为了适应新岗位或新职务需要，脱离原组织，到学校和专门培训机构接受教育和培训的一种人力资源开发活动。

12.2.3.2 公共部门绩效管理

(1) 公共部门绩效管理概念

绩效是指组织、部门或员工控制下的与工作目标相关的行为及其产出,包括工作结果与影响工作结果的行为、技能和素质等。[①] 绩效通常会受到组织激励、个人努力、能力和角色理解力等多方面因素的影响,这是绩效多因性的表现。通常来说,公共部门绩效包括三个层面的含义:一是从宏观层面来界定,公共部门绩效是指基于公共组织层面总体的决策能力、政策制定和执行能力以及其在对经济和社会运行的实际掌控和操作过程中所表现出来的效率和效果,即公共部门的社会绩效;二是从中观层面来理解,公共部门绩效是指公共部门在决策、政策制定和执行以及在组织管理、经营中所表现出来的效率和效果,即公共部门的组织绩效;三是从微观层面来释义,公共部门绩效是指公共部门中某一具体员工在既定岗位或工作中的实际表现,即公共部门的人员绩效。一般来说,社会绩效和组织绩效是建立在个体绩效之上的,是通过人员绩效实现的,离开人员绩效,也就无所谓社会绩效和组织绩效。因而,针对人员绩效进行全面的绩效管理显得尤为重要。

(2) 公共部门绩效管理流程

公共部门绩效管理流程一般包括绩效计划制订、绩效实施与监控、绩效考核与评估、绩效反馈与面谈、绩效改进与辅导、绩效结果应用。从绩效管理流程来看,绩效管理本质上是一个不断循环的系统,只有当绩效管理循环是一个封闭的环时,它才是可靠和可控的,才是公共部门绩效不断提升和改善的保证(见图12-2)。

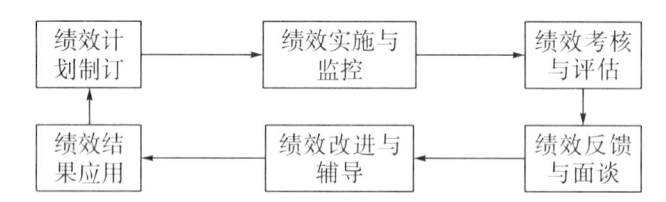

图 12-2 公共部门绩效管理流程循环系统

绩效计划制订是绩效管理的第一个环节,也是绩效管理过程的起点。组织战略目标要得以落实,首先就必须将它分解为具体的任务并落实到各个岗位上。其次,再对各个岗位进行相应的工作分析和人员资格条件分析。最后,管理人员还需要与下属一起根据各岗位的工作目标和职责,对绩效计划周期内的员工工作任务、要求以及权责等进行讨论,并确立相应的绩效目标和绩效实施计划。

在绩效管理实施过程中,管理人员的主要责任包括:一是做好监控工作;二是与员工进行持续沟通,了解员工在绩效计划实施过程中遇到的问题;三是做好绩效辅导工作;四是着手绩效信息的收集。

12.2.3.3 公共部门薪酬管理

薪酬的表现形式包括直接薪酬和间接薪酬。直接薪酬是指与劳动者付出的有效劳动

[①] 林新奇:《绩效管理》,沈阳:东北财经大学出版社,2013年,第145页。

的质和量及其给组织带来的收益直接相关联的货币和非货币性酬劳，如工资、奖金、津贴、补贴。间接薪酬则指与劳动者付出的劳动及其给组织带来的收益不直接关联的货币和非货币性酬劳，如福利、保险、法律保障等。

公共部门薪酬管理是指公共部门根据自身的发展战略和目标，依据国家政策与法律，综合各方面因素确定薪酬策略并付诸实施的过程（见图12-3）。薪酬管理与组织发展是相辅相成的，其主要目的是在保障员工基本生活的同时充分激励、发挥员工的能力，以实现组织的发展目标。

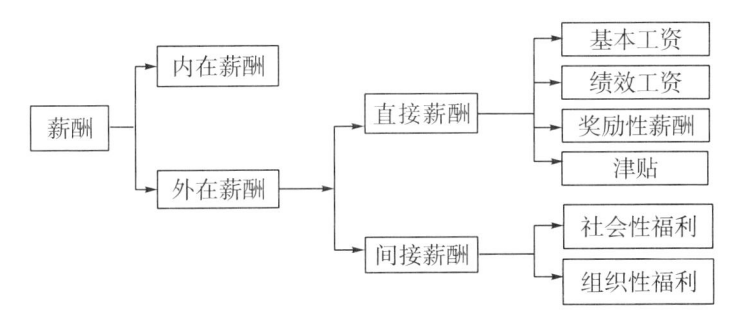

图12-3 公共部门薪酬体系结构

12.3 西方公共部门的公务员

虽然西方国家在公务员的概念内涵与外延问题上并没有完全达成共识，但西方国家在公务员的基本概念、分类等问题上还是有着较多的共性。

12.3.1 西方公务员的概念

西方语境下的公务员叫作"civil servant"或"civil service"，一般译作"文官"，最早于18世纪在英国出现，用来表示那些有别于东印度公司军事人员的文职人员。19世纪中后期，随着英国文官制度的建立，这个术语被用来称呼那些不与政党共进退、经过公开考试录用、无违法与重大过失即可长期任职的政府公职人员。据《布莱克维尔政治学百科全书》的说法，在20世纪的英国，"civil servant"代表除军队系统之外的全体领薪水的人员，其职能是执行由中央政府所制定和批准的政策。现代英国将公务员定义为中央政府系统中非选举产生和非政治任命的公职人员，即在常务次官以下、通过公开考试择优录用、不与内阁共进退、没有过失可以长期任职的文职人员。由于英国是最早建立公务员制度的国家，所以受其影响的国家和地区有很多，如印度、巴基斯坦、澳大利亚、新西兰、加纳、肯尼亚、南非等。与英国不同，美国选制与政治任命官员也属于公务员范围，但不受公务员法的管理。美国国家机关的工作人员都属于公务员，包括立法机关、行政机关和司法机关的工作人员，其中，行政机关的公务员占绝大多数。德国、菲律宾、泰国、韩国等国家的公务员范围与美国类似。法国公务员由在公共法人机构供职领薪并受公务员法制约的全体公务人员构成。从总体上讲，在法国，从中央到地方行政机关的公职人员，各级立法机关、审判机关、检察机关、国立学校及医院、国有企业等部门的所有正式工作人员，均统称为公务员。法国选任制与政治任命官员也属于公务员范围，但不受公务员法的管理。原法国的一些属国、属地，其公务员制度多仿效法国，如摩洛哥、突尼斯、几内亚、黎巴嫩等。

12.3.2 西方公务员的分类

虽然各国公务员的范围有所不同，但是它们普遍遵循了确定公务员范围的一般原理，即政治与行政两分法。根据这一基本原则，各国公务员都可定义为通过一定程序任职于国家机关、以国家和国民为服务对象执行国家公务、享有的权利与工资待遇由国家规定和提供的人员。外延范围的公务员主要分为三类：一是狭义上的公务员，主要指非选举产生或政治任命的常任文职人员，即事务官或常任文官，该类定义主要以英国为代表，英联邦国家大多属于此类；二是广义上的公务员，包括从中央到地方的行政、立法、司法机关以及国有企事业单位中的工作人员和军人，该类定义主要以法国为代表；三是介于狭义和广义之间，把政府行政机关中的所有工作人员统称为公务员，既包括事务官，又包括政务官，该类定义主要以美国为代表。由此可见，宏观意义上公务员的外延包括国家机关、地方机关和其他公共组织中的全部工作人员，而微观意义上公务员的外延仅包括中央政府行政机关中除政务官以外的工作人员，即适用于公务员法的事务官，这也是公务员的典型范围。

12.3.3 西方公务员制度的发展历史

西方公务员制度的产生与发展是与资产阶级革命紧密联系在一起的，是资本主义社会政治、经济、社会发展的必然产物。西方公务员制度的产生有着深刻的历史背景。首先，工业革命完成后，由于生产力解放以及生产社会化扩大了政府社会管理的内容，因此需要建立一个廉洁高效的政府，这必然要求对旧的人事制度进行改革，建立起一支高效的职业化公务员队伍，这是西方公务员制度产生的社会经济基础。其次，19世纪后，随着资本主义国家选举制度、政党政治的确立，在政府人事领域形成了官职分赃制度，即把官职当作党派执政获胜的战利品进行党内分赃。这造成了结构性腐败、周期性的人事"大地震"以及公职队伍人才的严重匮乏，导致政府低效和不稳定，严重破坏了社会、政治的秩序与稳定，因此需要公职人员实现专业化常任制，这是西方公务员制度产生的社会政治根源。最后，资产阶级大革命中提出的天赋人权、人人生而平等的思想，为公务员制度的创立提供了主要的理论依据。民主主义思潮为公民争取平等的政府任职机会创造了良好的文化气氛，进而为公务员制度的产生和发展提供了适宜的政治文化背景。

国内外不少学者将1854年诺斯科特和杜维廉发表的《关于建立英国常任文官制度的报告》视为英国文官制度的诞生标志。按照这个观点，那么西方公务员制度已经历了近160多年的历史演变过程。在这个演变过程中，西方公务员制度不断变革，不断向世界范围内传播，其演变过程可以分为以下四个阶段。

第一阶段是从19世纪末到20世纪初，是公务员（文官）制度形成时期。在这一时期，西方资本主义国家公务员制度相继形成。公务员制度最早形成于英国。1853年，英国议会为了对东印度公司进行改革，派麦考莱组织调查，最后借鉴中国科举制，提出了《麦考莱调查报告》，提倡通才教育、择优取仕。1854年，财政大臣授权诺斯科特和杜维廉调查英国人事制度并提出改革意见，最终形成《关于建立英国常任文官制度的报告》，并建议将政府文官分为政务官和事务官两类，分途而治。事务文官通过公开考试，择优录用，并以工作成绩和勤奋程度作为晋升的依据。上述报告奠定了现代西方公务员制度的理论基础，直接推动了1870年英国公务员制度的最终形成。在此背景下，19世纪80年代的美国和20世纪初的法国等先后效仿英国，建立了职业化的公务员队伍，形成了各具特色的公务员制度。

第二阶段是从20世纪30年代至70年代，是公务员制度完善、发展，并在世界范围内广泛传播和建立的时期。西方公务员制度建立的标志有二：一是常任的职业公务员制的建立，即政务官与事务官两官分途，以此保证了政府运作的稳定性和有效性；二是公开考试、择优录用制度的建立，将公平竞争机制引入了政府人事管理中，以吸纳精英到政府工作。到了20世纪60年代，西方各国都普遍建立起比较完善的文官制度（公务员制度）。西方文官制度，尤其是英美的文官制度具有明显的韦伯"官僚制"特征，即通过竞争性考试录用、职位永久性、职业化或专职工作、按职位付酬和等级制等确保公务员队伍的专业化和稳定性。

第三阶段开始于20世纪80年代，随着亚非拉民族解放运动的兴起，许多发展中国家都从殖民地转变为民族独立国家。伴随着民主潮流，众多发展中国家受到西方国家公务员制度理论与实践的影响，开始学习西方公务员制度，在借鉴的基础上建立本国政府的公务员制度，从而使得西方公务员制度得到广泛传播。由于国情不同，这些发展中国家的公务员制度在自身的形成和发展过程中都体现出一定的特殊性、差异性。与此同时，西方公务员制度也出现了多次演进与变革。一方面，公务员系统随着政府职能的扩大以及机构规模的膨胀而膨胀，公务员队伍逐渐扩大，人数日益增多，公务员系统的功能也趋于复杂化。另一方面，西方国家公务员分类管理模式日渐趋同。公务员分类模式主要有以英国为代表的品位分类模式和以美国为代表的职位分类模式，但在发展过程中，两类模式出现相互糅合、趋同的现象。如英国在1968年和1971年的改革中，开通了低级文官的晋升途径，打破了封闭性结构，按专业调整文官的职组，显示出向职位分类改革的方向；而美国则于1978年的改革中，建立了高级文官制度，此类文官实行"级随人走"，不受职位分类限制，打破了职位分类的传统。

第四个阶段是从20世纪90年代开始并持续至今。随着全球化、信息化时代的来临，西方公务员制度进入了剧烈变革时期。由于变革涉及面之广，力度之大，前所未有，以致很多学者称之为西方公务员制度的全面变革或转型。美国学者温森特·怀特对西方公务员制度改革评价到："行政改革已使公务员体制的结构、运作和精神特质深受影响，其结果是根本动摇了传统行政模式的某些主要特点。"[①]

[①] 国家行政学院国际合作交流部编译：《西方国家行政改革述评》，北京：国家行政学院出版社，1998年，第245—246页。

12.3.4 当代西方公务员制度的改革内容

在西方各国公务员制度变革过程中,虽然改革的模式多种多样、侧重的内容各有不同、采用的管理方法与技术手段各有差别,但改革的主要方向都是对传统公务员制度的变革,使其适应现状,具体体现为以下三个方面。

12.3.4.1 引入新公共管理理念

强调公务员的"顾客导向"理念。新公共管理把公众视为向政府提供税收的纳税人和享受政府服务作为回报的顾客。于是,公众从被管理的对象一跃成为公务员的"上帝",政府只不过是公众的代理人。这就要求公务员转变管理观念为服务观念,破除官僚作风,认真听取顾客意见,确定明确的服务标准,向顾客做出承诺并赋予顾客自主选择的权利,提高公共服务的质量与效率。

尊重人、发展人,采用人本主义理念。与传统公务员制度以事为中心、将人看作完成组织目标的工具截然不同,人本主义理念认为,人是组织最重要的财富和资源,对人的投资收益最大;"人"取代"工作"成为管理的核心;以更加积极的态度看待人性,管理的出发点从对人的控制转向与人协调和合作。将这些观念运用到政府人事管理中,其结果是传统公务员制度几乎每一个方面都发生了重大变化。

引入市场化竞争机制。市场化机制要求公务员队伍规模要讲究交易成本,即内部协调管理成本不要过于远离市场交易成本。公务员制度的市场化改革将"买卖"与"合同"等市场竞争机制引入公共部门中,通过公共部门内外的竞争提高了公共服务的效率与质量。

民主化理念。现代公共管理的趋势是由官僚行政走向民主行政,而民主行政的特点就是试图通过广泛地授权于基层公务员,鼓励其参与来克服官僚行政的异化现象。广泛授权、鼓励参与,实际上是给基层公务员一定的自主空间,以最大程度地发挥公务员的个人潜能,对瞬息万变的环境和多种多样的公众要求做出及时的、有针对性的回应。与此同时,要通过目标框架和绩效结果来规范其权力行使和强化其公共责任。

规范的绩效管理。绩效管理的本质就是进行成本—收益的核算或者说依靠价格机制自发调节供需平衡。而使价格机制发挥作用的前提是对"交易"对象即公务员的工作能力和实际成绩进行比较准确的考评,以便为政府开出的价码提供重要依据。因此,绩效考评成为至关重要的行政管理环节。

通过引入新公共管理理念,大大破除了传统观念对人们的束缚,为改革创造了良好的思想氛围。

12.3.4.2 变革职务常任制

职务常任制是传统公务员制度的一个基本特征。公务员的永久性职业地位曾是基于保持政府廉洁、稳定的需要,也是公务员职业化的需要。但时至今日,职务常任制也造成了政府组织和公务员队伍的封闭、僵化、缺乏活力。因此,越来越多的西方国家开始改革职务常任制,签订短期或临时合同的公职人员数量日益增长。公务员职务常任制的终结和职业性的淡化,已经对公务员队伍造成了巨大的影响。这项改革主要包括以下内容。

首先，推行合同制。当前，合同雇佣制已成为西方国家政府部门用人的常见方式。英国政府要求所有公务员与政府签订目标管理合同书，国家公务员不再是终身制；在美国，联邦政府中的高级文官系列（SES）和很多地方政府的公务员都按照绩效合同来进行管理，同时，对临时合同制雇员的雇佣也大幅增加；在澳大利亚，政府将合同制雇佣作为改革的主要内容。

其次，增加大量的非永久性职位。依工作需要聘用临时性、季节性或兼职雇员，以缓解财政危机，节省政府开支，使公务员对环境更富有回应性。同时，进一步完善公务员退出机制。美国采取了一些新颖有效的公务员出口更新方法。例如赎买性解雇，其做法是一次性付给被解雇者 1 万至 3 万不等的补偿金，从而避开烦琐、复杂的解雇程序，这是对被解雇者采取的一种带有激励性质的解雇政策。

最后，打破公务员封闭性架构，出现非职业化倾向。当代公务员制度改革是在强调引入市场机制和工商管理技术的管理主义理念指导下进行的。该理念认为政府的管理与私营组织的管理在本质上是相同的。因此强调公共部门与企业部门管理者之间的交流，也就是说将许多政府部门中的高级管理职位向公务员体系之外的私营部门管理者开放，允许其参与职位竞争，努力引进企业管理人才。例如，在英国，许多公共部门尤其是政府组织（如执行机构）中的高级职位已向企业管理者开放；在美国，公共组织与私营组织管理者的相互流动已是常态，并成为美国公共行政的一个突出特点；在澳大利亚，成立高级公务员序列的主要目的之一就是从私营部门吸引人才到政府工作。

变革职务常任制、增加大量临时性雇员的改革举措有效缓解了政府的财政压力，打破了文官封闭性架构，通过引入企业管理者给在职公务员带来压力和动力，促使其更灵活地应对环境变化和公众需求。但这一举措与传统的公务员个人权利、连续性价值是冲突的，产生了不小的负面影响。

12.3.4.3 改革绩效评估方式，采取灵活的薪酬奖励制度

以韦伯提出的科层制理论为基础的公务员制度是以职位分类、等级制度和统一标准作为考核、评价和激励公务员的主要手段。这样的考核是事先就确定了的，不仅形式僵化，而且很难体现出成本—收益的理念。而新公共管理改革提出引进市场机制，并对公共服务进行成本—收益核算，注重经济效益与效率，这就要求改革以往的考核评估机制，采用新方法对公务员的工作能力和实际业绩做出比较准确的评估。当前西方公务员制度改革的一个基本取向是注重结果而非过程控制，正如美国学者罗纳德·桑德斯所设计的，建立一个"以结果为本"的新的公务员体制模式，这种新模式有三个共同要素：①为具体政策或项目制定普遍适用的框架；②设计一套明确而具体的产出和结果要求（包括绩效基线、项目目标等），而不是更多的规则；③给各种各样的政府实体（如州政府和地方政府）以很大的权力。这一模式建立在分权、灵活性、绩效基线之上，而不是程序（过程）和顺从之上。要做到以结果为导向，绩效评估就成为关键。因此，许多国家都开始重视建立、完善绩效评估机制。在经济合作与发展组织（OEDC）国家，绩效评估、灵活的付酬制度和业绩奖励已成为最普遍的改革措施之一。

一方面，注重经济效益，实行绩效评估制度。绩效评估旨在评价公务员个人的业

绩，评价结果将是个人晋升、薪酬、福利待遇的主要依据。英国创立了国家审计办公室，从组织上为绩效评估提供保证，并启用大量私人顾问在广泛的公共服务领域进行评估，目前英国已成为以经济、效率、效益为标准，监督政府政策管理和公务员绩效的评估性国家；美国联邦和地方政府普遍推行绩效评估和全面质量管理，强调以服务顾客为目标取向，以公众满意度为评估绩效的主要标准，形成重工作结果而非重工作过程的高效率的工作机制；在新西兰，绩效评估主要用来评价高级文官的工作业绩，评估工作由相对独立的国家机构委员会承担，评估结果对高级文官的任职、待遇都有重大影响；法国政府从制度上规定了各部门应采用审计与跟踪办法，对本机构内公务员的成果及业绩以经济、效率、效益为标准进行定期分析，根据获得的数据所确定的指标值对行动结果予以衡量。同时，为了确保评估的客观、公正，法国政府建立了360度的评估体制，对公务员的评估不仅由行政上级进行，还要让同事以及公众参与评估。

另一方面，改革传统的等级工资制，实行以绩效工资为主的灵活付酬制度。各国改革中一个显著的变化是薪酬制度的变化，出现了"新工资"，包括宽带薪酬、绩效工资、以人定薪等，其中最重要的是绩效工资，其基础是绩效评估。传统公务员制度实行等级工资制，同级同酬，缺乏成本—收益观念，无法起到有效激励的作用。而功绩主义原则认为政府官员应根据其在市场上可能赢得的收入来获取薪酬，即参照私营部门标准来获得薪水，业绩表现好的公务员理应得到更高的报酬，而不应该受到级别限制。

12.4 我国政府的公务员资源

公务员是公共部门人力资源的主要载体。我国于2005年4月出台的《中华人民共和国公务员法》中将公务员定义为依法履行公职、纳入国家行政编制、由国家财政负担工资福利的工作人员。公务员制度则是指通过制度法律规范来对政府中行使国家行政权力、执行国家公务的人员特别是事务类公务人员的选拔、任用、培训、晋升、奖惩、流动、退休和薪酬福利等进行科学管理的各种制度的总称。因而，公务员制度是现代政府体制中重要的有机组成部分，与政府人力资源管理有着密切关系，在现代政府系统中具有重要地位和作用。

12.4.1 我国公共部门人力资源管理制度

公共部门人力资源管理制度主要是针对公共部门人力资源开发与管理权归属及其范围所做的划分和规定，以及针对公共部门人员应承担的基本义务、职责及享受的权益所做的规定。就公共部门而言，通常意义上的人事管理权主要包括人员选拔和任用的建议权、考核权、决定权以及人员晋升时的考核权、任命权，特别是对政府官员的选拔和任用。对公共部门人事管理权具有影响力的组织主要有执政党、国家机关、国家行政机关以及其他政治组织或利益团体等。公共部门人力资源管理制度是各政府组织从事人力资源开发与管理实践的基本制度规范和政策依据，不仅影响着公共部门人力资源构成及其素质的变化，而且关系着国家安全、政治安定以及社会经济的和谐与可持续发展，是保证公共部门有效行使公共权力、发挥领导和管理效力的基本前提，也是维护公共部门及其人员权益的重要制度保障。

12.4.1.1 我国公务员制度的特点

我国现行的公务员制度主体是《中华人民共和国公务员法》（以下简称《公务员法》）。《公务员法》于 2005 年 4 月颁布，并在 2006 年 1 月正式施行。该法对公务员应具备的条件、具有的权利、承担的义务以及公务员的职务和级别分类等做了具体界定，并对公务员人事管理中的录用、考核、职务升降和任免、奖惩、培训、工资福利保险、退休以及公务员个人权益维护等问题做了详细规定。

《公务员法》在《国家公务员暂行条例》的基础上积极吸收自《国家公务员暂行条例》实施以来干部人事制度改革的经验和成果，如任职前的公示制度、任职试用期制度、公开选拔制度、竞争上岗制度、领导干部引咎辞职和责令辞职制度、部分职位的聘任制度等，并借鉴国外公务员管理的有益做法，顺应了公务员制度改革的国际化趋势。与西方国家公务员制度相比，我国公务员制度表现出以下四个方面的特色。

第一，我国公务员是党的干部队伍的重要组成部分，要接受党的领导，坚持社会主义方向，不搞政治中立。在西方国家，法律规定公务员在国家政治活动中要保持"政治中立"，公务员参加政党或其他政治组织的活动是受到禁止或限制的。而我国公务员不仅可以参加政党和政党的活动，还可以积极参与国家的政治生活，对机关及其领导人员的工作提出批评和建议。同时，根据党章规定，公务员中的共产党员还有义务贯彻执行党的基本路线和各项方针、政策，自觉遵守党的纪律，执行党的决定，积极完成党的任务。

第二，我国《公务员法》坚持党管干部原则，由公务员主管部门负责公务员的综合管理工作。按照现行干部管理体制，政府机关中较高职务层次的公务员是由党委组织部门管理的，他们经由党委组织部门考察和党委讨论决定，依法由各级人民代表大会选举或由各级政府或部门任命。

第三，我国对公务员没有政务类和事务类的划分。在我国各级机关中，不论是领导层次的公务员还是非领导层次的公务员，不论是选任制公务员还是委任制公务员，如无特别规定，所有公务员的权利、义务和管理都适用《公务员法》，所有公务员都是人民公仆，其工作性质是基本一致的。

第四，我国公务员的任用坚持任人唯贤、德才兼备的原则。也就是在选拔、使用公务员时，要用"德"和"才"两把"尺子"去衡量，要求两者同时具备。同时还要具备"能、勤、绩、廉"等条件。

我国实行的是中国共产党领导下的多党合作和政治协商制度，党管干部是我国公务员制度的基本原则。自 20 世纪 80 年代以来，随着我国行政体制改革的不断深化，我国公务员制度不断受到政府人事管理制度改革的影响。此外，我国公务员制度也受到与之相关的法律法规制度的影响。

12.4.1.2 我国公务员的分类管理

公共部门人力资源管理的第一步就是公共人事分类，即基于一定的原则、标准、程序、方法对公共部门众多职位、工作以及被管理对象进行类别与等级划分。与招聘、选拔、薪酬等制度一样，分类管理制度在公共部门人力资源管理制度体系中占据着十分重要的地位，它是公共部门人力资源管理的基础性制度，也是公共部门人事管理的起点和基础。

公务员分类制度有两层不同的含义：第一层是指政务类公务员与业务类公务员的划分，也就是把业务类公务员从政府系统中单独划分出来，并确定不同于政务类公务员的管理原则和管理方法；第二层含义是指以一定标准对业务类公务员按工作内容与性质、责任和能力等要素进行划分，并设置相应级别，从而对这些不同门类、不同等级的公务员实行区别管理。本书探讨的是第二层含义，此含义下的公务员分类制度有两种，即品位分类和职位分类。

（1）品位分类

品位分类是以人为对象的分类方法，其根据公共部门工作人员个人的职务高低、资历深浅和获得报酬的多少为标准进行排列而形成相应的等级。其中，"品"指官阶，"品位"指根据官位高低、职务大小排列而成的等级。品位分类主要考虑外在的三大因素：学历——受教育程度；资历——工作经验；职位——任职情况。

行政人员的品位等级与他们所任的职务无关。在一般情况下，行政人员的品级同他所任职务的等级之间存在某种对应关系。但在特定情况下，也可能出现高品级低职务或低品级高职务。就品位分类的性质而言，品位分类方法着重解决的是公务员的录用、晋升、工资福利待遇问题，更关心纵向的职务等级划分，而较少关注横向的工作性质和范围的划分。因而相对于职务分类而言，它是一种比较简单、易于实施的人员分类方法。

品位分类的基本特征是重人不重事，以公务员的个人条件，如学历、资历等作为划分等级、确定公务员地位的主要标准，其特点如下：

第一，品级与职务相分离。基于品位分类法，品级是任职者的固有身份，可以实现"级随人走"。公务员一旦被授予相应品级则终生受用，不因工作变动而改变。此外，品级与职务也可以不相匹配。

第二，以"人"为中心。品位分类管理方式所涉及的对象是公务员以及与公务员相关的职务等级；而决定公务员职务等级的则是其自身的资历与德才条件。因此品位分类管理方式的人格化特征极其突出。

第三，简便易行，适用性强。品位分类强调官、职分离，并且偏重于关注个人的学识水平、经验和能力等人格化因素，而非强调其专业知识和技能水平，因而其人事结构相对简单，适用性强。

第四，注重通才培养。品位分类管理制度不强调公务员在某一方面的专业知识和技能，在人员晋升、交流与调动过程中也很少考虑专业以及以往的工作性质，而更强调"通才"，即强调公务员的综合能力。

但品位分类管理方式同样也不可避免地存在不足之处，如容易忽视对专业人才的培养、造成权责不明、考核晋升缺乏客观标准以及带来同工不同酬问题等。这些缺点均不利于公共部门完善人力资源管理。

（2）职位分类

职位分类是与品位分类相对应的一种管理方法，这种分类管理以"事"为对象，根据工作性质将公共部门所有的职位分为若干个职门、职组和职系,并按责任大小、工作难易及轻重、所需资格条件高低,将相同性质的职位再分为若干个职级,并对每一职位的名称、职责等内容加以详细规定和说明,以此作为管理的依据。[①]

根据 2006 年开始实施的《公务员法》,我国公务员职位类别按照职位性质、特点和管理需要划分为综合管理类、专业技术类和行政执法类职位。综合管理类职位主要是在机关中履行综合管理以及内部管理等职责,具体从事规划、咨询、决策、组织、协调、监督及内部管理工作的职位。专业技术类职位是在机关中从事专业技术工作,履行专业技术职责,为实施公共管理提供专业技术支持和技术手段保障的职位。行政执法类职位主要是指公安、海关、税务、工商、质检等直接履行监管、处罚、稽查等现场执法职责的职位。此外,《公务员法》第 15 至 20 条规定,"国家根据公务员职位类别设置公务员职务序列",同时"公务员职务分为领导职务和非领导职务"。领导职务是指在中央和地方各级行政机关中具有组织、管理、决策、指挥等职能的职务,而非领导职务是实职,但不具有行政领导职责。

与品位分类管理制度相比,职位分类着眼于职位,坚持以"事"为中心,将工作本身的性质、任务的繁简及难易程度等"事"的要素,以及所需人员的资格条件等"人"的要素结合起来。因而,职位分类管理体系要相对复杂,但更科学合理。职位分类的特点如下:①以"事"为中心。职位分类管理以"事"为中心,根据组织战略与发展以及岗位工作的性质设置职位,这种分类管理方式可以避免机构臃肿、人浮于事以及公权私用的弊病。②分类更系统科学。职位分类非常注重横向的工作性质和范围的划分,这极大降低了管理的复杂性,为简化公共部门、科学实施公共部门人力资源管理打下了基础。③注重专才的培养。职位分类管理方式更关注公务员对专业知识和技能的运用,注重"专才"的培养,有利于提高公共部门人员的专业化水平。④官职匹配。在职位分类管理中,官位和职位严格匹配,人走官位留;同时,坚持以职位定薪酬,强调同工同酬。

职位分类管理方式的缺陷在于分类程序过于复杂、以事为中心缺乏人本精神、忽视综合人才的培养等。因而在政府实际管理工作中,应将品位分类管理方式与职位分类管理方式相结合,进一步优化公共部门的人员分类管理。

12.4.1.3 我国公务员的招聘与录用

人员招聘与录用是以人力资源规划和工作分析、职位评价为前提,为公共部门获取优秀或合格的公职人员,满足公共部门的公职人员需求,保证公共部门任务的完成和组织目标的实现。公共部门人员招聘与录用的设计,在很大程度上决定着公共部门人力资源构成的质量。

(1)公务员考试录用制度

根据我国《公务员法》规定,主任科员以下职位及其他相当职务层次的非领导职务公务员采取公开考试、严格考查、平等竞争、择优录取的办法进行录用。主任科员以上

---

① 滕玉成、于萍:《公共部门人力资源管理》,北京:中国人民大学出版社,2008 年,第 124 页。

职位公务员的录用则主要采取推荐、选拔、调配等方式。在某些省、市，副局长以下的主要领导职位也逐渐开始采用考试竞争录用的方法。

目前，对担任主任科员职位以下非领导职务公务员的录用筛选方法主要包括行政职业能力倾向测验、申论和面试。行政职业能力倾向测验的主要内容包括语言理解与表达、数量关系、常识判断、推理判断等方面。申论主要是提供一份有关社会热点问题的文字材料，要求考生就材料的要点进行概括，分析问题原因，提出解决的办法和建议。面试一般由具体用人部门负责组织实施，依据应试笔试成绩，按从高到低的顺序选定面试者。

（2）公务员考试录用程序

依据《公务员法》的规定，国家公务员的考试录用应遵循以下程序：

首先，发布招考公告。招考公告由录用主管部门负责发布，应当包括以下内容：招考职位、名额，报考资格条件，报名方式、时限，考试内容和科目，考试时间、地点和区域分布等。招考公告一般在考试前一段时间通过报纸、电视、互联网等媒体向全社会发布。

其次，进行资格审查。主管部门根据《公务员法》规定的限制条件，审查报考者是否具备公务员的基本条件和所报考职位的资格条件要求。

再次，公开考试。通知资格审查合格的报考者参加公开考试。考试采取笔试和面试的方法进行。

然后，严格考察和体检。考察人员选定后，先由招录机关对报考者进行资格复查，确认其提交材料的真实性、准确性，再对考试合格者进行政治立场、道德品质、廉洁自律、工作实绩、身体健康状况等各方面的考察。

进而，提出拟录用人员名单。主管部门依照考试、考察和体检结果，确定拟录用人员名单。拟录用人员名单由公务员主管部门或招录机关通过报纸、网络等形式进行为期七天的公示。

最后，备案或审批。公示期满后，招录机关按照规定将拟录用人员名单报录用主管部门备案或审批。备案或审批同意后，由公务员主管部门印发录用通知并办理具体的录用手续。

12.4.1.4 我国公务员的培训内容

总的来说，我国《公务员法》将人员培训划分为初任培训、任职培训、专门业务培训和更新知识培训四种类型。

初任培训作为一种岗前培训或职前培训，一般在试用期间进行，时间一般不少于10天，目的是让新录用的国家公务员了解党和国家的方针政策，了解自己所担负的使命和社会责任，了解公共部门工作的性质、特点、基本程序和一般工作方法，明确自己的职责范畴和工作内容，熟悉工作环境及行为准则，为正式上岗做好准备。

任职培训又称晋升培训，是指国家机关对准备晋升一定领导职务的国家公务人员，按拟任职务要求，对所需政策、领导管理能力以及专业知识进行培训，一般在任职前或任职一年后进行，时间不少于30天。

专门业务培训是指公共部门为从事专项工作的在职公务员所实施的知识和技能

培训。

更新知识培训又称轮训，是指公共部门根据自身发展需要，有计划地对国家公务员进行的旨在更新知识和提高工作能力的培训。

根据中共中央颁布的《干部教育培训工作条例（试行）》《公务员法》的相关规定以及近些年的演变趋势，我国公务员的培训内容主要集中在政治理论、职业道德、政策法规、文化素养、行政能力和业务知识，可以归纳为综合知识和专门业务知识两个方面。

（1）综合知识

政治理论。主要指马克思列宁主义、毛泽东思想、邓小平理论、"三个代表"重要思想、科学发展观、习近平新时代中国特色社会主义思想等。

职业道德和行为规范。我国公务员职业道德和行为规范主要包括以下八个方面：政治坚定、忠于国家、勤政为民、依法行政、务实创新、清正廉洁、团结协作、品行端正。

政策和法律规范。政策和法律规范培训既是公务员牢固掌握和准确使用国家政策和法律法规的前提，又是引导他们树立依法行政理念，进而公正执法的关键。

文化素养。包括人文素养、科学素养和审美素养等，重点在于完善公务员的知识结构，提高其综合素质。培训的内容涉及文史哲、自然科学、审美艺术、社交礼仪等。

行政能力。主要表现为公务员运用政策和法律法规以及管理方法来处理实际问题的能力。

（2）专门业务知识

业务知识。业务知识不但涉及社会主义市场经济知识、相关法律政策、现代管理知识和科技知识，还涉及与岗位密切相关的专业理论、技术知识和操作知识。业务知识培训的重点在于不断加强、完善公务员履行岗位职责所必需的知识，进而提高其实际工作能力。

专业技能。专业技能分为通用技能和岗位技能，主要包括政治鉴别能力、依法行政能力、公共服务能力、调查研究能力、学习能力、协调沟通能力、创新能力、应对突发事件能力、心理调适能力。

12.4.1.5 我国公务员的绩效考评

人力资源绩效考评是按照事先确定的工作目标及衡量标准来考察和评估公务员实际工作绩效的过程，可以根据具体情况和实际需要按月、季、半年或年度进行。在考评期开始时，一般要与考察对象签订绩效合同或绩效协议，规定明确的绩效目标和绩效考评标准。在考评过程中，要求客观公正地反映员工绩效表现情况，不能主观臆断。

（1）我国公务员绩效考评的内容

绩效考评的内容取决于绩效考评的目的，它是对公共部门工作人员各方面要求的具体体现。目前，我国公共部门人员绩效考评主要涉及"德、能、勤、绩、廉"五个方面的内容，重点考评工作实绩（见表12-1）。[1]

---

[1] 赵秋成、杨秀凌、曹静：《公共部门人力资源管理》，北京：清华大学出版社，2014年，第223页。

表 12-1 我国公务员年度绩效考评内容

项目	德	能	勤	绩	廉
涵盖目标	①思想政治表现 ②职业道德 ③社会公德。 ④组织纪律性	①政策理论水平 ②业务水平、创新能力 ③表达能力、分析能力 ④组织实施能力	①出勤率 ②工作效率 ③工作态度	①工作数量 ②工作质量 ③工作贡献	①公正廉洁 ②严格自律
具体考评内容	思想政治上的心理与行为表现；对党的基本路线、方针、政策的态度；是否具有全心全意为人民服务的思想。对职业的态度和行为表现：敬业精神，廉政勤政。遵守社会行为规范，保持在公众中的良好形象，对同事、家人、邻居的态度和行为。对待上级、组织的态度和行为：能否执行组织决议和领导指示等	掌握业务知识的程度和处理业务问题的能力。运用马克思主义基本理论分析和解决实际问题的能力。工作中表现出的改革、开拓精神和进取心。工作中的口头、文字表达水平；能否抓住重点撰写有说服力的文章。对事物分析、判断等的综合能力，及是否能提出合理化建议。工作中的计划、管理、组织、控制等能力	按职位和工作制度要求的出勤情况。完成工作的速度和质量；能否按时高质量完成行政任务。对工作的认识，表现出的态度、责任心和努力程度	完成工作项目的数量。完成任务和具体工作的好坏、优劣。取得的成果、业绩。对政府和社会产生的经济效益和社会效益	无收受和索要贿赂行为。无挪用公款行为。无以权谋利行为。无拉帮结派行为。无跑官要官、买卖官职行为。无失职渎职、滥用职权行为。无讲排场、搞攀比行为。无嫖娼、包养情妇、乱搞两性关系行为。无赌博、吸毒恶习

(2) 我国公务员绩效考评的主体

绩效考评主体解决的是谁来考评的问题。考评主体选择是我国公共部门人员绩效考评的重要一环，它直接关系着绩效考评的公平性、公正性以及结果的可信度。传统绩效考评的主体通常是领导管理者，这必然会影响到考评结果的公平性、公正性，更好的评估效果必然来源于多元化的评估主体。上级、同事、自我、下属、客户等不同主体在绩效评估中各有优劣，详见表12-2。

表 12-2 不同评估主体的优势及局限性

评估主体	优势	局限性
上级	上级对员工的工作及其行为表现最为熟悉，更具有发言权	有时因上级缺乏对员工工作状况的足够了解，无法真正客观地做出评价
同事	同事之间关系紧密，接触频繁，相互了解，可从不同侧面、角度对被考评者做出独立评价	同事之间容易因存在朋友等各种人际关系和物质利益关系而不愿给予客观的评价
自我	有助于消除员工对考评过程的抵触情绪，鼓励员工就绩效问题与管理者进行讨论	容易夸大自身绩效，形成自我偏见

续表12-2

评估主体	优势	局限性
下属	下属与上级主管接触频繁,并能站在独特的角度来观察和评价与上级工作绩效相关的行为	因利益或利害关系,下属常常无法客观地对上级给予评价
客户	客户是指公共部门的直接服务对象,包括企业、公民及其他与政府有着业务往来的部门和人员等,作为第三方,他们能够更客观、公正地对政府工作人员做出评价,也有助于加强公共部门的服务意识	收集客户的考评信息难度较大,并且客户考评信息往往不够完整,缺乏连续性

(3) 公共部门人力资源绩效考评中关键指标的建立

关键指标是根据针对组织目标起到增值作用的工作产出而设定,用于沟通和评估被评价者绩效的定量化或行为化标准体系。确立关键绩效指标不仅要从组织的战略目标出发,考虑关键绩效指标的过程、结果和监控,而且要经过一系列的测试,以确保关键绩效指标具有客观、相互兼容、可量化等特征。完成一个绩效评估的指标体系一般需要经过以下过程:

首先,确定所需评价的工作,并确定绩效指标和标准。必须将组织的总目标分解为各个部分的分目标,沿着组织目标—部门目标—岗位目标的逻辑将组织目标加以细化,最终使得每个员工都明确自己的工作方向和内容。

其次,确定每一项工作的具体绩效指标类型。一般来说,关键绩效指标主要有四种类型,即数量、质量、成本和时限。在确定了绩效指标类型之后还要设定绩效指标的评估标准,即任务或工作的完成程度。

再次,确定绩效指标权重。确定绩效指标权重的过程实际上是对被评价对象不同侧面的重要程度进行定量分配,以便根据不同评价指标在总体评估中的作用进行区别对待。确定绩效指标权重的方法有专家直观判断法、排序法和层次分析法等。

最后,对绩效指标体系进行评价。在关键绩效指标确定后,通常还需要对其进行测试,以确定关键绩效指标的合理性。例如测试关键指标是否可以被理解、是否可以被衡量、是否与组织战略目标一致等。

12.4.1.6 我国公务员的薪酬设计与管理制度

薪酬制度是薪酬设计与管理的基础和依据。薪酬制度有广义和狭义之分,广义的薪酬制度是指组织为了合理支付薪酬所建立的一整套薪酬收入、分配制度以及在薪酬分配中所采用的分配办法和分配形式等,包括薪酬管理制度、薪酬等级制度、薪酬调整制度等。狭义的薪酬制度是指薪酬等级制度,即根据员工所担任职务的工作任务、责任大小、工作环境和条件以及工作者的任职资格等因素,将各类岗位划分为不同等级,进而按等级来规定薪酬标准的一种制度,也就是基本薪酬制度。在我国公共部门,公务员的薪酬等级制度包括技术等级薪酬制、职务薪酬制、职等薪酬制、结构薪酬制、职务级别工资制、岗位技能工资制等。

(1) 我国公务员的薪酬制度

技术等级薪酬制。技术等级薪酬制是根据劳动技术的复杂程度、繁重程度、精确程度、工作责任大小等因素划分技术等级，按等级规定工资标准的一种薪酬制度。技术等级薪酬制适用于工作技能要求高、员工劳动熟练程度比较高、工作内容不固定的组织，或者产品或服务繁杂、员工人数不多、工作内容变动频繁、专业分工不细的组织。

职务薪酬制。职务薪酬制是根据不同职务工作的特点和价值来决定工资标准的一种薪酬制度。职务薪酬制首先对职务包含的工作任务及其本身的价值做出客观评价，确定不同职务对组织目标实现的贡献大小，然后依据该职务对人员知识、技能需求和工作复杂程度、责任大小等因素来确定付给担任该职务人员的相应的薪酬标准。

职等薪酬制。职等薪酬制是指在按工作性质、繁简程度、资历条件和工作环境等因素进行职位分类的基础上，给每一职等和职级配以不同的工资标准。工资标准由职位决定，并以年资和绩效考评结果来决定晋升。职等工资制是一种规范化、现代化的工资制度，其优点是以组织职位的工作内容为中心来确定工资标准，比较客观。

结构薪酬制。结构薪酬制是按薪酬的各种职能将其分为相应的几个组成部分并分别确定薪酬额的一种薪酬制度。结构薪酬一般由基础薪酬、职务工资、工龄津贴、奖励工资四个部分组成，其优点包括：符合按劳分配的原则，能合理安排新老人员的薪酬关系；有利于解决人才合理流动和人员相对稳定的矛盾；有利于激励员工努力学习，提高技术业务水平，促进自我发展。

职务级别工资制。职务级别工资制是我国自1994年以来在机关内（除工勤人员外）实行的工资制度。职务级别工资由职务工资、级别工资、基础工资和工龄工资四个部分组成。其中，职务工资主要体现职务高低、责任大小、工作难易等，是职务级别工资的主要组成部分；级别工资主要体现人员的资历和能力，我国公务员的级别共分为15级，一个级别设置一个对应的工资标准，级别与职务有一定的对应关系，职务越高，对应的级别越少，反之则越多；基础工资主要用来满足公务员基本生活及赡养家庭成员的需要；工龄工资主要体现公务员的劳动积累贡献，一般按公务员的工作年限计发。

岗位技能工资制。岗位技能工资制是以对劳动技能、劳动责任、劳动强度和工作环境等基本要素的评价为基础，以岗位工资和技能工资为主要单元的工资等级制度。岗位技能工资制适用于专业化程度较高、分工较细、技术比较单一、工作内容比较固定的工作岗位。

(2) 薪酬设计一般程序

薪酬设计的一般程序如图12-4所示。[①]

薪酬调查 → 确定每个职位的相对价值 → 将类似职位归入同一薪酬等级 → 确定各薪酬等级的工资水平 ↔ 对薪酬水平进行微调

图12-4 公共部门薪酬设计的一般程序

[①] 赵秋成、杨秀凌、曹静：《公共部门人力资源管理》，北京：清华大学出版社，2014年，第267页。

首先进行薪酬调查，薪酬调查主要是为了了解同行业或同类组织相似岗位的薪酬水平，保证薪酬的对外竞争力和对内公平性的问题。薪酬调查的内容包括薪酬政策、薪酬结构和薪酬标准。然后，根据职位评价，确定每个职位的相对价值，并将类似职位归入同一薪酬等级。再根据薪酬调查的结果和职位的相对价值，确定各薪酬等级的工资水平。最后，为每一个薪酬等级中的职位薪酬设定一个浮动范围，并对薪酬水平进行微调。

12.5 与时俱进地完善中国特色的公共部门人力资源管理

我国社会主义市场经济体制的建立与完善为公共部门人力资源发展提供了经济制度环境，为公共部门人力资源创新特别是新运行机制的形成奠定了良好的条件，同时也对公共部门人力资源及其运行机制提出了更高的要求。而我国政治体制及行政体制改革的深化，特别是新一轮的机构改革，正在进一步消除传统政府管理体制中存在的各种弊端，这为公共部门人力资源的建设与发展创造了更宽松的政治制度与行政环境，也推动了公共部门人力资源管理的完善。信息化和全球化发展为我国公共部门人力资源建设以及政府改革提供了机遇与挑战，特别是全球范围的政府改革以及公共部门人力资源变革的浪潮为我国的行政改革以及公共部门人力资源建设提供了有利的国际大环境。各国公共部门人力资源改革的经验教训也为我国公务员制度的发展提供了借鉴。为此，我们要在新时代与时俱进地完善中国特色公共部门人力资源管理。

12.5.1 重视公共部门人力资源规划的引导与预测

人力资源规划在公共部门人力资源管理活动中发挥着桥梁和纽带的作用，它是进行岗位编制确定、员工素质测评、人力资源信息系统构建等人力资源管理活动的基础，又是进行人员招聘、选拔、调配、升降以及薪酬管理、员工培训等人力资源管理活动的方向和目标，有利于人力资源的合理开发及有效配置和运用。通过人力资源规划不仅可以明确公共部门对各类人员的数量需求及知识技能要求，还可以为进行针对性的员工培训、人力资源开发和人员引进提供依据。同时也可以使员工及时了解自己对组织现在及未来工作的适用性，明确自身素质与组织要求的差距，从而及时做出个人发展规划和素质调整。人力资源规划有助于调动公共部门人员的工作积极性。人力资源规划在努力达成公共部门战略目标的同时，也充分考虑公共部门人员物质利益和精神需求的满足，从而激发其工作积极性。通过科学有效的人力资源规划，可以为公共部门的运作提供有力的人力资源支持，避免"有岗无人"的尴尬局面，防止人浮于事和人岗不匹配现象的出现，将人力资源需求控制在合理范围内，提高公共部门人力资源的利用效率。

当前，我国公共部门人力资源规划发展滞后的一大问题体现在缺乏科学的人力资源需求预测，而人力资源需求预测是了解和分析公共部门未来一定时期内人力资源需求状况和趋势的重要手段，是结合公共部门未来一定时期内的发展目标及过去人力资源配置和劳动产出等情况，对组织未来人力资源的需求状况和趋势进行预测的过程。通过人力资源供给预测，公共部门可以了解人力资源规划的合理程度，并有效地配备各种资源，降低成本，提高人力资源的利用效率。

我国人力资源需求预测应从定性和定量两个方面入手，以提高我国公共部门人力资源预测以及规划的科学性和精确性。

12.5.1.1 定性方法

定性方法主要依据管理者或专家的经验，基于过去一定时期内的客观情况对未来发展趋势做出预测和判断的方法。常见的定性方法主要有头脑风暴法、德尔菲法、经验估测法，这里重点介绍后两种方法。

德尔菲法也称专家打分法，是通过组织专家会议或函询的方式，广泛征集专家对影响组织某一领域的发展情况（如组织将来对人力资源的需求）的看法，最终化解冲突，达成一致。德尔菲法中的专家主要由熟悉组织及内部基本情况的员工和具有本领域专业知识的外请专家构成，专家之间互不见面，通过人力资源管理部门的人员进行协调。

经验估测法又称经验判断法，是指有关人员根据以往经验，凭借现有资料信息，结合本组织或部门的情况和特点进行人力资源估测。经验估测法可分为"自上而下"和"自下而上"两种。前者是指领导层拟定本部门的用人计划，然后传达给下属执行；后者是指基层管理部门根据本部门的工作要求和员工需求，向上级部门提出建议。在实践中，两种方法往往结合应用，即先由上级部门提出指导性意见，再由各下级部门根据指导性意见提出各种用人需求，最终共同确定总的用人数。该方法简单易行，成本低，但主观性强，结果准确性差。

12.5.1.2 定量方法

定量方法属于统计预测方法。它是根据统计资料进行量化分析和建立模型对未来进行预测的一种方法。常见的定量方法主要有比率分析法、趋势分析法和回归分析法。

比率分析法是根据一定时期内人员投入与劳动产出的比例关系来推算未来人员需求的一种方法。例如，某组织一年的产出量为100单位，当时的组织人数为20。如果今年的工作量增加到150单位，若员工的劳动产出率一定，今年所需人数则为30人。

趋势分析法是在确定组织中与人员数量和结构关系最大的因素的前提下，通过找出这一因素随员工变化的趋势来推算未来的发展情况，进而得出未来人员需求情况的一种方法。

回归分析法是利用历史数据来找出组织中某一个或几个因素与人力资源需求量之间的关系，并将这一关系用数学模型表示出来的方法。借助该模型，即可推测公共组织在未来一定时期内人力资源的需求情况。回归分析法包括一元回归分析和多元回归分析两种。

在人力资源需求预测和供给预测的基础上，应结合需求和供给预测结果来分析和探讨未来一定时期内公共部门人力资源供求是否达到均衡，为人力资源规划提供参考和理论依据。当组织内部人员出现供大于求的情况，人力资源管理部门就应尽快制订出人员转移和转岗计划，保障公共部门绩效不因人员过多而下降；当出现供不应求的情况，那么人力资源管理部门就应做好人员引进、员工培养和培训计划，以保证公共部门未来的人员供给。

12.5.2 完善公共部门人力资源规划评估的理论和方法

所谓公共部门人力资源规划评估，是通过将公共部门人力资源规划付诸实践，通过考察和分析，将人力资源规划的预期结果与落实效果进行比较、判断、分析的管理活动。公共部门人力资源规划评估应坚持如下原则：第一，战略导向原则。规划必须依照与公共部门战略目标制定和实施相关的政策和具体策略展开；第二，螺旋式上升原则。随着公共部门内外部环境变化以及战略目标调整，人力资源规划需要在原有方案上不断更新，保证精准有效；第三，制度化原则。通过制定和调整人力资源规划制度的方向、原则与程序，从机制上理顺规划组成部分各要素的关系，保证有理有据有节；第四，人才梯队原则。应根据实际需求来建立人才梯队，确保各级和各专业人才的层层供给；第五，关键人才优先原则。对组织中的核心人员或骨干应优先考虑培训、晋升、薪酬待遇和职业生涯规划，保障关键人才的充足供给。

在此基础上，从公共部门人力资源规划的基础层面、实施层面、技术层面三大层面入手，尽快完善我国公共部门人力资源规划制度。对人力资源规划的过程要深思熟虑，集思广益，强调严格的数据支持，针对性地解决关键问题。充分、透彻、客观地评价组织内外部环境，做好组织的战略规划和资金保障。进一步提高组织结构与人力资源规划的匹配度，使得组织战略和战术目标人人通晓。同时，强调组织文化建设，从文化建设层面提高组织评价和激励机制的有效性。

12.5.3 强化公共部门人力资源工作分析

工作分析是指在调查及资料搜集的基础上，对某一工作所承担的责任及包含的任务进行明确划分与界定，并确定该项工作承担者完成工作所需要的素质、知识、技术技能和经验等。

从工作分析的过程来看，工作分析应包含三个方面的内容：一是做好工作描述，即确定工作的内涵，包括岗位名称、任务、权责、工作对象、劳动资料、工作环境及与相关岗位的联系、制约方式等；二是确定岗位对员工的要求，即本岗位工作人员应具备的知识、技能、工作经验、道德标准等；三是对工作分析结果的表述，即编制相应的工作规范和工作说明书。

工作分析是组织开展各项人力资源管理活动的基础，它对于建构现代组织人力资源管理体系意义重大。工作分析与人力资源管理活动的关系如图 12-5 所示。[1]

---

[1] 彭剑锋等：《职位分析技术与方法》，北京：中国人民大学出版社，2004 年，第 22 页。

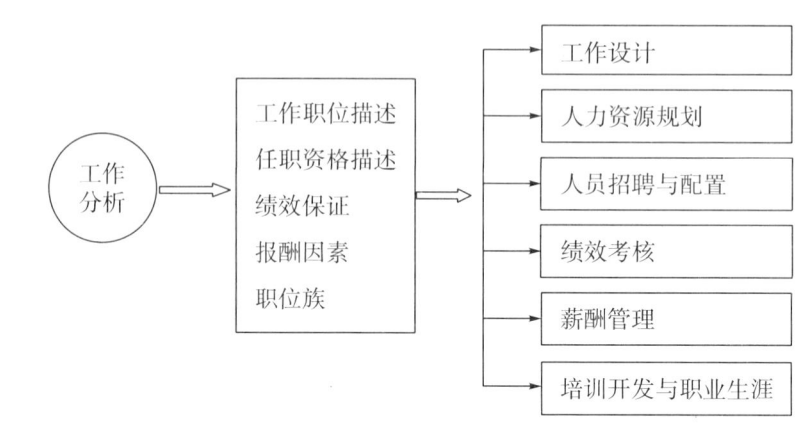

图 12-5　工作分析与人力资源管理活动的关系

　　工作分析是公共部门定岗、定编的基础和依据，是解决公共部门权责不清和交叉重叠问题的有效方法，有助于公共部门的精简、高效。工作分析既是制定工作规范的依据，也是公共部门选拔和招录合格人才的基础，有助于帮助政府组织客观、公正地衡量和评价求职人员，从而使人员甄选和录用工作更加科学化、正规化，为公共部门的员工培训与开发提供客观依据，有助于组织明确从事某项工作的员工应具备的知识、技能和其他素质条件以及员工目前综合能力与具体工作要求之间的差距，从而使组织培训更有针对性。工作分析是开发员工绩效考核指标、确定员工绩效标准的有效方法，有助于绩效考核和绩效管理的科学化。工作分析有利于公共部门员工的动态调配与安置，有助于实现人尽其才、才尽其用，能够为组织薪酬制度的设计提供明确的依据，确保员工付出的劳动与薪酬水平之间的动态平衡，保证薪酬体系设计的内部公平。

　　工作分析的常用方法有定性分析法和定量分析法两大类。定性分析法包括访谈法、问卷法、直接观察法、工作日志法和关键事件法。定量分析法大多是以调查问卷为基础，这种调查问卷所涉及的调查内容较多，而且对问题的每种可能回答均给出了相应分值，便于进行工作分析时使用。常见的调查问卷有职位分析问卷（PAQ）、管理职位描述问卷（MPDQ）和任务清单问卷（TIQ）等。工作分析主要包含准备工作、调查和信息收集、编制工作说明书、维持和修正四个阶段。首先，应确定工作分析的目的和用途，成立工作分析小组并对相关人员进行培训，了解情况并选取工作分析样本，设计调查方案，明确调查方法等。其次，对工作过程、工作环境、工作内容和工作人员等进行全面调查，收集与所分析岗位相关的信息、资料，需收集的信息通常包括组织结构图、工作流程图、工作主要内容、工作职责、胜任工作所需的知识和能力等。再次，根据所收集到的信息、调查的结果、得出的结论以及提出的改进建议等，按照一定的规范要求来编制工作说明书。最后，对工作分析的过程进行回顾、总结，并应注意收集应用后的反馈信息和社会、组织发展中工作变化的趋势，随时对工作说明书进行补充和完善。一份工作说明书完成得如何可以通过"6W1H"加以检验，即谁来做（Who）、做什么（What）、为什么做（Why）、何时做（When）、在何地做（Where）、为谁做（for Whom）以及如何做（How）。

12.5.4 完善公共部门人力资源的培训方法

"要得到第一流的人选，必须求助于培训。"诺斯科特和杜威廉于1854年发表的《关于建立英国常任文官制度的报告》中的这句至理名言，在当今已成为世界各国公务员培训的共同信条。在我国，干部培训也已从"要我学"转变为"我要学"。这种变化是公共部门人力资源培训改革的一项重要突破，可谓是一种质的飞跃。然而，制度的建立并不等于制度的执行，在具体操作过程中，仍存在不重视培训、培训方法滞后、培训效果欠佳等问题。因此，制度的细化和方法的改善仍是深化改革所面临的艰巨任务。目前，公共部门人力资源培训的方法主要有以下几种：

课堂讲授法。该方法是培训者向受训者直接讲解或传授知识技能的教学方法。课堂讲授法通常辅之问答、讨论、案例研究等方式。该方法成本低、耗时少、可接受群体范围相对较大。但其缺点在于学习者过于被动，学习效果有限。课堂讲授法通常以培训者为中心，受训者在课堂上基本处于被动地位，与培训者交流少，培训效果因此受到影响。修正该方法不足的关键在于激发学习者的主动性，在辅以问答、课堂练习、讨论的同时，还应引导受训者主动地思考问题，变"要我学"为"我要学"。

研讨法。该方法是指培训者组织受训者围绕某一问题或就某一材料进行讨论的一种教学方法。研讨法是以受训者对于讨论的问题和背景资料的深刻理解为前提，其关键在于激发讨论者的积极性。

案例分析法。案例分析法是指按学习目标，将生活中的实际案例以及工作情境或事件加以典型化处理，以供受训者进行有针对性的思考分析，并通过独立研究和相互讨论来提高受训者分析和解决问题能力的一种方法。一个好的案例结构包含如下内容：事件发生的背景资料、时间、人物关系；事件的典型性及能够激发人们思考的问题；相对独立完整的情节；案例结构合理、语言流畅。

角色扮演法。角色扮演法是指让受训者亲自扮演事先设定好的情境中的具体角色，使之身临其境地处理其中发生的矛盾和问题的一种方法。角色扮演所提供的背景信息是有限的，其结果则取决于受训者的情感和主观反应。

岗位轮换法。岗位轮换法是让受训者在预定时间内变换工作岗位，使其获得不同岗位的相关知识、技能和工作经验的一种培训方法。该方法的优点在于能够丰富受训者的工作经历，识别受训者的长处和短处，增进受训者对于各部门和岗位的了解。但其缺点在于受训时间短，培训效果较为有限。

12.5.5 强化公共部门人员绩效管理的制度建设

绩效是公共部门人员开展经济和社会活动的直接结果，实施绩效管理是公共部门不断提升自我和达成战略目标的重要保证。对公共部门人员的绩效管理可以使员工确定个人成长的方向，找到现存的不足，明确与组织要求的差距，获得组织的支持；可以使组织掌握制定薪酬、培训、晋升、奖惩等各项人事政策的客观依据；可以使员工与组织加强沟通交流，保持融洽关系，从而有效引导员工做出有利于组织发展的行为。

随着人力资源理论与实践的发展，绩效管理的概念逐渐被理解成为一个人力资源管理的过程。绩效管理是对组织和员工行为与结果进行管理的一个系统，是充分发挥每个员工的潜力、提高其绩效，并通过个体目标与组织战略相结合来提高组织绩效的一个过程。因而，绩效管理是一个综合的管理体系，是整个人力资源管理系统的核心。在这个完整的系统中，组织、管理者和员工全部参与进来，管理者和员工通过沟通的方式，将组织的战略、管理者的职责、管理的方式和手段以及员工的绩效目标等管理基本内容确定下来。在持续不断沟通的前提下，管理者帮助员工清除工作过程中的障碍，提供必要的支持、指导和帮助，与员工共同完成绩效目标，从而实现组织的远景规划和战略目标。

我国公共部门人力资源绩效管理的现状是高效的运行机制还没有真正形成，"千人一面"现象仍比较严重，失真、失实的问题也多有发生。主要表现在以下两点：一是考核指标设计操作性差，难以全面反映工作人员的实际绩效；二是考核方法滞后，不能真实反映测试对象的实际状况。因此，必须尽快完善我国公共部门人力资源绩效考评的方法。

公共部门人员绩效考评方法多种多样，概括地讲，主要可归纳为比较法、行为法、特性法、结果法和360度绩效考核法等。

比较法。比较法是考评者通过将某位员工的工作绩效与其他员工的工作绩效进行比较来确定该员工绩效水平的方法。该方法具有设计简易、使用方便的优点，但是员工对由这种方法得出的绩效结果的接受度较低，并且该方法的信度和效度也不高。常见的比较法主要包括排序法、配对比较法和强制分布法等。

行为法。行为法是对员工有效完成工作所必须表现出来的行为进行界定和评价的方法。首先，用各种技术对这些行为加以界定，然后管理者根据事先的界定对员工在多大程度上表现出这些行为进行评价。行为法的优点是可以将组织战略与执行这种战略所需要的某些特定行为类型联系起来；可以向员工提供组织对其绩效期望的特定指导和信息反馈，员工可接受度较高。行为法主要包括行为锚定法、关键事件法和行为观察评价法等。

特性法。特性法是用来衡量员工所具备的对组织发展非常有利的特征或特点的方法。特性法通过对员工一系列特征或特点如主动性、领导能力、竞争力等的界定来评价其绩效水平。该方法的优点是容易开发，普遍适用性高，但与组织战略的一致性往往较差，信度和效度均较低。常见的特性法包括尺度评价法和混合标准尺度法。

结果法。结果法是根据员工工作行为表现和工作结果来评价员工绩效的方法。这种方法有利于促使员工对其工作行为和结果负责，从而使员工慎重地选择工作方法。结果法中最具代表性的是目标管理法。

360度绩效考核法。360度绩效考核法又称多方考评者考评法，是一种集主管、同级、员工个人、下级、客户甚至专家等多个考评主体的考评于一体的绩效考评方法，也是目前最流行的绩效考评方法之一。

在改善公共部门人力资源绩效考核方法的同时，也要做好绩效反馈与绩效改进的工作。其中，绩效反馈是指管理者通过一定的方法和手段将绩效考评结果信息提供给被考评者并与被考评者沟通其绩效结果的过程。绩效反馈通常有两种形式：一是绩效考评意见认可；二是绩效面谈。绩效考评意见认可是指管理者将绩效考评结果以书面形式反馈给被考评者，由被考评者予以同意和认可，若被考评者对考评结果持有异议，可向上级主管或人力资源部门提出裁定要求。绩效面谈则是指以管理者与被考评者面对面谈话的方式来将绩效考评结果反馈给被考评者，并征求被考评者的意见。

绩效反馈过程通常包括以下三个方面的任务：一是向被考评者提供真实绩效结果及相关信息；二是与被考评者进行绩效面谈或沟通，倾听被考评者的意见和建议；三是结合被考评者实际的绩效结果，在分析、商讨的基础上设计绩效改进的具体措施，帮助被考评者修正绩效不足，并就被考评者提出的要求提供支持和帮助。

所谓绩效改进是在分析员工绩效考评结果、找出员工绩效中存在问题的基础上，通过沟通，有针对性地制订绩效改进方案和措施并确保有效实施的过程。

现代绩效管理的目的更多的是通过绩效考评来发现导致员工工作绩效不高的原因，进而寻找改进性的方案和措施，帮助员工摆脱低绩效的困扰，在提高员工绩效的同时，使员工谋得更好的发展机会。绩效改进包括三个重要环节：一是绩效的分析与诊断；二是绩效改进计划的制订；三是绩效改进计划的实施与效果评估。最终，要努力将绩效考评结果应用于公共部门人员管理实践中，让其与组织人力资源管理的其他环节相衔接，如薪酬和资金分配、职位或职务晋升与调整、人员培训、人力资源规划、职业生涯规划等。

本章小结

公共部门人力资源管理是指对人力资源进行有效开发、合理利用和科学管理。在管理理念上，强调以"人"为中心，通过与员工的沟通及对员工的引导和激励来提高员工对组织的满意度，激发员工动力和潜能，从而提高组织绩效，实现组织发展目标，维护并发展公共利益。在对待员工的态度上，公共部门人力资源管理强调人力资源使用与开发并重，重视激发员工潜能和促进员工发展，强调参与式管理，尊重人、爱惜人、发展人。在管理的基本职能和重点上，现代人力资源管理重点集中在员工潜能开发、人力资源有效配置和利用、员工成长和发展以及人际关系管理等方面。

我国公共部门人力资源现代化面临着新的发展环境。从国内环境来看，我国社会主义市场经济体制的建立与完善以及政治体制、行政体制改革的深化，既为我国公共部门人力资源建设提供了有利的制度背景和发展空间，也提出了更高的要求和挑战。市场经济体制的完善为公共部门人力资源发展提供了经济制度环境，为公共部门人力资源创新特别是新运行机制的形成奠定了良好基础，同时也对公共部门人力资源管理及其运行机制提出了更高的要求。例如，要求公共部门人力资源及其运行机制的迅速创新，要求新的行政管理模式以及更规范的公共部门工作人员行为方式等。而我国政治体制及行政体制改革的深化，特别是新一轮机构改革，正在进一步消除传统政府管理体制中存在的各种弊端，如机构臃肿、权力集中、人浮于事、效率低下、官僚主义等，这为公共部门人力资源建设与发展创造了更宽松的政治制度与行政环境，也推动了公共部门人力资源管理的完善。从国际范围来看，随着信息化和全球化时代的来临，世界经济一体化趋势加剧,世界经济社会环境变化迅速,国际竞争日趋激烈,这为我国公共部门人力资源建设以及政府改革提供了机遇与挑战。特别是全球范围的政府改革以及公共部门人力资源变革的浪潮为我国的行政改革以及公共部门人力资源建设提供了有利的国际大环境。各国公共部门人力资源改革的经验教训也为我国公务员制度的发展提供了借鉴。

复习题

在2015年的全国两会上,"为官不为"首次被写入政府工作报告。李克强在总结2014年工作时对"懒政"问题直言不讳:政府工作还存在不足,有些政策措施落实不到位。目前少数政府机关工作人员乱作为,一些腐败问题触目惊心,有的为官不为,在其位不谋其政,该办的事不办。在此后的国务院常务会议上,李克强又多次严词批判"尸位素餐本身就是腐败,不作为的'懒政'也是腐败""让不作为的'太平官'混不下去"。在东北调研期间,李克强再次强调:"对于忽视民生、为官不为的'庸政''懒政',要'动刀子'、'出重拳'、公开曝光,坚决追责!"

1. "为官不为"这种状况是由哪些原因造成的?与我国现行的人力资源管理制度是否存在关系?
2. 如何才能遏制"为官不为"调动公务员的工作积极性?

第13章 公共部门财政资源管理

> 名人名言
>
> 夫天下财虽有限，散文则如沙，而机关滞；聚之则成团，而魄力雄。
>
> ——黄兴

> 学习目标
>
> 1. 体认公共财政的概念、基本特征与职能。
> 2. 体认公共财政收入的概念、形式与管理原则。
> 3. 了解公共财政收入规模的影响因素。
> 4. 体认公共财政支出的概念、管理原则与内容。
> 5. 体认历史周期律的概念及其与财政的相关性。
> 6. 理解打造民生导向公共财政的意义与路径。

长期以来，我国把财政作为经济范畴加以研究。实际上，财政学既是经济学研究的领域之一，更是公共管理学研究的重要议题，我们甚至可以说，财政的本质就是政治。公共管理在很大程度上是对资源的管理，而财政是一个国家最重要的资源，理所当然应成为公共管理学者研究的重要对象。一个政府不管做了多少事情，其本质就是考虑"怎么收钱"和"怎么花钱"的问题，也就是国家财政的收支问题。如同一个家庭，一个国家的财政收支也要实现基本平衡。

13.1 公共财政的概念、特征与职能

在传统国家，财政是专制君主的财政，财政收支活动完全围绕着皇帝的需求。公共财政是建立在人民主权理论基础上的，人民主权理论决定了现代国家的财政是公共财政。公共财政具有公共性、法治性、强制性、服务性、公平性、民主性等特征。

公共财政是伴随着传统国家向现代国家的转变而产生的。不同国家，甚至同一国家对财政和公共财政的理解也有所不同，但基于人民主权的现代国家在公共财政的概念、特征与职能方面，还是有着基本的共识。

13.1.1 财政与公共财政的概念

13.1.1.1 财政的概念

"财政"一词最早起源于西欧。13世纪至15世纪时，拉丁语"finis"是指结算支付期限，后来演变为"finare"，有支付款项、裁定款项或罚款支付的含义。到了16世纪末，法国政治家布丹将法语"finances"作为"财政"一词使用，并认为财政是"国家的神经"。我国古代的"国用""国计""邦计""度支""理财"等词大致可与"财政"一词相对应。日本自1868年明治维新以后，从西欧各国引用"finance"一词，吸收中国早已分开使用的"财"和"政"二字的含义，创造了"财政"一词，并于1903年传入中国，逐步取代了以前的各种名称，确立了财政的概念。从字面意思来看，财政是指国家或政府的"理财之政"，一般指国家（政府）通过收支活动筹集、供给经费和资金，以保证实现国家（政府）的职能。财政作为一个经济、政治范畴，是一种以国家为主体的经济行为，是政府集中一部分国民收入用于满足公共需要的收支活动，以实现优化资源配置、公平分配及经济稳定和发展的目标。财政不是纯粹的经济问题，它是一个国家（政府）与社会、经济与政治交织互动的纽带。财政收入和财政支出是财政的两项基本内容，国家（政府）正是通过财政的收支活动来实现对财富的调节与分配，并在这个过程中履行自己的职能。

13.1.1.2 公共财政的概念

公共财政（public finance）是指国家（政府）集中一部分社会资源用于为市场提供公共物品和服务以满足社会公共需要的分配活动或经济行为，是适应市场经济发展客观要求的一种比较普遍的财政模式。这种以满足社会公共需要为口径界定财政职能范围并以此构建政府财政收支体系的财政模式，在理论上被称为"公共财政"。公共财政就是市场经济下的政府财政，公共财政的实质是市场经济财政，公共财政理论和公共财政学实际上就是市场财政学。"公共财政"的要义并不在于新古典主流经济学所表明的"市场失效"这一经济逻辑起因，而在于其预算法治和民主财政的"政治实质"内涵。

13.1.2 公共财政的特征与职能

13.1.2.1 公共财政的特征

从公共财政的概念可以看出,公共财政是以增进绝大多数社会成员的公共利益为宗旨,以提供公共产品、公共服务和满足社会公共需要为目标,对国家和社会财富进行分配和平衡的基本工具。公共财政具有以下六个方面的特征。

(1) 公共性

公共性是相对于私人性而言、以实现公共利益及彰显公共精神为目的的道德属性。现代国家和政府无一例外是建立在人民主权理论基础上的。国家和政府的人民性决定了公共财政的公共性,也决定了公共财政活动是以满足公众基本需求为基本目标的政府财政行为。

(2) 法治性

传统国家财政是"人治"财政,财政收支主要取决于专制君主的个人意志,具有很大的随意性。公共财政的法治性是指国家或政府的财政收支活动必须按照法治的要求,遵循宪法和其他相关法律,把财政收支活动纳入法治的轨道,尤其是国家的税种、税负以及中央与地方税的分配等都要基于法的"契约"。对于破坏国家或政府财政收支活动、影响财政安全的行为,也必须遵循法治思维并在法治框架下依法处罚。法治性是公共财政的重要特征之一,是衡量一个国家或政府现代性的重要指标。

(3) 强制性

国家或政府的财政收支活动是以国家政权强制力为实施手段开展的财政行为,因此,公共财政具有强制性特征。国家和政府可以依法对不服从财政活动安排的行为采取强制性的处罚措施。

(4) 服务性

公共财政与传统财政的一个重要不同就在于公共财政的服务性特征。公共财政的服务性是由基于人民主权的国家和政府的人民性与公共性决定的,公共财政资源是一个国家全体人民共同拥有的财政资源。公共财政的服务性尤其表现在公共财政开支上,公共财政开支必须以满足公众的基本需求为目的、以提供公共产品和公共服务为基本手段来彰显现代国家和政府的人民性与服务性。

(5) 公平性

公平性是公共财政的重要特征之一。一个国家的财政资源是由全体人民共同创造的,理所当然应由全体人民共享。公共财政的公平性贯穿了财政收入和财政支出。一方面,公共管理主体要依法制定公平的财政税收政策,实现依法征税,保证税负公平;另一方面,在财政开支问题上,财政的初次分配和再次分配都要凸显公平性。我国财政的转移性支出向中西部地区倾斜、向老少边穷地区倾斜,实施"精准扶贫"等政策,就是国家财政公平性的重要体现。

(6) 民主性

公共财政的民主性是指一个国家的财政收支活动必须要有人民依法参与。在很大程度上,公共财政也是民主财政。一个国家财政税收的基本法律政策要征求人民群众的意见，一个国家的税种、税负要考虑到人民群众的承受力。尤其是在国家财政开支问题上，人民群众创造的财政资源用到了什么地方、如何用的等情况必须向人民群众公开，并接受人民群众的监督。

13.1.2.2　公共财政的职能

一个国家的公共财政职能是由这个国家的性质所决定的。就现代国家而言，国家或政府的公共财政职能具有很大的共性。一般来说，公共财政具有资源配置、收入分配、经济调控和监督管理等职能。

（1）资源配置职能

公共财政的资源配置职能是指以政府为基础的公共管理主体将一部分社会资源集中起来形成财政收入，然后通过财政支出活动，由政府提供公共物品或公共服务，引导社会资金流向，弥补市场缺陷，从而优化国家和社会的资源配置。现代国家一般要借助市场和政府这"两只手"进行经济社会的治理，并且要充分发挥市场这只"无形的手"在资源配置中的决定性作用。市场机制解决的是效率问题，但其无法解决贫富分化和公共产品短缺的问题。因此，现代国家还必须用好政府这只"有形的手"，借助公共财政提供公共产品和公共服务，弥补"市场失灵"，并逐步缩小市场经济带来的贫富差距问题。所以，公共财政不仅是一部分社会资源的分配者，也是全社会资源配置的调节者，这决定了公共财政的资源配置职能既包括对用于满足社会公共需要的资源的直接分配，又包括对全社会资源的间接调节。

（2）收入分配职能

公共财政的收入分配职能是指公共财政收支活动对社会成员收入在社会财富中所占的份额施加影响，以实现公平的收入分配。在政府对收入分配不加干预的情况下，一般会依据市场机制和效率原则，将社会财富在社会各成员之间进行初次分配。这种市场化分配有利于提高效率，但容易造成社会成员间收入差距过大，从而影响社会的公平与和谐。政府从缩小贫富差距和维护社会稳定的角度，需要对市场初次分配结果实施再分配调节，以推进构建相对公平的收入分配格局，维护社会公平正义与政府合法性。公共财政的收入分配职能主要通过税收调节、转移性支出（如社会保障支出、救济支出、补贴）等手段来实现。

（3）经济调控职能

公共财政的经济调控职能是指通过实施特定的财政政策以实现较高的经济发展、就业水平以及物价稳定等经济目标。政府根据宏观经济运行的不同状况采取相应的财政政策措施：当总需求小于总供给时，政府就会采用扩张性财政政策，增加财政支出，减少政府税收，刺激消费，扩大总需求，防止经济衰退；当总需求大于总供给时，政府就会采用紧缩性财政政策，减少财政支出，增加政府税收，抑制总需求，防止通货膨胀与经济过热；公共财政要力图使总供给和总需求保持基本平衡。因此，正常情况下政府一般实行的是稳健财政政策。

（4）监督管理职能

实际上，在财政的资源配置、收入分配和经济调控等各项职能中都隐含了监督管理职能。在市场经济条件下，由于利益主体的多元化、经济决策的分散性、市场竞争的自发性和排他性，需要公共财政进行监督和管理，从而规范财政秩序，实现国家资产保值增值，促进经济社会健康发展。我国是以公有制为基础的社会主义国家，必须保证政令统一，维护国家和人民的根本利益，这就更需要强化公共财政的监督管理职能。

13.2 公共财政收入

公共财政收入是形成公共财政资源的前提。公共财政收入是指依据相关法律、政策，运用税费等手段对市场主体和社会主体征收一定的货币性财富用来履行政府职能的一系列活动。

13.2.1 公共财政收入的概念与形式

政府要有效履行自己的职能，就必须要有一定的财力资源作为基础。一般而言，政府通常借助税收、公债以及非税收入来充实自己的财政资源。

13.2.1.1 公共财政收入的概念

公共财政收入是政府为了满足政府公共活动支出的需要，履行政府的公共管理、公共服务以及国民经济的市场化管理等职能，而从企业、家庭等社会目标群体中所获得的一切货币性收入的总和。公共财政收入的规模在很大程度上决定着公共财政支出的规模，从而决定着政府活动的范围，进而影响到一个国家的经济增长和社会发展。因此，各国政府都十分重视对公共财政收入的管理，科学设定财政收入的规模、结构，明确规定财政收入的范围、形式，建立规范的公共财政收入制度以实现政府的公共意志，促进公共财政分配的科学化和规范化，有效实现政府的各项管理职能。

13.2.1.2 公共财政收入的形式

公共财政收入一般包括税收、公债和非税收入三种形式。税收是政府为了履行其职能，凭借公共权力，按照法律预先规定的标准，强制性地、无偿性地获得财政收入的一种形式。在现代市场经济条件下，税收是政府调节经济和进行宏观调控最重要的政策工具。公债是在资金持有者自愿的基础上，按照信用原则，政府有偿获取公共收入的一种手段。相比于由法律预先规定的税收，政府可以根据公共财政收支状况更加灵活地确定是否需要发行公债来调节经济、平衡收支。非税收入包括政府性基金、公共收费、罚没收入、特许权收入、国有资产收益与境内外机构和个人捐赠等多种形式。

公共财政收入以满足社会公共需要为目的，以公共权力为依托，依据相关法律、法规或政策，向市场和社会汲取一定比例的财富，为政府运行提供稳定的财力保障。公共财政收入的作用主要体现在收入与调节两个方面。财政收入是政府调节社会经济的重要工具，具体表现为：通过税收，缩小个人收入分配差距，体现公平性；通过差别税收、奖励和限制政策，调整投资方向和结构，优化资源配置；根据不同经济波动周期调整财政收入，经济高涨时增加财政收入，经济衰退时减少财政收入，使社会经济稳定发展。

13.2.2 公共财政收入的结构与管理

公共财政收入结构是指公共财政收入的构成以及各个构成因素之间的相互关系，其核心在于不同类型收入在整个公共财政体系中的比重。在从事公共财政收入活动时，必须制定并遵循一定的财政收入管理原则。公共财政收入结构与管理决定着公共财政资源的持续、稳定、健康发展。

13.2.2.1 公共财政收入的结构

公共财政收入的结构主要是指公共财政收入的来源结构，包括公共财政收入的价值结构、所有制结构和国民经济结构。

从价值结构来看，社会产品价值是由不变资本、可变资本、剩余价值三部分组成的。公共财政收入的主要来源是剩余价值，只有新创造的价值中归社会支配的剩余价值多了，公共财政收入的增长才有坚实的基础。

从所有制结构来看，公共财政收入作为一个整体，是由不同所有制的经营单位所上交的利润、税金和费用等构成。在我国，国有企业上缴的税款和利润是公共财政收入的主要来源。因此，政府要努力实现国有资本的保值、增值。随着社会主义市场经济的深入发展，非国有经济上交的公共财政收入比重也在逐年上升。

从国民经济结构来看，国民经济结构包括部门结构、产品结构、地区结构、规模结构、技术结构等。其中，部门结构对公共财政收入影响最大。公共财政收入的部门结构是指来自工业、农业、商业、建筑业等部门的公共财政收入比重，这一比重是国民经济各部门在经济中所占比重及其效益高低在公共财政收入上的反映。工业是国民经济的主导，也是公共财政收入的主要部门。工业部门的积累水平较高，为公共财政提供的税利具有比重大、收入及时的特点。农业是国民经济的基础，也是公共财政收入的基础。很长一段时间以来，我国农业部门一方面以农业税等形式直接向国家提供公共财政收入，另一方面通过工农产品价格剪刀差，将农业部门创造的一部分价值转移到工业部门并以税利形式上交财政，以支撑我国工业经济的发展。建筑业与房地产业也是国民经济中的重要部门，是国家的支柱产业。随着我国住房商品化步伐的加快，建筑业与房地产业将提供越来越多的公共财政收入。当前，一些省市包括土地出让金在内的房地产收入已占到公共财政收入的30%以上。此外，商业、金融保险业以及服务旅游业等第三产业部门所提供的公共财政收入也随着市场经济的发展而大幅度提高。

13.2.2.2 公共财政收入的管理

公共财政收入管理是指对公共财政收入分配政策的制定、分配过程的控制和各项财政资金的管理，是财政分配制度的一项重要内容，涉及财政收入分配活动的方方面面，关系到社会经济发展和人民生活水平提高。公共财政体制下的政府财政收入管理应遵循以下原则。

（1）财政收入规模必须与政府职能相适应

财政收入的首要任务是为政府开展各项活动、充分实现政府职能提供物质保障和财力支持，这就要求财政收入的规模、结构必须适度、合理，以满足公共支出的需要。

(2) 财政收入形式必须有利于财政收入分配职能的实现

财政分配是政府凭借政治权力对国民收入进行的强制性分配,既要尊重价值规律,注重效率,又要关注公共财政的公共性,实现公平、公正和公开分配。而财政收入是财政分配的基础环节,因此,必须选择有利于财政收入分配职能实现的财政收入方式,协调好各方面的利益关系,实现财政资源的合理有效配置。

(3) 坚持区别对待、合理负担原则

实现政府职能对财政资金的需要是越多越好,而一定时期内国民经济发展水平是一定的,所能提供的资金也是有限的,两者之间始终存在矛盾。要恰当处理这个矛盾就应既考虑财政支出的需要,又考虑财政收入缴纳者的承担能力,并处理好不同的财政收入缴纳者之间的分配关系。

(4) 坚持财政收入管理法治化、规范化原则

政府借助政治权力取得财政收入为实现国家职能提供资金保证带有明显的强制性,因此要求公共财政分配活动必须依法进行,实现制度化、规范化管理,使财政分配关系的客体与主体的利益分配格局处于一种合理、稳定、规范的状态。另外,公共财政本身就是由"公共"对之进行规范、决定和制约的财政,不仅公共财政收入来源于民、财政支出用之于民,而且整个公共财政收支活动要接受公众的监督,这就要求公共财政分配政策和收支安排必须公开、透明,有利于社会公众进行监督。

13.2.3 公共财政收入的规模

一般来说,一个国家的财政实力主要表现为其财政收入规模的大小。财政收入规模是一定时期内(通常为一年)财政收入来源的总量。财政收入规模的大小可以采用绝对量和相对量两类指标加以反映,前者可以确定财政收入计划指标、考核完成情况以及对财政收入规模变化进行纵向比较,适用于静态和个量分析;后者可以衡量财政收入水平、分析财政收入动态变化以及对财政收入规模进行纵向和横向的比较分析,适用于动态和总体分析。

13.2.3.1 衡量收入规模指标

财政收入规模是指财政收入的总水平。考察一个国家财政收入规模的常用指标有绝对量指标和相对量指标。绝对量指标主要是财政收入或财政收入总额;相对量指标主要包括财政收入占国民收入的比重或财政收入占 GDP 的比重、财政收入增长速度与经济增长速度之比等。一般情况下,主要运用财政收入占 GDP 的比重来考察和反映政府的财政收入规模或财政实力,比重越高,表明财政收入规模越大。

13.2.3.2 影响收入规模因素

一个国家的财政收入规模受到各种因素的影响和制约,其中主要的影响因素有以下五个方面。

(1) 经济发展水平

经济发展水平一般用人均 GDP 来反映,它表明了一个国家生产技术水平的高低和经济实力的强弱,是一个国家社会产品丰裕程度和经济效益高低的概括性说明。经济发

展水平是制约财政收入规模的一个最综合的基础因素,也就是人们通常所说的"经济决定财政"。因为财政收入最终来自社会总产品,经济发展水平提高了,社会产品丰裕了,可供财政支配的部分也就会相应增加。

(2) 政府职能

政府取得财政收入是为了履行其职能、满足社会公共需要,显然,政府的职能范围越大,政府需要筹集的财政收入规模也就越大。在自由竞争资本主义时期,在守夜人政府观念下,"花钱越少的政府就是越好的政府",那时西方国家的财政收入一般都不到GDP的10%。随着工业化和城市化的发展,要求政府提供社会福利和社会保障的呼声日益高涨。在福利国家时代,西方国家政府担负的社会福利职能越来越大,各国政府公共财政收支规模也不断攀升。目前,西方国家的财政收入占GDP的比重一般都在30%以上,有的甚至高达50%,其中财政收入中的40%~50%是用于社会福利保障方面的开支。

(3) 国民收入分配制度和政策

国民收入分配制度和分配政策决定了政府、企业和个人在国民收入分配中所占的份额。在我国传统计划经济体制下,国家对国有企业实行统收统支的财务管理体制,对城市职员实行严格的工资管理,对农产品实行"剪刀差"的价格政策。在这种分配制度和分配政策下,国民收入的分配格局中以政府财政收入规模较大。

在经济体制改革以后,由于调整了分配制度和分配政策,国民收入分配开始向企业和个人倾斜。在农村经济改革方面,国家多次大幅度提高农副产品收购价格,并对农业和农民进行直接补贴。国家出台了一系列的改革政策,原有国民收入分配格局发生了重大改变。改革开放以来,我国政府财政收入规模的下降与国民收入分配政策的变化也是分不开的。

(4) 税收

由于税收收入是财政收入的主要来源,因此影响税收收入的因素也就成为影响财政收入规模的重要因素。在税源既定的条件下,税收管理水平和税收政策决定了税收收入的规模。税收管理水平包括税务管理的质量、国家对税务管理组织力量的安排、纳税人的守法程度、税务官员的廉洁程度、对征纳双方违法行为处罚的轻重、公共服务部门的服务质量与税收效率等。税收政策则包括税种的选择、税种的数目与结构、税率的高低与税收优惠的实施情况等。

(5) 价格水平

财政收入是政府取得的货币形态的社会产品价值,是按照当年的现行价格水平计算出来的。因此,在其他条件一定的情况下,某个财政年度价格水平上升,该年度的名义财政收入就会增加。价格水平对财政收入的影响有三种情况:一是价格水平的增长率超过名义财政收入的增长率,则实际财政收入水平下降;二是价格水平的增长率低于名义财政收入的增长率,则实际财政收入水平提高;三是价格水平的增长率与名义财政收入的增长率相同,则实际财政收入水平不变。

物价水平上涨对财政收入增长有利,但对老百姓往往是不利的。例如,中央银行为弥补财政赤字而引起的通货膨胀相当于是对企业和个人征收了一笔税,而企业和居民个人的实际收入则因通货膨胀而有所下降。另外，如果一个国家的税收制度是以累进税率的所得税为主体税种，当出现通货膨胀时，企业和个人的名义收入水平就会提高，其适用的最高边际税率也会相应提高，即出现所谓的"档次爬升"，政府的财政收入水平自然就会提高。

除上述因素外，国家的政治经济制度和经济管理体制、一定时期的经济结构（如所有制结构、产业结构）和宏观经济政策、经济危机周期等都是影响一个国家财政收入规模大小的因素。

13.3 公共财政支出

公共财政支出是指在市场经济条件下，政府为提供公共产品和公共服务、满足社会共同需要而进行的财政资金的支付，是国家将通过各种形式筹集的财政收入进行分配和使用的过程。财政支出与财政收入一起构成了财政分配的完整体系，财政支出是财政收入的归宿，它反映了政府政策的选择，体现了政府活动的方向和范围。

13.3.1 公共财政支出的概念与类型

财政支出是国家最为重要的政权活动之一。满足公众的基本需求以及提供公共产品、公共服务都必须借助公共财政支出。没有正常的公共财政支出，政府就无法正常履行其职能。

13.3.1.1 公共财政支出的概念

公共财政支出（public finance expenditure）通常是指现代国家为实现其各种职能，由财政部门按照预算计划将国家集中的财政资金向有关部门和方面进行支付的活动，因此公共财政支出也称预算支出。在我国，由于存在预算外资金，所以财政支出的概念也就有狭义与广义之分：狭义的财政支出仅指预算内支出；广义的财政支出则包括预算内支出和预算外支出。如果没有特殊说明，本书中的财政支出均指狭义概念的财政支出。公共财政收入只有按照行政及社会事业计划、国民经济发展需要进行科学合理使用，才能为国家履行好各项职能提供财政资源上的可靠保证。

13.3.1.2 公共财政支出的类型

（1）按经济性质分类

按照经济性质的不同，可将财政支出分为生产性支出和非生产性支出。生产性支出是指与社会物质生产直接相关的支出，如支持农村生产支出、农业部门基金支出、企业挖潜改造支出等。非生产性支出是指与社会物质生产无直接关系的支出，如国防支出、武装警察部队支出、文教卫生事业支出、抚恤和社会福利救济支出等。

按财政支出的经济性质，从财政支出是否能直接得到等价补偿的角度，可以把财政支出分为购买性支出和转移性支出。购买性支出又称消耗性支出，是指政府购买商品和劳务，包括购买日常政务活动或者政府投资所需要的各种物品和劳务的支出，即购买性支出是由社会消费支出和财政投资支出组成。购买性支出是政府的市场性再分配活动，对社会生产和就业的直接影响较大,执行资源配置的能力较强。由于其遵循等价交换原则,因此购买性支出体现的财政活动对政府有较强的效益约束,对与购买性支出发生关系的微观经济主体也有硬性的预算约束。转移性支出是指政府按照一定方式,将一部分财政资金无偿地单方面转移给居民和其他受益者,主要由社会保障支出和财政补贴组成。转移性支出是政府的非市场性再分配活动,对收入分配的直接影响较大,执行收入分配的职能较强。

(2) 按最终用途分类

从静态的价值构成角度,财政支出可分为补偿性支出、积累性支出与消费性支出。补偿性支出主要是对生产过程中固定资产的耗费部分进行弥补的支出,如企业挖潜改造资金。积累性支出是最终用于社会扩大再生产和增加社会储备的支出,如基本建设支出、工业交通部门基金支出、企业控潜发行支出等,这部分支出是社会扩大再生产的保证。消费性支出是用于社会福利救济等的支出,这部分支出对提高整个社会的物质文化生活水平起着重要作用。从动态的再生产角度,财政支出可分为投资性支出和消费性支出。

(3) 按财政支出与国家职能的关系分类

按照财政支出与国家职能的关系,可将财政支出分为:①经济建设费支出,包括基本建设支出、流动资金支出、地质勘探支出、国家物资储备支出、工业交通部门基金支出、商贸部门基金支出等;②社会文教费支出,包括科学事业费支出、卫生事业费支出等;③行政管理费支出,包括公检法支出、武警部队支出等;④其他支出,包括国防支出、债务支出、政策性补贴支出等。

按国家预算收支科目,可将财政支出分为一般预算支出、基金预算支出、专用基金支出、资金调拨支出和财政周转金支出,对财政支出的核算按国家预算支出科目进行分类。

按财政支出产生效益的时间,可将财政支出分为经常性支出和资本性支出。经常性支出是维持公共部门正常运转或保障人们基本生活所必需的支出,主要包括人员经费、公用经费和社会保障支出;资本性支出是购买或生产使用年限在一年以上的耐久品所需的支出。

13.3.2 公共财政支出的管理原则

公共财政支出的规模和范围反映了政府介入经济生活和社会生活的规模和深度。所以,在安排和执行公共财政支出时必须坚持一定的规律性原则。为了科学运用财政资金,满足国家完成各项职能的需要,公共财政支出活动一般应体现以下原则。

13.3.2.1 量入为出

"量入为出"出自西汉戴圣的《礼记·王制》,"冢宰制国用,必于岁之杪。五谷皆入,然后制国用……量入以为出",其基本意思是说执政者要根据国家收入的多少来制订政府支出的计划与政策,也就是"有多少钱就办多少钱的事"。公共财政收入和公共财政支出始终存在数量上的矛盾,脱离财政收入的数量界限而盲目扩大财政支出会严重影响国民经济的稳步发展。因此,财政支出安排应在财政收入允许的范围内,以避免出现大幅度的财政赤字。"量入为出，收支平衡"是新中国成立以来实行的一条财政管理基本原则，在建设工作中体现为坚持量力而行和尽力而为相结合的原则；在预算管理中体现为贯彻当年预算"收支平衡，略有结余"的方针，强调"以收定支"，并力求保持财政体系各构成环节的收支综合平衡。在此基础上，组织实现财政收支、银行信贷、外汇收支、物资供应的各自平衡和综合平衡。贯彻执行这一原则的目的是促进国民经济和各项社会事业的协调发展，保持社会安定和保障人民生活的改善与提高。

13.3.2.2 统筹兼顾

统筹兼顾原则要求执政集团在治国理政的过程中坚持总揽全局、科学筹划、协调发展、兼顾各方。就公共财政支出而言，国家经济建设各部门和国家各行政管理部门的事业发展需要大量的资金，财政收入与财政支出的矛盾不仅体现在数额上，还体现在有限的财政资金在各部门之间的分配。财政支出要处理好积累性支出与消费性支出、生产性支出与非生产性支出的关系，做到统筹兼顾，全面安排。

13.3.2.3 讲求效益

效益是指效果与利益，是项目对国民经济所做的贡献。效益的高低可以反映一个国家、地区、部门或者企业的管理能力与水平。公共财政的效益在很大程度上是通过财政投资项目的收益体现出来。公共财政支出的效益体现在财政投资的经济效益和社会效益两个方面。为保证有限的财政资金得到最大限度利用，对有经济效益而不需要财政扶持的单位，要做到无偿拨款和有偿使用相结合、财政资金投入与单位自筹资金相结合以及资金安排和财政监督相结合。

13.3.3 公共财政支出的内容

财政支出可分为无偿拨款和有偿使用两种。无偿拨款是财政支出最基本的方式，是指财政资金在上下级财政间的无偿调拨、从财政部门向付款单位的无偿调拨以及从财政部门向用款单位的无偿转移。有偿使用是指以借出财政周转金和财政周转金放款的方式供应财政资金。财政资金除了来源于财政周转金收入外，主要以列支财政支出的方式设置和增补。

公共财政支出范围主要包括：一是保证国家机器正常运转、维护国家安全、巩固各级政府政权建设的支出，如行政管理、国防、外交、公安、司法、监察等方面的支出；二是维护全社会稳定、提高全民族素质、具有巨大外部社会效应的社会公共事业支出，如社会保障、科技、教育、卫生、文化、扶贫等方面的支出；三是有利于经济环境和生态环境改善、具有巨大外部经济效应的公益性基础设施建设支出，如水利、电力、道路、桥梁、环保、生态等方面的支出；四是我国经济目前正处于转轨时期，在市场机制还不完善的条件下，国家还须对宏观经济运行进行必要的调控，因此也要留有一定的财力对经济活动进行适当的干预。

具体而言，公共财政支出主要包括以下内容。

（1）基本建设支出

按国家有关规定，属于基本建设范围内的基本建设有偿使用、拨款、资本金支出，经国家批准的专项和政策性基建投资贷款，在部门基建投资额中统筹支付的贴息支出。

(2) 企业挖潜改造资金

国家预算内用于企业挖潜、革新和改造方面的资金，包括各部门企业挖潜改造资金和企业挖潜改造贷款资金、为农业服务的县办"五小"企业技术改造补助、挖潜改造贷款贴息资金。

(3) 科技创新费用

国家预算内用于科技支出的费用，包括新产品试制费、中间试验费、重要科学研究补助费。

(4) "三农"支出

国家财政支援农村集体（户）各项生产的支出。包括农村小型农田水利和打井、喷灌等的补助费，农村水土保持措施的补助费，农村小水电站的补助费，特大抗旱的补助费，农村开荒补助费，扶持乡镇企业资金，支援农村合作生产组织资金，农村农技推广和植保补助费，农村草场和畜禽保护补助费，农村造林和林木保护补助费，农村水产补助费，发展粮食生产专项资金。

(5) 农林水利气象等部门的事业费用

国家财政用于农垦、农场、农业、畜牧、农机、林业、森工、水利、水产、气象、乡镇企业的技术推广、良种推广（示范）、动植物（畜禽、森林）保护、水质监测、勘探设计、资源调查、干部培训等费用，园艺特产场补助费，中等专业学校经费，飞播牧草试验补助费，营林机构、气象机构经费，渔政费以及农业管理事业费。

(6) 工业交通商业等部门的事业费

国家预算内支付给工业交通商业等各部门用于事业发展的人员和公用经费支出，包括勘探设计费、中等专业学校经费、技术学校经费、干部培训费。

(7) 文教科学卫生事业费

国家预算内用于文化、出版、文物、教育、卫生、中医、公费医疗、体育、档案、地震、海洋、通讯、电影电视、计划生育、党政干部培训、自然科学、社会科学、科协等事业人员和公用经费支出以及高技术研究专项经费。主要包括工资、补助工资、福利费、离退休费、助学金、公务费、设备购置费、修缮费、业务费、差额补助费。

(8) 抚恤和社会福利救济费

国家预算内用于抚恤和社会福利救济事业的经费。包括由民政部门开支的烈士家属和牺牲病残人员家属的一次性、定期抚恤金，革命伤残人员的抚恤金，各种伤残补助费，烈军属、复员退伍军人生活补助费，退伍军人安置费，优抚事业单位经费，烈士纪念建筑物管理费、维修费，自然灾害救济事业费和特大自然灾害灾后重建补助费。

(9) 离退休支出

实行归口管理的行政事业单位离退休经费。

(10) 社会保障补助支出

国家预算内用于社会保障的补助支出，包括社会保险基金补助、促进就业补助、国有企业下岗职工补助等。

(11) 国防支出

国家预算内用于国防建设和保卫国家安全的支出,包括国防费、国防科研事业费、民兵建设以及专项工程支出等。

(12) 行政管理费

包括行政管理支出、党派团体补助支出、外交支出、公安安全支出、司法支出、法院支出、检察院支出和公检法办案费用补助等。

(13) 政策性补贴支出

经国家批准,由国家财政拨付用于粮棉油等产品的价格补贴支出,主要包括粮、棉、油差价补贴,平抑物价和储备糖补贴,农业生产资料价差补贴,以及粮食风险基金,副食品风险基金,地方煤炭风险基金。

(14) 债务利息支出

国家预算内用于偿还国内外债务利息的支出。

13.3.4 公共财政支出的绩效评价

公共财政支出绩效评价是近30年出现在西方国家政府公共财政支出管理中的一项重要制度,核心是强调公共财政支出管理中目标与结果及结果有效性的关系,并形成一种面向结果的新的管理理念和管理方式。公共财政支出绩效评价的关键在于构建一个公共财政支出绩效评价指标体系,以提高政府管理效率、资金使用效益和公共服务水平。

13.3.4.1 财政支出绩效评价体系

财政支出绩效评价体系是以财政部门为主体、政府其他职能部门共同配合而形成的管理公共产品和公共服务的一项制度。建立财政支出绩效评价体系的核心就是把市场经济的一些理念融入预算管理中,使政府预算能像企业财务计划一样对政府的行为进行内控,并通过这种内控保障政府目标的实现,提高政府运行效率,促进政府职能转变,提高政府与市场的协调能力。从操作层面上讲,财政支出绩效评价体系不仅仅是对财政支出使用情况进行评价和监督,根本意义在于以财政支出效果为最终目标考核政府的职能实现程度,也就是考核政府提供公共产品或公共服务的数量与质量。财政支出绩效评价体系就是要把"不可衡量的事"变为"可衡量的事",通过确定政府的职能、财政支出的目标以及实现这些目标所需的步骤,在给定目标的前提下寻求最有效率的目标实现方式,以最低成本最大限度地满足公共需要以及社会经济发展的需要。

13.3.4.2 构建财政支出绩效评价体系的方法

构建政府财政支出绩效评价体系一般包括:制定明确、合理的公共财政支出绩效目标,建立科学、规范的公共财政支出绩效评价指标体系,对绩效目标的实现程度及效果实施考核与评价,并把绩效评价与预算编制、预算管理紧密结合起来。

为了形成与当地社会经济发展相适应的公共财政支出绩效评价体系,西方国家进行了各种探索,再加上经济理论界的研究发展,形成了多种构建公共财政支出绩效评价体系的方法,主要包括成本—效益分析法、最低成本法、综合指数法、因素分析法、生产函数法、模糊数学法、方案比较法、历史动态比较法、目标评价法、公众评判法等。

13.3.4.3 中国特色公共财政支出绩效评价体系

结合我国社会主义市场经济和财政收支情况，可按照以下三个步骤来建立中国特色公共财政支出绩效评价体系。

（1）明确财政支出绩效评价内容

一方面要明确公共财政支出范围。政府各机构支出预算绩效的评价范围主要包括政务信息管理、资源配置管理、公务员业绩管理、财务质量管理等内容。另一方面要明确项目支出预算的绩效评价，即对各个具体项目的支出绩效进行评价。项目支出的绩效评价体系应包括逻辑标准、管理标准和成果标准。用这三大标准来衡量项目支出的目的设计是否合理、项目管理以及项目绩效目标的完成情况等，从而确定公共资源的使用效率和效果。

（2）确定财政支出绩效指标及标准

在确定财政支出绩效指标及标准时，我们可以借鉴企业管理的办法，在指标设计上，按照"投入—过程—产出—成果"这一逻辑进行指标设计。根据目标的不同具体设计也不同，一般应遵循相关性、经济性、可比性、重要性原则。要综合运用上述四种原则，避免出现单纯追求成果而忽视效率或单纯追求效率而不顾成果的现象。

（3）确定评价主体

为了确保评价结果的客观、公正，财政支出绩效评价体系的主体应由以下三部分组成：

一是负责绩效评价的政府机关。财政部是负责政府公共财政支出的综合部门，其主要职责是建立绩效评价制度、制定和发布相关政策、实施指南和技术规范等，组织评价，综合利用评价信息改进预算管理、提高决策能力。

二是具有专业判断能力的专家组。专家组是由来自高等院校、科研机构、中介机构等的技术人员组成，主要负责解决技术上的难题，协同政府部门确定指标、标准，对各部门的支出绩效进行分析。

三是相关的社会公众。社会公众有权对政府机构的服务质量、服务效果进行评价。财政支出的分配和使用效率在很大程度上取决于能否充分反映社会公众的需要。在公共财政支出绩效的评价过程中，应通过调查获得公众的满意度信息，检查财政支出的实际效果是否符合公众需要。

财政支出绩效评价体系涉及的内容多、范围广，评价体系需要各部门配合，评价内容中各部门的绩效目标、绩效指标合理与否尤为重要。绩效评价的最终落脚点也是通过各项绩效指标来评价绩效目标的实现程度，从而确定与各部门及各项目相适应的财政预算。

13.4 打造基于民生的现代公共财政

作为公共管理最重要的资源之一，财政既是政府履行职能的物质保障，也是保持并增加执政集团政治合法性、实现长期执政的物质基础。打造基于民生的现代公共财政，在财政活动中充分彰显公共财政的公共性、法治性、服务性、公平性、民主性，是建设服务型执政党和服务型政府的根本要求,更是跳出执政的"历史周期律"、实现伟大中国梦的理性路径。

13.4.1 历史周期律与财政问题

从人类历史发展的长河来看,任何执政集团及其雄才大略的领袖人物,最终都只不过是历史舞台上的流星,"其兴也勃焉,其亡也忽焉",谁也逃脱不掉荣衰兴亡的历史周期律。

13.4.1.1 历史周期律的概念

"历史周期律"是指世界上任何一个国家政权都会经历治乱兴亡,往复循环,呈现出周期性的现象。极端的不公导致社会的崩溃,又达到新的相对公平,周而复始。实际上,历史周期律问题并非始于黄炎培与毛泽东的"延安窑洞对话"。关于历史周期律,早在唐《贞观政要》里就有了较为经典的论述,"太平后必有大乱","古之帝王,有兴有衰,犹朝之有暮……天子者,有道则人推而为主,无道则人弃而不用,诚可畏也","自古失国之主,皆为居安忘危,处治忘乱,所以不能长久"①。战国时期的阴阳家邹衍创立了"五德终始说",以自然界"金木水火土"之间的"相生相克"来诠释王朝的荣衰兴亡。任何一个执政集团都会谋求更长期的执政,甚至梦想能永远执政下去。"城头变幻大王旗"式的王朝更替历史更是充分揭示了我国执政历史周期律的残酷事实。

13.4.1.2 历史周期律与财政的相关性

古今中外的执政集团几乎很难跳出执政的历史周期律。在众多原因中,财政因素是一个非常重要的因素,甚至是一个决定性的因素。财政收支活动是一个国家政权最基本的活动。财政问题是因国家或政府收支不平衡而诱发的问题。财政入不敷出会导致财政收支不平衡,进而产生财政压力,当财政压力超过一定的临界点就会产生财政问题。如果执政集团不能采取有效的财税制度解决财政问题,财政问题就有可能诱发制度变迁,进而引起政治合法性的流转与王朝的更替。而导致历史周期律的财政问题,其根源也毫无例外是利益的驱动。任何一个人及由人组成的组织采取什么样的行为,不是取决于其他,是取决于最大利益这个根本的需求动机。凡是人和由人构成的组织,其本质都是"经济人","经济人"理性的本质就在于其自利性。即使是在某一时期具有共容利益的组织,最终也无法摆脱"经济人"自利性的束缚与羁绊。因此,任何一个组织,如果长期执政,很容易导致其所代表的利益狭隘化,并最终完全成为狭隘利益集团。而完全丧失公共利益的狭隘利益集团也会彻底失去政治合法性,最终为人民群众所抛弃。②

13.4.1.3 以民生为导向的现代公共财政

传统国家财政问题时常会诱发执政集团的政治合法性危机,甚至导致王朝更替。究其原因,从体制上来看,传统国家财政是王朝财政或君主财政,政府财政收支活动完全是用来满足专制君主贪欲。由于传统君主专制政体无一例外都是以垄断整个社会利益为

---

① 吴兢编著:《贞观政要》,上海:上海古籍出版社,1978年。
② 史云贵:《共容利益狭隘化:破解国家荣衰兴亡周期律的一种新解释》,《社会科学》2012年第3期。

目标的"家天下"政体，即使执政集团在统治前期"让利于民"，也只不过是换取民众对在位执政集团政治合法性认同的手段，从而达到更长期执政的目的。如果执政集团过于看重自身利益，不再愿意与老百姓共享社会利益时，"城头变幻大王旗"式的王朝更替就在所难免了。而基于人民主权的现代公共财政本质上是人民财政、法治财政、民主财政。政府的财政收支活动都要置于法律和人民的监督之下，尤其是公共财政开支必须以满足人民群众的基本需求为目标，以提高人民群众的获得感与满意度为落脚点和归宿点。建立健全以民生为导向的现代公共财政，是实现我党长期执政、跳出执政"历史周期律"的内在需要，是建设现代服务型执政党和服务型政府、与时俱进提高公共服务质量、践行全心全意为人民服务宗旨的根本要求。

13.4.2 我国公共财政建设中的主要问题

在我国走向现代公共财政的过程中，虽然在公共财政建设方面取得了一定的成绩，但离国家治理体系和治理能力现代化的要求还有很大的差距。具体而言，当前我国公共财政建设中还存在以下主要问题。

13.4.2.1 财政收支未完全建立在法治轨道上

与传统国家财政相比，现代公共财政的一个重要特征就是法治财政，即把政府财政收支活动置于法治的框架之中。当前我国法治财政建设还存在一些亟待解决的问题：一是国家税种、税源、税负的制定没有完全实现法治化；二是依法征税方面存在不少漏洞；三是中央和地方财税的分配没有明确的法律界定；四是企业和个人依法纳税机制不健全，偷税漏税现象比较严重。

13.4.2.2 经济发展进入新常态影响公共财政收入

自2012年前后，我国经济告别了过去30多年的两位数高增长，GDP增长进入到6%~8%的中高速增长期，并将长期处于这个发展阶段，即我国经济发展进入新常态，这意味着国家经济增长速度放缓，经济结构面临深刻调整，就业形势更加严峻。政府在"稳增长、调结构、保民生"的过程中，一方面要在经济结构调整、产业转型升级方面加大投资力度，以增强实体经济"造血"功能；另一方面要保持民生建设投入持续增长。二者都需要依靠强大的公共财政作为后盾。而我国经济发展进入新常态后，面临严重的经济持续下行，政府财政收入面临前所未有的困境。当前，党和政府在大规模"减税"的同时，通过反腐败、削减"三公经费"、反"四风"等措施进行有效应对。

13.4.2.3 实体经济不足影响公共财政收入的可持续性

实体经济是指物质、精神产品和服务的生产、流通等经济活动，既包括农业、工业、交通通信业、商业服务业、建筑业、文化产业等物质生产和服务部门，也包括教育、文化、知识、信息、艺术、体育等精神产品的生产和服务部门。实体经济始终是人类社会赖以生存和发展的基础。实体经济的特点可以归纳为以下四点：有形性、主导性、载体性、下降性。虚拟经济与实体经济相对应，简单地说就是直接以钱生钱的活动。虚拟经济与实体经济之间存在着相互依存、相互促进的密切关系。一段时间以来，部分政府、企业和个人热衷于"短平快"的虚拟经济，一些人从事着"以钱生钱"的

"放爪子"行为。大量的银行资本和民间资本流通于金融和房地产行业，实体经济企业的贷款成本越来越高，造成实体经济企业债务累累。当前，在虚拟经济、互联网经济、新常态经济三重压力下，大量实体经济企业破产，从而削弱了虚拟经济的物质基础，造成一度繁荣的虚拟经济最终也只能是"镜中花"与"水中月"。由于片面追求功利，偏好于虚拟经济，使实体经济与虚拟经济发展严重不平衡，最终造成大量实体经济企业崩溃，严重破坏了国家财政的物质基础与公共财政收入的可持续性。

13.4.2.4 政府角色冲突影响公共财政收入

所谓政府角色就是政府履行职能的边界，也就是政府究竟该做什么、不该做什么。一个现代政府可能要做很多事情，但其最重要的角色应是一个制定规则的"裁判员"，即产权和政策的制定者、监督者，并由此获得税收收益。与传统政府相比，现代政府应是法治下的"税收政府"，它不直接从事生产活动，其任务就是自己"搭台"让企业"唱戏"。这是市场经济对现代政府角色定位的必然要求，也是一个政府自身现代化的必然要求。而在向现代财政转型的过程中，政府往往不甘于"税收政府"的角色，不满足于税收收入的现状，千方百计地扮演"自产政府"的角色，即政府把自己也等同于一个市场主体并与其他市场主体进行逐利，从而出现了政府既是"裁判员"又是"运动员"的角色错位与冲突。政府的角色错位与冲突一方面直接影响了企业积极性与市场活力，从而影响了政府财政收入的稳定性与可持续性；另一方面也严重影响了税收收入在财政总收入中的比重，而税收收入在财政收入中的占比是衡量一个国家市场经济发展和现代国家建设水平的重要标尺，也是现代公共财政建设的重要指标。

13.4.2.5 公共财政的民主性有待进一步加强

民主是现代公共财政的一个重要特征。与传统专制财政相比，现代公共财政秉承"人民是国家和社会的主人"理念，其本质是人民的财政资源由人民群众所共同创造，也理所当然由人民群众支配。当前，公共财政民主性缺乏主要表现在以下三个方面：一是人民群众无法参与税种、税源、税负的制定；二是公共财政收支不透明，普通群众对公共预算无从知晓；三是人大代表对财政的监督也基本流于形式。当前迫切需要实施预算民主，把政府的花钱行为交给老百姓来决定，进一步加强人民群众对财政收支过程的监督。近年来，浙江温岭等一些地方的县乡基层试点开展地方预算民主，已取得了一些成功的经验。

13.4.2.6 部分税种、税负设置不合理

当前，由于经济下行、民生投入加大，国家财政压力凸显，政府对一些不合理的税种、税负在短期内不愿意做科学性、适宜性调整。部分税种、税负设置不合理主要表现在以下两个方面：一是企业税收太重，不少实体企业已破产或处于破产的边缘。二是国家个人所得税不合理。作为调节税的个人所得税，其本质是对富人征收的专门税，在一定程度上起着"杀富济贫"的调节作用。20世纪80年代，我国的个人所得税起征点是800元，那时候全国仅有1%不到的著名演员、歌星、企业主被征收。当前，个税起征点是5000元，但老百姓每月的收入水平基本已达到甚至远超过每月5000元。这样的个税就成为"雁过拔毛"的税种，远远失去了个人所得税固有的意义。另外，农业税的全

面取消也带来了不少"后遗症"。农业税取消后,一些本来由社会或民间承担的公共产品和公共服务不得不由各级政府单独承担。

13.4.2.7 公共财政的民生投入欠账太多

近年来,虽然各级政府的民生投入持续增长,但由于我国在经济建设过程中,对社会建设尤其是民生建设长期投入不足,造成公共财政的民生投入欠账太多。当前民生投入的政府欠账集中表现在:一是偏远农村尤其是老少边穷的农村地区,生产生活基础设施严重落后;二是城市在快速发展过程中,一边是高楼大厦林立,一边是棚户区、城中村、背街小巷杂乱无章;三是长期的城市建设过程中,过多地看重"面子"而忽视了"里子"。例如,长期以来我国城市地下管线建设被严重忽视,尤其是一些老旧城区、老旧社区逢雨则涝。为了尽快补齐民生投入欠账的"短板",无疑需要大量的财政投入,这在经济持续下行、实体经济低迷的情况下无疑是一个巨大的财政压力。

13.4.2.8 税收文化建设迫在眉睫

税收文化是在人类社会历史发展过程中围绕税收实践活动所形成的物质形式、规章制度、行为习俗以及所积淀的意识形态的总和,是一个国家文化体系的子文化,反映了税收的法制程度以及税法在实践中的执行程度,具有丰富的内涵。[①] 西方国家有比较成熟的税收文化,成熟的税收文化教育使其公民充分意识到税收对国家和社会的重要性,依法纳税已成为公民的文化自觉。当前,我国一些单位的会计"造假账",想着法子偷税漏税,造成税收成本增加。我国客观存在的这些税收问题在很大程度上与长期忽视税收文化建设有关。税收文化是影响个人、组织发展及其价值实现的重要因素。通过税收文化建设可以为组织提高管理效能以及为个人实现自我价值提供强有力的思想保证、舆论支持和精神动力。因此,我们要加强税收文化建设,形成文化自觉,弘扬具有时代特征的先进税收文化,以更好地应对经济新常态的挑战,打造强大的、可持续的现代公共财政,促进经济持续健康发展。

13.4.3 建设现代公共财政的理性路径

13.4.3.1 定位为税收国家或税收政府

税收国家(tax state)最早是由美籍奥地利思想家约瑟夫·熊彼特于1918年提出的,用来指称由公众税收养活的现代国家,以区别于中世纪西欧那些依靠国王自有领地收入(土地收益)的封建国家。后来,税收国家用来指称国家财政收入依赖于对市场主体征收税收而不是靠政府自身创收的现代国家。从经济角度而言,现代国家毫无例外是市场经济国家。对于市场在资源配置中起决定性作用的现代国家,政府的任务就是依法界定以产权为核心的制度规则,对市场主体进行监督,并依法对违反制度规则的市场主体进行处罚。只有定位为税收国家或税收政府,政府才能当好"裁判员",才能保证国家财政收入的稳定性。就政府本身而言,它天生就是一个消费者而不是直接生产者。如果一个国家(政府)不把自己定位为一个税收国家(税收政府),它就很难克制"GDP

---

① 阮家福:《加强税收文化建设的路径》,《湖北日报》2011年12月1日。

冲动"，就会如同其他市场主体一样卷入市场的逐利行为，从而不可避免地成为市场制度规则的破坏者，并最终削弱政府税收的经济基础和公共财政的可持续性。

13.4.3.2 进一步强化人大对财政的监控，打造现代公共财政

加强人大对财政的全程监控是打造现代公共财政的必然要求。一要建章立制，织密"防护网"，增强监督刚性。要坚持量入为出、收支平衡，坚持零基预算、"先有预算，后有支出"，坚持统筹兼顾、保证重点和注重效益的原则。坚持监督法定性原则，积极推进预算审查监督工作规范化和制度化建设，详细制定全口径预算审查监督工作的内容、程序和方法。二要培训代表，当好"明白人"，提升预算审议质量。各级人大要及时组织预算法培训，定期开展财政知识和预算审查监督业务培训，帮助代表掌握预算审查监督方面的法律法规和业务知识。财政部门有关负责同志应列席人大代表团的预算审议活动，及时对预算编制进行说明，并回答代表询问。三要跟踪问效审计，整改"动真格"。各级人大财经委、常委会预算工委组织要对审计工作情况进行专项检查，逐一核验问题整改落实情况，并对整改情况专题报告提出修改意见。政府负责人应对人大审议意见做出专门批示，要求市财政及相关部门"深入查找问题，完善管理制度，切实把审计问题整改落实到位"，让人大监督与审计监督形成合力，更好地发挥审计监督的作用。[①]

13.4.3.3 健全中央与地方法定性财税体系

财政资源的法定化分配是构建现代国家的一个重要指标。长期以来，我国中央与地方之间一直没有法定性或契约性的财税体系，地方财税的多寡几乎完全取决于中央财政的需求。为此，要按照党的十八届三中全会提出的"深化税收制度改革，完善地方税体系"的基本要求，加快构建我国现代法理型财税体系。一方面，要依法构建中央与地方的财税体系。中央依法集中管理中央税收和共享税的立法权、税种开征与停征权、税目及税率调整权、减免税权等；将财产行为税收作为地方税体系的重要内容，增加地方税收收入；赋予省级政府适当的税政管理权限，培育地方支柱税源；进一步增强地方特别是中西部地区安排使用财政收入的自主性、编制预算的完整性，加强资金管理的积极性。另一方面，要依法完善中央与地方的财政责任，加强中央财政转移支付力度。"国防、外交、国家安全关系全国统一市场规则和管理等作为中央事权；部分社会保障、跨区域重大项目建设维护等作为中央和地方共同事权，逐步理顺事权关系；区域性公共服务作为地方事权。中央和地方按照事权划分依法承担和分担支出责任……对于跨区域且对其他地区影响较大的公共服务，中央通过转移支付承担一部分地方事权支出责任。"[②]

13.4.3.4 完善个人所得税，彰显公平正义价值

个人所得税是对个人（自然人）取得的各项应税所得征收的一种税种，是国家运用税收这一经济杠杆调节收入分配的有力工具。我国现行个人所得税制主要存在以下问题：分类所得税制难以完全体现公平税负的原则，个人所得税调节贫富差距的作用不断减弱，以个人为单位进行纳税申报的方式亟待改善，个人所得税偷税漏税情况严重等。

---

① 郑国军、顾宏标：《南京市人大加强财政预算监督 管好人民的"钱袋子"》，《南京日报》2016年2月17日。
② 申孟哲等：《三中全会十大新政直击社会病》，《人民日报》（海外版）2013年11月20日。

为了解决上述问题，一是要在科学制定个税免征额标准的基础上，实现个人所得税指数化、动态化。要让个人所得税达到财产调节的目的。个税免征额应随居民消费支出和CPI（居民消费价格指数）涨幅而动态变化，个税免征额调整必须更具灵活性、指数化，同时不同地区、不同行业的个税免征额应有适度的差别。二是要探索实行以家庭为单位申报纳税的方式，平衡不同纳税人的全部或部分家庭负担，使税后结果尽量公平。三是要进一步加强税收征管。首先，要努力改进税收征管手段，积极推进税务部门对个人各项所得信息收集系统以及银行对个人收支结算系统的建设，实现收入监控和数据处理的完全电子化。其次，进一步完善源泉扣缴和纳税人自行申报相结合的征管方式，不按规定扣缴、申报、缴纳税款以及不按规定报送有关信息资料的扣缴义务人必须承担法律责任和相应处罚。最后，要加强依法纳税宣传，充分发挥社会舆论的力量，强化纳税人自觉、合法纳税的意识，形成全社会共同协税护税的良好氛围。

13.4.3.5 加快实施不动产税、遗产税

不动产税、所得税和增值税是国际通行的三大主力税种。不动产税主要为地方税，所得税和增值税是以中央税为主的共享税。不动产税有时也指物业税，属于持有税，主要针对土地、房屋等不动产，要求其承租人或所有者每年都要缴付一定的税款，并按评估价值征税，即应缴纳的税值会随着其市值的变化而变化。在不同国家、地区，不动产税的名称也不同，征税范围既包括城镇，也包括农村。不动产税作为地方政府财政收入的主体税种，要由中央政府统一立法，按生产经营用房和居住用房划分不同的税率，规定税率幅度，地方政府可在统一规定的税率幅度内确定当地具体适用税率。依法开征不动产税对于增加地方财政收入、完善国家财税结构有着重要的意义。

遗产税是以被继承人去世后所遗留的财产为征税对象，向遗产继承人和受遗赠人征收的税，是当今世界许多国家征收的一种税种。遗产税通常与赠予税一并设立、征收。开征遗产税一方面可为国家财政提供稳定的税源和税收，另一方面也有利于调解社会财富的分配，培育人民勤劳致富的意识和品质，激发"富二代""富三代"自强自立，更好地推进社会公平与和谐。

13.4.3.6 建立官员财产申报、公开制度，打造廉洁的政治生态环境

官员财产申报制度是一件预防官员贪污腐败、盘活国家财富资源的"利器"。在很多国家，官员财产申报制度被称为"阳光法案"或"终端反腐"。截至2012年，全世界已有97个国家和地区将"官员财产申报"入法，其中既有发达国家，也有发展中国家。我国正在逐步建立起完善的官员财产申报制度。当前，我们要坚持全面从严治党，强化"四个意识"，坚决打好党风廉政建设和反腐败斗争这场硬仗，为构建中国特色财税体制、打造现代公共财政体系、实现伟大的中国梦提供清正廉洁的执政生态环境。

13.4.3.7 打造现代税收文化，促进公民自觉纳税

税收文化包括税收理念、税收制度、税收习俗等多种形式。现代税收文化作为一种理念应正确引导整个社会公众，将纳税人、征税人、用税人的不同利益沟通、连接、联通在一起，融合成一个社会共同体的利益，促进社会协调发展。

其一，要打造现代税收文化，必须转变人们对税收行为的认识，正确指导税收实

践。在现代税收文化建设中，必须改变目前人们税收法治观念薄弱、纳税自觉性不足的状况。当前，迫切需要构建和倡导以"法治税收"为核心的现代税收文化，积极引导公民自觉纳税，杜绝税收不遵从的侥幸心理。同时，必须切实增强税收宣传的针对性、系统性和实效性，着眼于增强公民依法纳税的观念，着眼于优化税收法治环境，面向广大纳税人，面向社会各界，培养和提高公民纳税意识。①

其二，要打造现代税收文化，必须切实构建社会综合信用制度。应加强包括纳税信用在内的社会综合信用制度建设，通过各种渠道，建立和强化与信用制度相适应的生活方式、价值观念，强调严格执法对遏制"人情税""关系税"的积极作用。

本章小结

财政是一个国家（政府）赖以生存的物质基础，也是国家（政府）活动的中心。一个国家或政府的活动在很大程度上表现为财政收支活动。传统财政是专制财政、人治财政；现代财政是民主财政、公共财政。公共财政具有公共性、法治性、强制性、服务性、公平性、民主性等特征。公共财政具有资源配置、收入分配、经济调控、监督管理的基本职能。公共财政收入是形成公共财政资源的前提，政府通常借助税收、公债以及非税收入来充实自己的财政资源。一个国家财政实力的强弱主要表现为其财政收入规模的大小。财政收入规模是一定时期内（通常为一年）财政收入来源的总量。财政支出与财政收入一起构成了财政分配的完整体系，财政支出是财政收入的归宿，它反映了政府政策的选择，体现了政府活动的方向和范围。财政支出绩效评价强调公共财政支出管理中目标与结果及结果有效性的关系，关键在于构建一个公共财政支出绩效评价指标体系，以提高政府管理效率、资金使用效益和公共服务水平。财政既是政府履行职能的物质保障，也是保持并增进执政集团政治合法性、实现长期执政的物质基础。打造基于民生的现代公共财政，在财政活动中充分彰显公共财政的公共性、法治性、服务性、公平性、民主性，是建设服务型执政党和服务型政府的根本要求，更是跳出执政的"历史周期律"、实现伟大中国梦的理性路径。

复习题

1. 简述公共财政的概念、特征与职能。
2. 简述公共财政收入的概念、形式与管理原则。
3. 简述公共财政收入规模的影响因素。
4. 简述公共财政支出的概念、管理原则与内容。
5. 简述"历史周期律"的概念及其与财政的相关性。
6. 论述打造以民生为导向的现代公共财政的意义与路径。

---

① 阮家福：《加强税收文化建设的路径》，《湖北日报》2011年12月1日。

> **扩展阅读**

财政是国家治理的基础和重要支柱，科学的财税体制是优化资源配置、维护市场统一、促进社会公平、实现国家长治久安的制度保障。必须完善立法、明确事权、改革税制、稳定税负、透明预算、提高效率，建立现代财政制度，发挥中央和地方两个积极性。

改进预算管理制度。实施全面规范、公开透明的预算制度。审核预算的重点由平衡状态、赤字规模向支出预算和政策拓展。清理规范重点支出同财政收支增幅或生产总值挂钩事项，一般不采取挂钩方式。建立跨年度预算平衡机制，建立权责发生制的政府综合财务报告制度，建立规范合理的中央和地方政府债务管理及风险预警机制。完善一般性转移支付增长机制，重点增加对革命老区、民族地区、边疆地区、贫困地区的转移支付。中央出台增支政策形成的地方财力缺口，原则上通过一般性转移支付调节。清理、整合、规范专项转移支付项目，逐步取消竞争性领域专项和地方资金配套，严格控制引导类、救济类、应急类专项，对保留专项进行甄别，属地方事务的划入一般性转移支付。

完善税收制度。深化税收制度改革，完善地方税体系，逐步提高直接税比重。推进增值税改革，适当简化税率。调整消费税征收范围、环节、税率，把高耗能、高污染产品及部分高档消费品纳入征收范围。逐步建立综合与分类相结合的个人所得税制。加快房地产税立法并适时推进改革，加快资源税改革，推动环境保护费改税。按照统一税制、公平税负、促进公平竞争的原则，加强对税收优惠特别是区域税收优惠政策的规范管理。税收优惠政策统一由专门税收法律法规规定，清理规范税收优惠政策。完善国税、地税征管体制。

建立事权和支出责任相适应的制度。适度加强中央事权和支出责任，国防、外交、国家安全关系全国统一市场规则和管理等作为中央事权；部分社会保障、跨区域重大项目建设维护等作为中央和地方共同事权，逐步理顺事权关系；区域性公共服务作为地方事权。中央和地方按照事权划分相应承担和分担支出责任。中央可通过安排转移支付将部分事权支出责任委托地方承担。对于跨区域且对其他地区影响较大的公共服务，中央通过转移支付承担一部分地方事权支出责任。保持现有中央和地方财力格局总体稳定，结合税制改革，考虑税种属性，进一步理顺中央和地方收入划分。

（选自《中共中央关于全面深化改革若干重大问题的决定》，新华网，2013年11月15日）

第 14 章 公共部门信息资源管理

> 名人名言
>
> 信息资源管理是一种专业性工作,即是将信息资源通过管理和控制实现既定目标。
>
> ——霍顿

> 学习目标
>
> 1. 掌握公共部门信息资源管理的概念与内容。
> 2. 理解电子政务与政府服务创新。
> 3. 了解我国公共信息资源管理的实践经验与主要问题。
> 4. 了解我国公共信息资源管理的制度设计与实施方案。

在大数据时代,信息作为一种资源具有强劲的生产力。公共部门的海量信息资源为更好地供给公共产品和公共服务提供了基础条件。对公共部门信息资源进行开发利用还可以为社会创造新的价值。如何更高效地整合、开发和利用公共部门信息资源以促进公共治理质量提升是公共管理学的一项重要研究课题。本章主要介绍公共部门信息资源管理的概念与内容、电子政务与政府服务创新、我国公共信息资源管理的实践经验与主要问题,以及我国公共信息资源管理的制度设计与实施方案。

14.1 公共部门信息资源管理的概念与内容

公共部门信息资源作为信息资源之一,相对于其他资源具有公共性特征,公共部门信息资源管理较之非公共部门也有所不同。在深入学习和探讨公共部门信息资源管理这一研究课题之前,需要先明确其概念和内容。

14.1.1 公共部门信息资源管理的概念

公共部门是与私人部门相对应的概念，通常指一个国家内或地区中那些提供公共物品、制定和实施公共政策、拥有公共权力的组织机构，这些组织机构通常会形成以政府为核心的完整体系。[①] 也有学者认为，公共部门是由纯粹的公共部门即政府和第三部门组成，这里的第三部门主要包括公益性组织（如自来水公司等城市公共工程公司）、公共事业组织（如公立学校、社会福利机构、政府投资创办的科研机构）和非政府公共组织（如青年联合会等政府管理倾向明显的准公共部门）。[②] 由此可见，公共部门具有广义和狭义之分，狭义的公共部门即政府，而广义的公共部门则包括政府、事业单位、公共企业和非政府组织等。

信息是对客观世界中各种事物的性质、特征及其发展状况和相互联系的客观描述，是对人类社会活动中出现的消息、情报、指令、数据、信号等的概括。信息资源有狭义和广义之分，狭义的信息资源仅指信息作为资源的属性，而广义的信息资源则包括信息内容以及与信息内容有关的信息技术、信息设施和信息人员等。[③]

在官方的公开文件中没有明确界定公共信息，甚至在学术文献中也很少提及。美国《田纳西州公共信息法案》中提出，公共信息是在法律或法令以及与官方事务相联系下所收集、组织和保管的信息，包括政府部门产生的信息或为政府部门所生产、拥有以及有权获取的信息。保罗·乌勒在给联合国教科文组织起草的《发展和促进公共领域信息的政策指导草案》中，把公共领域的信息定义为"不受知识产权和其他法定制度限制使用以及公众能够有效利用而无需授权也不受制约的各种数据来源、类型及信息"。[④] 尽管上述概念表明了公共信息的广泛社会性，但人们还是习惯于把公共信息资源等同于政府信息资源。如美国的《公共信息资源改革法案 2001》把政府信息资源分为两部分，一部分是政府内部信息资源，另一部分是公共信息资源，并指出公共信息资源是为国民所拥有、被政府所掌握的战略性国家财富，除了被法律所禁止的，公共信息资源应该永久有效并为所有美国人、国家、当地或部落政府、私人企业、学术组织以及其他公共和私人组织、机构的利益而进行最大限度地开发。从社会发展的角度来看，早期政府内部信息资源与公共信息资源在内涵和外延上确实没有明显区别。但进入现代社会后，一方面，社会事务日渐复杂，政府生产和掌握的信息资源并不能覆盖所有的社会公共事务领域；另一方面，公民意识的觉醒、民主化浪潮的推进以及第三部门的空前活跃，为整个社会信息资源管理权力体系的平衡和公共信息资源的合理配置创造了组织条件和社会环境氛围，并要求政府生产及管理信息资源的策略也要进行相应调整。突出宏观指导、制度保障以及基本信息服务的政府内部信息资源与全面反映公共生活的公共信息资源在内涵和外延上的区别逐渐变得明显。借由公共信息资源与政府信息资源定义的比较，可以将公共部门信息资源界定为公共部门生产或者为公共部门所产生的以及公共部门所拥有

---

① 王雍君：《公共财政学》，北京：北京师范大学出版社，2008 年，第 8 页。
② 傅夏仙、吴晓谊：《公共部门人力资源管理基础》，上海：上海人民出版社，2005 年，第 2、6、8 页。
③ 孟继民：《资源型政府——公共管理的新模式》，北京：中国人民大学出版社，2008 年，第 275 页。
④ 夏义堃：《公共信息资源管理的多元化视角》，《图书情报知识》2005 年第 2 期。

的或有权获取的信息资源。这里的信息资源不仅包括信息内容，还涵盖了与之相关的信息技术、信息设施和信息人员等。狭义的公共部门信息资源等同于政府内部信息资源，而广义的信息资源则等同于公共信息资源。

就信息资源管理而言，有学者认为公共信息资源管理就是社会公共组织对公共信息资源进行收集、加工和处理的过程，凸现了公共性、绩效性和技术性三大特征[①]；有学者把公共信息资源管理界定为以政府为核心的公共主体为了有效利用公共信息资源，以信息技术为手段，对公共信息资源实施计划、预算、组织、指挥、控制、协调的一种管理活动[②]；有学者认为，公共信息资源管理是政府或第三部门等生产公共信息资源的社会组织，为满足公众对公共信息资源的需求以及实现公共信息资源的全社会共享，而进行收集、加工、整理、组织、提供等活动的过程[③]；还有学者从信息终极价值实现的角度出发，认为现代意义的公共信息资源管理是以政府为核心的多元社会行为主体及其网络化组织结构，为了最大限度地促进信息资源的全社会共享和信息资源效用价值的实现，维护社会公共利益，综合运用各种政治、经济、文化、技术管理方法和手段，在公共参与下实现对公共信息资源的多元管理。综合以上定义，本书将公共部门信息资源管理界定为以政府为核心的多元治理主体为了最大限度地促进信息资源的全社会共享和信息资源效用价值的实现，维护社会公共利益，共同参与并综合运用各种政治、经济、文化、技术管理方法和手段，以收集、加工和处理公共信息资源的管理活动。

14.1.2 公共部门信息资源管理的内容

从公共部门信息资源管理的定义来看，公共部门信息资源管理的内容具有复杂性，从不同的角度进行划分，公共部门信息资源管理的内容有所不同。

从公共部门信息资源管理的基本任务来看，主要有以下四项[④]：第一，制定信息资源开发的战略规划，使信息资源的开发利用活动在规划的统一指导和管理下有序进行，实现信息资源开发利用的低成本、高效率，同时贴近实际、贴近需求、贴近用户，最大限度地满足国民经济和社会发展的总体需要。第二，制定信息资源管理的法律、法规和条例，建立信息资源管理的监督和保障体系，使信息资源管理有法可依、有章可循。第三，综合运用经济、法律和行政手段协调信息资源管理者、开发者、利用者之间的关系，明确权责界限，使信息资源管理者、开发者、利用者能在平等互利的基础上实现信息资源共享。第四，通过加强信息基础设施和信息资源管理网络的建设，为信息资源的开发利用提供良好的环境条件。

从公共部门信息资源的类型来看，不同的信息资源类型决定了不同的公共部门信息资源管理内容。关于公共信息资源的类型，由于划分标准的不同，可以有多种类型。[⑤]第一，根据公共信息资源本身特性的不同，公共信息资源可划分为无排他性又无竞争性

---

① 张玉亮、何振：《对公共信息资源管理几个基本问题的探讨与反思》，《图书馆学研究》2009年第6期。
② 黄健荣等：《公共管理新论》，北京：社会科学文献出版社，2005年，第441页。
③ 邵平、杨玉麟：《论公共信息资源管理的体制与模式》，《图书馆学研究》2007年第8期。
④ 孟继民：《资源型政府——公共管理的新模式》，北京：中国人民大学出版社，2008年，第276页。
⑤ 蒋永福：《论公共信息资源管理——概念、配置效率及政府规制》，《图书情报知识》2006年第3期。

公共信息资源、有排他性而无竞争性公共信息资源和有竞争性而无排他性公共信息资源三种类型。无排他性又无竞争性公共信息资源包括可公开的政府信息资源等；有排他性而无竞争性公共信息资源包括标有密级的政府信息资源等；有竞争性而无排他性公共信息资源包括网络信息资源、图书馆馆藏信息资源等。第二，根据形成方式的不同，公共信息资源可划分为政府自产性公共信息资源、政府购买性公共信息资源和社会生产性公共信息资源三种类型。政府自产性公共信息资源是政府活动所产生的信息资源，如政府机构信息、政务信息、政策法规信息等；政府购买性公共信息资源是由政府购买私人信息资源并提供给公众使用的信息资源，如图书馆的大部分馆藏信息资源等；社会生产性公共信息资源是由非政府部门活动所产生的公共信息资源，如民间交流活动、社区公务活动、企业经营活动以及网络交往活动所产生的信息资源等。第三，根据受益者需求范围的不同，公共信息资源可划分为全国性公共信息资源和地方性公共信息资源两种类型。全国性公共信息资源一般为供全国公众使用的、无排他性的信息，如中央政府信息、网络信息等；地方性公共信息资源是指以满足地方公众需要为目的而形成和发布的信息，如地方政府信息、地区性天气预报、某部门或单位发布的本部门或本单位信息等。

从公共部门信息资源管理的过程来看，其内容主要包括公共部门信息资源收集管理、公共部门信息资源加工管理和公共部门信息资源处理。公共部门信息资源收集管理主要是指对公共部门信息资源产生和获取的管理；公共部门信息资源加工管理主要是指为了促进信息资源的全社会共享和信息资源效用价值的实现以及维护社会公共利益，对组织和整理所收集的信息资源进行的管理；公共部门信息资源处理又可划分为公共部门信息资源公开、公共部门信息资源配置、公共部门信息资源开发、公共部门信息资源增值开发利用等。其中，公共部门信息资源增值开发利用是近年来公共部门信息资源开发的新领域，是指以综合集成为基础，以商业或非商业目标对公共部门信息资源进行深度分析与加工，挖掘其潜在经济效用与社会价值的过程。①

14.2 电子政务与政府服务创新

美国于20世纪90年代初提出了"信息高速公路"的建设构想，掀起了继计算机和通信技术革命之后信息革命的第二次浪潮。与此同时，克林顿政府提出的"以信息技术再造政府"的设想也迅速成为世界各国公共行政改革和创新的共同主题之一，"电子政务（E-Government）"逐步进入公众视野，成为热点研究问题。

14.2.1 电子政务的概念

关于电子政务，国内外学者和组织根据不同的研究侧重点从不同的角度进行了界定

---

① 刘冰：《公共部门信息资源增值开发利用效率研究述评》，《中国图书馆学报》2013年第6期。

（见表 14-1）。①

表 14-1 电子政务概念

侧重点	电子政务概念	提出者
政府业务信息化	政府机关业务工作的数据化、网络化、可视化、智能化，是政府管理信息化的通俗化表达，是一项将观念创新、体制创新和技术创新相结合，事关管理现代化和行政体制改革全局的庞大的系统工程	张清浦
政务电子化	政府部门利用先进的信息技术（特别是网络技术）来实现政务处理的电子化，包括内部核心政务电子化、信息公布与发布电子化、信息传递与交换电子化、公众服务电子化等	张锐昕
以信息手段进行政务活动	广义的电子政务是指各级、各类国家机关以良政为目的，应用电子信息通信科技手段进行的各种政务活动与行为的总称；狭义的电子政务是指政府机构为改进公共行政管理和社会服务，利用电子信息通信技术手段尤其是基于互联网实现的政务活动与行为	汪向东
以信息手段对传统政务进行改造	电子政务是指国家机关以信息网络为平台，运用信息网络技术，不断优化业务工作流程、管理体制和运行机制，超越时空界限与部门分割，规范、透明、高效地进行内部管理和履行职能的管理与服务模式。它是对政府和政务流程进行重组和改造，是对传统政务的优化与提高	吴江等
信息技术下新型行政管理模式	电子政务是依托于信息技术发展起来的一种新型行政管理模式，主要是指政府机构应用现代信息和通信技术，将管理和服务通过网络技术进行系统集成，在互联网上实现政府组织结构和工作流程的优化重组，超越时间、空间与部门分隔的限制，全方位地向社会提供优质、规范、透明、符合国际水准的管理和服务	李广乾
以信息手段提升政府治理效能	政府通过信息通信技术手段的密集性和战略性，应用组织公共管理的方式，旨在提高效率、增强政府透明度、改善财政约束、改进公共政策的质量和决策的科学性，建立良好的政府之间、政府与社会、社区以及政府与公民之间的关系，提高公共服务的质量，赢得广泛的社会参与度	联合国经济社会理事会
以信息手段改善关系	电子政府主要关注的是政府机构使用信息技术（如万维网、互联网和移动计算），以赋予政府部门独特的能力，转变其与公民、企业、政府部门之间的关系	世界银行

结合以上定义，本书将电子政务界定为政府以信息网络为平台，运用信息网络技术提供优质公共产品和公共服务、提高政府治理效能、改善政府内外部关系的新型治理模式。从电子政务概念出现至今，在学术界以及政府治理实践中存在着许多与之相似的概念，如办公自动化、政府上网等，但这些概念与电子政务是有所区别的（见表 14-2）。②

---

① 国务院发展研究中心课题组：《信息化促进中国经济转型升级（下）》，北京：中国发展出版社，2015 年，第 198 页；原忠虎：《电子政务》，北京：北京大学出版社，2011 年，第 7 页。
② 姚国章、宋晓群：《电子政务原理与案例》，北京：北京大学出版社，2011 年，第 12—16 页。

表 14-2 电子政务相关概念辨别

相似概念	概念辨别
办公自动化	办公自动化侧重于利用电脑替代人工，主要在政府办公方面发挥其功用，与真正意义上的电子政务具有较大差距
政府上网	政府上网的概念是伴随着"政府上网工程"的实施而被大众所熟知的。政府上网工程的目的是推动各级政府部门建设政府网站，并推出政务公开等服务。这一工程目前还基本停留在信息发布这一层次，尚未真正实现政府职能上网，因而政府上网可以视为电子政务的初级阶段，是电子政务实现的前提和基础
政府信息化	政府信息化是一个相对宽泛的概念，具体包括办公自动化、信息网络化、管理电子化等多个方面。电子政务是政府信息化的主要表现形式，而政府信息化又是电子政务实施的必要条件。政府信息化与电子政务的关系是相辅相成的
电子政府	电子政府是现有的政府机构在开展电子政务的过程中，对现有的政府组织结构和工作流程进行优化重组之后构建的新的政府管理组织，其外在表现形式可以是虚拟化的政府网站，但支撑网站运作的必然是精简的政府机构、高效的政府工作团队和电子化的政府业务流程；而电子政务主要是指政府部门利用信息通信技术实现政府的相关职能。电子政务的实施必须依靠电子政府来完成，而构建电子政府的根本目的也就是为了更好地实施电子政务
电子化政府治理	电子政务强调的是政府服务和信息通过电子化的方式传递，而电子化政府治理更侧重于普通公众可以通过电子化的方式平等参与对其有直接影响或间接影响的政府决策，允许公众直接通过电子化的途径参与到政府的相关活动中去，可以看作是电子政务发展的高级阶段

电子政务的内涵主要包括以下四个方面：第一，电子政务是以信息技术为物质基础。电子政务是国家各级政府部门通过信息通信网络开展的政务活动，需要通过以互联网为主的信息通信技术载体才能得以实现。因此，电子政务离不开信息技术软件和硬件的发展和支撑。第二，电子政务是"电子"与"政务"的有机融合。电子政务不等于"电子"和"政务"简单相加，而是通过应用信息通信技术实现政务活动信息的实时共享和双向交互，从而使政务处理的效率、能力和满意度得以提升。第三，电子政务是一种新型的政府治理模式。政府要实现电子政务，必须革新治理思想和治理方式，从本质上适应信息社会的新规律和新特点。第四，电子政务是政府职能优化的信息化过程。在电子政务中，"政务"是根本，而"电子"只是进行政务活动的载体和手段。因此，电子政务不能停留在信息通信技术应用这一层次，更重要的是要通过信息通信技术将与电子政务发展相适应的政府机构改革和工作流程重组紧密结合起来，实现政府工作流程由过程间断的、异步的、离散的模式向自动连续的、实时协同的、共享信息的方式转变。

14.2.2 电子政务与政府服务创新的关系

随着社会经济的发展以及信息通信技术的进步，电子政务已经成为政府开展政务活动的重要方式。以电子政务创新政府服务符合国家信息化战略的导向，是公共服务需求多样化的客观要求，是服务型政府的内在逻辑，同时也顺应了信息通信技术发展的潮流，并为政府服务创新提供了可能。

一是符合国家信息化战略的导向。以政府开始尝试办公电子化为起点，通过金桥工程、金卡工程、金关工程即"三金工程"的推进，我国电子政务得到了快速发展。目前，我国电子政务进入了蓬勃发展阶段。《国家电子政务总体框架》明确提出"服务是宗旨"，要求电子政务要把服务作为出发点和落脚点，通过"推进公共服务信息化，及时发布公共信息，为群众生活和参与经济社会活动创造便利条件"。在《2006—2020年国家信息化发展战略》中明确提出了以电子政务改善公共服务的战略方向，要求"逐步建立以公民和企业为对象、以互联网为基础、中央与地方相配合、多种技术手段相结合的电子政务公共服务体系。重视推动电子政务公共服务延伸到街道、社区和乡村。逐步增加服务内容，扩大服务范围，提高服务质量，推动服务型政府建设"。

二是公共服务需求多样化的客观要求。随着社会经济的迅猛发展和公民意识的觉醒，公民的公共服务需求增长加速且日益多样化。如果这些公共服务诉求不能得到及时满足则易引发公民对政府的不满情绪，从而形成危及社会稳定的安全隐患。通过电子政务实现政府服务流程的电子化、政府服务功能的自动化、政府服务内容的个性化和政府服务提供的持续化，可以有效应对公共服务需求多样化带来的挑战，高效地满足公民的公共服务需求，提升政府服务质量，推动政府治理能力现代化。

三是服务型政府建设的内在逻辑。党的十八大报告提出，要按照建立中国特色社会主义行政体制目标，深入推进政企分开、政资分开、政事分开、政社分开，建设职能科学、结构优化、廉洁高效、人民满意的服务型政府。要实现服务型政府的构建，必须要树立为人民服务的意识，不断满足人民日益增长的物质文化需要，真正做到发展为了人民、发展依靠人民、发展成果由人民共享，最大限度地体现人民政府为人民。同时，必须创新行政体制和服务方式，更全面、更简捷、更高效地强化政府公共服务职能。而电子政务以其电子化的政府服务业务流程、政府服务提供方式和政府内外关系，能够及时满足公民的公共服务需求，改善政府和公民关系，提高公民的服务体验。

四是顺应信息通信技术的发展趋势。根据中国互联网络信息中心（CNNIC）发布的第38次《中国互联网络发展状况统计报告》，截至2016年6月，中国网民规模达7.1亿，其中2016年上半年新增网民2132万人，增长率为3.1%，互联网普及率达51.7%，超过全球平均水平3.1个百分点。互联网的普及深刻影响着人们的学习、工作和生活方式，为政府服务提供了新的渠道和路径，为以电子政务为载体的政府服务创新提供了基础条件。

五是为政府服务创新提供了可能。电子政务从政府服务的形式、理念、职能体制以及能力四个层面为政府服务创新提供了可能。[①] 首先，电子政务促进了公共服务手段和形式的创新，即从面对面地直接提供公共服务转变为借助电子网络等手段提供公共服务。这是一种技术创新，是电子政务在公共服务创新中发挥作用的第一个层面，也是最低级的层面，因为相比较而言这是最容易实现的一步。其次，电子政务促进了公共服务理念的创新。在技术创新潜移默化的影响下，公共服务也会逐步实现理念上的转变，包括由神秘向透明转变、由随意向规则转变、由以职能为中心向以公众为中心转变等。这是第二个层面，也是最为关键的一个层面，因为它决定了电子政务在后面两个层面中发

---

① 杜治洲、汪玉凯：《电子政务与中国公共服务创新》，《中国行政管理》2007年第6期。

挥作用的程度和持久性。再次，电子政务促进了公共服务职能和体制的创新。在公共服务职能和体制层面上，应用信息技术整合政府信息资源，简化政府提供公共服务的程序，实现政府职能的科学配置、公共服务流程的优化整合与公共服务主体的多元化发展，建立高效、公平、合理的公共服务机制。这是电子政务在公共服务创新中发挥的核心作用。最后，电子政务促进了公共服务能力的提高。在前面三个层面的基础上，电子政务最终将在财政预算约束条件下提高政府公共服务的综合能力，这是前面三个层面的最终目标和归宿。

14.2.3 电子政务在中国政府服务创新中的作用

自20世纪70年代起，电子政务在我国已经存在并发展了近50年，对我国政府服务创新起到了良好的促进作用，但也存在着一定的制约性。

就电子政务在我国政府服务创新中的积极作用而言，电子政务改善了我国政府服务供给方式，提高了政府服务的透明度，优化了政府服务流程，并有利于满足政府服务个性化需求。具体表现在以下四个方面。

一是电子政务改善了我国政府服务供给方式。自我国开展电子政务建设以来，通过政府网站可以提供公民信息服务、教育培训服务、就业服务、电子医疗服务、社会保险网络服务、电子证件服务、公民电子税务服务等。这种政府服务供给方式突破了时间和空间的限制，提高了服务供给效率，同时还避免了政府工作人员与公民或社会组织面对面沟通时可能产生的矛盾和冲突，在一定程度上提高了公民和社会组织对政府服务的满意度。

二是电子政务提高了政府服务的透明度。相较于传统的政府服务供给方式，电子政务提高了政府服务决策和执行过程的公开程度。一方面使得公民或社会组织可以通过政府网站、政务微博或微信等渠道及时表达其公共服务诉求，提高公民参与政府服务的积极性；另一方面更便于公民或社会组织及时对政府服务供给进行有效监督。

三是电子政务优化了政府服务流程。通过电子政务载体开展的政府服务活动是由信息通信技术进行人机交互处理，这就要求对这些政府服务项目进行前期梳理，勾画其业务流程，从而进行合理的网络程序设计，保证公民或社会组织可以便捷地通过电脑或智慧终端获得其所需的政府服务。在梳理过程中，政府将对需要通过网络方式供给的政府服务进行审查，明确具体的政府服务项目，并对原有的政府服务流程特别是需要跨部门合作的政府服务流程进行优化，以确保政府服务更加简便和高效。

四是电子政务有利于满足政府服务个性化需求。虽然在我国当前的政府服务供给中强调公共服务均等化，但随着公民和社会组织的发展，其利益诉求日益多样化，对政府服务的需求也将逐渐走向个性化。面对个性化的政府服务需求，电子政务秉持以公民为中心的理念，通过扩展政府与公民和社会组织的沟通渠道，采用更便捷的沟通方式及时了解和把握公民和社会组织的个性化服务需求，进而设计出政府服务网络系统，以促进政府与公民、社会组织关系的改善。

在关注电子政务对政府服务创新积极作用的同时，我们也应认识到电子政务作为政府服务的一种手段，在短时间内可能难以实现具有革命性意义的政府服务创新。从我国目前的实践情况来看,电子政务对政府转型的推动作用还不够明显,并且电子政务自身的局限性也限制了其创新政府服务的功能。具体表现在以下三个方面。

一是电子政务对政府服务创新的作用有限。电子政务是近年来政府改革的热点,但在我国电子政务建设实践中,其发展更多地表现在政府网站、政务微博或微信的开通数量上,政府服务多以政务信息公开的形式出现。对于内容广泛的政府服务而言,公民和社会组织的获取仍需通过线下行为实现,电子政务在政府服务中所起到的作用有限,其对政府服务创新所起到的作用也多体现在为公民和社会组织提供一种获取政府服务的途径,而非本质上的政府服务革新。

二是电子政务对政府转型的推动不足。电子政务强调依托信息技术在互联网上实现政府组织结构和工作流程的优化重组,从而突破时空与部门分隔的限制,全方位地向社会提供优质、规范、透明、符合国际水准的管理和服务。由此可见,政府组织结构和工作流程的优化重组是电子政务的重要内容。但在实践过程中,电子政务对政府组织结构和工作流程优化重组的作用多体现在政府通过网络提供的服务项目中,在深化政府体制改革、协调不同部门间的利益、整合跨部门资源等方面推动力不足。

三是电子政务自身的局限性限制其政府服务创新功能的发挥。电子政务依托于现代信息通信技术,同时也受限于现代信息通信技术所具有的局限性。[①] 一方面,信息时代的"数字鸿沟"导致了弱势群体难以公平地享受政府服务,从而出现了"电子政务的数字鸿沟",即政府在为教育程度偏低的人群、残障人士、低收入人群、家庭妇女、儿童及老少边穷地区人群提供数字接入便利和电子政务基本公共服务时所表现出的差异;另一方面,电子政务存在技术性限制,例如网页版的政府网站不便于使用手机等移动终端查看,导致电子政务难以像人工服务一样即时回应公民和社会组织的问题,这对政府服务可及性产生影响。

14.2.4 电子政务新趋势:"互联网+政务服务"

在2016年的政府工作报告中,李克强总理把"互联网+"引入政务工作,提出"互联网+政务服务"的理念,以实现各政府职能部门间的数据共享,目的是让居民和企业"少跑腿、好办事、不添堵"[②]。2016年4月14日,国家发改委等部门联合发布了《推进"互联网+政务服务"开展信息惠民试点的实施方案》(以下简称《方案》)。《方案》对推进"互联网+政务服务"的总体思路、基本原则、主要任务、实施步骤和时间节点都做了具体、明确的阐述,并详尽地构建了加强组织领导、创新体制机制、加大财政支持、完善考核制度、加强信息安全等一系列保障措施。2016年12月,为解决网上政务服务内容不规范、服务不便捷,网上政务服务平台不互通、数据不共享,线上线下联通不畅,政务服务标准化、规范化程度不高等问题,国务院办公厅发布了《"互联网+政务服务"技术体系建设指南》,对"互联网+政务服务"的主要内容,平台总体架

---

① 靳小平、海峰:《电子政务多渠道公共服务发展中面临的挑战与对策》,《电子政务》2014年第11期。
② 《李克强作政府工作报告(文字实录)》,中国政府网(http://www.gov.cn/guowuyuan/2016-03/05/content_5049372.htm)。

构，政务服务信息的汇聚、发布与展示，政务服务事项的一体化办理，互联互通与信息共享，关键保障技术，网上政务服务的监督考核等进行了规范。并明确提出到2017年年底前，各省（区、市）人民政府、国务院有关部门普遍建成网上政务服务平台；到2020年年底前，建成覆盖全国、整体联动、部门协同、省级统筹、一网办理的"互联网+政务服务"技术和服务体系，实现政务服务的标准化、精准化、便捷化、平台化、协同化，显著优化政务服务流程，使服务形式更加多元、服务渠道更为畅通、群众办事满意度显著提升。由此可见，"互联网+政务服务"将成为我国电子政务服务的新趋势。不过，"互联网+政务服务"中政府、公民、社会组织的行为模式和互动关系以及政府服务制度配套等有待进一步的完善。

14.3 我国公共信息资源管理的实践经验与主要问题

自20世纪80年代以来，我国公共信息资源管理实践紧跟世界发展潮流，取得了丰硕的成果，积累了丰富的经验，但也在实践过程中暴露出了很多问题，为公共信息资源管理的后续发展提供了借鉴。

14.3.1 公共信息资源管理理论

信息资源管理起源于20世纪70年代末的美国。霍顿最早使用了信息资源管理这一术语，以迪博尔德为首的研究小组在1979年明确强调了信息资源管理这一新领域，从而开启了信息资源管理研究的序幕。近40年来，国内外学者对信息资源管理理论进行了较为深入的研究，其主要代表人物及其观点如表14—3所示。[①]

表14—3 信息资源管理理论代表人物及其观点

代表人物	基本观点
D.胡赛因和K.M.胡赛因	胡赛因的信息资源管理理论准确地说是一种计算机资源管理理论，其核心是信息系统的开发、管理和计算机在工商企业领域的应用问题，因此又称为"管理中的信息系统理论"
里克斯和高	里克斯和高的信息资源管理理论是记录管理实践发展的直接产物，实际上是一种记录管理理论，其核心概念是记录和记录管理系统
霍顿	霍顿的信息资源管理理论以如何提高生产率为逻辑起点，认为信息资源管理是基于信息生命周期的一种人类管理活动，其理论核心是办公室、工厂、实验室环境中的信息资源和财产的管理问题。其在后来的研究中进一步强调企业需要将信息资源作为一种战略财产进行管理
史密斯和梅德利	史密斯和梅德利的信息资源管理理论从管理思想演变史的角度切入，非常注重管理理论与计算机信息系统理论的结合，较好地处理了信息系统理论和管理理论的关系与融合问题
马丁	马丁的信息资源管理理论具有英国化色彩，其将信息资源管理放置于信息社会之中，重视信息投入—产生理论的应用，体现了信息与资源的内在关联

[①] 游春山、狄九风：《信息资源管理》，北京：中央文献出版社，2004年，第71—88页。

续表14-3

代表人物	基本观点
克罗宁和达文波特	克罗宁和达文波特的信息资源管理理论从直觉入手，运用模型、隐喻和相关的方法论，剖析信息管理的深刻内涵。他们归纳了信息管理中的三种模型，即隐喻模型、转喻模型和分类模型，并认为信息可转换为有价值的财产
施特勒特曼	施特勒特曼的信息资源管理理论的核心是对信息管理背景、信息的经济转换过程和信息资源的论述。其中，信息的经济转换过程将单纯的信息资源管理过程和信息过程进行有机统一，是其理论的亮点
博蒙特和萨瑟兰	博蒙特和萨瑟兰的信息资源管理理论主要是从管理的角度对信息资源管理进行探讨，重点强调了信息和通信技术的利用对组织机构、商业运行和竞争的影响
卢泰宏	卢泰宏的信息资源管理理论的核心是"三维结构论"。他认为，信息资源管理是三种基本信息管理模式的集约化，这三种模式分别是：对应信息技术的技术管理模式，其研究内容是新的信息系统、新的信息媒介和新的利用方式；对应信息经济的经济管理模式，其研究方向是信息商品、信息市场、信息产业和信息经济；对应信息文化的人文管理模式，其研究方向是信息政策和信息法律等
孟广均	孟广均的信息资源管理理论认为，信息资源管理是管理思想史上的新里程碑，是管理思想的重要组成部分，管理思想的发展过程是从科学管理到信息资源管理的演变过程，是管理重心从产品管理到人本管理再到信息资源管理的变化过程
胡昌平	胡昌平的信息资源管理理论认为，信息管理科学是一门以普遍存在的社会信息现象为研究对象，在揭示其基本规律的基础上，围绕社会的信息服务，从社会的运行机制、信息需求与利用形态分析出发，研究信息资源与技术开发、信息的有序化组织以及社会信息活动控制（即研究社会化、系统化的信息管理）的新兴学科

此外，国内外学者还对信息资源管理的阶段模型进行了探讨，主要代表人物及其研究成果如表14-4所示。[①]

表14-4 信息资源管理阶段模型

阶段模型	代表人物	基本观点
三阶段模型	卢泰宏	卢泰宏依据不同的信息资源管理思想、信息资源管理目标、信息资源管理方式将信息资源管理发展分为三个时期：传统管理阶段、信息管理阶段和资源管理阶段
四阶段模型	马费成	马费成结合现代信息技术、知识经济理论、企业管理思想和现代管理理念，在卢泰宏的三阶段模型的基础上提出了信息资源管理的第四个阶段——知识管理阶段

---

① 孙建军：《信息资源管理概论》，南京：东南大学出版社，2008年，第14-18页。

续表14－4

阶段模型	代表人物	基本观点
五阶段模型	史密斯和梅德利	史密斯和梅德利以数据处理的发展为线索，提出了现代信息系统发展的阶段理论，将信息资源管理分为了数据处理、信息系统、管理信息系统、终端用户和信息资源管理五个阶段
	马钱德和霍顿	马钱德和霍顿按照信息资源管理的发展过程将信息资源管理划分为文书管理、自动化技术管理、信息资源管理、竞争者分析、情报和战略信息管理五个阶段
六阶段模型	诺兰	诺兰在总结组织应用信息技术的发展过程的基础上，提出了诺兰阶段模型，将信息资源管理划分为初装、蔓延、控制、集成、数据管理和成熟六个阶段

以上学者关于信息资源管理阶段的研究侧重于信息资源本身的数据处理过程，而缺乏将信息资源作为管理对象的考察。也有学者对此进行了探索，将公共信息资源管理划分为传统管理、技术管理、社会管理三个阶段，并认为随着政府服务转型，公共信息资源管理将更加具有服务性，且由单一的政府管理走向多元主体管理。

14.3.2　我国公共信息资源管理的实践经验

我国公共信息资源管理的历史轨迹基本上与政府信息资源管理重叠，事实上，真正意义上的政府信息资源管理是随着政府信息化工程的建设而逐步推进的。[①] 1984年，国务院批准国家计划委员会成立信息管理办公室，负责推动国务院有关部委的信息系统建设；1986年，批准成立国家经济信息系统领导小组和国家信息中心，负责国家经济信息系统的规划建设。1993年，国务院成立了国家经济信息化联席会议，开始实施"金桥、金关、金卡、金税"等信息化重大工程。20世纪90年代末期，由于网络信息技术的飞速发展和信息基础设施的不断完善，"政府上网工程"正式启动。1999年5月，开通了专为政府网站导航服务的"政府上网工程"主站点，提供所有已注册政府站点的"导航中心""政府新闻""发布政府信息"等栏目。在此推动下，各政府机关结合本部门实际工作，以"政府上网工程"为契机，进一步加大了政府信息资源开发建设的力度，取得了令人瞩目的成绩，政府信息的采集、发布、管理、利用、交流和反馈均有较大程度改善，信息资源建设初步形成规模。2002年7月召开的国家信息化领导小组第二次会议通过了《关于我国电子政务建设指导意见》，提出了"统筹规划，资源共享，应用主导，面向市场，安全可靠，务求实效"的信息化指导方针，电子政务工作主要围绕"两网一站四库十二金"重点展开，强调要努力走出一条有中国特色的信息化道路。近年来，随着互联网的发展和治理理念的转变，公共信息资源管理更加凸显服务职能，"互联网＋政务服务"的提出就是这一转变的重要体现。综观我国公共信息资源管理的发展，可以将其成功经验总结为以下六个方面。

---

① 夏义堃：《公共信息资源的多元化管理体制研究》，武汉：武汉大学博士学位论文，2005年。

14.3.2.1 国家战略的正确引导

国家信息化战略是我国公共信息资源管理发展的重要引导。从改革开放以来，历年的党代会、五年规划、政府报告等都制定了明确的国家信息化发展战略，为我国信息资源管理的蓬勃发展提供了极为重要的指引。2016年，中共中央办公厅、国务院办公厅印发《国家信息化发展战略纲要》。该文件是规范和指导我国未来10年国家信息化发展的纲领性文件，明确指出要"适应国家现代化发展需要，更好用信息化手段感知社会态势、畅通沟通渠道、辅助科学决策。持续深化电子政务应用，着力解决信息碎片化、应用条块化、服务割裂化等问题，以信息化推进国家治理体系和治理能力现代化"。这表明国家已经将公共部门信息化建设与信息资源管理纳入国家治理现代化的战略高度。在这样的背景之下，我国公共信息资源管理得到进一步发展，尤其是在公共信息资源管理体制、机制方面将会有重大改革。因此，国家层面的顶层设计与战略规划是我国公共信息资源管理发展的重要保障之一。

14.3.2.2 多元主体参与公共信息资源管理的多元格局初步形成

有学者指出，随着电子政务的广泛应用，政府组织应当创造出一个包括顾客在内的不断向外延伸的网络，以提高其服务能力，并提出"政府机构—网络型组织—增强价值网络的电子化政府"的三阶段发展模式。这一模式的成功构建把政府、企业、各类社会组织与公众都整合到电子化政府管辖范畴内，使任何组织和个人既是公共信息资源的提供者，也是公共信息资源的利用者，并改变了以往单向金字塔形的公共信息资源管理体系，将不同的社会组织和群体纳入公共信息资源开发建设的主体范畴，并形成开放式、多层次、交互式的新型公共信息资源管理网络。[1] 当前，我国公共信息资源管理中多元主体参与的多元格局逐渐形成。具体表现在：一是非政府组织与私人企业逐渐成为公共信息资源管理的重要参与者。当前诸多政府将公共部门信息的采集、加工以及平台建设等移交给非政府组织或者私人企业来完成，从而实现了优势互补。二是个人开始参与公共部门信息资源管理。当前，公众信息需求日益多元化，公众信息需求已经从原始的、简单的单向信息获取发展到如今的双向甚至多元互动的信息获取，这就要求政府等公共部门在公共信息资源管理中，充分考虑公众的需求，引导公众有效参与。我国在这方面已经取得了一些成绩，如通过"网络问政""网络监督""互联网+政务服务""智慧政府"等信息资源管理形式充分引导公众的有效参与，有力地推动了我国公共部门信息资源管理质量的提高。

14.3.2.3 有效的公共信息资源管理政策

公共信息政策是国家、政府或公共管理机构为了指导和规范公共信息资源、公共信息活动、公共信息事业的管理而颁布的各种方针、指南和准则。[2] 改革开放以来，我国有效制定和执行了公共信息资源管理政策。在系统政策建设方面，我国充分考虑了国家和地方的发展，有力地推动了公共信息资源管理的发展。我国建立了中央与地方并行的

---

[1] 夏义堃：《公共信息资源的多元化管理》，武汉：武汉大学出版社，2008年，第394页。
[2] 谢俊贵：《公共信息学》，长沙：湖南师范大学出版社，2004年，第243页。

公共信息系统模式：一是全国统一、自上而下的公共信息系统，二是不同公共管理机构所建立的信息机构。这两种模式各有优缺点，可以相互补充。在公共信息事务发展方面，2016年国家《"十三五"国家信息化规划》明确指出，要坚定不移走中国特色信息化发展道路，实施网络强国战略，让信息化更好造福国家和人民，为如期全面建成小康社会提供强大动力。同时要正确处理政府和市场关系，坚持发挥市场在资源配置中的决定性作用，更好发挥政府作用，破除不利于信息化创新发展的体制机制障碍，激发创新活力，加强法治保障，释放数字红利，为经济社会发展提供持续动力。这表明国家在推动公共信息事务发展方面做出了重要的政策支撑。在财政投资政策方面，我国加大了公共信息事业建设的财政投入力度，并允许公共信息管理机构向社会募集资金，从而推动公共信息事业的发展。在信息技术政策方面，公共信息主要采用现代信息技术进行传播，因此公共信息的安全与保密问题也就成为关注的焦点。我国在公共信息安全与保密方面也制定了一系列政策，如发布《计算机信息系统保密管理暂行规定》《公共信息网络发布信息保密与管理制度》等政策文件。在资源管理政策方面，我国目前已经依托中央政府、地方政府以及部门机构建立起信息资源管理政策体系，并在很大程度上实现了公共信息资源的共享。在传播交流政策方面，我国目前就公共信息的保密、公开以及公共信息传播的时空范围、渠道、方式制定了一系列有效的公共信息传播交流政策。在信息人员政策方面，我国已经建立起较为完善的信息资源人才机制，在信息资源管理人才培养、编制规定、资格条件、待遇、业务考核、职位晋升等方面都有相关政策规定。以上这些政策的制定与有效实施推动了我国信息资源管理的快速发展。

14.3.2.4　有效借鉴其他国家公共信息资源管理经验

自改革开放以来，我国信息资源管理之所以能够蓬勃发展，主要得益于对其他国家信息资源管理经验的学习与借鉴。西方发达国家信息资源管理起步早、政策与管理体系比较健全，为我国公共信息资源管理的发展奠定了重要的基础。我国借鉴美国、英国、法国、德国、瑞典、加拿大、澳大利亚等发达国家信息资源管理体制、运行机制以及发展战略。在认真学习西方发达国家信息资源管理先进经验的同时，结合我国信息化建设的具体国情，努力探索既适应国情又符合世界公共信息资源管理基本规律和趋势的管理体制、运行机制与发展战略，从而有力地推动了我国信息资源管理的蓬勃发展。

14.3.2.5　信息资源基础设施的有力保障

信息资源基础设施建设是信息资源管理发展的重要前提，完善的信息资源基础设施能够为我国信息资源管理提供强有力的载体支撑。我国信息资源基础设施建设始于1993年朱镕基推动的"金桥"工程，由此拉开了我国建设"信息高速公路"的序幕。进入21世纪以来，我国信息产业持续快速发展，经济增长贡献度稳步上升。2006年，中共中央办公厅、国务院办公厅印发《2006—2020年国家信息化发展战略》，推动了公共信息资源管理的发展。总体而言，我国信息资源基础设施建设取得了如下成就：一是网络基础设施实现跨越式发展；二是信息产业得到快速发展；三是信息技术实施效果显著；四是信息资源开发与利用取得重要进展；五是信息安全工作逐步加强；六是信息基础化工作逐步改善。这一系列关于信息资源基础设施建设工作的成就进一步推动了政府等公共部门信息资源管理的发展，包括门户网站、公共服务信息系统、"十二金工程"等。同时，随着新媒体技术的发展，各级政务微博、微信日益增多。根据《2015年度全国政务新媒体报告》，目前我国部委微信公众号拥有率超过40%，全国31个省级行政区和334个地级行政区均开通了数量不等的微信公众号，县乡级微信公众号拥有率也占到了50%以上。[①] 这对于推动我国构建共建共享的信息资源管理格局具有十分重要的现实意义。

14.3.2.6 公共信息资源学术研究的有力推动

当前，我国公共信息资源管理理论研究稳步推进。[②] 自改革开放以来，学界对公共信息资源管理进行了可贵的探索，取得了一定的成绩。主要体现在以下四个方面：一是学术组织相继创立。例如成立了江苏省信息学会、湖北省信息学会、浙江省信息学会等一大批学术研究组织。这些组织的成立标志着中国公共信息资源管理研究逐步步入组织化、规范化、制度化的新阶段。二是研究领域迅速拓展。在公共信息资源管理研究开展初期，学界主要专注于借鉴国外公共信息资源管理研究的理论框架以及实践的基本经验，所撰写的介绍性、通论性著作较多。此后，随着公共信息资源管理实践的开展以及研究的进一步深化，研究领域得到迅速拓展，出现了一系列对公共信息资源管理进行专题研究的学术著作和论文，涌现出一大批从事公共信息资源管理研究的专家学者，他们对公共信息资源管理的性质定位、价值取向、实践流程等问题进行深入探讨，提出了许多真知灼见，为推进公共信息资源管理发展做出了突出贡献。三是学术交流频繁。从事公共信息资源管理研究的学者积极加强学术交流，形成了良好的互动局面，逐步建立起学术研究的互动机制。四是联系实际十分紧密。我国公共信息资源管理研究十分注意理论联系实际，注重走出书斋、走向社会、引领社会，力求使公共信息资源管理成为推进管理创新的重要杠杆。

14.3.3 我国公共信息资源管理的主要问题

虽然我国公共信息资源管理取得了较大成就，并推动了我国公共信息资源管理的蓬勃发展，但在公共信息资源管理体制、机制等方面依然存在诸多问题，这些问题阻碍了我国公共信息资源管理的进一步发展。

14.3.3.1 政府单一制公共信息资源管理体制仍然存在

"国家是建构在社会之上最系统、最完备、最强有力的组织。"由于公共事务与国家事务的重叠以及人们观念认识上的局限，政府长期以来承担了公共信息资源管理的重任，并发挥着不可替代的重要作用。但随着现代社会公共事务、公共信息资源数量的剧增以及民主意识、社会自我管理能力的提升，单一的政府公共信息资源管理体制显现出种种无法逾越的体制障碍，政府公共信息资源管理能力也受到质疑。[③] 当前，面对信

---

① 《〈2015年度全国政务新媒体报告〉发布》，新华网（http://news.xinhuanet.com/politics/2016-01/19/c_128641442.htm）。
② 张玉亮、何振：《对公共信息资源管理几个基本问题的探讨与反思》，《图书馆学研究》2009年第6期。
③ 夏义堃：《公共信息资源的多元化管理》，武汉：武汉大学出版社，2008年，第143页。

资源管理的复杂性、开放性与共享性等特征与背景，我国政府主导的单一制公共信息资源管理能力严重不足，政府公共信息服务出现"差别服务""强制服务""不对称服务""粗糙服务"等情况。其原因主要在于政府自身管理不足以及单一的管理体制使得政府在公共信息资源管理方面并未与社会形成良好的互助合作关系，社会对政府信息资源管理的监督还十分有限。尤其是基层信息收集反馈渠道不健全，公共信息资源整合机制尚未建立，多元主体参与的管理体制并未形成，导致政府承担了许多超越其自身能力的公共信息资源管理职能。

14.3.3.2 公共信息资源供给与需求之间矛盾突出

当前我国公共信息资源总量仍然存在较大的问题，即还不能满足人们对公共信息资源日益增长的需求。从国际经验来看，在人均GDP超过1000美元之后，人们对文化、科技、教育以及政治参与等精神方面的需求会进入高速增长期，对公共信息资源的需求量急剧增加。[①] 而我国政府单一制下的公共信息资源供给已经不能满足公众需求，这已成为我国信息资源管理亟须解决的重要问题。

14.3.3.3 公共信息资源分配不均衡现象突出

国家对各类政府机关和事业单位信息资源管理的投入与其公共信息服务的产出严重不对称。一方面，公共信息基础平台建设步伐迟缓，在政府信息公开以及公益性信息尤其是与公众生活密切相关的基层信息服务方面，国家投入还十分有限。另一方面，计划经济体制下形成的庞大政府及其附属的事业单位机构臃肿、人满为患，缺少公共信息资源开发的动力；围绕政府需求采集、加工和管理公共信息，既造成了信息的浪费，也导致所提供的信息产品用户对象的单一。同时，国家有限的公共信息资源管理投入在相当程度上都用于"人头费"开支，为社会提供的公共信息服务严重不足。当前我国公共信息资源分配在公众与政府官员之间、农村与城市之间、东部发达地区与中西部欠发达地区之间存在较大的反差，部分老少边穷地区出现了因公共信息资源严重匮乏而致贫的现象。

14.3.3.4 公共信息资源共享程度低

受体制与部门利益等因素的影响，我国公共信息资源分散在不同政府系统与不同组织内，这种各自为政的格局使得公共信息资源共享程度较低，政府垄断公共信息的现象还比较普遍。同时，有关我国公共信息资源共享的法律法规建设较为滞后。随着我国信息资源应用的不断深入，信息公开、信息安全等方面法律法规缺失的问题越来越突出，迫切需要建立相应的法律法规，明确各类信息采集、存储、加工、传递、检索、分析等应用过程中的法律地位。信息资源可分为政府性信息资源、公益性信息资源和商业性信息资源。对信息资源实施分类、分级，才能保障信息应用的安全可靠，推动信息公开和跨部门信息共享。

---

① 夏义堃：《公共信息资源的多元化管理》，武汉：武汉大学出版社，2008年，第406页。

14.3.3.5 公共信息资源开发的市场机制还未健全

我国信息资源产权结构单一，信息资源市场开放不足，缺乏竞争机制，制约了信息社会化服务的发展。在我国信息资源市场中，政府部门及其下属企事业单位或拥有一定行政权的机构垄断了信息资源。由于缺少社会竞争，推动提高质量、改善服务的动力不足，造成信息资源开发利用市场化、产业化程度较低，信息资源产业规模不大，缺乏国际竞争力。

14.3.3.6 公共信息资源管理认识模糊

观念是行为的先导，行为是观念的结果，观念与意识在公共信息资源管理中的作用尤为重要。但当前我国无论是政府官员还是公众对公共信息资源的整体认识还存在一知半解的片面性与模糊性现象。一方面，当前我国公众整体信息意识还比较薄弱，信息与信息服务还没有引起人们的充分重视；人们对信息资源的认识更多地停留在工具利用的层面上，主动利用信息的自觉性不足；仍然十分依赖政府提供公共信息，对市场和社会提供的公共信息认识与接受度还不足。另一方面，对政府官员而言，公共信息资源是权力与利益的象征，许多政府官员利用公共信息资源来谋取自身私利，忽视了公共信息资源服务于公众的宗旨，甚至损害了公众的公共利益。

14.3.3.7 公共信息资源公益性开发先天不足

由于我国公共信息资源管理受到了计划经济体制的深刻影响，政府主导的公共信息资源管理体制的僵化与社会需求严重脱节，各种民间组织、经济组织没有在公共信息资源管理中发挥应有的作用。公共信息资源的普遍性、共享性、基础性等特征表明，由政府绝对主导的公共信息资源管理模式已经难以为继。当前我国非政府组织参与公共信息资源管理还存在如下问题：一是职能目标错位，许多非政府组织将公共信息资源作为盈利的渠道，丧失了公共性目的；二是官办色彩浓厚，独立性不足，许多非政府组织的财政来源主要依赖政府拨款，因此受制于政府，独立性不强；三是有关非政府组织公共信息资源管理的法律法规不健全；四是内部管理松弛，社会影响力不足；五是非政府组织的发展缺乏合理的布局。以上这些因素使得我国公共信息资源的公益性开发先天不足，严重影响了公共信息资源的传播，也使得公共信息的供给与需求矛盾不断加大。

14.4 我国公共信息资源管理的制度设计与实施方案

当前我国正在构建共建共享的公共信息资源管理格局，对公共信息资源管理制度进行改革就显得尤为迫切，这对于我国政府转变职能、提升政府治理能力有着重要意义。要推动公共信息资源管理体制改革就需要对信息资源管理体制进行相应的制度设计，并在制度设计的基础上提出主要实施方案。

14.4.1 我国公共信息资源管理的制度设计

14.4.1.1 公共信息资源管理制度设计的基本原则

我国公共信息资源管理的制度设计需要在明确公共信息资源管理制度设计原则的基

础上进行。为确保我国公共信息资源管理体制改革的有效推进，推动政府简政放权的职能转变，公共信息资源管理制度设计必须遵守以下基本原则。

（1）做好公共信息资源管理的顶层设计和战略规划

针对我国公共信息资源管理存在的问题，如公共信息资源管理体制单一、公共信息资源供需矛盾突出、公共信息资源分配不均衡、公共信息资源共享程度低等，究其原因是国家层面没有做好顶层制度设计和规划，没有一个完善的、系统的指导性改革方案，没有相关法律的保障，没有中央政府的充分授权。基于此，国家层面要从国家改革发展的大局出发，完善与公共信息资源管理体制改革有关的管理体制和运行机制，进一步明确划分中央和地方政府的职能，理顺中央和地方的利益关系，建立健全相关法律法规。

（2）坚持因地制宜的原则，防止"盲目跟风"

我国南北差异、东中西部差异较大，且各省份之间以及各省份内部的情况也千差万别，许多地区经济、社会的发展也具有多样性、独立性和复杂性特征。因此，公共信息资源管理体制改革不可能只有一种模式、一条路径，不能"一哄而上"，不能搞"一刀切"，应采取分类改革的方式，坚持因地制宜、分类指导、分步实施和循序渐进的原则灵活推进。此外，还要兼顾改革措施的动态性调整，时刻关注国内外有关公共信息资源体制改革实践和学术理论研究的最新动向，注重结合本地改革实践的实际进程，适时调整，以不断完善改革措施。

（3）兼顾公平与效率

由于我国东中西部地区经济发展水平不同，公共信息资源管理水平也千差万别，因此，我国公共信息资源管理的制度设计要在总体上加强对经济欠发达地区的财政支持，这可以在一定程度上缓解全国各省市基本公共信息服务水平差异较大的问题。我们还要兼顾公平与效率，充分考虑各地区经济社会发展的实际情况，提高经济欠发达地区公共信息资源管理的财政转移支付水平，有序构建基层政府公共信息资源管理的基本财力保障机制。在设计转移支付体系时，应兼顾激励性和公平性，重点在规模和比例两个方面协调均衡性转移支付和专项性转移支付，考虑财政的纵向与横向平衡问题及公共产品的外溢性，并根据实际情况有所侧重。[①]

（4）推动政府间合作与非政府组织的参与

要构建共建共享的公共信息资源管理格局需要设立具有半官方性质的区域性协调组织，加强不同地区政府之间在公共信息资源管理、共享方面的协调与沟通，从而实现共享、共建、共治的目标。同时，公共信息资源管理改革还要广泛鼓励非政府组织参与，非政府组织能够缓解当前政府公共信息资源供给不足与公众公共信息资源需求不断扩大的矛盾，能够有效整合与共享公共信息资源，从而与政府形成良好的互助合作关系，进而推动构建公共信息资源的多元化管理体制。

（5）强化公众公共信息资源管理的参与意愿和协作关系

公共信息资源管理体制改革需要一定的时间、耐心和不懈的努力。社会公众能否充分理解政府并满怀信心地面对改革取决于他们对政府的信任程度。由中央政府、地方政

---

① 王培三：《公共信息公平及政府的主要职责》，《图书馆》2013年第1期。

府和社会公众三方共同参与、共同协作的公共信息资源管理模式是大势所趋。上述管理模式中的每一方对于公共信息资源管理体制改革都应当有"正和博弈"的意识。这项改革并非是加强一方力量而削弱另一方力量的"零和博弈",而是助推各级政府增强公共管理能力、提高公共信息服务质量与绩效、提升政府公信力的一项有益实践。①

14.4.1.2 公共信息资源管理制度设计的主要内容

公共信息资源管理体制是指一个国家以什么方式管理全部的公共信息资源,以及用什么手段来协调各公共信息资源管理主体之间的关系,也就是公共信息资源管理机构设置和管理职能权限划分所形成的体系和制度。②我国公共信息资源管理制度设计主要包括公共信息资源管理权力配置、组织体系、运作模式、监督机制以及智库系统五个方面的内容。

（1）权力配置

公共信息资源管理制度设计首先需要在国家层次上组建由中央政府领导的公共信息资源管理机构,从宏观上加强信息化建设的总体领导与顶层设计。一方面要做好不同机构、部门的权力配置。这就要求在公共信息资源管理过程中的权力配置要结合我国国情,合理划分中央与地方的公共信息资源管理权限与责任,同时各级地方政府的权力机构与部门之间也要明晰各自的权力与责任,厘清各自的管理边界,从而使公共信息资源管理既经过中央政府的统一整合与顶层设计,又能够由地方政府各部门灵活运作,进而实现二者的有机衔接与良性互动。另一方面要增强公共信息资源开发的战略地位。当前西方各主要发达国家都将公共信息资源作为国家重要的战略资源,并提出了一系列国家信息化发展战略。我国必须要进一步完善公共信息资源管理的国家领导体系,加强对政府等部门公共信息资源公开内容与方式的绩效评估、完善公共信息资源管理的立法、设置公共信息资源共享整合的协调机构。

（2）组织体系

公共信息资源管理的组织体系是推动公共信息资源管理制度运作的重要载体与直接推动者。因此,我国公共信息资源管理制度设计需要构建职责清晰、分工明确的专业化组织体系。为加强对公共信息资源管理的统一领导,许多国家采取设立专门部门和办事机构的方法进行公共信息资源的计划、组织、控制与协调。一方面,我国需要完善已有的公共信息资源管理组织体系,并从管理政策、技术标准、相关项目与资金方面进行指导与支持;另一方面,基于公共信息资源的专业性、普遍性与渗透性,我国需要进一步强化对专业化公共信息资源管理的指导,赋予图书情报、统计、科技、文化等相关政府专业部门公共信息资源管理的职责。同时,我国可以在制度设计方面借鉴美国公共信息资源管理组织体系,即通过指定一名副部长负责所在部门及行业领域内的公共信息管理工作,在各部门设立首席信息官及首席信息官办公室,定期开展工作交流,将国家公共信息资源管理制度融入政府部门的日常工作中。

---

① 周毅：《公共信息服务质量问题研究——基于建立政府与公民信任关系的目标》,《情报理论与实践》2014年第1期。

② 刘静、牛红亮：《中美公共信息资源管理体制研究》,《四川图书馆学报》2010年第5期。

(3) 运作模式

当前我国正在构建共建、共享、共治的公共信息资源管理格局,要求多元主体参与公共信息资源的管理、开发与利用。因此,我国公共信息资源管理制度设计必须要包含多元主体参与的运作模式。在实践层面,非营利性信息机构和私人信息组织往往既是国家公共信息资源管理的对象,也是承担具体公共信息资源开发建设任务的基层信息组织。为此,我国需要构建和完善信息公开、鼓励竞争、资源整合的公共信息资源开发利用模式。具体来讲,要在资金、技术、人力等方面充分利用并整合民间信息机构和私营信息企业的资源,形成基于合作和优势互补的利益共同体,逐渐构筑起强大的公共信息资源社会管理体系。其中,政府信息职能管理部门主要负责公共信息资源开发建设的规划、法规政策的制定及引导、重大信息项目的招投标管理,具体的公共信息资源开发建设则由其他信息机构来承担,从而构建起多元主体参与的公共信息资源管理体制。

(4) 监督机制

除了完善的组织体系、管理体系,还需要有效的监督机制来保障公共信息资源管理目标的有效实现。西方各国在公共信息资源管理制度设计中普遍加大了监控力度,除进行政府系统内部的检查监督外,在议会、司法以及民间社会成立了有关委员会、办公室等,主要负责对政府公共信息资源管理过程的监控。在我国,监督机制的构建与完善需要从法律监督、政策监督、舆论监督、道德监督、财务监督五个方面来进行,同时要保障监督主体的多元化、监管范围的普及化、监管程序的规范化、监管手段的透明化和监管内容的多样化。[①] 因此,公共信息资源管理制度设计既需要体制,也需要推动体制运转的机制,只有这样的制度设计才是合理有效的制度设计,才能够推动公共信息资源管理制度的完善。

(5) 智库系统

公共信息资源管理制度设计需要由公共信息领域专家组成的公共信息资源管理智库系统,这些智库系统能够有效保障公共信息资源管理制度的持久运转,并推动公共信息资源管理制度不断完善与发展。由于涉及信息技术、信息系统以及信息传播等多方面的专业知识,需要邀请公共信息领域的知名专家、学者以及相关企业家组成智库系统,以便为我国信息资源管理提供及时的理论指导与决策咨询。

综上所述,我国公共信息资源管理制度设计不仅包括主要的管理体制,还应包括支撑管理体制的权力配置、组织体系、运作模式、监督机制以及智库系统。只有这样的制度设计才是有效、科学、合理、系统的制度设计,从而有力地推动我国信息资源管理事业的蓬勃发展。

14.4.2 我国公共信息资源管理的实施方案

当今时代,公共信息资源管理对于保障公民权利、促进社会文明进步的深远意义已经引起了各国政府的高度重视,整合信息资源成为公共信息资源管理的中心议题,也是一个国家社会信息化发展水平的重要标志。我国公共信息资源总量非常丰富,但开发利

---

① 陈婧:《公共信息资源多元化开发的保障机制研究》,《图书情报工作》2012 年第 15 期。

用程度与公众需求和社会发展不相适应，公共信息资源的社会管理、市场管理空间较大，需要我们采取积极的应对措施，全面提高公共信息资源管理效率。

14.4.2.1　进一步加强政府对公共信息资源管理的宏观引导

当前我国公共信息资源管理必须要有政府的宏观引导，不能够放任自流，完全由市场或者社会来进行管理。要发挥好政府在公共信息资源管理中的宏观引导作用，就要加强对信息资源的战略规划与统一管理，强化政府在公共信息资源管理中的核心引导与调控地位，同时改革政府公共信息资源管理体制，构建新型公共信息资源管理的组织结构。当前我国公共部门信息资源管理要由传统的追求效率向追求社会公平的方向发展，从而提高公共信息服务质量，进而构建共建、共享的公共信息资源管理格局。与此同时，政府不仅要从政策需求、目标、内容以及信息技术与开发水平等方面出发，制定符合我国实际的公共信息资源管理政策，还要加强信息立法，把公共信息资源管理法规、信息市场管理条例、第三部门公共信息资源管理规定、知识产权以及信息安全等内容加以完善，制定公共信息服务技术与行业管理标准，使有关公共信息资源管理的各项活动有法可依、有法必依。

14.4.2.2　转变政府公共信息服务职能，增强政府公共信息服务能力

转变政府公共信息服务职能，增强政府公共信息服务能力需要从以下两个方面来进行：一是要加强国家对公共信息资源的组织领导。要保证国家对公共信息资源工作的有效领导，就必须将公共信息资源提高到战略资源的高度，有必要在全国最高权力机关设置专门从事信息资源管理工作事务的委员会，主要负责公共信息资源立法、战略发展规划、相关重大事项审核以及政府公共信息资源管理工作监督等。同时还要理顺政府公共信息资源管理体制，强化国务院信息化领导小组公共信息资源的总体领导调控职能，明确各部委信息资源管理的专业化职能和机构设置，指定专门领导负责系统内公共信息资源管理的全面组织，在各级、各部门政府机构之间建立纵横交错、上下衔接、互相协调的公共信息资源管理组织体系。二是要完善政府信息资源管理体系。政府作为公共利益的主要代表，决定了公共信息资源的开放性、权威性与基础性。信息资源管理体系主要包括政务信息资源的整合、社会信息资源的整合、公民基本信息的整合、政府内部信息的整合。因此，政府在完善信息资源管理体系的过程中要加强对公共信息资源的宏观调控能力与市场监管能力，积极维护公共信息生产者、经营者以及消费者的合法权益。政府要进一步推进政府信息公开和政务信息共享，完善政府信息公开目录，支持信息共享和业务协同，丰富社会信息资源，活跃信息市场。在此基础上，政府要做好政府信息资源的深层次开发，通过电子政务建设提高政府公共信息服务能力。

14.4.2.3　提升全社会信息意识，科学引导公共信息消费

要提升社会信息化程度，不仅需要培养公众的信息意识与素质，还需要培养公众的信息消费观念。因为公共信息资源的市场化管理需要通过信息消费来拉动，消费意识的缺乏必然会导致公共信息资源市场的萎缩。当前我国公共信息消费总体水平仍然较低，信息消费的培养对象不仅仅包括广大公众，政府系统的行政领导人员与公务人员的消费意识也需要进行培养。当前我国一些公共部门领导及工作人员的信息意识与消费观念落

后，信息意识的低下以及信息能力的不足必然会对政府公共信息资源管理工作产生阻碍。因此，加强对公务人员信息知识与技能的培训迫在眉睫。与此同时，对社会信息消费能力的培养需要通过学校、社区以及各类社会组织共同开展，还要注重对社会弱势群体信息意识的培养与信息消费能力的提升，要结合实际采取不同的措施来提高其信息意识与消费能力。

14.4.2.4 以人为本，聚焦公共信息需求，创新公共信息资源管理模式

我国公共信息资源管理创新必须要遵循"以人为本"的理念，以公众需求为导向来完善公共信息资源管理体制与运行机制。创新公共信息资源管理模式首先要充分发挥市场在资源配置中的决定性作用，要打破行政壁垒与地方保护，有效开拓公共信息资源市场，从而营造公平的竞争环境。一方面要实现政府公共信息资源的市场价值，改革传统公共信息资源的管理体制，破除行政垄断格局，释放公共信息资源，重新定位政府在公共信息资源管理中的作用。要通过政策激励等办法吸引其他性质的机构参与政府公共信息资源的开发与利用，促使政府公共信息资源得到最大限度的开发与共享。另一方面要以市场为导向，通过资源重组与优化，走规模化的经营道路，在开放与竞争中不断提升公共信息资源的利用空间和信息企业的市场竞争力与综合实力。要积极扶持非政府组织参与公共信息资源管理。政府在积极营造公共信息资源公平竞争环境的同时，要加强对非政府组织信息机构的管理，监督其维护公众信息利益，促进公共信息传播。公共信息资源服务已经不再是政府的专属职能，建立多元化公共信息资源管理体制的重要目的就在于满足公众日益增长的公共信息资源需求，从而实现公共信息资源的社会效益。

14.4.2.5 加强公共信息资源标准化管理，构建公共信息资源共享体系

当前，我国公共信息资源存在重复建设以及互不通用的割据现象，这些情况的出现与我国信息资源管理工作标准化建设滞后不无关系。我国针对电子政务信息资源的开发与利用提出了明确的管理标准，但从实际情况来看，一些信息标准还停留在技术层面上，公共信息资源内容与过程的标准化还未真正实现统一。我国信息资源的标准化体系建设任重道远，尤其是基层公共信息资源的标准化工作才刚刚起步，各行业、各系统仍然自行其是，协调性差，成为信息资源共享的阻碍因素之一。因此，必须进一步加强对公共信息资源标准化研究，在大力推进政府公共信息资源标准化建设的同时，还要建立统一协调机制，着力制定信息资源标准、信息服务标准和相关技术标准；抓紧制定信息资源分类和基础编码等急需的国家标准，并强化对标准的宣传与贯彻执行，逐步实现社会信息资源的标准化管理。与此同时，要构建共享的公共信息资源体系以及实现公共信息资源的充分传播与利用，就必须加强信息基础设施建设与公共信息资源共享平台建设，一方面要完善政府间的系统网络平台，另一方面要积极打造面向社会的公共信息服务统一平台。

本章小结

公共部门信息资源管理是指以政府为核心的多元治理主体为了最大限度地促进信息资源的全社会共享和信息资源效用价值的实现，维护社会公共利益，共同参与并综合运用各种政治、经济、文化、技术管理方法和手段，收集、加工和处理公共信息资源的管理活动。公共部门信息资源管理的内容具有复杂性，从公共部门信息资源管理的基本任务、公共部门信息资源的类型、公共部门信息资源管理的过程等不同角度进行划分，公共部门信息资源管理的内容有所不同。

电子政务是指政府以信息网络为平台，运用信息网络技术提供优质公共产品和公共服务、提高政府治理效能、改善政府内外部关系的新型治理模式。电子政务的内涵主要包括四个方面：电子政务是以信息技术为物质基础、电子政务是"电子"与"政务"的有机融合、电子政务是一种新型的政府治理模式、电子政务是政府职能优化的信息化过程。随着社会经济的发展以及信息通信技术的进步，电子政务已经成为政府开展政务活动的重要方式。以电子政务创新政府服务符合国家信息化战略的导向，是公共服务需求多样化的客观要求，是服务型政府的内在逻辑，同时也顺应了信息通信技术发展的潮流，并为政府服务创新提供了可能。电子政务在我国政府服务创新中的积极作用主要表现在完善了我国政府服务供给方式、提高了政府服务的透明度、优化了政府服务流程并有利于满足政府服务个性化需求。从我国目前的实践情况来看，电子政务对政府转型的推动作用还不够明显，并且电子政务自身的局限性也限制了其创新政府服务的功能。"互联网+政务服务"正成为我国电子政务服务的新趋势。

我国公共信息资源管理的实践经验包括：国家战略的正确引导、多元主体参与公共信息资源管理的多元格局初步形成、有效的公共信息资源管理政策、有效借鉴其他国家公共信息资源管理经验、信息资源基础设施的有力保障、公共信息资源学术研究的有力推动。我国公共信息资源管理的主要问题包括：政府单一制公共信息资源管理体制仍然存在、公共信息资源供给与需求之间矛盾突出、公共信息资源分配不均衡现象突出、公共信息资源共享程度低、公共信息资源开发的市场机制还不完善、公共信息资源管理认识模糊、公共信息资源公益性开发先天不足。

我国公共信息资源管理制度设计需要遵循公共信息资源管理的顶层设计和战略规划、坚持因地制宜的原则、兼顾公平与效率、推动政府间合作与非政府组织的参与、强化公众公共信息资源管理的参与意愿和协作关系等基本原则。我国公共信息资源管理制度设计主要包括权力配置、组织体系、运作模式、监督机制、智库系统等内容。我国公共信息资源管理的实施方案主要包括：进一步加强政府对公共信息资源管理的宏观引导、增强政府公共信息服务能力、科学引导公共信息消费、创新公共信息资源管理模式、构建公共信息资源共享体系。

? 复习题

1. 简述公共部门信息资源管理的概念与内容。
2. 分析电子政务在政府服务创新中的作用。
3. 简述我国公共部门信息资源管理的主要经验和问题。
4. 简述我国公共部门信息资源管理的制度设计内容。

第5篇

公共管理伦理是研究公共管理现象、规律背后的伦理动机与伦理逻辑的职业伦理学。公共管理伦理是公共管理的价值基础。伦理是一个历史的、动态的概念，即使是同一历史时期，公共管理伦理的价值也不尽相同。但是公共利益、公平、自由、平等、良知、责任等应是人类社会共同追求的目标，因而也必然是所有现代公共管理所追求的基本价值。公共管理伦理的形成与演变是基于利益的驱动和利益的冲突。而基于公共利益与共治逻辑的公共理性是协调和整合利益冲突、促进社会公平与和谐的杠杆与机制。公共管理伦理可分为公共部门（政府）管理伦理与针对公共管理从业者或公共管理者的职业伦理两类。公共利益、公平、自由、平等、公共理性等一般属于公共部门管理伦理的范畴，而利益、良知、道德、义务、责任、服务等则属于公共管理职业伦理的范畴。公共部门管理伦理与公共管理职业伦理的划分是相对的，二者彼此交叉、相互渗透。

第 15 章　公共部门管理伦理

> 名人名言
>
> 治民之要在乎因民之利而导之，顺民之意而能之。
>
> ——王韬

> 学习目标
>
> 1. 了解公共管理伦理的概念与内容。
> 2. 体认利益、公共利益的概念及两者的关系。
> 3. 体认公平、平等、自由的概念及三者的关系。
> 4. 体认公共理性的概念及其价值。
> 5. 了解我国自由、平等的发展历史。

公共部门管理伦理一般是针对公共部门或政府而言的伦理规范，更多的是强调作为公共管理共同体整体要具有的基本伦理规范与责任担当，如维护公共利益、公平正义以及自由、平等、公共理性的价值，虽然也受到公共管理者个人素质的影响，但在较大程度上取决于公共管理共同体，尤其是作为公共行政共同体的政府的角色定位与使命担当。

15.1　利益与公共利益

如同其他社会行为主体，以政府为基础的公共管理主体的行为背后无疑也存在着利益的驱动。利益的概念与利益分析的方法是公共管理伦理的重要内涵和分析路径。

15.1.1　利益的概念

对于我们来说，利益既是一个老生常谈的概念，又似乎是一个模糊、抽象的概念。

学者从不同的学科视角出发，对利益的认识和体认也不尽相同，但他们几乎都毫无例外地把利益的概念建立在"需要"和"动机"的基础上。正如科尔里奇认为，"动机是人产生的，而不是动机产生人。人们做一件事或不做一件事的利益，不取决于任何外部情况，而决定于他是什么样的人……每个人都有两种利益，他关心的利益和他不关心的利益。每个人都有自私的利益和不自私的利益，而自私的人培养起来的习惯是关心前者，而不是关心后者。每一个人都有眼前的和长远的利益，而没有远见的人就是热衷于眼前利益而不关心长远利益的人……宁愿要一个人的自私的利益而不要他和其他人分享的利益和宁愿眼前的和直接的利益而不要间接的和长远的利益的倾向——是权力的占有特别容易引起和助长的特点。"①

《中国大百科全书·哲学卷》对利益的解释是"人们通过社会关系表现出来的不同需要"。王伟光认为，"利益是需要主体以一定的社会关系为中介，以社会实践为手段，使需要主体与需要对象之间矛盾状态得到克服，即需要的满足。"② 王浦劬认为，利益就是"基于一定生产基础上获得了社会内容和特征的需要"③。郑杭生认为，利益"是处在生产力和人类需要一定发展阶段上人们生存和社会生活的客观条件。需要是利益自然的基础，而社会资源则是利益的载体和具体内容"④。

15.1.2 公共利益的概念

西方公共利益的观念最早起源于"公益（common good）"。在英国资产阶级革命过程中，具有政治契约和妥协传统的英国人逐步认识到，私人利益不仅不是万恶之源，而且对一个稳定社会的形成可以发挥有益的甚至不可或缺的作用。大约17世纪后期，"公共利益（public interest）"开始取代"公益（common good）"并成为政治领域中重要的核心词汇之一。当时，英国宗教领域和行政官僚系统都认识到，尊重、引导和培育私人利益有助于实现公共利益和政治平衡，而对公共利益的追求和公共利益的实现也有助于促进和保护私人利益。⑤ 从西方国家公共利益的起源和发展来看，公共利益是基于私人利益基础上产生的。个体在追求私利而与其他行为主体的博弈中产生了公共利益，而对公共利益的追求也要求对私人利益进行保护。显然，各种社会行为主体因利益博弈而导致的利益矛盾与利益冲突是公共利益得以存在和实现的前提条件，而公共利益的形成也有助于抑制个人私欲的膨胀。

15.1.3 中国特色的公私观

在帝制中国公私观念对立与发展的过程中，一般过于强调"公"的至上性与绝对性，"立公灭私"是统治阶级政治话语体系中的核心价值观念。但是长期以来，我们对于究竟什么是"公"及其与"私"的关系并没有正确的体认和解读。在借助君主专制政

---

① ［英］J. S. 密尔著，汪瑄译：《代议制政府》，北京：商务印书馆，1982年，第95—96页。
② 王伟光、郭宝平：《社会利益论》，北京：人民出版社，1988年，第68页。
③ 王浦劬：《政治学基础》，北京：北京大学出版社，1995年，第53页。
④ 郑杭生：《转型中的中国社会和中国社会的转型》，北京：首都师范大学出版社，1996年，第111页。
⑤ ［美］马国泉：《行政伦理：美国的理论与实践》，上海：复旦大学出版社，2006年，第46—48页。

体整合公私观念的过程中，不可避免地出现了两种不同的观念，并由此形成了两种矛盾与冲突的忠诚观：一种以对君主个人意志与利益的绝对服从为"公"或"忠"的标准；另一种以是否对"天""道""民"以及抽象意义上的"天下""社稷""国"等政治共同体的意志与利益绝对服从为"公"（"忠"）与"私"（"奸"）的分野。这两种不同观念的矛盾与冲突在很大程度上左右着帝制中国政治制度的生成、设计与变迁。[①] 在中国现代化的进程中，公共利益的实现离不开执政党和政府对各种私人利益的规范和引导，但是，现代公共利益无疑是在各种私利基础上产生的，对私人利益的尊重和保护是实现公共利益的重要前提。

公共利益往往与政治共同体中绝大多数人的利益与意志有着密不可分的相关性。然而，"凡是属于最多数人的公共事务常常是最少受人照顾的事物，人们关怀着自己的所有，而忽视公共的事物；对于公共的一切，他至多只留心到其中对他个人多少有些相关的事物"[②]。私人利益和需要是把人与社会连接起来的唯一纽带，每一个既定社会的经济关系首先表现为利益，政治权力不过是用来实现经济利益的手段。[③]

对公共利益的追求和实现要求政府始终代表最广大人民群众的根本利益，在治国理政的过程中始终以维护社会的公平正义为己任。由于政府公平制度的供给是引导、规范私人利益以及维护公共利益的前提和基础，因而对政府及其公职人员进行科学管理和有效规范是保障公共权力实现公共利益而不被滥用的重要条件。正如威尔逊所说，"研究行政的目的就是要使行政建立在以稳固的原则主导的基础上，使行政方式摆脱凭经验、靠摸索的模式，避免由此而造成资源的浪费和管理的混乱"[④]。公共行政过程或公共决策过程代表的是公共利益，要通过公共权力机关的"阳光行政"把政府及其公职人员的行政活动置于广大人民群众的直接监督之下，以人民的评估和满意度来验证政府行政活动的公共性、服务性和道德性。

15.2 公共管理伦理中的公平、平等与自由

作为人类社会的美好追求，公平正义与自由平等的观念密不可分。对自由和平等调适的公平是社会和谐的底蕴。在当代中国，中国共产党把公平正义作为治国理政的第一价值，以此来推动社会和谐，实际上就是以对公平正义价值的追求来调和自由与平等的矛盾，在对自由与平等的追求中走向社会的和谐。以公平正义为己任，把平等原则由政治领域贯彻到经济领域，消灭两极分化，实现共同富裕，从而促进社会的公平与和谐。

---

① 张星久：《帝制中国的两种基本"公""私"观及其制度表现》，《武汉大学学报（哲学社会科学版）》2006年第6期。
② ［古希腊］亚里士多德著，吴寿彭译：《政治学》，北京：商务印书馆，1965年，第48页。
③ 中共中央马克思 恩格斯 列宁 斯大林著作编译局编：《马克思恩格斯选集（第三卷）》，北京：人民出版社，1995年，第250页。
④ Woodrow Wilson. The Study of Administration. Political Science Quartrely, 1887.

15.2.1 公平与平等的价值

公平是人类追求美好社会的一个永恒主题，是社会发展进步的一种价值取向。实现公平也是中国共产党的一贯主张，更是构建社会主义和谐社会、发展和完善中国特色社会主义的根本任务之一。英文"justice"意为"公平""公正""正义"；汉语中往往把"公平""正义"合在一起使用；在古希腊，柏拉图在《理想国》中首次提出了公平正义问题，强调公平即是和谐，正义是个人和国家的"善德"。自亚里士多德以来，许多思想家都认为，公平正义与平等有着极其重要的相关性，甚至认为平等是公平正义的基础和前提。早在雅典时代，亚里士多德就认识到人民争端以致酿成内乱常常起因于贫富不均，城邦的"内讧总是由要求'平等'的愿望这一根苗生长起来的"，"所谓'公正'，它的真实意义，主要在于'平等'。如果要说'平等的公正'，这就得以城邦整个利益以及全体公民的共同善业为依据"①。亚里士多德关于"平等的公正"思想，无疑对后来罗尔斯的"公平的正义"理论有着深远的影响。实际上，公平正义的价值和优越性就在于其在很大程度上可以容纳平等与自由的矛盾，缓和、协调二者的冲突。公共管理主体对以平等为底蕴的公平正义的追求，既不会导致盲目追求绝对平等，也不会因追求公平正义而过于牺牲个体的自由。然而，在追求公平正义的过程中，特别是在对如何实现公平正义的行政操作层面上，却很难处理好自由与平等的矛盾。

美国著名学者萨托利认为，"从自由出发，我们可以自由地走向平等；而从平等出发却无法自由地取回自由"②，即认为实现社会的公平正义要以自由为底蕴和第一价值。托克维尔认为，人民天生就爱好平等与自由，他们希望在自由之中享受平等，在不能如此的时候，也愿意在奴役之中享用平等。③ 由此可见，人们对平等的追求远比自由来得更加强烈，这对中国来说尤为如此。从有文字记载的历史来看，平等的观念一直与中国社会的发展交织在一起。中国自古以来就有"不患寡而患不均"的平均思想。孔子曾说过："丘也闻有国有家者，不患寡而患不均，不患贫而患不安。盖均无贫，和无寡，安无倾。"老子云："高者抑之，下者举之；有余者损之，不足者补之。天之道，损有余而补不足。"④ 在中国传统社会，人们一般从平均主义的角度去理解平等的观念并身体力行地实践这一观念，如历代的农民起义无不是打着平等（平均）的口号进行革命动员以反对专制统治。

在现代社会，"合法的统治"必须建立在适度平等的基础之上，即现代政治的合法性必须以某种程度的平等为前提。这种平等不仅应包括政治平等，还应包括适度的经济平等和机会平等。平等的价值主要表现在平等与公平的关系上。"公平原则从属于平等概念：公平是一种特殊的平等；而平等原则却又从属于公平；平等原则是一种特殊的公平，因而也就是一种更加特殊的平等。进言之，平等原则不仅是一种特殊的公平，而且

---

① [古希腊]亚里士多德著，吴寿彭译：《政治学》，北京：商务印书馆，1965年，第153页。
② [美]乔·萨托利著，冯克利、阎克文译：《民主新论》，上海：东方出版社，1998年，第440页。
③ [法]托克维尔著，董果良译：《论美国的民主》（下），北京：商务印书馆，1988年，第624页。
④ 陈鼓应：《老子注释及评介》，北京：中华书局，1984年，第346页。

是最重要的公平。因为公平不过是一种平等，一切公平问题不过是平等的问题。"① 如果没有平等作为基础，社会公平将无法实现。一种能够体现社会公平的平等，应当是容忍差别的平等，而有适度差别的平等也是社会公平的要求。孟德斯鸠在承认民主政治中"平等是国家的灵魂"的同时，也认为"平等的真正精神的含义……并不打算不要主人，而是仅仅要和我们平等的人去当主人"②。尽管平等与公平有着密切的联系，但二者还是有着很大区别的。总的来看，无论是从人们收入平等的意义上，还是从机会平等的意义上，平等（equality）是一个相对客观、可以用某种尺度加以衡量的概念；而公平（justice）则基本上是一个主观的价值判断，它体现了人们的主观偏好和价值判断的范畴。公平是一个历史的主观性范畴，在不同的历史时期，不同阶级乃至不同的个人有着不同的公平观。由于财产的不平等是一切不平等的根源，那么适度的经济平等无疑是缓和社会矛盾与冲突的必要条件。如果片面强调政治平等和法律平等，而无视适度的经济平等和机会平等，到头来必然由于财富过于集中、社会两极分化严重而导致政治平等与法律平等毫无意义。对于转型中的中国来说，适度的经济平等是缓和社会冲突、降低"摩擦成本"、维护公共管理共同体合法性以及构建社会主义和谐社会的重要条件。

15.2.2　公平与自由的价值

尽管人们对自由有不同的理解，但一般应包括两个方面的内容，"一种指政治方面的保障，一种指人之内心生活的某种状态"③，也就是说广义的自由应包括国家政治法律和人心理感受层面的两种自由。一般而言，西方自由主义可以概括为英式自由主义和法式自由主义两种基本模式。

以洛克为代表的英国古典自由主义者以人性论和个人主义为基础阐发了经验式的英国自由主义模式。洛克的古典自由主义思想在英国和有"天然自由主义传统"的美国得到了充分的发展与完善。英国在1689年通过了《权利法案》，1776年美国独立战争中诞生了《独立宣言》和美国《1787年宪法》，这些法律文件基本确立了英（美）式自由主义模式在西方自由民主社会中的统治地位。

以卢梭为代表的高卢式自由主义的核心价值在于对平等和民主的偏好。卢梭平等自由观的核心价值不是强调个人主义的自由，而是强调人的社会自由或契约自由。人们"唯有服从人们自己为自己所规定的法律（公意），才是自由"④，即人的社会自由要受到"公意"的支配。在卢梭看来，"每一个与主体相联合的个人又只不过是在服从自己本人，并且仍然像以往一样自由"⑤。既然服从"公意"即是服从自己，那么，"任何人拒不服从公意的，全体就要迫使他服从公意。这恰好就是说，人们要迫使他自由"⑥。显然，卢梭的自由主义观是基于平等的自由，或者说是平等优先的自由观，为了保障这

---

① 王海明：《平等新论》，《中国社会科学》1998年第5期。
② [法]孟德斯鸠著，张雁深译：《论法的精神（上册）》，北京：商务印书馆，1961年，第114页。
③ 张佛泉：《自由与人权》，香港：亚洲出版社，1995年，第11页。
④ [法]卢梭著，何兆武译：《社会契约论》，北京：商务印书馆，2003年，第26页。
⑤ [法]卢梭著，何兆武译：《社会契约论》，北京：商务印书馆，2003年，第19页。
⑥ [法]卢梭著，何兆武译：《社会契约论》，北京：商务印书馆，2003年，第24—25页。

种"平等的自由"就必须借助"公意",即通过诉诸立法和法律来实现自由和平等。"平等,是因为没有它,自由便不能存在。"① 不过,卢梭所谓的平等事实上不是绝对的平等,而是基于消弭两极分化而言的平等。"绝不是指权力与财富的程度应该绝对相等,而是说,就权力而言,则它应该不能成为任何暴力,并且只有凭借职位与法律才能加以行使;就财富而言,则没有一个公民可以富得足以购买另一人,也没有一个公民穷得不得不出卖自身。"② 这就告诉我们,要使一个国家实现长治久安,公共管理共同体就应该使两极尽可能接近,既没有豪富,也没有赤贫。

虽然自由的思想和观念中国自古有之,但受宪法、法律和制度保障的政治自由,长期以来在传统中国却付之阙如。自18世纪中后期开始,起源于英国的自由主义意识形态,一方面为法国大革命前后的理论和实践所创新和修正,另一方面在美国这个有着"天然自由主义"传统的国度里,以个人主义自由为本质价值的洛克式自由主义在理论和实践上都得到了进一步确立和发展。就英国自身而言,经过亚当·斯密等古典经济学家的阐释,自由主义思想从政治领域贯彻到了经济领域,实现了政治自由主义和经济自由主义的互动,并成为自由资本主义社会的主流意识形态。19世纪中后期,坚船利炮的西方列强打开了中国的国门,中国在被动现代化的伊始,在"西学东渐"的过程中逐步引入了作为西方主流意识形态的自由主义思潮。

在中国被动现代化的过程中,主流的思想家和政治家从未否认自由的存在及其价值。严复对当时专制扼杀自由的黑暗现实给予了无情抨击,他认为,"侵人自由者,斯为逆天理,贼人道,……故侵人自由,国虽君不能。"③ "若民既得自由,则国无不强,民无不富,而公道大申也者。"④ 梁启超基于西方"天赋人权"思想,认为"自由者,权利之表征也。凡人所以为人者,有两大要件,一曰生命,二曰权利,二者缺一,时乃非人。故自由者亦精神界之生命也,……自由之德者,非他人所能予夺,乃我自得之而自享之者也。"⑤ 在此基础上,梁启超提出"不自由者毋宁死","自由者,天下之公理,人生之要具,无往而不适用者也。"⑥ 梁启超深刻认识到自由是社会进步的源泉,提出"故今日欲救精神界之中国,舍自由美德外,其道无由。"⑦ 受美国自由民主文化耳濡目染的胡适把自由主义作为打开中国通往现代化大门的钥匙,"只有自由可以解放我们民族的精神,只有民主政治可以团结全民族的力量来解决全民族的困难,只有自由民主可以给我们培养一个有人味的文明社会。"⑧ "一个新社会、新国家,总是一些爱自由爱真理的人造成的,决不是一班奴才造成的。"⑨ 因此胡适认为,应该造就一批具有"健全的个人主义"的中国人,他们具有两个特征,"一是独立思想,不肯把别人的耳朵当耳

---

① [法]卢梭著,何兆武译:《社会契约论》,北京:商务印书馆,2003年,第66页。
② [法]卢梭著,何兆武译:《社会契约论》,北京:商务印书馆,2003年,第66页。
③ 王栻主编:《严复集 第1册 诗文(上)》,北京:中华书局,1986年,第2—3页。
④ 卢云昆编选:《社会剧变与规范重建——严复文选》,上海:上海远东出版社,1996年,第223页。
⑤ 梁启超:《饮冰室专集》之五,北京:中华书局,1989年,第45页。
⑥ 梁启超:《饮冰室专集》之五,北京:中华书局,1989年,第40页。
⑦ 梁启超:《十种德性相反相成义》,见《饮冰室专集》之五,第46页。
⑧ 胡适:《我们必须选择我们的方向》,《大公报》1947年3月24日。
⑨ 胡适:《个人自由与社会进步——再谈"五四运动"》,《独立评论》1935年5月12日。

朵，不肯把别人的眼睛当眼睛，不肯把别人的脑力当脑力。二是个人对于自己思想信仰的结果要负完全责任，不怕权威，不怕监禁杀身，只认得真理，不认得个人的利害。"①

不过，鉴于中国积贫积弱，备受西方列强欺凌的历史和现实，几乎所有的思想家、政治家都深感"国家自由"即"国贵自主"的重要性，认为中国所急需的自由应是基于"群体生存"的一个有限的集体自由。中国自由主义之父严复认为，"特观吾国今处之形，则小己自由，尚非所急，而所以祛异族之侵横，求有立于天地之间，斯真刻不容缓之事。故所急者乃该国群自由非小己自由也。"②严复的民族主义自由观对现代化进程中的中国有着深远的影响，它从根本上确定了中国式自由主义的主流思想应是与民族主义融合，甚至要受民族主义支配的集体主义自由观。③梁启超在阐述西方自由中个人价值的同时，在民族主义至上的国情下，最终强调的也是"群体自由"，即"国家自由"至上的原则，"自由云者，团体之自由，非个人之自由也。"④梁启超又进一步指出，"团体自由者，个人自由之积也，人不能离团体而自生存，团体不保其自由，则将有他团焉自外而侵之、压之、夺之，则个人之自由更何有也？"⑤所以，在强大的民族意识和民族主义面前，个人主义的自由价值同样要让位于基于现代民族主义之上的"国家自由"，即在"个人自由"与"国家自由"孰先孰后的问题上，梁启超也选择以后者优先的原则。

"国家自由"优先的原则意味着我国公民自由的实现也要像一些西方国家一样，首先要摆脱列强的控制，建立现代民族国家，以实现"国群自由"，这是"小己"（个人）自由得以实现的前提和基础。正是从这个角度来看，无论是西方还是东方，现代进程中的自由主义发展都是和现代民族主义共生共存的。由于在国家意识形态所占的比例不同，从而形成了各国不同类型的自由主义模式。严复从进化论的观点出发，主张效法英国实行君主立宪政体，在循序渐进地提高民智、民德、民力的基础上实现社会的自由民主。但他对资产阶级力图以"革命之血"行共和政体来浇灌中国"自由之树"的行为进行了严厉批判。虽然，严复所倡导的实现政治自由的途径与资产阶级革命派有着本质的不同，但他关于"国家自由"优先原则和基于民族主义支配下的集体主义的自由观，既符合中国的历史和国情，又顺应了中国现代化的趋势，因此被后来的资产阶级革命派和无产阶级革命派所继承和发展。

以"三民主义"为指导思想的资产阶级革命派在"国家自由"和"个人自由"的关系上与政治上主张"君主立宪"的严复、梁启超等立宪派并无二致。资产阶级革命的先行者——孙中山认为，中国的革命必须以民族主义为"三民主义"的首要原则，"民权"和"民生"都必须在现代民族国家建立后方可渐进实现。所以，在他的治国大纲里面才

---

① 胡适：《个人自由与社会进步——再谈"五四运动"》，《独立评论》1935年5月12日。
② ［法］孟德斯鸠著，严复译：《法意》，北京：商务印书馆，1981年，第4—5页。
③ 许纪霖先生认为梁启超、张君劢等人实际上是自由民族主义者，从梁启超到张君劢，有一条脉络分明的思想史线索，即致力于融合民族主义与自由主义。参见许纪霖：《现代中国的自由民族主义思潮》，《社会科学》2005年第1期；许纪霖：《政治美德与国民共同体——梁启超自由民族主义思想研究》，《天津社会科学》2005年第1期；许纪霖：《在现代性与民族性之间：张君劢的自由民族主义思想》，《学海》2005年第1期。
④ 梁启超：《饮冰室专集》，北京：中华书局，第44—45页。
⑤ 梁启超：《饮冰室专集》，北京：中华书局，第46页。

有要经历"军政时期""训政时期",通过"兴民权、开民智",而后才能在中国实行自由和民主。在孙中山看来,中国人的自由不是太少的问题,而是太多、太滥的问题,"中国人现在所受的病,不是欠缺自由,如果一片散沙是中国人的本质,中国人的自由老早是很充分了。……因为自由太多,故大家不注意去理会,连这个名词也不管了。"① 孙中山认为,这种一片散沙式的自由严重制约了现代革命领袖权威的塑造;革命屡次失败的主要原因就在于国民党"徒以主义号召同志,但求主义之相同,不计品流之纯糅","徒眩于自由平等之说,未尝以统一号令、服从党魁为条件耳","致党魁则等于傀儡,党员则有类散沙"。因此,他强调"首以服从命令为惟一之要件",党员必须绝对服从他一人。② 有鉴于此,对于未来的治国方式,孙中山提出"一党治国"的思想,即"一切军国庶政,悉归本党负完全责任",这就为国民党长期一党专制独裁提供了所谓的"合法性"依据。

由于中国现代化的第一要务是实现民族的独立,并建立中央集权的统一的现代民族国家,故中国的自由知识分子自现代化之初便追求的是"国家自由",而不是英国式的"小己"(个人)自由。受西方自由主义思潮社会主义化和社会主义思潮自由民主主义化的影响,这种"国家自由"优先的原则,在"五四运动"后,很快形成了有别于"三民主义"和马克思主义意识形态以外的第三种社会意识形态——自由民族主义。他们在政治上力图在共产党和国民党之间探索出一条新的道路,即"中间派"的"第三条道路"。以知识分子为代表的自由民族主义者对自由和平等的重新阐释与解读,其实质是对以平等为核心价值的社会主义和以自由为核心价值的自由资本主义的调和。

即使自由民族主义者也认为自由应该是具体的,也是在"国家自由"优先的原则下讨论个人自由价值问题的。张君劢等认为,个人的自由必须置于国家自由和民族自由之下,否则个人自由便不复存在,"个人自由,惟在民族大自由中,乃得保护乃能养成;民族之大自由若失,则各个人之自由亦无所附丽。"③ 储安平认为,"自由不是放纵,自由仍需守法。法律面前人人平等;法律若能保障人民的自由与权利,则人民必须守法护法之不暇。"④ "法律的目的不是废除和限制自由,而是保护和扩大自由。"⑤ 自由民族主义者基于平等自由观,认为"自由不是一个人的自由,而应容许所有人的自由"⑥。对于全民自由或全体自由的追求,才是人类的最终目标。⑦ "平等,是因为如果没有了它,自由便不能存在。"⑧ 对此,中国自由民族主义者有着深刻的认识,在他们看来,平等应该是自由的基础,"没有平等的基础,真正的全民自由是不会实现的"⑨。的确,在现实政治活动中,争取自由的斗争在很大程度上也表现为争取平等的斗争,吴恩裕等进一

---

① 曹锦清编选:《民权与国族——孙中山文选》,上海:上海远东出版社,1994年,第91页。
② 孙中山:《致陈新政及南洋同志书》,见《孙中山全集(第三卷)》,北京:中华书局,1984年,第92页。
③ 张君劢:《明日之中国文化》,上海:商务印书馆,1936年,第130页。
④ 储安平:《我们的志趣和态度》,《观察》第1卷第1期。
⑤ [英]洛克著,叶启芳、瞿菊农译:《政府论(下篇)》,北京:商务印书馆,1964年,第36页。
⑥ 邹文海:《民主政治和自由》,《观察》第1卷第13期。
⑦ 李澂庐:《服从社会与意志社会》,《观察》第1卷第19期。
⑧ [法]卢梭著,何兆武译:《社会契约论》,北京:商务印书馆,1965年,第66页。
⑨ 吴恩裕:《自由乎?平等乎?》,《观察》第3卷第12期。

步指出,"全面普遍地获得自由,必须建立在经济平等之上。"

马克思认为,"人们每次都不是在他们关于人的理想所决定和所容许的范围之内,而是在所有的生产力所决定和所容许的范围之内取得自由的。"[①] 就当时的政府而言,政客追求的是资本和权力的最大化;对于劳苦大众而言,他们迫切需要的是"面包和黄油"。由于胡适的自由主义严重偏离了中国的国情和现实的政治,因而在平民大众中并没有产生多大的效应。而以毛泽东同志为代表的中国共产党人把马克思主义的普遍原理与中国革命的实践相结合,抓住了当时中国人民最需要的是生存自由这个根本的问题,特别是通过土地革命来解决农民最关心的土地问题,并通过新民主主义革命建立了独立自主的社会主义国家,在实现真正"国家自由"的基础上逐渐实现公民的个人自由。

必须看到,从1840年到1949年是我国现代化进程中最艰辛的时期。在1949年之前,现代民族国家还没有从根本上建立起来,那时民族国家的理性是很不完善的,在很大程度上要受帝国主义和国内军阀政治左右,没有公共理性可言。这样,一个没有完全实现"国家自由"的政府,它的政策和治理是没有公共性、合法性和正当性可言的。因而,在没有实现现代国家和民族的独立,即没有"国家自由"的国度里,在理论上对自由和平等的探讨以及对自由主义实现方式和方法的探索往往都是不切实际的。诚然,平等和公平的价值决不能仅仅停留在法律和政治的层面上,应由作为社会公正的代言人——政府在公共理性的引导下,通过制定公共政策、实施公共管理和正确分配国民财富等措施来有效实现。

15.2.3 基于平等的公平:社会和谐的底蕴与前提

中国近现代的历史和现实表明,绝大多数的政治家在政治实践中坚持"国家自由"优先的原则,即以平等而不是自由作为实现社会公平的前提和底蕴。

在中国现代化的过程中,孙中山先生创立的"三民主义"思想就是一套以平等为核心价值的比较成熟的理论体系。他说,"民族主义是对外人争平等的,不许外国人欺负中国人;民权主义是对本国人争平等的,不许有军阀官僚的特别阶级,要全国男女的政治地位一律平等;民生主义是对于贫富争平等的,不允许全国男女有大富人和大穷人的分别,要人人都能做事,人人都有饭吃。"[②] 孙中山认为,如果一个国家不解决民生问题,所谓的富足"纯是少数人的富,不是多数人的富。那种少数人的富,是假富,多数人的富,才是真富"。他主张通过"节制资本"和"平均地权"来解决贫富过于分化的问题。

在社会主义市场经济条件下,市场机制解决了社会发展动力不足的问题,调动了人们的积极性和创造性,带来了经济的发展与效率的提高。然而市场经济是一把"双刃剑",人们在实现效率与自身效用最大化的同时,社会也不可避免地会出现贫富分化的问题。在现代社会中,越来越多的国家都把基于适度平等的公平作为合法统治的政治底

---

① 中共中央马克思 恩格斯 列宁 斯大林著作编译局编:《马克思恩格斯全集(第三卷)》,北京:人民出版社,第507页。

② 《孙中山选集》,北京:人民出版社,1981年,第903页。

线。对于实行市场经济导致的社会两极分化问题，邓小平早在改革开放之初就指出，"如果富的愈来愈富，穷的愈来愈穷，两极分化就会产生，而社会主义制度就应该而且能够避免贫富分化。"在改革开放初期，国家着力于解放生产力、发展生产力，把整个"蛋糕"做大，贫富分化问题还不是很突出。随着我国改革开放和社会主义现代化建设的深入发展，特别是社会主义市场经济的发展，贫富分化问题越来越突出地摆到了执政党和政府的面前。人民民主专政的社会主义中国应当更加关注社会的平等与公平问题。作为公平的正义是以适度的平等为前提的，也就是说，如果抛弃了平等的价值，社会主义的公平价值是无法实现的，基于适度平等基础上的社会公平无疑是社会主义的本质要求。承认社会差别，并努力逐步消除过大差别的发展观，就是基于平等价值的科学发展观，就是为实现社会公平与和谐的社会主义科学发展观。

基于平等价值的公平是社会主义中国政治合法性的前提与基础。在社会主义建设实践中，如果不贯彻平等的原则与精神，就没有社会的公平；而缺乏平等精神和公平价值，就没有社会的和谐。在现代社会，一方面几乎没有人否认平等的价值，但另一方面几乎很少有人愿意因追求平等价值的实现而牺牲自己的利益。恩格斯认为，"平等应当不仅是表面的，不仅在国家的领域中实行，它还应当是实际的，还应当在社会的、经济的领域中实行。"平等绝不是一个抽象的政治原则，而是一种公平的制度环境或社会秩序。在营造公平制度环境的过程中，国家制度和组织手段对于实现真正的平等是至关重要的。由于社会的分化"最后都归根到财富，因为财富直接地促进福利，它可以最容易地被转让，并且借助财富不难买到一切其余的东西"[①]。所以，"政府最重要的任务之一，就是要防止财富分配的极端不平等"。[②] 现代社会是一个"以公正求统一"的社会，而"公正就在于消灭贫困、消灭特权和反对歧视"[③]。所以，在现代社会，以维护公平正义为己任的政府必须善于运用制度和组织手段，把个人财富和权势限制在正确的范围之内以实现比较公平的平等。

平等应是人类普遍的基本权利，是所有人都可以享受的权利和正义。任何一种制度，若不能生产、供给充足的政治价值来满足公民对生活意义感的需求，这种政治文化的供求失衡就会造成合法性的危机。面对中国改革开放和现代化攻坚阶段所出现的一系列不和谐的社会现象，党中央与时俱进地提出了构建社会主义和谐社会的伟大构想。

社会主义和谐社会首先应当是一个基于平等价值的公平社会，社会公平是社会主义和谐社会构建的基础和前提。由于公平的价值在一定程度上容纳了自由与平等的价值，因此，在建构社会主义和谐社会的过程中，人们对于公平的追求既不会牺牲平等，也不会伤害自由。在以公平为底蕴的社会主义和谐社会里，不管人们的天赋和后天才能如何，机会平等应该是人人共有的权利。然而，机会平等、条件平等往往不是由个人所决定的，它们在很大程度上是在执政党和政府的社会控制与资本整合过程中实现。社会公平对平等具有管制性，对不应该有但却实际存在的不平等现象，可以通过对公平的追求

---

① [法] 卢梭著，李常山译，东林校：《论人类不平等的起源和基础》，北京：商务印书馆，1962年，第143页。
② [法] 卢梭著，王运成译：《论政治经济学》，北京：商务印书馆，1962年，第20页。
③ [法] 吉斯卡尔·德斯坦著，新文、诗云译：《法兰西民主》，北京：商务印书馆，1980年，第42—46页。

来建立适度的经济平等、条件平等与机会平等，以改变并代替这种不平等。"正义包含两个因素——事物和应该接受事物的人；大家认为相等的人就该配给到相等的事物。"①"不管在政治领域还是经济领域内，正义只在人类自然需求的基础上要求人类拥有根据自然权利应得到的条件平等。"② 我们主张在政治、经济等方面分配的种类平等，而不是程度上完全均等，这与社会主义的"按劳分配"原则并不矛盾。从社会具体的经济活动来看，创造更多财富的人有权得到更多的财富，这是社会主义市场经济的必然要求。

执政党和在位的政府（内阁）及其他治理下的各种社会行为主体，只有在公共理性的支配下，才能把平等由政治领域贯穿到经济领域，从而实现真正的平等。公共理性是横跨国家（政府）、政党、利益集团和个人之间，并以成熟自律的公民社会为基础的利益整合能力和机制。③ 公共理性不是某个社会行为主体的单向理性，而是各种社会行为主体关注政治共同体公共利益、公共价值、公共精神的理性。平等与公平的社会应该是公共理性的社会，是一个不断走向和谐的公平社会。社会主义和谐社会实际上是各种社会行为主体逐步由个体理性走向公共理性的社会。在和谐社会状态中，每一个行为主体都关注着社会公共精神的塑造与公共利益的扩大，同时也关注着其他社会行为主体自由与平等价值的实现。在公平与和谐的社会里，公民不仅在政治领域享有广泛的基本权利，可以充分监督、批评公共权力机关，更重要的是，公民在经济领域能够享有作为一个政治共同体的公民所应当享有的一切合法的、正当的经济成果。早在古希腊时期，亚里士多德就提出，"凡自然而平等的人，既然人人具有同等价值，应当分配给同等的权利。"④ 所有公民在基本政治权利方面完全平等，这是社会主义和谐社会在平等与公平问题上的最低道德底线。每个人不论劳动多少、贡献如何，都应当平等地享有基本经济权利，即基本经济权利应当平等分配。在社会主义市场经济条件下，为了保证社会主义的平等与公平，也为了进一步巩固和提高中国共产党和人民政府治国理政的合法性，我们在经济领域的分配体制应遵循以下两个基本原则：其一，在基本经济权利方面应该实行平等分配，也就是说，必须以某种方式满足所有中国公民的基本经济权利与要求；其二，在非基本经济权利方面，"按劳分配"仍然是唯一公平而有效的分配制度。基本政治权利、基本经济权利的"按需分配"与非基本经济权利、非基本政治权利的"按劳分配"都是为了更好地体现社会主义平等与公平的原则，是社会行为主体由个体理性走向公共理性的必然要求，也是构建社会主义和谐社会所必须遵守的两个基本的平等原则。

---

① ［古希腊］亚里士多德著，吴寿彭译：《政治学》，北京：商务印书馆，1965年，第148页。
② ［美］穆蒂莫·艾德勒著，郗庆华、薛笙译：《六大观念》，北京：生活·读书·新知三联书店，1991年，第175页。
③ 史云贵：《论哈贝马斯的"公共领域"理论及其对我国政治现代化的启示》，《武汉大学学报（哲学社会科学版）》2006年第6期。
④ ［古希腊］亚里士多德著，吴寿彭译：《政治学》，北京：商务印书馆，1965年，第167页。

15.3 公共理性

在中国由传统社会向现代社会转轨的剧变时期，由利益冲突导致的社会矛盾更加尖锐与复杂；各种行为主体谋求理性至上而忽略其他社会主体理性存在与发挥的现象日益突出。市场经济体制及多元主义的现实、要求实现中华民族伟大复兴中国梦必须在中国共产党的领导下，充分发挥政府理性在公共领域与各种社会行为主体互动中的作用与能力，以引导公共管理主体加快公共理性建设的步伐。

15.3.1 理性与政府理性

理性（reason）是公共管理主体（如国家、政府、政党、利益集团、个人等）对客体的能动反映，是行为主体认识自然、社会和协调、整合社会行为主体之间关系的基本能力。理性是为人们所普遍承认的一种人类固有的基本能力。林毓生认为，"理性（reason）是人生而具有的一种能力，一种发现什么是真理的能力，这个能力就是理性。"[①] 自马克斯·韦伯以来，人们习惯上把理性分为工具理性和价值理性两种。简单地说，工具理性就是指人们用理性的办法来看使用什么样的"工具"能够最有效地解决现实问题；价值理性是指根据人们认为合理的价值与方法努力达成合理价值活动的能力。工具理性具有天然的"外显性"，而价值理性则具有天然的"内蕴性"，事物往往都是以工具理性的表象而存在的。一些所谓理性的社会行为主体，如国家、政党、政府等，在某种程度上也是作为工具理性而存在的，即社会行为主体的理性在许多情况下表现为工具理性，这是一种不完全理性或有限理性。正因如此，哈耶克认为，"人之理性既不能预见未来，亦不可能经由审慎思考而型构出理性自身的未来。人之理性的发展在于不断发现既有的错误。"[②] 政府理性是一个国家的政府（内阁）对国家和社会在资源整合的基础上进行有效治理的能力。对于帝制专制政府来说，政府理性主要表现为君主专制的"王朝理性"，也就是说，在传统社会中，专制政府统治国家、控制社会的能力几乎完全取决于君主个人的素质与偏好。一般而言，限于当时生产力水平的低下与科学技术的落后，即使再专制的王朝政府对国家与社会的控制也必然是十分有限的。在帝制中国时期就一度存在着国家权力止于县及县以下乡村实行"自治"的社会特征。即使在秦始皇君主专政时代，张良在博浪沙谋刺皇帝并从皇帝眼皮底下逃走；项羽长期隐于吴地并成为地方精英，这都说明了传统中国的专制王朝不得不在民间社会留下大量自治的空间与余地。

进入现代社会以后，政府理性的成长与发挥也经历了一段时期。在与封建势力长期斗争的过程中，资产阶级对压制资本主义发展的"王朝理性"深恶痛绝。因此，他们在取得政权后仅保留了"最弱"意义上的政府，即对专制政府基本否定转而对市场理性顶礼膜拜。在自由竞争的资本主义时期，市场理性在国家与社会中处于支配性的地位，而

[①] 林毓生：《中国传统的创造性转化》，北京：生活·读书·新知三联书店，1988版，第47页。
[②] ［英］哈耶克著，邓正来译：《自由秩序原理》，北京：生活·读书·新知三联书店，1997年，第44页。

政府的角色被定义为一个"守夜人"。自由经济理论认为，具有天然"经济人"理性的各种社会行为主体在追求自身利益与效用最大化的同时，也会自发地促进社会公共利益的扩大，即认为市场这只"看不见的手"完全可以对社会资源起着最佳的配置作用。在以"经济人"理性为核心的新古典经济学理论的主导下，政府理性在从属市场理性的过程中一度被"边缘化"。开始于19世纪上半叶的资本主义经济危机对处于绝对支配地位的市场理性不断提出挑战，而20世纪30年代资本主义世界经济大萧条从根本上打破了市场理性至上的神话，政府理性的地位与角色在美国新政的成功推行中逐渐获得了人们的认同与服从。政党政治是现代社会的基本特征之一，政府理性在很大程度上要通过执政党理性表现出来。自20世纪40年代以来，无论是西方世界的福利国家建设还是东方社会主义国家实践，由执政党主导的政府理性都在国家与社会中发挥着绝对的支配性作用，而没有给社会留下多少自主发展的空间。进入20世纪60年代，西方福利国家与东方社会主义政权在以政府理性克服市场理性的偏颇中都走向了把政府理性奉为万能神灵的极端，并最终导致了政府失灵。历史与现实证明，现代国家的建构离不开政府的主导性发挥，但作为工具理性的政府理性是有限的而不是万能的，以"政治人"自居的政府也无法全部实现国家价值理性与工具理性的有机统一。政府理性、执政党理性的自身缺陷必须通过公共理性来纠正和解决，以保证社会平等、公平与正义等基本价值的实现。

15.3.2 公共理性与社会和谐

公共理性的概念最早是由康德于1784年在《何为启蒙？》一文中提出，不过，直到罗尔斯以后，公共理性的概念才逐渐为人们所承认并接受。罗尔斯在《政治自由主义》一书中比较系统地提出了公共理性理论。在罗尔斯看来，公共理性是一个民主国家的基本特征。公共理性的目标是"公共之善"或社会的正义，其本质是公共性。公共理性是民主国家公民的理性，也就是那些能够共享平等公民身份的人的理性。① 后来，罗尔斯又在《公共理性观念再探》中对公共理性进行了进一步的解释：所谓公共理性就是指各种政治主体（包括公民、各类社团和政府组织等）以公正的理念、自由而平等的身份，在政治社会这样一个持久存在的合作体系之中，对公共事务进行充分合作，以产生公共的、可以预期的共治效果的能力。②

"我国已进入改革发展的关键时期，经济体制深刻变革，社会结构深刻变动，利益格局深刻调整，思想观念深刻变化。"③ 处于改革开放和社会主义现代化建设攻坚阶段的转型中国，利益冲突与社会矛盾问题凸显，利益格局面临着巨大的调整，社会上还存在着很多不和谐的现象与因素，这无疑进一步加剧了我国社会治理与社会主义和谐社会构建的困境。为了在社会主义市场经济的制度环境下更好地解决各种社会行为主体利益博弈和缓解利益冲突等问题，尤其是为了统一、协调工具理性与价值理性、个体理性与国家理性、大众理性与精英理性的矛盾与冲突，我国学术界逐步引入了西方公共理性的

---

① ［美］约翰·罗尔斯著，万俊人译：《政治自由主义》，南京：译林出版社，2000年，第225页。
② ［美］约翰·罗尔斯：《公共理性观念再探》，见哈佛燕京学社·三联书店主编：《公共理性与现代学术》，北京：生活·读书·新知三联书店，2000年。
③ 《中共中央关于构建社会主义和谐社会若干重大问题的决定》，北京：人民出版社，2006年，第3页。

概念、理论来探讨我国现代国家构建进程中的社会治理与和谐社会问题。由于现代公共理性理论与我国执政党"为人民服务"的宗旨和"立党为公，执政为民"的治国理念具有天然的相关性，因而自20世纪90年代后期被正式引入我国学术界，该理念越发受到国内研究者的重视，并日益同我国现代社会治理和社会主义和谐社会构建有机结合。

构建社会主义和谐社会是我国社会主义现代化建设的社会基础和重要的阶段性目标。社会和谐是中国特色社会主义的本质属性，是国家富强、民族振兴、人民幸福的重要保证。构建社会主义和谐社会是中国共产党以社会建设加快我国现代化建设的重要步骤和可行性路径。从本质上讲，社会主义和谐社会是各种社会主体在基于公平正义基础上进行和谐治理的社会，而社会的和谐治理必然要求社会治理主体走向合作。以公民社会为底蕴形成于公共领域中的现代公共理性，是各种社会主体以公正的理念、自由而平等的身份，对公共事务进行充分协商并进行合作治理的能力。公共理性横跨国家（政府）、政党、利益集团和个人之间，并以成熟自律的公民社会为基础和底蕴，它不是社会行为主体的单向理性，而是各种社会主体关注政治共同体公共利益、公共价值、公共精神的理性。因而，现代公共理性可以更好地规范、协调和整合各种社会行为主体利益博弈中的矛盾与冲突，从而促进社会稳定与和谐治理。现代公共理性倡导平等、公平、和谐与合作的价值与精神，而平等、公平、合作与和谐既是现代社会治理的基础与前提，也是社会主义和谐社会构建的基本目标。

公共理性"表达的是公正理念，倡导的是社会合作，运行的是共赢思维，发展的是公共治理的逻辑"，其"核心是强调公共权力的合法性和利益的协调性，即强调公共权力以增进公共福利为价值目标，实现以尊重和促进私人利益为基础的公共利益"[①]。公共理性不仅是一种能力，也是一种道德、一种价值，公共理性是道德与理性的有机统一体。公共理性视域中的和谐社会，首先应当是一个基于平等价值的公平社会，或者说公平社会是社会主义和谐社会建构的基础和前提。因此，公共理性指导下的和谐社会要求社会行为主体特别是执政党与政府必须正确处理好效率与公平的关系。自1978年以来，我国在改革开放和社会主义现代化建设中一直坚持"效率优先，兼顾公平"的原则，但在实践中，对"效率优先，兼顾公平"缺乏准确体认与正确执行。效率与公平是我国现代化建设的两个方面，不存在谁代替谁的问题，并且效率只是实现公平的手段，公平才是目的。"效率优先"的原则应主要运用于经济领域，努力提高劳动生产率，加快经济的发展；而在社会领域，特别是在教育文化领域则要贯彻"公平优先"的原则。基于平等价值的社会公平是社会主义中国政治合法性的前提与基础。在社会主义建设的实践中，如果不贯彻平等的原则与精神，就没有社会的公平；而缺乏平等的精神和公平的价值，就没有社会的和谐。各种社会主体从个体理性走向公共理性的过程，也是社会主义中国逐步走向进步与和谐的过程。

在社会矛盾层出不穷、利益冲突日益加剧的转型中国，以维护公平正义、运行共赢思维、促进社会进步与和谐为基本目标的现代公共理性是调节工具理性与价值理性、个

---

① 施雪华、黄建洪：《公共理性、公民教育与和谐社会的构建》，《山西大学学报（哲学社会科学版）》2006年第6期。

体理性与国家理性、大众理性与精英理性的中介和桥梁；是保持党的先进性、增强党的执政能力、加速执政党公共理性化的基本目标和有效路径；是规制公共权力、倡导公共精神，进行利益、资源整合与促进社会公平、进步、合作与和谐的有效机制。形成于公共领域中的现代公共理性，不仅丰富了中国特色社会主义治理理论，还在事实上为加强党的执政能力、加快执政党的政治现代化、增强以政府为主导的社会治理能力和构建社会主义和谐社会提供了可行性路径。现代公共理性的价值、精神和实践意义，与时俱进地体现在中国共产党领导下的社会主义和谐社会构建的全部过程之中。

本章小结

利益是某一时期人们的满足性需要。利益一般可分为私人利益与公共利益。私人利益是公共利益存在的基础，没有私人利益就没有公共利益；公共利益的存在与发展可以巩固并保障私人利益。公平是人类社会的美好追求。公平价值在一定程度上是通过平衡自由与平等的价值来实现。公平是自由与平等两个天平砝码平衡的支点，它是以平等为基础，并以不能过于伤害自由为前提。公平是和谐的基础，一个和谐社会的前提是一个公平社会。公共理性是超越所有个体理性的一种利益整合能力，任何个体理性都只能在某些时候、某些方面无限接近公共理性，但却无法真正代表或取代公共理性。现代国家与和谐社会构建的过程也是个体理性逐步公共理性化的过程。

复习题

1. 简述利益、公共利益的概念及两者的关系。
2. 简述公共理性的概念及其与公共利益、公共领域的关系。
3. 简述公平的概念及其与自由、平等的关系。
4. 了解我国平等的历史及其与制度变迁的关系。
5. 请从公共部门管理伦理的角度论述我国应如何构建社会主义和谐社会。

扩展阅读

理性是社会行为主体对客体的一种能动的反映，是人们认识自然、社会及其规律的一种基本的能力。理性可分为工具理性和价值理性两种。社会行为主体的理性一般多表现为工具理性，是一种不完全理性或有限理性。"大众理性"和"精英理性"都是有限理性。人们在反思理性的过程中，如果把这些有限理性无限化和绝对化，无疑会使人们在认识理性的问题上从一个极端走向另一个极端。公共理性追求的目标是"公共之善"，或者说是公平与正义的价值。公共理性应该成为调节工具理性与价值理性、个体理性与国家理性、大众理性与精英理性的中介和桥梁。公共理性不是国家（政府）理性，而是横跨国家（政党和政府）、社会、利益集团和个人之间，并以成熟自律的公民社会为基础的利益整合能力和机制。在现代社会中，如果执政党和政府理性在很大程度上代表着公共理性，那么这种理性必须是代表民意的，是公共的，即是国家（政府）与社会各阶级、各阶层及各种利益集团经过公共领域的批判而协商和"妥协"的约定意识。公共理性与现代公共领域有着非常密切的关系。执政党和政府的活动只有置于公共领域监督和批判之下，其决策和管理过程才能更加体现公共理性，即决策和管理具有公共性、民意性和正当性，从而也更具有政治合法性。以公民社会为底蕴和后盾，现代公共领域的培育和公共理性的提升对我国政治现代化和社会主义和谐社会的建构无疑有着深远的影响。

（选自史云贵：《现代社会中的理性与公共理性》，《江苏社会科学》2007年第4期）

第 16 章 公共管理职业伦理

> 名人名言
>
> 对人民来说,唯一的权力是法律;对个人来说,唯一的权力是良心。
>
> ——雨果

> 学习目标
>
> 1. 了解公共管理者的良心与道德。
> 2. 了解公共管理者的角色与责任。
> 3. 了解公共管理中的信任与合作。
> 4. 了解公共管理中的服务。

16.1 公共管理者的良心与道德

历代思想家都高度重视良心。良心与道德密不可分,人的道德行为受良心的影响,是良心的外在表现;良心是道德的底蕴,也是道德的核心存在。因此,公共管理者要有一颗"为民、务实、担当、清廉"的良心。

16.1.1 良心的概念

《现代汉语词典》中,良心"本指人天生的善良的心地,后多指内心对是非、善恶的正确认识"[①]。作为道德伦理中的最基本概念之一,"良心(conscience)"是古今中外的思想家不懈探究的话题。孟子认为,"人之初,性本善","恻隐之心,人皆有之;羞

[①] 中国社会科学院语言研究所词典编辑室编:《现代汉语词典(第5版)》,北京:商务印书馆,2005年,第850页。

恶之心，人皆有之；恭敬之心，人皆有之；是非之心，人皆有之"，是为"仁义礼智"①。也就是说，孟子认为恻隐、羞恶、恭敬、是非之心是人们固有的"良心"，也是人们应具有的基本道德品格。朱熹将良心视为宰制人心的"道心"。王阳明将良心看作人的"本心"，并认为人人可"致良知"。在弗洛伊德看来，良心就是"超我"制约"自我"的人格命令的一部分。卢梭认为，"在我们的灵魂深处生来就有一种正义和道德的原则，尽管我们有自己的准则，但我们在判断我们和他人的行为是好还是坏的时候，都要以这个原则为依据。我把这个原则称之为良心。"② 道德意义上的良心是一种道德心理现象，是指主体对自身道德责任和道德义务的一种自觉意识和情感体验，以及以此为基础而形成的对于道德自我、道德活动进行评价与调控的心理机制。从某种意义上来说，良心主要是一种情感体验。正是由于良心的情感作用机制，良心才能成为道德秩序的保证。有了对道德责任的认知和情感，就必然会对行为的心理动机起引导作用。许多人正是凭借着这种所谓的"天理良心"，克服艰难险阻，努力践行道德。良心往往是那些最基本和最起码的义务或责任的反映。正因如此，当人违背这一基本义务、准则时，主体才会受到严重的自责。超出最基本要求的义务当然也是道德的应然。

16.1.2 良心是道德的核心与底蕴

人的生命包含着"人的物理存在、精神存在和道德存在"这三个层次，而"人的道德存在是一种更高形式的存在，它的终极形式就是良心"③。良心是人的道德存在的核心内容和最高表现形式。良心的本意是指人之所以为人应具有的"本心"，如同情心、恻隐心、羞恶心等。作为道德的基本范畴，良心是隐藏在人们内心深处的一种高层次的道德心理活动，是人们内在的精神力量。良心实际上是一种道德意识，是人们在履行责任与义务的过程中所形成的道德责任感和义务意识的总和，是一定的道德观念、道德情感、道德信念在个人意识中的统一。在人的道德存在中，良心是内核，作为人的道德存在的核心，良心生成义务感、责任心以及全部的道德观念、道德情感、道德意志和道德信念，并在这些道德形态的外向作用过程中以人的道德行为的形式表现出来。良心的外在作用过程表现为人的道德行为自觉，而良心是人们道德行为自觉性的动力，没有良心就没有人们自觉性的道德行为。基于良心的活动是一种高度自觉的活动，是一种发自内心、不需要外力强制的道德自主行为。④ 良心一旦形成便具有较大的稳定性，能够在较长的时间内引导人们的行为，不断调整人们内心的矛盾，拒绝不道德的行为。因此，良心又是人们内心的道德法庭，引导人们对自己的言行进行道德反思与自我评价。如果在强大的外力下，个人做了违背自己良心的事情，就会在较长的时期内甚至一辈子因受良心的谴责而感到内疚。由此可见，没有良心的引导，个人的言行就会失去自尊与自律，就会有更多的失范与出轨行为，从而直接影响社会的稳定与和谐。

---

① 杨伯峻译注：《孟子译注》，北京：中华书局，2005年，第259页。
② [法]卢梭著，李平沤译：《爱弥尔》，北京：商务印书馆，1999年，第414页。
③ 张康之：《公共管理伦理学》，北京：中国人民大学出版社，2009年，第152页。
④ 张康之、李传军：《行政伦理学教程》，北京：中国人民大学出版社，2004年，第153页。

16.1.3 道德行为是良心的外在表现

良心会以人的道德行为的形式表现出来，即道德行为是良心的外在表现形式。良心最基本的外在表现就是良知与良能。良知与良能最早是由孟子提出来的。《孟子·尽心上》云："人之所不学而能者，其良能也；所不虑而知者，其良知也。"这里所说的"良知""良能"是用来寻找被遮蔽了的"良心"的手段。到了朱熹那里，"良知"是人人都有的美德，它既是道德的底线，也是道德的高线。成为一个有道德的人的关键就是要永远保持自己的一颗"良知"本心。而保持"良知"本心的过程，就是王阳明知行合一的"致良知"过程。从现代公共管理伦理学来看，良知是对人与事物的理解力和感受力，特别是对人的各种关系的理解力；良能是人的道德实践能力。二者都是基于良心的表现形式，也是良心的重要组成部分。而基于良心的良知与良能集中凸显为"良心的自省力"，即对自己道德行为的良心评价。虽然良心以个体的人为基本载体，但良心的基本内容却是个人按照一定的道德对社会或他人履行道德责任与义务情况的一种价值判断。[①] 基于良心的自我评价就是一个人按照一定的道德标准，对自身履行与社会、群体、个人"约定"的道德责任和义务的情况或程度进行反思性评价。如果个人的道德行为偏离了良心所能承受的社会道德底线，就会受到良心的谴责与煎熬。所以，制定或推动约定俗成的一套良心规范体系，是任何执政集团通过"良心"引导人们"自省自律"，以实现社会稳定的重要法宝。综观王阳明"致良知"的论述可以看出，"良（知）心"可令人身正、行善、断公，敢于承担做人的一切责任，视人如己，仁爱天下。

16.1.4 公共管理者的良心

我们说一个人"有良心"，在很大程度上是说这个人能够凭着自己的良心做事。每个行业的人都应有自己做人做事的良心底线。公共管理者理所当然也有自己的职业良心，并直接反映着"政府的良心"。公共管理者的良心是指公共管理者在行使公共权力、履行职务和承担岗位的过程中形成的责任意识，以及按照一定的伦理标准和责任意识对自身责任行为进行自我评价的道德能力。

无论是作为内在伦理标准，还是作为内在伦理评价能力，公共管理者的良心都具有客观性、过程性与实践性。作为公共管理伦理责任感或"公仆"角色伦理意识，公共管理者的良心实际上是客观公共管理伦理责任在公共管理主体意识中的内化，并随着公共管理主体履行和承担公共管理伦理责任而不断深化与升华。作为公共管理者良心的另一个方面，公共管理主体依据内在伦理标准进行道德自我评价的能力，不仅是公共管理者在接受公共管理伦理教育和行政文化的社会化过程中形成的，也是公共管理者在遵循公共管理伦理规范，正确处理角色冲突、利益冲突和责任冲突的公共管理伦理实践中形成的。[②] 不经过处理复杂的公共管理伦理矛盾的实践磨炼，公共管理者个人的道德自我评价能力也就无法真正形成。因此，公共管理者的良心固然有道德意识和精神层面的存

---

① 张康之：《公共管理伦理学》，北京：中国人民大学出版社，2009年，第161页。
② 王伟：《公共行政伦理读本》，北京：国家行政学院出版社，2005年，第66页。

在，更是以公共管理伦理责任为基本内容，以公共管理责任价值取向为评价标准，以"知、情、意"的有机统一为心理机制的主体性公共管理职业伦理现象。

在当代中国，公共管理者的良心就应是"为民、务实、担当、清廉"。为民是指公共管理者要恪守全心全意为人民服务的宗旨；务实是指公共管理者要勤于履职、踏实做事；担当是指公共管理者要有使命和责任担当精神；清廉是指公共管理者要清清白白做人，坚决抵制各种腐败行为。可以说，"为民、务实、担当、清廉"的公共管理者良心是由党和政府的宗旨与性质决定的，是由公共管理者的角色所决定的，是党和国家对公共管理者的底线要求。

16.2 公共管理者的角色与责任

公共管理伦理困惑的产生有其历史、政治、经济和社会根源，其实质是公职人员角色的多重性及其责任冲突。公共管理伦理困惑的解决，一方面有赖于法律程序和组织制度的建立与完善，另一方面更有赖于行政人员在政治道德和行政伦理基础上做出对宪法和人民负责的行政行为。

16.2.1 角色与责任的概念

"角色（role）"最早是一个社会学的概念。人的社会化过程在某种程度上也是人所扮演的角色的转换过程。"社会角色是指与人们的某种社会地位、身份相一致的一整套权利、义务的规范与行为模式，它是人们对具有特定身份的人的行为期望，它构成社会群体或组织的基础。"在社会中，角色不是孤立存在的，而是与其他角色联系在一起的。这样一组相互联系、相互依存、相互补充的角色就是所谓的角色集。

"责任（responsibility）"一词最先出现在1787年的英语和法语中，它最初被用来指称美国和法国革命中出现的政治体制。"当文化与人类交往日益频繁，使得宪政在世界上更大范围内和更多国家中实施和传播"的时候，责任的概念为具有异质文化和不同传统的人们界定的一套共同的价值标准。[①] 现代意义上的责任是职责与义务的统一体，并通过社会行为主体所扮演的不同角色具体表现出来。

通过"角色"这一概念，"期待"与"义务"得以便利结合。我们在各种角色下承担着义务，不管是主动实施还是被动接受的，人们在现实生活中都要扮演着一系列似乎已经被规定好的角色。那些没有被明确规定的角色，实施起来就会遇到很多麻烦，极容易出现角色的冲突、角色的错位与越位，从而导致社会行为主体的行为失范。不同的社会行为主体承担的社会角色不同，在国家和社会中的地位和作用也有很大的差异。在实际的社会实践活动中，各种社会行为主体所扮演的角色实际上是以一种角色为主的"角色集"。社会行为主体必须因地制宜，适时调整自己所承担的主要角色，以尽可能避免角色在重叠过程中的越位和错位。

---

① ［美］特里·L.库珀著，张秀琴译：《行政伦理学：实现行政责任的途径（第四版）》，北京：中国人民大学出版社，2001年。

16.2.2 公共管理者的角色与责任

在现代社会中，人们从事的职业是角色划分与界定的重要依据。对于公共行政人员或国家公职人员来说，由于其掌握和行使由国家宪法或法律授予的公共权力以从事公共行政活动，因此其角色和责任更具有严肃性，从而与其他职业者的角色与责任形成很大的差别。同时，国家公职人员在扮演"政治人"角色、维护社会公平正义的同时，又扮演着别人的丈夫、妻子、父母、子女、朋友等一般人应具有的角色。而这些形形色色的角色背后都附带着一系列的义务，夹杂着千丝万缕的私人利益。因此，国家公职人员所扮演的所有角色及其背后的利益就不可避免地会发生冲突与碰撞。特别是各种角色及其背后的私利对"国家公务员"这个角色的冲击和碰撞，往往将这些国家公职人员置于进退两难的尴尬境地。在协调、平衡各种角色、利益的矛盾与冲突中，一不小心就有可能陷入私利与亲情的"温柔陷阱"，从而使自己的行政行为偏离了作为"政治人""裁判人"的角色行为，最终导致了权力的失范和滥用。

公共管理过程中的伦理困惑，其实质就是公共管理者责任和义务的冲突性或对抗性，是由现代、后现代社会中的角色扮演者的多样性与个人身份认同的多元化现象造成的。解决公共管理伦理困惑的关键在于完善法治和公共管理伦理建设两个最基本的方面。

人民主权是现代社会任何公共权力政治合法性的唯一来源，而以现代宪法为核心内容的法治无疑是实现人民当家做主的最有效的途径。通过建立和完善以宪法等法律为基本内容的制度，在很大程度上可以通过法律和制度的刚性有效防止公职人员滥用权力和"搭便车"现象的发生，从而为公共权力的合法、正确、高效运行提供一个稳定的制度环境。现代法治说到底就是要充分体现出人民的统治，而人民的统治又集中体现在公民有序、有效的制度化政治参与上。如果说"人民的参与就是法治"，那这种人民有效参与的法治恰恰是防止权力滥用、预防和反对腐败最好的实践武器。

按照马克思主义的观点，一切政治和社会现象的背后，归根到底是一个利益问题。公共管理过程中的伦理困惑，本质上还是作为国家公职人员的公务员不能有效界定和平衡公私利益的问题。"凡是属于最多数人的公共事务常常是最少受人照顾的事物，人们关怀着自己的所有，而忽视公共的事物；对于公共的一切，他至多只留心到其中对他个人多少有些相关的事物。"① 在这个问题上，即使是行使国家公共权力的公职人员也不可能摆脱"经济人"理性的束缚。"一切财富倘使从生活方面着想就显得各有限度。然而世上竟反其道而行，从事发财的人们正在无休止地努力聚敛他们的钱币。"② 亚里士多德认为，"人类的欲望比他的财产更须使它平均，这就必须用法律来订立有效的教育，人欲没有止境，除了教育别无节制的方法。"③ 在对公民特别是国家公职人员进行公共利益、公共精神教育与培训的过程中，公共权力机关应发挥制度性的主导作用。这是因

---

① ［古希腊］亚里士多德著，吴寿彭译：《政治学》，北京：商务印书馆，1965年，第48页。
② ［古希腊］亚里士多德著，吴寿彭译：《政治学》，北京：商务印书馆，1965年，第28页。
③ ［古希腊］亚里士多德著，吴寿彭译：《政治学》，北京：商务印书馆，1965年，第70页。

为,"好政府的第一要素既然是组成社会的人们的美德和智慧,所以任何政府形式所能具有的最重要的优点就是促进人民本身的美德和智慧。对于任何政治制度来说,首要问题就是在何种程度上它们有助于培养社会成员的各种可向往的品质"[①]。一个好政府要把培育公民文化、提高公民能力、提升公共精神作为最重要的职责和使命。

16.3 公共管理者的信任与合作

16.3.1 合作是社会治理的必然要求

现代社会是一个治理的社会。"治理是由共同的目标所支持的,这个目标未必出自合法的以及正式规定的职责,而且它也不一定需要依靠强制力量克服挑战而使别人服从。""与统治相比,治理是一种内涵更为丰富的现象。它既包括政府机制,同时也包含非正式、非政府的机制,随着治理范围的扩大,各色人等和各类组织得以借助这些机制满足各自的需要并实现各自的愿望。"[②] 在社会主义中国,人民当家做主是社会主义民主政治的本质要求。因而,从制度上保证公民广泛、有序、有效地参与政府主导的各种社会治理活动应成为各级政府公共管理的常态。公民参与政府主导的社会治理,最重要的就是在一定程度上与政府分享一度由公共部门完全垄断的公共决策权。"今天,人们已经不能再接受这样的观念,即政府的公共政策是由那些掌握权力,声称代表公共利益,但却拒绝公民参与政策过程的少数领导人制定的。新技术发展的刺激,直接推动了信息的快速扩展和传播,越来越多的公民逐渐认识到,他们有能力影响那些关乎他们生活质量的公共政策的制定与执行。"[③] 基于社会合作与政府有效整合的合作治理是我国发展社会主义民主政治、有效预防和减少社会群体性突发事件以及构建社会主义和谐社会的必然要求。

16.3.2 信任是合作治理的资源

作为协作治理发展的一种高级形态,合作治理是各种社会主体以相对平等的身份对国家与社会进行合作共治的社会治理模式。广义的合作概念包括互助、协作与合作三个层次:互助是感性的,是合作的初级形态;协作是工具性的,是合作中的较高级形态;狭义的合作既是理性的,又是抛弃工具性的,它是人类群体基于公共利益的一种共存、共在和共同行动的形式。[①] 从历史发展来看,只要有人类社会的组织生活就会有一定程度的协作活动,但协作往往是出于工具性的目的。如果各种利益主体是基于信任基础上的有效协作,那么这种能够促进和谐的协作就很容易发展成为合作。显然,合作治理的

---

① [英]约翰 J. S. 密尔著,汪瑄译:《代议制政府》,北京:商务印书馆,1982年,第26—27页。
② [美]詹姆斯·N. 罗西瑙主编,张胜军、刘小林等译:《没有政府的治理》,南昌:江西人民出版社,2001年,第4—5页。
③ [美]约翰·克莱顿·托马斯著,孙柏瑛等译:《公共决策中的公民参与:公共管理者的新技能与新策略》,北京:中国人民大学出版社,2005年,第1页。
④ 张康之:《论合作》,《南京大学学报(哲学·人文科学·社会科学)》2007年第5期。

前提应该是社会主体与政府彼此间存在着信任因素。诚信是合作的前提，有了诚信才会有彼此间的真正合作。"所谓诚信，是一个社团之中，成员对彼此常态、诚实、合作行为的期待，基础是社团成员共同拥有的规范，以及对个体隶属于那个社团的角色。"[1] 在社会主义市场经济的背景下，诚信应成为各种社会主体的一种生活形态或生活习惯。"没有至少一定程度的诚信，个人就站立不起来。说出话来没人信你，连你自己也会感到怀疑，感到绝望。你自己成了前后不一、言行不符的片段，而不是一个完整的人，更不要说谎言和不守诺将对社会带来的危害以及它在道德上属于恶这样一种基本性质了。"[2] 从某种程度上讲，社会主义市场经济应是一种诚信经济，而对应的和谐社会也应是一个信任社会。信任必然促成合作，而合作中也必然包含信任，合作能进一步增强信任，信任既是合作的前提，也是合作的基础。[3] 和谐社会就是一个基于信任的合作社会，在合作社会中，信任可以成为一种增量资源，它能够在人们彼此合作中减少摩擦、增进和谐。由此可见，信任是社会治理的起点，社会主体之间只有互相信任才会有合作，才会自觉地在合作治理中走向社会和谐。

16.3.3 政府诚信是合作共治的关键

党的十八大提出了加快形成"党委领导、政府负责、社会协同、公众参与、法治保障"的社会管理体制，党的十八届五中全会提出要构建"全民共建共享的社会治理格局"。这实际上就是要在党的领导下推动中国特色的合作治理，构建社会合作共治体系。而要打造共建共享的社会合作共治体系，就必须建立健全诚信体系，推动以干群互信为基础的社会诚信体系建设。以维护公平正义为己任的人民政府应是社会诚信的引导者、塑造者与践行者。政府诚信应成为打造社会诚信的核心力量。近年来，各地频发的社会群体性突发事件，与一些地方党委、政府不能在取信于民的基础上构建政府与各种利益主体良性互动的合作治理模式有着很大的关系。我们在解决问题的过程中，必须树立诚信政府形象，进一步扩大基层群众对公共事务治理的制度化参与程度，为群众话语权提供制度性保障。公民参与"是公民进入公共领域生活、参与治理、对那些关系他们生活质量的公共政策施加影响的基本途径"[4]，正是由于很多弱势群体在基层治理的过程中没有自己的话语权，其合法权益无法通过制度化的渠道得到解决，从而产生了对政府不信任、不合作，乃至怨恨的态度。因此，他们在遭受地方政府、强势利益群体的不法侵害时，才不得不以群体性对抗的方式来捍卫自己的生产、生活资本。民众的利益、愿望缺乏有效的沟通与表达机制，一些地方的老百姓不信任政府，干群矛盾紧张，积怨积重难返，是社会群体性突发事件频发的深层原因。"公民的参与不仅可以增强官员的回应

---

[1] [美] 弗兰西斯·福山著，李宛蓉译：《信任：社会道德与繁荣的创造》，呼和浩特：远方出版社，1998年，第35页。
[2] 何怀宏：《良心论——传统良知的社会转化》，上海：上海三联书店，1994年，第138页。
[3] 张康之：《行政伦理的观念与视野》，北京：中国人民大学出版社，2008年，第233—234页。
[4] [美] 约翰·克莱顿·托马斯著，孙柏瑛等译：《公共决策中的公民参与：公共管理者的新技能与新策略》，北京：中国人民大学出版社，2005年。

性，而且还可以提升政府公共服务的绩效。"[1] 实践证明，公民是否能够在充分信任的基础上，广泛、有序、有效地参与由政府主导的合作治理，构建共建共享的社会治理共同体，是能否有效预防和减少社会群体性突发事件、促进社会和谐的试金石。

16.4 公共管理中的服务

16.4.1 政府与服务

16.4.1.1 现代政府的概念

西方政治学意义上的"政府（government）"一词，其原意是指导、驾驭和掌舵，后来又逐渐被赋予了领导、管理和统治的含义。在洛克看来，政府就是"人们自愿通过协议联合组成的一个共同体"，该共同体的权力属于大多数人，而政府就是替大多数人行使权力的"裁判者"。[2] 卢梭认为，政府就是"臣民和主权者之间所建立的一个中间体，以使二者得以互相适合，它负责执行法律并维护社会的以及政治的自由。"[3] 在卢梭看来，政府只不过是国家和人民之间的一个中间体。基于此，我们认为在现代社会中，基于人民主权理论基础之上的政府是作为主权者的人民实现人民当家做主的理性工具。

16.4.1.2 公共管理与服务

从人民主权理论和现代管理学理论而言，"管理就是服务"。现代公共管理通常是指基于人民主权理论的政府，以为全体国民服务等宪法原则和宪法精神为依据，以实现社会的公平正义等行政理念为指导，以运用公共权力为基础，以承担行政责任为前提，以合法的行政管理方式为手段，以追求卓越为目标，来制定国家公共政策、执行公共事务、解决公共问题。如何选择合法、规范、民主、有效、务实、灵活的公共管理方式、方法来执行或实施国家公共政策是公共管理的主要问题。人民主权的唯一合法性原则决定了"行政就是服务"的观念应成为人们的基本共识。[4] 在人民主权理论支配下，在实行民主政体的国家里，提供广泛、高效、公平、公正的公共服务是现代政府最基本的公共行政职能之一。现代法治政府在强化自己公共服务职能的同时，应适应市场经济的需求，按照市场机制走"小政府，大社会"的服务运作模式，并充分发挥社会非政府组织在提供公共物品、公共服务等方面的职能。

16.4.2 服务型政府

2004年2月21日，温家宝在出席中央党校省部级主要领导干部"树立和落实科学

---

[1] [美]约翰·克莱顿·托马斯著，孙柏瑛等译：《公共决策中的公民参与：公共管理者的新技能与新策略》，北京：中国人民大学出版社，2005年，第22页。
[2] [美]洛克著，瞿菊农、叶启芳译：《政府论》，北京：商务印书馆，1996年，第59页。
[3] [法]卢梭著，何兆武译：《社会契约论》，北京：商务印书馆，2003年，第72页。
[4] [美] V. 奥斯特罗姆著，江峰等译：《美国行政管理危机》，北京：北京工业大学出版社，1994年，第29页。

发展观"专题研究班结业仪式上首次明确提出了"努力建设服务型政府"的口号，并指出政府的公共服务"就是提供公共产品和服务"。2004年3月8日的十届全国人大二次会议上强调，"管理就是服务，我们要把政府办成一个服务型的政府，为市场主体服务，为社会服务，最终是为人民服务"。2005年3月，在十届全国人大三次会议上，"努力建设服务型政府"被写入了政府工作报告，并经过全国人大批准成为法定的国家意志。2006年10月，在党的十六届六中全会上提出"建设服务型政府，强化社会管理和公共服务职能"，与时俱进地构建现代服务型政府，加快社会主义和谐社会建设的步伐。党的十八大、十九大进一步提出，要建设职能科学、结构优化、廉洁高效、人民满意的服务型政府。

16.4.2.1 服务型政府的概念

在现代政府的发展历程中，先后经历了统治型政府、管控型政府和服务型政府三种形态。在由统治型政府向服务型政府转型的过程中，又出现过守夜人政府、福利政府、企业家政府等多种形态。从本质上讲，无论是西方的新公共管理理论，还是新公共服务理论，都只强调了政府的服务性，并没有明确提出"服务型政府"的概念。现代服务型政府是以全心全意为人民服务和"立党为公，执政为民"为宗旨的中国共产党，在回应经济全球化及西方新公共服务理论，特别是在适应我国改革开放、社会主义市场经济深入发展以及构建社会主义和谐社会的新要求中的产物，它具有鲜明的中国特色社会主义行政主体特征。服务型政府的价值、目标只有在中国共产党的领导下通过公民广泛的政治参与来实现。作为国家与人民中间体的政府是在维护社会公平正义的基础上为人民服务的工具。"一个政府，除了对人民负责、服务、献身外，不应该有任何特权。一切权力属于人民，一切权力都要为了人民。"[1] 公民不仅有权对现代政府的服务范围、服务质量进行评判，而且对政府的去留有着最后的决定权。作为对效能型、法治型等各种现代类型政府的统一和超越，服务型政府应是以人民主权为唯一政治合法性来源，以公共性和服务性为治国理政最基本的价值，以提供公共产品和公共服务为治国理政的主要手段，以维护公平正义、满足人民的公共需求为目标而进行公共行政活动的新型公共治理共同体模式。这一新型政府模式包括公共决策信息的输入、形成、输出和反馈四大环节。该模式的新颖之处就在于公共决策参与主体的多元性，政府的角色定位更加突出公共性和服务性，服务内容更加注重社会的共治和公共服务，服务目标更有助于体现和实现广大人民群众的根本利益。

16.4.2.2 服务型政府的角色

角色界定是政府公共管理主体活动的出发点。现代服务型政府主要应具有四大角色，即"政治人""服务人""经济人""道德人"，并且四者在很大程度上是高度融合与统一的。

（1）"政治人"角色

政府作为公共权力的代理人、公共意志的执行人和公共利益的维护人，应以公共性

---

[1] 温家宝：《希望留给后人两点精神遗产》，《北京商报》2008年9月25日。

为第一价值，以维护社会的公平正义为己任。因而，服务型政府的第一角色应该是"政治人"。作为"政治人"的现代政府，人民主权是一切公共权力的唯一合法性来源，由于政府接受的是人民委托的公共权力，因此一切公共行政行为都应该以人民的利益和意志为出发点和落脚点。从理论上讲，政府除了代表人民的利益之外，不应有任何其他的利益。然而，现代政府是由个人和组织构成的，一般借助于政党政治进行运作，由于各种社会行为主体首先是以理性"经济人"的角色存在，个体理性、利益集团理性、政党理性、政府理性与公共利益相冲突的情况在所难免。在社会主义中国，执政党和人民政府的性质要求政府不仅要在理论上是"政治人"，而且必须在治国理政的过程中以实际行动和效果体现作为"政治人"的公共性和服务性。我国构建中的服务型政府既是对个体理性、利益集团理性、政党理性、政府理性的统一和超越，也是对近二十年来在实际治国理政中过于突出以经济效益为基本特征的"经济人"角色政府所做出的理性调整与价值回归。

(2) "服务人"角色

现代政府的公共性决定了其服务性，"政治人"角色决定了"服务人"角色，服务型政府的性质决定了公共权力主体的一切活动都必须以为人民谋利益为目的。在社会主义中国，人民是国家的主人，国家的一切权力属于人民，作为以马克思主义为行动指南的工人阶级先锋队组织，中国共产党"不是把人民群众作为自己的工具，而是自觉地认定自己是人民群众在特定的历史时期为完成特定的历史任务的一种工具"[①]。因此，作为主权者的人民在与政府的关系中占据绝对的主导地位，执政党和政府是用来为人民服务的工具，为国家和社会提供其他社会行为主体无法提供的公共产品和公共服务。因而，提供公共服务将日益成为现代政府的首要职能。构建服务型政府就是要求我国执政党和政府要把全心全意为人民服务的理念落实到依法执政、科学执政、民主执政的全部过程之中。服务型政府要在服务中行政，在行政中不断提高服务的质量和水平。政府为人民服务，而人民却没有"感知"它的存在，但人民又都离不开它，也不愿意离开它。

(3) "经济人"角色

现代服务型政府的"政治人""服务人"角色都是以一定的效率为基础的，即服务型政府也是一个以效能为载体的政府。因此，服务型政府在以维护公平正义为己任、高效提供公共产品和公共服务的过程中，也必须扮演好"经济人"的角色。但是，这种"经济人"角色必须是有限的，决不能把对GDP的追求作为公共行政的首要目标，而只能作为实现社会治理和公共服务的一种有效途径。这是因为经济发展、财政收入的扩大仅仅是政府更好地提供公共产品、公共服务的物质前提和有效手段，而不是其治国理政的最终目标。在过去几十年里，我国政府一直以经济建设为中心，这是由我国社会主义初级阶段的基本国情所决定的。但当政府"经济人"的角色占据首要地位时，就会出现政府与民争利、利益集团利用公共权力侵害人民利益的不和谐现象。服务型政府通过从增长型经济建设向效能型经济建设的转变，通过把治理国家的模式从经济、政治、文化"三位一体"向经济、政治、文化、社会、生态"五位一体"的转变，以国家法律制度为

---

① 《邓小平文选（第1卷）》：北京：人民出版社，1994年，第218页。

约束和保障，在公共领域的监督、批判之下不断调整自身的角色定位，才能正确处理"政治人""服务人"与"经济人"的关系，从而把握政府转型、发展与完善的正确方向。

(4) "道德人"角色

"凡订有良法而有志于实行善政的城邦就得操心全邦人民生活中的一切善德和恶行。"[①] 政府公共管理的目标就是为了实现"公共之善"，也就是社会的公平正义。公共领域的监督、批判功能必须以更好地实现政府的公共性和服务性为目标，以促进社会的进步、公平与和谐为己任。因此，服务型政府更高层次的角色应是以实现"公共之善"为目标的"道德人"，而在现阶段就集中体现为维护和实现社会的公平正义。这种公平正义就是社会的"公共之善"，即政府之最高德性。服务型政府的"道德人"角色会随着现代公共领域的进一步拓宽，社会民主政治的进一步发展，政府服务体制、模式和职能的进一步完善而不断地得到彰显。

16.4.3 政府的服务功能

现代服务型政府的主要功能在于提供公共产品和公共服务，这些公共产品和公共服务又集中表现为公共服务体系构建、基本制度供给和公共精神培育。

政府作为实现人民契约的工具，必须保证契约的实现，保证社会的有序运行。这就需要在政府的主导下，通过各种社会行为主体在公共领域的有效互动，为社会运行提供基本的制度框架，以规范和保障各种社会行为主体的理性行为活动，促进社会系统和谐、有序、健康发展。现代社会的一个突出特征是公民意识的增强和政治参与的扩大，这就需要政府能够提供协调、整合和吸纳各种新兴政治参与力量的制度化渠道，并加以规范化和程序化。现代社会的另一突出特征表现为社会利益和意识形态的分化，这就导致了各社会行为主体在利益博弈过程中的利益矛盾与冲突日益凸显。没有强有力的政治制度，社会就无力界定和实现共同利益。因此，创造政治制度的能力也就是创造公共利益的能力。[②] 国家是以产权为核心的各种基本制度的主要提供者，界定和提供产权、维护国家的制度环境是其基本职责之一。现代服务型政府要实现公共性、服务性和民主性，以及实现公共利益和巩固执政合法性，都必须以制度供给为主要支撑。由于基本制度公平是社会公平的基础和制度保障，因此，在各种社会行为主体博弈过程中必须遵守的基本制度和制度环境，无疑是作为服务型政府所提供的最重要的公共产品和公共服务。

公共产品和公共服务供给是服务型政府的主体功能。温家宝曾指出，政府的公共服务就是"提供公共产品和服务"。传统型政府虽然也提供有限的公共服务，但远远不能满足民众对服务的需求，政府服务性不强，未能真正体现政府的公共性。我国构建中的服务型政府必须彻底抛弃传统公共行政的落后理念和僵化模式，在服务理念、服务模式、服务结构、服务范围、服务流程、服务机制、服务主体、服务目标上进行彻底改造、再造和整合，以更好地履行政府的公共产品和公共服务供给功能。

---

① [古希腊]亚里士多德著，吴寿彭译：《政治学》，北京：商务印书馆，1965年，第138页。
② [美]塞缪尔·亨廷顿著，李盛平、杨玉生等译：《变革社会中的政治秩序》，北京：华夏出版社，1988年，第24页。

当前，完善公共服务迫切需要建立一个多方参与、有机协调的公共服务供给体系。政府的性质和资源优势决定了现代公共服务供给体系应以政府为主体和主导，充分发挥服务型政府的监督和协调作用，调动基层自治组织、社会中介组织、企业和市场等各种参与主体的积极性，正确地引导其发挥促进和配合服务型政府建设的功能，同时培育参与型社会治理机制，并从法律和制度上规范各种服务供给主体的行为，为各种服务供给主体和整个公共服务供给体系的有序运行、发展、完善提供法律和制度保障。在各种公共服务供给主体的相互配合、协调下，服务型政府所依赖的公共服务供给体系才能不断完善和强大，政府的服务效能才能不断提高。

本章小结

良心是人们做人做事的底线。良心是道德的底蕴，也是道德的核心；道德行为是良心的外在表现。公共管理者要有"为民、务实、担当、清廉"的良心。人们在社会中要扮演多种角色，不同的角色对应不同的责任。公共管理者在社会中也要承担多种角色，但其最重要的角色应是"政治人"与"服务人"。公共管理者在处理利益问题时，经常会遇到因角色错位、角色冲突带来的责任失范问题。公共管理者在从事公共管理活动中，经常遇到其他社会主体的不合作。现代社会是一个合作社会，很多公共问题的解决都是合作共治的结果。公民与公民组织同政府及公共管理者的不合作态度，在很大程度上源于公众对政府与公共管理者的不信任。信任是一种非常重要的社会资本。信任是合作的前提，只有增进彼此信任，才能更好地推进以党群干群合作为基础的合作共治，加快推进建设共建共享的社会治理共同体。现代社会是一个治理的社会，而治理的本质在于服务。一切公共管理者，本质上都是服务者。深化行政体制改革的目标，就是要打造一个服务型政府，为市场服务，为社会主体服务，最终为人民服务。

复习题

1. 简述良心的概念及其与道德的关系。
2. 简述角色与责任的概念及两者的关系。
3. 简述信任与合作的概念及两者的关系。
4. 简述服务与治理的概念及两者的关系。
5. 请运用公共管理职业伦理的相关概念、理论，论述我国为什么要建设服务型政府。

扩展阅读

我们注意到，政府必须全面正确履行职能，在抓好经济调节、市场监管的同时，更加注重加强社会管理和公共服务。2004年，我们提出十年内建设法治政府的目标，国务院发布《全面推进依法行政实施纲要》。2007年国务院发布《政府信息公开条例》，政务公开步入法制化轨道。我们多次提出建设服务型政府的要求，2007年这一提法首次写入党的十七大报告，作为政府改革和建设的核心目标。2008年，党的十七届二中全会进一步提出，要建设服务政府、责任政府、法治政府和廉洁政府……当前，我国政府改革和建设方面还存在不少问题，突出表现在：一是职能转变仍不到位。在市场经济条件下，如何正确处理政府与市场的关系，既是正确定位和全面履行政府职能的一大课题，也是对政府行政能力的一大考验。过去五年中，面对严峻复杂的国际金融危机冲击，我们运用政府这只"看得见的手"比较多，这是必要的，我们积极而有力地应对了风险。但我们确实也管了一些不该管的事情，一些该管的事情却没管好，特别是公共产品和服务提供不足、社会管理比较薄弱。各级政府还集中了过多的公共资源和社会资源，权力部门化、利益化的问题仍然存在，有些方面还在强化……权力过分集中而又得不到制约的问题，依然是滋生腐败的根源。滥用权力、权钱交易、官商勾结等腐败现象屡见不鲜，一些领导干部中发生的以权谋私、贪污贿赂等腐败案件影响恶劣……要按照建立比较完善的中国特色社会主义行政管理体制的目标，继续推进政府职能转变和政府机构、行政运行机制、政府管理方式等各项改革，实现政府职能向创造良好发展环境、提供优质公共服务、维护社会公平正义的根本转变，实现政府组织机构及人员编制向科学化、规范化、法制化的根本转变，实现行政运行机制和政府管理方式向规范有序、公开透明、便民高效的根本转变，努力建设人民满意的服务型政府。

（选自温家宝：《努力建设人民满意的服务型政府》，中央人民政府网站，2013年2月2日）

第 17 章 公共管理的伦理冲突

> **名人名言**
>
> 矛盾是一切事物发展的动力。
>
> ——路易·阿尔都塞

> **学习目标**
>
> 1. 掌握公共管理伦理冲突的概念与特征。
> 2. 理解公共管理者的利益冲突的概念、类型及影响。
> 3. 理解公共管理者的角色冲突的概念、类型及影响。
> 4. 掌握公共管理伦理冲突的破解路径。

公共管理伦理冲突是公共管理过程中的一种正常现象，它对提升公共管理质量具有积极和消极的双重影响，是公共管理学研究的重要课题之一。本章主要介绍公共管理伦理冲突的概念与特征，并对公共管理伦理冲突中的两个主要冲突——利益冲突和角色冲突进行了阐述。

17.1 公共管理伦理冲突

公共管理者在行使公共权力的过程中会受到不同的责任要求、利益诉求和价值取向的综合影响，从而引发公共管理伦理冲突。公共管理伦理冲突与一般的伦理冲突具有显著的差别，需要对其进行明确界定。

17.1.1 公共管理伦理冲突的概念

伦理是一种特殊的社会意识形态，依靠社会舆论、传统习俗和人们内心确定的信念来维持，表现为善恶对立的心理意识、原则规范和行为活动的总和。[①] 公共管理伦理是指对国家和公共事务实施管理活动的主体在行使公共权力、从事公共管理活动的过程中所应确立的伦理精神和应当遵守的伦理行为规则。[②] 公共管理伦理是一种评判公共管理行为正当性与合理性的价值观念、价值取向，是一种关于公私利益关系的观念体系，是一种关于权利义务关系的规范体系，是一种关于公共管理的价值体系，是一种公共管理权力的内在约束机制，是一种关于公共管理职业规范的范畴体系，是一种特定的公共管理文化层面，具有价值性、规范性、公共性和系统性的特征。

在现代汉语中，"冲突"一词指彼此对立或不相容的性质或力量之间的相互干扰，是以对立、摩擦、争斗为特征的持久的不和、争执。在学术界，学者们众说纷纭，有学者将双方或多方之间的公开敌视现象定义为冲突，也有学者认为有明显争夺地位、权力或资源目标的现象为冲突。还有学者将冲突定义为一种情境，在这一情境中，冲突各方必须分享一定的资源，并且一方享有的资源越多，另外一方将得到的越少。[③]

虽然学者们已对公共管理伦理进行了较为深入的研究，但对公共管理伦理冲突问题关注较少，也未形成统一的界定。有学者对与公共管理伦理冲突相近的概念进行了界定，例如将公共伦理冲突界定为公共行为主体在进行公共行为伦理选择时面临的尖锐矛盾状态。[④] 又如将公共行政伦理冲突定义为制约公共行政决策和执行而又相互排斥的多种责任要求、利益驱使和价值指向之间的相互斥力在公共行政过程中的作用状态。[⑤] 学者们将冲突界定为一种状态，实际上是描述了公共管理者面对伦理冲突的情境。但是，这种界定过于强调冲突本身，而忽略了主体在该情境中的行为。因而，结合公共管理伦理、冲突、公共伦理冲突和公共行政伦理冲突的定义，本书将公共管理伦理冲突界定为公共管理者在行使公共权力、履行公共职责的过程中，面对多重责任要求、利益诉求和价值取向之间相互斥力的状态所做出的行为选择。

17.1.2 公共管理伦理冲突的特征

根据公共管理伦理冲突的概念，公共管理伦理冲突具有冲突发生主体的特殊性、冲突发生情境的特定性、冲突行为的单向性、冲突类型的复杂性以及冲突过程的隐蔽性等特征。

一是冲突发生主体的特殊性。在公共管理伦理冲突这一概念中，"公共管理"已对伦理冲突发生的主体角色进行了明确，即公共管理伦理冲突发生的主体是公共管理者。这里的公共管理者是指在公共部门中行使公共权力、从事公共事务管理的人员。

---

① 帅学明：《现代公共管理学》，广州：华南理工大学出版社，2005年，第200页。
② 肖平：《公共管理伦理导论：理论与实践》，成都：西南交通大学出版社，2007，第9页。
③ 蓝志勇：《冲突解决视角对公共管理的启示》，《中国行政管理》2012年第2期。
④ 冯益谦：《公共伦理学》，广州：华南理工大学出版社，2010年，第186页。
⑤ 邹东升、冯清华：《公共行政的伦理冲突场景与消解途径》，《理论探讨》2007年第4期。

二是冲突发生情境的特定性。公共管理伦理冲突具有一定的情境限制，只有当个体以公共管理者身份从事公共事务管理时才会发生。公共管理者的主体角色以及公共事务管理过程是判定伦理冲突是否属于公共管理伦理冲突的关键。公共管理者在私人生活中产生的伦理冲突以及非公共管理者在参与公共事务管理过程中产生的伦理冲突，一般不称之为公共管理伦理冲突。

三是冲突行为的单向性。冲突行为一般产生于不同的主体之间，但是公共管理伦理冲突是公共管理者的个人选择行为，是个体在面临不同的伦理价值选择时把哪种伦理价值置于优先地位的考虑。冲突从产生到结束所涉及的主体仅有公共管理者自身，因而说这种行为是单向性的。

四是冲突类型的复杂性。导致公共管理伦理冲突的要素是多重责任要求、利益诉求和价值取向。责任要求、利益诉求与价值取向本身就具有多样性和复杂性。在加之公共管理者、公共事务类型以及时空等变量，责任要求、利益诉求与价值取向将可能衍生出更多的组合，加剧其复杂性。

五是冲突过程的隐蔽性。公共管理伦理冲突更多地表现为公共管理者的心理过程，至于公共管理者如何平衡和比较这些要素并做出最终选择，可以是依靠直觉的感性行为，也可以是经过严格比较分析的理性行为。从旁观者的角度是难以窥探到其具体过程的。因而，公共管理者在公共管理伦理冲突中做出选择的过程是隐蔽的。

17.1.3　公共管理伦理冲突的层次与类型

公共管理伦理冲突是一种发生于公共行为选择过程中特殊而复杂的矛盾现象，具有不同的层次和类型。按照伦理冲突的观点，可以将公共管理伦理冲突划分为三个层次和五种类型。

公共管理伦理冲突的三个层次[1]分别是：一是伦理心理上的冲突，如伦理认识、伦理情感、伦理信念中的冲突；二是伦理道德行为中的冲突，如不同评价系统、多重选择方案和不同品质模式对公共行为主体的行为产生种种影响，进而造成矛盾冲突；三是不同伦理道德理论体系、规范作用于同一公共行为主体时造成的矛盾冲突。伦理冲突可以发生于伦理活动的全过程，也可以发生于伦理心理、伦理行为、伦理规范、伦理准则以及伦理理论中。由于伦理冲突总是通过行为主体才能表现出来，因而公共管理伦理冲突主要发生在行为主体的公共行为伦理选择过程中。

公共管理伦理冲突的五种类型分别是权力冲突、角色冲突、利益冲突、价值冲突、法理与情理冲突（见表17-1）。[2]

---

[1] 冯益谦：《公共伦理学》，广州：华南理工大学出版社，2010年，第186页。
[2] 徐小佶：《行政伦理学》，福州：福建人民出版社，2002年，第218-219页；邹东升、冯清华：《公共行政的伦理冲突场景与消解途径》，《理论探讨》2007年第4期。

表 17-1 公共管理伦理冲突类型

类型	具体表现
权力冲突	在权力冲突中，面临的是由两种或两种以上矛盾的权力资源所带来的不同客观责任之间的冲突。为了决定是服从一个权威而抵制另外的权威，或是抵制所有权威，必须搞清楚自己的主观责任，这样才能明确应该站在对抗性权力中哪一方。因此，考察职业价值观和道德准则就成为一个重要的问题
角色冲突	角色冲突大致可以分为以下三种情形：一是工作角色与非工作角色的冲突；二是组织对公共管理者个体规定的客观责任与公共管理者个体主观责任的冲突；三是组织并没有对公共管理者个体规定客观责任，但公共管理者个体自身的主观责任可能会与其行为将来的后果发生冲突。在这些情况下，公共管理者个体都会面临审查、澄清和重新界定角色的需要
利益冲突	这种冲突包括角色冲突和各种权力资源之间的紧张关系，这些冲突中较典型的是提供了滥用公务谋取私利（如接受贿赂、权力寻租等）的机会，它们表现为公共角色与私人利益之间的冲突、公共管理者责任与个人可能利益之间的冲突
价值冲突	在公共行政中，正义、公平、秩序、效率等价值之间的冲突也十分普遍，其中比较典型的就是工具理性取代价值理性。为了追求绩效目标结果的达成，将关注点集中在形式表达上，手段行为取代了目标价值，组织要求的关键内容在不经意间被置换，这就是公共管理活动中的"目标置换效应"
法理与情理冲突	法律具有高度的概括性和稳定性，它在调整社会关系时常常与日常的情理发生冲突。一般有两种情形：一是法与道德的冲突，即法律需要道德作为其合乎正义的基础，但是，有的法律的制定和执行却背离了道德的基本要求；二是服从决策与服务公众之间的冲突，如不合情理甚至错误的行政决策与公众期待之间有着很大的偏差

17.1.4 公共管理伦理冲突的评价

冲突作为和谐的对立面，因而被认为在现实生活中要尽量避免，但是冲突是有其积极功能的。[①] 社会学中的冲突理论强调社会生活中的冲突性，并以此解释社会变迁。"它认为社会应该保持开放、灵活、包容的状态，通过可控制的、合法的、制度化的机制，各种社会紧张能够得以释放，社会诉求得以回应，社会冲突得以消解。因此，冲突自身是一种释放敌意并维持群体关系的机制。""安全阀"理论是现代社会冲突论的重要成果。现代冲突调节理论也认为冲突是客观存在的，但冲突并非都是坏事，管理者要正确处理冲突，防止和制止破坏性冲突，调节和利用建设性冲突，并将冲突保持在适当的水平上。由此可见，冲突是一种客观的存在，是可以得到控制的。换一种角度来看，冲突对于推动事物发展具有一定的正向意义。

公共管理伦理冲突与社会学中的冲突有所不同，它更加强调冲突对于公共管理行为的影响。公共管理伦理冲突也具有一定的积极功能，主要表现在：一是促进公共管理伦理价值体系更新。伦理冲突是伦理价值体系新旧交替的必然产物，没有伦理冲突，新的伦理价值体系就无法从多种势力中乘隙而入并获得人们的认可，更不可能形成自身的支配地位。因此，伦理冲突对于新型伦理价值体系的产生、发展是不可或缺的。[②] 公共管

[①] 刘炜：《企业内部冲突管理研究》，北京：经济管理出版社，2010年，第8—9页。
[②] 冯益谦：《公共伦理学》，广州：华南理工大学出版社，2010年，第188页。

理伦理冲突反映了不同伦理价值的存在和相互的矛盾，这些伦理价值可能包含着由社会发展带来的新的价值取向，进而可能发展成为成熟的、占据主流地位的新伦理价值。同时，这些伦理价值在相互对立中优胜劣汰，有利于实现公共管理伦理价值体系自身的优化和完善。二是改善公共管理质量。公共管理伦理是以公共利益为核心，研究公共权力如何通过公共机构实现对社会价值目标以及不同社会集团之间利益关系的调整。[①] 公共管理伦理冲突促进了公共管理伦理价值体系的完善，使得公共管理伦理能更贴近社会发展的趋势和公共利益诉求的变化。例如，随着社会发展和治理理念的更新，服务取代管理成为公共管理的伦理价值取向。作为影响公共管理行为的深层次因素，经过优化的公共管理伦理能够更好地引导公共管理者在公共管理伦理冲突中做出符合公共利益的抉择，进而实现公共管理质量的改善。三是推动公共管理者的自我发展。公共管理伦理冲突会引发公共管理者的伦理困惑，而这种困惑的存在意味着公共管理者对自身所持有的伦理价值产生了怀疑，为公共管理者的成长提供了契机，并通过公共管理伦理冲突实现自我超越与自我完善。

当然，除了公共管理伦理冲突所具有的上述积极意义外，公共管理伦理冲突也具有一定的消极意义。公共管理伦理冲突的存在，首先意味着公共管理伦理价值体系可能滞后于社会发展，存在与实际公共管理需求的脱节。其次，公共管理伦理冲突的发生与破解需要消耗一定的时间或者资金成本，可能会对公共管理的效率与效能产生不利影响。再次，公共管理伦理冲突会造成公共管理者的伦理困惑，影响公共管理者的工作态度和工作效率。最后，在公共管理伦理冲突中，如果公共管理者的道德修养不高或者倾向于私人利益的满足，则公共利益将会受到损害，并有可能引发公共部门的信任危机。

17.2 公共管理者利益冲突

"利益冲突"这一概念被广泛运用于西方国家的廉政建设领域。美国、英国、新西兰、澳大利亚等国家都先后制定了防范利益冲突的规定和制度，并逐渐普及到世界其他国家和地区。在我国，2002年中纪委在《关于对铁道部纪委〈关于国有企业领导人员退休后能否接受香港股份制企业聘任的请示〉的答复》中，首次明确使用"利益冲突"这个用语；党的十七届四中全会上首次在中央文件中使用"利益冲突"概念，要求"建立健全防止利益冲突制度"；党的十八大进一步指出，要"深化重点领域和关键环节改革，健全反腐败法律制度，防控廉政风险，防止利益冲突，更加科学有效地防治腐败"。作为防治腐败的重要影响因素，公共管理者利益冲突日益受到国家和社会各界的关注。

17.2.1 公共管理者利益冲突的概念

"利益冲突（conflict of interest）"被广泛运用于政治、经济、社会乃至人与自然关

[①] 肖平：《公共管理伦理导论：理论与实践》，成都：西南交通大学出版社，2007年，第9页。

系方面的领域,意在从相互关联的两个事物或现象之间的关系中寻求解决问题的方案。① 公共管理者利益冲突主要发生于公共管理领域,国际组织和学者们对其定义进行了不同视角的探讨。王天笑、吴春华认为,公共管理者利益冲突的概念大致可以从三种视角进行界定。②

第一种是从公共利益的视角界定公共管理者利益冲突的概念,认为当公共管理者的私人利益可能损害公共利益时,公共管理者利益冲突就已经存在了。例如,经济合作与发展组织(OECD)把利益冲突界定为公职人员的公共职责与其私人利益之间的冲突,其中公职人员的私人身份(private-capacity)的利益不恰当地影响他们履行官方义务和责任,即只要公职人员的私人利益不恰当地影响到他们履行公共职责时,就可以说他们存在现实的利益冲突了。马国泉认为,所谓利益冲突是指公务员的社会关系、金钱往来或个人信念有可能妨碍他(她)从公共利益出发,依照法律秉公办事。③ 特里·L.库珀认为,利益冲突是指个人利益与作为一个公共官员的义务之间产生了冲突,这种冲突包括角色冲突和各种权力资源之间的紧张关系;这些冲突中较典型的是为我们提供了滥用公务谋取私利的机会。④ 龙太江、博岚岚认为,利益冲突是指公职人员所代表的公共利益与其自身所具有的私人利益之间的抵触、冲突与侵害。⑤

第二种是从公共责任的视角界定公共管理者利益冲突的概念,认为利益冲突是公共管理者私人利益对其公共职位所产生的公共责任及义务的干扰和影响。例如,庄德水认为,利益冲突是公务员所处公共职位上公共责任与其私人利益的冲突。⑥ 程铁军、江涌认为,利益冲突是公职人员在公共行政过程中,由于受到私人利益因素的影响,并且未采取相应的处理举措,以致价值判断和政策取向偏离公共利益要求,发生私人利益与其公职所代表的公共责任相冲突的情境和行为。⑦

第三种是从角色伦理的视角界定公共管理者利益冲突的概念,认为公共管理者具有多种角色,常常要在相互冲突的角色之间进行转换和选择,公共管理者利益冲突是其在相互冲突的角色伦理、道德规范之间进行选择的结果。例如,庄德水认为,"利益冲突"是一个行政伦理学和廉政学意义上的特定概念,它以公职人员与社会公众之间的"委托—代理"关系为基础,与特定的公共职位、公共权力、公共责任和公共利益相联系,冲突就发生在公职人员的公共角色范围之内。"冲突"并不是公职人员的私人利益与其他人利益之间的相互冲突,而是对职责的违背,是私人利益对行政公正性和客观性的干

---

① 肖泳冰:《公职人员利益冲突治理的中国路径探讨——兼论〈中国共产党廉洁自律准则〉和〈中国共产党纪律处分条例〉的利益冲突治理策略》,《探索》2016年第2期。
② 王天笑、吴春华:《当前我国公职人员利益冲突制度研究述评》,《云南行政学院学报》2010年第5期。
③ [美]马国泉:《行政伦理:美国的理论与实践》,上海:复旦大学出版社,2006年,第143页。
④ [美]特里·L.库珀著,张秀琴译:《行政伦理学:实现行政责任的途径(第四版)》,北京:中国人民大学出版社,2001年,第105页。
⑤ 龙太江、博岚岚:《公务员辞职后的利益冲突问题》,《探索与争鸣》2007年第6期。
⑥ 庄德水:《利益冲突视角下的腐败与反腐败》,《广东行政学院学报》2009年第12期。
⑦ 程铁军、江涌:《建立健全利益冲突制度》,《瞭望》2010年3月8日。

扰。利益冲突是一个伦理困境，这个困境是公职人员自我选择的结果。[①]

此外，肖泳冰认为，我国廉政意义上的"利益冲突"有广义和狭义之分。广义的利益冲突是指公共管理者行使职权时所代表的公共利益和自身所具有的私人利益二者之间可能发生的冲突。一切不廉洁行为或者权力寻租行为都可以界定为利益冲突行为，既包括极端的利益冲突，如贪污、贿赂等腐败犯罪行为，也包括轻微的利益冲突，主要表现为"吃拿卡要"等作风问题。狭义的利益冲突仅指在市场经济条件下，公共管理者存在与其履职权相冲突的个人相关利益及存在以权谋私的潜在可能，例如，公职人员经商或利用工作之便获取内幕信息牟利等。[②]

结合以上对公共管理者利益冲突的界定，本书将公共管理者利益冲突定义为公共管理者在行使公共权力、履行公共职责的过程中，私人利益与公共利益之间可能产生或已经产生冲突时，公共管理者经过伦理判断而做出的行为选择。公共管理者利益冲突具有以下内涵：一是公共管理者利益冲突这一行为产生的主体是特定的，即公共管理者。二是公共管理者利益冲突这一行为识别的关键在于私人利益损害公共利益，否则不能构成公共管理者利益冲突。三是公共管理者利益冲突既可以是主观的也可以是客观的。当公共管理者的私人利益损害或者可能损害公共利益时，公共管理者利益冲突就已经形成。因而这一行为既可以表现为主观上的隐性行为，也可以表现为客观上的显性行为。四是公共管理者利益冲突是在特定情境中的行为选择，也就是说公共管理者利益冲突的发生是有一定的时空和角色限制的，只在具有公共管理者角色的人行使其公共管理职能的过程中发生。

17.2.2　公共管理者利益冲突的解释范式

自利益冲突作为一个规范的廉政术语被提出以来，中外学术界对其内涵和本质进行了深入分析和阐释，逐渐形成了行为论、情境论和综合论三种不同的解释范式。三种解释范式从不同的角度揭示了利益冲突的本质和特性，但都有一定的局限性。[③]

17.2.2.1　行为论

行为论认为，公共管理者利益冲突是对公共权力的非公共使用，是一种客观存在的行为。行为论从现实主义的角度把利益冲突作为腐败的直接行为后果和重要表现形式，揭示了利益冲突行为的客观存在性。这种解释范式能够让我们真实地感受到利益冲突的多样性、复杂性和危害性，为从制度上预防和惩治利益冲突行为奠定了理论基础。然而，行为论往往只看到利益冲突的表象，不能揭示利益冲突的本质内涵。利益冲突不仅仅表现为一种现实的腐败行为后果，在更多的情况下，利益冲突主要体现为一种腐败的可能性。因此，行为论的利益冲突解释范式是具体而不全面的，从行为论角度提出的防

---

① 庄德水：《中国公职人员利益冲突政策的现状及发展对策》，见《"中国特色社会主义行政管理体制"研讨会暨中国行政管理学会第20届年会论文集》（2010）。
② 肖泳冰：《公职人员利益冲突治理的中国路径探讨——兼论〈中国共产党廉洁自律准则〉和〈中国共产党纪律处分条例〉的利益冲突治理策略》，《探索》2016年第2期。
③ 周益扬、陈武明：《反腐败研究》，杭州：浙江大学出版社，2012年，第56—58页。

治利益冲突策略主要是事后惩罚性的治标之策，难以实现防止利益冲突的治本目标。

17.2.2.2 情境论

情境论从公共伦理的角度对利益冲突现象进行了补充解释。情境论认为，从本质上看，利益冲突是一种潜在的情境（situation）。利益冲突并非一定表现为现实的腐败行为，而可能是引发腐败的一个重要根源。因此，利益冲突往往是一种内在的伦理性困境。利益冲突的伦理情境具有现实可能性，公职人员的私人利益与公共职责之间的冲突如果不能得到妥善处理，腐败才会发生。因此，情境论认为，利益冲突主要体现为权力资源的紧张关系和公私的角色冲突。情境论把利益冲突作为一种潜在的可能性，从元伦理的角度对利益冲突做出了新的解释。这种解释路径强调利益冲突的可能性，认为利益冲突并不必然导致腐败，只有满足一定的条件，利益冲突才有可能转化成为现实的腐败形式。同时，情境论也肯定了利益冲突的合理性。利益关系是一切社会关系的基础，制约和影响着其他一切关系的形成与发展，因此，情境论为我们提供了一个更全面、更理性的利益冲突观。情境论的解释范式虽然为利益冲突的合理性提供了意识形态基础，但它模糊了公共管理者利益冲突的客观存在性和现实危害性，弱化了防治公共管理者利益冲突策略选择的现实针对性，降低了其应用性和解释力，具有明显的局限性。

17.2.2.3 综合论

综合论认为，利益冲突具有双重属性。利益冲突既是一种现实的客观存在，是腐败的直接表现形式，又是一种潜在的伦理困境，是滋生腐败的重要根源。作为一个理性的公共管理者，公共利益和私人利益的内在冲突是普遍存在的。在公共权力行使过程中，公共管理者首先必须追求公共利益的最大化。在实现公共利益最大化的同时，公共管理者也一直面临着个人利益的诱惑，由此产生了公共利益和私人利益的内在紧张。特别是当缺乏必要的伦理约束和制度制约时，这种潜在的利益冲突伦理困境就可能演化成为现实的利益冲突腐败行为。从总体上来看，综合论吸取了行为论和情境论两种不同解释范式的优点，强调了利益冲突具有现实性和可能性的双重属性，为我们提供了一个理性、科学、系统的利益冲突观，也为建立防治利益冲突的系统性策略提供了基本的理论依据。然而，综合论并不能从根本上解决行为论和情境论的内在矛盾，没有厘清利益冲突现实性和可能性之间的内在关系，也没有分析利益冲突从潜在可能向现实行为转化的机制及条件，从而不能为防治利益冲突策略选择提供更为切实可行的途径。

总之，利益冲突的解释范式为防治利益冲突的策略选择提供了基本的理论依据。行为论强调利益冲突的现实性，防治利益冲突的策略主要侧重于事后惩戒；情境论强调利益冲突的内在可能性，防治利益冲突的策略主要侧重于伦理基础建设；综合论则吸取了行为论和情境论的优势，提出了防治利益冲突的"一揽子"计划，既注重从伦理建设入手，建立防治利益冲突的文化约束机制，又注重制度体系完善，建立利益冲突防范的制度屏障，同时还注重不断加大利益冲突的惩治力度。

17.2.3 公共管理者利益冲突的类型

关于公共管理者利益冲突的类型，国内外尚未形成统一的定论，大致可以按照利益冲突表现形式和私人利益获取方式划分为两大类别（见表17-2）。①

表17-2 公共管理者利益冲突类型

类别		基本观点	代表人物
利益冲突表现形式	六种类型说	利益冲突包括自我交易、不正当影响、滥用职权、假公济私、以权谋私和"旋转门"形式	安德鲁·斯达克持
	八种类型说	利益冲突包括贿赂、权力兜售、信息兜售、财政交易、馈赠与消遣、组织外就业、未来就业和处理亲戚问题等形式	特里·L.库珀
	九种类型说	利益冲突包括自我交易、施加影响、任人唯亲、兼职和代表、合同、泄密、后就业、礼物、演讲费形式	马国泉
私人利益获取方式	三种类型说	利益冲突包括交易型利益冲突、影响型利益冲突和旋转型利益冲突三种类型。其中，交易型利益冲突是指公职人员利用职务之便，直接从利益相关者那里收取实体性或非实体性的私人利益；影响型利益冲突是指公职人员利用公共权力的影响力，直接或间接地实现自己或亲属的私人利益；旋转型利益冲突是指公职人员具有公私双重角色，在公务过程中利用公共权力的影响力，以公共角色的身份参与私人事务，从而为自己、亲属或利益相关者谋取私人利益	庄德水
	四种类型说	四种类型说与三种类型说较为相似，认为利益冲突包括交易型利益冲突、复合型利益冲突、影响型利益冲突和集体型利益冲突四种类型。其中，复合型利益冲突实际上与三种类型说中的旋转型利益冲突一致；集体型利益冲突是指以公职人员自身利益为背景的行业利益、部门利益对公共利益的侵害、违背和干扰	程铁军、江涌

此外，博岚岚对公务员离职后的利益冲突进行了深入研究，把公务员离职后的利益冲突归结为三个方面，一是"洗钱"，二是"权力兑付"，三是利用之前在公共部门工作时所积累的关系网、人情链和公共权力的剩余资源为私人部门牟利。②

17.2.4 公共管理者利益冲突的影响

公共管理者利益冲突与公共利益直接相关，公共管理者利益冲突的发生对于国家和谐发展和社会稳定将会产生严重的后果，主要表现在以下四个方面。

一是滋生腐败。利益冲突作为国家廉政建设领域的概念之一，其直接后果与腐败相关。公共管理者利益冲突是滋生腐败的第一诱因，如果不能对公共管理者利益冲突问题进行及时、有效地防范与解决，腐败行为就有可能产生或者恶化。特别是在现代社会，公共管理者作为社会中的个体面临着各种利益需求，而公共管理者的社会角色和地位可

---

① 聂资鲁：《防止公职人员利益冲突立法的理论与实践》，《中国法学》2013年第6期；王天笑等：《我国公职人员利益冲突制度研究述评》，《云南行政学院学报》2010年第5期。

② 博岚岚：《公务员离职后的利益冲突问题研究》，《研究参考》2007年第4期。

以为这些利益需求的满足提供便利条件。再加上社会不良风气的影响，公共管理者有可能无法抵制诱惑，丧失公共责任意识，将私人利益放置在公共利益之上。在这种情形下，如果缺乏正确的引导和严格的防治制度，公共管理者就极有可能做出错误选择，导致公共管理者利益冲突的发生，继而演化成为腐败行为。

二是导致合法性危机。按照马克斯·韦伯的观点，人们只有具有在服从中获取利益的需求或者能够在服从中获取利益的情况下，才会承认政府对他们的统治。也就是说，政府的合法性来自公民的心理认同，如果政府得不到其管辖范围内的公民的心理认同，权力就无法转化为合法的权威，也就无法顺利地进行统治或治理。在政府治理过程中，公共管理者被公民视为公共利益的代表，但当公共管理者利益冲突发生后，如果公共政策决策或执行缺乏公共性、科学性和公平性，则会继而销蚀公民对于公共管理者的信任，引发公民对政府的不信任并难以对政府产生心理认同，从而威胁到政府的合法性。

三是危及社会稳定。我国当前正处于社会转型发展的关键时期，各种突出矛盾和问题也日益增多，如何保障和促进社会稳定发展本身就是我国当前面临的重要课题，而影响社会稳定的主要因素就是社会资源的公平配置。但是，公共管理者利益冲突的发生导致公共利益受损，也必然影响到社会资源的合理分配，公民的利益诉求不能很好地得到满足，社会公平正义难以实现，从而引发一系列社会问题，危及社会稳定。另外，作为人民公仆的公共管理者具有一定的公共影响力，他们的行为会对社会风气产生影响。公共管理者利益冲突容易导致社会不良风气滋生蔓延，破坏和谐的社会氛围，使得社会发展中的投机行为增多，增加社会不稳定因素。

四是影响经济发展。由于公共管理者利益冲突的存在可能导致腐败行为的发生，从而制约经济发展。腐败行为破坏了良性运行的社会经济体系，导致财富集中于少数既得利益者手中，公共资源配置失衡，贫富差距拉大。在经济转型时期的中国，经济高速增长伴随着腐败的滋生蔓延，将显性的经济增长与腐败的危害成本比较，经济发展的代价很大，这实质上是公共管理者利益冲突导致的腐败行为阻碍了经济发展。

17.3 公共管理者角色冲突

作为社会中的"人"，每个个体都扮演着多重的社会角色。鉴于公共管理者职业的特殊性，其担负着维护和增进公共利益的使命，但是公共管理者作为个体同样扮演着多重角色，在不同利益诉求的驱使下，这些角色之间存在着冲突，由此诱发了公共管理者的角色冲突现象。

17.3.1 公共管理者角色冲突的概念

按本意讲，"角色"是指演戏的人化妆戴上面具以后所扮演的那个人所说的话、所做的行为，即演员扮演的剧中人物，也用来比喻戏曲演员专业分工的类别。美国社会学家乔治·米德首先将这个名词应用到了社会心理学中，他认为社会也是一个大舞台，社会中的"人"就是他所扮演的各种角色的总和。社会角色就是指与人们的某种社会地位、身份相一致的权利、义务、规范与行为模式的总和，它既是人们对具有特定身份的人的行为期望，又是构成社会群体或组织的基础。[1] 从这一概念来看，角色具有以下内涵[2]：第一，角色是社会身份和地位的外在表现形式。身份是指人们在社会或法律上的地位，社会地位是指人们在社会关系体系中所处的位置。第二，角色是个人权利和义务的规范和行为模式。社会角色是权利和义务的集合体，任何一种社会角色都具有与其相对应的权利和义务。第三，角色是一种社会期待。角色是社会对处于特定地位的人们的行为给予的期许。这种社会期待是根据特定社会角色的身份和地位在长期的角色实践中概括出来的，不同社会角色有着不同的社会期待。第四，角色主体是个体。个体是社会群体和组织的重要构成要素，社会群体或社会组织构成了人与人之间的特定社会关系，而这一社会关系网络是由不同的个体角色所建构的。社会角色具有多样性，个体在不同的情境中扮演不同的角色，因而个体的角色也具有多重性，由此导致的角色与角色之间以及角色内部的不协调就形成了角色冲突。

将公共管理者视为独立个体，其实际上承担着多重社会角色。具体而言，可以将其角色划分为生活角色和职业角色两大类。公共管理者的生活角色是指他在生活情境中所承担的角色。例如在家庭生活中，他承担着父、母、子、女、夫、妻、亲戚等角色；在学习生活中，他承担着学生或教师的角色；在消费情境中，他承担着消费者的角色等。公共管理者的职业角色是指其作为特定职业的从业者所扮演的角色。针对这一角色，学者们进行了较为深入的探讨，其中最具代表性的界定是魏姆斯利等在19世纪80年代初提出来的，将公共管理者角色具体划分为执行与捍卫宪法的角色、人民受托者的角色、贤明少数的角色、平衡轮的角色以及分析者与教育者的角色（见表17-3）。[3]

表17-3 公共管理者角色

角色	角色描述
执行与捍卫宪法的角色	公共管理者在就职时已宣誓要护宪以及行宪，行宪的预期目标是营造一个稳定而且有效运作的政治体系，而终极目标则是增加机会、促进平等以及持续地改进和提升全民的生活质量，这是公共管理者的天职
人民受托者的角色	公共管理者受人民的托付，在治理过程中扮演正当与重要的角色，应该考虑长远的全民利益。公共管理者要不惧强权，更不能妄自菲薄，只把自己当成工具，应该以追求公共利益为职责
贤明少数的角色	公共管理者要能做到"众人皆醉我独醒"，不可人云亦云，要扮演贤明的少数，而不是随波逐流、追求时尚的"喧嚣的多数"或者有权的少数，有责任通过吸引民众参与公共事务，使贤明的少数变成多数
平衡轮的角色	公共管理者必须对外在环境有所回应或者有所反应，但绝不是像地震仪一样忠实地从事刺激反应的记录，或者像忠诚的仆人一样只听命行事，也不能只是很有技巧地在各种利益集团之间躲闪、求存。公共管理者要肩负专业责任，也就是要以维护公共利益以及宪政运作为职责，在治理过程中，公共管理者应以其合法权利及专业判断在各种势力中扮演平衡轮的角色

---

[1] 郑杭生：《社会学概论新修》，北京：中国人民大学出版社，2003年，第107页。
[2] 田秀云等：《角色伦理：构建和谐社会的伦理基础》，北京：人民出版社，2014年，第2页。
[3] 高力：《公共伦理学》，北京：高等教育出版社，2002年，第158-159页。

续表17-3

角色	角色描述
分析者与教育者的角色	公共管理者应该或者必须有意识地了解自己决策的价值体系与假设，为自己的所作所为提供合理说明，并尽量将人民纳入治理过程。公共管理者应该扮演分析者与教育者的角色，以增进民选领导、民意代表、治理过程中的参与者以及一般民众对公共事务的了解，并向他们灌输公共利益的观念

结合角色冲突以及公共管理者的角色定义，本书将公共管理者角色冲突界定为公共管理者在行使公共权力、履行公共职责的过程中，面对不同公共管理者角色之间以及公共管理者个体承担的多重社会角色之间的不协调所做出的行为选择。从这一界定可以看出公共管理者角色冲突具有以下内涵：其一，公共管理者角色冲突是个体承担公共管理者这一社会角色时所发生的角色冲突。当个体作为公共管理者行使公共权力、进行公共事务管理时，并不能完全将其职业角色与生活角色相分离，多重社会角色的交叉是公共管理者角色冲突发生的前提。其二，公共管理者角色冲突是多样的。鉴于公共管理者所承担的社会角色的多样性，公共管理者角色冲突在不同的情境中有不同的角色参与和引发冲突的焦点，从而造成公共管理者角色冲突的类型是多样的。其三，公共管理者角色冲突的本质是不同角色间的利益冲突。角色是权利和义务的综合体，这些权利和义务与角色扮演者的社会身份和地位相对应，并存在相应的利益诉求。角色冲突的发生是由于不同角色所代表的利益诉求难以达成一致，因而公共管理者角色冲突在本质上是利益之间的冲突。

17.3.2 公共管理者角色冲突的类型与形式

以角色本身为标准，公共管理者角色冲突的类型大致可以分为公共管理者角色外冲突、公共管理者角色间冲突以及公共管理者角色内冲突。[①]

一是公共管理者角色外冲突。公共管理者角色外冲突是指发生在两个或两个以上的公共管理者所扮演的角色之间的冲突。公共管理者角色外冲突发生在两个或两个以上的公共管理者之间，是由多个公共管理者间的互动产生的，例如，公共管理者在进行决策时，上下级之间因其所处的岗位和职责不同，导致对同一事务的认知不同，对决策所应达到的效果要求也不同，就可能在政策制定上产生分歧。

二是公共管理者角色间冲突。公共管理者角色间冲突是指公共管理者个体所扮演的不同的社会角色之间的冲突。公共管理者作为个体扮演着多个生活角色和职业角色，当公共管理者无力在同一时间扮演两个或两个以上的角色，或者公共管理者所扮演的不同角色的角色期望存在着矛盾，公共管理者为了履行其中某一种角色义务，而放弃履行或者只部分履行另一种角色的义务时，就产生了公共管理者角色间冲突。这里的角色冲突虽然涉及多个不同的角色，但与公共管理者角色外冲突是不同的。公共管理者角色外冲突中的多个角色是由不同的公共管理者承担的，但是公共管理者角色间冲突中的多个角色是由同一个公共管理者承担的。

---

① 丁水木、张绪山：《社会角色论》，上海：上海社会科学院出版社，1992年，第152—154页。

三是公共管理者角色内冲突。公共管理者角色内冲突是指公共管理者所扮演的同一个角色内部产生的冲突。这种冲突的产生是由角色本身所包含的内在矛盾造成的。主要有以下两种情形：一种是对同一角色有来自不同方向的角色期望，造成公共管理者的角色行为无所适从。例如，在公共管理者提供公共服务的过程中，既期望能够为公民提供全面和优质的服务，又期望能够降低相应的行政成本。另一种是理想角色、领悟角色与实际角色存在差距。理想角色是社会对角色的理想期望，领悟角色是个体对角色的认识与理解。理想角色、领悟角色以及实际角色三者之间的不一致引起了角色内部的冲突。例如，公共管理者不能很好地理解上级的工作指示，他的领悟角色与上级期望的理想角色就会发生冲突。

公共管理者角色冲突的三种类型既相互区别又相互联系，且三种类型之间还存在着相互转化的可能。对公共管理者角色冲突类型进行分析，可以明确引发公共管理者角色冲突的焦点，继而进行针对性调适，消弭角色冲突，提升公共管理质量。

从公共管理者角色冲突的表现形式来看，主要分为公共利益与私人利益之间的冲突以及公共管理者的职业伦理与道德素养之间的冲突两种。其中，公共利益与私人利益之间的冲突是公共管理者角色冲突最本质的表现。在公共事务管理中，公共管理者代表公民行使公共权力，维护和促进公共利益是其基本要求。但是公共权力能够为公共管理者满足其私人利益创造机会，公共管理者特别是公共管理伦理意识淡薄的公共管理者就可能难以抵御这一诱惑，使得公共权力成为公共管理者谋取私人利益的工具，由此造成公共利益的损害。需要强调的是，公共管理者作为个体享有合法追求个人利益的权利，只是在公共管理者职业角色当中，其对私人利益的满足应当建立在增进或不危及公共利益的前提之下。就公共管理者的职业伦理与道德素养之间的冲突而言，公共管理者所从事的职业是一项特殊的职业，该职业要求公共管理者将公共利益作为决策参考最重要的因素。公共管理者应当具备提供公共福利、忠实执行法律、承担公共责任、为社会树立典范、追求卓越、促进民主的职业伦理。[①] 职业伦理与道德素养之间存在紧密的联系，职业伦理本身就具有从道德素养中提炼出的关于责任和态度的"精华"。良好的道德素养有助于公共管理者遵守职业伦理。但是，当公共管理者的职业伦理要求与道德素养之间存在差距，并缺乏有效的外部监督和控制的情况下，公共管理者就有可能无视职业伦理的要求，不履行或者只履行部分职责，导致难以维护和增进公共利益。

---

① 张成福：《公共管理的职业主义与职业伦理》，《新视野》2003年第3期。

17.3.3 公共管理者角色冲突的成因

公共管理者角色冲突是由多种原因造成的，包括公共管理者角色的多重属性、角色流动中的行为失调[①]、外部环境的影响以及公共管理者的自身修养不足等。

17.3.3.1 公共管理者角色的多重属性

公共管理者角色具有"经济人""社会人""公共人"等多种不同的角色属性。其中，"经济人"的角色属性使得公共管理者具有自利性。按照经济人假设理论，公共管理者作为个体具有趋利避害和优先满足个人私利的天然倾向，这一倾向并不会随着公共管理者的角色由生活角色转为职业角色而发生变化。"社会人"的角色属性使得公共管理者具有社会性。这一角色属性是其基本的属性，因为公共管理者首先是作为社会的一员而存在的。公共管理者的职业角色是其在社会生活中实现自我追求的过程中才存在的。公共管理者的"社会人"角色是社会预设的角色，如父母、子女、夫妻等角色。"公共人"的角色属性使得公共管理者具有公共性。公共性是公共管理者职业角色的特殊要求和基本要件，主要体现在提供公共产品和公共服务以及实现公共利益上。"经济人""社会人""公共人"的角色属性同时存在于公共管理者角色中，这些角色属性具有一定的相斥性，从而可能引发公共管理者角色冲突。

17.3.3.2 角色流动中的行为失调

个体的社会身份和社会地位不是一成不变的，社会身份或社会地位的变化相应地会影响其社会角色的变化。在现实生活中，除了社会身份和社会地位，个体在社会生活中发生社会位置的变动，如居住地点的迁移等都会引起其社会角色的改变。社会角色的变化称为角色流动。个体在承担前一种角色时往往并没有为承担后一种角色做好准备。角色流动后，凭着原有的生活经验，用前一种角色行为规范来工作、学习与生活，或者在这种变迁中暂时甚至较长时间地带上变动前后两个不同社会的行为特征，成为两个不同群体之间的"边际人"。美国学者帕克认为，不同的社会群体有着不同的角色规范和行为要求，在角色流动中出现的"边际人"从个体习惯上遵循着原来所属群体的行为规范，但又面临着必须适应现在所属群体的行为规范。两种不同规范使"边际人"在心理上感到不适应，在行为上就往往不知所从、手足无措，由此引起了角色间或角色内冲突。

17.3.3.3 外部环境的影响

导致公共管理者角色冲突的外部环境主要包括两个方面，一方面是公共管理者所处的社会环境和组织环境，另一方面是指他人对公共管理者角色的期许。公共管理者处于一定的社会环境和组织环境中，其行为必然受到社会文化和组织文化的影响。当社会文化或组织文化以维护公共利益为基本导向和底蕴时，公共管理者在角色冲突中更容易做出符合其职业伦理的抉择；当社会文化或组织文化充满自利氛围时，公共管理者的实际角色与理想角色之间就会存在差距，公共管理者在角色冲突中可能会更倾向于做出维护

[①] 丁水木、张绪山：《社会角色论》，上海：上海社会科学院出版社，1992年，第157页。

私人利益的抉择。并且,在缺乏有效监督和权力约束的情况下,公共管理者的行为难以得到控制,在客观上易导致行政伦理失范而使其角色产生冲突。另外,他人的期许也会引发公共管理者角色冲突。例如,他人对公共管理者角色抱有过高的期许而公共管理者现有能力无法达到时会引发公共管理者角色外冲突;而受过高期许的影响,公共管理者的实际角色与理想角色相差较大,会引发公共管理者角色内冲突。

17.3.3.4 公共管理者的自身修养不足

公共管理者角色冲突的发生与公共管理者自身修养不足有密切关系,主要表现为角色扮演不足和个人素质不足。其一,角色扮演不足。一般来说,角色扮演要经历三个阶段:对角色的期望、对角色的领悟和对角色的实践。其中,对角色的期望是指人们在承担一定的社会角色时,要了解社会或者他人对于这一角色的期望,以更好地承担角色;对角色的领悟是指角色扮演者自己对角色的认识理解;对角色的实践是指通过对角色的领悟之后,在个人实际行动中表现出来的角色行为。[①] 角色冲突与角色的扮演者有关,当角色扮演者对角色学习不够、角色领悟有误、角色承担过多或角色扮演技巧运用失当时,角色冲突就会发生。[②] 其二,个人素质不足。公共管理者作为公共利益的维护者,职业角色决定了其必须具有高于普通公民的个人素质,以便能够在公共利益和私人利益产生冲突时主动避免公共利益受损。但在实践中,由于法律意识和公仆意识淡薄,以贪污、受贿、寻租等方式滥用公共权力谋取私人利益的现象时有发生,反映了公共管理者的理想角色和实际角色之间的冲突,也在一定程度上验证了当公共管理者角色冲突发生时,个人素质不足可能导致公共管理者做出错误的行为。

17.3.4 公共管理者角色冲突的影响

冲突的存在既导致了现有平稳状态的破坏,引发不和谐现象,但同时也为新事物的产生创造了机会。对公共管理者角色冲突的影响也应当从积极和消极两方面来看待。

一是公共管理者角色冲突的积极影响。一方面,适当的角色冲突能够帮助公共管理者更好地适应角色,并在行使公职时不断审视自己的角色形象,衡量自己的角色扮演能力,并不断反思自己的角色行为,进而向科学合理的角色要求靠拢。另一方面,公共管理者可以借由公共管理者角色冲突实现自我成长,提高自身工作能力。并且,具有趋同性的公共管理者角色意识和行为能够减少组织内部摩擦,降低公共管理成本,提升公共管理效率,提高公共管理质量。

二是公共管理者角色冲突的消极影响。一方面,当公共管理者角色冲突发生时,公共管理者会陷入公共管理伦理困境,而要摆脱这种困境需要消耗公共管理者的时间和精力,在多重的角色要求中摇摆不定会消磨其工作积极性。并且,公共管理者在角色冲突中可能产生紧张、焦虑等情绪,对其心理健康造成损害,甚至会导致一些心理承受能力

[①] 高力:《公共伦理学》,北京:高等教育出版社,2002年,第154页。
[②] 丁水木、张绪山:《社会角色论》,上海:上海社会科学院出版社,1992年,第158—159页。

较差的公共管理者采取极端行为。[①] 另一方面，陷入公共管理角色冲突的公共管理者，如果不能对其进行有效的约束、监督及职业伦理引导，可能导致其放弃维护和增进公共利益而选择满足个体的私人利益，从而造成公共利益受损。

17.4 公共管理伦理冲突的破解

公共管理伦理冲突是公共管理过程中难以避免的现象，这种行为的发生易导致公共利益受损，降低公共管理效能，销蚀公民对政府的信任，诱发社会危机。因此，需要通过多种途径，多管齐下，及时处理公共管理者伦理冲突，从根本上推动政府治理质量提升，促进政府治理能力现代化。

17.4.1 公共管理伦理冲突产生的原因

冲突是人类社会中常见的一种现象，公共管理伦理冲突有其存在的可能性和必然性，究其原因可以从理论和实践两个层面来加以探讨。从理论层面探讨公共管理伦理冲突产生的原因，主要是借由一定的理论假设推导公共管理伦理冲突产生的可能性；从实践层面探讨公共管理伦理冲突产生的原因，主要是用以解释公共管理伦理冲突产生的客观条件。

从理论层面来看，一是从经济人假设理论的视角分析公共管理伦理冲突产生的原因。经济人假设是西方经济学的基本假设，在这种假设之下，人都是具有利己性的，总会倾向于做出对自己更有利的选择。经济人假设起源于英国经济学家亚当·斯密关于劳动交换的经济理论，在其《国民财富的性质和原因的研究》一书中被正式提出。亚当·斯密认为，"经济人"是在一定的道德伦理和法律约束下追求利己并实现利他的统一体，但是亚当·斯密的后继者对经济人假设的阐释越来越功利化、理性化、程式化，失去了其原来的伦理意蕴。詹姆斯·布坎南等公共选择学派学者将经济人假设理念纳入政府领域，将政府工作人员假设为具有利己倾向、会主动趋利避害的"经济人"，从而引发了对公共管理者作为公共利益代表这一形象的反思，也提供了公共管理者行为分析的新途径。从经济人假设理论来看，当公共管理伦理冲突产生时，公共管理者必然会做出对自身利益有利的选择，而这种选择与公共管理伦理要求不一致，从而导致公共管理伦理冲突的产生。二是从无赖假定理论的视角分析公共管理伦理冲突产生的原因。[②] 无赖假定理论是18世纪英国哲学家大卫·休谟提出的。大卫·休谟首先假定人性是恶的，因而每一个进入权力机构的人都可能是坏人（即"无赖"）。因此，在进行权力机构的体制设计时，就必须紧紧盯住人性的弱点，确保从制度上对"无赖"进行严格的防范。他指出，"在设计任何政府体制和确定该体制中的若干制约、监控机构时，必须把每个成员都设想为无赖之徒，并设想他的一切作为都是为了谋求私利，别无其他目标。"[③] 因此，

[①] 郭冬梅、张慧珍：《行政人员的角色冲突及其伦理调适》，《河北大学学报（哲学社会科学版）》2009年第1期。
[②] 聂资鲁：《防止公职人员利益冲突立法的理论与实践》，《中国法学》2013年第6期。
[③] ［英］大卫·休谟著，张若衡译：《休谟政治论文选》，北京：商务印书馆，1993年，第19页。

在公共治理过程中，当公共管理者的私人利益与公共利益之间产生冲突时，公共管理者具有天然地损害公共利益的可能性，公共管理伦理冲突难以避免，需要通过设计各种监督制度来约束这些公共管理者的行为。无论是经济人假设理论还是无赖假定理论，它们都从本质上揭示了作为个体的人在无约束状态下追逐利益最大化的特征，既然人人有私利，公共管理者也极有可能做出有违公共管理伦理的行为。

从实践层面来看，一是公共管理者利益被忽视。公共管理者作为公共利益的代表，当其在公共管理过程中履行管理职责时，应当完全摒弃个人利益。因此，在公共管理的各种制度设计中，公共管理者的个人利益是被忽略的。但是，公共管理者作为独立个体，要成为纯粹的公共利益代表者几乎是不可能的。在其自身利益需求长期无法得到合理满足的情况下，会不可避免地在公共管理过程中为谋取自身利益做出缺乏理性的抉择。二是公共管理伦理冲突处置受限。按照负激励原则，当组织成员的行为不符合组织目标或社会需要时，组织将给予惩罚或批评，使之减弱或消退，从而抑制这种行为。因此，通过负激励方式对公共管理伦理冲突行为进行严厉惩罚，可以在一定程度上避免公共管理伦理冲突的发生。但在实践中，首先，公共管理伦理冲突形式多样且不断发展，有关公共管理伦理冲突的规范经常滞后于公共管理伦理冲突的发展，因而通过负激励方式减少或避免公共管理伦理冲突的作用有限；其次，公共管理伦理冲突一般被视为职业伦理而非法律义务，一旦发生公共管理伦理冲突，甚至对公共利益产生了损害，对该行为的惩罚多限于批评教育，仅靠道德规范约束起不到明显的威慑作用；最后，公共管理伦理冲突具有显性和隐性之分，在信息不对称的情况下，即便是显性的公共管理伦理冲突行为也难以得到有效监督和控制，对隐性的公共管理伦理冲突就更难以防范和处理。

17.4.2 我国公共管理伦理冲突破解的优势

公共管理伦理冲突是世界各国在公共管理过程中都会遇到的问题。解决该问题的目的在于塑造良好的行政文化，调节公共管理者的私人利益和公共利益，维护公民的根本利益，提高公共管理效能。这与我国的国家性质、执政党优势和文化传统具有很大的契合性，从而使得我国在公共管理伦理冲突破解中具有特殊优势。

17.4.2.1 国家性质优势

国家性质又称政权性质，它指的是一个国家的社会各阶级在国家中的地位，即这个国家通过民主和专政所表现出来的阶级本质。我国的国体是人民民主专政的社会主义国家，政体是人民代表大会制度。《中华人民共和国宪法》明文规定："中华人民共和国的一切权力属于人民。"在我国，人民是国家的主人，除了以宪法的形式确定了公民的主人翁地位外，党和国家还通过一系列的路线、方针和政策，突出人民当家做主的重要地位。党的十六届六中全会通过的《中共中央关于构建社会主义和谐社会若干重大问题的决定》强调，坚持党的领导、人民当家做主和依法治国的有机统一；党的十七大报告提出，深入贯彻落实科学发展观必须坚持以人为本，要始终把实现好、维护好、发展好最广大人民的根本利益作为党和国家一切工作的出发点和落脚点，尊重人民主体地位，发挥人民首创精神，保障人民各项权益，走共同富裕道路，促进人的全面发展，做到发展为了人民、发展依靠人民、发展成果由人民共享；党的十八届三中全会开启了全面深化改革的新的历史征程。习近平明确指出："推进任何一项重大改革，都要站在人民立场上把握和处理好涉及改革的重大问题，都要从人民利益出发谋划改革思路、制定改革举措。"由此可见，在我国公共管理过程中，人民群众的根本利益也就是公共利益始终被放在第一位。这就决定了我国在公共管理伦理建设中具有天然和应然的维护公共利益的内涵。公共管理者作为人民的代表，其公共管理行为的价值取向是维护公共利益。

17.4.2.2 执政党优势

"全心全意为人民服务"是中国共产党的宗旨，"立党为公，执政为民"是中国共产党的执政理念。中国共产党的领导是中国特色社会主义最本质的特征，也是社会主义法治最根本的保证。中国特色社会主义制度体系在政治运作层面确保了政党系统和政权系统并行不悖，并相互渗透、相互支撑。这就为通过政党系统引领政权系统治理公职人员利益冲突提供了可能。只要能够治理好政党系统，政权系统中公共管理伦理冲突问题就可以得到有效遏制。政党系统治理的第一要义就是要从严治党。各级党组织和全体党员，尤其是领导干部，都要做到严格按照党章办事，按照党内政治生活准则和党的各项规定开展工作。如果不从严治党，就容易出现脱离群众的倾向，腐败的风气就会滋生蔓延。党的十三大、十四大、十五大、十六大报告中都强调了加强党的建设必须坚持从严治党的要求。党的十八大以来，从中央到地方的一系列实干举措，如中央出台"八项规定""六项禁令"和反"四风"，坚持"老虎苍蝇一起打"的反腐决策，加强对一把手的监督等，都彰显了"党要管党，从严治党"的决心，赢得了广大人民群众的热烈拥护。特别是《中国共产党廉洁自律准则》和《中国共产党纪律处分条例》的实施，明确了党组织和党员不可触碰的底线，是对党章规定的具体化，对于贯彻全面从严治党要求，切实维护党章和其他党内法规的权威性、严肃性，保证党的路线、方针、政策、决议和国家法律法规的贯彻执行，深入推进党风廉政建设和反腐败斗争具有十分重要的意义。加强执政党建设，从严治党，提高了作为公共管理者的党员的思想素质，强化了其严格自律的行为，为有效解决公共管理伦理冲突创造了良好的条件。

17.4.2.3 文化传统优势

一方面，中国具有五千多年的文明历史，民本思想源远流长。民本思想是我国传统社会中强调和重视百姓民众对于安定社会、稳定统治重要作用的理论。据《史记》记载，轩辕、尧、舜等"顺天之义，知民之急。仁而威，惠而信，修身而天下服，取地之财而节用之，抚教万民而利诲之"[①]。可见在远古时代的传说中已经初露民本思想的端倪。民本思想起源于周代，经过儒家学派创始人孔子的发展，到了孟子时期，民本思想已成为成熟的理论形态，并作为儒家政治哲学的重要组成部分，对后世产生了重要的影响。周代"敬天保民"与"明德保民"的思想从理论上论证了民众在政治生活中的位置，为周代民本思想的萌芽奠定了思想基础。春秋战国时期，王权陨落，在神民关系中"民"是第一位的，并且民心的向背决定着战争的胜负和君权的立废，民本思想被明确提出。孔子对民本思想进行了理论升华，提出了"仁"的学说，并将"仁"作为基本思

[①] 《史记·五帝本纪》。

想原则贯穿其理论之中。孔子的"仁"和"为政以德"的思想核心就是爱民。而孟子则在孔子"德政"的基础上，提出了系统而完备的"仁政"理论，为君主提供了国家管理的准则。这些民本思想对我国现代国家治理同样具有指导意义，且已融入治理文化中，成为公共管理者应具备和遵守的理想信念、价值观念、道德标准和行为模式。另一方面，我国自古就重视个人道德修养的塑造。中国传统文化蕴含着极为丰富的道德营养和道德力量，"先天下之忧而忧，后天下之乐而乐""位卑未敢忘忧国""苟利国家生死以，岂因祸福避趋之""富贵不能淫，贫贱不能移，威武不能屈""鞠躬尽瘁，死而后已"，均体现了对个人道德修养的较高追求，为塑造公共管理者优秀的个人素质奠定了基础。另外，中国共产党高度重视社会主义核心价值体系建设，在党的十八大上提出了充分反映中国特色、民族特性、时代特征的"富强、民主、文明、和谐，自由、平等、公正、法治，爱国、敬业、诚信、友善"的社会主义核心价值观，明确了进一步提升我国公民道德修养的要求。无论是我国历史悠久的民本思想，还是对个人道德素质的重视，都对当下公共管理者如何正确处理私人利益和公共利益之间的关系提供了基本规范，对破解我国公共管理伦理困境具有极大的内生性推动作用。

17.4.3 国外公共管理伦理冲突破解的实践

公共管理伦理冲突在世界各国的公共管理实践中都有发生，英国、美国、日本等国家在破解公共管理伦理冲突中积累了丰富的经验[①]，可以为我国公共管理伦理冲突的破解提供借鉴。

17.4.3.1 英国实践

英国对公共管理伦理冲突的破解是通过明确公共管理者行为准则实现的。16世纪中叶以前，英国实行的是君主专制，官吏是国王的奴仆并且只对国王负责，为官的基本伦理就只是对国王效忠和尽责。从19世纪初开始，英国政府对原有的官吏制度进行改革，确立了以公开考试、择优录用、政事分开为基础的选录官员制度，并不断调整、补充、完善原有制度，对公务员的个人行为提出了具体要求。例如，公务人员必须效忠于政府并对政府负责；文官必须保持政治中立；不能以权谋私，不能将个人利益凌驾于公共利益之上，要对工作尽职尽责。

17.4.3.2 美国实践

美国对公共管理伦理冲突的破解主要通过建设专门的公共管理伦理机构和广泛的社会监督实现。一方面，美国国会和政府不仅制定了详细的公务人员道德规范及处罚措施，而且及时设立了相关的管理监督机构，如在国会代议机构建立道德委员会、在政府设置政府伦理办公室、在某些部门内部设置公共伦理监督机构等，以保证这些规范和措施真正落实到位。另一方面，美国政府把公共伦理实践置于相当广泛的社会监督之下。设在芝加哥的"改进政府工作协会"是由私人发起的非官方监督组织，其宗旨是要查出政府的违法渎职行为。位于华盛顿的"公仆廉政中心"是1990年成立的一个非政府组

---

① 王振华：《公共伦理学》，北京：社会科学文献出版社，2010年，第21—26页。

织，该中心的口号是"做国家与人民的看门狗"。除此之外，"公务员政策中心""关于政府行为的私人调查中心"等民间监督机构也在监督政府方面发挥了重要作用。

17.4.3.3 日本实践

日本主要通过立法、推崇人本主义、重视行政程序以及严格行政评价制等措施破解公共管理伦理冲突。首先，伦理立法，规范公务员行为。日本政府分别于1999年和2000年颁布了《国家公务员伦理法》和《国家公务员伦理规程》，明确规定国家公务员是全体国民的服务者，其职务受托于国民并对国民负责。其次，推崇人本主义，提高公务员道德水平。日本政府在严格管理公务员的同时注重公务员道德素质的提高，为此专门制定了《国家公务员法》，对公务员提出了更高的道德要求。法律和道德的双重保障，提高了日本公务员的廉洁度。再次，重视行政程序，提高行政活动透明度。日本先后制定了《行政程序法》《情报公开法》等法律，规范了行政程序，提高了行政透明度和行政效率，有效防止公务员腐败行为的发生。最后，严格行政评价制，监督防范有效。长期以来，日本对公务员考核侧重于事后评价，如采取行政监察、会计审计等事后监督措施。为了强化监督效果、减少损失，日本于2002年开始实施《政策评价法》，强化了事先评价制度。政策评价必须听取外部人员的意见，评价结果要公开并反映到预算编制上。评价比较低时，要请专家评议，以便进一步明确政策。

综观以上国家破解公共管理伦理冲突的路径，我国可以借鉴的经验主要有以下三个方面：一是法治化。对公共管理伦理进行立法，通过法律权威明确公共管理者的职责，依法对其行使公共权力的行为进行规范，并对违反公共管理伦理的行为进行处罚。二是加强监督。加强公共管理系统内部监督，通过广泛而有效的多元主体监督，及时发现和防范公共管理者违反公共管理伦理的行为。三是重视公共管理者自身的道德修养。法治与德治相辅相成，在防范公共管理伦理冲突中，通过公共管理者自身道德素质的提升，主动抵御私人利益的诱惑，降低公共管理伦理冲突的发生率。

17.4.4 我国公共管理伦理冲突破解的途径

就公共管理者而言，公共管理伦理冲突的产生具有主客观两方面的原因。要破解公共管理伦理冲突需要从内外两方面着手，通过外部约束措施的实施以及公共管理者自身素质的提高，帮助其在公共管理伦理冲突情境中做出正确的行为选择。通过借鉴国外经验，我国公共管理伦理冲突破解的途径大致可以分为法律途径、责任途径、监督途径和教育途径。

17.4.4.1 法律途径

长期以来，为建设社会主义法治国家，中国共产党团结带领人民群众不懈探索。党的十五大提出"依法治国，建设社会主义法治国家"的基本方略和目标，党的十六大、十七大、十八大都对推进依法治国做出重要部署。党的十八届四中全会后不久，习近平同志提出了全面建成小康社会、全面深化改革、全面依法治国、全面从严治党的战略布局，并就全面依法治国在这个战略布局中的地位和作用做了阐述。习近平同志的重要论述，继承和发展了中国共产党关于依法治国的基本思路，明确提出全面推进科学立法、严格执法、公正司法、全民守法,将法治建设上升到党和国家事业全局的高度。公共管理伦理冲突是在国家治理中存在的一种普遍现象,如果不能得到及时有效解决,将会极大地危害公共利益,损害国家治理质量,引发公民对国家的信任危机,因而需要将其纳入法治的范畴之中。

以公共伦理法治化预防公共管理伦理冲突已成为国际社会的通行做法。如美国的《政府伦理法》、英国的《文官行为准则》、加拿大的《公共服务价值与伦理法》、日本的《国家公务员伦理法》、韩国的《公职人员行为守则法》等。改革开放以来,我国公共伦理法治化工作取得了较大进展,颁布了一系列包含伦理法条的法律、法规和条例,如《国家公务员暂行条例》《中华人民共和国公务员法》《公开选拔党政领导干部工作暂行规定》《中国共产党纪律处分条例》等。但是,我国公共伦理法治化主要是通过法条式的方法实现的,即公共伦理是以法条的形式存在于其他的法律规范中。由于条款分散在不同的法律中,不同条款之间整合性较差,一些法律规范的法阶不高,在特定情况下会出现彼此冲突或适用选择困难的情况,在制度层面上会出现原则与规定断层的现象。同时,我国公共伦理法条所确立的公共伦理标准不够清楚、不够细化,缺乏可操作性和问责机制,也缺少适当而具体的处理不当行为的程序与罚则,这些都影响了公共伦理法治化的作用和效果。公共管理伦理冲突类型多样,并随着社会发展形式继续增多,而现有的法律规范难以将其全部囊括,具有滞后性。

因此,在法治途径中,我们应当借鉴国际做法,建构以预防为主、伦理标准清楚、权利与义务明确、符合我国文化传统和国情的公共伦理专门法典;对公共伦理进行统合性的规范,克服法条式缺陷;构建公共伦理法典的执行保障机制,通过出台细则明确公职人员行为规范,设定公职人员行为标准;以独立的机构与专业的力量保证行政伦理法典的有效实施;明确举报、调查、判断、执行、申诉等程序性规定,设置激励性措施,规范举报者和被诉人的保护机制等。

17.4.4.2 责任途径

公共管理伦理冲突是公共管理者责任与价值追求相互冲突的结果。博登海默认为,一个被授予权力的人,总是面临着滥用权力的诱惑,面临着逾越正义与道德界限的诱惑。[①] 孟德斯鸠也认为,一切有权力的人都容易滥用权力,这是万古不易的一条经验。有权力的人们使用权力一直到遇有界限的地方才休止。[②] 由此可见,公共管理者极有可能利用公共权力谋取私人利益,从而引发公共管理伦理冲突。从法治角度来讲,权力与责任是相伴相生的,公共权力的授予必然伴随着公共责任的承担。作为公共管理的主体,公共管理者在面对角色冲突和各种权力资源之间的紧张关系时可能陷入选择困境,如何在冲突的困境中进行最佳的行为选择是公共责任研究亟待解决的问题。"责任"一词有三重含义:其一是指人担当起某种职务和职责;其二是指人分内应做之事;其三是指做不好分内之事而承担过失。[③] 公共责任,顾名思义,是指公共管理者在运用公共权

---

① [美]博登海默著,邓正来等译:《法理学——法哲学及其方法》,北京:华夏出版社,1987年,第347页。
② [法]孟德斯鸠著,张雁深译:《论法的精神(上册)》,北京:商务印书馆,1959年,第184页。
③ 罗竹风等:《汉语大词典》,北京:商务印书馆,1992年,第91页。

力过程中所产生的义务与职责,当公共管理者违背了相应的义务和职责时将会受到惩罚。[①] 从公共责任的切入点破解公共管理伦理冲突,首先需要公共管理者树立公共责任的职业价值观。公共管理者必须深刻理解公共责任的内涵,成为"负责任的管理者"。当他们接受公共部门的雇佣就意味着必须积极地接受社会认同的公共原则,即职业价值观。这种职业价值观包括从事该项职业所应具备的公共意识、关怀意识、责任意识、奉献意识等。[②] 其次,公共管理者要树立"责任本位"和"公民本位"的理念。公共管理者所具有的公共权力是源自公民的,公共权力行使的同时包含着维护和促进公共利益的责任。传统政治中官贵民贱的观念已不适用于现代公共部门治理,公共管理者的治理理念需要实现从"权力本位"向"责任本位"、从"政府本位"向"公民本位"转变。最后,需要建立明晰的公共责任体系。公共管理者只有对自身具体的公共责任有明确的认识,才能通过对照其公共责任在公共管理伦理冲突中做出正确抉择。

17.4.4.3 监督途径

公共管理者在公共管理伦理冲突中的困境既有主观方面的责任,同时也受客观环境的影响,这一客观环境就是约束和监督。公共管理者作为公共权力的行使者,其行为理应受到监督,以确保公共权力不被滥用和公共利益得以实现。对公共管理者的监督包括内部监督和外部监督两种形式。内部监督包括一般监督、业务监督和专职监督,外部监督主要包括立法监督、司法监督、政党监督、社会监督、媒体舆论监督。[③] 虽然监督公共管理者的行为是一项法定权利,但从我国实际情况来看,监督效果并不理想,主要原因包括:一是重事后监督。公共管理者因公共管理伦理冲突而对公共利益造成损害,在这一行为结果出现之前难被察觉。所以,对公共管理者的监督更多地体现为事后监督。二是未能充分发挥监督主体的作用。公共管理者的监督主体具有多元化特征,但能够对公共管理者进行直接监督和有效监督的主体多为公共管理者的上级领导或上级部门。由于信息不对称、职权限制、监督渠道不畅通等原因,其他监督主体或部门对公共管理者的监督作用有限。三是监督主体的监督意识不强。公民和社会组织应是公共管理者行为的重要监督主体。但由于传统行政文化的影响,加之公民和社会组织发展还不够成熟,公民和社会组织缺乏对公共管理者的监督意识。在此背景下,要从以下三个角度发挥好监督对公共管理者行为的约束作用:首先,需要加强对公共管理者选拔任用的监督。通过对推荐、提名、考察、考核、讨论、决定等各个环节的严格监督,确保选拔具有良好公共管理伦理素养的优秀公共管理者进入公共管理部门。其次,鼓励和支持多元监督主体发挥其监督效能。一方面要为多元监督主体提供合法、合理的渠道,提高涉及群众切身利益的有关政策和工作的透明度;另一方面要强化多元监督主体的监督意识和监督能力,采取多种措施鼓励其积极参与监督。最后,提升公共管理的透明度。进一步开放公共信息,将公共管理各环节置于阳光之下,为监督主体开展监督创造有利条件。

---

① 王振华:《公共伦理学》,北京:社会科学文献出版社,2010年,第218页。
② 周维强、王申成:《公共管理学概论》,长春:吉林大学出版社,2008年,第220页。
③ 帅学明:《现代公共管理学》,广州:华南理工大学出版社,2005年,第210页。

17.4.4.4 教育途径

法律途径、责任途径和监督途径侧重于将公共管理者视为客体，通过约束和监督来保障其在公共管理伦理冲突中维护公共利益，具有一定的强制性和权威性；教育途径则侧重于通过教育厚植公共管理者的公共管理伦理素养，帮助受教育者提高伦理认识、陶冶伦理感情、锻炼伦理意志、坚定伦理信念，最后形成伦理习惯，帮助公职人员在利益冲突发生时进行正确的价值判断及行为选择，更具有柔性色彩。

公共管理部门开展公共管理伦理教育常用的方法有四种：一是榜样引导法。榜样的力量是无穷的，榜样身上具有最直观和最令人信服的感召力。选择历史和现实中一些典型形象以供人们效仿，如举办英模事迹报告会、展览会等。二是舆论宣传法。社会舆论是社会公众对某一事件或问题的普遍看法。舆论宣传法通过借助各种宣传媒介传递带有某种倾向的信息，形成社会舆论，从思想和心理上影响个体，促使国家公共管理人员接受公共管理伦理原则和规范的约束。三是集体影响法。每个公共管理工作者都处于一定的集体中，必然会受到集体的影响和制约。集体环境是相互教育的大课堂，对个人伦理形成具有不可忽视的作用，在这一课堂里公共管理人员可以潜移默化、不由自主地接受教育。[1] 四是实践法。通过举办专题讲座、参观访问、评比等方式来提高公共管理者的伦理认识，确立正确的行政伦理信念。此外，公共管理者还可以通过加强自身道德修养来提升公共管理伦理素养。道德与伦理紧密相关，通过公共管理者对自身道德修养的培育，锻炼自觉抑制不正之风的道德意志，坚定全心全意为人民服务的道德信念，在公共管理伦理冲突中自觉以维护公共利益为行动指南。

本章小结

公共管理伦理冲突是公共管理者在行使公共权力、履行公共职责的过程中，面对多重责任要求、利益诉求和价值取向之间相互斥力的状态所做出的行为选择。公共管理伦理冲突具有冲突发生主体的特殊性、冲突发生情境的特定性、冲突行为的单向性、冲突类型的复杂性以及冲突过程的隐蔽性等特征。公共管理伦理冲突可分为三个层次和五种类型：三个层次是指伦理心理上的冲突、伦理道德行为中的冲突和不同伦理道德理论体系、规范作用于同一公共行为主体时造成的矛盾冲突；五种类型是指权力冲突、角色冲突、利益冲突、价值冲突、法理与情理冲突。公共管理伦理冲突具有促进公共管理伦理价值体系更新、提升公共管理质量和推动公共管理者自身发展的积极功能，也具有诸如增加公共管理成本、造成公共管理者伦理困惑、损害公共利益等消极功能。

公共管理伦理冲突具有两种典型类别：一种是公共管理者利益冲突，另一种是公共管理者角色冲突。公共管理者利益冲突是指公共管理者在行使公共权力、履行公共职责的过程中，当私人利益与公共利益之间可能产生或已经产生冲突时，公共管理者经过伦理判断而做出的行为选择。可以通过行为论、情境论和综合论三种解释范

---

[1] 李金龙、唐皇凤：《公共管理学基础》，上海：上海人民出版社，2008年，第469页。

式揭示公共管理者利益冲突发生的本质，并为防治利益冲突的策略选择提供理论依据。按照利益冲突表现形式和私人利益获取方式，可以将公共管理者利益冲突划分为两大类别。利益冲突表现形式类别又可细分为六种类型说、八种类型说和九种类型说；私人利益获取方式类别又可细分为三种类型说和四种类型说。公共管理者利益冲突与公共利益直接相关，公共管理者利益冲突的发生对于国家和谐发展和社会稳定会产生严重的后果，包括滋生腐败、导致合法性危机、危及社会稳定、影响经济发展等。

公共管理者角色冲突是指公共管理者在行使公共权力、履行公共职责的过程中，面对不同公共管理者角色之间以及公共管理者个体承担的多重社会角色之间的不协调所做出的行为选择。公共管理者角色冲突的类型大致可以分为三种，分别是公共管理者角色外冲突、公共管理者角色间冲突以及公共管理者角色内冲突。从公共管理者角色冲突的表现形式来看，主要分为公共利益与私人利益之间的冲突以及公共管理者的职业伦理与道德素养之间的冲突两种。公共管理者角色冲突是由多种原因造成的，包括公共管理者的角色多重属性、角色流动中的行为失调、外部环境的影响以及公共管理者的自身修养不足等。对公共管理者角色冲突的影响也应当从积极和消极两个方面来看待。

公共管理伦理冲突产生的原因可以从理论和实践两个层面来加以探讨。从理论层面探讨公共管理伦理冲突产生的原因，主要是借由一定的理论假设推导公共管理伦理冲突产生的可能性；从实践层面探讨公共管理伦理冲突产生的原因，主要是用以解释公共管理伦理冲突产生的客观条件。我国的国家性质、执政党优势和文化传统是我国在公共管理伦理冲突破解中所具有的特殊优势。通过借鉴国外经验，我国公共管理伦理冲突破解的途径大致可以分为法律途径、责任途径、监督途径和教育途径。

复习题

1. 简述公共管理伦理冲突的概念与特征。
2. 分析公共管理者利益冲突产生的原因。
3. 分析公共管理者角色冲突产生的原因。
4. 简述破解公共管理伦理冲突的具体路径。

参考书目

[1] 亚里士多德. 政治学 [M]. 吴寿彭, 译. 北京: 商务印书馆, 1965.
[2] 洛克. 政府论（上篇）[M]. 叶启芳, 瞿菊农, 译. 北京: 商务印书馆, 1982.
[3] 孟德斯鸠. 论法的精神（上册）[M]. 张雁深, 译. 北京: 商务印书馆, 1961.
[4] 卢梭. 社会契约论 [M]. 何兆武, 译. 北京: 商务印书馆, 1980.
[5] J. S. 密尔. 代议制政府 [M]. 汪瑄, 译. 北京: 商务印书馆, 1982.
[6] 霍布斯. 利维坦 [M]. 黎思复, 黎廷弼, 译. 北京: 商务印书馆, 1985.
[7] 柏拉图. 理想国 [M]. 郭斌和, 张竹明, 译. 北京: 商务印书馆, 1986.
[8] 尼科洛·马基雅维利. 君主论 [M]. 潘汉典, 译. 北京: 商务印书馆, 1985.
[9] 辛向阳. 新政府论: 市场经济、政府职能、机构改革 [M]. 北京: 中国工人出版社, 1994.
[10] 叶海卡·德洛尔. 逆境中的政策制定 [M]. 王满传, 尹宝虎, 张萍, 译. 上海: 上海远东出版社, 1996.
[11] 王惠岩. 当代政治学基本理论 [M]. 天津: 天津人民出版社, 1998.
[12] 斐迪南·滕尼斯. 共同体与社会: 纯粹社会学的基本概念 [M]. 林荣远, 译. 北京: 商务印书馆, 1999.
[13] 任剑涛. 伦理政治研究: 从早期儒学视角的理论透视 [M]. 广州: 中山大学出版社, 1999.
[14] 俞可平. 治理与善治 [M]. 北京: 社会科学文献出版社, 2000.
[15] 乔耀章. 政府理论 [M]. 苏州: 苏州大学出版社, 2000.
[16] 陈向明. 质的研究方法与社会科学研究 [M]. 北京: 教育科学出版社, 2000.
[17] 风笑天. 社会学研究方法 [M]. 北京: 中国人民大学出版社, 2001.
[18] 特里·L. 库珀. 行政伦理学: 实现行政责任的途径（第四版）[M]. 张秀琴, 译. 北京: 中国人民大学出版社, 2001.
[19] 高力. 公共伦理学 [M]. 北京: 高等教育出版社, 2002.
[20] 马长山. 国家、市民社会与法治 [M]. 北京: 商务印书馆, 2002.
[21] 威廉·N. 邓恩. 公共政策分析导论（第二版）[M]. 谢明, 杜子芳, 等译. 北京: 中国人民大学出版社, 2010.

[22] 任进. 政府组织与非政府组织：法律实证和比较分析的视角［M］. 济南：山东人民出版社，2003.

[23] 陈振明. 政策科学——公共政策分析导论（第二版）［M］. 北京：中国人民大学出版社，2003.

[24] 张金马. 公共政策分析：概念·过程·方法［M］. 北京：人民出版社，2004.

[25] 彭剑锋，张望军，朱兴东，等. 职位分析技术与方法［M］. 北京：中国人民大学出版社，2004.

[26] 珍妮特·V. 登哈特，罗伯特·B. 登哈特. 新公共服务：服务而不是掌舵［M］. 丁煜，译. 北京：中国人民大学出版社，2004.

[27] 米歇尔·海克曼，克雷格·约翰逊. 领导学：沟通的视角（第三版）［M］. 王瑞华，译. 上海：上海人民出版社，2004.

[28] 艾尔·巴比. 社会研究方法（第10版）［M］. 邱泽奇，译. 北京：华夏出版社，2005.

[29] 罗伯特·莱夫顿，维克托·巴泽塔. 领导沟通力［M］. 马燕，译. 北京：华夏出版社，2005.

[30] 吴锡泓，金荣枰. 政策学的主要理论［M］. 金东日，译. 上海：复旦大学出版社，2005.

[31] 帕特里夏·英格拉姆. 公共管理体制改革的新模式［M］. 国家行政学院国际合作交流部，编译. 北京：国家行政学院出版社，2005.

[32] 曾峻. 公共管理新论：体系、价值与工具［M］. 北京：人民出版社，2006.

[33] 吴建南. 公共管理研究方法导论［M］. 北京：科学出版社，2006.

[34] 常健. 公共管理领导科学艺术案例分析［M］. 天津：南开大学出版社，2006.

[35] 林水波，张世贤. 公共政策［M］. 台中：台湾五南图书出版公司，2006.

[36] 齐格蒙特·鲍曼. 共同体［M］. 欧阳景根，译. 南京：江苏人民出版社，2007.

[37] B. 盖伊·彼得斯，弗兰斯·K. M. 冯尼斯潘. 公共政策工具：对公共管理工具的评价［M］. 顾建光，译. 北京：中国人民大学出版社，2007.

[38] 陈荣秋. 领导学：理论与实践［M］. 北京：清华大学出版社，2007.

[39] 菲利斯·明德尔. 领导者沟通技巧［M］. 费巍巍，张毅斌，译. 北京：电子工业出版社，2007.

[40] 乔治·弗雷德里克森，凯文·B. 史密斯. 公共管理概论［M］. 于洪，等译. 上海：上海财经大学出版社，2008.

[41] 李和中. 公共部门人力资源学［M］. 武汉：武汉大学出版社，2008.

[42] 孟继民. 资源型政府——公共管理的新模式［M］. 北京：中国人民大学出版社，2008.

[43] 范柏乃，蓝志勇. 公共管理研究与定量分析方法［M］. 北京：科学出版社，2008.

[44] 罗伯特·K. 殷. 案例研究方法的应用：校订新译本［M］. 周海涛，等译. 重庆：重庆大学出版社，2009.

[45] 常健. 现代领导科学［M］. 天津：天津大学出版社，2004.

[46] 理查德 L. 哈格斯，罗伯特 C. 吉纳特，戈登 J. 柯菲. 领导学：在实践中提升领导力（原书第6版）[M]. 朱舟，译. 北京：机械工业出版社，2009.

[47] 吴爱民，沈荣华，王立平，等. 服务型政府职能体系 [M]. 北京：中国人民大学出版社，2009.

[48] 张钟汝，范明林. 政府与非政府组织合作机制建设：对两个非政府组织的个案研究 [M]. 上海：上海大学出版社，2010.

[49] 周红云. 社会资本与社会治理：政府与公民社会的合作伙伴关系 [M]. 北京：中国社会出版社，2010.

[50] 孙柏瑛. 公共部门人力资源开发与管理 [M]. 北京：中国人民大学出版社，2008.

[51] 朱光磊. 中国政府发展研究报告（第2辑）——服务型政府建设 [M]. 北京：中国人民大学出版社，2010.

[52] 王浦劬，莱斯特·M. 萨拉蒙，等. 政府向社会组织购买公共服务研究：中国与全球经验分析 [M]. 北京：北京大学出版社，2010.

[53] 罗纳德·克林格勒，约翰·纳尔班迪. 公共部门人力资源管理：系统与战略（第四版）[M]. 孙柏瑛，潘娜，游祥斌，译. 北京：中国人民大学出版社，2001.

[54] 奚从清. 角色论：个人与社会的互动 [M]. 杭州：浙江大学出版社，2010.

[55] 郑琦. 论公民共同体：共同体生成与政府培育作用研究 [M]. 北京：中国社会出版社，2011.

[56] 魏娜. 公共管理的方法与技术（第二版）[M]. 北京：中国人民大学出版社，2011.

[57] 姚国章，宋晓群. 电子政务原理与案例 [M]. 北京：北京大学出版社，2011.

[58] 刘华. 经济转型中的政府职能转变 [M]. 北京：社会科学文献出版社，2011.

[59] 原忠虎. 电子政务 [M]. 北京：北京大学出版社，2011.

[60] 李志，潘丽霞. 社会科学研究方法导论 [M]. 重庆：重庆大学出版社，2012.

[61] 张立荣. 当代中国服务型政府建设和公共服务体系完善理论与实证研究：以促进社会公平正义为依归 [M]. 北京：中国社会科学出版社，2012.

[62] 赵秋成，杨秀凌，曹静. 公共部门人力资源管理 [M]. 北京：清华大学出版社，2014.

[63] 何增科，陈雪莲. 政府治理 [M]. 北京：中央编译出版社，2015.

[64] 姜晓萍. 建设服务型政府与完善地方公共服务体系 [M]. 北京：中央编译出版社，2015.

[65] 李德志. 公共部门人力资源管理与开发（第三版）[M]. 北京：科学出版社，2016.

[66] 丁煌. 西方行政学说史（第三版）[M]. 武汉：武汉大学出版社，2017.

[67] 何艳玲. 公共行政学说史 [M]. 北京：中国人民大学出版社，2018.